हिंदी गद्य : विन्यास और विकास

हिंदी गद्य : विन्यास और विकास

रामस्वरूप चतुर्वेदी

लोकभारती प्रकाशन

लोकभारती प्रकाशन
पहली मंजिल, दरबारी बिल्डिंग, महात्मा गांधी मार्ग
प्रयागराज-211 001

वेबसाइट : www.lokbhartiprakashan.com
ईमेल : info@lokbhartiprakashan.com

शाखाएँ : 1-बी, नेताजी सुभाष मार्ग, दरियागंज
नई दिल्ली-110 002
अशोक राजपथ, साइंस कॉलेज के सामने
पटना-800 006
1, अनमोल सोराबजी संतुक लेन, धोबी तलाव,
मरीन लाइंस, मुम्बई-400 002

पहला संस्करण : 1996
पाँचवाँ संस्करण : 2018
This book is printed on **Print on Demand** Technology : 2026

मूल्य : ₹895

HINDI GADYA VINYAS AUR VIKAS
by Ramswarup Chaturvedi

ISBN : 978-81-8031-056-0

डॉ. रामविलास शर्मा
डॉ. देवराज
डॉ. गोविंद चंद्र पांडेय

को सादर,
भारतीय चिंता के विकास में
योगदान के सम्मानार्थ!

आमुख

आलोचक का मन गद्य से कविता और कविता से गद्य की ओर भटकता रहता है। कुछ उसी क्रम में उसका आलोचना-कर्म चलता है बिना यह ठीक-ठीक पहिचाने कि उसने किसी ओर भी अपने दायित्व का ढंग से निर्वाह किया या नहीं। प्रस्तुत अध्ययन के कुछ आरंभिक बिंदु अपनी एक पिछली समीक्षा-कृति 'गद्य की सत्ता' (1977) में उठाए थे। उन बिंदुओं पर अब एक पूरा खाका बन सका है, यह देखकर आंतरिक संतोष होता है और फिर उस खाके में आवश्यक रंग भी भरे गए हैं। यों हिंदी गद्य का एक पूरा मानचित्र आपके सामने है जो देश और काल दोनों में प्रसारित है, और एक स्तर पर आलोचक की अपनी परिकल्पना से जुड़ा हुआ है। इसी स्तर पर मानचित्र की विशिष्टता है। लेखक द्वारा प्रस्तुत हिंदी साहित्य का इतिहास' 'हिंदी साहित्य और संवेदना का विकास' (1986) के गद्य विषयक कुछ अंशों का उपयोग यहाँ हुआ है। पर अपने में इस पुस्तक की पूरी परिकल्पना और रचना एकदम स्वतंत्र है। यह अवश्य है कि स्वयं पुस्तक के कई खंडों में विन्यस्त सामग्री भी एकाधिक बार आवृत्त हुई है, ऐसा विन्यास-विकास-विशिष्ट अध्ययन के मिले-जुले स्वरूप के कारण ही हुआ है।

गद्य से कविता तथा कविता से गद्य की ओर मन भटकने के निजी कारण के अतिरिक्त उल्लेखनीय यह भी है कि साहित्य-चिंताओं में से लेखक के मन में एक बराबर यह रही है कि गद्य की चतुर्मुख प्रधानता के इस युग में गद्य की प्रकृति को समझने का हमारे यहाँ उपक्रम बहुत कम हुआ है। और फिर गद्य तथा कविता के रचना-संबंध की तो बात ही फ़रक है। इस चिंता की एक आरंभिक परिणति थी पूर्व उल्लिखित संक्षिप्त-सी आलोचना-कृति 'गद्य की सत्ता'। यहाँ उस प्रस्तावना को पूरे विस्तार में, और एक भिन्न स्तर पर, देखने-समझने का यत्न हुआ है। इस दृष्टि से प्रस्तुत अध्ययन तीन खंडों में व्यवस्थित है—प्रथम खंड में गद्य की सामान्य प्रकृति का विश्लेषण है, द्वितीय में हिंदी गद्य के प्रायः एक हजार वर्षों का विकास-क्रम

सोदाहरण विस्तार में अंकित हुआ है, और तीसरे तथा अंतिम खंड में हिंदी के प्रमुख गद्यकारों का समग्र तथा स्वतंत्र रूप से विवेचन है। अंत में कई परिशिष्टों के अंतर्गत गद्य विषयक कुछ सामान्यतः दुर्लभ सामग्री सँजोई गई है, जो हर स्तर के अध्येता के लिए रुचिकर और उपयोगी दोनों होगी। यों गद्य आज जैसे समस्त जीवन में परिव्याप्त है उसके अनुकूल ही इस अध्ययन को पूर्णतर बनाने का आलोचकीय प्रयत्न है।

इस विवेचन की एक विशेषता यह भी है कि काव्यभाषा का विकास और काव्य रूपों के उदय के बीच घनिष्ट यद्यपि कि जटिल रिश्ते को समझने का प्रयास यहाँ पहली बार हुआ है। वस्तुतः तो भाषा कैसे गद्य बनती है, और कैसे साहित्य होती है, इस समूची प्रक्रिया का अध्ययन ही यहाँ अभिप्रेत है।

और अंतिम बात यह कि गद्य-प्रक्रिया को समझने का यत्न करने वाली यह कृति स्वयं किसी क़दर गद्य रचना हो सके, यह महत्त्वाकांक्षा भी इस लेखन के पीछे कहीं न कहीं रही है, जिससे आलोचना में लक्षण और उदाहरण का बहुत दिनों से चला आने वाला द्वैत कुछ दूर हो। सही, उपयुक्त और आदर्श वाक्य लेखक के मन में उठता है; बोलने या कागज पर उतारने में वह बहुत बार खंडित हो जाता है। इस संप्रेषण-क्षति को पूरा करते रहना कविता की बजाय गद्य में कहीं मुश्किल है क्योंकि सांकेतिक- लाक्षणिक प्रयोगों की यहाँ वैसी सुविधा नहीं। यह वह केन्द्रीय रचना-समस्या है जिससे लगातार जूझते रहना गद्यकार की नियति है और जिसका सामना करने की कुछ कोशिश इस विवेचन में हुई है।

स्थिति का एक दूसरा पक्ष है। पांडुलिपि, मुद्रण और प्रूफ शोधन के त्रिकोण में (टंकण की एक अतिरिक्त मध्यस्थता तो जान-बूझकर बचाई गई है।) वर्तनी की एकरूपता सावधानी के बावजूद कहीं-कहीं बाधित हुई है, इसका खेद है। यह शायद हिंदी गद्य का एक आवश्यक दुर्गुण है जो भी विवेचन में दिखाई देना चाहिए।

इन कितनी अपेक्षाओं की पूर्ति कितनी दूर तक हो पाती है, यह निर्णय कर पाना स्वभावतः पाठकों का विशेषाधिकार है, जो लेखक के लिए हर स्तर पर सम्मान-योग्य है। उस विशेषाधिकार को बरतने के लिए आग्रह सहित,

बैथेस्डा : 7 जनवरी, 1996 —**रामस्वरूप चतुर्वेदी**

विषयानुक्रम

[1]
विन्यास

1

गद्य में ही कहावत है—'यह तो निरा गद्य है!' अर्थात रसविहीन और किसी क़दर महत्वहीन है। कविता साम्राज्ञी और गद्य जनता या कि अनुचर ऐसे रूपक भी प्राय: उठते हैं। यहीं एक तुलना आती है कि गद्य महज़ बोलचाल के लिए है और कविता है विशिष्ट क्षणों की अनुभूति। फिर प्रसिद्ध संस्कृत उक्ति है कि गद्य कवियों के लिए कसौटी है। गद्य की प्रकृति को समझने के लिए इन रूपकों और तुलनाओं की छान-बीन स्पष्ट ही उपयोगी होगी।

संस्कृत में जहाँ कहा गया कि गद्य रचना कवियों के लिए भी कसौटी है तो वहाँ भाव शायद रहा होगा कि चिंतन तो व्यवस्थित गद्य में ही किया जा सकता है। और व्यवस्थित चिंतन कवि के लिए कठिन कर्म सदैव रहा है, अत: गद्य लिखना कवियों के लिए कसौटी भी है और चुनौती भी। यहाँ इस समूची व्याख्या में यह अंतर्निहित है कि गद्य मुख्यत: बोलने के लिए है, और उसे लिखना अपनी कुछ निजी समस्याएँ खड़ी करना है। यह भी संकेत है कि भाव-प्रवणता कविता की विशेषता है तो चिंतनशीलता गद्य की। और कविता के अनुभव का आस्वाद विशिष्ट जन-समुदाय के लिए है जबकि गद्य के वर्णन का संबंध व्यापक जन-समाज से। कुल मिलाकर ये विशेषताएँ गद्य के मूल जनतांत्रिक स्वरूप की ओर संकेत करती हैं। आचार्य रामचंद्र शुक्ल ने अपने इतिहास-लेखन में आधुनिक काल को 'गद्य-काल' कहा था। यह रोचक विडंबना है कि हिंदी साहित्य के संदर्भ में इस नामकरण के औचित्य का एक प्रमुख कारक जनतंत्र इतिहासकार के बाद उदित होता है।

गद्य का प्रकृत संबंध बोले जाने से है, लिखना आनुषंगिक है, यह द्वैत गद्य के विन्यास को एक निजी विशेषता प्रदान करता है। आधुनिक हिंदी साहित्य में गद्य के उदय का स्वरूप इस स्थिति का महत्वपूर्ण संकेत देता है। हिंदी के सभी आद्य गद्य-रूप कहे जाने के लिए हैं—'वार्ता' बताने के लिए ('चौरासी वैष्णवन की वार्ता'/'दो सौ बावन वैष्णवन की वार्ता'), 'कथा' और 'भाषा-टीका' कहने के लिए ('भाषा योग वासिष्ठ' 'प्रेमसागर'), 'कहानी' सुनाना मनोरंजन ('रानी केतकी की कहानी') या कि उपदेश के लिए ('नासिकेतोपाख्यान'), 'शास्त्रार्थ'/'विचार-प्रचार' के लिए

(बाइबिल के अनुवाद/राजा राममोहन राय के शास्त्रार्थ/स्वामी दयानंद सरस्वती के वेद—'भाष्य')। ये रूप फिर मुद्रित होकर फैलते हैं, और इनमें से कुछ विविध पाठ्यक्रमों में निर्धारित होते हैं, पर जैसा कहा गया, ये गद्य के आनुषंगिक प्रयोग हैं। यों तो भाषा मात्र के बारे में यह सही है कि उसका प्राथमिक प्रयोग मौखिक या कि बोलने के लिए है,लेखन या कि साहित्य-रचना क्रम-विकास की दृष्टि से बहुत बाद में आ हैं। भाषा के मूल मौखिक रूप पर बल देने के कारण ही अधिकतर आरंभिक काव्य या तो चारण शैली में गाकर सुनाने के लिए ('पृथ्वीराज रासउ') या वक्ता-श्रोता शैली में ('रामचरितमानस') रचे गये। फिर भाषा के स्वरूप-विभाजन के संदर्भ में गद्य को लेकर यह वैशिष्ट्य और उभरकर सामने आता है। प्रसिद्ध फ्रेंच हास्य लेखक मोलियर का एक चरित्र (महाशय जोर्दा) यह बताये जाने पर आश्चर्य प्रकट करता है कि वह, वस्तुत:, जीवन-भर गद्य बोलता रहा है; यानी गद्य उसकी सहज बोलचाल है, इस स्थिति को अतिनिकटता के कारण वह पहिचान ही नहीं सका है। यों पहले तो भाषा मात्र कां अनिवार्य संबंध बोलचाल से था, फिर क्रमश: गद्य बोलचाल के लिए रहा और कविता उत्सव-कर्मकांड जैसे विशेष अवसरों के लिए छानकर सुरक्षित कर ली गई हो। इस संदर्भ में स्मरणीय है कि भाषा या कि गद्य के ही ये आरंभिक प्रयोग विशेष रूप से तुक प्रधान और लयात्मक थे, अर्थात विधान में कविता के निकटतर थे। हिंदी गद्य के ऐसे एक रूप को 'वचनिका' कहा गया है, जिस नामकरण में भी बोले जाने वाले पक्ष पर बल है। गद्य के इस आरंभिक रूप और उसके वैशिष्ट्य का विस्तार में विवेचन आगे होगा।

आधुनिक काल में गद्य के आविर्भाव के पीछे मुद्रण-कला का आरंभ एक बाहरी कारक है, वस्तुत: तो आधुनिक युग की वर्द्धमान बौद्धिक और विश्लेषणमूलक वृत्ति गद्य के विकास का अधिक बुनियादी कारण है। इस दृष्टि से आचार्य शुक्ल का आधुनिक काल को 'गद्य-काल' कहना सिर्फ बाह्य प्रयोग के आधार पर ही नहीं आंतरिक वृत्ति के आधार पर भी उतना ही उपयुक्त है, यद्यपि कि नामकर्ता पहले संकेतित जनतांत्रिक वृत्ति की ही तरह स्वयं इस दूसरे कारण के प्रति बहुत सजग नहीं जान पड़ता। बौद्धिक दृष्टिकोण और जनतंत्र के प्रति ललक मिलकर हिंदी भाषी जन के मन में, जैसे कि अन्य कई भारतीय भाषा-क्षेत्रों के मन में, राष्ट्रीयता की प्रबल भावना उद्दीप्त करते हैं। राष्ट्रीयता की इस भावना के संचार के लिए भी गद्य की आवश्यकता आधुनिक काल में उभर कर आई।

दूसरी ओर विधान के स्तर पर नयी बौद्धिक वृत्ति की चरम परिणति है छायावादोत्तर काल की गद्य कविता, जहाँ कविता और गद्य के परंपरागत अंतर विलीन हो जाते हैं। यह गद्य-कविता आचार्य शुक्ल द्वारा संकेतित और उनके प्रिय काव्य-रूप 'गद्य-काव्य' से बिलकुल भिन्न रचना-प्रक्रिया है। इसके पहले संस्कृत में जिसे कहा गया 'वृत्त गंधि गद्य' और प्राचीन राजस्थानी 'वचनिका' जैसे प्रयोगों में आग्रह

है पद्य-उपकरणों पर, हिंदी के आधुनिक कालीन 'गद्य-काव्य' में वर्चस्व है कविता का, जबकि 'गद्य-कविता' के विधान में मुख्य तत्व है गद्य का। पिछली स्थितियों में गद्य ने कविता का रूप धारण किया है, दूसरी प्रक्रिया में कविता गद्य के साथ घुल-मिल जाती है। इन भिन्न-भिन्न रूपों-उदाहरणों का विवेचन यहाँ उपयोगी होगा।

वृत्तगंधि गद्य : संस्कृत आचार्यों के अनुसार गद्य का ऐसा रूप जिसमें वृत्त की गंध आती हो, अर्थात् जहाँ छंद के कुछ उपकरणों का प्रयोग हुआ हो।

वचनिका : 'श्री राजा प्रथीराज ढिल्ली मैं यौ सुन्यौ जु साढ़े तीन मन सोने कौ पृथीराज द्वारपाल करि राष्यौ है आपुन राजा जयचन्द और सबस्य करि राजसू जग्य आरंभ्यौ है तब यह बात राजा पृथ्वीराज सुनी सेन्या आपुनी बुलाई ब्यास बोलि दिन पुछ्यौ पंडित सूर व्यास रंग ज्योति कौ पुत्र तांसू राजा पूछतु है।'

('पृथ्वीराज रासउ' सं० माताप्रसाद गुप्त, परिशिष्ट पृ० 94)

गद्य-काव्य : मेरी शैया के सिरहाने कितने प्रकार के वन-पुष्प विकसित हो उठे हैं। ज्ञात होता है मानो रात के सभी सुनहले स्वप्न एक बार मेरी आँखों में साकार होकर मेरे सिर के समीप ही बिखर गए हैं। जब मेरी आँख खुली तो मेरे समीप ही किसी पुष्प ने खिलकर अपनी सुगंधि मेरे समीप भेजकर अपने अस्तित्व की सूचना दे दीं।

मैंने सोचा—मेरे पार्थिव शरीर के समीप यह सौंदर्य निधि क्यों अपना हृदय खोलकर हँस रही है? संभवतः मुझे यह विश्वास दिलाने के लिए मेरे पार्थिव शरीर के समीप ईश्वर की अनंत शक्ति है।

गद्य कविता :

एक रंग होता है नीला
(रामकुमार वर्मा : 'हिम-हास')
और एक वह जो तेरी देह पर नीला होता है
इसी तरह लाल भी लाल नहीं है
बल्कि एक शरीर के रंग पर एक रंग
दरअसल कोई रंग कोई रंग नहीं है
सिर्फ़ तेरे कंधों की रोशनी है
और कोई एक रंग जो तेरी बाँह पर पड़ा हुआ है।

(रघुवीरसहाय : 'तेरे कंधे ')

पद्य, कविता और गद्य की मिलावट के इन उदाहरणों की क्रमिक समीक्षा से स्पष्ट होगा कि धीरे-धीरे गद्य में मिले पद्य के उपकरण हल्के पड़ते जाते हैं। फिर 'गद्य- काव्य' में बाहरी विधान गद्य का है, यद्यपि वृत्ति कविता की। 'गद्य-कविता'—

जिसका नामकरण 'नयी कविता' पत्रिका के दूसरे अंक (1955 ई०) में प्रस्तावित किया गया—में गद्य के विधान में कविता पूरी तरह बनी है। 'गद्य-काव्य' में गद्य और कविता को अलग-अलग पहिचाना जा सकता है, 'गद्य कविता' में दोनों के बीच रचनात्मक अद्वैत स्थापित हो जाता है। यह गद्य की चतुर्मुखी विजय का प्रमाण है जबकि कविता भी गद्य में लिखी जाने लगी है, यद्यपि दूसरी ओर से यह भी कहा जा सकता है कि गद्य में कविता के प्रवेश ('गद्य-काव्य') के आगे यह गद्य का कविता में रूपांतरण है ('गद्य- कविता')।

गद्य का श्रेष्ठ रूप वह है जहाँ वह अपने लिए है, किसी अन्य माध्यम के हित में उसका उपयोग नहीं किया जा रहा। पर हुआ ऐसा बहुत कम है। प्राय: तो महत्वपूर्ण होते हुए भी गद्य, सामान्य जन की ही तरह, पिछले समय से उपेक्षित रहा है। हमारे साहित्य में उसकी स्थिति बहुत कुछ नकारात्मक विभावन की है। कविता स्वत: संपूर्ण या कि संपूर्ण प्रभुत्व संपन्न रही है। कविता में कुछ और नहीं लिखा गया, कविता स्वयं लिखी जाती रही है। गद्य का दरजा वैसा नहीं रहा। गद्य में उपन्यास, कहानी, नाटक, निबंध, समीक्षा और कुछ हटकर पत्रकारिता के रूप चलते हैं, पर इनसे स्वतंत्र और निरपेक्ष गद्य को स्वीकार नहीं किया गया। इस माने में कविता को साम्राज्ञी और गद्य को अनुचर बताने वाला रूपक खासा सटीक कहा जायेगा। पर क्या यह सही और काम्य स्थिति है? क्या गद्य की बराबरी रचनात्मक स्तर पर पद्य से है, कंविता से नहीं? यानी मूल प्रश्न यह है कि गद्य की सत्ता क्या और कहाँ है?

बोलचाल के स्तर पर गद्य भाषा का प्रकृत रूप है, पद्य है भाषा बुनने का कौशल। रचना के स्तर पर गद्य का प्रयोग अपने ढंग से चलता है, कविता का विधान फ़रक ढंग से होता है। बोलचाल, पद्य, रचनात्मक गद्य और कविता के बीच भाषा की सर्जनात्मक सघनता का अंतर है, और फिर इन दोनों युग्मों के बीच है गद्य, बिना किसी विशेषण के, स्वत: संपूर्ण। इस गद्य की तलाश इतिहास के 'गद्य-काल' में करनी पड़े यह अपने में एक रोचक विडंबना है।

भाषा की सर्जनात्मक क्षमता वर्द्धमान रहती है बोलचाल, और तरह-तरह के सजग या कि अपेक्षाकृत सहज अप्रस्तुत विधान के बीच चलने वाली अंतरक्रिया से। एकनिष्ठता और अर्थ-वैविध्य की परस्पर विरोधी प्रवृत्तियाँ एक-दूसरे से टकराती हैं। मुहावरों से भाषा की भंगिमा बनती है पर फिर अर्थ भी एक दिशा में बँधकर रह जाता है। भँवर और तरंग के क्रम से यों प्रवाह गतिशील रहता है। यही भाषा का सहज विकास है। जिस प्रक्रिया में अर्थ का नवीकरण होता रहता है, उसे हम सामान्यत: भाषा की सर्जनात्मक क्षमता कहते हैं। कभी बोलचाल का रूप रहा होगा 'नदी किनारे घर है', फिर लक्षणा बनी 'नदी में ही घर है', तब भाषा प्रवाह ने फिर मोड़ लिया 'नदी पर घर है'। अभिधा और लक्षणा यों एक-दूसरे को काटती चलती हैं, और इस प्रक्रिया में एक ओर बोलचाल और दूसरी ओर रचनात्मक भाषा दोनों

समृद्ध होती रहती हैं।

बोलचाल भाषा की सर्जनात्मक क्षमता से कम से कम काम लेती है, क्योंकि उसके लिए अर्थ-वैविध्य या अर्थ- सघनता की बजाय अर्थ की एकनिष्ठता अधिक काम्य है। इस दृष्टि से साहित्य-रूपों और भाषा-स्तरों के तालमेल में क्रम कुछ इस प्रकार बनेगा : बोलचाल—लोक साहित्य-संचार भाषा-विचार साहित्य-अकाल्पनिक गद्य रूप-नाट्य और कथा साहित्य-कविता। यों बोलचाल के स्तर पर भाषा की सर्जनात्मक सघनता सबसे कम है, कविता में सब से अधिक। कहना होगा कि इस सप्तरंग के एक सिरे पर बोलचाल है तो दूसरे सिरे पर कविता। और यह आकस्मिक नहीं कि इन दोनों के बीच अंतरक्रिया सब से अधिक और लगातार चलती रहती है। भाषा के इस पसारे में गद्य की सत्ता कहाँ है इसकी पहिचान यह होगी कि इस प्रयोग को कहानी-संस्मरण-रेखाचित्र-निबंध जैसे किसी काल्पनिक अथवा अकाल्पनिक गद्य-रूप में वर्गीकृत न किया जा सके। जहाँ उसका गद्य लेखन स्वत: उठकर साहित्य का रूप ले लेता है। यूरोपीय या कि भारतीय साहित्य में इसके उदाहरण हैं, पर बहुत नहीं। कहना न होगा यह गद्य लेखन में आत्मनिर्भरता का प्रतिमान है। यदि गद्य लिखना कवियों के लिए कसौटी है तो ऐसा गद्य लिखना स्वयं गद्यकार के लिए कसौटी है।

इस प्रतिमान के कई उदाहरण यहाँ प्रस्तुत किये जा सकते हैं। पहला उदाहरण यूरोपीय साहित्य से है जहाँ गद्य लेखन की कई कारणों से—बौद्धिक वैज्ञानिक वृत्ति, मुद्रण कला का आरंभ, जनतांत्रिक पद्धति के प्रसार से—लंबी और प्रशस्त परंपरा रही है। एक्सेल मुंथे की कृति 'द स्टोरी ऑफ साँ माइकेल' 1929 में प्रकाशित होकर शताधिक पुनर्मुद्रणों और अनुवादों में प्रसारित हुई है। बारहवें संस्करण की भूमिका का आरंभ लेखक इस प्रकार करता है :

"इस पुस्तक के सभी समीक्षकों को काफी दिक्कत हुई 'द स्टोरी ऑफ साँ माइकेल 'को ठीक-ठीक वर्गीकृत करने में, और इस पर मुझे अचरज नहीं। कुछ ने पुस्तक को आत्मकथा बताया है, दूसरों ने कहा, 'एक डॉक्टर के संस्मरण'। जहाँ तक मैं समझता हूँ पुस्तक न यह है न वह।" अपने यहाँ बँगला लेखक विभूति भूषण बंद्योपाध्याय की कृति 'आरण्यक' ऐसी ही है जहाँ भ्रमण-वृत्तांत, डायरी और उपन्यास के सीमांत एक-दूसरे को काटते-छूते चलते हैं। हिंदी में इस स्थिति के नजदीक महादेवी का गद्य आता है। और इसीलिए उनकी भी एक ही रचना (उदाहरणत: 'चीनी फेरीवाला' या 'घीसू') किसी संग्रह में कहानी है, कहीं संस्मरण और कहीं रेखाचित्र। अपनी प्रखर आलोचना के लिए ख्यात रामविलास शर्मा ने भी गद्य का ऐसा ही प्रशामित घोल बनाने का यत्न किया है 'पंचरत्न' जैसे उपयुक्त शीर्षक से। इनके अतिरिक्त हिंदी में जैनेन्द्र, हजारीप्रसाद द्विवेदी, अज्ञेय और निर्मल वर्मा के नाम लिए जा सकते हैं, जिनके गद्य में ठोस वर्णन और अनुभव की तरलता का सही अनुपात है, जो एक ओर इतिवृत्त और दूसरी ओर लालित्य के आग्रह से प्राय: ठीक-ठीक

बच गया है। पर इस सूची को आगे बढ़ाना निश्चय ही श्रमसाध्य है।

हिंदी में अच्छा गद्य या सिर्फ़ कहें गद्य लेखन विरल है। नाटक, उपन्यास, कहानी, निबंध, आलोचना हैं, पर गद्य का अभाव है। चारों ओर पानी पर प्यास बुझाना मुश्किल। और इन दोनों स्थितियों का परस्पर संबंध है : इसीलिए नाटक, उपन्यास, कहानी, निबंध, आलोचना भी उतने अच्छे नहीं बन पाते जितने कि एक शताब्दी से चले आते आधुनिक खड़ी बोली गद्य में होने चाहिए। अखबार का सूचनात्मक गद्य जैसे रचना के क्षेत्र पर छाया हुआ है (द्रष्टव्य: यशपाल का बहुचर्चित उपन्यास 'झूठा सच'), या फिर एक दूसरे तरह का गद्य लालित्य के छौंक से बनता है, जिसे साधारण तौर पर ललित निबंध कहा जाता है। फीके इतिवृत्त और बलात् लालित्य के बीच साधारण, सामान्य, अच्छा गद्य दुर्लभ है, जिसके लिए अज्ञेय जैसे सिद्ध लेखक कहते हैं, "अच्छा गद्य पढ़ने में मुझे अनिर्वचनीय आनंद मिलता है।" *—('आत्मनेपद'—पृ. 240)*

गद्य का संबंध बोलचाल से है, और इस नाते, किसी क़दर वक्तृता से। वक्तृता तो यों आज मृतप्राय कला है। पिछले दिनों के सार्वजनिक जीवन के अच्छे हिंदी वक्ताओं में विनोबा, जयप्रकाश नारायण और राममनोहर लोहिया के नाम लिए जा सकते हैं, साहित्यिक रचनात्मक संदर्भ में महादेवी वर्मा, अज्ञेय और हजारीप्रसाद द्विवेदी के नाम जोड़ लें। इलाहाबाद विश्वविद्यालय के अँग्रेजी विभाग के प्रो० सतीशचंद्र देब जब भाषण देते थे, स्वभावत: अँग्रेजी में, तो उनके अच्छे विद्यार्थियों और कुछेक सहयोगियों का यह व्यसन होता था कि प्रोफेसर के लंबे वाक्य-विन्यास में कहीं कोई गलती ढूँढ़ निकालने का प्रयत्न किया जाए। अधिकतर यत्न असफल होता था, और यह ध्यान रखने की बात है कि अँग्रेजी प्रो० देब की मातृभाषा नहीं थी। इस तुलना में हिंदी के प्राध्यापकों या साहित्यकारों का ऐसा नीरन्ध्र गद्य सुनने का अवसर कम मिलता है। व्याकरण संबंधी भूलें, अधूरे और अव्यवस्थित वाक्य, समरस शब्दावली का अभाव-हिंदी गद्य के मौखिक और लिखित दोनों रूपों में ये कमियाँ परिलक्षित की जा सकती हैं।

कारणों की खोज करने चलें तो कई मिलेंगे। एक तो यह कि खड़ी बोली हिंदी को मातृभाषा के तौर पर दैनिक बोलचाल में व्यवहार करने की प्रवृत्ति आधुनिक काल के पढ़े-लिखे परिवारों की नयी पीढ़ी में ही आरंभ होती है। अभी तक के पढ़े-लिखे परिवारों, और अधिकतर-अपढ़ ग्रामीण परिवारों में अब भी, साधारण बोलचाल के लिए ब्रज़, अवधी, खड़ी बोली, भोजपुरी आदि जनपदीय बोलियाँ व्यवहृत होती हैं। हिंदी प्रदेश में 18 बोलियों और परिनिष्ठित हिंदी भाषा के व्यवहार का यह द्वैत एक ओर शक्ति का स्रोत रहा है तो असुविधा का कारण भी है। इन बोलियों से एक ओर रचनात्मक वैविध्य उपजता है तो दूसरी ओर एकरूपता बाधित होती है। बोलचाल के संस्कार से कुछ दूर पड़ जाने के कारण खड़ी बोली हिंदी गद्य में प्रवाह की कमी

बहुत बार महसूस होती है।

यहाँ एक रोचक विरोधाभास भी देखा जा सकता है। एक ओर तो हिंदी लेखक की भाषा पर इस क्षेत्र की मातृ- बोलियों का दबाव और उसके कारण प्रवाह का भटकाव दिखाई देता है, दूसरी ओर आधुनिक प्रवृत्तियों के कुछ प्रवर्तक लेखक ऐसे मिलते हैं, जिनकी मातृभाषा या कि परिवार भाषा हिंदी नहीं है। यह आकस्मिक नहीं कि आधुनिक हिंदी के तीन ख्यात लेखकों अज्ञेय, गजानन माधव मुक्तिबोध और नरेश मेहता की मातृभाषा/परिवार-भाषा हिंदी न होकर क्रमशः पंजाबी, मराठी और गुजराती है। प्रसिद्ध आधुनिक आलोचक जॉर्ज स्टाइनर के मुहावरे में उन्हें 'अतिरिक्त क्षेत्रीय लेखक' कहा जायेगा। तो हिंदी क्षेत्र या कि ठेठ मध्यदेश से बाहर के लेखक हिंदी लेखन और गद्य लेखन का प्रतिमान उपस्थित करते हैं, और दूसरी ओर हिंदी क्षेत्र के भीतर के लेखक हिंदी लिखने में बहुत बार लड़खड़ाते दिखते हैं।

अपने लेखन की इस विशेष परिस्थिति को अज्ञेय ने 'आत्मनेपद' में (पृ० 163) 'सीखी हुई भाषा' का उपयोग कहा है, जो 'अतिरिक्त क्षेत्रीय' लेखक के लिए सहज है। अपने सहयोगी लेखक रघुवीरसहाय के साथ एक लंबे संवाद में ('अज्ञेय : अपने बारे में'—आकाशवाणी) अज्ञेय ने इस परिस्थिति का अपने रचनात्मक संदर्भ में अपेक्षया विस्तार से विवेचन किया है। कहना चाहिए कि इस महत्वपूर्ण संवाद का पहला मुद्दा उन्होंने यही बनाया है। अपने आरंभिक भाषा-ज्ञान के बारे में बताते हुए अज्ञेय कहते हैं, "तो, कुछ संकोच कहिए या जो भी कारण कहिए वे वहाँ से बाहर खेत में चली गईं, वहाँ मेरा जन्म हुआ। तब से लेकर किशोरावस्था तक काफी एकांत में रहना हुआ और ज्यादातर हिंदी भाषी प्रदेश के बाहर रहना हुआ। हिंदी मैंने सीखी जरूर, लेकिन बहुत कुछ तो पढ़कर सीखी, नागरी का ज्ञान हुआ...देखिए, जन्म के बाद पहले चार महीने छोड़कर, पहले चार वर्ष मेरे लखनऊ में बीते। तो कह सकते हैं कि हिंदी या कि आप चाहेंगे, आग्रह हो वैसा तो आप उसे हिंदुस्तानी कह लीजिए, के वातावरण में बोलना सीखा मैंने। घर पर आपस में भाई-बहन हिंदी ही बोलते थे। पिता के साथ भी, माता- पिता के साथ हिंदी बोलते थे। माता-पिता आपस में जरूर कभी पंजाबी, और हम लोगों की उपस्थिति में प्रायः हिंदी बोलते थे। तो दूसरी भाषा के नाम पर बोली हुई ध्वनियाँ भाषा के या सहज भाव से बोली हुई भाषा पंजाबी की ध्वनियाँ जरूर उसका संस्कार था...पंजाबी का यह संस्कार कई अन्य समकालीन लेखकों में लक्षित किया जा सकता है, जैसे यशपाल, उपेन्द्रनाथ 'अश्क' या कि मोहन राकेश। अन्य भाषा क्षेत्रों के लेखक भी हिंदी साहित्य में सक्रिय रहे—रांगेय राघव (तमिल), बालकृष्ण राव (तेलुगू), प्रभाकर माचवे (मराठी), उषादेवी मित्रा (बँगला)। यह ठीक है इन लेखकों की कर्म-भूमि स्वेच्छया या कि परिवार-मूल आदि के कारण हिंदी भाषी क्षेत्र रहा।

तब यहाँ एक सहज प्रश्न यह बनता है कि इतर भाषाओं के लेखकों द्वारा

आयातित संस्कार तो हिंदी भाषा में सहज भाव से स्वीकृत हो गये, पर हिंदी प्रदेश की अपनी बोलियों के प्रभाव हिंदी लेखन में क्यों आड़े आते हैं? अन्य भारतीय भाषाओं की अपनी तुलना में हिंदी की बोलियाँ तो स्वयं हिंदी के निकटतर होनी चाहिए। सच पूछिए तो कविता की अपेक्षा गद्य के विधान में यह समस्या अधिक उठती है, क्योंकि वाक्य-विन्यास, व्याकरण आदि के जटिल प्रश्न वहीं अधिक आते हैं, जबकि कविता में शब्द-चयन का केन्द्रीय महत्व रहता है। और इसी स्तर पर हमारी उपर्युक्त शंका का समाधान भी मिलता है। बोलियों के शब्द और मुहावरे जहाँ तक परिनिष्ठित हिंदी में आते हैं वे निश्चय ही काम्य हैं और मूल भाषा के साथ सहज समरस हो जाते हैं, पर जब वे व्याकरण के क्षेत्र में अतिक्रमण करते हैं तो मूल भाषा का ढाँचा उन्हें स्वीकार नहीं कर पाता, जैसे कर्ताकारक के परसर्ग-ने का विलुप्त हो जाना या कि पुल्लिंग-स्त्रीलिंग के मान्य भेदों की अवज्ञा। जहाँ तक अन्य भारतीय भाषाओं की स्थिति है वे व्याकरण के प्रसंग में हस्तक्षेप नहीं करतीं, उनके तो ध्वन्यात्मक संस्कार मूल भाषा में प्रवेश करते हैं या फिर शब्द-समूह, जिनकी प्रकृति अनुकूल होने पर ग्रहीता भाषा समृद्धतर ही होती है, व्याकरण के क्षेत्र में अनधिकार प्रवेश की चेष्टा का सामना उसे नहीं करना पड़ता। यों पंजाबी, मराठी, गुजराती या कि कुछ हटकर तमिल-तेलुगू के संस्कार क्रमशः हिंदी गद्य के अंग बने हैं, जबकि हिंदी क्षेत्र की अपनी ही बोलियाँ जैसे ब्रजभाषा, अवधी, भोजपुरी, हिंदी गद्य के स्वरूप में प्राय: विकृति उत्पन्न करती हैं। अतिथि के शिष्टाचार की मर्यादा और स्वजनों के उत्पात के बीच का अंतर है यह।

फिर परिनिष्ठित हिंदी गद्य की एक कमी यह भी रही कि उसके वाक्य-विन्यास में वैविध्य अपेक्षाकृत कम आया है। वाक्य विन्यास में लचीलेपन की कमी का एक कारण यह हो सकता है कि हिंदी के आरंभिक दौर के कथाकार-लाला श्रीनिवासदास से लेकर प्रेमचंद तक—जो किसी भी समय गद्य के सबसे प्रबल प्रयोगकर्ता होते हैं—विषय-विन्यास में अधिक संलग्न हुए, भाषा के रचाव की ओर उनका ध्यान कम रहा। इस प्रसंग में बँगला जैसा दोनों का संतुलन हिंदी में बहुत बार देखने को नहीं मिलता। उदाहरण के लिए वाक्य-विन्यास में सहज प्रवाह का एक साक्ष्य तब माना जा सकता है जबकि वाक्य में सबसे महत्वपूर्ण तत्व क्रिया का विलोप हो जाय, और वाक्य शेष अवयवों के संतुलन पर तना रहे। विभूति भूषण बंद्योपाध्याय के बँगला उपन्यास 'आरण्यक' का पहले उल्लेख हो चुका है। उसी में से कुछेक वाक्य उदाहरण के तौर पर रक्खे जा सकते हैं : सर्दियों की साँझ'। 'सूखी घास और झाऊ की बनी टट्टियाँ—उन पर मिट्टी की पुताई'। (पृ०5), 'खूब रह-रह चाँदनी और वैसी ही हड्डी हिलाने वाली करारी सर्दी' (पृ० 43) : गुलेरी की कहानी 'उसने कहा था' में 'दंतवीणोपदेशाचार्य' वाले प्रसंग से मिलाने पर बात स्पष्ट होगी। सभी तरह के बँगला गद्य का यह सहज प्रचलित रूप है, हिंदी में इस तरह का अनौपचारिक

अंदाज कम मिलेगा।

हिंदी वाक्य-विन्यास का मानक रूप है : कर्ता-कर्म क्रिया : यानी 'राम राजा थे 'या 'एक राजा था'। इसमें फेर-बदल आसानी से नहीं होता। यह भी ध्यान देने की बात है कि आद्य कहानी के इस पहले वाक्य—'एक राजा था' का बोलियों में (यानी बोलने) में प्राय: निरपवाद रूप मिलेगा—'एक था राजा'। अब 'एक राजा था' और 'एक था राजा' के विन्यास में 'राजा' पद की स्थिति ही नहीं बदलती राजा का जैसे पद ही बदल जाता है। 'एक राजा था'/"एक था राजा 'राजा था एक'/"था एक राजा' में सर्वत्र राजा और उसके होने की स्थिति बदली हुई है। यह महज़ व्याकरण का खेल नहीं, यथार्थ के जटिल रूप-रूपांतर हैं। हिंदी में कहानी कहने की उत्सुकता और उतावली में कथाकार इनका विचार किये बिना आगे बढ़ जाता है, बिना यह समझे कि उसकी उतावली और अनुचित उत्सुकता सुनने वाले की उचित उत्सुकता को भोंथरा कर देती है। इस तुलना में बँगला विन्यास का वैविध्य स्वत: ध्यान खींचता है। 'आरण्यक' के ही कुछ प्रसंग फिर प्रस्तुत हैं—'पास ही था बादाम का एक पेड़ (प्रस्तावना), नहीं ही आने दिया उन लोगों ने' (पृ० 2), 'साथ में पहुँचा उसका बड़ा लड़का' (पृ० 25)। यह एक प्रकार से कथा में नाटक का प्रवेश है : अर्थात भाषा में बोलचाल का फिर से आग्रह, और प्रस्तुत संदर्भ में जो तत्व इस समय सबसे महत्वपूर्ण है उसे अधिक आलोकित करना। यह तत्व कहीं बादाम का पेड़ हो सकता है तो कहीं बड़ा लड़का, और कहीं सिर्फ नकार का बलार्थक रूप। फिर चलते विन्यास की एकरसता को प्रीतिकर ढंग से भंग कर सकने की उपलब्धि तो अपनी जगह है ही।

कहानी कहने पर आत्म-नियंत्रण प्रेमचंद के बाद आता है, और यह महज संयोग नहीं कि प्रेमचंद की पीठ पर आते हैं जैनेन्द्र। सहस्रावधि पृष्ठों में फैले प्रेमचंद के उपन्यासों के बाद शतावधि पृष्ठों में जैनेन्द्र रचते हैं अपना उपन्यास 'त्यागपत्र'। हिंदी की इन दोनों अमर कथाकृतियों 'गोदान' (1936) और 'त्यागपत्र' (1937) के बीच काल का कोई खास अंतराल नहीं है, और प्रेमचंद तथा जैनेन्द्र के बीच सहकर्मी मित्र या कि लगभग गुरु-शिष्य जैसा रिश्ता रहा, पर इन दोनों के बीच जैसे यथार्थ की पूरी समझ ही बदल गई। 'त्यागपत्र' के शुरू के अनुच्छेदों में है : "हम लोगों का असली घर पछाँह की ओर था। पिता प्रतिष्ठावाले थे और माता अत्यंत कुशल गृहिणी थीं। जैसी कुशल थीं वैसी कोमल होतीं तो—? पर नहीं, उस 'तो—?' के मुँह में नहीं बढ़ना होगा। बढ़े, कि गए। फिर तो सारी कहानी उस मुँह में निगलकर समा जाएगी और उसमें से निकलना भी नसीब न होगा।" कथा-में-कथा के चक्र वाले 'पंचतंत्र' और 'हितोपदेश' के देश में वर्णन करने और कहानी कहने पर ऐसा सहज और अनाटकीय आत्मसंयम विस्मयजनक लगता है। इन दो-तीन वाक्यों में एक और उपन्यासकार का रचना-सूत्र छिपा हुआ है, पर वह यहाँ गौण है। मुख्य

है, वर्णन न करके वर्णन को व्यंजित कर देने की क्षमता। और तब इस गद्य-विधान के लिए स्वाभाविक है कि यहाँ छोटे और निरीह-से दिखते अव्यय-प्रयोगों (तो, भी, और, कि) का महत्व बढ़ जाए। 'वैसी कोमल भी होतीं तो?' में 'भी' और 'तो' महज बलार्थक से अधिक रचनात्मक गुणवत्ता रखते हैं, कुछ वैसे ही जैसे नये कवि शमशेरबहादुर सिंह की कविताओं में। और जैनेन्द्र तथा शमशेर दोनों ठेठ खड़ी बोली क्षेत्र से आते हैं, यह अपने में संयोग से कुछ अधिक है।

प्रसंगवशात् यह बताना उचित होगा कि कहानी कहने पर आत्मसंयम विभूतिभूषण के 'आरण्यक' में भी मिलेगा। आरंभ में ही कथाकार कहता है "नौकरी कैसे मिल गई, विस्तार से यह बताना बेकार है, क्योंकि इस कहानी का उद्देश्य बिलकुल अलग है।" (पृ० 5) उस्ताद कथाकार शरच्चंद्र चट्टोपाध्याय इस आत्मसंयम को रचना-विधान में तो बरतते ही हैं, सिद्धांत रूप में उसे व्याख्यायित भी करते हैं। अपनी प्रिय शिष्या लीलारानी गंगोपाध्याय को एक पत्र में वे लिखते हैं, "कितना लिखना चाहिए, किस चीज़ को छोड़ देना चाहिए, किसे पी जाना चाहिए...इतनी बड़ी सच बात दूसरी नहीं है। दीदी, जितनी घटनाएँ घटती हैं उनमें से सारी नहीं लिखनी चाहिए। कुछ को साफ-साफ कहना चाहिए, कुछ इशारे से, कुछ को पाठकों के मुँह से कहलवा लेना चाहिए।"

बात चल रही थी प्रेमचंद और जैनेन्द्र के रचना-विधान की। इन दोनों के बीच का अंतर एक स्थान पर बड़े सटीक ढंग से देखने को मिलता है। प्रेमचंद के पत्र-संग्रह 'चिट्ठी-पत्री' (भाग-2) में जैनेन्द्र और प्रेमचंद के पत्र ऊपर-नीचे पत्रोत्तर के क्रम में दिए हुए हैं। वहाँ उन्हें एक साथ पढ़ना इन दो बड़े कथाकारों के गद्य वैशिष्ट्य के सूत्र को अच्छी तरह खोलता है। कुछ अंश उदाहरण के तौर पर प्रस्तुत हैं—

> *"...गबन 'आप पढ़ लें और मैं कुछ आपकी राय जान लूँ तो मुझे संतोष हो। 'परख' की आलोचना जल्दी में तो नहीं की, लेकिन अपनी दानिस्त में मुझे जो कुछ कहना चाहिए था वह कह चुका। मैं समालोचक बहुत खराब हूँ। पुस्तक पर पाठक की दृष्टि से निगाह डालता हूँ। और जो भाव जम जाता है वही लिखता हूँ...आयी तो थी पर एक साहब लेकर मुरादाबाद चले गए, वह लौट कर आवें तो भेजूँ।*
>
> *आशा है आप सानंद हैं*
>
> *भवदीय*
> *धनपतराय"*
>
> *जैनेन्द्र का उत्तर*
> *"...मैं इससे यह समझता था कि आप अभी लाहौर ही होंगे और लौटते हुए ज़रूर दिल्ली उतरेंगे। और मैं हर रोज़ आपके यहाँ आने की आशा कर रहा*

था। उसके बदले में मिला आपका खत जिससे मालूम हुआ कि आप लखनऊ पहुँच गए और अब जल्दी इधर आने वाले हैं नहीं! यह तो सब कुछ बात न हुई। मैं यहाँ आप की सलाह और मदद से कुछ अपनी जिंदगी की समस्याओं को हल करने की सोच रहा था। खैर।"

पत्रोत्तर के रूप में ऊपर-नीचे छपे इन दोनों गद्य अवतरणों की तुलना से स्पष्ट हो जाता है कि प्रेमचंद की भाषा-शैली सीधी-सरल, क्रमबद्ध रूप में चलने वाली है। भाषा जैनेन्द्र की भी सरल है, पर कुछ भंगिमा लिए हुए। उद्धृत अंश में वाक्य संख्या तीन के दोनों उपवाक्यों तथा चौथे वाक्य में भी विन्यास को उलटा पुलटा गया है आवश्यक बल, और शिकायत तथा अनुरोध के मिले-जुले अंदाज़ को उभारने के लिए, जिसे आज-कल के शैली विज्ञान में एक व्यापक नाम 'विचलन' दिया गया है। जैनेन्द्र में जो यह शैली की चंचलता है वह प्रेमचंद के सहज गंभीर स्वर से अलग जान पड़ती है। स्वयं प्रेमचंद ने अपने एक पिछले पत्र में जैनेन्द्र को उनकी शैली के विषय में इस प्रकार लिखा है, "आपकी शैली में स्फूर्ति-सजीवता कहीं अधिक है। चुटकियाँ, चुलबुलापन कहीं अधिक है।"

प्रस्तुत प्रसंग में भाषा और गद्य के संबंध में स्वयं जैनेन्द्र के विचारों को समझने का प्रयत्न स्पष्ट ही उपयोगी होगा। 'उपन्यास और कहानी' शीर्षक अपनी एक आकाशवाणी वार्ता में भाषा और गद्य की मूल प्रकृति का विवेचन करते हुए वे कहते हैं, "यों भी कह सकते हैं कि भाषा कहकर इतना नहीं कहती, जितना अनकहा छोड़कर कहती है...सफलता के लिए हर गद्य को वाग्मिता से सरलता और बनावट से सहजता की ओर बढ़ना होता है। ज्ञान से जीवन या कहिए कि पाठशाला के अनुशासन से घर के घरेलूपन की ओर उसे आना होता है।" कहना न होगा गद्य के स्वरूप का जैसा निर्मल विवेचन यहाँ हुआ है, वैसा ही निर्मल गद्य यह लिखा भी गया है। और जो कुछ यहाँ कहा गया उसे अनायास करके दिखाया गया है।

पर हिंदी का सामान्य गद्य ऐसा नहीं है, यह हमारे लिए पाठशाला से लेकर रचना-चिंता तक का गंभीर विषय बना हुआ है। इसके पीछे एक कारण तो यही है जिसका उल्लेख पहले किया गया, यानी खड़ी बोली हिंदी पिछले समय में साधारण बोलचाल की भाषा कम रही है, शिष्ट व्यवहार की अधिक। अब जबकि नागरिक जनता का गाँवों से रिश्ता मद्धिम पड़ रहा है, उद्योगीकरण के दबाव में संयुक्त परिवार बिखर रहे हैं, और प्रसार माध्यमों का फैलाव बढ़ता जा रहा है तो बच्चे शहरों में खासतौर से आरंभ से ही खड़ी बोली हिंदी का व्यवहार कर रहे हैं। पर पिछली पीढ़ी तक जनपदीय बोलियों और परिनिष्ठित हिंदी, दोनों रूपों का प्रयोग होता रहा। फलस्वरूप वाक्यों की बनावट बहुत कुछ स्थिर और किताबी बनी रही। साधारण बोलचाल से वाक्य संयोजन का वैविध्य परिनिष्ठित हिंदी में तब कम ही संक्रमित हो सका।

इस प्रसंग में दूसरे संभाव्य कारण का उल्लेख कुछ संकोच के साथ ही किया जा सकता है। आचार्य महावीरप्रसाद द्विवेदी के प्रयासों से जहाँ खड़ी बोली हिंदी को एक क्रमबद्धता और व्यवस्था मिली—जिसकी उस समय बहुत आवश्यकता थी—वहीं भाषा का रूप साहित्यिक रचना में स्थिर होकर रह गया। शब्द-समूह में परिवर्तन अपने आप जल्दी होता है, क्योंकि उसके बदलाव से व्याकरण और वाक्य का ढाँचा रूपांतरित नहीं होता। वाक्य-विन्यास में परिवर्तन और लोच लाना अपेक्षया श्रमसाध्य है। हो सकता है कि 'सरस्वती' संपादक ने खड़ी बोली पर आधारित तत्कालीन नयी हिंदी भाषा को एक पहिचान और अस्मिता तो दी, पर उसके आंतरिक विकास की गति को मंद कर दिया। व्याकरण का लाभ रचना की कठिनाई में बदल गया। हिंदी गद्य में प्रतिमानीकरण और नवीकरण की प्रसन्न द्वन्द्व-प्रक्रिया उस बिंदु से आगे बहुत गतिशील नहीं हो पा रही।

प्रश्न फिर घुमड़ता है कि ऐसा क्यों है, और कौन से कारण हैं? भाषा के लिए, गद्य के लिए स्वयं लेखक के मन में पूरा सम्मान क्यों नहीं? हिंदी के एक प्रसिद्ध कवि-उपन्यासकार की एक विचार प्रधान रचना है। लेखक कविता और उपन्यास में अपने सजग और कुछ विलक्षण भाषा-प्रयोग के लिए प्रसिद्ध है, और उनका कम से कम एक उपन्यास आधुनिक गद्य की अच्छी उपलब्धि माना गया है। इस विचार-प्रधान रचना का एकदम आरंभिक वाक्य है, "मनुष्य की ही भाँति काव्य भी अपने जन्म और वंश दोनों ही दृष्टियों से न केवल पुराणतम ही है बल्कि अज्ञात भी।" 'ही' और 'भी' का यहाँ उन्मुक्त प्रयोग है, बिना यह सोचे कि इन बलार्थक अव्ययों का क्या प्रयोजन है। वह यह ठीक-ठीक समझ नहीं पाता कि बहुत जगह भंगिमा वाक्य अपने विन्यास में स्वयं धारण कर लेता है, उसके लिए बलार्थक अव्यय के ही प्रयोग की अपेक्षा नहीं रहती। यों अव्ययों का अपव्यय हमारे गद्य की एक सामान्य प्रवृत्ति है, शायद यह सोचकर कि इन निरीहों का कोई वैशिष्ट्य नहीं, अतः बेगार के लिए अपने से बहुत उपयुक्त हैं, कुछ-कुछ वैसे ही जैसे मैथिलीशरण गुप्त के आदिम खड़ी बोली काव्य में अव्ययों के साथ-साथ 'अहो', 'अहा' जैसे विस्मयादि बोधकों की छूट है। वहाँ चरण-पूर्ति या कि तुक-विधान (कहो/अहो) का घटिया ही सही कुछ उद्देश्य था तो, यहाँ वह भी नहीं, सिवाय इसके कि भाषा के प्रति एक सामान्य उपेक्षा का भाव है, जिसके पीछे शायद अगले वक्तों की यह मान्यता है कि भाषा भावों की अनुवर्तिनी होती है, जहाँ अच्छे भाव होंगे वहाँ भाषा अपने आप अच्छी हो जायेगी। यदि उद्धृत वाक्य को साधा जाये तो पाँच में से कम से कम तीन अव्यय निकल जाएँगे, और तब वाक्य होगा—'मनुष्य की ही भाँति काव्य अपने जन्म और वंश दोनों दृष्टियों से न केवल पुराणतम है बल्कि अज्ञात भी।' यह भाषा का संस्कार है जिसे महावीरप्रसाद द्विवेदी जैसे शास्ता चाहकर भी दे नहीं सकते थे, जिसे वस्तुतः रचनाकार के अंदर ही विकसित होना है।

हिंदी गद्य की कुछ समस्याओं का संबंध व्यापक हिंदी समाज से है। पहली बात तो हिदी की पढ़ाई के संबंध में है। समाज में प्राय: धारणा रही है कि हिंदी भाषा को पढ़ना क्या, वह तो हमारे संस्कार में है। यह ठीक है कि भाषा संस्कार से आती है, आनी चाहिए भी। पर संस्कारों के बनने में भाषा का भी योग होता है, इस बात की ओर से ध्यान नहीं हटना चाहिए। अत: उसे सीखने का महत्व कम नहीं हो जाता, जबकि इधर भाषा मात्र सामान्यत:, और हिंदी विशेषत: सीखने पर बल उत्तरोत्तर कम होता जा रहा है। प्राथमिक शिक्षा में स्तर की गिरावट से हिंदी सीखना और उपेक्षित हुआ है, व्याकरण और रचना-शैली पाठ्यक्रम में पिछड़ी चीजें मान ली गई हैं।

फिर भाषा को नितांत व्यावहारिक और प्रयोजनमूलक मान लेने से भी उसके प्रति सम्मान में सर्वतोमुखी क्षरण हुआ है। भाषा सिर्फ माध्यम नहीं, वरन् वह हमारा व्यक्तित्व है, यह बुनियादी समझ आज हमारे राष्ट्रीय जीवन में अनुपस्थित है, और अँग्रेजी के पक्षधर अपने चलते इस सही समझ को विकसित नहीं होने देना चाहेंगे। भाषा को यदि व्यक्तित्व के रूप में पहिचान लिया गया तो अँग्रेजी के सांस्कृतिक आतंक की गतिविधि खुल जाएगी। इसीलिए भाषा के संबंध में 'माध्यमवादी' विचार-धारा जानबूझ कर न्यस्त स्वार्थों द्वारा बलपूर्वक और कौशल के साथ प्रचारित की जा रही है। इस प्रसंग में निराला के काव्य 'तुलसीदास' का अनायास स्मरण हो आता है जहाँ कवि ने मध्यकालीन संदर्भ में इस्लाम के सांस्कृतिक आतंक का खुलासा चित्रण किया है, और कवि तुलसीदास का उदय उस आतंक से निपटने के लिए दिखाया गया है। फिर हल्की व्यंजना में यह भी उभरता है कि उस स्थिति के समानांतर अँग्रेजी और अंग्रेजियत के सांस्कृतिक आतंक का सामना करने के लिए आधुनिक काल में निराला स्वयं सामने आते हैं। हो सकता है कि नातिदूर भविष्य में तुलसीदास और निराला मिलकर भारतीय व्यक्तित्व और भारतीय भाषा, हिंदी व्यक्तित्व और हिंदी भाषा को इस सांस्कृतिक संघर्ष में विजय दिला सकें। अभी तो अपराजेय समर जारी है। कविता किसी कदर इससे निरपेक्ष रह सकती है, पर अपने बहुस्तरीय प्रयोग के कारण हिंदी गद्य इस संघर्ष का एक महत्वपूर्ण उपकरण है, और उसकी नियति कहीं उसके परिणाम से जुड़ी है।

अँग्रेजी और अँग्रेजियत के आतंक का व्यावहारिक पक्ष अलग से है, जहाँ वह 'कान्वेंट शिक्षा' और प्रसार माध्यमों के अनेक खुले दरवाजों से हिंदी शब्द समूह, वाक्य-विन्यास आदि के क्षेत्रों में तरह-तरह से घुसपैठ कर रही है। मैकाले ने काले साहब के शरीर की रचना की थी, उसका दिमाग तो असल में अब बन रहा है। ऐसी स्थिति में हिंदी गद्य का स्वायत्त विकास निश्चय ही कठिनतर होता जाता है। और स्थिति का दूसरा पक्ष वहाँ है जहाँ हिंदी प्रदेश की बोलियाँ परिनिष्ठित हिंदी पर अंदर से दबाव डाल रही हैं। ऊपर से अँग्रेजी का आतंक और भीतर से बोलियों का दबाव-ऊपर से अंतर्राष्ट्रीय और भीतर से क्षेत्रीयता : औसत भारतीय मानस की बनावट

बहुत कुछ इसी रूप पर चल रही है। हिंदी और राष्ट्रीयता, जहाँ हर भाषा व्यक्तित्व को बराबर की आत्मीय निष्ठा मिलती, धीरे-धीरे पिछड़े तत्व करार दिये जा रहे हैं।

× × ×

व्यावहारिक प्रयोग से गहरे उतर कर रचना उस भाषा में होती है, हो सकती है जिसे बनाने, और उसके हित में बिगाड़ने का भी नैतिक अधिकार रचनाकार को हो।

भारतीय लेखक को अँग्रेजी के संबंध में स्पष्ट ही ऐसा अधिकार नहीं मिलता। कविता का तो प्रश्न ही नहीं जहाँ भाषा के बनने और बिगड़ने में विवेक करना मुश्किल है, गद्य में भी यह अधिकार उसे प्राप्त नहीं। भारतीय अँग्रेजी लेखकों में अग्रणी मुल्कराज आनंद की कला विषयक एक पुस्तक की कई दशक पूर्व अँग्रेजी बौद्धिक संस्थान के मुखपत्र-जैसे 'बी०बी०सी० लिसनर' में समीक्षा करते हुए प्रसिद्ध उपन्यासकार ई०एम० फॉस्टर ने अंत में लिखा था, "(पुस्तक की) अँग्रेजी खराब है"। मुल्कराज की वर्षों अँग्रेजी साधना की यह परिणति जैसी दयनीय है वैसी ही विचार-प्रेरक भी। पिछले कुछ समय से भारतीय या कि पूर्व-उपनिवेशों के अँग्रेजी लेखन को बढ़ाने की दिशा में कुछ कूटनीतिक ढंग के प्रयत्न शुरू हुए हैं। जैसे इंग्लैंड में एक 'बुकर पुरस्कार' दिया जाता है अधिकतर राष्ट्रमंडलीय लेखकों या कि विभाषी अँग्रेजी लेखकों को। यह एक प्रकार का प्रोत्साहन-प्रसार-पुरस्कार है जिसकी वर्ष (1993 में) रजत जयंती मनाई गयी है भारत मूल के अँग्रेजी लेखक सलमान रुश्दी को फिर से पुरस्कृत करके। यों अँग्रेजी साहित्य की मूल धारा से अलग एक उपधारा सजग रूप से बनाई जा रही है पूर्व उपनिवेशी युवा लेखकों को अँग्रेजी की ओर आकर्षित करने के लिए।

हिंदी की सत्ता, हिंदी गद्य की सत्ता निश्चय ही एक संकट के दौर से गुजर रही है। इसके राष्ट्रीय, जातीय अनेक स्तरों पर अनेक तरह के परिणाम हैं। हिंदी रचना और हिंदी के जातीय क्षेत्र का सांस्कृतिक संकट हमारे लेखन-कर्म की दृष्टि से सबसे अधिक चिंता का विषय है। गद्य एक प्रकार से चिंतन-शक्ति का पर्याय है, जैसे कि कविता अनुभव-क्षमता का। यदि गद्य का ह्रास होता है तो हमारा चिंतन भी पिछड़ता है, विकृत होता है। एक पूरी जाति के स्तर पर अँग्रेजी सीखना हमारे लिए संभव नहीं, व्यावहारिक नहीं; हिंदी सीखना जानबूझ कर, और कहीं लापरवाही से, उपेक्षित किया गया है तो इस रफ्तार से हिंदी क्षेत्र का बौद्धिक स्तर पर क्रमिक जाति संहार शुरू है। सौ बरस पहले घनघोर गुलामी के दिनों में भारतेंदु ने गद्य का विस्तार करते हुए सहज प्रसन्न मुद्रा में हिंदी को नयी चाल में ढलने की बात कही थी ("हिंदी नये चाल में ढली 1873 ई०" : काल चक्र); वही गद्य आज लड़खड़ा रहा है। निश्चय ही राजनैतिक स्तर पर स्थिति के समाधान अलग होंगे। बौद्धिक और सर्जनात्मक स्तर पर हम गद्य की प्रकृति को सूक्ष्म रूप में समझकर ही उसकी, और अपनी, स्वायत्त सत्ता बना सकते हैं। इतना हमारे वश में है, पर इसके लिए भाषा के व्यवहारकर्ताओं को

गहरा रचना अनुशासन विकसित करना होगा। गद्य लिखना कवियों के लिए कसौटी मानी गयी है, इस दृष्टि से आलोचक के लिए तो वह महत्त्वाकांक्षा ही कही जायेगी।

2

सर्जनात्मक साहित्य के सीमांत पर गद्य का एक प्रयोग लगभग उसके आविर्भाव काल से चला आ रहा है, जिसे हम विचार-गद्य का नाम दे सकते हैं। आरंभ में इसका प्रयोग धर्म-अध्यात्म चर्चा और इन विषयों के काव्य-ग्रंथों की टीका आदि के लिए था। पिछले कुछ समय से राजनैतिक, आर्थिक और सामाजिक प्रश्न, धर्म और अध्यात्म, दर्शन और राजनीति इन विविध पक्षों पर अलग-अलग तो कभी-कभी संपृक्त रूप में विवेचन किया जाता रहा है जिसे कुछ ढीले तौर पर हम 'विचार-साहित्य' का नाम देते हैं, और इस विचार-विमर्श के प्रतिभागियों के लिए भी नया नामकरण हुआ है 'बौद्धिक'। इस बिरादरी में अध्यापक, रचनाकार, पत्रकार, विधिवेत्ता, राजनेता व्यापक रूप से भाग लेते हैं। स्पष्ट ही कई अनुशासनों की टकराहट में यहाँ विचार-गद्य का बड़ा पुष्ट और आधुनिक रूप विकसित होता है। सर्जनात्मक गद्य और इस विचार-गद्य की अंतरक्रिया फिर और उत्प्रेरक होती है। अँग्रेजी में इस गद्य की परंपरा लगभग उतनी ही पुरानी है जितनी कि वहाँ की कई शताब्दियों पुरानी संसद् जिसे आदर के तौर पर संसदों की जननी कहा जाता है। हिंदी में इस तरह का गद्य अभी हाल की चीज़ है।

यह विचार-गद्य अभी विकसित होना शुरू ही हुआ है कि ठीक दूसरी ओर संचार-साधनों का गद्य तेजी से फैलने लगा, जो स्पष्ट ही बोलचाल है, गद्य तो वह कहीं-कहीं और कभी-कभी ही है। विचार का अपेक्षया कठिन गद्य और संचार का यह छद्म गद्य सर्जनात्मक गद्य को परस्पर विरोधी दिशाओं की ओर खींचता है। गद्य के इन विविध स्तरों की टकराहट का अध्ययन अपने में रोचक और उपयोगी है। मुश्किल यह है कि 'कुत्ते! तेरा खून पी लूँगा' एक ओर, और 'धर्म दीर्घकालीन राजनीति है और राजनीति अल्पकालीन धर्म', दूसरी ओर, इनके बीच अंतराल जितना अधिक है अंतरक्रिया उतनी ही जरूरी। यों, भाषा के सीमांतों पर एक ओर कविता है तो दूसरी ओर गाली। एक भाषा का सबसे अधिक सघन सर्जनात्मक रूप है तो दूसरा सर्जनात्मक क्षमता से एकदम विहीन ठोस। उनके परे, कविता के पहले मंत्र है तो गाली के बाद हिंसा-दोनों करने के योग्य हैं, कहने के नहीं। रचनाकार को अपने सर्जन में इन दोनों सिरों का कहीं न कहीं संस्पर्श करते रहना पड़ता है। इस माने में गाली को कविता बना देना सबसे बड़ा रचना-पुरुषार्थ है, जिसका उदाहरण कबीर में कहीं-कहीं देखने को मिल जाता है। गद्य लेखक को इस तुलना में कहीं कम विस्तार समेटना है सर्जनात्मक गद्य से लेकर विचार-गद्य और संचार-गद्य तक।

अँग्रेजी में जैसा कहा गया, विचार-गद्य की बड़ी समृद्ध परंपरा रही है। इस प्रसंग में उसकी प्रतिस्पर्धा फ्रेंच भाषा से रही जहाँ वाल्टेयर और रूसो जैसे विचारकों ने इस युग की समूची सभ्यता-संस्कृति को प्रभावित और रूपांतरित किया है। अकेली 19वीं शती में ही अँग्रेजी के अनेक विचारक हैं जो शैलीकार के रूप में ख्यात हैं। कुछ प्रमुख नाम हैं—मिल और ब्रैडले, मैथ्यू आर्नल्ड, कार्लाइल और मैकॉले, डार्विन, रसकिन तथा वाल्टर पेटर। बीसवीं शती के आरंभ तक पीटर क्विनैल जैसे इतिहासज्ञ जीवनी-लेखक और गद्यकार हुए हैं जिनके बारे में कहा गया कि उन्हें दाँत का दर्द हो तो बर्दाश्त था, पर कोई भोंडा वाक्य नहीं। इन विचारकों ने दर्शन, शिक्षा और राज्य शास्त्र, विज्ञान, संस्कृति और सौंदर्यशास्त्र की पूरी व्यवस्थाएँ खड़ी की या कि विकसित की हैं, और जिनका गद्य इस प्रसंग में उनका महत्त्वपूर्ण उपकरण रहा है। इनका लेखन, जो बहुत बार उनके वक्तृत्व से जुड़ा हुआ है, शैली की सूक्ष्म प्रविधियों को भली-भाँति दरसाता है। इस संदर्भ में समझा जा सकता है कि विचार-गद्य अर्थ की एकनिष्ठता की कला है, जबकि अकाल्पनिक गद्य हल्की सर्जनात्मक संभावनाओं को लिए रहता है, और संचार-गद्य निरी बोलचाल है बिना रचे हुए। अँग्रेजी-गद्य के विक्टोरियन युग पर एक समूचा अध्ययन संपादित किया है जॉर्ज लैविन तथा विलियम मैडेन ने 'द आर्ट ऑफ विक्टोरियन प्रोज' (1968), जहाँ सर्जनात्मक गद्य (नाटक-उपन्यास-कहानी), तथा अकाल्पनिक गद्य (जीवनी-आत्मकथा—निबंध-संस्मरण-साहित्य-चिंतन) से अलग सिर्फ विचार-गद्य (दर्शन, विज्ञान, संस्कृति तथा मनोविज्ञान, सौंदर्यशास्त्र, राज्य शास्त्र, आदि ज्ञान के विविध पक्षों का विवेचन) को केंद्र में रखा गया है। इनमें अकाल्पनिक गद्य, साहित्य-चिंतन और विचार-गद्य की रेखाएँ बहुत बार एक-दूसरे को छूती-काटती रहती हैं। उदाहरण के लिए हिंदी गद्य लेखन की दो प्रसिद्ध कृतियों 'चिंतामणि' (रामचंद्र शुक्ल) तथा 'अशोक के फूल' (हजारीप्रसाद द्विवेदी) में 'कविता क्या है?' विशुद्ध आलोचना साहित्य-चिंतन है, 'अशोक के फूल' या 'घर जोड़ने की माया' ललित निबंध के तौर पर अकाल्पनिक गद्य के उत्कृष्ट उदाहरण हैं, और मनोविकार संबंधी या 'भारतीय संस्कृति की देन' विचार-गद्य कहे जाएँगे। ये गद्य-स्तर आसानी से एक-दूसरे में घुल-मिल जाते हैं, पर कल्पना, सर्जन और विचार-विवेचन के वैशिष्ट्य को ध्यान में रखते हुए उनके मुख्यांशों में विवेक भी उतनी ही आसानी से किया जाता है।

इस मान्यता को कई संदर्भों में प्रस्तावित कर चुका हूँ कि रचना यदि जीवन के अर्थ का विस्तार करती है तो आलोचना रचना के अर्थ का, और इस माने में आलोचना की अपनी मूल प्रकृति सर्जनात्मक है। आधुनिक सर्जनात्मक आलोचना में गद्य कैसे सक्रिय रहता है इसका कुछ विवेचन यहाँ उपयोगी होगा, और गद्य के विविध स्तरों में विवेक कैसे होता है इसे स्पष्ट भी कर सकेगा। उदाहरण के लिए रामचंद्र शुक्ल की आलोचना-भाषा को लिया जा सकता है जिसके विधान में आचार्य

की सावधानी समर्थ कवियों की काव्यभाषा का स्मरण दिलाती है। आलोचना की भाषा अपने आप में एक कठिन और सुकुमार प्रक्रिया है। अनुभव और अर्थ के जिस संश्लेष को रचनाकार भाषा के अधिकतम सर्जनात्मक रूप के सहारे व्यक्त करता है, उसे अपेक्षया सीधी-सादी भाषा में विश्लेषित और व्याख्यायित करते रहने का दायित्व समीक्षक का है। जीवन अपने आप में अर्थ-विस्तार की अनंत प्रक्रिया है। रचना यों जीवन के अर्थ का विस्तार करती है, तो आलोचना फिर रचना के अर्थ का। आचार्य शुक्ल के आलोचना-गद्य को जाँचते समय देखा जा सकता है कि उनके द्वारा प्रयुक्त शब्दावली विशिष्ट होते हुए भी पारिभाषिक नहीं बनती। अर्थ-संभावनाओं के प्रति उन्मुख रहने के कारण ही वह रचना के अनुभव को नये और सार्थक ढंग से पकड़ पाती है। 'संश्लिष्ट चित्रण', 'विरुद्धों का सामंजस्य', 'लोक मंगल' उनके कुछ ऐसे ही नये और विशिष्ट प्रयोग हैं, जिनमें आलोचक के अपने विचार-सूत्र निहित हैं जो आलोचक को न तो बँधे-बँधाए मुहावरे के तौर पर मिले हैं और न जिन्हें स्वयं आलोचक ने पारिभाषिक भंगिमा लेने दी है। वे गद्य के वैशिष्ट्य पर खुले हुए प्रयोग के तौर पर बराबर चले हैं। प्रयोग वैशिष्ट्य का इसी तरह एक अच्छा उदाहरण मिलता है जहाँ आचार्य शुक्ल ने 'जनता' और 'लोक' शब्दों के बीच विवेक किया है। 'जनता' शब्द के अंतर्गत समाज के ऊँचे-नीचे विविध वर्ग सिमट आते हैं, 'लोक' से (अँग्रेजी 'फोक' के समानांतर) समाज के पिछड़े वर्ग का बोध अधिक होता है। साहित्य की रचना-प्रक्रिया का इतिहास में विवेचन करते समय वे 'जनता' का योग-दान रेखांकित करते हैं, पर उसके प्रयोजन-स्वरूप 'लोक' को सामने रखते हैं। इतिहास के प्रवाह की व्याख्या में पाँच पदों से बनी लंबी संयुक्त क्रिया 'परिवर्तन होता चला जाता है' साहित्य-चिंतन की भाषा में सावधान प्रयोग का एक और अच्छा प्रमाण है।

काव्य में नाद-सौंदर्य का महत्व स्पष्ट करते हुए आचार्य शुक्ल ने लिखा है, 'नाद-सौंदर्य से कविता की आयु बढ़ती है'। यह वाक्य कविता के वैशिष्ट्य की व्याख्या करते हुए गद्य में नाद-सौंदर्य का एक अच्छा उदाहरण प्रस्तुत करता है। उपयुक्त शब्दों का चुनाव, आरोह-अवरोह का क्रम, और एक साँस में वाक्य पूरा हो जाने की स्थिति, ये सारे तत्व मिलकर ऊपर से दिखने वाली उक्ति को एक गहरी अनुभूति में बदल देते हैं। 'कविता की आयु' का लाक्षणिक प्रयोग भी इस प्रक्रिया में सहायक हुआ है। इसी प्रकार रचना के अर्थ-संश्लेष की व्याख्या करते समय आचार्य शुक्ल कई बार ऐसे प्रयोग करते हैं जिन्हें हम आलोचना-बिंब कह सकते हैं। इस तरह के प्रयोगों में छायावादी काव्य, विशेषत: प्रसाद का विवेचन करते समय 'मधुचर्या' शब्द देखने योग्य है—'इनकी मधुचर्या के मानस प्रसार के लिए रहस्यवाद का परदा मिल गया...'। यहाँ एक शब्द 'मधुचर्या' के माध्यम से आलोचक ने प्रसाद-काव्य में अलसता, खुमार, सलज्जता के संश्लिष्ट वातावरण को एक साथ उजागर करने का

यत्न किया है, और दूसरी ओर कवि द्वारा 'मधु' शब्द के व्यापक प्रयोग पर कटाक्ष भी। एक ऐसा ही प्रयोग है जहाँ रामचरितमानस के अयोध्याकांड में चित्रकूट की सभा को उन्होंने 'आध्यात्मिक घटना' कहा है। इसी प्रकार सूर द्वारा चित्रित कृष्ण और गोपियों के प्रेम को 'जीवनोत्सव' बताया गया है। भावों और मनोविकारों संबंधी निबंध, जिनका विचार-गद्य आलोचक के साहित्य-चिंतन की पुष्ट आधार-भूमि बनाने में सहायक होता है, समास-शैली और संश्लिष्ट शब्द-प्रयोगों से नाना रूपों में संपन्न हैं। इस दृष्टि से 'क्रोध' निबंध में वैर और क्रोध का अंतर जिस प्रकार किया गया है वह अविस्मरणीय है—'वैर क्रोध का अचार या मुरब्बा है'। क्रोध को कैसी चिंता और कितने जतन से लंबे समय तक मन में रख कर भली-भाँति पकाया जाता है, तब वह बैर बनता है, इसकी इतनी संक्षिप्त और ऐसी सटीक व्याख्या मनोविज्ञान के अच्छे से अच्छे शास्त्रीय ग्रंथों में न मिलेगी। किशोर पाठ से लेकर विश्वविद्यालय, और जीवन के खुले विश्वविद्यालय तक यह वाक्य अपने बिंब-विधान के कारण अनेक स्तरों पर खुलता है।

सावधान शब्द-प्रयोग, नाद-सौंदर्य और बिंब-विधान—साधारणत: काव्यभाषा के ये गुण रामचंद्र शुक्ल की आलोचना-भाषा में पाये जाते हैं। सामान्य आलोचक अपनी प्रभाववादी शैली में कविता की व्याख्या करने का अपर्याप्त यत्न करते रहे, और यों अधिकतर कविता का गद्य करते रहे, जबकि आचार्य शुक्ल ने अपनी आलोचना-भाषा में काव्यभाषा के महत्वपूर्ण तत्वों का समर्थ प्रयोग करके रचना के अर्थ को अधिकाधिक संवर्द्धित किया है। और उनकी इस गद्य-क्षमता के ही कारण यह संभव हुआ कि आलोचक ने बार-बार बड़े कवियों की रचना में जैसे आत्म-प्रक्षेप किया हो। तुलसीदास को पढ़ते समय अब आचार्य शुक्ल की समीक्षा उस पाठ का अंग हो गयी है। यह विचित्र बात है कि मध्यकालीन क्षेपककारों के काव्य-क्षेपक हम सावधानी से बनकर मूल रचना से अलग कर देते हैं, जबकि बड़े समीक्षक की गद्य समीक्षा कालांतर में अज्ञात भाव से रचना के भीतर समाहित हो जाती है।

सामान्यत: आलोचना-गद्य से क्या अपेक्षाएँ हो सकती हैं इसका बड़ा सटीक उल्लेख वैसे ही उपयुक्त संदर्भ में रामचंद्र शुक्ल ने किया है। उनके शिष्य जगन्नाथप्रसाद शर्मा की पुस्तक है, 'हिंदी की गद्य शैली का विकास' (1930), जो अपने विषय की आरंभिक समीक्षाओं में कही जा सकती है। ग्रंथ का परिचय देते हुए आचार्य लिखते हैं, "इसमें संदेह नहीं कि लेखक ने बहुत कुछ मार्मिक दृष्टि से काम लिया है और लेखकों की बहुत सी विशेषताओं का अच्छा उद्‍घाटन किया है, यद्यपि बहुत लेखकों के संबंध में एक ही ढंग की प्रचलित और रूढ़ पदावली कहीं-कहीं स्वच्छंद समीक्षण का मार्ग छेकती सी जान पड़ती है। इसका कारण, मेरे देखने में, सूक्ष्म विभेदों की व्यंजना के लिए अपेक्षित शब्द-सामग्री की कमी है। आशा है, सूक्ष्म दृष्टि-संपन्न लेखकों के सतत् व्यवहार से मँजकर हमारी भाषा यह कमी शीघ्र पूरी कर लेगी।"

आज से छ: दशक पूर्व उस्ताद आलोचक ने जब यह भूमिका लिखी थी तो उन्होंने निदान कर लिया था कि समस्या गद्य-शैली का विवेचन करने वाले जगन्नाथप्रसाद शर्मा की महज अपनी गद्य शैली की नहीं है, समस्या हिंदी गद्य क्षमता की कुल मिलाकर भी है। इसीलिए उनकी शुभाशंसा सिर्फ अपने शिष्य के लिए नहीं, आने वाले सभी गद्य-लेखकों के लिए है। आलोचक की यह शुभाशंसा कितनी सीमा तक फलीभूत हो सकी है, इसका विचार करना आज के लेखक के योग्य होगा।

आलोचना-गद्य और विचार-गद्य के बीच प्रक्रियागत अंतर जो है वह बहुत सीमा तक उनके विवेच्य विषय की प्रकृति के कारण है। रचनात्मक साहित्य को उपजीव्य बनाने की वजह से आलोचना-गद्य को स्वयं किसी कदर रचनात्मक होना पड़ता है, जबकि विचार-गद्य अधिकतर वर्णनात्मक और विश्लेषणपरक होता है। 'सूरदास' शीर्षक से परिकल्पित ग्रंथ की पृष्ठभूमि स्वरूप लिखित 'भक्ति का विकास' एक तरह का गद्य है, जबकि स्वयं सूर संबंधी आलोचना का गद्य (स्मरणीय 'आचार्यों की छाप लगी हुई आठ वीणाएँ...कम से कम जीने की चाह बनी रहने दी।') एकदम भिन्न कोटि का। पहले रूप को हम विचार-गद्य कहेंगे जबकि दूसरे रूप को आलोचना-गद्य।

साहित्यिक आलोचकों या कि साहित्य-चिंतकों से अलग विचार-गद्य हिंदी में लिखा गया है, पर मात्रा की दृष्टि से कम और गुण की दृष्टि से कम प्रवाहपूर्ण। इसके कारणों का कुछ उल्लेख पहले किया जा चुका है। यहाँ जोड़ा जा सकता है कि अभी तक उच्च शिक्षा का माध्यम लगभग पूरी तरह अँग्रेजी था, अत: सोचने के ढाँचे बहुत-कुछ उसी भाषा से बने बनाये ले लिये गये थे। रचनात्मक लेखन की तरह मौलिक चिंतन भी मातृभाषा में संभव होता है, जो उक्त दुष्ट शिक्षण-पद्धति के कारण अधिकतर अवरुद्ध रहा। तब न चिंतन विकसित हो सका और न गद्य, क्योंकि दोनों का संबंध परस्पर-निर्भरता का तथा द्वन्द्वात्मक है। इस प्रसंग में स्मरणीय है कि जिन थोड़े से विचारकों और राजनेताओं ने हिंदी का विचार-गद्य लिखा वे अधिकतर महात्मा गांधी की प्रेरणा से स्थापित काशी विद्यापीठ जैसे राष्ट्रीय शिक्षा-संस्थान से जुड़े रहे या उस प्रभाव-क्षेत्र में सक्रिय रहे। इनमें से उल्लेखनीय हैं आचार्य नरेन्द्रदेव, जयप्रकाश नारायण, संपूर्णानंद तथा राममनोहर लोहिया। यह संयोग से कुछ अधिक है कि गांधी के निकट प्रभाव में रहने के साथ-साथ ये सभी समाजवाद की ओर आकर्षित रहे, और सभी मूलत: चिंतक-अध्यापक-शोधकर्ता थे जिन्हें नियति ने राजनेता बना दिया, और यह भी कि ये हिंदी में कुशल प्रभावशाली वक्ता थे। पर विडंबना यह है कि स्वाधीनता प्राप्ति के बाद अँग्रेजी के आकर्षण में हिंदी का विचार-गद्य अपेक्षाकृत दब गया, हिंदी क्षेत्र के विचारक अंतर्राष्ट्रीय ख्याति के लोभ में प्राय: अँग्रेजी में लिखने लगे। इस बहाव में स्थिर रहकर हिंदी में इतिहास, दर्शन और राजनीति जैसे सामाजिक अनुशासनों के अंतर्गत चिंतन करने वाले कुछ महत्वपूर्ण लेखक हैं—रामविलास शर्मा, देवराज, गोविंदचंद्र पांडेय, रामावतार शर्मा, सिद्धेश्वरप्रसाद, सुरेन्द्र बारलिंगे,

हनुमानप्रसाद पोद्दार, यशदेव शल्य, अशोक केलकर, श्यामाचरण दुबे। महावीरप्रसाद द्विवेदी के 'सम्पत्ति शास्त्र' (1908) तथा आध्यात्मिकी' की साहसिक विचार-परंपरा को इन गद्यकारों ने निश्चय ही प्रशस्त किया है।

जैसा इस विवेचन के आरंभ में संकेत किया गया, वर्णन और विचार आधुनिक हिंदी गद्य के प्रमुख उत्प्रेरकों में हैं। वर्णन तो पत्रकारिता से लेकर निबंध, यात्रा-वृत्तांत और उपन्यास-कहानी में अलग-अलग ढंग से आता है, विचार की भूमिका सीमित क्षेत्र में, पर सुस्पष्ट रूप से सक्रिय रही है। प्रसिद्ध नाटककार इब्सन का मानना है कि कविता दृष्टि-रूप या कि 'विज़न' के लिए है, गद्य विचारों के लिए। ऐसी स्थिति में किसी भी उन्नत वाङ्मय में विचार-गद्य प्रभूत और विकसित रूप में मिलना चाहिए। हिंदी में ऐसा नहीं है तो इसके कारणों का उल्लेख पहले कई बार हो चुका है, जिनकी पुनरावृत्ति अब एक प्रकार के अपराध-बोध का कारक हो सकती है जो स्पष्ट ही आत्म हताशक है।

यहाँ विश्लेषण के लिए हम विचार-गद्य के दो उद्धरण रख रहे हैं, एक है रामचंद्र शुक्ल का, दूसरा संपूर्णानंद का—

> *"ज्ञान की सार्थकता भक्ति में ही है। केवल जानने से ही मनुष्य के जीवन में, उसके संपूर्ण व्यक्तित्व में, उन्नति नहीं होती। जाने हुए स्वरूप की ओर जब हृदय आकर्षित होता है और उस स्वरूप तक पहुँचने के लिए जब व्यक्ति का स्वरूप उसके मेल में होने लगता है तभी जीवन की साधना का आरंभ होता है। जाना हुआ स्वरूप जैसा होगा उस स्वरूप का भक्त वैसे ही स्वरूप को प्राप्त होगा। इसलिए गीता में ज्ञानी भक्त श्रेष्ठ कहा गया है। वहाँ भक्ति ज्ञान का पर्याय नहीं है।"*
>
> *('भक्ति का विकास')*

> *"यदि यह बात मान ली जाय तो इसका निष्कर्ष यह निकलता है कि मनुष्य के कुछ नैसर्गिक अधिकार हैं जो उसको मनुष्य होने से ही प्राप्त हैं। वह अपने हितों को जन्म से ही अपने साथ लाता है। मूल वासनाओं की प्रबलता सब में एक सी नहीं होती, प्रवृत्तियों और योग्यताओं में भी भेद होता है, आध्यात्मिक खोज के संवेग में भी अंतर होता है। इन्हीं बातों को यों कह सकते हैं कि प्रत्येक मनुष्य अपना पृथक् व्यक्तित्व रखता है। उसका यह सहज हित है कि उसके इस व्यक्तित्व की रक्षा हो और उसको विकास का अवसर मिले। पर यह बात बिलकुल ठीक है कि व्यक्तित्व की रक्षा भी समाज में रहकर ही हो सकती है और उसको विकास का अवसर भी समाज के भीतर ही मिल सकता है।"*
>
> *('भाषा की शक्ति'—'न्याय, ऋत और सत्य' शीर्षक निबंध)*

उपर्युक्त पहले उद्धरण में ज्ञान और भक्ति का विवेचन है, जो विषय प्रधानत: दर्शन के क्षेत्र का है और एक गूढ़ प्रसंग कहा जा सकता है। विवेचन में प्रयुक्त नाम शब्दावली तदनुरूप अधिकतर तत्सम है। असली व्याख्या ज्ञान और भक्ति की अंतरक्रिया की होनी है जिसे बोधगम्यता के हित में देसी भाषा में ही समझाना सार्थक होगा और जहाँ तत्सम शब्दावली का प्रयोग संप्रेषण में बाधक होगा। तब लेखक इस प्रक्रिया को बताता है, 'जब व्यक्ति का स्वरूप उसके मेल में होने लगता है...' जिस प्रयोग को बड़े-बड़े पंडित से लेकर सामान्य काम-काजी स्त्री भी आसानी से समझ लेती है। लगता है कोई व्यास इस गूढ़ विषय को अपनी चौकी से घरेलू अंदाज में समझा रहा हो। गद्य-रचना के लिए बोलचाल का आदर्श इसी भाव से है कि कही हुई बात एकबारगी सुनने वाला समझ ले, उसे किसी अन्य सहायक सामग्री की अपेक्षा न हो। पर बोलचाल या व्यास-शैली की आवृत्ति को गद्यकार बचाना चाहता है अपनी तर्क-प्रणाली को पुष्ट करने के लिए। तब भाषा में सही प्रयोग और सही भंगिमा का महत्व बढ़ जाता है। व्यास के लिए पुनरावृत्ति गुण है, उसकी शैली का अंग है जबकि पुनरावृत्ति गद्यकार की कमजोरी की निशानी है। इस संदर्भ में 'मेल में होने लगता है' प्रयोग की क्षमता परखने योग्य है। 'मेल में होने लगना' साधना का आरंभ है जहाँ से चलकर ज्ञाता और ज्ञेय का अद्वैत चरम लक्ष्य। एक मामूली-से शब्द 'मेल' से दर्शन और धर्म-तत्व के गूढ़ प्रसंग की आसान व्याख्या हो रही है, और यह तद्भव बहुप्रचलित प्रयोग पाठक की समझदारी और आत्मविश्वास को सहसा अर्जित कर लेता है।

इस प्रसंग में तत्सम प्रयोग 'स्वरूप' ('...उस स्वरूप तक पहुँचने के लिए जब व्यक्ति का स्वरूप...') की छवि भी देखने योग्य है। एक ओर यह धर्म-दर्शन-विज्ञान का बहुप्रचलित तत्सम शब्द है तो दूसरी ओर लोक-बोली में यह रामलीला-रासलीला के पात्रों के पर्याय रूप में उतर आया है (लीला में छोटी उम्र के लड़के नारी चरित्रों का 'स्वरूप' बनते हैं)। प्रस्तुत विवेचन में अर्थ-विकास की ठीक यही दिशा आचार्य शुक्ल ने पकड़ी है। 'स्वरूप' का एक अर्थ आराध्य का स्वरूप है तो दूसरी छाया सामान्य साधक/अभिनेता का लीला में वह स्वरूप धारण करना है। यों सामान्य लोक में प्रचलित इस प्रयोग-रूपांतरण के बीच से गद्यकार एक मर्म प्रसंग का उद्घाटन कर रहा है। कहना न होगा विचार-गद्य के लिए यह बराबर चरम लक्ष्य है। 'मेल' और 'स्वरूप' इस पूरे विचार-विवेचन को खोलने की कुंजी हैं, जिधर गद्यकार ने अपना ध्यान सही केन्द्रित किया है।

दूसरा उद्धरण न्याय और विधान के संदर्भ में मनुष्य के मौलिक अधिकारों की व्याख्या करता है। स्पष्ट ही यह विषय न्यायशास्त्र के अत्यन्त गूढ़ प्रसंगों में है। लेखक की क्षमता यहाँ इस बात में है कि ऐसे जटिल प्रसंग का विवेचन वह बिना किसी पारिभाषिक शब्दावली को लाये अत्यन्त सहज भाव से कर रहा है। संज्ञा

शब्दावली अधिकतर तत्सम है पर अधिकतर सामान्य प्रचलन से ली गई है, और फिर वाक्य-विधान सहज-सरल होने के कारण पूरा विवेचन एकदम बोधगम्य है, जो किसी शास्त्रीय विषय की मीमांसा में पहली अपेक्षा कही जा सकती है। इन उद्धरणों से एक बात अच्छी तरह समझी जा सकती है कि दोनों लेखकों का सोच अपनी मातृभाषा हिंदी में है, इसीलिए उपस्थापन इतना निर्मल। यही कारण है जिससे विचार-गद्य के ये अच्छे उदाहरण हैं।

संचार-गद्य लगभग अरचित बोलचाल है; यह उसकी शक्ति भी है और सीमा भी। शक्ति है संचार माध्यम में, गद्य-प्रयोग में वह अधिकतर सीमा है। संचार गद्य में गति की तीव्रता के कारण संचार महत्वपूर्ण हो जाता है, गद्य की गंभीरता पीछे रह जाती है। पत्रकारिता से आरंभ करके सिनेमा, रेडियो, दूरदर्शन, वीडियो, केबल तक संचार-गद्य का प्रसार हो गया है। इन माध्यमों में मुद्रित शब्द का अकेला प्रयोक्ता होने के कारण पत्रकारिता का रूप और उसका गद्य साहित्य के निकटतम है। बल्कि उसके गद्य में भी दो स्तर साफ देखे जा सकते हैं। खबर का गद्य एकदम सीधा और तात्कालिक है, जबकि टिप्पणियों और लेखों में विचार-गद्य का रूप रहता है। 'दिनमान' साप्ताहिक पत्र को इसीलिए 'समाचार-विचार साप्ताहिक' कहकर प्रसारित किया गया था। समाचार घटना के सीधे वर्णन का गद्य है जिसे एक बार पढ़ लेने पर उसका उपयोग पूरा हो जाता है, विचार मननीय गद्य प्रसंग हैं जिन्हें पढ़ने पर पाठक के मन में पूरी विचार-शृंखला बनने लगती है। इसी के अनुरूप संचार-गद्य महज उपभोग्य है, जबकि विचार-गद्य क्रमशः मन-मस्तिष्क का अंग बनता है। यह भी कि अधिकतर संचार-गद्य अब दृश्य चित्रों के माध्यम से आँखों में से होकर उतरता है, विचार-गद्य दृश्य चित्रों का सहारा न लेने के कारण सिर्फ मुद्रित शब्द होने से पाठक की कल्पना और विचार-शक्ति को अधिक उद्दीप्त करता है। यही कारण है जिससे संचार-गद्य की प्रवृत्ति नशे की बनती जाती है जहाँ देखना और भूलना दोनों प्रक्रियाएँ साथ-साथ चलती हैं। विचार-गद्य पाठक के मन-मस्तिष्क को आंदोलित करता हुआ उसकी वैचारिक सहभागिता को प्रोत्साहित करता है। एक प्रयोग है सामान्य बोलचाल में बुद्ध बकस और दूसरा ज्ञानकांड।

अकाल्पनिक गद्य-रूपों में गद्य पहली बार धीमे-से अपनी रचना-क्षमता प्रदर्शित करता है। नाटक-उपन्यास-कहानी जैसे सर्जनात्मक गद्य माध्यम तो कविता के समानांतर कल्पना का उपयोग करते हुए रचना करते हैं। उपन्यास को इसीलिए गद्य में महाकाव्य का प्रतिरूप कहा जाता है ("आधुनिक 'एपिक' उपन्यास है"—अज्ञेय : अपने बारे में—पृ० 162)। अकाल्पनिक गद्य-रूप इनसे अलग बिना कल्पना का सहारा लिये हल्के सर्जनात्मक गद्य में लिखे जाते हैं; यों कथा-चरित्र-परिकल्पना यहाँ अनुपस्थित है और भाषा का भी हल्का सर्जनात्मक प्रयोग इनके लिए पर्याप्त है।

अकाल्पनिक गद्य-रूप अपेक्षाकृत नये हैं, और इतिहास के आरम्भिक वर्षों में

बड़े निरीह से रहे। इनकी शुरुआत बहुत-कुछ उपयोगी और सूचनात्मक वृत्तों के रूप में होती है, पर आधुनिक लेखन में जिन्हें भाषिक सर्जनात्मकता से रचना के रूप में संक्रांत किया गया है। आरंभिक यात्रा-वृत्त जहाज, समुद्र, विदेश या देश और वहाँ के निवासियों का परिचय भर देते हैं। आधुनिक यात्रा संस्मरण मूलतः यात्रा-अनुभव को पुनसृजित करने की रचना-चेष्टा है। ऐसा ही अंतर जीवनी के पुराने और नये रूपों के बीच देखा जा सकता है। यह नया अकाल्पनिक गद्य, जैसा संकेत किया गया, वर्णन को पीछे करके अनुभव को सामने लाने का यत्न करता है। अज्ञेय के यात्रा-संस्मरण 'एक बूँद सहसा उछली' या अमृतराय द्वारा लिखित जीवनी 'प्रेमचंद : कलम का सिपाही' में महत्व इतिवृत्त का नहीं जीवनानुभव का है, जहाँ भी युगीन जनतांत्रिक प्रवृत्ति के अनुकूल महनीय और सामान्य समझे जाने वाले अनुभव को प्रायः समान रुचि के साथ उभारा गया है। गद्य-भाषा को विविध स्तरों पर सर्जनात्मक बनाकर यह संभव हुआ है। विषय के महत्व को परे करके अनुभव का जनतंत्र भाषिक क्षमता के सहारे ही विकसित होता है।

इस क्रम में अकाल्पनिक गद्य-वृत्तों के रचनात्मक विकास की दिशा इतिवृत्त से अनुभव की ओर रही है जिसके लिए नाटक या कथा साहित्य के सघन-सर्जनात्मक गद्य से अलग हल्के सर्जनात्मक संवेदनशील गद्य को विकसित किया गया। अपने यात्रा-वृत्त का आरंभ करते हुए पिछले युग के इतिवृत्तबहुल गद्य पर व्यंग्य की मुद्रा में अज्ञेय कहते हैं, "यह पुस्तक मार्गदर्शिका नहीं है। इसके सहारे यूरोप की यात्रा करने वाला यह जान लेना चाहे कि कैसे वह कहाँ से कहाँ जा सकेगा, या कैसे मौसम के लिए उसे कैसे कपड़े ले जाने होंगे, या कि कहाँ कितने में उसका खर्चा चल सकेगा, तो उसे निराशा होगी। जो यह जानना चाहते हों कि कहाँ से नाइलान की साड़ियाँ या कैमरे, या घड़ियाँ, या सेंट, या ऐसी दूसरी चीजें जो कि भारतवासी विदेशों से उन कला वस्तुओं के एवज में लाते हैं जो कि विदेशी यहाँ से ले जाते हैं, कहाँ से किफायत में मिल जाएँगी, उनके भी काम की यह पुस्तक नहीं होगी—मेरा पाठक संवेदनशील हो, यह मैं उससे चाहता हूँ। क्योंकि बिना इसके वह उसे नहीं अपना सकता जो मेरी संवेदना ने ग्रहण किया।" ('एक बूँद सहसा उछली', निवेदन) अकाल्पनिक गद्यवृत्त के पाठक के साथ यहाँ लेखक एक नये ढंग का रिश्ता कायम करना चाहता है। अब तक यात्रा वर्णन के लेखक से तरह-तरह की सूचनाएँ और जानकारी अपेक्षित थी। पर आधुनिक यात्रा संस्मरण लेखक भौगोलिक क्षेत्रों का मार्गदर्शक न होकर यात्रा के समूचे अनुभव को संप्रेषित करना चाहता है, इसीलिए उसकी कामना है कि उसका पाठक 'जिज्ञासु' से अधिक, और पहले, 'संवेदनशील' हो।

नये अकाल्पनिक गद्य-रूपों के विकास और क्रमशः प्रचलन के पीछे एक स्थिति यह देखी जा सकती है कि प्रविधि शासित आधुनिक जीवन के उत्तरोत्तर बढ़ते तनाव के बीच बहुत बार पाठक नाटक-कथा साहित्य के सघन सर्जनात्मक

गद्य को बोझिल पाता है, और दूसरी ओर पत्रकारिता के नितांत समकालीन प्रत्यक्ष वातावरण को उबाऊ। इन दोनों से एक साथ बचाव उसे मिलता है अकाल्पनिक गद्य के हल्के सर्जनात्मक संस्पर्श में। इसके लिए अकाल्पनिक गद्य को सूचना के स्तर से उठाकर रचना के स्तर पर विकसित करना अपने में एक कठिन प्रक्रिया रही है। जीवनी, आत्मकथा, रेखाचित्र, संस्मरण, डायरी, यात्रा-संस्मरण, पत्र, रिपोर्ताज, जर्नल आदि नये गद्य-रूप कल्पना की बजाय तथ्य-आधारित होते हैं। तब इन गद्य-रूपों में सर्जनात्मकता या कि पुराने प्रयोग में लालित्य छटा-यानी अर्थ की स्वत: विकसनशील क्षमता और प्रक्रिया, जिससे रचना संभव होती है—विषय से अलग, भाषा में व्युत्पन्न होती है। भाषा में अर्थ की स्थिति सहज-स्वाभाविक है। पर अर्थ की स्वत: विकसनशील क्षमता भाषा की अपनी सर्जनात्मकता की पहिचान है। अकाल्पनिक गद्य रूपों में यह क्षमता जानबूझ कर हल्की रखी जाती है। यहीं नाटक या कथा-साहित्य की तुलना में अकाल्पनिक गद्य-रूपों की प्रकृति अलग होती है। एक ओर उनमें तथ्य से कल्पना की अंतर-क्रिया अपेक्षित नहीं, दूसरी ओर भाषा की सर्जनात्मकता हल्की होने से, वे पाठक के मन पर मनोभावात्मक या चिंतनपरक दबाव नहीं बनते। इसीलिए उनका पाठ आज के गतिशील और सनसनीखेज़ संचार माध्यमों के बीच अधिकाधिक प्रीतिकर हो गया है। कथा-साहित्य की अर्थ—सघनता और पत्रकारिता के सीधे कथन के बीच वे प्रविधि पीढ़ी के लिए बड़ी मुनासिब पाठ्य सामग्री हैं, और आधुनिक काल को गद्य-काल कहे जाने का औचित्य अपने ढंग से प्रमाणित करते हैं। कुल मिलाकर अनेक मन:स्थितियों में अकाल्पनिक गद्य, साहित्य का अर्थ-संघटन देता है बिना उतना तीव्र अनुभव-संश्लेष दिए हुए।

निबंध अकाल्पनिक गद्य-माध्यमों में अपेक्षया पुराना माध्यम है, और यद्यपि कल्पना का सीधा उपयोग नहीं करता, पर एक तरह की ऊहा के सहारे भावुक वातावरण की सृष्टि करना चाहता है। निबंध का गद्य दो प्रकार का है, कहीं वह विचार- गद्य है तो कहीं अकाल्पनिक गद्य। भावुक वातावरण की सृष्टि दूसरी तरह के गद्य की विशेषता है। गद्य की अलग-अलग प्रकृति के कारण निबंध दो कोटियों में रखे जाते हैं। विचार-निबंध और ललित निबंध। हिंदी के दो प्रख्यात निबंधकारों में रामचंद्र शुक्ल ने प्राय: सभी विचार-निबंध लिखे हैं, जबकि हजारीप्रसाद द्विवेदी के यहाँ विचार और ललित निबंध दोनों मिलते हैं। विचार-निबंध में संगुंफित चिंतन है जबकि ललित निबंध गद्य का विलास है।

हिंदी में आत्मकथा लिखने का संस्कार प्राय: नहीं है। इसके दो कारण हो सकते हैं। एक तो सामाजिक विधि-निषेधों की बहुतायत, दूसरे भाषा के हल्के सांकेतिक मिजाज की कमी। आत्म-प्रकाशन और गोपन दोनों की क्षमता विकसित करके ही आत्मकथा निर्भय और निस्संकोच भाव से लिखी जा सकती है। इसके लिए हल्का सांकेतिक गद्य अभी बनना है, जो शब्दों पर उतना नहीं जितना उनकी भंगिमा पर

निर्भर है, जिस स्थिति की ओर आचार्य रामचंद्र शुक्ल ने 'हिंदी की गद्य शैली का विकास' की भूमिका लिखते हुए ध्यान दिलाया था, "इसका कारण, मेरे देखने में, सूक्ष्म विभेदों की व्यंजना के लिए अपेक्षित शब्द-सामग्री की कमी है।" यहाँ स्पष्ट किया जा सकता है कि 'शब्द-सामग्री' से अभिप्राय शब्द- समूह से उतना नहीं जितना कि शब्दों की विविध भंगिमाओं से होना चाहिए। इस दृष्टि से आत्मकथा-लेखन किसी भाषा-क्षेत्र की सामाजिक समरसता का सूचक है तो दूसरी ओर उस भाषा के अकाल्पनिक गद्य की वयस्कता का प्रमाण।

सर्जनात्मक साहित्यिक गद्य के पसारे में लेखकों के पत्र-डायरी का गद्य घरेलू बोलचाल के सबसे निकट है, मुख्यतः इसलिए कि लिखे जाते समय वह केवल अपने प्रयोग के लिए है प्रकाशन के लिए नहीं। 'जर्नल' अवश्य लेखक के लेखकीय कर्म का ब्यौरा होने से आप से आप, साहित्यिक हो जाता है। ये गद्य-रूप मुख्यतः लेखकीय अभ्यास के संस्पर्श में इतिवृत्त से रचना बनते हैं। बल्कि इनका गद्य अपनी अनौपचारिक असजग प्रकृति के कारण कुछ अधिक आत्मीय लगेगा। बोलचाल की सहजता और शिल्प-संस्कार के अभाव में यह गद्य स्वतःस्फूर्त बना रहता है।

3

नाटक और कथा-साहित्य पूरे सर्जनात्मक गद्य-माध्यम के तौर पर कभी कविता के प्रतिद्वन्द्वी तो कभी प्रतिरूप या कि प्रतिपूरक की स्थिति में खड़े हुए हैं। नाटक की एक बड़ी विशेषता—और शायद सीमा भी—यह है कि वह पूरे का पूरा संवादों में चलता है। जो चरित्र नहीं बोलता नाटक उसके अस्तित्व को नहीं मानता। लगातार संवाद-क्रम होने से नाटक के गद्य को बोलचाल का आभास बराबर देना होता है। संस्कृत नाट्यशास्त्र की मर्यादा में सभी पात्र अपनी सामाजिक स्थिति के अनुकूल भाषा बोलते हैं। संस्कृत से लेकर पैशाची अपभ्रंश तक। देवता अथवा क्षत्रिय कुल के राजा और ब्राह्मण अमात्य के लिए संस्कृत आरक्षित थी, फिर भाषा की सीढ़ियाँ क्रमशः नीचे उतरती पैशाची अपभ्रंश तक जिनमें सामाजिक जीवन में सबसे निम्न वर्ग के चरित्र बात करते। तर्क यही था कि भाषा प्रत्यक्ष पात्र बोल रहा है, अतः वह उसके मुख से निःसृत जान पड़नी चाहिए। साहित्यिक भाषा और बोलचाल की यह आदर्श संधि थी। न बोलने वाला चरित्र नाटक के संसार से बहिष्कृत था, पर बोलने और कभी न बोलने के अंतर को 'प्रकट' और 'स्वगत' के माध्यम से व्यक्त किया जाता था। नाटक अन्य साहित्यिक कला-माध्यमों की तुलना में अपनी रचना और अपने आस्वाद के दोनों सिरों पर सामाजिक है इसका प्रमाण उसके बहुरूपी भाषा-प्रयोग में भी पूरी तरह द्रष्टव्य है। नाटक और उपन्यास के गद्य-विधान में बुनियादी अंतर यह रहा कि नाटक में विविध भाषा-स्तरों को एक अनुभव-प्रक्रिया में बुना जाता

है, जबकि उपन्यास में विविध अनुभव-प्रक्रियाओं को एक भाषा-रूप में। हिंदी की आरंभिक गद्य-कृतियों में भारतेंदु के नाटक 'अंधेरनगरी' और लाला श्रीनिवासदास के उपन्यास 'परीक्षागुरु' में गद्य का यह अलग-अलग वैशिष्ट्य लक्षित किया जा सकता है। पर यह भी ध्यान देने की बात है कि विविध माध्यमों में क्रमशः वक्ता की वैयक्तिक विशेषताओं को दबाते हुए धीरे-धीरे समूचे गद्य-प्रवाह को समरस करने का यत्न हुआ है। मोहन राकेश के नाटक 'आधे अधूरे' के गद्य में और स्वयं उन्हीं के उपन्यास-कहानियों के गद्य में स्वरूपगत अंतर नहीं है। यह गद्य के बढ़ते आत्मविश्वास का प्रमाण है जहाँ एक ही भाषा-स्तर पर अलग-अलग माध्यमों, चरित्रों और विविध अनुभव-प्रक्रियाओं को सँभाला-सराहा जा सकता है।

उपन्यास की तुलना में नाटक का गद्य हल्का और सांकेतिक होता है, क्योंकि उसके आधार पर नाटक का निर्देशक अपना रंग-रूप तैयार करता है। नाटक के संवादों के बीच के अंतराल भी कुछ वैसे तने होते हैं जैसे कि बोले जाने वाले संवाद। निर्देशक संवाद और अंतराल दोनों को मिलाकर नाटक सक्रिय करता है, जिसके लिए स्पष्ट ही उसकी अपनी कल्पना-शक्ति का गुणात्मक योगदान होगा। यों नाटक का लेखकीय गद्य अपनी प्रकृति से अंतिम नहीं हो सकता, उसके आधार पर निर्देशक की मध्यस्थता में रंगमंच पर वास्तविक नाटक खड़ा होता है। नाटक के गद्य की यों मुख्य शर्त है कि वह लिखा जाने पर भी ऐसा लगे कि बोला जा रहा है। यह प्रक्रिया जितनी आसान जान पड़ती है उतनी ही कठिन है, जहाँ भाषा बोलचाल भी रहे और साहित्य भी हो जाए। संप्रेषण की दृष्टि से सुगम और तात्कालिक हो, अर्थ की दृष्टि से सघन सर्जनात्मक। 'प्रसाद के नाटक 'ध्रुवस्वामिनी' के आरंभिक लंबे संवाद में एक पूरा बिंब है—"सीधा तना हुआ, अपने प्रभुत्व की साकार कठोरता, अभ्रभेदी उन्मुक्त शिखर। और इन क्षुद्र कोमल निरीह लताओं और पौधों को इसके चरण में लोटना ही चाहिए न!" दो प्रतीकों के योग से बना हुआ यह अपने में असाधारण बिंब है। 'कठोर शिखर' और 'निरीह लता' इन दो प्रतीकों के सहारे उनके अंतस्संबंध का पूरा बिंब रचा गया है, जो वस्तुतः नाटक के शुरू में ही नाटक की मूल समस्या और संघर्ष-कठोर पुरुष और निरीह नारी के मौलिक संबंध की स्थिति-को बड़ी कुशलता से अंकित कर देता है। यह तो इस गद्य का सर्जनात्मक पक्ष है जो सामाजिक के मन में नाटक को धीरे-धीरे संक्रमित करता है। जहाँ तक गद्य का बोलचाल पक्ष है वहाँ इन वाक्यों का परीक्षण स्पष्ट कर देता है कि पहला वाक्य अपने प्रवाह में क्रिया-विहीन है जहाँ तीन वाक्यांश क्रमशः भूतकालिक कृदंत, एक भाववाचक संज्ञा और एक जातिवाचक संज्ञा पर आधारित है, और वाक्य तथा समूचे संवाद का मुख्य शब्द 'शिखर' सबसे बाद में आता है। दूसरे वाक्य में बलार्थक 'न' भी इसी तरह विन्यास का अंतिम भाग है। फिर दोनों वाक्यों की लंबाई ऐसी है कि उन्हें प्रवाह के साथ एक साँस में बोला जा सकता है। ये सभी विशेषताएँ तत्सम शब्दों से बने इस गद्य को

बोलचाल बनाए रखती हैं। तत्सम शब्द इस नाटक के ऐतिहासिक वातावरण से जुड़कर सहज बनते हैं। यों, आलेख-उच्चारण-मुद्राएँ सब मिलकर नाटक के गद्य में ढलते हैं।

इस प्रसंग में यह स्मरणीय है कि हिंदी में आधुनिक गद्य का आरंभ नाटक से होता है। रामचंद्र शुक्ल ने अपने 'हिंदी साहित्य का इतिहास' (पृ० 393) में लक्षित किया है, "विलक्षण बात यह है कि आधुनिक गद्य साहित्य की परंपरा का प्रवर्तन नाटकों से हुआ"। इस बात को इतिहासकार ने 'विलक्षण' शायद इसलिए कहा होगा कि कहाँ तो हिंदी क्षेत्र में नाटक प्राय: पाँच शताब्दियों तक अनुपस्थित रहा, और फिर जब प्रकट हुआ तो गद्य के रूप में जो स्वयं तब एक अभिनव प्रयोग था। यहाँ हम जोड़ सकते हैं कि नाटक और गद्य के एक साथ उदय के पीछे कुछ तो नाटक का सामूहिक संश्लिष्ट रंग-विधान था, और फिर इसलिए कि नाटक बोलचाल के गद्य में ही सहज होता है। नाटक-गद्य के संश्लिष्ट रूप बनने में एक और तत्व इधर सहायक हो रहा है। पिछले दिनों हिंदी रंगमंच के पुनरुत्थान में कई नाट्य-दलों का महत्वपूर्ण योग-दान सक्रिय है, जिनमें उल्लेखनीय हैं राष्ट्रीय नाट्य विद्यालय (दिल्ली), अनामिका (कलकत्ता), थिएटर यूनिट (बंबई), रंगमंडल (भोपाल), प्रयाग रंगमंच (इलाहाबाद)। इनमें ऐसे रंगकर्मी भी कार्यशील हैं जिनकी मातृभाषा हिंदी न होकर कश्मीरी, पंजाबी, बँगला, गुजराती, मराठी या कि कन्नड़ है। इनके उच्चारण का सहज वैविध्य क्रमश: हिंदी गद्य का अंग बन रहा है। उनके हिंदी प्रयोग में अपनी मातृभाषाओं का संस्कार है, जो उनके द्वारा प्रयुक्त हिंदी ध्वनि समूह तथा लहज़े और सुर को एक प्रीतिकर विस्तार देता है। शब्द-समूह और वाक्य-विन्यास के साथ इस ध्वनिसमूह का विकास रंगमंच के हिंदी गद्य की एक स्पृहणीय उपलब्धि है। साहित्य के अन्य रूपों की तुलना में नाटक के क्षेत्र में 'अतिरिक्त क्षेत्रीय' सहयोग भी अधिक रहा है जो बोलचाल के स्तर पर घुल-मिलकर गद्य को अधिक प्रवाहपूर्ण बनाता है। आधुनिक नाटक के गद्य की क्षमता का यह एक रोचक प्रमाण है कि उसकी पाठ्य अवधि से कहीं अधिक उसकी अभिनय अवधि हो जाती है, क्योंकि संवादों के बीच में अंतराल अर्थयुक्त हो उठते हैं।

उपन्यास को यदि महाकाव्य का आधुनिक प्रतिरूप हम मानें तो कथा-गद्य कविता का वास्तविक प्रतिद्वन्द्वी होने का दावा कर सकता है। उपन्यास में भाषा प्रयोग की दुहरी समस्या है। एक तो गद्य की सामान्य प्रकृति के अनुसार उसे सिलसिलेवार वर्णन करना है, और दूसरा अधिक मुश्किल काम है विविध देश-काल में समाए हुए सूक्ष्म और जटिल अनुभव को संप्रेषित करना। यों वर्णन और अनुभव के काल में ताल-मेल बनाए रखना एक अतिरिक्त दायित्व बनता है। इस दायित्व का निर्वाह एक आधुनिक अमरीकी उपन्यास में बड़े कुशल यद्यपि कि कुछ अटपटे ढंग से किया गया है। नोबल विजेता सॉल बैलो के उपन्यास 'हरज़ौग' में इस द्विस्तरीय यथार्थ को दो अलग-अलग छापे के टाइप से सँभाला गया है। वर्णन के प्रसंग एक तरह

के टाइप में हैं जबकि सोचने और अनुभव करने के प्रसंग दूसरे टाइप में। यों एक अपेक्षाकृत स्थूल उपकरण के सहारे दुहरा गद्य रचा गया है। यथार्थ से निपटने का यह आधुनिक ढंग संस्कृत नाटक की उस प्राचीन परिपाटी की याद दिलाता है जहां संवादों को 'स्वगत' और 'प्रकट' में बाँट कर रखा जाता था।

बहरहाल, कथा-गद्य की अनेक समस्याओं में से एक प्रमुख यह है कि वर्णन और अनुभव को किस अनुपात में कैसे व्यवस्थित किया जाए। वर्णन का ढंग कहें तो प्रेमचंद का, अनुभव का ढंग जैनेन्द्र का। जैसा कहा गया, 'गोदान' जहाँ खत्म होता है 'त्यागपत्र' वहाँ शुरू होता है। 'कामायनी' और 'चिंता' (प्रसाद : अज्ञेय), 'ध्रुवस्वामिनी' और 'श्यामा' (प्रसाद : भुवनेश्वर) के बीच भी समय का कुछ ऐसा ही रिश्ता देखा जा सकता है, और तब समझ में आता है—मेरे अंत में ही मेरा आरंभ है। कविता और नाटक में इस चक्रीय काल को सँभालना ऐसा मुश्किल न था जैसा कि उपन्यास में है, और इसकी ओर संकेत भी कवि बेहतर करता है—'बात करनी मुझे मुश्किल कभी ऐसी तो न थी।'

उपन्यास के गद्य को यह बात ही तो करनी है। जैनेन्द्र ने उपन्यास में बात करनी शुरू की; यह हिंदी के कथा- गद्य की पहली परीक्षा थी। 'त्यागपत्र' प्रमुख-चरित्र के आत्म-कथन में चलता है, इससे गद्यकार को कुछ सुभीता हुआ। सांकेतिक अप्रस्तुत विधान का सहारा लेने और किसी सीमा तक छंद का अनुशासन स्वीकार करने से कविता में सामान्य देश-काल का अतिक्रमण हो जाता है, गद्य व्याकरण के प्रचलित ढाँचे को मानकर चलता है, अतः समतल ज़मीन ढूँढ़ता है और अधिकतर एक दिशा में गतिशील काल-क्रम का अनुसरण करता है। नये कथा—गद्य ने इस बंधन के विरुद्ध विद्रोह करना चाहा है। अब वह एक घटना को अनेक स्तरों पर और कई कालों में एक साथ घटित होते दिखाना चाहता है। यह यथार्थ का बहुलतावादी अंकन है। आज के कल्पना प्रधान विज्ञानमूलक कथा—साहित्य में सामान्यतः प्रचलित देश-काल को ध्वस्त करने वाले अनेक सनसनीखेज़ कथानक चित्रित किए जाते हैं, पर उनका गद्य एकदिशाचारी ही है। जबकि नये कथा—गद्य में जीवन के सामान्य घटना-क्रम के असामान्य देश-काल को अंकित करने का यत्न होता है। 'यूलिसीज़' (जेम्स ज्वॉयस), 'औरलैंडो' (वर्जीनिया वुल्फ़), 'हरजॉग' (सॉल बैलो) या कि अपने यहाँ 'आग का दरिया' (कुरअतुलएन हैदर) और विपिन कुमार अग्रवाल तथा कृष्णबल्देव बैद की कई कथा-कृतियों में इस प्रकार के प्रयोग देखे जा सकते हैं। कालक्रमानुसारी गद्य से काल का व्यतिक्रम अपने में एक रोचक और साहसिक प्रयत्न है। कथा-गद्य के बाहर विज्ञानमूलक कथा-साहित्य की कल्पनाएँ कभी सुदूर भविष्य में सच साबित हो सकती हैं जैसा कि जूल्स वर्न की कई कथा-कृतियों के साथ अब तक हो भी चुका है। पर कथा-गद्य के भीतर देश-काल का विपर्यय आज ही का सच है, पहले भी रहा होगा, और आगे भी रहेगा।

बात-बात में इस विपर्यय का आरंभ, भले सांकेतिक रूप में, जैनेन्द्र करते हैं, यह कहा जा चुका है। उनके लिए यह व्यवहार जगत का सच है जिसका दार्शनिक समर्थन भी पिंड-ब्रह्मांड के साम्य से उनकी निगाह में है। घटनाएँ बाहर प्रत्यक्ष घटित होती हैं, इसके लिए स्पष्ट ही किसी इतर प्रमाण की अपेक्षा नहीं, पर अज्ञेय के वक्तव्य को स्मरण करें तो समझा जा सकता है कि वे अंदर भी उतनी ही घटित होती हैं, कई बार बाहर से कुछ अधिक ही अंदर! अज्ञेय का वक्तव्य है, "लेकिन यथार्थ एक साधारण दृश्यस्तर पर होता है, और एक दूसरे स्तर पर भी घटित होता है, यह तो मैं हमेशा से कहता आया हूँ और मेरे लेखन में यह चीज़ स्पष्ट है कि घटना जो सिर्फ़ बाहर दीखती है, उतनी नहीं होती, बहुत-सी घटना भीतर घटित होती है।" (अज्ञेय : अपने बारे में, पृ० 70) बाहर और भीतर के इस यथार्थ का एक साथ जिस कथा-गद्य में अंकन हो सकता था उसे जैनेन्द्र और उनके साथ अज्ञेय ने विकसित किया। जैनेन्द्र के 'त्यागपत्र' (1937) और अज्ञेय के 'शेखर : एक जीवनी' (1941) के विधान की एक रोचक विशेषता यह है कि यद्यपि दोनों की शैली आत्म-कथन की है और काल-क्रमानुसार आगे बढ़ती है, पर दोनों का आत्म-कथन उनके जीवन के किसी महत्वपूर्ण बिंदु से प्रेरित-उत्तेजित होकर पीछे की ओर देखता चलता है और इसीलिए अतीत तथा वर्तमान के दृश्य-स्थल परस्पर छूटे-काटते चलते हैं। ऐसा कथन और अंकन बहुस्तरीय गद्य के बहुकालिक विधान में ही बन सकता है। इस प्रसंग में यह ध्यान देने की बात है कि जैसे आधुनिक उपन्यास में विविध प्रकार के चरित्रों की भाषा समरस और समानुरूप रहती है, उनकी व्यक्तिगत विशेषताओं को बिना महत्व दिए हुए, वैसे ही घटना-क्रम कई कालों में गतिशील रहने पर भी कथन का गद्य वर्तमान में रहता है। यों बाहर और भीतर, वर्तमान तथा अतीत एक-दूसरे में अंतर्भुक्त होकर यथार्थ की एक समग्र पहिचान बनाते हैं। 'अपने अपने अजनबी' में अज्ञेय बाहर-भीतर की मिलावट यों अंकित करते हैं। बाढ़ के दृश्य में प्रताड़ित यान को सेल्मा अपने घर से देख रही है। यान अपने जले हुए घर की आग पर कुछ खाना पका रहा है। यह दृश्य सेल्मा नहीं देख पाती है और पर्दा खींच देती है। तब उपन्यासकार कहता है, "लेकिन दृश्य उसकी आँखों के आगे थोड़े ही था जो परदा खींचने से हट जाता! वह जिधर मुड़ी उधर भी वही दृश्य था—क्योंकि वह उसकी आँखों के सामने नहीं, आँखों के भीतर था।" यहाँ दृश्य के स्थल और काल को जैसे फेंट कर मिला दिया गया हो। यह कथा-गद्य का रूप है जो चिंतन को वैसा उत्तेजित नहीं करता जैसा स्वत: सर्जनात्मक अनुभव-क्रम को गतिशील कर देता है।

कथा से वर्णन और इतिवृत्त परंपरागत रूप में जुड़ा है। जब कथा महाकाव्य में कही जाती थी तो वहाँ भी वर्णन की जरूरत थी, बल्कि महाकाव्य के लक्षणों में वर्णन के लिए निश्चित स्थान था, वर्ण्य प्रसंगों की पूरी सूची ही दी हुई थी। संचार माध्यमों में विकास के साथ वर्णन का बड़ा अंश वहाँ चला गया, और कथा-साहित्य

को उससे काफी-कुछ मुक्ति मिल गई। इसके बावजूद वर्णन अब भी उपन्यास-कहानी का आवश्यक अंश है, उसके माध्यम से कथा देश-काल में कहीं स्थिर होती है। इसके लिए कथा-गद्य को कविता और पत्रकारिता की भाषा के बीच रखना होता है। पर वर्णन की प्रकृति रेखानुसारी है, जबकि यथार्थ की बहुस्तरीय। ऐसे में गद्य को वर्णन करते चलना है—जो उसका आद्य स्वभाव है—और उससे ऊपर भी उठना है। कथा—गद्य की, और कहिए नये उपन्यास विधान की यह मुख्य रचना-समस्या है कि वह वर्णन और अनुभव के बीच सही अनुपात साध सके। वर्णन स्वभावत: अधूरा रहेगा, इसलिए आधुनिक उपन्यासकार वर्णन का सीमित उपयोग करता है। अनुभव में समग्रता की संभावना अधिक है, अत: उनकी दृष्टि में अनुभव केन्द्र में है। अँग्रेजी उपन्यासकार लॉरेन्स डरैल के अलैकजेंड्रिया चतुर्खंड का नाम इस संदर्भ में अपने गद्य-प्रयोगों के लिए विशेष उल्लेखनीय है। इसका एक पात्र रचना की समस्या को बहुत अच्छे ढंग से उजागर करता हुआ कहता है, "बताने की प्रक्रिया में सत्य विलुप्त हो जाता है। उसे संप्रेषित ही किया जा सकता है, कहा नहीं जा सकता।" उपन्यासकार का मूल यत्न अपने कथा-गद्य में बताने और संप्रेषित करने में एक संतुलन स्थापित करना है।

कहानी के गद्य और उपन्यास के गद्य में बुनियादी अंतर नहीं है, सिवा इसके कि उपन्यास का गद्य समूची जीवन-दृष्टि विकसित कर सकता है, जबकि कहानी का गद्य जीवन के कुछ संगत क्षणों का चुनाव करके उन्हें आलोकित करता है। यह भी इसलिए नहीं कि दोनों के आकार में अंतर है, बल्कि इसलिए कि दोनों का विधान फ़रक है विशेषत: अपने परंपरागत रूपों में। कहानी सर्जनात्मक गद्य का आद्य रूप और अधिकतर एककोशीय विधान है; उपन्यास का चरित्र द्वन्द्वात्मक है, जहाँ जीवन-दृष्टि के विकास की संभावना अधिक है। यों कहानी ने अपने सीधे गद्य और वर्णन का पिछला स्वभाव काफी-कुछ बदला है, जहाँ यथार्थ के कई पक्षों का एकबारगी अंकन किया जा सके। मुक्तिबोध, निर्मल वर्मा, रघुवीरसहाय और कुँवर नारायण की कहानियों में ऐसी क्षमता देखी जा सकती है।

गद्य का प्रसार अब विविध माध्यमों में होता हुआ कविता तक जा पहुँचा है, इस का उल्लेख प्रस्तुत अध्ययन के आरम्भ में किया गया था। यहाँ इस विषय का कविता के संदर्भ में कुछ विस्तृत विवेचन अपेक्षित होगा। आधुनिक खड़ी बोली कविता का विकास-क्रम यदि देखा जाए तो स्पष्ट समझ में आएगा कि आरंभ से लेकर छायावाद के संपन्न होने तक उसने अपने आप को परंपरागत छंद, तुक, अलंकरण की परिपाटियों में व्यवस्थित और समृद्ध किया, और फिर उसके बाद वह क्रमश: इन उपकरणों से उपराम होती गई। निराला ने मुक्त छंद का प्रवर्तन किया (1916), सुमित्रानंदन पंत ने लिखा, "खुल गए छंद के बंध/प्रास के रजत पाश/अब गीत मुक्त/औ' युग वाणी बहती अयास" ('नव दृष्टि'), नयी कविता ने लय को भी

उतना और उस रूप में स्वीकार किया जितना कि वह सामान्य भाषा में अंतर्निहित रहती है। यों कविता आधुनिक काल में अधिकाधिक स्वायत्त होती गई है।

फिर इतने से संतुष्ट न रहकर उसने एक और साहसिक प्रयोग किया। इस बार उसने छंद या कि पद्य के दूसरे छोर गद्य में अपने को उतारा। संस्कृत और हिंदी में भी लंबे समय तक अधिकांश वाङ्मय पद्यबद्ध था। अब चक्र घूम कर दूसरी ओर पहुँचा है, जहाँ कविता भी गद्य में रची जा रही है। इस लंबे कालप्रवाह का सर्वेक्षण करने पर दिखता है कि इस बीच भाषिक ध्वन्यात्मक विकास के अनुकूल ही छंद और लय-व्यवस्था विकसित हुई है। संस्कृत भाषा का स्वरूप संश्लिष्ट था जहां मूल शब्द और प्रत्यय (संबंध सूचक तत्व) एक में मिले हुए, संश्लिष्ट थे (रामेण-रामस्य)। क्रमश: भाषा की प्रकृति खुलती जाती है, और संश्लिष्ट से विश्लिष्ट की ओर बढ़ती है। हिंदी तथा अन्य आधुनिक भारतीय भाषाओं का रूप इसी क्रम में विश्लिष्ट हो जाता है। रामस्य-राम का, पठति-पढ़ता है। छंद-विधान इस विकास के समानांतर कठोर वर्ण वृत्त व्यवस्था से मात्रिक की ओर खुलता है। वर्ण वृत्त में, लघु-दीर्घ का क्रम पूर्णत: नियोजित था, और इसलिए छंद की प्रत्येक पंक्ति में वर्ण और मात्राएँ तथा उनका क्रम सब कुछ समान होता था। हिंदी ने अपनी भाषिक प्रकृति के अनुकूल अधिकतर मात्राओं की गणना पर छंद को आधारित किया, यद्यपि यति आदि के नियमन से लय पर पूरा ध्यान रखा। शार्दूलविक्रीड़ित, द्रुतविलंबित जैसे वर्ण वृत्त संस्कृत में प्रचलित थे, हिंदी में दोहा, चौपाई, कवित्त जैसे गण-पद्धति से मुक्त छंद प्रचलित हुए। हिंदी की तुलना में उर्दू ने अपनी छंद-व्यवस्था सरलतर रखी। वहाँ पंक्ति की माप न वर्ण से होती न मात्रा से, बल्कि इसके लिए कुछ ध्वनि-समूह निर्धारित थे जिन्हें 'वज़न' कहा जाता, और जिसके बराबर किसी एक छंद की प्रत्येक पंक्ति को होना था। पढ़ते समय लय के हित में लघु-दीर्घ मात्राओं को भी उलट-पलट लिया जाता।

हिंदी में निराला ने पहली बार, जैसा संकेत किया गया, मुक्त छंद में कविता लिखी 'जुही की कली' (1916)। ध्यान रखने की बात यह है कि ऐसा इसलिए नहीं किया कि छंद लिखने में उन्हें कोई कठिनाई थी, या कि छंद-परंपरा के लिए उनके मन में कुछ अवमानना का भाव था। वास्तविकता यह है कि निराला का अधिकांश श्रेष्ठ काव्य छंद में लिखा गया है 'राम की शक्ति पूजा', 'सरोज स्मृति', 'तुलसीदास' या कि अनेक छोटे गीत। 'तुलसीदास' का छंद-विधान तो हिंदी में शायद सबसे कठोर छंद-व्यवस्था का अनुपालन करता है। मुक्त छंद लिखने के पीछे उनका मुख्य भाव यह था कि छंद कहीं कविता का उपकारक हो सकता है, पर कविता छंद के आश्रित नहीं है।

निराला का मुक्त छंद कवित्त छंद की ज़मीन पर बना था, उसकी पंक्तियों का आकार सामान्य वाक्य-विन्यास की पद्धति के अनुसार छोटा-बड़ा था; उन्हें बरबस एक आकार में नहीं ढाला गया था। पंक्तियों के क्रम में लय कवित्त छंद की थी।

निराला के इस प्रयोग का पंडितों में तीखा विरोध हुआ, पर अधिसंख्य छोटे-बड़े कवियों ने इसका अनुसरण किया। हिंदी क्षेत्र में कई हज़ार वर्षों से चली आने वाली छंद-व्यवस्था को तोड़कर निराला ने इस समूची प्रक्रिया को 'कविता की मुक्ति' नाम दिया, और मनुष्यों की मुक्ति से उसे जोड़ कर देखा।

वर्ण वृत्त से मुक्त छंद तक के विकास की पृष्ठभूमि में नयी कविता एक गुणात्मक परिवर्तन उपस्थित करती है। यहाँ पहली बार कविता में संगीतात्मक लय का भी परित्याग करके सिर्फ़ उतनी लय रक्खी गई जो कि सामान्य बोलचाल की भाषा में होती है। 'नयी कविता' पत्रिका के दूसरे अंक में (1955) कई कवियों के उद्धरणों पर, एक निबंध ('कविता और गद्य कविता') में मैंने इस तरह की कविता के लिए नाम प्रस्तावित किया 'गद्य कविता'। यहाँ कविता स्वेच्छया अपने लिए गद्य का वरण करती है।

कविता और गद्य के अंतर का विवेचन अनेक विचारकों ने अनेक संदर्भों में किया है। 'द आर्ट ऑफ़ विक्टोरियन प्रोज' (1968) में 'टेस्ट, ओपीनियन, थ्योरी इन विक्टोरियन स्टाइलिज्म' शीर्षक अपने पहले निबंध में त्रैविस आर० मैरिट ने इस परिस्थिति का 19वीं शती के अँग्रेजी साहित्य के संदर्भ में अच्छा परिचय दिया है। तत्कालीन आलोचना में कविता की पक्षधरता और गद्य के प्रति तरह-तरह के पूर्वग्रहों का उल्लेख करते हुए मैरिट लिखते हैं, "यह एक विचित्र व्यंग्य है कि गद्य की शिखर उपलब्धियों के इस युग में—आरनॉल्ड, रस्किन, कार्लाइल, न्यूमैन के ज़माने में—कला-माध्यम के रूप में गद्य की स्थिति ऐसी हल्की बनी रहे जैसी कि वह वस्तुतः दिखती है। 1864 में भी बुलवर लिटन गद्य को 'ईंट और गारा' बता सकते हैं कविता के 'हाथीदाँत, संगमरमर और देवदार' की तुलना में। वाल्टर बेजहोट गद्य की गिरी दशा इस तरह व्याख्यायित करते हैं क्योंकि उसमें बेहतरीन शब्द-समूह का अनिवार्यतः अभाव है : '(कविता में) इस विशिष्ट चुनाव के पीछे भावों की अधिकतम उत्तेजना जरूरी होती है। प्रशमित क्षणों में मस्तिष्क के लिए या तो चुनाव की संभावना कम रह जाती है, या उसकी चयन- क्षमता हल्की पड़ जाती है। अतः गद्य में इस तरह की उत्कृष्टता की अपेक्षा ही बेमानी है।" (पृ० 11) मैरिट फिर यह भी स्पष्ट करते हैं कि इस तरह के पूर्वग्रहों के पीछे किसी क़दर उस ज़माने में छपने वाले सस्ते और कुरुचिपूर्ण उपन्यासों का गद्य था। इधर कविता और गद्य का व्यावहारिक अंतर एक आधुनिक राजनेता और कुशल वक्ता ने बेहतर ढंग से समझाया है। न्यूयॉर्क (अमरीका) राज्य के राज्यपाल, मारियो क्युमो अपने भाषणों के प्रकाशित संकलन 'मोर दैन वर्ड्स : द स्पीचेज ऑफ़ मारियो क्यूमो' (अर्थात् 'शब्दों से अधिक : मारियो क्यूमो के भाषण') में कहते हैं, "चुनाव प्रचार हम कविता में करते हैं। पर चुने जाने के बाद प्रशासन हमें गद्य में करना होता है।" कविता और गद्य के इन लाक्षणिक प्रयोगों से प्रधानता का अंतर कुछ यों व्यंजित होता है : भाव-

प्रवणता और आवेग एक ओर, चिंतनशीलता और विवेक दूसरी ओर।

वस्तुत: तो इस तरह की उल्लिखित पिछली बहस के पीछे सक्रिय कविता और गद्य की बराबरी का आग्रह भ्रमपूर्ण है। वे समान पर विपरीत हैं नारी और पुरुष की तरह। उसी तरह बहुत कुछ उनका चरित्र है, और वैसी ही सर्जन-प्रक्रिया है। काव्य रूपों में प्रातिभ ज्ञान की केन्द्रीय स्थिति है, गद्य-वृत्तों में विवेक की। विकास की नवीनतम स्थिति में जब कविता गद्य का वरण करके गद्य कविता होती है तो यह एक तरह से अर्द्धनारीश्वर का रूप है जो कला और कविता के अधिष्ठाता शिव स्वयं हैं।

यहाँ गद्य-कविता के उद्धरणों का व्यावहारिक विवेचन उपयोगी होगा। इस क्षेत्र में शमशेरबहादुर सिंह के प्रयोग बहुत प्रभावशाली रहे हैं। पहला उद्धरण उनकी कविता 'एक पीली शाम' से है। दूसरी संख्या पर अज्ञेय की एक संक्षिप्त कविता है 'पंडिज्जी' जो उनके उत्तरकालीन संग्रह 'नदी की बाँक पर छाया' से ली गई है—

एक पीली शाम
पतझर का जरा अटका हुआ पत्ता
शांत
मेरी भावनाओं में तुम्हारा मुखकमल
कृश म्लान हारा-सा
(कि मैं हूँ वह
मौन दर्पण में तुम्हारे कहीं?)

× × ×

अब गिरा अब गिरा वह अटका हुआ आँसू
सांध्य तारक-सा
अतल में।

(शमशेर)

अरे भैया, पंडिज्जी ने पोथी बंद कर दी है।
पंडिज्नी ने चश्मा उतार लिया है।
पंडिज्जी ने आँखें मूँद ली हैं।
पंडिज्नी चुप-से हो गये हैं।
भैया, इस समय पंडिज्नी
फकत आदमी हैं।

(अज्ञेय)

शमशेर और अज्ञेय की उपर्युक्त दोनों कविताओं में विधान पूरा गद्य का है, अपनी तुक विहीनता में, छंद के अभाव में, और सबसे अधिक वाक्य-विन्यास की दृष्टि से। तब स्वभावत: प्रश्न उठता है कि इस विन्यास में कविता कहाँ से आती है? इसका

एक उत्तर होगा कि कविता का स्रोत यहाँ वह रचनात्मक तनाव है जिसे कवि ने अलग-अलग ढंग से बुना है। शमशेर के यहाँ प्रकृति-चित्रण है और उसे बड़े संश्लिष्ट अप्रस्तुत विधान से तीन बिंबों में साधा गया है, जो एक-दूसरे पर आरोपित हैं। 'पतझर का ज़रा अटका हुआ पत्ता', आँख में 'अटका हुआ आँसू', और अतल में डूबता सांध्य-तारक मिलकर एक समग्र अनुभूति होते हैं, जहाँ देश-काल के परंपरागत क्रम-विन्यास उलट-पुलट कर नया संयोजन लेते हुए फिर से नयी रचना-संभावना बन रहे हैं, आधुनिक उपन्यास के कथा-गद्य का विवेचन करते हुए जिसका कुछ संकेत किया जा चुका है। बिंब-संश्लेष से उपजी तन्मयता में गद्य-लय सघन हो उठी है। तीन अर्थ-स्तरों के अपने तनाव में शाम का रूप और सन्नाटा सघन हुआ है। यहाँ ध्यान देने की बात है कि बिंब-प्रक्रिया में प्रस्तुत-अप्रस्तुत का द्वैत न रहने से वह अलंकार-योजना की तरह अलग से न चमक कर, नयी कविता और नये गद्य दोनों तरह के विधान का अंग बन जाती है।

अज्ञेय की कविता में अधिक सीधी गद्य पंक्तियों का आकार क्रमश: छोटा-छोटा करते जैसे सत्य का उन्मेष एकबारगी परिलक्षित किया गया हो जापानी ज़ेन पहेली की तरह। तनाव को धीरे-धीरे बना कर उसे खोलने में साक्षात्कार की जो संभावना बनती है वही यहाँ कविता का स्रोत है। रचना-प्रक्रिया लोक-जीवन में प्रचलित पट- शैली में चलती है जहाँ पर उघारते-उघारते दर्शन तक पहुँचा जाता है। कथा-साहित्य में विविध प्रकार के जीवन-कौतूहल और जिज्ञासा की सृष्टि करके उसका शमन होता है, कविता का विधान कई तरह के तनाव से होता है। यों परंपरागत काव्य-लय से रहित केवल गद्य की लय में तनाव को डाल कर गद्य-कविता बनती है।

गद्य के इतने विविध स्तरों के विश्लेषण के बाद यह प्रश्न बचा रहता है कि गद्य का समग्रत: रूप या कि उसकी बुनियादी सत्ता क्या है, जिस समस्या की ओर विवेचन के एकदम आरंभ में भी ध्यान दिया गया। कविता की मूल धारा सर्वत्र एक है, बाहरी बंदिश में अंतर हो सकता है—महाकाव्य, खंडकाव्य, गीत, लंबी कविता आदि। गद्य के रूपों के साथ उसकी अपनी बनावट में भी अंतर आता है जो नाटक, उपन्यास, कहानी, निबंध, संस्मरण, जीवनी, पत्रकारिता के विविध माध्यमों में द्रष्टव्य है। यह अंतर, जैसा इस विवेचन में कई प्रसंगों के अंतर्गत स्पष्ट किया गया, भाषिक सर्जनात्मकता की मात्रा के कारण है। कविता में सर्वत्र एक कोटि की भाषिक सर्जनात्मकता और अर्थ-सघनता अपेक्षित है। गद्य में अर्थ- सघनता के अलग-अलग रूप हैं, और इस स्थिति में गद्य की भाषिक द्रवणशीलता बहुस्तरीय है। इसके बावजूद गद्य की अपनी संप्रभुता कहाँ और क्या है, यह विचारणीय है।

पिछली प्राय: दो शताब्दियों से हमारे देश में और उससे भी पहले यूरोप में गद्य के प्रयोग और उपयोगों में बराबर बढ़ोतरी होती गई है। इसके पीछे कई कारण देखे जा सकते हैं—बौद्धिकता का आग्रह, मुद्रण-यंत्र का आविष्कार, जनतंत्र-भावना का

प्रसार, और इधर शिक्षण-संस्थानों तथा संचार साधनों की स्फीति-जिनका उल्लेख पहले हो चुका है। इस वैविध्य में गद्य की मूल सत्ता जैसे भुला दी गई हो, और उसे अब खोजना है। ऊपर से देखने में यह कथन अंतर्विरोध पूर्ण लगेगा, पर वास्तविकता यह है कि गद्य का पसारा जितना बढ़ता गया है उतना ही उनके बीच से उसका बुनियादी स्वरूप झलक' मारने लगा है। इस बुनियादी धरातल पर-यहाँ स्पष्टता के लिए 'शास्त्रीय गद्य' को प्रस्तुत प्रसंग से हम अलग रख रहे हैं क्योंकि उसका क्षेत्र सीमित और परिभाषित है—गद्य का स्वरूप है वार्ता, बात करना। यह ठीक है कि बात करना भर गद्य नहीं, पर गद्य का स्वरूप और उससे अधिक उसकी भंगिमा बात करने जैसी होना चाहिए। हिंदी-उर्दू तथा कई अन्य भारतीय भाषाओं में भी 'बात' अनेक व्यंजनाओं से भरा-पूरा शब्द है। बात की महिमा में पुराने गद्यकार प्रतापनारायण मिश्र के निबंध को स्मरण करते हुए, जोड़ सकते हैं कि हिंदुस्तानी शास्त्रीय संगीत की महफ़िल में, जहाँ कलावंत अपने संगीत में भाषामात्र को एकबारगी परे कर देता है, जब स्वयं वह या कोई रसिक श्रोता गायन या वादन की कला पर मुग्ध होकर एकाएक उसकी प्रशंसा करना चाहता है तो समूची भाषा में से सिर्फ एक ही छोटा वाक्य अनिवार्यत: उसके मुँह से निकलता है—'क्या बात है!'

कविता अधिकतर आवेग और तनाव में चलती है. गद्य को किसी क़दर प्रशमित और समरस रहना है, पहले संकेतित नारी और पुरुष की समान पर विपरीत स्थिति के प्रतीक रूप में। यही कारण है जिससे गद्य का वैविध्य जितना बढ़ रहा है उतना ही उस के समरस स्वभाव की आवश्यकता और स्थिति उभर रही है। गद्य यों जितना समरस होगा उतना ही गद्य होगा। प्रातिभ ज्ञान और ज्ञान के बीच वह विवेक का सहारा लेकर चलता है। मुंथे, विभूतिभूषण और महादेवी का ऐसा ही समरस गद्य है जो विविध माध्यमों का अतिक्रमण करके अपनी संपूर्ण प्रभुत्वसंपन्न सत्ता बनाता है। हिंदी से फिर हजारीप्रसाद द्विवेदी, जैनेन्द्र और अज्ञेय तथा शमशेर, रघुवीरसहाय और निर्मल वर्मा के नाम जुड़ेंगे जिनका गद्य हर माध्यम में प्रशमित चलता है। आलोचना और विचार-गद्य के क्षेत्र में रामचंद्र शुक्ल का नाम शीर्षस्थ है, जो स्थितियों, भावों और विचारों को विविक्त करने में पूरी तरह समर्थ हैं। हिंदी गद्य की सीमा एक तरह से समूचे हिंदी क्षेत्र की मानसिक स्थिति की सीमा है, जहाँ श्रेष्ठ उपलब्धियाँ किसी अन्य क्षेत्र से कमतर नही हैं, पर औसत स्तर नीचा है। और यह निचला स्तर उपलब्धियों की चमक को हल्का कर देता है।

हिंदी गद्य की कई समस्याओं और विषमताओं का उल्लेख इस विवेचन में हुआ है। अंत में एक ऐसी कठिनाई का विवेचन करके बात पूरी करनी है जिस पर हिंदी के गद्यकार का अपना बहुत वश नहीं। भारतीय संविधान में हिंदी को राजभाषा माना गया है, पर किया नहीं गया। इसके लिए कुछ वास्तविक और अधिकतर काल्पनिक समस्याओं को पिछले चार दशकों में उठाया जाता रहा है। कुछ तो राजनैतिक संदर्भों

के प्रबल होने से और कुछ अँग्रेजी प्रभुता के समर्थक शक्तिशाली वर्ग की अभिसंधि से हिंदी के स्वरूप को लेकर ही वितंडा खड़ा कर दिया गया। इस प्रसंग में कुछ कठिनाई समूची राष्ट्रीय परिस्थिति में अंतर्निहित है। उदाहरण के लिए राजभाषा के रूप में हिंदी का अनुमोदन करने वाला हर राजनेता साथ में यह भी कह देता है 'पर हिंदी का रूप सरल होना चाहिए' जिस आग्रह से किसी का बहुत मत-भेद नहीं हो सकता। पर सरलता और कठिनाई निहायत सापेक्ष स्थितियाँ हैं। इस प्रसंग में विडंबना यह है कि स्वयं हिंदी के क्षेत्र में हिंदी-उर्दू-अँग्रेजी मिली भाषा सरल समझी जाएगी, जबकि बंगाल, महाराष्ट्र या कि कन्नड़ क्षेत्र में तत्सम शब्द-प्रधान भाषा अधिक बोधगम्य होगी। हिंदी में हवाई जहाज़ या कि रेडियो स्टेशन जैसे शब्द प्रचलित हैं, बँगला में विमान और आकाशवाणी केन्द्र। रेडियो का अनुवाद 'आकाशवाणी' गुरुदेव रवीन्द्रनाथ टैगोर के सुझाव पर स्वयं जवाहर लाल नेहरू ने स्वीकार किया था, जैसे कि आकाशवाणी से हारमोनियम बाजे का बहिष्कार गुरुदेव की इच्छा पर हुआ था। मराठी में व्यापारिक संस्थान 'मर्यादित' होते हैं, हिंदी में 'लिमिटेड'। महाराष्ट्र की सर्वाधिक प्रचलित ठेठ मिठाई का नाम है श्रीखंड; हिंदी क्षेत्र की अनेक लोकप्रिय मिठाइयों के नाम लड्डू, पेड़ा, बर्फ़ी से उसकी व्युत्पत्तिगत भिन्नता समझी जा सकती है। लखनऊ में विधान-सभा-भवन को 'काउंसिल हाउस' नाम से अधिक जाना जाता है, जबकि बैंगलूर में उसका एक ही नाम है 'विधान सौध'। ऐसे परस्पर विरोधी दबावों के बीच हिंदी के सरल-सहज रूप को विकसित करना कठिन हो गया है। राजभाषा हिंदी के लिए संघ सरकार की ओर से जो कोश और व्याकरण ग्रंथ बने वे निश्चय ही हिंदी के अपने विद्वानों द्वारा तैयार किये गये हैं, पर उनकी नियामक नीति सरकारी है जो जानकर और कभी अज्ञान में स्वयं अनिश्चय में झूलती रही है।

ऐसे में हिंदी गद्य की निजी और आंतरिक समस्याएँ अपनी जगह हैं, पर यह एक अकेला बाहरी हस्तक्षेप ऐसा है जो उसके स्वरूप को अस्थिर किए रहता है। स्पष्ट ही सरकार का संबंध प्रशासन, शिक्षा या कि संचार माध्यम की भाषा के रूप में सिर्फ गद्य से है—जो निश्चय ही कविता के लिए सौभाग्य की बात है—और उसकी अस्पष्ट तथा विभ्रमित नीति गद्य के विकास में बाधक ही रही है। इन कई तरह की विषम परिस्थितियों के बीच हिंदी लेखक को गद्य लिखना है। गद्य कवियों के लिए कसौटी है, जिस किसी ने यह उक्ति कही होगी उसे क्यों ही गुमान रहा होगा कि उसकी चेतावनी बीसवीं शती के उत्तरार्द्ध में अधिक प्रासंगिक हो जाएगी। भारतेंदु ने अपने जर्नल 'कालचक्र' में नोट किया 'हिंदी नए चाल में ढली 1873 ई०'। प्राय: सौ बरस बाद हिंदी को ढालने का काम सरकार ने ले लिया। एक ओर लेखक दूसरी ओर सरकार, एक ओर निष्ठा दूसरी ओर शंका, इस द्वैत में से हिंदी गद्यकार को अपना दायित्व स्वयं वापस लेकर भाषा को फिर ढालना है।

इसके लिए बुनियादी बात ध्यान में रखनी है कि बोलचाल का सजग- सावधान

रूप गद्य है। पर कहाँ की बोलचाल? हिंदी क्षेत्र अपने में बहुजनपदीय और विस्तृत है, फिर हिंदी को अपनी सहयोगी भाषाओं के साथ ताल मेल रखना है। वैसी स्थिति में जो तत्सम शब्दावली बंगाली-मराठी की बोलचाल है वह हिंदी के अपने क्षेत्र में किताबी लगेगी, और हिंदी क्षेत्र की बोलचाल बहुत बार अन्य क्षेत्रों में बोधगम्यता की समस्या उत्पन्न कर सकती है। तब हिंदी गद्य की कई धाराएँ होंगी। जैसे सामान्य गद्य से अलग शास्त्रीय गद्य है जो, उदाहरण के लिए, शरीर विज्ञान, भौतिकी या अर्थशास्त्र जैसे ज्ञान के अनुशासनों में प्रयुक्त होता है, वैसे ही एक गद्य बन रहा है जो प्रशासन के विभिन्न अंगों में चलेगा, जिसे हम राजगद्य कह सकते हैं। गद्य, शास्त्रगद्य और राजगद्य में आपस का लेन-देन स्वभावत: चलना है, जिसके कारण सभी का प्रवाह अपने-अपने ढंग से होगा, और फिर क्रमश: एक वृहत्तर गद्य-धारा का रूप ले सकेगा।

[2]
विकास

आरंभिक और मध्यकालीन रूप

हिंदी गद्य का विकास, जैसा संकेत किया जा चुका है, सीधे बोलचाल से कथा-वार्ता-टीका-उपदेश-कहानी के विविध रूपों में होता है। पृष्ठभूमि में कुछ ऐसे गद्य-पद्य मिश्रित प्रयोग हैं, जिन्हें 'वचनिका' नाम दिया गया जो भी बोलने की ही क्रिया को द्योतित करता है। किसी भाषा विशेष का आदि रूप कहाँ से चलता है, इसका निर्णय स्पष्ट ही एक कठिन प्रक्रिया है, क्योंकि भाषा की एक अवस्था का रूपांतरण दूसरे रूप में होना समय साध्य है, और एक लंबी अवधि होती है जबकि दोनों के बीच की संधिकालीन स्थिति बनी रहती है। अपनी संक्षिप्त और व्यवस्थित पुस्तक 'मध्यकालीन हिंदी गद्य' (राजकमल : 1959) में हरिमोहन श्रीवास्तव ने कई क्षेत्रों से लेकर पुराने हिंदी गद्य के आरंभ में कुछ नमूने प्रस्तुत किये हैं। पर प्रश्न रहता है कि अपभ्रंश/अवहट्ट/पुरानी हिंदी और हिंदी के बीच विभाजक-रेखा कहाँ से और किस आधार पर मानी जाए? हिंदी भाषा और साहित्य का आरंभ किस विंदु से समझा जाए इसके लिए अपनी पुस्तक 'हिंदी साहित्य और संवेदना का विकास' (1986) में परसर्गों के उदय की जो व्यावहारिक कसौटी मैंने प्रस्तावित की है उसका उपयोग हिंदी गद्य के विकास का आरंभ निश्चित करने में भी हो सकता है। हिंदी तथा अन्य आधुनिक आर्य भाषाओं की प्रकृति पूर्ववर्ती भाषा-रूप से इस माने में पृथक हो जाती है कि यहाँ. विश्लेषणात्मकता का चरण पूरा होकर मूल शब्द तथा प्रत्यय अलग-अलग दिखने लगते हैं। विभक्ति-रूप का स्थान परसर्ग ले लेते हैं। हिंदी के आदि काव्य 'पृथ्वीराज रासउ' (डॉ० माताप्रसाद गुप्त का संस्करण) में आए कुछ परसर्ग-रूप इस प्रकार हैं—कदली क पान, भूअदंड ते सरोह साधइ, तिन के प्रसंगा, रिपु कउ सबद, रवि के रथ्थ।

जहाँ तक गद्य-पद्य मिश्रित रूप वचनिका तथा गद्य-वार्ताओं का संबंध है डॉ० माताप्रसाद गुप्त द्वारा प्रस्तुत 'पृथ्वीराज रासउ' (रचनाकाल 1343 ई० के आसपास) के संस्करण में उन्हें पाठांतर के तौर पर रक्खा गया है। इन वार्ताओं और वचनिकाओं दोनों के गद्य में परसर्ग-रूप बहुतायत से मिलते हैं। और इस दृष्टि से यहाँ हिंदी गद्य के आद्य रूप की झलक दिखती है। कुछ उदाहण प्रस्तुत हैं, पर यह स्मरणीय है कि

इनकी मूल रचना और भाषा-रूप का समय पूरी तरह असंदिग्ध नहीं कहे जा सकते—

> ***गद्य वार्ताएँ***— *कैंवास कलन्त्र चांद पास आइ ठाढी रही देखि चांद तूं महावीर वरदायी हमार ओ राजा पै वस पयाउ चांद राजा पहि चलिबे को उद्यम कियउ चांद की स्त्री फेट पकरी।*
>
> *राजा स्नान कीयो सामंतन ने स्नान कीयो तब राजा गंगा को समरन करत है। पछड़ राजा कछवाही कइ आवासि विदा मांगन गयु तब कछवाही इह कही।*
>
> ***वचनिका***— *भजी मीसूल तार सुललान जलालदीन जाया। फुरमांन सिर फुरमांन के दल वास केलास रोह षंधार गषर गिवार वार गिवान षुरासान मूलतान भटनेर भषस्वांन। फुरमांन पेसि पूरपेशि दूसमन जोरी आइ हथाइ। सिताबी वर परवर राय चामुंड वेरी मरे। सब सामंतन के मन जरे। रायजितसी पासि भेहरा छूटु। वंडीर लाहुर लूटु। देवरा दीवान छंडु। जादवे विर उड्डु। राय भुहा गयु देस मुकी। राय माल दे मोति चुकी।*

ऐसी स्थिति में अनुमानत: 1343 ई० के आसपास रचित चंद के 'पृथ्वीराज रासउ' में हिंदी गद्य के प्राचीनतम रूप की झलक मिलती दिखती है।

राजकीय परिवेश से जुड़े होने के कारण चंद बिरद्दिआ और 'पृथ्वीराज रासउ' के काल-क्रम को, और तदनुसार उनके भाषा-रूप को किसी क़दर निश्चित किया जा सकता है। चलते-फिरते नाथ-सिद्धों की बानियों, और मौखिक परंपरा के आश्रित उनके भाषा-रूप का निर्धारण और कठिन है। प्रसिद्ध संत-काव्य विशेषज्ञ पीतांबरदत्त बड़थ्वाल ने अपने संग्रह 'गोरखबानी' (चतुर्थ संस्करण : 1979 ई०) के परिशिष्ट-1 क में दो गद्य रचनाएँ—गोरष गणेश गुष्टि तथा महादेव गोरष गुष्टि सम्मिलित की हैं, भूमिका में यह कहते हुए, "इसलिए जहाँ एक ओर मैं उनको संग्रह के मूल भाग में नहीं रख सकता वहीं सर्वथा हटा भी नहीं सकता। "रचनाकार और रचना के काल-क्रम निर्धारण प्रसंग में उनका मत है, "अधिक संभव यह समझता हूँ कि गोरखनाथ विक्रम की ग्यारहवीं शती में हुए। ये रचनाएँ जैसी हमें उपलब्ध हो रही हैं, ठीक वैसी ही उस समय की हैं, यह नहीं कहा जा सकता।"

संदिग्धता के इस सहज वातावरण में जब हम उक्त गद्य-रूप का परीक्षण करते हैं तो पाते हैं कि परसर्ग-प्रयोग की कसौटी पर यह भी खरा उतरता है। कुछ उदाहण प्रस्तुत हैं। 'गोरख गणेश गुष्टि' में सृष्टि-विज्ञान का विवेचन है, रचना और उसके अपसारण दोनों पक्षों का—

> *स्वामीजी प्रिथी की कौंण भारिज्या। बाय की कौंण भारिज्या। आपकी कौंण भारिज्या। तेज की कौंण भारिज्या। आकास की कौंण भारिज्या...तौं स्वांमी पंच तत्त की कथं उतपती, कथं षपती। अविगत उतपनां ॐ। ॐ उतपदिते*

आकास। आकास उपतनी बाई। बाई उत्पन्यां तेज। तेज उत्पन्यां तोया। तोया उत्पनी मट्टी। मिट्टी ग्रासंत तोया। तोया ग्रासंत तेज। तेज ग्रासंत बाई। बाई ग्रासंत आकास। आकास ग्रासंत ॐ। ॐ ग्रासंतते अबिगत। अबिगत गति रहेत, आवते न जावते एवं पंच तत पचीस प्रकीरति का भेद बोलिये। निरंजन देवता। पाणी का जामन। अगनि का पुट। पवन का थंभा। सुरति निरति सोध्या। सुनि मैं समाया। अविगत सरूपी एवं उचितम्।

यहाँ-का, की, -मैं तीन परसर्गों का प्रयोग स्पष्ट द्रष्टव्य है। फिर एक ध्यान देने की बात यह है कि उद्धरण में परिवेशगत अनुनासिकता के प्रयोग (स्वांमींजी, कौंण, पाणी) भाषा के मौखिक रूप की ओर संकेत करते हैं। विषय-विवेचन तो प्रश्नोत्तर शैली में है ही।

गद्य का कहानी कहने के लिए अपेक्षाकृत साहित्यिक ढंग का प्रयोग कुतुबशाही दरबार के मुल्ला वजही (जन्म 1550 ई० के आसपास) की गद्य रूपक-कथा 'सबरस' (रचनाकाल-1635 ई०) में देखा जा सकता है, जों खड़ी बोली की दकनी शैली में है। कविता के संदर्भ में किसी क़दर छंद-विन्यास की भिन्नता से, और बहुत-कुछ सांस्कृतिक पृष्ठभूमि के विदेशी होने, तथा काव्यभाषा प्रयोग-विधि में अंतर के कारण दकनी काव्य-धारा मुख्य हिंदी काव्यधारा से अलग पड़ती है। पर बोलचाल का आधार एक होने से दकनी का गद्य हिंदी-उर्दू साहित्य की साझीसंपत्ति है। बल्कि मुल्ला वजही ने तो—जैसा हम अभी देखेंगे—अपनी भाषा को 'हिंदी' ही कहा है। मानवीय मनोवृत्तियों को चरित्र बनाकर लिखे गए संस्कृत नाटक 'प्रबोध चंद्रोदय' (11वीं शती) की छाया में इस गद्य कृति 'सबरस' की रचना हुई, ऐसा प्रायः माना जाता है। 'सबरस' के मुख्य चरित्र हैं पश्चिम का बादशाह 'अक्ल', उसका बेटा 'दिल', जिसका प्रेम है पूर्व के बादशाह 'इश्क' की बेटी 'हुस्न' से। फिर कैसे अनेक कठिनाइयों के बाद 'दिल' और 'हुस्न' का मिलन तथा विवाह होता है, यह 'सबरस' का मुख्य उपजीव्य है। इन प्रधान चरित्रों के अतिरिक्त अनेक गौण चरित्र कथा में आते हैं, और वे भी अधिकतर मानवीय मनोवृत्तियों के प्रतिरूप हैं। रचना मुख्यतः दकनी गद्य में है, बीच-बीच में कहीं कुछ पद्य आ जाते हैं। इसके अतिरिक्त कुछ नीतिपरक दोहे ब्रजभाषा में दिये गये हैं। अपनी रचना के बारे में मुल्ला वजही लिखते हैं, "इस किताब का नाम 'सबरस', सबको पढ़ने आवे हवस, बोल-बोल कूं चढ़े उमस, यादगार हो अछेगा दुनिया में कई बरस।" उत्तर भारत के हिंदी गद्य में जैसा तुक-विधान 'वार्ता' और 'वचनिका' रूपों में द्रष्टव्य है, ठीक वैसा ही विधान खड़ी बोली के इस दकनी रूप में देखा जा सकता है। एक महत्वपूर्ण बात इस प्रसंग में यह है कि अपनी रचना में प्रयुक्त भाषा-रूप को वजही खड़ी बोली, दकनी या हिंदुस्तानी न कहकर सीधे 'हिंदी' नाम से पुकारता है। 'मुल्ला वजही 'शीर्षक से साहित्य

अकादमी द्वारा प्रकाशित अपने परिचय-ग्रंथ में जावेद वशिष्ठ लिखते हैं, "वजही का यह दावा भी गौर तलब है कि 'जेते चौसरां, जेते फ़हम दारां, जेते गुनकारां हुए सन आज लगन, कोई इस जहान में, हिंदुस्तान में, हिंदी जुबान सूं. इस लताफ़त, इस छंदां सूं, नज़्म होर नस्त्र मिलाकर, गलाकर यूं नहीं बोल्या'। इसमें वजही 'सबरस' की भाषा को हिंदी करार देता है और गद्य और पद्य के इस मेल को 'सबरस' की शैली ठहराता है।" (पृ॰ 63) 'गद्य और पद्य के इस मेल' के लिए लेखक ने बड़ा सटीक प्रयोग किया है 'मिलाकर, गलाकर', अर्थात् भाषा के दोनों रूप जब शैली में समरस हो जाएँ। और इसमें संदेह नहीं कि मुल्ला 'वजही का भाषा के प्रसंग में यह दावा और उनका नामकरण उनकी रचना 'सबरस' के लिए सही ठहरता है। इससे यह भी समझा जा सकता है कि समूचे मध्यकाल में प्रादेशिक भाषा-रूपों के लिए खड़ी बोली, दकनी, ब्रज, अवधी आदि नाम प्रचलित न होकर सामूहिक तौर पर एक ही नाम चलता था—हिंदवी/हिंदुई।

राहुल सांकृत्यायन द्वारा संकलित 'दक्खिनी हिंदी काव्यधारा' (बिहार राष्ट्रभाषा परिषद् : 1959) से 'सबरस' की कुछ बानगी प्रस्तुत है—

> *"दिल कूँ यो बात बहुत खुश भाई, भौत भाई। बाप कूँ कया...'एताल मैं अख्तियार अपना तेरे हात दिया, जे कुछ तू कहा सो मैं किया। आशिक जानबाज़ी हूँ, जों तू कहा है, वोंच राज़ी हूँ। जों तूं फरमाया है, त्यों च जाता हूँ। खुदा करता है, तो हुस्त्र सों मिल कर, हुस्न कूँ भी फाँदे में पाता हूँ।' आशिक़ वो जो माशूक़ को भावे, आशिक़ वो जो माशूक़ कूँ रिझावें, अपे तिलमिलाता त्यों उसे भी तिलमिलाये, जों अपे तरसता, त्यों उसे भी तरसावै। आशिक़ जों माशूक़ कूँ जपै तो खूब, माशूक़ भी आशिक़ खातिर तपे तो खूब।*
>
> *गवालियर के सुभाने, यों बोलते हैं (दोहरा) :*
> *धरती म्याने रोज धर, बीज बिखर कर बोय।*
> *माली सींचै सौ घड़ा, रुत आये फल होय॥" (पृ॰ 49)*

गद्य का यह रूप कहानी के लिए प्रयुक्त होने पर अधिक सजग तथा व्यवस्थित ठहरता है, भले उस कहानी की प्रकृति मूलत: नीति तथा उपदेशपरक हो। भाषा का ढाँचा ठेठ दिल्ली-मेरठ क्षेत्र की खड़ी बोली का है। कुछ प्रयोग फारसी के और कुछ दक्षिण की क्षेत्रीय भाषा के हैं। गद्य रचना का यहाँ सजग नामकरण भी 'सबरस' जैसे कविता की प्रतिद्वन्द्विता में गद्य की क्षमता का पहला सशक्त उद्घोष है!

उत्तर भारत में इस कालावधि में ब्रजभाषा का ब्रज के धार्मिक केन्द्र और ग्वालियर के राजनैतिक केन्द्र से जुड़कर साहित्यिक भाषा के रूप में विकास हो रहा था। समूचे मध्य देश में, और उसके बाहर भी, कृष्ण-भक्ति के सान्निध्य में ब्रजभाषा का कई स्तरों पर प्रसार गतिशील था, गुजरात में पश्चिमी तट पर द्वारका के वल्लभ-संप्रदाय

के प्रचार से लेकर पूर्व में बंगाल-असम-उड़ीसा के वैष्णव कवियों के 'ब्रजबूलि' काव्य तक। इस परिवेश में वल्लभ-संप्रदाय से जुड़कर ब्रजभाषा गद्य का भी पर्याप्त विस्तार दिखाई देता है, यद्यपि इस गद्य-सामग्री के तिथि-क्रम और उसकी प्रामाणिकता को लेकर विवाद बराबर चलते रहे हैं।

कुछ ऐसी ही स्थिति ब्रजभाषा/ग्वालियरी में अनुवादित 'हितोपदेस' की है, जिसे हरिहरनिवास द्विवेदी ने अपनी पुस्तक 'मध्यदेशीय भाषा : (ग्वालियरी)—1955 ई० में विवेचित और उद्धृत किया है (पृ० 32/193) मध्यदेशीय भाषा, साहित्य और संस्कृति के विशेषज्ञ लेखक के शब्दों में इस गद्य अनुवाद के अनुमानित काल-क्रम की स्थिति इस प्रकार है जबकि अनुवादक अज्ञात है, "श्री अगरचंद नाहटा के संग्रह से प्राप्त। श्री नाहटा जी इसका रचनाकाल 17वीं शताब्दी से 18वीं तक का मानते हैं। पीछे पृष्ठ 32 पर जो मत दिया गया है वह मत श्री नाहटा जी का न समझा जाकर प्रस्तुत लेखक का समझा जाय" (पृ० 193)। पृ० 32 पर स्वयं हरिहरनिवास द्विवेदी की मान्यता यों है, "श्री अगरचंद नाहटा के संग्रह में हितोपदेश के एक गद्यानुवाद की तीन प्रतियाँ हैं। इसके कुछ पृष्ठों की प्रतिलिपि कराकर नाहटा जी ने हमारे पास भेजी है। श्री नाहटा जी का मत है कि वह विक्रम पंद्रहवीं शताब्दी (ई० 15वीं शताब्दी के अंत अथवा 16वीं शताब्दी के प्रारंभ) की रचना है। इस ग्रंथ में उसके रचयिता का नाम धाम अथवा उसका रचना-स्थान नहीं दिया गया। इसकी एक प्रति के अंत में लिखा हुआ है :—'इति श्री हितोपदेश ग्रंथ ग्वालेरी भाषा लबध प्रगासेन नाम पंचमो आख्यान हितोपदेश. संपूर्ण।" (पृ० 32-33) इस गद्यानुवाद का कुछ अंश यहाँ प्रस्तुत है—

"मैं एक दिन बन में रह्यौ। तहाँ यह देख्यौ। जु बृद्ध बाघ पानी मैं न्हाय। कुस हाथ मैं लै मारग मैं आय बैठौ। इतेरे एक बटोई ब्राह्मन आय निकर्यौ। ब्राह्मन मारग मैं बैठौ बाघ दीठौ। तब इन बिचार या कै भय सूं दूर रहवा लागौ। तब बाघ तासूं कह्यौ। अरे ब्राह्मन मैं मारग मैं बैठा हूँ। सो पुन्य करने के संस्कार तैं बैठौ हूँ। अब मो पास यह सोनां को कंकन लेहु। कृष्णारपन करत हौं।" (पृ० 197)

वल्लभ-सम्प्रदाय और अष्टछाप से जुड़े गद्य-साहित्य को सामान्यत: वार्ता-साहित्य कहा जाता है। इसके अंतर्गत दो संकलन आते हैं—'चौरासी वैष्णवन की वार्ता' तथा 'दो सौ बावन वैष्णवन की वार्ता'। इसके लेखक-रूप में महाप्रभु वल्लभाचार्य के पौत्र गोस्वामी गोकुलनाथ ख्यात हैं। 'चौरासी वैष्णवन की वार्ता' में वल्लभाचार्य के शिष्यों की कथाएँ हैं जिनमें 'अष्टछाप' के प्रसिद्ध कवि सम्मिलित हैं। 'दो सौ बावन वैष्णवन की वार्ता' में वल्लभाचार्य के पुत्र गोस्वामी विट्ठलनाथ के शिष्यों की वार्ताएँ हैं। परवर्ती शोध के आधार पर पहले वार्ता ग्रंथ को गोकुलनाथ द्वारा रचित और दूसरे को 'गोस्वामी हरिराय जी द्वारा प्रणीत' अथवा उनके किसी शिष्य द्वारा प्रस्तुत माना जाता है। बहरहाल, सत्रहवीं शती के ब्रजभाषा गद्य के विपुल

संकलन रूप में इन वार्ता ग्रंथों का असाधारण महत्त्व है।

जैसा नाम से स्पष्ट है, और कई बार उल्लेख हो चुका है, हिंदी गद्य का यह रूप बोलचाल से सीधे उठाया गया है। वार्ताओं के अंत में समापन-वाक्य प्राय: इस रूप में आता है—'सो कहां तांई कहिए' अथवा 'सो कहां तांई लिखिए'। इससे जान पड़ता है कि ये वार्ताएँ बोल कह कर लिखाई गई हैं, और यों गद्यारंभ की सही भंगिमा द्योतित करती हैं। अनेक शब्द प्रयोग और व्याकरण-रूप ऐसे हैं जो मथुरा की केन्द्रीय ब्रजभाषा में आज भी इसी तरह प्रयुक्त होते हैं, 'सारे', 'दारी', 'राँड़' जैसे पुरुष और स्त्रियों के लिए प्रयुक्त हल्के अपवचन जिसमें सम्मिलित हैं। आदरार्थक अथवा शिष्टार्थक बनाने के लिए बहुवचन रूप का प्रयोग अनेक भाषाओं में अनेक प्रकार से मिलता है। वार्ताओं में 'महाप्रभु' प्रयोग (वल्लभाचार्य के लिए प्रयुक्त) प्राय: अनिवार्य रूप से 'महाप्रभून' की तरह आया है। एक उल्लेखनीय बात यह भी मिलती है कि पश्चिमी हिंदी, विशेषत: खड़ी बोली हिंदी के वर्तमान परिनिष्ठित रूप में कर्ता कारक का जो परसर्ग—ने विशिष्ट पहिचान की तरह माना जाता है वह यहाँ प्रयुक्त होता दिखता है, पर अनेक बार अनुपस्थित भी हो जाता है। 'दो सौ बावन वैष्णवन की वार्ता में प्रसंग आता है, "तब श्री गुसाईंजी कृष्ण भट के कुसल समाचार पूछि कै श्री ठाकुर जी की सेवा के समाचार पूछे।" (पृ० 1/47) सखा भाव की भक्ति बोलचाल की भंगिमा और वल्लभ संप्रदाय के अनौ" चारिक गृहस्थ वातावरण का मिला-जुला रूप प्रसिद्ध कवि रसखान की वार्ता में यों मिलता है—"तब रसखान गोविंद कुंड पें जाय बैठ्यो। और मन में बिचारी, जो—जितने हिंदु के देवालय में गयो हतो सो कहूँ मोकों काहू ने धक्का मार्यो नाहीं। पाछे वह रसखान बाहिर जाइबे लाग्यो। तब श्रीजी ने बाकी बाँह पकरि कै कह्यो, जो—अरे सारे! अब कहाँ जात है?" (3/301, 304) यहाँ 'सारे' अपवचन का ब्रजभाषा में बहुप्रचलित प्रीत्यर्थक प्रयोग भगवान-भक्त संवाद में हो रहा है, यह बात अनायास ध्यान खींचती है और तब समझ में आता है कि बिंब-विधान के जटिल प्रयोग से लेकर सीधी गाली तक सब कुछ सर्जनात्मक भाषा-रूप में प्रयोज्य है। कहना न होगा कि वार्ता-साहित्य में बोलचाल का यह सामान्य रूप भाषिक सर्जनात्मकता की भंगिमा ले रहा है। गुसाइयों के साधारण वार्तालाप और उपदेश कथन में अनेक तरह के अप्रस्तुत विधान सहज भाव से प्रयुक्त हुए हैं।

यहाँ उदाहरण के लिए सूरदास की वार्ता से उनके अंतिम समय से संबद्ध एक प्रसंग प्रस्तुत है—

> *"तब चत्रभुजदास ने कह्यौ जो सूरदास जी ने बहुत भगवत् जश वर्णन कीयौ परि श्री आचार्य जी महाप्रभून की जस वर्णन ना कीयौ तब यह वचन सुनिकें सूरदासजी बोले जो में तो सब श्री आचार्य जी महाप्रभून को ही जस वर्णन*

कीयो है कछू न्यारौ देखूं तौ न्यारौ करूं परि तेरे साथ कहत हौ या भाँति कहि कें सूरदास जी ने एक पद कयौ॥ सो पद-राग बिहागरो-भरोसौ दृढ़ इन चरणन केरौ॥ श्रीवल्लभनखचंद्रछटाबिनु सब जगमांझि अंधेरौ...यह पद कयौ पाछें सूरदासजी कौं मूर्छा आई तब श्री गुसाई जी कहैं जो सूरदास जी चित्त की वृत्ति कहाँ है तब सूरदास जी नें एक पद और कयौ। सो पद-राग बिहागरो-बलिबलिबलि हौ कुमर राधिका नंदसुवनजासों रतिमानी॥ वे अति चतुर तुम चतुर सिरोमन प्रीतिकरी कैसें होत है छानी...यह पद कयौ इतनों करि कें सूरदास जी को चित्त श्रीठाकुरजी को श्रीमुखता में करुणारस के भरे नेत्र देखे तब श्री गुसांईजी ने पूछौ जो सूरदास जी नेत्र की वृत्ति कहाँ है तब सूरदासजी ने एक पद और कयौ। सो पद-राग बिहागरो-खंजन नैनरूपरसमाते॥ अतिसै चारु चपल अनियारे पल पिंजरा न समाते। चलि चलि जात निकट श्रवणन के उलटि पुलटि ताटंक फंदाते॥ सूरदास अंजन गुण अटके नातर अब उड़ि जाते॥"

'पृथ्वीराज रासउ' और गोरखनाथ के सूचनात्मक गद्य के आगे दकनी में 'सबरस' और ब्रज में वार्ता साहित्य का गद्य वर्णनात्मक और कथात्मक होता है, जिसमें जगह-जगह सर्जनात्मकं छवियाँ उपजती दिखती हैं। यों, भाषा अपने प्रयोग में स्वत: सर्जनात्मक होती चलती है, जिसके लिए एक दूसरे स्तर पर विसर्जन की प्रक्रिया भी गतिशील रहती है। वार्ता साहित्य में कवियों-भक्तों के प्रसंग वर्णित होने से भाषा के सर्जनात्मक हो उठने की संभावना यों भी अधिक बनती है।

उपर्युक्त उद्धरणों के क्रम में राजस्थानी ('पृथ्वीराज रासउ'), खड़ी बोली ('गोरखबानी'), दकनी ('सबरस'), ब्रजभाषा ('वार्ता साहित्य') के विविध प्रादेशिक उपरूप देखे जा सकते हैं। कविता की भाषा सामान्यत: प्रतिमानीकृत होती है। गद्य रूप मौखिक प्रयोग के निकटतर होने के कारण प्रादेशिकता का अधिक गहरा रंग लिए हुए हैं, यद्यपि जैसा 'सबरस' के प्रसंग में स्पष्ट किया गया, इन सभी रूपों को अलग-अलग, और संश्लेष में भी, 'हिंदी' हिंदवी/हिंदुई' कहकर समकालीनों द्वारा पुकारा गया है। अब आगे 19वीं शती के लगते-लगते इस हिंदी भाषा-समूह में ब्रज के स्थान पर क्रमश: खड़ी बोली केन्द्रीय रूप ग्रहण कर लेती है।

19वीं शती में, रामचंद्र शुक्ल के इतिहास में आधुनिक काल/ गद्य काल में, खड़ी बोली की प्रधानता होने के पीछे एक साथ कई कारण सक्रिय दिखते हैं। अँग्रेज शासन की दृष्टि में ब्रजभाषा हिंदू जीवन-चर्या से जुड़ी थी, जबकि खड़ी बोली—विशेषत: अपने उर्दू या कि 'हिंदुस्तानी' रूप में—मुसलमानों से भी। यों उसकी जन-भाषा के रूप में शासन द्वारा अनुमोदन की स्थिति अधिक अनुकूल और स्वीकार्य थी। तदनुसार अँग्रेज अधिकारियों के प्रशिक्षण से लेकर सामान्य शिक्षा के विविध स्तरों पर, और ईसाई मिशनरियों के प्रचार कार्य में खड़ी बोली की उपादेयता सहसा बढ़ गयी थी।

विदेशी शासक और देशी शासित के परस्पर वार्तालाप के लिए प्राय: हर देश में संकर भाषा-रूप बन जाते हैं, जिन्हें 'क्रियोल' (मिश्रण) कहकर पुकारा गया है। उर्दू के लिए इस दृष्टि से कभी प्रयुक्त 'रेख़्ता' (मिश्रण) नाम बहुत उपयुक्त है। वह विदेशी शासकों की भाषा फारसी, और जनता की दिल्ली-मेरठ की खड़ी बोली के योग से बनी है। पर इस संदर्भ में उर्दू का अपना वैशिष्ट्य अतुलनीय है। अधिकतर 'क्रियोल' बोलचाल के स्तर पर रहते हैं, उर्दू का साहित्य किसी भी संपन्न साहित्य से होड़ कर सकता है। तत्कालीन अँग्रेज़ शासक की दृष्टि में उर्दू का आधार-रूप होने के कारण खड़ी बोली किसी क़दर मुसलमानों को भी स्वीकार्य हो सकती थी और दिल्ली-मेरठ-आगरा जैसे बड़े और राजनैतिक दृष्टि से महत्वपूर्ण नगरों के क्षेत्र में वह सामान्य जनता की बोलचाल तो थी ही। फारसी दबाव के ही कारण खड़ी बोली को कई बार 'यामनी' कहा जाता रहा। सत्ता ने उसे ही संवर्द्धित करने के लिए चुना।

यहाँ स्मरणीय है कि उर्दू को दरबार में मान्यता पहले उत्तर भारत में नहीं मिली, जहाँ कि प्रधान दरबार था और जहाँ उसका जन्म हुआ था। साहित्य के रूप में उसका प्रयोग पहले दकन क़ी सल्तनतों में हुआ जहाँ कि वह फ़ौज़ के सिपाहियों, और सूफी-संतों के साथ पहुँची थी। फिर वली औरंगाबादी (1705 ई० के आसपास रचना-काल) के साथ जब वह दिल्ली लौटती है तो परदेस से संपन्न होकर आए पहले तिरस्कृत व्यक्ति की तरह उसका वहाँ के दरबार में प्रवेश और स्वागत होता है।

खड़ी बोली के लिए अँग्रेजी शासन के झुकाव के समानांतर इधर हिंदी क्षेत्र के लेखक अनुभव कर रहे थे कि ब्रजभाषा के साथ मध्यकालीन धार्मिक अथवा रीतिप्रधान परिवेश इतने घनिष्ट रूप में जुड़ गया है कि उसमें नये अनुभव का पाना और संप्रेषण अनेक प्रकार से बाधित होता है। पत्रकार भी शासन और शिक्षा की भाषा में अपने नये-नये कार्य-कलाप को अग्रसर करना चाहते थे। शासन और जनता दोनों अपने-अपने कारणों से खड़ी बोली को स्वीकार करने के पक्ष में थे। यों समाज के बौद्धिक-बुद्धिजीवी वर्ग ने नये युग के बौद्धिक अभिनिवेश के संक्रमण और प्रसार में खड़ी बोली को उपयुक्ततर माना, विशेषत: गद्य के क्षेत्र में। इस दृष्टि से एक लंबे समय तक हिंदी क्षेत्र में भाषा के दो स्तर या उपरूप स्वीकार्य रहे-कविता के लिए संस्कार-भाषा ब्रज और गद्य के लिए विचार-भाषा खड़ी बोली। इस रूप में भाषिक क्रांति यहाँ दो किश्तों में संपन्न होती है, जो अपने आप में अतुलनीय है। ब्रजभाषा-खड़ी बोली के बीच लंबे समय तक चलने वाला विवाद, द्वैत और संघर्ष भारतेंदु से आरंभ होकर छायावाद के दो प्रमुख कवियों सुमित्रानंदन पंत और सूर्यकांत त्रिपाठी निराला की वैचारिक टकराहट ('पल्लव' की भूमिका बनाम 'पंतजी और पल्लव') में जाकर शमित होता है। यों खड़ी बोली और विशेषत: उससे जुड़े गद्य का पक्ष अपना स्थान बना पाता है, मुद्रण-कला के उत्तर भारत में आरंभिक प्रसार ने जिसे और सबल बनाया। इस प्रकार साम्राज्यवाद को मज़बूत करने, उसके विरोध में राष्ट्रीयता को

जगाने, नये वैज्ञानिक स्वभाव को फैलाने, और बौद्धिकता के प्रसार जैसे विविध, और कभी-कभी परस्पर विरोधी, क्षेत्रों में सर्वत्र खडी बोली हिंदी साझी माध्यम के रूप में उभर कर आई। इतिहास की कई तरह की शक्तियों ने उसे उठाने में योग दिया।

खड़ी बोली मध्य काल में संत-सूफी-सिपाही-वणिक के साथ मध्य देश के बाहर संपर्क-भाषा और गद्य-रूप में फैली, ब्रज भाषा मुख्य हिंदी क्षेत्र में, और कुछ मिश्रित रूप में बाहर भी, काव्य-रचना का मानक बनी रही। उत्तर भारत के नाथों-संतों और दकन के सूफ़ियों ने खड़ी बोली को तरह-तरह से कविता में संवर्द्धित किया। पर महत्वपूर्ण बात यह कि बोलचाल के तौर पर, और रचना में भी अंतर्प्रादेशिक स्तर पर खड़ी बोली गद्य का प्रसार हुआ। पटियाला दरबार में रामप्रसाद निरंजनी वहाँ की महारानी को कथा बाँच कर सुनाया करते थे। उनके ग्रंथ 'भाषा योगवासिष्ठ' (1741) के आधार पर आचार्य रामचंद्र शुक्ल ने 'हिंदी साहित्य का इतिहास' में अपना मत इस प्रकार व्यक्त किया है, "जब तक और कोई पुस्तक इससे पुरानी न मिले तब तक इसी को परिमार्जित गद्य की प्रथम पुस्तक और रामप्रसाद निरंजनी को प्रथम प्रौढ़ गद्य लेखक मान सकते हैं। योगवासिष्ठ से दो उद्धरण नीचे दिए जाते हैं—

(क) 'प्रथम परब्रह्म परमात्मा को नमस्कार है जिससे सब भासते हैं और जिसमें सब लीन और स्थित होते हैं,×××जिस आनंद के समुद्र के कण से संपूर्ण विश्व आनंदमय है, जिस आनंद से सब जीव जीते हैं। अगस्त जी के शिष्य सुतीक्षण के मन में एक संदेह पैदा हुआ, तब वह उसके दूर करने के कारण अगस्त मुनि के आश्रम को जा विधि सहित प्रणाम करके बैठे और विनती कर प्रश्न किया कि हे भगवन्! आप सब तत्त्वों और सब शास्त्रों के जानन हारे हौ, मेरे एक संदेह को दूर करो। मोक्ष का कारण कर्म है कि ज्ञान है अथवा दोनों हैं, समझाय के कहो।'

(ख) 'हे राम जी! जो पुरुष अभिमानी नहीं है वह शरीर के इष्टि-अनिष्ट में रागद्वेष नहीं करता क्योंकि उसकी शुद्ध वासना है।×××मलीन वासना जन्मों का कारण है। ऐसी वासना को छोड़कर जब तुम स्थित होगे तब तुम कर्ता हुए भी निर्लेप रहोगे। और हर्ष शोक आदि विकारों से जब तुम अलग रहोगे तब वीतराग, भय क्रोध से रहित, रहोगे।"

इस सोदाहरण परिचय के बाद आचार्य शुक्ल की बड़ी संक्षिप्त और सधी टिप्पणी है, "कैसी श्रृंखलाबद्ध साधु और व्यवस्थित भाषा है" (पृ० 358) इस टिप्पणी पर आगे कुछ कहने के लिए शेष नहीं रह जाता। यह अवश्य उल्लेखनीय है कि आचार्य शुक्ल ने 'भाषा योगवासिष्ठ की तिथि अपने इतिहास में 1798 वि० (1741 ई०) दी है, जबकि शारदा वेदालंकार ने अपने शोध-ग्रंथ 'प्रारंभिक हिंदी गद्य का स्वरूप' (प्रभात प्रकाशन, दिल्ली : 1988) में इंडिया ऑफ़िस लाइब्रेरी की प्रति के आधार पर इस की तिथि 1798 ईसवी मानी है। फिर भी ध्यान देने की बात है कि गद्य का यह रूप न केवल आधुनिक कालीन हिंदी में वरन् प्रायः सभी आधुनिक आर्य

भाषाओं में प्राचीनतम है। जूलियस रिक्टर ने बँगला गद्य की चर्चा करते हुए लिखा है, "भारत की आधुनिक आर्य भाषाओं में, केवल दो, हिंदी और मराठी में उस समय तक मौलिक गद्य था। बंगाल में दंभयुक्त कविताओं के अतिरिक्त कुछ न था, जिसकी वस्तु बहुत-कुछ अज्ञात थी। कैरे बँगला गद्य का निर्माता था।" ('अ हिस्ट्री ऑफ़ मिशंस इन इंडिया' : 1908 कृष्णाचार्य लिखित 'हिंदी के आदिमुद्रित ग्रंथ' में पृ० 24 पर उद्धृत) शारदा वेदालंकार वैद्यक विषयक ग्रंथ 'अजीर्ण मंजरी' (1746 ई० : अनुवादक-काशीनाथ) को 'आधुनिक हिंदी गद्य की प्रथम पुस्तक' स्वीकार करती हैं, तत्पश्चात् दौलतराम के अनुवाद 'जैन पद्मपुराण' (1761) को स्थान देती है। (उपरिवत, पृ० 45) शितिकंठ मिश्र भी अपने शोध-ग्रंथ 'खड़ी बोली का आंदोलन' (नागरी प्रचारिणी सभा : 1956 ई० पृ० 67) में कई अन्य पोथियों के साथ आरंभिक गद्य-लेखन के रूप में 'जैन पद्मपुराण' के अनुवाद का उल्लेख करते हैं।

गद्यकार-चतुष्टय तथा फ़ोर्ट विलियम कॉलेज (1800)

जैसा कहा गया, 19वीं शती लगते-लगते खड़ी बोली की प्रतिष्ठा हिंदी गद्य के क्षेत्र में निर्विवाद रूप से हो जाती है। 1803 ई० में प्रकाशित लल्लू जी लाल कवि का 'प्रेमसागर' स्वयं अपनी रचना-प्रक्रिया में बड़े सांकेतिक रूप से इस प्रतिष्ठा का परिचय दे देता है। 'प्रेमसागर' का आरंभ करते हुए लल्लू जी लाल (1761-1824) लिखते हैं, "एक समै व्यासदेव कृत श्रीमत भागवत के दसम स्कंध की कथा को चतुर्भुज मिश्र ने दोहे चौपाई में ब्रजभाषा किया, सो पाठशाला के लिए श्रीमहाराजाधिराज सकल-गुननिधान पुन्यवान महाजान मारक्सि वेलिजली गवरनर-जनरल प्रतापी के राज में

कबि पंडित मंडित किये नग भूषन पहिराय।
गाहि गाहि बिद्या सकल बस कीनी चित चाय॥
दान रौर चहुँ चक्र में चढ़े कबिन के चित्त।
आवत पावत लाल मनि हय हाथी बहु बित्त।

औ श्रीयुत गुन गाहक गुनियन-सुखदायक जान गिलकिरिस्त महाशय की आज्ञा से संवत 1860 में श्री लल्लू जी लाल कवि ब्राह्मन गुजराती सहस्र-अवदीच आगरे वाले ने विसका सार ले, यामनी भाषा छोड़, दिल्ली आगरे की खड़ी बोली में कह, नाम 'प्रेमसागर' धरा...उसी कबि ने संवत् 1866 में पूरा कर छपवाया, पाठशाला के बिद्यार्थियों के पढ़ने को।" इस प्रसंग में स्मरणीय है कि 'खड़ी बोली' शब्द का पहला सजग वैदुषिक प्रयोग इस उपोद्घात में हुआ है।

भाषा के आधार-रूप बदलने की आहट अनुवाद-प्रक्रिया में कैसे मिलती है, इस का यहाँ रोचक साक्ष्य मिलता है। संस्कृत का शीर्ष पुराण ग्रंथ पहले 'दोहे-चौपाई

में ब्रजभाषा किया' जाता है चतुर्भुज मिश्र द्वारा, और फिर अँग्रेज़ अधिकारियों की शिक्षण-पाठशाला, फोर्ट विलियम कॉलेज, कलकत्ता (संस्थापित 1800 ई०) के प्रधान जॉन गिलक्राइस्ट की आज्ञा से लल्लू जी लाल कवि उसे 'खड़ी बोली में कह 'छपवाते हैं 'पाठशाला के विद्यार्थियों के पढ़ने को।' यों ब्रजभाषा पद्य खड़ी बोली गद्य में रूपांतरित होता है, जो हिंदी क्षेत्र के भाषिक संक्रमण का, 'प्रेमसागर' के रूप में, बहुत अच्छा परिचायक है। 'प्रेमसागर' में भी गद्य भाग खड़ी बोली में है जबकि बीच-बीच में आने वाले पद्यांश ब्रजभाषा में रखे गए हैं, एक व्यवस्था जिसे प्राय: साठ वर्ष बाद अपने नाटकों में भारतेंदु हरिश्चंद्र ने इसी रूप में अपनाया। फिर ब्रजभाषा -खड़ीबोली के इस विभाजन को उन्होंने और अधिक स्पष्ट व्यवस्था दी : कविता सर्वत्र ब्रजभाषा में, गद्य खड़ी बोली में। प्रसिद्ध नाटककार इब्सन की उक्ति याद आ जाती है, 'कविता दृष्टि-बोध के लिए, गद्य विचारों के लिए।' हिंदी क्षेत्र में 19वीं शती के लेखकों ने जाने-अनजाने बहुत कुछ इसी विभाजन को स्वीकार किया। 'प्रेमसागर' की भाषा व्यवस्था का एक उदाहरण इस प्रकार है—

> *"श्री कृष्णचंद्र बोले—हमारे गुरुदेव यहाँ कुनबे समेत न्हाने आए. थे, तिनके पुत्र को जो तू तरंग से बहाय ले गया है, तिसे ला दे, इसीलिये हम यहाँ आए हैं।*
>
> *सुन समुद्र बोल्यौ सिर नाय। मैं नहि लीनौ वाहि बहाय॥*
> *तुम सब ही के गुरु जगदीश। राम रूप बाँध्यौ हो ईस॥*
>
> *तभी से मैं बहुत डरता हूँ, औ अपनी मर्य्याद से रहता हूँ। हरि बोले—जो तूने नहीं लिया तो यहाँ से और कौन उसे ले गया। समुद्र ने कहा—कृपानाथ, मैं इसका भेद बताता हूँ कि एक संखासुर नाम असुर संख रूप मुझमें रहता है, जो सब जलचर जीवों को दुख देता है, औ जो कोई तीर पै न्हाने को आता है विसे पकड़ कर ले जाता है। कदाचित वह आप के गुरुसुत को ले गया होय तो मैं नहीं जानता, आप भीतर पैठ देखिये।" (अध्याय-46)*

आधुनिक काल में खड़ी बोली हिंदी का आरंभ 'प्रेमसागर' से माना जाता है, इस पर प्राचीन पुस्तक विशेषज्ञ कृष्णाचार्य ने अपने ग्रंथ 'हिंदी के आदिमुद्रित ग्रंथ' (भारतीय ज्ञानपीठ : 1966) में अच्छे ढंग से विचार किया है। वे लिखते हैं, "हिंदी (खड़ी बोली) की प्रकाशित पुस्तकों में प्रेमसागर का प्रभाव बहुत व्यापक रूप में फैला है। संभवत: पहली बार 'खड़ी बोली' शब्द प्रेमसागर के शीर्षक पृष्ठ पर मुद्रित हुआ और इसी स्थान पर बतलाया गया कि यह बोली दिल्ली-आगरे की है। इस घोषणा से स्पष्ट है कि लल्लू जी खड़ी बोली की प्रकृति से, उसकी व्यवहार भूमि से परिचित थे। संभवत: वह यह भी जानते थे कि रेख्त: के समक्ष ब्रजभाषा नहीं, खड़ी बोली ही चल सकती है। लल्लू जी के भाषा-संबंधी विचारों का पता इंडिया गज़ट प्रेस, कलकत्ता से प्रकाशित अँगरेज़ी में लिखी ब्रजभाषा व्याकरण की भूमिका

से लगता है और इससे ब्रजभाषा-खड़ी बोली का अंतर और महत्व भी उस समय की दृष्टि से स्पष्ट है।

'द एंशियंट लैंग्वेज स्पोकन इन द सिटीज़ ऑव डेलही ऐंड आगरा, ऐंड स्टिल इन जनरल यूज़ ऐमंग द हिंदूज़ ऑव दीज़ सिटीज़, इज़ डिस्टिंग्विश्ड बाइ द इन्हैबिटेंट्स ऑव ब्रज, बाइ द नेम ऑव खड़ी बोली, ऐंड बाइ द मुसलमान्स इंडिस्क्रिमिनेट्ली बाइ लूच हिंदी, नीच, हुच्छ हिंदी और इन द ठेट हिंदी, ऐंड हैन मिक्स विद् अरेबिक ऐंड पर्शियन फ्रॉम ह्वाट इज़ कॉल्ड द रेख्तू ऑर उर्दू।'

इस उद्धरण से स्पष्ट है कि लल्लू जी ने गिलक्राइस्ट के आदर्श के अनुरूप नहीं, वरन् दिल्ली-आगरे की उस बोली में प्रेमसागर लिखा जो बहुत समय से प्रचलित चली आ रही थी" (पृ० परिशिष्ट-6)

काशी नागरी प्रचारिणी सभा द्वारा प्रकाशित 'प्रेमसागर' (1922 ई०) के संस्करण के वक्तव्य में व्रजरत्नदास ने लिखा है, "इस प्रकार यह ग्रंथ खड़ी बोली के आरंभिक काल का होने से और कृष्ण कथा के कारण मान्य समझा जाता है नहीं तो इसमें किसी प्रकार का विशेष गुण नही है।" यह संपादकीय वक्तव्य 'प्रेमसागर 'की भाषा-शैली और उसके स्वरूप का अवमूल्यन करता है। वस्तुतः तो कृष्ण कथा की विविध भंगिमाएँ, जो अब तक बड़े कवियों की प्रतिभा का आकर्षण केन्द्र थीं, पहली बार 'प्रेमसागर' के खड़ी बोली गद्य में बड़े विनम्र आत्मविश्वास के साथ उकेर दी गई हैं। यह अकारण नहीं कि एक लंबे समय तक लल्लू जी लाल कवि का यह गद्य-ग्रंथ हिंदी क्षेत्र में बड़ी प्रिय पाठ्य सामग्री रहा और विविध संस्करणों में पुनर्मुद्रित होता आया। शैली के प्रवाह का एक कारण यह भी कहा जा सकता है कि यहाँ खड़ी बोली का रूप बहुत बार ब्रजभाषा से जुड़ा आता है न कि उसके विरोधी तौर पर लिया गया है। 'आगरे वाले' लल्लू जी लाल ब्रजभाषा और खड़ी बोली हिंदी के इन दोनों रूपों में समान रूप से स्थित दिखते हैं। फिर यह भी कि 'पाठशाला (आशय फ़ोर्ट विलियम कॉलेज से है) के विद्यार्थियों के पढ़ने को' होने पर भी 'प्रेमसागर' स्वयं लल्लू जी के शब्दों में कहा गया है, और यों उसका गद्य बोलचाल का सहज प्रवाह लिए हुए है। 'प्रेमसागर' के महत्व को स्पष्ट करते हुए कृष्णाचार्य ने ठीक ही लिखा है, "प्रेमसागर के प्रकाशित होने के अनंतर (विशेषकर 1890 के संपूर्ण बृहदाकार संस्करण के प्रकाशित होने के बाद, जिसका मूल्य 20 रु० था) हिंदी का जादू फैला और इस पुस्तक के रूप में पहली बार अँगरेज़ों ने समझा कि उत्तरी भारत में बहुत बड़े समुदाय की भाषा हिंदुस्तानी के नाम पर उर्दू या रेख्तः नहीं हिंदवी या हिंदी है।" (पृ० परिशिष्ट 8) जहाँ हिंदी की पढ़ाई के लिए उसका अनेक स्तरों पर प्रयोग हुआ वहीं जन सामान्य में भी उसका अच्छा प्रचार हुआ। उत्तर भारत के अनेक घरों में राम-कथा के लिए जैसे तुलसीकृत 'रामचरितमानस' का प्रचार था, उससे कम सही, पर लगभग वैसी ही मुद्रा में कृष्ण- कथा के रसास्वादन के लिए 'प्रेमसागर'

पढ़ा-सुना जाता रहा। यूरोप की भाषाओं में अनुवाद हुए : तीन अँग्रेजी, एक फ्रेंच। विविध स्तरीय संस्करण अभी प्रचलित हैं।

'प्रेमसागर' के उपोद्घात में लल्लू जी लाल जिसे बड़े सीधे सरल ढंग से 'पाठशाला' कहकर पुकारते हैं वह है उस युग का उच्च अधिकारी प्रशिक्षण केन्द्र-फोर्ट विलियम कॉलेज (भारत की तत्कालीन राजधानी कलकत्ता में 1800 ई० में स्थापित), जहाँ इंग्लैंड से आए अँग्रेज़ अधिकारियों को भारत देश की सिविल सेवा में काम करने के लिए तैयार किया जाता था। अपनी कृति 'लाल चंद्रिका' (1819) में दिए संक्षिप्त आत्मचरित में लल्लू जी इसका उल्लेख यों करते हैं-"कुछ दिन पीछे सुना कि एक पाठशाला कंपनी से साहिबों को पढ़ने को ऐसी बनेगी कि जिसमें सब भाषा जानने वाले लोग रहेंगे। ये समाचार पाय, चित को अति आनंद हुआ, औ सुना कि पाठशाला के लिए कई एक साहिब मुकर्रर हुए।" यह पाठशाला या कि फ़ोर्ट विलियम कॉलेज हिंदी गद्य के प्रचार-प्रसार का बड़ा निमित्त बना।

फ़ोर्ट विलियम कॉलेज की स्थापना कलकत्ता में 1800 ई० में हुई और 1854 तक यह किसी रूप में चलता रहा। इसका उद्‌देश्य था इंग्लैंड से आए अँग्रेज़ अफ़सरों को देशी भाषाओं का और उनके माध्यम से भारतीय रहन-सहन, सभ्यता, संस्कृति, कानून और राजनीति का ज्ञान कराना। इसी समय के आसपास इंग्लैंड में भी एक कॉलेज ईस्ट इंडिया कॉलेज हेलिबरी में स्थापित हुआ (1806 ई०), और ये दोनों संस्थाएँ बहुत कुछ एक-दूसरे के सहयोग में अँग्रेज़ अधिकारियों का प्रशिक्षण भारतीय सिविल सेवा के लिए करती थीं।

1800 ई० में जॉन गिलक्राइस्ट (गिलक्रिस्ट) फ़ोर्ट विलियम कॉलेज में हिंदुस्तानी विभाग के प्रोफ़ेसर हुए। 1802 में भाषा मुंशी पद पर लल्लू जी लाल कवि की नियुक्ति हुई, फिर सदल मिश्र हिंदी पंडित अथवा हिंदी मुंशी के रूप में आए। गिलक्राइस्ट, लल्लू जी और सदल मिश्र ने अपने-अपने ढंग से हिंदी/हिंदुस्तानी गद्य के प्रसार में योग दिया। गिलक्राइस्ट अँग्रेज़ी व्यवस्था के अंग थे, और इस दृष्टि से 'हिंदुस्तानी' के समर्थक थे, जहाँ वे हिंदू और मुसलमान दोनों को समान भाव से बरतना चाहते थे। उनके लिए 'हिंदुस्तानी' का सूत्र था—हिंदी + अरबी + फ़ारसी = हिंदुस्तानी। अर्थात् इस मिश्रण में भी दो हिस्से विदेशी भाषा अरबी और फ़ारसी के थे, सिर्फ़ एक हिस्सा देशी भाषा हिंदी का था। दूसरी ओर लल्लू जी और सदल मिश्र जन प्रचलित खड़ी बोली के लेखक थे। इन दोनों के बीच का बँटवारा भी बड़ा रोचक था।

लल्लू जी आगरा के निवासी होने की वजह से खड़ी बोली में ब्रजभाषा की मिलावट सहज भाव से कर सकते थे। सदल मिश्र आरा के थे, उनके यहाँ 'शकत्ता '(सकता), 'शकेगा' (सकेगा) जैसे पूर्व में प्रचलित प्रयोग सहज मिल जाएँगे। ब्रजभाषा का प्रयोग खड़ी बोली को मुलायम करने के लिए लल्लूजी के गद्य से लेकर महादेवी की छायावादी कविता तक में द्रष्टव्य है।

गिलक्राइस्ट 'हिंदुस्तानी' के पक्षधर थे जरूर पर हिंदी का वैशिष्ट्य अच्छी तरह समझते थे। 'हिंदुस्तानी' को वे बोलचाल के स्तर पर मान्यता देते लगते हैं, 'हिंदी' को साहित्यिक स्तर पर। उनकी पुस्तकों के शीर्षक से यह अंतर ध्वनित होता है—'ए डिक्शनरी : इंगलिश एंड हिंदुस्तानी', 'ए ग्रैमर ऑव दि हिंदुस्तानी लैंग्वैज', 'दि हिंदी स्टोरी टेलर', 'डायलॉग्स इंगलिश एंड हिंदुस्तानी', 'दि हिंदी मैनुअल'।

फ़ोर्ट विलियम कॉलेज के अंतर्गत स्पष्ट ही नीति-निर्धारण और तदनुरूप व्याकरण-कोश आदि बनाने का दायित्व गिलक्राइस्ट का था, पर प्रशिक्षणार्थियों के लिए वास्तविक रूप में गद्य के पाठ्य ग्रंथों का निर्माण तो लल्लू जी और सदल मिश्र को करना था। चतुष्टय के और फ़ोर्ट विलियम परिसर के दूसरे गद्य लेखक थे सदल मिश्र (1767-1847)। इनकी दो प्रमुख गद्य-कृतियाँ हैं—'चंद्रावती' अथवा 'नासिकेतोपाख्यान' (1803) और 'रामचरित' अथवा 'अध्यात्मरामायण' (1805)। भाषा के इस रूप में भी खड़ी बोली के साथ ब्रजभाषा की मिलावट द्रष्टव्य है, भले लल्लू जी की तुलना में मात्रा कुछ कम है। यहाँ स्मरणीय है कि खड़ी बोली और ब्रजभाषा के मूल क्षेत्र भी इसी तरह मिले-जुले हैं—दिल्ली-मेरठ-आगरा-मुरादाबाद-अलीगढ़ जैसे नगरों और उनके जनपदीय अंचल में हिंदी प्रदेश की ये दोनों बोलियाँ परस्पर एक-दूसरे को काटती-छूती चलती हैं। अत: 19वीं शती के आरंभिक खडी बोली गद्य में यदि ब्रजभाषा का संस्कार घुला-मिला दिखता है, तो वह ऐतिहासिक और भौगोलिक दोनों तर्क से सहज है। बल्कि भाषा-रूप का वैसा न होना ही आश्चर्यजनक होता। चार सौ वर्षों तक कविता की भाषा के रूप में रह कर ब्रजभाषा का संस्कार छनता हुआ खड़ी बोली गद्य में उभरता है, यह एक स्वाभाविक भाषिक प्रक्रिया है। 'चंद्रावती' में एक दम आरंभ का प्रसंग है—"पिप्पलाद मुनि आन पहुँचे। देखते ही उद्दालक ऋषि उठ खड़े भये।" (सदल मिश्र-ग्रंथावली/संपादक-नलिनविलोचन शर्मा बिहार-राष्ट्र भाषा-परिषद् : 1960, पृ० 5) यहाँ दोनों वाक्यों में संयुक्त क्रिया का प्रयोग है; पहला खड़ी बोली का है, दूसरा ब्रजभाषा का।

सदल मिश्र और लल्लू जी दोनों के यहाँ खड़ी बोली हिंदी का आरंभिक गद्य-लेखन कुछ ऐसी युक्तियाँ दरसाता है जिनसे उनकी शैलीगत क्षमता का पता चलता है। जैसा संकेत किया जा चुका है, 'प्रेमसागर' अथवा 'नासिकेतोपाख्यान', या कि इन लेखकों की अन्य रचनाएँ भी, कथा-वार्ता के मूल विधान पर आधारित हैं जहाँ वृत्तांत कहकर सुनाया जा रहा है। इसलिए बोलचाल में अपनी बात पर बल देने के लिए जो युक्तियाँ काम में लाई जाती हैं उनमें से कुछ का उन्मुक्त प्रयोग यहाँ देखने को मिलता है। बल उत्पन्न करने के लिए वाक्य भंग का उपाय बहुत सी भाषाओं के वाक्य-विन्यास में देखा जाता है। क्रिया-पदों में यह बल संयुक्त क्रिया के रूप को तोड़ कर लाया जाता है। 'नासिकेतोपाख्यान' से दो पास-पास के वाक्य-विन्यास उदाहरणार्थ प्रस्तुत हैं—

आदर मान कर निकट अपने आसन पर ऋषि को बैठाया वो प्यार से समाचार पूछने लगे। (संयुक्त क्रिया : सामान्य प्रयोग)
तब सिर नवाय प्रणाम कहि हाथ जोर लगे धर्म्मराज की स्तुति करने।
(संयुक्त क्रिया : भंग प्रयोग)

यहाँ पहले उद्धरण में लेखक सामान्य व्यवहार का क्रिया पद से वर्णन कर रहा है ('पूछने लगे') जबकि दूसरी स्थिति में बल देने के लिए संयुक्त क्रिया पद को तोड़कर अलग-अलग और क्रम उलट कर प्रयोग किया जा रहा है—('लगे... करने')। 'प्रेमसागर' में भी ऐसे बलार्थक विन्यास अनेक बार देखने को मिलते हैं, जैसे—'लगे पार्वती जी को साथ ले, नाचने और डमरू बजाने'। यहाँ संयुक्त क्रिया ('नाचने और डमरू बजाने लगे') के हिस्से तीन जगह उलट कर बिखेरे गये हैं, या कह सकते हैं—उद्देश्य सफल होने की स्थिति में—सजाए गए हैं। सदल मिश्र की एक विशेषता यह भी है कि उनके 'नासिकेतोपाख्यान' में बीच-बीच में आने वाले पद्यांश 'प्रेमसागर' की तरह (दोनों का प्रथम प्रकाशन वर्ष एक है—1803) ब्रजभाषा में है, पर कुछ खड़ी बोली में भी हैं, जैसे—

स्थान परम को वे हैं जाते। गण गंधर्व जहाँ हैं गाते॥
बड़े तीर्थ में जो हैं मरते। सो भवसागर को हैं तरते॥
(सदल मिश्र-ग्रंथावली, पृ० 24)

'प्रेमसागर' की तरह सदल मिश्र के 'रामचरित' अथवा 'अध्यात्मरामायण' (1805) के उपोद्घात में भी ग्रंथ-निर्माण की प्रेरक परिस्थिति पर प्रकाश डाला गया है—

अब इस पोथी के भाषा करने का कारण यिह है कि मैं जो सदल मिश्र पंडित हूं मुज को पाठशाला में जो साहब लोगों के लिये कलकत्ता में हुई संस्कृत की पोथियाँ भाषा करने को महा उदार सकल गुण निधान मिस्तर जान गिल्कृस्त साहब ने ठहराया औ एक दिन आज्ञा की कि आध्यात्म रामायण को ऐसी बोली में करो जीसमें फारसी आरबी न आवे तब मैं इसको खड़ी बोली में करने लगा औ सम्वत् 1862 में नौ आव गवरनन वल्जली लार्ड मारंटंग साहबबहादुर के राज्य में इस पोथी को समाप्त किया ओ नाम इसका राम चरित्र रष्या
(उपरिवत्, पृ० 33)

इस उपोद्घात से स्पष्ट होता है कि 'पाठशाला' में 'संस्कृत की पोथियाँ भाषा करने को' जो कार्यक्रम निर्धारित किया गया उसमें 'भाषा' का अर्थ खड़ीबोली और ब्रजभाषा दोनों होते हैं। 'प्रेमसागर' तो संस्कृत से बरास्ता ब्रजभाषा खड़ीबोली में किया

गया, 'अध्यात्मरामायण' संस्कृत से खड़ीबोली में। पर लल्लू जी की ग्रंथ-सूची में कई रचनाएँ ब्रजभाषा में भी अनूदित हुई हैं, जैसे 'राजनीति' (हितोपदेश संस्कृत का ब्रजभाषा अनुवाद : 1809) अथवा 'माधव-विलास' (ब्रजभाषा गद्य-पद्य मिश्रित माधव और सुलोचना की कथा : 1817)। जैसा पहले भी संकेत किया गया, आधुनिक कालीन खड़ी बोली के विकास के इस आरंभिक चरण में खड़ीबोली-ब्रजभाषा की प्रतिद्वन्द्विता वैसी तीव्र नहीं है जैसी आगे चलकर हो जाती है। 'आगरे वाले' लल्लू जी लाल ही नहीं आरा के सदल मिश्र की खड़ीबोली भी ब्रजभाषा प्रयोगों का यथास्थान स्वागत करती है। खड़ीबोली के आकारांत खड़े क्रिया-प्रयोगों को ब्रजभाषा के आज्ञा-अनुरोधार्थक ओकारांत प्रयोगों में ढाला जाता है कोमलता लाने के लिए। 'अध्यात्मरामायण' का एक वाक्य उदाहरणार्थ प्रस्तुत है—'हे हनुमान देषियो मेरी भक्ति से विमुख हुए लोगन को मत बताइयो ओ किसी शठों को जिन दीजियो।' यहाँ ब्रजभाषा का पुट खड़ीबोली में मोयन की तरह दिया जाता है खड़ीबोली के तथाकथित खड़खड़ेपन को दूर करने के लिए। 'दिल्ली-आगरे' की बोली में खड़ीबोली और ब्रजभाषा का यह सहकार भाषा के मौखिक रूप में है, और उसके आधार पर विकसित गद्य में खूब खिलता है, जो 18वीं शती उत्तरार्द्ध से लेकर 20वीं शती के कथाकार अमृतलाल नागर की कथा-कृति 'सेठ बाँकेमल' (1944) तक में प्रसन्न भाव से द्रष्टव्य है। इस प्रसंग में स्मरणीय यह भी है कि खड़ीबोली-ब्रजभाषा संघर्ष की तीव्रता आधुनिक कविता के क्षेत्र में जैसी रही वैसी गद्य में नहीं थी। ब्रज-खड़ीबोली का यह संपृक्त रूप 'सबरस', 'प्रेमसागर', 'चंद्रावती', 'रामचरित', 'चंद्रकांता', 'परीक्षागुरु' जैसी गद्य-कृतियों में से प्रवाहित होता हुआ हौले से 'सेठ बाँकेमल' तक आन पहुँचा है, जहाँ की बोली का क्षेत्र बीसवीं शती पूर्वार्द्ध का आगरा नगर है। स्पष्ट ही आधुनिक गद्य के विकास में ब्रजभाषा का रंग हल्का पड़ता जाता है ध्वनि और व्याकरण-रूपों दोनों के क्षेत्र में। एक ओर खड़ीबोली के—आ क्रिया रूपों को आज्ञा अनुरोध में ओकारांत किया गया ('देषियो', 'बताइयो', 'दीजियो') तो दूसरी ओर ब्रज की विशिष्ट अर्द्ध-विवृत ध्वनियों ऍ/ऑ को सर्वत्र खड़ीबोली में मूल स्वर ए/ओ की तरह रक्खा गया—फटै : फटे, कटै: कटे, तुम्हैं : तुम्हें; तौ : तो, हौ : हो। यह दूसरा परिवर्तन अधिक व्यापक होता गया है, खड़ी-बोली के पक्ष में। विश्वनाथप्रसाद का अध्ययन यहाँ उल्लेख्य है।

इस खंड के आरंभ में हिंदी का अभिज्ञान आधुनिक भाषा के रूप में करने के लिए मुख्य पहिचान यह निर्धारित की गई थी कि प्रकृति-प्रत्यय/संज्ञी-परसर्ग एक-दूसरे से अलग हो जाएँ, संस्कृत विभक्ति की तरह जुड़े न रहें। यह बिलगाव सदल मिश्र के खड़ीबोली गद्य में पूरी तरह संपुष्ट दिखता है ऐसे प्रयोग में 'मैं ही ने रामचंद्र का काज किया', जहाँ सर्वनाम 'मैं' और कर्ता परसर्ग 'ने' के बीच बलार्थक अव्यय 'ही' अपने लिए स्थान बना लेता है। यों हर तरह से हिंदी के ये आरंभिक पंडित गद्यकार अपनी भाषा में समर्थ दिखते हैं।

19वीं शती के आरंभ में जो चार गद्य-लेखक हुए उनमें से दो अर्थात् लल्लू जी लाल और सदल मिश्र फ़ोर्ट विलियम कॉलेज में सेवारत थे, और तदनुसार उनका गद्य शैक्षणिक उद्‌देश्यों के लिए बहुत कुछ निर्दिष्ट ढंग से प्रस्तुत हुआ था, यद्यपि जैसा संकेत किया गया, उस गद्य का स्वरूप इन लेखकों ने अधिकतर अपनी समझ से विकसित किया था। ध्यान देने की बात यहाँ यह है कि बाकी दो—इंशा अल्लाह खाँ तथा मुंशी सदासुखलाल 'नियाज़' का गद्य लेखन स्वतः स्फूर्त था। धार्मिक, शैक्षणिक, प्रशासनिक दबाव के बाहर रहकर अपनी प्रेरणा से खड़ीबोली गद्य का प्रयोग करने में इनकी स्थिति विशिष्ट है। इन स्थितियों का कुछ प्रभाव इन सभी गद्य-लेखकों की अपनी अलग-अलग शैली पर परिलक्षित किया जा सकता है।

'रानी केतकी की कहानी' के लेखक सैयद इंशा अल्लाह खाँ का संबंध उत्तर भारत के कई नगरों से रहा। जन्मे मुर्शिदाबाद में, बाद का समय क्रमशः दिल्ली और लखनऊ के दरबारों में बीता। 'रानी केतकी की कहानी' के संपादक श्यामसुंदरदास के अनुसार 1818 ई० में ईशा की मृत्यु हुई (नागरी प्रचारिणी सभा : 1925 ई० पृ०10)। संपादक के अनुमान से 'यह कहानी संवत् 1856 और 1865 के बीच (अर्थात् 1800 से 1808 ई0 के बीच) लिखी गई होगी।' (पृ० 11) 'रानी केतकी' उपन्यास और कहानी के बीच दास्तान शैली में चलती है, यद्यपि उस लिहाज से संक्षिप्त है। आगे चलकर प्रसिद्ध उपन्यास-माला देवकीनंदन खत्री की 'चंद्रकांता' बहुत-कुछ इसी भाषा-शैली को जैसे आदर्श मान कर चलती है। 'रानी केतकी की कहानी' की रचना-प्रेरणा उसके आरंभ में इस प्रकार दी हुई है—

> *डौल डाल एक अनोखी बात का*
>
> *एक दिन बैठे-बैठे यह बात अपने ध्यान में चढ़ी कि कोई कहानी ऐसी कहिए कि जिसमें हिंदवी छुट और किसी बोली का पुट न मिले, तब जा के मेरा जी फूल की कली के रूप में खिले। बाहर की बोली और गँवारी कुछ उसके बीच में न हो।"*

यहाँ अंतिम वाक्य में प्रयुक्त 'बाहर की बोली' और 'गँवारी' की व्याख्या में कई बार विद्वानों के बीच मतभेद दिखता है। यदि यह व्याख्या सही हो जाए तो पहले वाक्य में प्रयुक्त केन्द्रीय पद 'हिंदवी' का स्वरूप स्पष्ट हो सकेगा। लेखक अपनी कहानी की भाषा में 'हिंदवी' के अलावा और किसी भाषा-रूप का पुट भी नहीं चाहता। अर्थात् उसकी प्रतिज्ञा अपने ज़माने की भाषिक अस्थिरता के बीच विशुद्ध हिंदी प्रयोग की थी। इस विशुद्धता को भंग करने वाले दो तत्त्व हो सकते थे—विदेशी भाषाओं में फ़ारसी जो उस समय भी राज-काज और उच्च वर्ग की भाषा थी, और देशी भाषाओं में ब्रज जो बहुत समय से साहित्य की भाषा के रूप में प्रयुक्त होती आती थी। इन दोनों का दबाव हिंदवी/हिंदी, अर्थात् खड़ीबोली पर आधारित परिनिष्ठित

होते हिंदी भाषारूप पर था। इंशा इन दोनों दबावों से मुक्त होकर ऐसा खड़ीबोली गद्य लिखना चाहते थे, जहाँ 'हिंदवीपन भी न निकले और भाखापन भी न हो। बस जैसे भले लोग अच्छों से अच्छे आपस में बोलते चालते हैं, ज्यों का त्यों वही सब डौल रहे और छाँह किसी की न हो...'

इंशा 'रानी केतकी की कहानी' में अपनी इस भाषा प्रतिज्ञा को पूरा करके दिखाते हैं। उनके वर्णन में फ़ारसी और ब्रजभाषा के शब्द ढूँढ़ना मुश्किल है। भाषा कहीं कृत्रिम नहीं होती, आदि से अंत तक बोलचाल में स्थिर है, और खड़ीबोली के इस रूप में 'छाँह किसी की नहीं'। जैसा संकेत किया गया, भाषिक अस्थिरता के युग में कई ओर से घेरने वाली ऐसी रचना-प्रतिज्ञा का निर्वाह कठिन है, जिसे इंशा ने पूरा करके दिखाया है।

भाषिक नाम-रूप के इस प्रसंग में विचित्र विडंबना यह है कि जिस भाषा-रूप को दकन के मुल्ला वजही 'हिंदी' कहते हैं, आगरा-कलकत्ता के लल्लू जी लाल कहते हैं, 'दिल्ली आगरे की खड़ीबोली', आरा-कलकत्ता के सदल मिश्र भी बार-बार कहते हैं, 'खड़ीबोली', और दिल्ली-लखनऊ के इंशा पुकारते हैं 'हिंदवी', उसे 'हिंदुस्तानी' कोई नहीं कहता सिवाय गिलक्राइस्ट के। और भाषा-रूप के उपर्युक्त सभी देशी प्रयोक्ताओं की अवज्ञा करके विदेशी प्रशासक गिलक्राइस्ट की इस 'हिंदुस्तानी' के लिए बीसवीं शती के पूर्वार्द्ध में भारतीय राजनेताओं में तीव्र पक्षधरता जगती है, जिससे फिर कई दशकों तक हिंदी बनाम हिंदुस्तानी का द्वन्द्व अकारण चलता रहता है, देश की रचनात्मक और वैचारिक प्रतिभा का हनन करते हुए। साम्राज्यवाद के 'बाँटो और राजो' हथकंडों में से एक यह भाषा-विवाद भी था देश की रचनात्मक शक्ति का क्षरण करने के उद्देश्य से। फ़ोर्ट विलियम परिसर पर गिलक्राइस्ट के एक परवर्त्ती उत्तराधिकारी विलियम प्राइस ने अवश्य हिंदी का पक्ष समर्थन कई रूपों में किया : 19वीं शती के दूसरे और तीसरे दशक में।

इंशा की स्वत:स्फूर्त कहानी-रचना में गद्य की आरंभिक वृत्ति, तुकांत मिलाने की, पूरी 'रानी केतकी' में छाई हुई है। जैसा कई बार संकेत किया जा चुका है, पद्य से शुरू- शुरू में अलगाव होने पर गद्य बहुत बार, जैसे एक समझौते के रूप में, तुकांत प्रयोग को जारी बनाये रखता है। हिंदी में 'पृथ्वीराज रासउ' के 'वार्ता'—'वचनिका' से लेकर 'रानी केतकी' तक गद्य में तुकांत प्रयोग कम-बढ़ रूप में अनेक लेखकों में मिलेंगे। यह संयोग है कि 'रानी केतकी' के बाद यह प्रवृत्ति मंद पड़ जाती है, पर 'रानी केतकी' में उसका प्रयोग अत्यंत सघन है। एक उदाहरण द्रष्टव्य है—

> *पर कुँवरजी का रूप क्या कहूँ। कुछ कहने में नहीं आता। न खाना, न पीना, न मग चलना, न किसी से कुछ कहना, न सुनना। जिस स्थान में थे उसी में गुथे रहना और घड़ी-घड़ी कुछ सोच-सोच कर सिर धुनना। होते-होते लोगों*

में इस बात की चरचा फैल गई। किसी-किसी ने महाराज और महारानी से कहा—'कुछ दाल में काला है। वह कुँवर उदैभान, जिससे तुम्हारे घर का उजाला है, इन दिनों में कुछ उसके बुरे तेवर और बेडौल आँखें दिखाई देती हैं।

(पृ० 7)

तुकांत-विधान के साथ-साथ कुछ व्यावहारिक विधान की विशिष्टताएँ भी इंशा के यहाँ दिखाई देंगी। क्रिया-रूपों में लिंग-वचन का विवेक सामान्यत: भाषा की नफ़ासत का लक्षण माना जाता है। इंशा यहाँ एक अभिनव प्रयोग इस रूप में करते हैं कि लिंग- वचन के द्योतक प्रत्ययों को संश्लिष्ट रूप में एक साथ रख देते हैं, जैसे 'आतियाँ जातियाँ जो साँसें हैं', 'और सावन गातियाँ हैं, "मदनबान ने सब बातें खोलियाँ'। स्पष्ट ही हिंदी की अपनी विश्लेषणपरक प्रवृत्ति के साथ इंशा के इस प्रयोग का मेल नहीं बैठ सकता था। अत: समकालीन या परवर्ती अन्य लेखकों ने इसे नहीं अपनाया, और यह इंशा की अपनी भाषिक विलक्षणता बनकर रह गई, जैसा कि पूर्व उल्लिखित तुकांत विधान को भी फिर आगे स्वीकार नहीं किया गया, 'चंद्रकांता' जैसे दास्तान-प्रधान कथा-रूपों में भी नहीं।

'रानी केतकी की कहानी' में भाषा का बोलचाल रूप कुछ अधिक ही मुखर लगता है। दूसरे खंड के उपशीर्षक से यह मुखरता भली-भाँति व्यंजित होती है, जो इस प्रकार है, 'कहानी के जोबन का उभार और बोलचाल की दुलहिन का सिंगार।' इस अतिरिक्त सजगता का एक कारण यह हो सकता है कि कहानी नारी पात्रों के बीच विशेष रूप से सक्रिय हुई है जहाँ मुहाविरे, कहावतें भी सहज रूप में उच्छलित हैं। रानी केतकी और उसकी सहेली मदनबान के बीच का संलाप, जो कई बार कई रूपों में आता है, इन तीनों प्रवृत्तियों के मेल का अच्छा उदाहरण है: नारी चरित्र, मुहाविरे-कहावतों के साथ, बोलचाल में मगन—"उनके ध्यान पर इतनी कर बैठिए जो किसी ने तुम्हारे घराने में न की, अच्छी नहीं। इस बात पर पानी डाल दो; नहीं तो बहुत पछताओगी और अपना किया पाओगी। मुझसे कुछ न हो सकेगा। तुम्हारी जो कुछ अच्छी बात होती, तो मेरे मुँह से जीते जी न निकलती। पर यह बात मेरे पेट में नहीं पच सकती। तुम अभी अल्हण हो। तुमने अभी कुछ देखा नहीं। जो ऐसी बात पर सचमुच ढलाव देखूँगी तो तुम्हारे बाप से कहकर वह भभूत जो मुवा निगोड़ा भूत मुछंदर का पूत अवधूत दे गया है, हाथ मुरकवा कर छिनवा लूँगी।" (पृ० 17-18) किन्हीं विशेष संदर्भों में यह भाषा-रूप सहज-स्वाभाविक लगेगा, पर पूरी कहानी के लिए आधार-भाषा का यही रूप बनावटी जान पड़ेगा। कुल मिलाकर लगता है कि इंशा की कथा-भाषा के इस आद्य गद्य-रूप में कई प्रवृत्तियाँ और युक्तियाँ अतिरंजित रूप में हैं, जो आगे के लेखकों में क्रमश: शमित होकर अपना औचित्य प्राप्त करती हैं।

खड़ी बोली गद्य की कुछ युक्तियाँ इंशा में अपने सहवर्त्ती लेखक लल्लूजी

लाल और सदल मिश्र की तरह दिखती हैं, जैसे संयुक्त क्रिया को उलट कर लिखना ('और नाच लगा होने' : संयुक्त क्रिया को तोड़ना यहाँ प्राय: नहीं हुआ है), या आज्ञा-अनुरोधार्थक के लिए ब्रजभाषा के ओकारांत रूप का प्रयोग ('फूँक दीजियो', 'उसके साथ हो लीजियो')। पर इसमें कोई संदेह नहीं कि खड़ी बोली के इस रूप में ब्रजभाषा का संस्पर्श कहीं नाम लेने भर को हो तो हो, अन्यथा 'रानी केतकी' का गद्य बिना किसी छाँह के चलता है। इस माने में इंशा के गद्य का चरित्र लल्लूजी और सदल मिश्र के गद्य से एकदम फ़रक है। तब लगेगा कि लल्लू जी और सदल मिश्र का गद्य कथा-वार्ता से अधिक जुड़ा है, जबकि इंशा का गद्य किस्सा-कहानी से। ये दोनों रूप स्वयं मौखिक शैली के हैं, यह अवश्य सबका साझी गुण है।

'प्रेमसागर' और 'नासिकेतोपाख्यान' की तरह 'रानी केतकी की कहानी' में भी बीच-बीच में पद्यांश आते हैं। पर उनकी प्रकृति में अंतर है। 'प्रेमसागर' के पद्य ब्रजभाषा में हैं, 'नासिकेतोपाख्यान' के भी ब्रजभाषा में, पर कहीं कुछ खड़ी बोली के आ जाते हैं। इसके विपरीत 'रानी केतकी' का गद्य तो शत-प्रतिशत खड़ी बोली में है ही, पद्यांश भी, कुछ अपवादों को छोड़कर, खड़ी बोली में है। खड़ी बोली पद्यांश का प्रतिनिधि रूप इस प्रकार है—

चाह के हाथों किसी को सुख नहीं।
है भला वह कौन जिस को दुख नहीं।

अवधी की छाया लिए ब्रजभाषा का एक छंद अनायास रसखान की याद दिला देता

जब छाँड़ि करील को कुंजन को हरि द्वारिका जीउ माँ जाय बसे।
कलधौत के धाम बनाए घने महाराजन के महाराज भये।

गद्य और पद्य के लिए समरस भाषा प्रयोग का जो आग्रह आगे चलकर श्रीधर पाठक प्रभृति के माध्यम से जोर पकड़ता है, वह अपने विनम्र रूप में इंशा की 'रानी केतकी की कहानी' में देखा जा सकता है। यह मूलत: प्रेम-कहानी है दास्तान के निकट, पर अपनी भाषिक प्रतिज्ञा के मेल में लेखक ने यहाँ कथा-अभिप्राय भी प्राय: शत-प्रतिशत भारतीय रखे हैं, फ़ारसी-उर्दू प्रभाव की बड़े सजग रूप में अवहेला है। यह समूचा विधान, जैसा संकेत किया गया, देवकीनंदन खत्री तथा उनके अनुकरण में आने वाले तिलिस्मी-ऐयारी उपन्यासों के लेखकों द्वारा किसी सीमा तक अपनाया गया; लल्लू जी-सदल मिस्त्र शैली अधिक गंभीर और साहित्यिक उद्देश्यों के लिए प्रयुक्त होती है जिसका और परिष्कार फिर भारतेंदु करते हैं।

1800 ई० के आसपास सक्रिय गद्यकार-चतुष्टय के चौथे लेखक हैं मुंशी सदासुखलाल 'नियाज़' (1746-1824)। काल-क्रम में मुंशी सदासुखलाल का स्थान पहला ठहरता है, पर इनकी रचनाओं के प्रकाशन का समय ठीक-ठीक निर्धारित

नहीं हो सका है। कृष्णाचार्य की बड़े परिश्रम और अनुभव से तैयार ग्रंथ-पुटी 'हिंदी के आदिमुद्रित ग्रंथ' में उनके प्रकाशित ग्रंथों की जो तालिका दी गई है उसमें से सभी 1850 के बाद के मुद्रित हैं। आचार्य शुक्ल के इतिहास और शारदा वेदालंकार के शोध-प्रबंध 'प्रारंभिक हिंदी गद्य का स्वरूप' में उनके एक उपदेश-प्रधान ग्रंथ ('सुखसागर') का परिचय दिया गया है। आचार्य शुक्ल लिखते हैं, "कुछ दूर तक सफाई के साथ चलने वाला गद्य जैसा 'योगवासिष्ठ' का था वैसा ही मुंशीजी की इस पुस्तक में दिखाई पड़ा। इसका थोड़ा सा अंश नीचे उद्धृत किया जाता है—

> *इससे जाना गया कि संस्कार का भी प्रमाण नहीं; आरोपित उपाधि है। जो क्रिया उत्तम हुई तो सौ वर्ष में चांडाल से ब्राह्मण हुए और जो क्रिया भ्रष्ट हुई तो वह तुरंत ब्राह्मण से चांडाल होता है। यद्यपि ऐसे विचार से हमें लोग नास्तिक कहेंगे, हमें इस बात का डर नहीं। जो बात सत्य होय उसे कहना चाहिए, कोई बुरा माने कि भला माने। विद्या इस हेतु पढ़ते हैं कि तात्पर्य इसका (जो) सतोवृत्ति है वह प्राप्त हो और उससे निज स्वरूप में लय हूजिए। इस हेतु नहीं पढ़ते हैं कि चतुराई की बातें कह के लोगों को बहकाइए और फुसलाइए और सत्य छिपाइए, व्यभिचार कीजिए और सुरापान कीजिए और धन द्रव्य इकठौर कीजिए और मन को, कि तमोवृत्ति से भर रहा है, निर्मल न कीजिए। तोता है सो नारायण का नाम लेता है, परंतु उसे ज्ञान तो नहीं है।"*
>
> *('हिंदी साहित्य का इतिहास', पृ० 361)*

गद्यकार चतुष्टय की भाषा-शैली का विश्लेषण करने से इस युग की कई प्रवृत्तियाँ सामने आती हैं। एक तो ब्रजभाषा का संस्कार कम बढ़ इन लेखकों में चला आता है। दूसरे यह कि किसी न किसी रूप में तुकांत प्रयोग हुआ है। फिर मौखिक रूप की मुखरता होने से नाटकीयता का रूप जगह-जगह कई ढंग से उभरता है—जिसमें से एक प्रमुख युक्ति है संयुक्त क्रिया को उलट और तोड़ कर प्रयुक्त करना-एक तरह से ये सभी प्रवृत्तियाँ गद्य के आरंभिक विकास के साथ सहज रूप में जुड़ी कही जा सकती हैं। इस संदर्भ में मुंशी सदासुखलाल का गद्य सबसे विकसित और परिमार्जित कहा जाएगा, जहाँ उक्त प्रवृत्तियों से काफी कुछ बचाव दिखाई देता है। उद्धृत गद्य का नमूना शांत, संयत, शमित गद्य का आदर्श रूप कहा जा सकता है।

इस प्रसंग में यह भी स्मरणीय है कि 19वीं शती के एकदम आरंभ में प्रकाशित गद्यकार चतुष्टय की ये रचनाएँ हिंदी के साहित्यिक गद्य की पहली मुद्रित कृतियाँ हैं। भारतेंदु हरिश्चंद्र ने अपने निबंध, 'लेखक और नागरी लेखक' में लेखक के महत्व और लेखकीय जीवन में मुद्रण-यंत्र के महत्व को प्रतिपादित करते हुए लक्षित किया है, "हमें तो स्मरण नहीं होता कि किसी नागरी लेखक ने 19वीं शताब्दी के पहले अपने उच्च विचारों को लिखकर और छापेखाने में छपवा कर सर्व साधारण के सामने

धरा हो।' ('भारतेंदु समग्र, पृ० 1061 : बल प्रस्तुत लेखक का)

धर्म-प्रचार : मत-मतांतर

फ़ोर्ट विलियम कॉलेज के माध्यम से कलकत्ता नगर में जिस समय प्रशिक्षण के लिए गद्य को पुरस्कृत करने के उपाय चल रहे थे, प्राय: उसी समय कलकत्ता और आसपास के क्षेत्र में ईसाई मिशनरी सक्रिय थे हिंदी गद्य में बाइबिल के अनुवाद, उसके संक्षिप्त कोश, भाषा-सर्वेक्षण, और आरंभिक व्याकरण तैयार करने में। यों ऐहिक और धार्मिक दोनों उद्देश्यों से गद्य का प्रसार कार्य चल रहा था। इस समूचे युग का व्यवस्थित अध्ययन लक्ष्मीसागर वार्ष्णेय ('आधुनिक हिंदी साहित्य', 'आधुनिक हिंदी साहित्य की भूमिका', 'फ़ोर्ट विलियम कॉलेज' : हिंदी परिषद् प्रकाशन—इलाहाबाद विश्वविद्यालय) तथा शारदा वेदालंकार ('प्रारंभिक हिंदी गद्य का स्वरूप') के प्रबंधों में हुआ है।

बाइबिल के अनुवाद हिंदी/हिंदुस्तानी के विविध रूपों और हिंदी प्रदेश की अन्य अनेक बोलियों में किए गए। तुलना की दृष्टि से यहाँ कुछ रूप प्रस्तुत हैं, जो 'ब्रिटिश एंड फॉरेन बाइबिल सोसाइटी' के अधिकृत प्रकाशन 'द गोस्पल इन मैनी टंग्ज़'—(1954) से लिए गए हैं—इसलिए कि खुदा ने जहान को ऐसा प्यार किया है, कि उसने अपना एकलौता बेटा बख़्शा ताकि जो कोई उस पर इमान लावे हलाक न हो बल्कि हयाति अबदी पावे।

(उर्दू या हिंदुस्तानी—देवनागरी अक्षर : 1817)

हे सरगमहँ रहबेआ हमरेन के बाप तोहार नाम पबित्र होउ। तोहार राज आवै। तोहरे मनमन्ता सरगमहँ जस तस संसारमहँ किहा जाइ।

(अवधी : 1820)

काहेतें ईश्वरुनें संसारु कों असो प्यारु करो कि वाने अपुनो एकु उत्पनु भोडाको दवो कि जो एकेकु मनुष्य वापैं विश्वासु करतुहें वहे नाशु नाहीं होयहे लेकिनु अपारु जीतबु पाहें।

गालिल के जो लोग अंधकार मैं बैठे हैं उनंते और मृत्यु के देस मैं और छावा मैं बैठनवारे जे उन *(बघेली : 1821)*

बड़ौ उजेरौ देख्यौ उजेरौ उदैं भयो।

(ब्रजभाषा : 1824)

क्यूंकि ईश्वर ने जगत को ऐसा प्यार किया, कि उसने अपना इकलौता पुत्र दिया,

कि जो कोई उस पर बिश्वास करे सो नाश न होए परंतु अनंत जीवन पावे।
(हिंदी-रोमन अक्षर : 1897)

इन अनुवादों के तिथि-क्रम से अनुमान किया जा सकता है कि फ़ोर्ट विलियम कॉलेज की प्रशासकीय भाषा-नीति के अनुकूल यहाँ भी खड़ीबोली- ब्रजभाषा के पहले ही नागरी तथा रोमन अक्षरों में उर्दू-हिंदुस्तानी अनुवाद का सिलसिला शुरू हो जाता है। कृष्णाचार्य ने अपनी ग्रंथ पुटी में 1805 ई० में प्रकाशित बाइबिल के हिंदुस्तानी अनुवाद—नागरी में मुद्रित (अनुवादक-विलियम हंटर)—को हिंदी-हिंदुस्तानी की पहली बाइबिल माना है ('हिंदी के आदि मुद्रित ग्रंथ', पृ० 4)। मैथ्यु वेच्चुर ने अपनी पुस्तक 'बाइबिल के हिंदी अनुवादों की भाषा' (संत पॉल्स प्रकाशन, इलाहाबाद : 1981) में भी प्राय: इसी मत का समर्थन किया है (पृ० 24)। यह अवश्य है कि इसके पूर्व बाइबिल की कुछ प्रार्थनाओं-भजनों के अनुवाद का भी उन्होंने उल्लेख किया है। पहला हिंदी अनुवाद (1811) विलियम केरी का है, इस मत को रामचंद्र शुक्ल, कृष्णाचार्य, शारदा वेदालंकार तथा मैथ्यु वेच्चुर सभी स्वीकार करते हैं। कृष्णाचार्य इसका प्रकाशन वर्ष 1812 ई० देते हैं।

हिंदी गद्य के विकास में बाइबिल-अनुवादकों के योगदान पर कई तरह के विचार देखने में आते हैं। यहाँ भी सदा की भाँति, आचार्य शुक्ल का मत एकदम स्वच्छ और निर्मल है। अपने इतिहास में वे लिखते हैं, "इस संबंध में ध्यान देने की बात यह है कि इन ईसाई अनुवादकों ने सदासुख और लल्लू लाल की विशुद्ध भाषा को ही आदर्श माना, उर्दूपन को बिलकुल दूर रखा...सारांश यह कि ईसाई मत-प्रचारकों ने विशुद्ध हिंदी का व्यवहार किया है...हिंदी-गद्य के प्रसार में ईसाइयों का बहुत कुछ योग रहा। शिक्षा संबंधिनी पुस्तकें तो पहले-पहल उन्हीं ने तैयार कीं। इन बातों के लिए हिंदी-प्रेमी उनके संदा कृतज्ञ रहेंगे।" (पृ० 368-71) यहाँ इतिहासकार ने इस तथ्य को ठीक परिलक्षित किया है कि इन अनुवादकों ने अपने हिंदी गद्य में 'उर्दूपन को बिलकुल दूर रखा। इसका एक कारण यह भी है कि मिशनरी कार्यकर्त्ताओं ने अपने आप को किसी तरह के भाषा-विवाद से अलग रखा। उन्होंने उर्दू-हिंदुस्तानी, हिंदी के अंतर को समझते हुए इन तीनों भाषा-रूपों में अलग-अलग अनुवाद किए, और संभाव्य पाठकों को ध्यान में रखते हुए उर्दू, कैथी तथा नागरी लिपि का यथावश्यक रूप में व्यवहार किया। हिंदी क्षेत्र के लिए आरंभ के कुछ अनुवाद कैथी रोमन, नागरी लिपि में उर्दू-हिंदुस्तानी में किए गए, फिर ठेठ हिंदी का रूप अनुवादकों ने अपनाया, जिसकी आशंसा रामचंद्र शुक्ल ने की है। मैथ्यु वेच्चुर ने ठीक लक्षित किया है, "बाइबिल के अनुवादकों ने हिंदी-उर्दू का अंतर आरंभ से ही स्पष्ट जान लिया था और वे दोनों भाषाओं में अलग-अलग अनुवाद और संस्करण तैयार करते रहे।" ('बाइबिल के हिंदी अनुवादों की भाषा'—पृ० 77) इस प्रसंग में उनकी आरंभिक

प्रतिज्ञा भी अनुमोदनीय है—"हिंदी भाषा के विकास के समानांतर ही बाइबिल के अनुवादों की भाषा बदलती दिखाई पड़ती है।" (पृ० 67) कुल मिलाकर कह सकते हैं कि लल्लू जी और 'चतुष्टय' के अन्य लेखकों ने गद्य को संस्कार दिया तो बाइबिल अनुवादकों ने व्यापक जन समाज को गद्य का अभ्यास दिया।

ईसाई धर्मप्रचारक, ब्रह्मसमाज और आगे चलकर आर्यसमाज के बीच 19वीं शती के दौरान धर्म-तत्व के संबंध में जो वैचारिक क्रिया-प्रतिक्रिया चली उसका संबंध भी तब के बनते गद्य-रूप से देखा जा सकता है। इस समूचे विचार-विमर्श और वाद-विवाद का साक्षी अंतिम रूप से जन सामान्य को ही बनाया जाना था, अत: यह पूरी विचार-प्रक्रिया उनके लिए भी बोधगम्य रहे, यह चिंता हर पक्ष को रखनी थीं। तब इन कई तरह के शास्त्रार्थ को अखाड़े की कुश्ती की तरह एकदम खुले रूप में संपन्न होना था। यह वाद-विवाद भी कई प्रकार से चलता रहा। एक स्तर पर हिंदू धर्म बनाम ईसाई धर्म प्रचारकों के बीच द्वन्द्व था। तो एक दूसरे स्तर पर यह सनातन हिंदू धर्म और उसके विविध सुधारक पक्षों जैसे ब्रह्म समाज या कि आर्य समाज के बीच चलता। स्वभावत: इस विविध स्तरीय वाद-विवाद की एक साझी भाषा विकसित होने लगी थी, जो हिंदी गद्य को अपने ढंग की सक्रियता प्रदान कर रही थी। शास्त्रार्थ के ऐसे अनेक आयोजनों का उल्लेख 'पद्मपराग' में संकलित पद्मसिंह शर्मा के संस्मरण-निबंधों में मिलता है। कहना न होगा हिंदी के प्रसिद्ध आलोचक और गद्यकार पद्मसिंह शर्मा अपने समय में आर्य समाज के सक्रिय कार्यकर्ता थे। दयानंद सरस्वती ने तो हिंदी को नाम ही दे रखा था—'आर्य भाषा'।

धर्म-प्रचार संबंधी इस सक्रियता में जो गद्य उभर रहा था उसमें कई साझी विशेषताएँ थीं और कई विलक्षणताएँ। साझे प्रयोग थे- य, -व से बने क्रिया-रूप, जैसे—'छुड़ावने', 'जाव', 'देवो', 'लेवो', 'जावो'; 'लों', जैसे अव्यय; हारे जैसे प्रत्यय (बाइबिल अनुवाद), 'पठाया' (राममोहन राय : 1826), 'देवें', 'जीवते हुए', 'जीवने के अर्थ', 'काटने हारे' (दयानंद सरस्वती : ऋग्वेद भाष्य : 1877)। इस प्रसंग में स्मरणीय है कि कई तरह के ब्रज-प्रयोगों के बावजूद 'चतुष्टय' की तुलना में 'अनुवादकों' की भाषा ब्रज का हल्का संस्पर्श ही लेती है। मैथ्यु वेच्चुर ने 'पिता' प्रार्थना के 19वीं शती में हुए विभिन्न बाइबिल अनुवादों से लगभग बीस उदाहरण दिए हैं। इन में से एक में ब्रज का बहुप्रचलित आज्ञा-अनुरोध का ओकारांत क्रिया रूप मिलता है—'दीजीवो' (दीजिओ) : 'प्रतीदीन रोटी हम लोगों को दीजीवो', अन्यथा अधिकतर ठेठ खड़ी बोली रूप हैं—'दे', 'दीजिये'। यह अवश्य है कि कुछ आरंभिक उदाहरणों में 'व' वाला रूप भी मिलता है—'देवो'। केरी के अनुवाद में 'देवो', 'लेयो', 'छोड़ावो' जैसे प्रयोग हैं। पर यहाँ सामान्य अनुवादक की भाषिक समझ की सराहना करनी होगी, क्योंकि आज्ञा अनुरोध का रूप अधिकतर अपने से छोटे के लिए प्रयुक्त होता है, जबकि प्रस्तुत संदर्भ उलटा है।

बाइबिल के आरंभिक अनेक ज्ञात-अज्ञात हिंदी-हिंदुस्तानी अनुवादकों में विलियम हंटर तथा विलियम कैरी के अतिरिक्त जॉन चैम्बरलेन, जॉन थॉमस थॉम्पसन तथा विलियम बाउली के नाम विशेष रूप से उल्लेखनीय हैं।

राजा द्वय के गद्य-प्रयोग

फ़ोर्ट विलियम कॉलेज से संबद्ध गद्य लेखन के प्रसंग में हमने देखा कि कॉलेज की प्रशासनिक नीति अपने उन्नायक जॉन गिलक्राइस्ट के नेतृत्व में हिंदुस्तानी की ओर झुकी हुई थी, जबकि उसके लेखक पंडित लल्लूजी-सदल मिश्र हिंदी/हिंदवी कही जाने बाली खड़ी बोली में गद्य रचना कर रहे थे। बाइबिल अनुवादकों ने उर्दू-हिंदुस्तानी तथा हिंदी के भेद को भली भाँति समझ रक्खा था, और वे दोनों माध्यमों में अपना प्रचार-कार्य चलाते थे। आगे चलकर दो विशिष्ट गद्य-लेखक-संयोग से दोनों उच्च अधिकारी तथा सरकार द्वारा 'राजा' की उपाधि से विभूषित-शिवप्रसाद सितारेहिंद (1823-1895) और लक्ष्मण सिंह (1826-1896) के बीच भी हमें भाषा-रूप को लेकर

कुछ ऐसा ही बँटवारा दिखाई देता है। यहाँ पहुँचकर हिंदुस्तानी-हिंदी के बीच की बहुत-कुछ अस्पष्ट प्रतिद्वन्द्विता अब खुले में आ जाती है। अपने संवर्द्धित ग्रंथ 'हिंदी का गद्य-साहित्य' में राजा द्वय की विचारधारा पर टिप्पणी करते हुए रामचंद्र तिवारी लिखते हैं (संस्करण : 1992, 5028), "राजा शिवप्रसाद तथा राजा लक्ष्मण सिंह की विरोधी नीतियों का परिणाम यह हुआ कि हिंदी के स्वरूप को लेकर साहित्य-क्षेत्र में दो विरोधी मत उठ खड़े हुए। एक उर्दू का समर्थक हुआ तो दूसरा हिंदी का पक्षपाती।"

हिंदी के स्वरूप को लेकर राजा शिवप्रसाद तथा राजा लक्ष्मण सिंह के दृष्टिकोण की स्पष्ट ही कुछ विस्तृत समीक्षा यहाँ अपेक्षित होगी। राजा शिवप्रसाद अपने आरंभिक लेखन में हिंदी के पक्षधर थे, पर सरकारी सेवा में रहते-रहते उनके दृष्टिकोण में परिवर्तन हुआ और वे क्रमश: हिंदुस्तानी तथा उर्दू की ओर झुकते चले गए। उनके अंतिम समय का गद्य तो देवनागरी लिपि में लिखी उर्दू कहा गया है। राजा लक्ष्मणसिंह भी ब्रिटिश सरकार की सेवा में थे, पर वे आरंभ से अंत तक ब्रज-रंजित खड़ी बोली गद्य लिखते रहे, जो तत्कालीन संदर्भ में परिनिष्ठित हिंदी का रूप था। दोनों की इस भाषा-नीति के पीछे एक महत्वपूर्ण तथ्य यह है कि राजा शिवप्रसाद मूलत: व्यवस्थापक थे, और उनका लेखन उस व्यवस्था-क्रम से जुड़ा हुआ है, जबकि राजा लक्ष्मणसिंह अपनी वृत्ति में रचनाकार थे, और उनकी भाषा रचनात्मक आवश्यकता से जुड़ी है। इसका एक महत्वपूर्ण साक्ष्य इस चुनाव में मिलता है कि कालिदास की रचनाओं में से 'अभिज्ञान शाकुंतल' नाटक का अनुवाद वे खड़ी बोली गद्य में करते हैं जबकि 'मेघदूत' काव्य का अनुवाद ब्रजभाषा काव्य में। किस भाषा-रूप में क्या कहा जा सकता है इसकी सच्ची परख राजा लक्ष्मणसिंह को थी।

राजा शिवप्रसाद की भाषा-नीति में परिवर्तन का क्रम-विकास शारदा वेदालंकार ने यों लक्षित किया है, "प्रारंभ में उन्होंने जितने ग्रंथ लिखे उनमें शुद्ध संस्कृत मिश्रित हिंदी का प्रयोग किया। शब्द प्रयोग में उनका लक्ष्य था 'जो सरल एवं सबके समझने योग्य हो सन् 1864 में उन्होंने भारतीय इतिहास 'इतिहास तिमिरनाशक' कई भागों में प्रकाशित किया। यद्यपि इसका शीर्षक विशुद्ध संस्कृत शब्दों से युक्त है किंतु इसकी भाषा अरबी, फ़ारसी बहुल उर्दू भाषा के समान है। इसमें प्रयुक्त भाषा से यह स्पष्ट है कि हिंदी और उर्दू को निकट लाने का प्रयास किया गया है। राजा साहब क्रमशः उर्दू शैली की ओर झुकते गए और अंततोगत्वा उनकी भाषा देवनागरी लिपि में लिखित उर्दू बन गई।' ('प्रारंभिक हिंदी गद्य का स्वरूप', पृ० 53) इस प्रसंग में स्मरणीय है कि भाषा-व्यवस्था के संदर्भ में राजा शिवप्रसाद यद्यपि अँग्रेज शासकों की नीति का अनुसरण कर रहे थे, जिसका विरोध उनके समकालीन राजा लक्ष्मणसिंह एक ओर कर रहे थे तो दूसरी ओर राजा के शिष्य भारतेंदु हरिश्चंद्र आगे चलकर करते हैं—पर रचना के संदर्भ में वे भी हिंदी के स्वरूप को ठीक-ठीक समझ रहे थे। इसका प्रमाण आचार्य शुक्ल अपने इतिहास में यों देते हैं कि अपनी प्रसिद्ध पाठ्य पुस्तक 'गुटका' संकलन में राजा शिवप्रसाद अपनी कहानी 'राजा भोज का सपना', और 'रानी केतकी की कहानी' के साथ-साथ राजा लक्ष्मणसिंह के 'शकुंतला नाटक' का भी एक बड़ा अंश रखते हैं। (पृ० 384) यों परिनिष्ठित हिंदी के सही स्वरूप की समझ राजा शिवप्रसाद को थी, यद्यपि 'प्रशासनिक दबावों के कारण वे हिंदुस्तानी-उर्दू का पक्ष लेने लगे थे। उनकी इस नीति के संदर्भ में प्रसिद्ध अँग्रेज़ हिंदी प्रेमी तथा विद्वान फ्रेडरिक पिन्कॉट द्वारा भारतेंदु को लिखित पत्र का यह अंश उद्धृत किया जाता है, "राजा शिवप्रसाद बड़ा चतुर है। बीस बरस हुए उसने सोचा कि अँग्रेजी साहबों को कैसी-कैसी बातें अच्छी लगती हैं, उन बातों को प्रचलित करना चतुर लोगों का परम धर्म है। इसलिए बड़े चाव से उसने काव्य को और अपनी हिंदी भाषा को भी बिना लाज छोड़कर उर्दू के प्रचलित करने में बहुत उद्योग किया।" फिर भारतेंदु हरिश्चंद्र ने अपने विद्या-गुरु राजा शिवप्रसाद को 'मुद्राराक्षस' नाटक का अनुवाद (1875) समर्पित किया। भारतेंदु के अनुवाद में अर्थ की एक नयी झलक यह आई है कि यहाँ चाणक्य राष्ट्र-भक्ति का प्रतीक है, और उसका प्रतिद्वन्द्वी राक्षस स्वामि-भक्ति का, और पूरे नाटक में राष्ट्र-भक्ति के आदर्श को उच्चतर भाव-भूमि पर प्रतिष्ठित किया गया है। आलोचकों का अनुमान है कि भारतेंदु ने अपने नाटक का समर्पण अपने गुरु शिवप्रसाद को यह स्मरण दिलाने के लिए किया है कि अँग्रेज़ों के प्रति उनकी स्वामिभक्ति से राष्ट्र भक्ति का आदर्श उच्चतर और अधिक काम्य है।

राजा शिवप्रसाद की बदलती भाषा-नीति उनके गद्य लेखन में कैसे प्रतिफलित हुई है यह दिखाने के लिए कुछ उद्धरण प्रस्तुत हैं:—

संस्कृतगर्भित भाषा : *'मानवधर्मसार' से उदाहरण—*

मनुस्मृति हिंदुओं का मुख्य धर्मशास्त्र है। उसको कोई भी हिंदू अप्रामाणिक नहीं कह सकता। वेद में लिखा है कि मनुजी ने जो कुछ कहा उसे जीव के लिए औषधि समझना; और वृहस्पति लिखते हैं कि धर्मशास्त्राचार्यों में मनुजी सबसे प्रधान और अति मान्य हैं; क्योंकि उन्होंने अपने धर्मशास्त्र में संपूर्ण वेदों का तात्पर्य लिखा है।

सरल ठेउ हिंदी : *'राजा भोज का सपना' से उदाहरण—*

उसकी महिमा और कीर्ति तो सारे जगत में व्याप रही है। बड़े-बड़े महिपाल उस का नाम सुनते ही काँप उठते और बड़े-बड़े भूपति उस के पाँव पर अपना सिर नवाते। सेना उसकी समुद्र की तरंगों का नमूना और खजाना उसका सोने चाँदी और रत्नों की खान से भी दूना। उस के दान ने राजा कर्ण को लोगों के जी से भुलाया और उसके न्याय ने विक्रम को लजाया।

उर्दू-मिश्रित भाषा : *'भाषा का इतिहास' से उदाहरण—*

हम लोगों को जहाँ तक बन पड़े चुनने में उन शब्दों को लेना चाहिए कि जो आम फ़हम और खास पसंद हों, अर्थात् जिनको ज्याद: आदमी समझ सकते हैं और जो यहाँ के पढ़े-लिखे, आलिम फ़ाज़िल, पंडित विद्वान की बोलचाल में छोड़े नहीं गए हैं और जहाँ तक बन पड़े हम लोगों को हर्गिज़ गैर मुल्क के शब्द काम में न लाने चाहिए और न संस्कृत की टकसाल कायम करके नये-नये शब्दों के सिक्के जारी करने चाहिएँ।

राजा लक्ष्मणसिंह की भाषा नीति, जैसा संकेत किया गया, उनके प्रशासनिक दायित्वों से नहीं उनके अपने रचना-कर्म और लेखन-धर्म से निःसृत है। रघुवंश के गद्यानुवाद के प्राक्कथन (1878) में उनकी स्पष्ट मान्यता है, "हमारे मत में हिंदी और उर्दू दो बोली न्यारी-न्यारी हैं। हिंदी इस देश के हिंदू बोलते हैं और उर्दू यहाँ के मुसलमानों और पारसी पढ़े हुए हिंदुओं की बोलचाल है। हिंदी में संस्कृत के पद बहुत आते हैं; उर्दू में अरबी पारसी के। परंतु कुछ आवश्यक नहीं है कि अरबी पारसी के शब्दों के बिना हिंदी न बोली जाय और न हम उस भाषा को हिंदी कहते हैं जिसमें अरबी, पारसी के शब्द भरे हों।" यहाँ राजा लक्ष्मणसिंह ने अपने सूक्ष्म विवेक और रचनात्मक अंत:प्रज्ञा से स्पष्ट समझ लिया है कि साधारण बोलचाल के स्तर पर हिंदी-उर्दू अपने साझे खड़ी बोली आधार पर भले एक हों, पर अपनी सांस्कृतिक पृष्ठभूमि, साहित्यिक प्रक्रिया और छंद-विधान में दोनों अलग-अलग हैं, उनके अपने शब्दों में, 'न्यारी-न्यारी हैं'। फ़ोर्ट विलियम कॉलेज तथा ब्रिटिश प्रशासन से जुड़े अन्य संस्थानों ने हिंदी-उर्दू की परिस्थिति को सुनियोजित ढंग से उलझाया, जिसके फलस्वरूप स्वयं हिंदी क्षेत्रों में कभी कहा गया कि हिंदी-उर्दू एक हैं, या कभी समझाया गया कि उर्दू तो हिंदी की एक शैली है। हिंदू-मुसलमान के

मेल-मिलाप के कभी व्यापक और सदुद्देश्यपूर्ण, तथा कभी शुद्ध कूटनीतिक प्रयत्नों में भाषा को भी घसीटा गया, और हिंदी-उर्दू के मेल से हिंदुस्तानी नामक मिश्रण को गढ़ने की कोशिश हुई, जिसे आरंभ करने में फ़ोर्ट विलियम कॉलेज के गिलक्राइस्ट का नाम खास तौर से लिया जाना चाहिए। यहाँ यह भुला दिया गया कि उर्दू तो सहज परिस्थितियों में विकसित स्वयं एक मिश्रण/रेख्ता' या कि 'क्रियोल' है। इस एक सहज 'क्रियोल' उर्दू की मदद से फिर एक कृत्रिम 'क्रियोल' हिंदुस्तानी बनाने की कोशिश का औचित्य राजनैतिक दृष्टि से कुछ भी हो, भाषिक साहित्यिक-सांस्कृतिक आधार पर तो कुछ भी नहीं है। इतिहास की अनेक विडंबनाओं में से एक यह भी है कि गिलक्राइस्ट के प्रयत्नों से जात इस भाषा-रूप को विशेष पोषण महात्मा गांधी के माध्यम से मिला। पर गांधी की दृष्टि जहाँ भारतीय जीवन के अनेकानेक क्षेत्रों में स्वीकृत हुई, सराही गई, वहाँ भाषा के क्षेत्र में उनके द्वारा समर्थित 'हिंदुस्तानी' का आविष्कार व्यापक जन-जीवन में अपना स्थान नहीं बना सका। देर से ही सही, लक्ष्मणसिंह की भाषा-नीति शिवप्रसाद की भाषा-नीति पर विजयी होती है।

ब्रिटिश शासन के आरंभिक दिनों की भाषा नीति के बारे में कुछ रोचक और सटीक जानकारी राजा लक्ष्मणसिंह के एक संदर्भ से प्राप्त होती है। राजा साहब के ब्रजभाषा छंद में अनुवादित 'मेघदूत' के तीसरे संस्करण (1893) में अँग्रेज़ी पत्र 'द होमवार्ड मेल' (27 मार्च 1883 का अंक) से कुछ अंश उद्धृत है, जहाँ 'रीसेंट हिंदी 'क्लासिक्स' शीर्षक से रघुवंश के गद्यानुवाद और मेघदूत के काव्यानुवाद की समीक्षा की गयी है। इस समीक्षा का आरंभ यों होता है, "ये दोनों रचनाएँ इस स्थिति और महत्त्व का उत्कृष्ट साक्ष्य प्रस्तुत करती हैं जिसे हिंदी भाषा ने भारत में अंततः प्राप्त कर लिया है। हिंदी भाषा को इस शती में बड़े अजब वक्त का सामना करना पड़ा है। सबसे पहले तो इसके अस्तित्व को ही नकार दिया गया; तब घटिया बोली कहकर इसकी भर्त्सना हुई; फिर इसे हिंदुस्तानी कहा गया जो काले चौकोर अक्षरों में लिखी जाती है। जब समाचार-पत्र, इतिहास, और वैज्ञानिक ग्रंथ हिंदी में लिखे जाने लगे तो इसकी मान्यता रोकने का कोई उपाय नहीं रह गया, पर विरोधी तब भी आपत्ति करते रहे कि इस नयी भाषा की कोई जरूरत नहीं है क्योंकि हिंदुस्तानी उस सब को अभिव्यक्त कर सकती है जिसे हिंदुस्तान चाहता है। वास्तविकता यह है कि हिंदी सदैव से उत्तर भारत के हिंदुओं की भाषा रही है, और मुसलमानी सत्ता के उखड़ जाने से हिंदुओं को अवसर मिला है कि वे समाज में अग्रणी भूमिका अदा कर सकें"। भारत में हिंदी/हिंदुस्तानी के आरंभिक विवाद को यह टिप्पणी बड़े सही परिप्रेक्ष्य में प्रस्तुत कर देती है।

गद्य के संदर्भ में भाषादर्श की दृष्टि से राजा लक्ष्मणसिंह के शकुंतला नाटक (1862) से एक बहुउद्धृत प्रसंग इस प्रकार है—

अनसूया—(हौले प्रियंवदा से) सखी! मैं भी इसी सोच विचार में हूँ। अब

इससे कुछ पूछूंगी। (प्रगट) महात्मा! तुम्हारे मधुर वचनों के विश्वास में आकर मेरा जी यह पूछने को चाहता है कि तुम किस राजवंश के भूषण हो और किस देश की प्रजा को विरह में व्याकुल छोड़ यहाँ पधारे हो?

'हिंदी नए चाल में ढली, 1873 ई०'—भारतेंदु हरिश्चंद्र

भारतेंदु हरिश्चंद्र (1850-1885) के साथ आचार्य रामचंद्र शुक्ल द्वारा अपने इतिहास में आधुनिक काल का 'गद्य काल' (1850 ई०—) नामकरण पूरी सार्थकता पाता है। भारतेंदु ने गद्य के प्रायः सभी तरह के उपयोग और काव्य-रूप एक साथ आरंभ कर दिए और यों गद्य का पूरा संभव विस्तार किया। जीवनीकारों ने उल्लेख किया है कि पत्र-व्यवहार के लिए भारतेंदु ने सप्ताह के सात दिनों में प्रत्येक दिन कागज़ का एक अलग रंग निर्धारित कर रखा था—रविवार को गुलाबी, सोमवार को सफ़ेद से लेकर शनिवार के लिए नीला रंग। कह सकते हैं कि इसी तरह भारतेंदु के गद्य के विविध रंग हैं—नाटक का जीवंत संवादपरक गद्य, उपन्यास का अंकनपरक, पत्रकारिता-निबंध, जीवनी-वृत्तांत-यात्रावृत्त का वर्णनात्मक-वैचारिक, और आलोचना का चिंतनपरक गद्य। फिर इनसे भिन्न गद्य-स्तर है पत्रों और जर्नल का जो अधिकतर अपनी प्रकृति में अनौपचारिक है।

इस संदर्भ में भली भाँति समझा जा सकता है कि 'गद्यकार-चतुष्टय' और 'राजा द्वय' के बाद भारतेंदु हिंदी गद्य के विकास में कई सीढ़ियाँ एक साथ चढ़ते दिखाई देते हैं। यों उन्होंने अपने इतिहास-जर्नल में जो नोट किया 'हिंदी नए चाल में ढली, 1873 ई० 'वह अपने प्रसंग में कोई साहित्यिक गर्वोक्ति नहीं, ऐतिहासिक घटना चक्र का सही अंकन है। 1870 के आसपास भारतेंदु की आरंभिक गद्य रचनाएँ प्रकाशित होने लगती हैं, और यहाँ से हिंदी गद्य का अपना रूपाकार बनता है।

भारतेंदु के व्यक्तित्व में भारतीय परंपरा का श्रेष्ठतम निदर्शन है, जहाँ उनके निजी जीवन और कृतित्व दोनों में ऐहिक तथा आध्यात्मिक एक-दूसरे में घुल-मिल गये हैं। फिर 19वीं शती के हिंदी पुनर्जागरण का प्रवर्तन वहाँ यों सहज भाव से होता है कि वैचारिक संपन्नता के बाद और बावजूद उस व्यक्तित्व में नये के प्रति-मशीन और 'लैवेंडर' से लेकर खड़ी बोली कविता के प्रति-गहरी उदग्रता है। भारतेंदु के अपने व्यक्तित्व की समग्रता पुनर्जागरण में व्याप्त समग्र मनुष्य की अवधारणा से पूरी तरह मेल खाती है। रचनात्मक स्तर पर समग्रता की यह चेतना परंपरागत ब्रजभाषा काव्य में पूरी आस्था रखते हुए उनके खड़ी बोली गद्य के प्रयोग में प्रतिफलित होती है।

भारतेंदु की उदग्रता और उससे जुड़ी सहज विनम्रता का सच्चा परिचय वहाँ मिलता है जहाँ वे 1881 में 'भारतमित्र' संपादक को पत्र लिखते हैं अपनी नयी खड़ी बोली कविता के प्रयोग प्रकाशनार्थ भेजते हुए, "प्रचलित साधु भाषा में कुछ कविता

भेजी है। देखिएगा कि इसमें क्या कसर है और किस उपाय के आलंबन करने से इसमें काव्य सौंदर्य बन सकता है। इस संबंध में सर्वसाधारण की सम्मति ज्ञात होने से आगे से वैसा परिश्रम किया जायेगा।" यहाँ संपादक को भेजी कविता के प्रयोग अपनी जगह हैं, पत्र में आए गद्य का प्रवाह और उसका सम्मोहन अपनी जगह।

ध्यान देने की बात यह है कि गद्य का सप्तरंग भारतेंदु में एक साथ उदित होता है। नाटक-आख्यान के सर्जनात्मक गद्य ('श्रीचंद्रावली', 'अंधेरनगरी', 'मुद्राराक्षस' जैसे विविध रंग के नाटक तथा मदालसोपाख्यान जैसे कथा-वृत्त) से लेकर जीवनी-आत्मकथा-यात्रावर्णन का अकाल्पनिक गद्य (विक्रम, कालिदास, सुकरात, हजरत मुहम्मद के जीवन-वृत्त, 'एक कहानी कुछ आप बीती कुछ जग बीती 'का आत्मकथानक, सरयूपार, वैद्यनाथ, जनकपुर के यात्रावर्णन), निबंध-आलोचना का विचार-गद्य ('ग्रीष्मऋतु', 'नाटक'), इतिहास-समाज परिचय का वर्णनात्मक गद्य ('अगरवालों की उत्पत्ति', 'खत्रियों की उत्पत्ति, 'महाराष्ट्र देश का इतिहास'), पत्र और पत्रकारिता तक का अनौपचारिक सूचनात्मक गद्य ('कविवचन सुधा', 'हरिश्चंद्र मैगज़ीन/चंद्रिका', 'बाला बोधिनी') उनके यहाँ द्रष्टव्य है। यह समूचा गद्य-वैभव एकं ऐसे लेखक के कृतित्व में मिलता है जिसे रचना-आयु के कुल सत्रह वर्ष जीने को मिले। 'भारतेंदु समग्र' (1987) के संपादक हेमंत शर्मा का यह पर्यवेक्षण अपनी जगह सही है 'कि कविता की अपेक्षा भारतेंदु के गद्य में उनके व्यक्तित्व की रेखाएँ अधिक उभरी हैं।'(पृ० 17) इस प्रसंग में यह स्मरणीय है कि, गद्य के उपर्युक्त रंग जहाँ अलग-अलग दिखते हैं वहीं क्रमशः एक-दूसरे में घुले-मिले हुए हैं।

'भारतमित्र' को लिखा ऊपर-उद्धृत पत्र भारतेंदु के गद्य का, संगीत की लक्षणा में, सम कहा जा सकता है। इसमें फिर रचना की ज़रूरत से आरोह-अवरोह की विविध स्थितियाँ आती हैं। संगीत में गाली नहीं होती; यह अच्छा है, शायद दोनों के हित में भी। भाषा में एक सिरे पर उसका एकदम सीधा रूप गाली है, दूसरे सिरे पर रचना की अधिकतम सर्जनात्मक भाषा, कविता। गाली के परे है हरकत और हिंसा का क्षेत्र, इधर कविता के बाद है योग साधना। बीच में भाषा का अपना सप्तरंग कुछ इस प्रकार है : गाली-बोलचाल-सूचनात्मक गद्य-विचार-गद्य-अकाल्पनिक गद्य-काल्पनिक गद्य- रूप, और फिर कविता। भारतेंदु में, जैसा संकेत किया गया, यह पूरा सप्तरंग एक साथ दर्शनीय है। एक सिरे पर गाली, दूसरी ओर कविता। कविता की बात अभी छोड़ दें तो गाली से लेकर नाटक-आख्यान तक का गद्य भारतेंदु के यहाँ है।

श्री चंद्रावली' नाटिका में विरह से दुखी चंद्रावती अपने प्यारे कृष्ण को कह कर, बता कर गाली देती है, "बस अब मैं गाली दूँगी।" (भा० स०, पृ० 452-53) ये 'सच्ची गालियाँ 'हैं—झूठे, निर्दय, निर्घृण, निर्दय हृदय कपाट, बखेड़िये, निर्लज्ज बेशरम, बेहया। प्रेम का यह गाली-नामा भारतेंदु की अनोखी ईजाद है। फिर निबंध में सीधे गाली आती है—'उल्लू के पट्ठे'। भाषा विस्तार में यों सीधी गाली ('उल्लू

के पट्ठे'—पृ० 994) से लेकर बाँकी व्यंजना ('रात छोटी है और स्वाँग बहुत है'—पृ० 452) तक की सभी छायाएँ आ जाती हैं। भारतेंदु की पत्र-पत्रिकाओं में खबरें और विज्ञापन बोलचाल और सूचनात्मक गद्य का अच्छा उदाहरण प्रस्तुत करते हैं—

अब की यहाँ दिवाली भी अच्छी नहीं भयी। शुक्रवार को पानी बरसने लगा तो दूसरे शनिवार तक सूर्य द्रष्ट नहीं पड़े। सोमवार वाले दिन वायु का वेग इतना प्रचंड था कि खिड़कियों पर भी दीये न ठहर सके।

('कविवचन सुधा', जिल्द दो, सन् 1870 : उद्धृत भा० स० पृ० 1093)

कुरान शरीफ

अर्थात मुसलमानों के मत की पवित्र पुस्तक हिंदी भाषा में। इस बड़े ग्रंथ को मैंने बड़े परिश्रम से हिंदी भाषा में अनुवाद किया है और अब इसको छापने का भी विचार है परंतु बड़ा ग्रंथ है और व्यय विशेष है इस्से यह इच्छा की है कि पहिले 100 ग्राहक ठहरा कर तब छापना आरंभ करूं इस्से विद्यानुरागी और मतों के जानकारों से निवेदन है कि वे लोग उसके छापने का उत्साह अपने आज्ञापत्र से शीघ्र बढ़ावें और मूल्य इसका छपने के पीछे व्यय के अनुसार रखा जायेगा परंतु किसी भी दशा में 10 रुपये से वह विशेष न होगा।—हरिश्चंद्र

('कविवचन सुधा'—12 जनवरी में प्रकाशित : उद्धृत भा० स० पृ० 1100)

फोटोग्राफ

फोटोग्राफ का हम लोगों ने नया प्रबंध किया है और अनेक चित्र राजाओं के बनारस के रईसों और प्रसिद्ध स्थानों के छापे हैं। जिनको लेने की इच्छा हो मुझे लिखें।—हरिश्चंद्र

('कविवचन सुधा' 3 : 19, सन् 1871 : उद्धृत भा० स०, पृ० 1100)

विचार-गद्य संपादकीय टिप्पणियों और आलोचना-निबंध में मिलता है। कुछ प्रतिनिधि उदाहरण इस प्रकार हैं—

शिवाला

काशी में चौक से गुदोलिया तक जो नई सड़क निकली है उसके बीच में एक शिवाला है ईश्वर उस्को खुदने से बचावै नहीं तो हिंदुओं के चित्त में इस्का बड़ा खेद होगा निश्चय है कि सरकार इस पर ध्यान देगी और अवश्य ध्यान

देना चाहिए। यह भी सुना गया है कि किसी पंडित ने यह कह दिया है कि यह शिवलिंग तो वेश्या द्वारा स्थापित है: धिक धिक उस्की बुद्धि ऐसा जो सोचा जायेगा तो बड़े बड़े स्थानों में यह पोल निकलेगी ऐसा कदापि न होना चाहिए और हिंदुओं का कल्याण भी इसी में है कि वह शिवाला यथा स्थित रहे।—संपादकीय टिप्पणी

('कविवचन सुधा' 2:19 : उद्धृत भा०स०—पृ० 1094)

चाहे कैसे भी द्रव्य एकत्र किया हो अंत में सब जायेगा बिलायत में, क्योंकि हमारी शोभा की सब वस्तुएं वहाँ से आवैंगी, कपड़ा, झाड़ फानूस, खिलौने, कागज और पुस्तक इत्यादि सब वस्तु बिलायत से आवैंगी, उसके बदले यहाँ से द्रव्य जायेगा तो परिणाम यह होगा कि चाहे किसी उपाय से द्रव्य लो अंत में तुम्हारे देश से निकल जायेगा।

('कविवचन सुधा', 22 दिसंबर 1873 : उद्धृत भा० स० पृ० 1090)

यहाँ लक्षित करने की बात यह भी है कि पत्रिका का नाम है 'कविवचन सुधा', और वहाँ विवेचन चल रहा है धर्म, अर्थनीति, और समकालीन राजनैतिक घटना-क्रम का। व्यक्तित्व का यह संश्लिष्ट रूप पुनर्जागरण की उस समग्र चेतना का विशिष्ट लक्षण है, जो भारतेंदु में पूरी तरह रूपायित और समृद्धतर भी, होती है। इस सामाजिक चेतना के अनुरूप ही रचना के क्षेत्र में भारतेंदु का केंद्रीय काव्य-रूप नाटक है, जो अपने सृजन और आस्वाद दोनों सिरों पर पूरी तरह से सामाजिक है। तब यह उचित और स्वाभाविक है कि वे 'नाटक' शीर्षक से एक विस्तृत आलोचनात्मक निबंध लिखते हैं (1883), जिससे स्पष्ट ही हिंदी आलोचना का सूत्रपात होता है। यह और महत्वपूर्ण है कि यह पहली आलोचना-कृति ही हिंदी में आधुनिक विचार-दृष्टि का उद्घोष बनती है। उनकी आधुनिकता का खरा साक्ष्य इस लंबे निबंध के आरंभिक अंश में मिल जाता है—

पुराचीनकाल के अभिनयादि के संबंध में तात्कालिक कवि लोगों की और दर्शक मंडली की जिस प्रकार रुचि थी वे लोग तदनुसार ही नाटकादि दृश्यकाव्य रचना कर के सामाजिक लोगों का चित्र विनोद कर गये हैं किंतु वर्तमान समय में इस काल के कवि तथा सामाजिक लोगों की रुचि उस काल की अपेक्षा अनेकांश में विलक्षण है इससे संप्रति प्राचीन मत अवलंबन करके नाटक आदि दृश्य काव्य लिखना युक्तिसंगत नहीं बोध होता...अब नाटक में कहीं आशी : प्रभृति नाट्यालंकार, कहीं 'प्रकरी' कहीं 'विलोभन' कहीं 'सम्फेट', 'पंचसंधि' या ऐसे ही अन्य विषयों की कोई आवश्यकता नहीं बाकी रही। संस्कृत नाटक की भाँति हिंदी नाटक में इनका अनुसंधान करना, वा किसी

नाटकांग में इनको यत्नपूर्वक रख कर हिंदी नाटक लिखना व्यर्थ है, क्योंकि प्राचीन लक्षण रखकर आधुनिक नाटकादि की शोभा संपादन करने से उल्टा फल होता है और यत्न व्यर्थ हो जाता है।

कैसे सीधे-सरल गद्य में आधुनिक हिंदी के पहले नाटककार की यह नयी और साहसिक मान्यता अपना रूप ग्रहण करती है! इस प्रसंग में रोचक विडंबना यों है कि भारतेंदु की इस खरी चेतावनी पर वहीं काशी के परवर्ती नाटककार जयशंकर प्रसाद ने तो ध्यान दिया, और उन्होंने अपने नाटक शास्त्रीय निर्देशानुसार नहीं रचे; पर इस चेतावनी की अनदेखी तत्कालीन आलोचना ने की तथा पताका-प्रकरी, पंचसंधि का 'अनुसंधान' स्वयं प्रसाद के नाटकों में किया। और विलक्षण बात है कि प्रसाद के नाटकों का यह 'शास्त्रीय अध्ययन' रूढ़ि विरोधी आचार्य रामचंद्र शुक्ल की-भले अंशत:—देखरेख में वहीं काशी में संपन्न होता है, प्रस्तुतकर्ता हैं जगन्नाथप्रसाद शर्मा ('प्रसाद के नाटकों का शास्त्रीय अध्ययन : 1943)। नये-नये उभरते पाश्चात्य प्रणाली के विश्वविद्यालय तंत्र ने किसी क़दर आलोचक की अपनी विशिष्ट प्रतिभा को यहाँ आच्छादित किया है। इस दबाव को आचार्य शुक्ल ने अपने तईं नहीं माना, यह फिर उनकी मौलिक चिंतन-क्षमता का प्रमाण है।

अकाल्पनिक गद्य का प्रयोग भारतेंदु के यहाँ निबंध, जीवनी, यात्रा-वृत्त के रूपों में होता है, जहाँ बहुत बार हल्की सर्जनात्मकता विनोद-भाव में फूटती दिखती है, जिस का कुछ और मुखर रूप भारतेंदु के सहयोगी लेखक प्रतापनारायण मिश्र में मिलता है। अँग्रेज़ साहब और उनके देसी मुसाहिब के प्रसंग में भारतेंदु इस विनोद-भाव को प्राय: अनिवार्य रूप में रखते हैं। 'लेवी प्राण लेवी' का एक अंश इस प्रकार है—"जामे वाले गरमी के मारे जामे के बाहर हुए जाते थे, पगड़ी वालों को पगड़ी सिर का बोझ सी हो रही थी और दुशाले और कमख्वाब की चपकन वालों को गरमी ने अच्छी भाँति जीत रखा था। सब के अंगों से पसीने की नदी बहती थी मानों श्रीयुत को सब लोग आदर से 'अर्घ्य पाद्यं' देते थे।" शासक अँग्रेज़ साहबों को लेकर यह विनोद-भाव दुहरे उद्देश्य की पूर्ति करता था। एक ओर तो विनोद के आवरण में विदेशी शासन की आलोचना आसानी से हो सकती थी, और दूसरी ओर उस शासन के कष्टों को किसी क़दर हँस कर झेला जा सकता था। भारतेंदु की ज़िंदादिली उनके यात्रा-वृत्तों के मद्धिम गति वाले गद्य में बराबर देखने को मिलती है। 'सरयूपार की यात्रा' यों चलती है, "वाह रे बस्ती, झख मारने को बसती है अगर बसती इसी को कहते हैं तो उजाड़ किस को कहेंगे। सारी बस्ती में कोई भी पंडित बस्तीराम जी ऐसा पंडित नहीं...बैसवारे के पुरुष अभिमानी, रूखे और रसिकमन्य होते हैं, रसिकमन्य ही नहीं वीरमन्य भी। मोटी-मोटी बातों को बड़े आग्रह से कहते सुनते हैं। नई सभ्यता अब तक इधर नहीं आई है। रूप कुछ ऐसा नहीं पर स्त्रियाँ नेत्र नचाने में बड़ी चतुर।"

भारतेंदु के नाटकों का गद्य स्वतंत्र और विस्तृत अध्ययन की अपेक्षा रखता है, यहाँ इस प्रसंग में उसकी विशिष्टता का संकेत भर किया जा सकता है। आचार्य रामचंद्र शुक्ल ने अपने इतिहास में कुछ अचरज इस बात पर प्रकट किया है कि आधुनिक हिंदी गद्य का आरंभ नाटकों से होता है, जबकि शिष्ट नाटक समूचे हिंदी क्षेत्र में पिछली प्राय: पाँच शताब्दियों से लुप्त था। अपनी निजी तत्वान्वेषी शैली में आचार्य ने आधुनिक काल के अंतर्गत गद्य-साहित्य-परंपरा का प्रकरण खोलते हुए इस बात को यों कहा है,—

"विलक्षण बात यह है कि आधुनिक गद्य-साहित्य की परंपरा का प्रवर्तन नाटकों से हुआ।" आचार्य के अचरज की व्याख्या में कहा जा सकता है कि पुनर्जागरण युग की तत्कालीन सामाजिक चेतना के अनुरूप नाटक ही अकेला ऐसा माध्यम है जिस का सृजन सामूहिक प्रयत्न से होता है और जिसका आस्वादन भी सामूहिक रूप में किया जाता है, और फिर दृश्य-श्रव्य होने के कारण जिसके आस्वादन में अक्षर-ज्ञान की अपेक्षा नहीं होती। यह तो काव्य-रूप की युगीन आवश्यकता से अनुकूलता की बात हुई। नाटक का गद्य-प्रयोग भी उसकी अग्रणी भूमिका से जुड़ा हुआ है। पूरा का पूरा नाटक संवादों में चलता है, नाटककार की ओर से वर्णन-प्रकथन की वहाँ गुंजाइश नहीं। संवादों को अपेक्षा होती है सहज बोलचाल की, जो गद्य-रचना का पहला और प्रमुख आधार है। यों बोलचाल गद्य नाटक का सीधा क्रम विकास बनता है। इस दृष्टि से गद्य का पहला सर्जनात्मक प्रयोग नाटक में होना सहज-स्वाभाविक है।

संवादों में बँधे होने से नाटक से एक ओर अपेक्षा होती है पात्रानुरूप भाषा की तो दूसरी ओर युगानुरूप भाषा की। भारतेंदु के नाटकों में दोनों स्तरों पर पूरा वैविध्य लक्षित किया जा सकता है। एक ओर देवी-देवता, ऋषि-मुनियों से लेकर जनसाधारण के अनेक चरित्र वहाँ फैले हुए हैं, दूसरी ओर पौराणिक-ऐतिहासिक-समकालीन सभी परिदृश्य उनके यहाँ हैं। देश और काल के इस गुणन-फल में भारतेंदु के नाटकों का गद्य सिरजा गया है। आचार्य शुक्ल की तरह अचरज इस बात पर भी किया जाना चाहिए कि आधुनिक काल के पहले नाटककार में ही रचना का ऐसा वैविध्य उपस्थित है।

बोलचाल पर आग्रह होने से भारतेंदु के नाटकों के गद्य में अप्रस्तुत-विधान के प्रयोग विरल मिलेंगे, जबकि मुहाविरों का प्रयोग उच्छल भाव से हुआ है। आरंभिक नाट्य-गद्य की यह सहज प्रकृति होगी। तब यह भी समझना होगा कि नाटक यहाँ भाषा में उतना नहीं जितना घटना में है। घटना-चरित्र-भाषा का बहुत अच्छा संतुलन भारतेंदु के यहाँ 'अंधेर नगरी' में है जिसके कारण वह अपने संक्षिप्त आकार और प्रहसन जैसे चलते नाट्य-रूप का अतिक्रमण करके एक समकालीन क्लैसिक बन गया है, जिसका कुछ विस्तृत विवेचन प्रस्तुत पुस्तक के तीसरे खंड में होना है।

भारतेंदु के नाट्य गद्य का एक उदाहरण 'श्रीचंद्रावली' नाटिका से यहाँ प्रस्तुत है, जिसमें एक सूक्ष्म दार्शनिक पर्यवेक्षण को सीधे सरल ढंग से उपस्थित किया गया

है। चंद्रावली के लंबे स्वगत कथन का यह अंश है—"भला क्या काम था कि इतना पचड़ा किया? किसने इस उपद्रव और जाल करने को कहा था? कुछ न होता तुम्हीं तुम रहते बस चैन था केवल आनंद था फिर क्यों यह विषमय संसार किया।" यहाँ 'संसार' को एक साथ, अलग-अलग दृष्टिकोण से व्याख्यायित किया गया है। एक दृष्टि से वह 'पचड़ा', 'उपद्रव', और 'जाल' है, एक भिन्न रूप में 'आनंद' रहता, पर वस्तुतः तो 'विषमय संसार' है। इन चार-पाँच सामान्य-से शब्दों में ('पचड़ा', 'उपद्रव', 'जाल', 'आनंद', 'विषमय')—जिनमें तत्सम और तद्भव दोनों तरह के प्रयोग हैं—संसार की सत्ता को अलग-अलग, और विरोधी भी, दृष्टियों से समझने का यत्न हुआ है।

भारतेंदु के खड़ी बोली गद्य में पश्चिमी और पूर्वी तत्वों का विलक्षण समन्वय मिलता है। खड़ी बोली का मूलाधार तो दिल्ली-मेरठ क्षेत्र और आगरा नगर की बोली है, जहाँ ब्रजभाषा का सहज मिश्रण हुआ है। स्वयं भारतेंदु के शब्दों में, "यदि इसका विचार कीजिए कि यह देशभाषा कहाँ से आई है तो यह निश्चय होता है कि पश्चिम से आई है और पंजाबी ब्रजभाषा इत्यादि भाषाओं से बिगड़ कर बनी है..." (हिंदी भाषा) गद्यकार-चतुष्टय के सदल मिश्र में पूर्वी प्रयोग मिलते हैं, जो भारतेंदु में कुछ और मुखर हुए हैं। भारतेंदु के यहाँ खड़ी बोली ब्रजरंजित अपेक्षाकृत कम है, पूर्वी प्रभाव अधिक लिए है, जबकि उनकी ब्रज कविता में पूर्वीपन प्रायः नहीं के बराबर है। इस अंतर का मुख्य कारण यह है कि भारतेंदु के लिए कविता में ब्रजभाषा की परंपरा अधिक सुदृढ़ है, जबकि गद्य में खड़ी बोली का अभी आरंभ हो रहा है।

'कालचक्र' शीर्षक अपने इतिहास-जर्नल में भारतेंदु ने जहाँ भारतीय तथा विश्व इतिहास की महत्वपूर्ण घटनाओं का लेखा दिया है वहीं नोट किया—'हिंदी नए चाल में ढली 1873' (भा० स० पृ० 780)। 1870 ई० के आसपास भारतेंदु के नाटक और अन्य गद्य रचनाएँ प्रकाशित होती हैं, तथा इसी अवधि में उनकी पत्रिकाएँ 'हरिश्चंद्र मैगज़ीन/चंद्रिका', 'कविवचन सुधा', प्रकाश में आती हैं। 'हरिश्चंद्र मैगज़ीन' का पहला अंक अक्टूबर, 1873 में आया। हिंदी की 'नए चाल' में ढलने की बात शायद इस तथ्य से जुड़ी हो। बहरहाल, विडंबना यहाँ इस बात में है कि 'कालचक्र' का उपर्युक्त नोट 'हिंदी नए चाल में ढली 1873 'स्वयं मानक हिंदी की प्रकृति का उल्लंघन करता है। 'चाल' शब्द हिंदी में स्त्रीलिंग है, और तदनुसार वाक्य होना चाहिए था 'हिंदी नयी चाल में ढली'। स्वयं भारतेंदु चाल का प्रयोग अपने 'कालचक्र' में ही स्त्रीलिंग में करते हैं—'कंपनी बनाकर व्यापार करने की चाल चली 1232', 'इंगलैंड में प्रतिष्ठित लोगों को इस्कायर कहने की चाल चली 1244' (भा० स०, पृ० 776)। इससे स्पष्ट होता है क्रि खड़ी बोली गद्य का व्याकरणिक प्रयोग की दृष्टि से अभी प्रतिमानीकरण नहीं हो सका है, और भारतेंदु में एक ही शब्द कई रूपों में प्रयुक्त होता दिखता है।

लिंग-वचन प्रयोग की अनियमितताएँ अन्यत्र भी द्रष्टव्य हैं। 'कालिदास का जीवन चरित्र' (भा० स० पृ० 590-96) में ऐसे अनेक व्यतिक्रम मिलते हैं—'बातें ग्रहण किया है', 'कल्पना किया है', 'लीला समाप्त किया', 'भेंट किया था'। 'स्वर्ग में विचार-सभा का अधिवेशन' में भी 'आज्ञा दिया' (पृ० 984) जैसे प्रयोग आते हैं। इस 'तुलना में, जैसा कहा गया, ब्रजभाषा का संस्कार हल्का है। 'कहियो' जैसा आज्ञा-अनुरोध का प्रचलित ओकारांत प्रयोग कहीं-कहीं ही मिलेगा (पृ० 594)। कुल मिला कर पूर्वी प्रयोगों की संख्या को देखते हुए लल्लूजी प्रभृति 'गद्यकार-चतुष्टय', बाइबिल के अनुवादकों, और राजा-द्वय के गद्य की तुलना में हरिश्चंद्र का गद्य कम ब्रज-रंजित है। कुछ संप्रदाय-विषयक प्रसंग अवश्य पूरे के पूरे ब्रजरंजित गद्य में हैं, जैसे 'श्री युगुलसर्वस्व' (पृ० 907-9)। यहाँ 'सेवा करें हैं', 'हँसावैं हैं', 'खवाइबेवारे हैं', 'दिखाबें हैं', 'चलें हैं' आदि। पर यहाँ ब्रजभाषा गद्य का अंग न होकर जैसे कर्मकांड का अंग है।

भारतेंदु के गद्य में विनोद-प्रियता के तत्व का उल्लेख किया जा चुका है। पर किसी भी बड़े लेखक का विनोद गंभीर चिंतन से अविमिश्रित नहीं रहता। यह विनोद महज़ शैलीकार का उपकरण नहीं रह जाता, किसी महत्वपूर्ण जीवन-पक्ष का संकेतक बनता है। भारतेंदु मंडल के ही सदस्य प्रतापनारायण मिश्र और स्वयं भारतेंदु के गद्य-विधान के बीच यह गुणात्मक अंतर है। भारतेंदु में विनोद की बुनावट के बीच गंभीर चिंतन का उत्प्रेरक तत्व कैसे अंतर्व्याप्त रहता है, इसका शीर्ष उदाहरण उनकी 'अंधेर नगरी' नाट्य कृति (1881) है, व्यंग्य और विवेचना की टकराहट में जहाँ अर्थ की अनेक छवियाँ उपजती हैं, बच्चों से लेकर ज्ञान वृद्धों तक के लिए।

सामान्यतः भारतेंदु अत्यंत परिहास-प्रिय थे। इसमें कुछ बनारस की अपनी जिंदादिली थी, कुछ राधा-कृष्ण की गहरी भक्ति से उपजी बेफ़िक्री, और कुछ उनके अपने चरित्र की बनावट। जीवन को उन्होंने नाटक और लीला की लक्षणा के रूप में ही स्वीकार किया। मृत्यु से ठीक पहले का उनका संवाद इसी लक्षणा की देन था ("हमारे जीवन के नाटक का प्रोग्राम नित्य नया-नया छप रहा है, पहिले दिन ज्वर की, दूसरे दिन दर्द की, तीसरे दिन खाँसी की सीन हो चुकी, देखें लास्ट नाइट कब होती है।"), जबकि यह स्मरणीय है कि उस समय भारतेंदु की आयु पैंतीस वर्ष से कम थी, जो एक तरह से युवावस्था का विस्तार ही कहा जायेगा। इस भरी जवानी की मौत को उन्होंने बड़े सहज भाव से बिना किसी भय या पश्चाताप के स्वीकार किया।

भारतेंदु की परिहासप्रियता उनके इस संकलन से भली-भाँति प्रकट होती है जिस का नाम ही उन्होंने रक्खा था 'परिहासिनी—अर्थात् हँसी, दिल्लगी, पंच, चीज (चोज?) की बातैं और चुटकिले' (भा० स०, पृ० 1066), और जिसे उन्होंने अपनी मित्र-मंडली के 'चित्त विनोद' के अर्थ प्रकाशित कराया था। ध्यान रखने की बात यह है कि अपने ब्रजभाषा के विस्तृत काव्य-साहित्य में उन्होंने विनोद को प्रायः कोई

स्थान नहीं दिया। विनोद प्रियता का रूप उनके गद्य में ही उभरता है उसे अधिकाधिक निर्मल बनाता हुआ। 'स्वर्ग में विचार सभा का अधिवेशन' का पूरा रचना-विधान इसी तरह से बना है जहाँ अपने युग के दो प्रसिद्ध मनीषी स्वामी दयानंद सरस्वती और बाबू केशवचंद्र सेन की विचार और कार्य-पद्धतियों का तीखा आलोचनात्मक, यद्यपि कि मूलतः सहानुभूतिपूर्ण, अध्ययन प्रस्तुत किया गया है। 19वीं शती के समूचे भारतीय पुनर्जागरण आंदोलन की समीक्षा जैसे इस संक्षिप्त निबंध या कि 'फैंटैंसी' में हो गई है। इस रचना में उनका दृष्टिकोण गद्य-प्रयोगों और उससे अधिक उसकी भंगिमाओं में से फूटता लगता है—"डेप्यूटेशन वाले परमेश्वर की ऐसी कुछ खिजलाई हुई बात सुनकर कुछ डर गये। बड़ा निवेदन सिवेदन किया।" यहाँ एक ओर स्वर्ग का परिदृश्य है तो दूसरी ओर भारतेंदु के अपने समय की उदारतावादी डेप्यूटेशन-प्रणाली की झाँकी है, और दोनों के अंतर-संपर्क में लेखक की अपनी सूक्ष्म दृष्टि उभरती है।

और यहीं भारतेंदु द्वारा व्यंग्य का उपयोग सामान्य परिहासप्रियता से ऊपर उठकर सर्जनात्मक स्तर पर पहुँच जाता है, जिसके अनेक उदाहरण उनके यहाँ नाटकों में तथा अन्य गद्य रचनाओं में देखे जा सकते हैं। साधारण तौर पर लगेगा कि ऐसी रचनाओं में परिवेश व्यंग्य का है जबकि गंभीरता का संगीत कहीं पृष्ठभूमि में है, पर रचना पढ़ते-पढ़ते क्रमशः एहसास होता है कि रचना की मुख्य भाव-भूमि तो गंभीर है और व्यंग्य वस्तुतः पृष्ठभूमि में चला गया संगीत है। गायन और तानपूरा की स्थितियों में यों फेर-बदल हो जाता है। अभी उल्लिखित निबंध/फैंटेसी 'स्वर्ग में विचार सभा का अधिवेशन' के साथ-साथ एक लघु निबंध 'ईश्वर बड़ा विलक्षण है' (भा० स०, पृ० 994) इस कोटि की शीर्ष रचना कही जा सकती है। सर्जनात्मक गद्य के क्षेत्र में 'अंधेर नगरी' नाटक का उल्लेख पहले हो चुका है। इन रचनाओं का विधान ऐसा कुशल बना है कि व्यंग्य और गंभीरता के बीच की विभाजक रेखा वहाँ चुपके से विलीन हो जाती है, और समूचा गद्य एक विलक्षण कला-कृति के रूप में उभर कर आता है। इस प्रसंग में 'ईश्वर बड़ा विलक्षण है' का एक अंश उदाहरणार्थ प्रस्तुत है—"...यह उसी का विलक्षणपन है कि मुसलमानों ने हिंदुस्तान को बहुत दिन तक भोगा अब अँग्रेज भोगते हैं, मुसलमानों को अपने पक्षपात हैं अँग्रेजों को अपनी का, हिंदू दोनों की समझ में मूर्ख हैं इसी से...यह उसी का विलक्षणपन है कि हम लोग समाचार पत्र लिखते हैं और यह अभिमान करते हैं कि हमारे इन लेखों से हमारे भाइयों का कुछ उपकार हो, भला नक्कारखाने में तूती की आवाज़ कौन सुनता है, सब अपने रंग में उसकी माया से मस्त हैं उनको क्यों नहीं छोड़ते हैं क्यों नहीं विराग करते, संसार मिटै हम को क्या हम कौन जो कहै, पर यह नहीं समझते, हम अपने ही अभिमान में चूर हैं, यह भी सब उसी की माया है इसी से हम कहते हैं, ईश्वर बड़ा विलक्षण है।" (भा० स०, पृ० 994-5) इस गद्य विन्यास और उसमें झलकते अर्थ के वज़न पर तो सिर्फ़ यही कहा जा सकता है कि सृष्टि किसी ने यदि

नहीं बनाई तो भी कमाल की नहीं बनाई है।

गद्य की व्यवस्था और विचार-चिंतन तथा उससे जुड़ी आधुनिक राष्ट्रीय सजगता के बीच कैसा द्वन्द्वात्मक रिश्ता है यह 'ईश्वर बड़ा विलक्षण है' जैसे लघु निबंध, या बलिया-व्याख्यान, या अन्य अनेक टिप्पणियों में देखा जा सकता है। इस प्रसंग में बलिया-व्याख्यान (1884) की कुछ विस्तृत चर्चा अपेक्षित है, यह इसलिए भी कि व्याख्यान और गद्य के स्वरूप का घनिष्ट रिश्ता है। इस बलिया-व्याख्यान का पूरा शीर्षक है 'भारतवर्ष की उन्नति कैसे हो सकती है?' (भा० स० पृ० 1009-1013) हिंदी पुनर्जागरण के अग्रदूत ने इस प्रसंग में अपना समूचा कार्यक्रम रेखांकित किया है। यह संयोग से कुछ अधिक है कि एक पिछड़े अंचल में बैठकर भारतेंदु देश की सर्वांगीण उन्नति की व्यापक योजना प्रस्तावित कर रहे हैं।

बलिया-व्याख्यान में धर्म, संस्कृति, अर्थ-नीति, राष्ट्रीयता और भाषा जैसे विविध और महत्वपूर्ण प्रश्नों पर विचार किया गया है। धर्म को भारतेंदु समूचे विवेचन के केन्द्र में रखते हैं—"सब उन्नतियों का मूल धर्म है। इससे सबके पहले धर्म की ही उन्नति करनी उचित है। देखो, अँगरेजों की धर्मनीति और राजनीति परस्पर मिली है, इससे उनकी दिन-दिन कैसी उन्नति है।" संस्कृति की परिकल्पना में वे हिंदू राष्ट्रीयता का आधार बनाते हैं, पर पहले चिंता मुसलमानों की, तथा नीची कही जाने वाली जातियों की करते हैं, "हिंदू, जैन, मुसलमान सब आपस में मिलिए। जाति में कोई चाहे ऊँच हो चाहे नीचा हो सबका आदर कीजिए. जो जिस योग्य हो उस को वैसा मानिए। छोटी जाति के लोगों को तिरस्कार करके उनका जी मत तोड़िए। सब लोग आपस में मिलिए। मुसलमान भाइयों को भी उचित है कि इस हिंदुस्तान में बस कर वे लोग हिंदुओं को नीचा समझना छोड़ दें। ठीक भाइयों की भाँति हिंदुओं से बरताव करें...भाई हिंदुओ! तुम भी मतमतांतर का आग्रह छोड़ो। आपस में प्रेम बढ़ाओ। इस महामंत्र का जप करो। जो हिंदुस्तान में रहे, चाहे किसी रंग किसी जाति का क्यों न हो, वह हिंदू। हिंदू की सहायता करो। बंगाली, मरट्ठा, पंजाबी, मदरासी, वैदिक, जैन, ब्राह्मों, मुसलमान सब एक का हाथ एक पकड़ो।" और अंत में अर्थ-नीति और भाषा के स्वदेशी दृष्टिकोण पर बल देते हुए व्याख्यान का समापन करते हैं, "परदेशी वस्तु और परदेशी भाषा का भरोसा मत रखो। अपने देश में अपनी भाषा में उन्नति करो।"

भारतेंदु-मंडल

भारतेंदु के व्यक्तित्व की केन्द्रिकता से उनके समय में ही गद्य का वृत्त उनके मित्र-लेखकों में फैलने लगता है, जिस समुदाय को सामान्यतः 'भारतेंदु-मंडल' कह कर पुकारा गया है। मुद्रण-सुविधाओं और उससे जुड़ी पत्रकारिता के प्रसार से गद्य

के महत्व को उत्तरोत्तर अधिक पहिचाना जाने लगा। श्रीनारायण चतुर्वेदी ने अपने एकेडेमी व्याख्यानों में ('आधुनिक हिंदी का आदिकाल', हिंदुस्तानी एकेडेमी : 1973) कई तरह के साक्ष्यों के आधार पर दिखाया है कि इस 'आदिकाल' में कविता की लोकप्रियता के बीच से फिर आधुनिक खड़ी बोली गद्य का उदय होता है। उत्तर मध्यकाल में हिंदी कविता कैसे सामान्य जनता के बीच मौखिक परंपरा से फैल गई थी इसका एक बढ़िया उदाहरण उन्होंने मेजर ब्रूटन के हिंदी कविता संग्रह के रूप में दिया है, जिसमें मूल कविताओं के अतिरिक्त संग्रहकर्ता ने उन कविताओं के अँग्रेजी रूपांतर भी दिए हैं (पृ० 43) यह संग्रह ('Selections from the popular poetry of the Hindoos', लंदन-1814) मेजर महोदय ने मुरार-ग्वालियर स्थित अपनी पल्टन के सिपाहियों को जो कविताएँ कंठस्थ थीं उन्हें सुन-सुन कर 18वीं शती के अंतिम चरण में तैयार किया था। इस संग्रह में बिहारी, देव, केशव जैसे रीतिकाल के प्रतिनिधि कवियों के छंद अँग्रेजी अनुवाद के साथ संकलित हुए हैं, जिन रीतिकालीन कवियों के बारे में सामान्य धारणा रही है कि ये कवि दरबारों की ड्योढ़ी के बाहर अपरिचित थे, और सामान्य जनता से इनका कोई सरोकार न था, जबकि सूर-तुलसी की कविता यदि जन साधारण के बीच लोकप्रिय थी तो ऐसे लोगों का मानना है कि यह लोकप्रियता भी काव्य-रुचि न होकर जनता की धार्मिक वृत्तियों के कारण थी। केवल मौखिक परंपराओं के आधार पर प्रस्तुत मेजर ब्रूटन का यह हिंदी कविता-संग्रह इन धारणाओं को एकदम दस्तावेज़ी आधार पर निर्मूल सिद्ध कर देता है।

इस पृष्ठभूमि में गद्य के विकास पर टिप्पणी करते हुए चतुर्वेदी कहते हैं, "पुस्तकों के सुलभ न होने से जनता के कंठ में कविता तो उतर सकती है, किंतु गद्य कंठस्थ नहीं हो सकता। इसलिए गद्य बहुत पिछड़ा हुआ था।" (पृ० 50) इस गद्य के विकास के लिए पश्चिम में स्वामी दयानंद के प्रवचन-शास्त्रार्थ, और पत्र-पत्रिकाओं और भाष्यों का लाभ मिल रहा था, साथ ही आर्य समाज आंदोलन की प्रतिक्रिया में सनातन धर्म के विद्वानों ने भी, जिनका नेतृत्व 'भाग्यवती' उपन्यास के लेखक श्रद्धाराम फुल्लौरी कर रहे थे, हिंदी में अपना प्रचार कार्य छेड़ा हुआ था। खड़ी बोली के माध्यम से इस धार्मिक वाद-विवाद में पंजाब, हरयाणा और पश्चिमी उत्तर प्रदेश के जो विद्वान् सक्रिय थे उनमें उल्लेखनीय हैं दीनदयालु शर्मा, कालूराम शास्त्री, नंदकिशोर शर्मा तथा बलदेव प्रसाद मिश्र। आर्य समाज के कार्यकर्ता हिंदी और उर्दू दोनों भाषाओं के माध्यम से प्रचार कार्य करते थे, सनातन धर्मी पंडित केवल हिंदी को अपनाए हुए थे। दोनों आंदोलन एक-दूसरे के खंडन-मंडन में संलग्न थे, पर ईसाई धर्म प्रचारकों के लिए विरोध का समान दृष्टिकोण रखते थे। इस समूचे धार्मिक वाद-विवाद का एक शुभ परिणाम खड़ी बोली गद्य का विकास था, जैसा पिछले एक प्रकरण में भी दरसाया जा चुका है। धर्म-प्रचार, पत्रकारिता और साहित्य-लेखन के अतिरिक्त इस काल में स्कूली पाठ्यपुस्तकों ने भी खड़ी बोली गद्य के प्रसार में महत्वपूर्ण

भूमिका अदा की, जिस पक्ष का अच्छा विवेचन अपनी निजी जानकारी के आधार पर श्रीनारायण चतुर्वेदी ने उपर्युक्त ग्रंथ में किया है। पत्रकारिता की कुछ चर्चा हम अगले प्रकरण में करेंगे।

उन्नीसवीं शती के उत्तरार्द्ध में पश्चिमी उत्तर प्रदेश, हरयाणा और पंजाब में एक ओर जहाँ उक्त धार्मिक वाद-विवाद और प्रचार कार्य जोरों पर था, वहाँ पूर्वी क्षेत्र के नगरों जैसे, पटना, काशी, मिर्ज़ापुर, इलाहाबाद और कानपुर में भारतेंदु और उनकी मित्र-मंडली के सदस्य साहित्यिक रचना-कार्य में विशेष रूप से संलग्न थे। और इस रचनाशीलता के विशिष्ट माध्यम थे नये विकसित गद्य के रूप। पश्चिम में गद्य की सक्रियता के केन्द्र में थे दयानंद तो पूर्व में भारतेंदु हरिश्चंद्र। जिससे एक ओर हिंदी गद्य के स्वरूप को व्यापकता मिली तो दूसरी ओर विविधता, जिसने फिर भाषा में व्याकरणिक बहुरूपताओं को जन्म देकर प्रतिमानीकरण को अपेक्षया कठिन बनाया। बताया जाता है कि जब आर्य समाज के समर्थ संस्थापक स्वामी दयानंद काशी पहुँचे तो वहाँ स्टेशन पर उनके स्वागत के लिए परम सनातनी वैष्णव भारतेंदु हरिश्चंद्र उपस्थित थे। यह प्रसंग प्रतीक रूप में जैसे हिंदी संवेदना और हिंदी भाषा दोनों की मूल उदार वृत्ति का परिचायक है, जहाँ आर्य समाज और सनातन धर्म तथा भाषा वैज्ञानिक शब्दावली में पश्चिमी हिंदी और पूर्वी हिंदी तत्वों का सहज समाहार होता है।

भारतेंदु-मंडल के पीछे व्यक्तिगत मित्रता और सख्य-भाव था तो साझी राष्ट्रीय-सांस्कृतिक चिंता का एहसास भी। भौगोलिक दृष्टि से उसका विस्तार काशी से दिल्ली तक था, यद्यपि सक्रियता का केन्द्र, जैसा संकेत किया गया, पूर्व के नगरों में था। ऐसा संभवत: इसलिए भी था कि यह क्षेत्र पुनर्जागरण के मुख्य नगर कलकत्ता के निकटतर था। यह भी स्मरणीय है कि इस मंडल के अधिसंख्य सदस्य परंपरागत रूप में कवि थे, पर उनकी नयी रचना-वृत्तियाँ गद्य में अभिव्यक्ति पा रही थीं। सामान्यत: इस मंडल के सदस्य माने जाते हैं—स्वयं, भारतेंदु हरिश्चंद्र (काशी), केशवराम भट्ट (पटना), प्रतापनारायण मिश्र (कानपुर), गोस्वामी राधाचरण (वृंदावन), लाला श्रीनिवासदास (दिल्ली), काशीनाथ खत्री (काशी), लाला सीताराम (इलाहाबाद), दामोदर शास्त्री सप्रे (काशी), मोहन लाल विष्णु पंड्या (काशी), कार्तिक प्रसाद खत्री (काशी), राव कृष्णदेवशरण सिंह 'गोप' (काशी), ठाकुर जगमोहन सिंह (काशी), अंबिकादत्त व्यास (काशी), रामकृष्ण वर्मा (काशी), सुधाकर द्विवेदी (काशी) तथा राधाकृष्णदास (काशी)। ये लेखक अधिकतर काशी तथा अन्य पूर्वी नगरों के थे, पर भारतेंदु के व्यक्तित्व का प्रभाव-वृत्त पश्चिम में वृंदावन और दिल्ली तक फैला हुआ था। खड़ी बोली गद्य के सर्जनात्मक विकास के युग में इतने अधिक लेखक एक साथ सक्रिय थे, यह हिंदी क्षेत्र के पुनर्जागरण का कारण और प्रमाण दोनों है। जहाँ तक गद्य के सर्वतोमुखी प्रसार का संबंध है व्यापकतर संप्रेषण के लिए युगीन आवश्यकताओं के संदर्भ में नाटक, पत्रकारिता और अनुवाद प्राय: इन सभी के

लेखकीय कार्यक्रम के प्रमुख अंग थे। विशेष विधाओं में प्रयोग के लिए कुछ अलग-अलग लेखकों की भी ख्याति कही जा सकती है—जैसे भारतेंदु (नाटक), श्रद्धाराम फुल्लौरी तथा लाला श्रीनिवासदास (उपन्यास), बालकृष्ण भट्ट और प्रतापनारायण मिश्र (निबंध), उपाध्याय बदरीनारायण चौधरी 'प्रेमघन' (आलोचना)। भारतेंदु के यहाँ जो सप्तरंग फूटा था वह चतुर्दिक् प्रकाश बनकर फैल गया। और कविता की विशिष्टता के स्थान पर गद्य-विधान को जो एक खास तरह की सामूहिकता अपेक्षित थी वह भारतेंदु-मंडल ने एकबारगी सुलभ कर दी। इस दृष्टि से आधुनिक हिंदी गद्य के विकास में भारतेंदु-मंडल का योगदान असाधारण कहा जायेगा।

नाटक की चर्चा भारतेंदु के प्रसंग में हो चुकी है। यहाँ फिर इस तथ्य को रेखांकित किया जा सकता है कि नाटक भारतेंदु युग की सामाजिक चेतना के अनुकूल उपयुक्ततम माध्यम था, और भारतेंदु-मंडल के लेखकों ने युगीन आवश्यकता के अनुरूप ही अपने लेखन-कर्म में इस काव्य रूप को केन्द्रीय महत्व प्रदान किया। भारतेंदु के मित्र-परायण व्यक्तित्व के आसपास नाटक रंगमंच का आंदोलन गतिशील हो तो यह एकदम स्वाभाविक है। भारतेंदु ने स्वयं नाटक लिखे मूल-अनुवाद सब मिला कर सत्रह, 'नाटक' शीर्षक से सैद्धांतिक आलोचना का सूत्रपात किया (1883), फिर स्वयं और अपनी मित्र-मंडली के माध्यम से नाटकों के अभिनय को बराबर प्रोत्साहन दिया। इस मूल वृत्ति के अनुरूप उस युग का शायद ही कोई ऐसा महत्त्वपूर्ण लेखक रहा हो जिसने नाट्य रचना न की हो, नाटक के व्यापक आयोजन में भाग न लिया हो। 1868 में काशी में अभिनीत शीतलाप्रसाद त्रिपाठी कृत 'जानकी मंगल नाटक' आधुनिक हिंदी का पहला रंग-नाटक कहा जाता है। भारतेंदु हरिश्चंद्र का इस प्रस्तुति में लक्ष्मण का अभिनय करना प्रसिद्ध है।

नाटक यदि परंपरा से प्राप्त गद्य का सबसे महत्वपूर्ण माध्यम है, तो गद्य का आधुनिक काल में विकसित सबसे विशिष्ट माध्यम उपन्यास है। आलोचकों की मान्यता है कि उपन्यास परंपरागत महाकाव्य का आधुनिक गद्य प्रतिरूप है। इस संदर्भ में हम पाते हैं कि इस गद्य-रूप का प्रवर्तन भी भारतेंदु-मंडल के द्वारा हुआ। भारतेंदु की दो गद्य-रचनाओं को माना जाता है कि वे उपन्यास के रूप में लिखी जाने को थीं, एक, 'पूर्णप्रकाश चंद्रप्रभा' और दूसरी, 'एक कहानी कुछ आप बीती कुछ जगबीती'। इसके अतिरिक्त भारतेंदु ने आधुनिक ढंग की कहानी तो नहीं, परंपरागत शैली का उपाख्यान लिखा—'मदालसोपाख्यान'। फिर पूरे व्यवस्थित उपन्यास भी भारतेंदु युग में लिखे गए—एक भारतेंदु-मंडल के बाहर श्रद्धाराम फुल्लौरी द्वारा, और दूसरा मंडल के सहयोगी सदस्य लाला श्रीनिवास द्वारा। इस प्रसंग में रामचंद्र शुक्ल ने अपने इतिहास में लिखा है, "अँगरेज़ी ढंग का मौलिक उपन्यास पहले-पहल हिंदी में लाला श्रीनिवासदास का 'परीक्षागुरु' ही निकला था" (पृ० 395)। 'परीक्षागुरु' का प्रकाशन 1882 में हुआ। श्रद्धाराम फुल्लौरी का 'भाग्यवती' लिखा तो 1877 में

गया, पर उसका प्रकाशन प्राय: एक दशक बाद हुआ। दोनों उपन्यासों के उद्धरण नीचे दिए जा रहे हैं। इस प्रसंग में यह स्मरणीय है कि नाटक की भाषा अधिकतर काल, पात्र, परिस्थिति के अनुसार चलती है, उपन्यास की भाषा इस तुलना में अधिक समरस होनी होती है, और यों अपेक्षाकृत कठिन साध्य है। उपन्यास का गद्य बहुत कुछ समस्तरीय रूप में बहुत-कुछ जीवन की विविध परिस्थितियों को उकेरता है जो काम महाकाव्य कविता के क्षेत्र में करता आया है। उद्धरण उपन्यास-भाषा के इस समरस स्वरूप की झलक भर दे सकते हैं, जिसमें शब्दों के सही चुनाव और गद्य की लय बनाए रखने वाले विन्यास की चिंता फिर भी देखी जा सकती है:—

> *कल मैं गंगा स्नान को गयी, एक स्त्री मुझे आपकी दासी समझ के पूछने लगी, पंडितानीजी, तुम्हारे पंडितजी तो बड़े प्रतिष्ठित और सब राजा बाबू उनकी मानता करते और काशीराज की पाठशाला में सौ रुपये महीने पाते सुने जाते हैं। इसका क्या कारण है कि उनका बेटा सोलह वर्ष का हुआ। आज लौं अभी मंगनी भी नहीं उठी। भाग्यवती से पूछिये, मैं ने उस समय कैसी लज्जा उठाई।*
>
> *('भाग्यवती' : श्रद्धाराम फुल्लौरी)*

> *मैं पहले हरकिशोर को अच्छा आदमी समझता था परंतु कुछ दिन सै उस्की चाल बिल्कुल बिगड़ गई उस्को आप की प्रतिष्ठा का बिल्कुल बिचार नहीं रहा और आज तो उस्ने ऐसी ढिठाई की कि उस्को अवश्य दंड होना चाहिये था सो अच्छा हुआ कि वह अपनें आप यहां सै चला गया, उस्के चले जानें सै उसके सब हक़ जाते रहे अब कुछ दिन धक्के खानें सैं उस्की अक़ल अपनें आप ठिकानें आ जायगी।*
>
> *('परीक्षागुरु', प्रकरण 15 : लाला श्रीनिवासदास)।*

निबंध सामान्य गद्य लेखन का आद्य रूप कहा जा सकता है, और इस दृष्टि से भारतेंदु मंडल के प्राय: सभी लेखकों ने बड़े चाव से इसे अपनाया। बालकृष्ण भट्ट और प्रतापनारायण मिश्र के निबंधों में विशेषत: अनौपचारिक भाषा-विधान, विषय-चयन और गद्य-प्रवाह का रूप द्रष्टव्य है। मंडल से अलग लेखकों ने भी इस विधा को सामान्य गद्य-लेखन के लिए चुना। इनमें उल्लेखनीय हैं—दुर्गाप्रसाद मिश्र, गोविंदनारायण मिश्र, माधवप्रसाद मिश्र, राधाकृष्ण मिश्र तथा माधवराव सप्रे। अधिसंख्य लेखक भारतेंदु और द्विवेदी-युग दोनों से क्रमश: जुड़े हैं। भारतेंदु (जन्म-1850 ई०-मृत्यु 1885 ई०) को यदि सामान्य जीवनावधि मिली होती तो बीसवीं शती के आरंभिक दशकों में वे सक्रिय रहते। और वैसी स्थिति में भारतेंदु 'सरस्वती' (संस्थापित 1900 ई०) के लेखक हुए होते और महावीरप्रसाद द्विवेदी 'हरिश्चंद्र चंद्रिका' के। भारतेंदु युग और द्विवेदी युग के बीच एक स्थूल अंतर यह कहा जा सकता है कि भारतेंदु

युग के लेखक अधिकतर संस्कृत पृष्ठभूमि के थे, जबकि द्विवेदी-युग में संस्कृत पृष्ठभूमि कुछ हल्की हो रही थी और अँग्रेज़ी प्रभाव वर्द्धनशील था। भारतेंदु-द्विवेदी युग के लेखकों में एक विशिष्ट स्थिति यह लक्षित की जा सकती है कि खड़ी बोली हिंदी की स्वीकृति हिंदी भाषियों के बाहर भी फैल रही थी। अन्य भाषी लेखकों को प्रसिद्ध आधुनिक आलोचक जॉर्ज स्टीनर ने 'एक्स्ट्रा टैरिटोरियल' अथवा 'अतिरिक्त क्षेत्रीय' कहा है। भारत तथा हिंदी के संदर्भ में इन्हें 'अन्य भाषी लेखक' कहना उपयुक्त होगा, ऐसे लेखक जिन्होंने हिंदी को अपना लेखन-माध्यम बनाया जब कि इनकी मातृभाषा कोई इतर भारतीय भाषा थी। यह अन्य भाषी लेखन हिंदी की व्यापक और केन्द्रीय प्रकृति का अपने आप में प्रमाण प्रस्तुत करता है। हिंदी में इस युग के अन्य भाषी लेखक थे माधवराव सप्रे (मराठी), लज्जाराम मेहता (गुजराती) तथा अमृतलाल चक्रवर्ती (बँगला)। इनकी सक्रियता मुख्यत: निबंध लेखन और पत्रकारिता के क्षेत्र में थी। कहना न होगा कि इनके गद्य लेखन ने हिंदी भाषा और संवेदना दोनों को अपने खाँटी प्रयोगों से एक प्रीतिकर विस्तार दिया है, और यह प्रवृत्ति फिर आगे चल कर कविता के अपेक्षया जटिल भाषिक विधान में भी अग्रसर हुई है।

निबंध का मूल गद्य फिर जीवनी, आत्मकथा, यात्रा-वृत्त, संस्मरण और संपादकीय टिप्पणियों में क्रमश: ढलने लगता है, और स्वयं निबंध एक विशिष्ट ढंग से ललित निबंध का रूप ले लेता है। भारतेंदु और उनके सहकर्मियों में इन नये गद्य-रूपों का, भले एक क्षीण भाव से, उदय होता है, और गद्य-वैभव की कुछ झलक देखने को मिल जाती है। इन गद्य-रूपों की रचना में मुख्य योगदान वृत्त का है, कल्पना का नहीं।

निबंध को इस युग का प्रतिनिधि गद्य-रूप कई कारणों से कहा जा सकता है। एक तो यहाँ भारतेंदु-मंडल की ज़िंदादिली और पुनर्जागरण चेतना की बुद्धिवादिता का सही समागम मिलता है। दूसरे, गद्य-प्रयोगों को स्वच्छंद भाव से प्रस्तुत करने का भी निबंध में पूरा अवसर है। इस दृष्टि से इस युग के प्रतिनिधि निबंधकार—द्वय बालकृष्ण भट्ट और प्रतापनारायण मिश्र के गद्य से यहाँ उद्धरण दिये जा रहे हैं—

> *परीक्षा—यह तीन अक्षर का शब्द ऐसा भयानक है कि त्रैलोक्य की बुरी बला इसी में भरी है। परमेश्वर न करे कि इसका सामना किसी को पड़े! महात्मा मसीह ने अपने निज शिष्यों को एक प्रार्थना सिखाई थी जिसको आज भी सब क्रिस्तान पढ़ते हैं। उसमें यह भी भाव है कि 'हमें परीक्षा में न डाल बरंच बुराई से बचा।' परमेश्वर करे सब की मुंदी भलमंसी चली जाय, नहीं तो उत्तम से उत्तम सोना भी जब परीक्षार्थ अग्नि पर रक्खा जाता है तो पहिले कांप उठता है, फिर उस के यावत् परमाणु सब छितर बितर हो जाते हैं। यदि कहीं कुछ खोट हुई तौ जल ही जाता है, घट जाता है।*
>
> *(प्रतापनारायण मिश्र : 'परीक्षा')*

रुचि—रुचि ही के जुदे-जुदे प्रकारांतर या उसकी बारीकियाँ फ़ैशन के नाम से चल पड़े हैं; इस नयी सभ्यता के जमाने में जिसकी हद से ज़ियादह छानबीन हो रही है। फ्रांस और इंग्लैंड सरीखे मालदार सुसभ्य देशों से जिसकी यहाँ तक उन्नति है कि सुनते हैं, इंग्लैंड में अमीर घरानों की लेडियों के लिए दिन में तीन बार पेरिस से उनके पोशाक आदि वेष-भूषा का नमूना आया करता है। वैसा ही हम लोग अपने खाने-पीने में रुचि की बारीकियों को बेहद बढ़ाए हुए हैं। *(बालकृष्ण भट्ट : 'रुचि')*

भारतेंदु युग का केन्द्रीय काव्य-रूप नाटक है, हिंदी में सैद्धांतिक आलोचना की पहल भारतेंदु कृत लंबे निबंध 'नाटक' (1883) से होती है, तब यह बहुत स्वाभाविक और उचित है कि हिंदी में व्यावहारिक आलोचना की शुरुआत भी नाटक को लेकर हो। व्यावहारिक आलोचना का कार्य रचना में अंत:प्रवेश से आरंभ होता है। आलोचना का यह गद्य अर्थमीमांसापरक होने के कारण अपने से अर्थसघन होने लगता है। इस पूरे विकास-क्रम का स्वतंत्र अध्ययन अगले एक प्रकरण में होगा।

भारतेंदु के 'नाटक' शीर्षक निबंध के प्रकाशन के तीन वर्ष बाद 1886 में लाला श्रीनिवासदास के नाटक 'संयोगिता स्वयंवर' (1885) की समीक्षा बालकृष्ण भट्ट ने अपने पत्र 'हिंदी प्रदीप' में प्रकाशित की और बदरीनारायण चौधरी 'प्रेमघन' ने 'आनंद कादंबिनी' में। इस रूप में हिंदी समालोचना ने अपने युग की केन्द्रीय रचना-वृत्ति को ठीक-ठीक पहिचाना। आचार्य शुक्ल ने अपने इतिहास में ध्यान दिया था कि आधुनिक काल में गद्य की शुरुआत नाटकों से हुई, इसी क्रम में आगे कहा जा सकता है कि आधुनिक समालोचना का आरंभ भी नाटक को लेकर हुआ।

इस संक्षिप्त सर्वेक्षण से स्पष्ट है कि 19वीं शती के मध्य से एक ओर पाठ्य पुस्तकों, अनुवाद, व्याख्यान और पत्रकारिता में हिंदी गद्य प्रवहमान होता है, और दूसरी ओर भारतेंदु के साथ सर्जनात्मक गद्य विविध रूपों में ढलने लगता है। यों भारतेंदु-मंडल के सक्रिय होते-होते समूची आधुनिक गद्य-धारा एकबारगी गतिशील हो उठती है।

मुद्रण, पत्रकारिता और गद्य

हिंदी मुद्रण सुविधाओं के भारत में सुलभ होने से (1800 ई० के आसपास) कई रूपों में गद्य का प्रसार सुगम हुआ। इधर साम्राज्यवादी राजनीति, और उसके विरोध में धीरे-धीरे उठ रही राष्ट्रीय आंदोलन की शक्तियों ने, अपने-अपने ढंग से, मुद्रण सुविधाओं के सहारे विकसित पत्रकारिता को प्रचार माध्यम बनाया। यों और पत्रकारिता ने मिलकर गद्य के प्रसार को तीव्रतर किया। पत्रकारिता का गद्य कसा हुआ, निर्भ्रांत

और कुछ चरपरा हो तो अच्छा माना जाएगा। सृजनात्मक गद्य की अर्थ-सघनता नहीं, सूचनात्मक गद्य की स्पष्टता उसका विशिष्ट चरित्र कहा जा सकता है। हिंदी की आरंभिक पत्रकारिता में बहुत बार ये दोनों गुण एक साथ परिलक्षित होते हैं। यह पत्रकारिता अपने गद्य के प्रभाव से साहित्य के धरातल पर पहुँच जाती है, बालमुकुंद गुप्त का कृतित्व जिसका बहुत अच्छा उदाहरण है। फिर यह बात अलग है कि इस युग की समाचार और साहित्यिक पत्रकारिता बहुधा एक-दूसरे को काटती-छूती चलती थी। बालमुकुंद गुप्त की तो समाचार-पत्रकारिता में वक्तव्य जितना प्रखर और निर्भीक है, गद्य उतना ही सुष्ठ और परिष्कृत। इस शती के आरंभिक दशकों में 'भारतमित्र' में प्रकाशित उनकी टिप्पणियाँ, चिट्ठे और ख़त इसका बड़ा प्रीतिकर साक्ष्य हैं। रामविलास शर्मा ने अपनी पुस्तक 'महावीरप्रसाद द्विवेदी और हिंदी नवजागरण' में बताया है कि कैसे बालमुकुंद गुप्त के कठोर और सशक्त प्रतिद्वन्द्वी आचार्य महावीरप्रसाद द्विवेदी ने कहा था, "अच्छी हिंदी बस एक व्यक्ति लिखता था—बालमुकुंद गुप्त।" (पृ० 269)

धर्म, समाज-सुधार और राष्ट्रीय आंदोलन प्रचार के लिए जो भूमिका 19वीं शती में वक्तृताओं की चल रही थी—जिसका कुछ उल्लेख पिछले प्रकरण के आरंभ में हुआ है—उसका अधिक व्यापक और किसी क़दर पूरक रूप इस युग की पत्रकारिता में मिलता है। यही कारण है कि इस समय की पत्र-पत्रिकाओं में छपे लेख प्राय: बहुत बार पाठक को सीधे संबोधन की शैली में होते थे। भारतेंदु का बलिया-व्याख्यान (1884), जैसा हम देख चुके हैं, लिखकर प्रस्तुत किया गया था। वक्तृता का अगला चरण यह लिखित व्याख्यान था, और उससे आगे फिर सीधे जन-संपर्क का दायित्व पत्रकारिता ने ले लिया। वक्तृता, लिखित व्याख्यान, पत्रकारिता—गद्य के विकास का एक क्रम यह भी रहा है।

कविता अभिव्यक्तिमूलक है, गद्य अपने आरंभिक काल में प्रयोजनमूलक, और फिर बाद में जब वह अभिव्यक्तिमूलक होता है, तब भी उसके प्रयोजनमूलक रूप बराबर विकसित होते रहते हैं। प्रस्तुत अध्ययन के आरंभ में ही कविता और गद्य के इस प्रकृतिगत अंतर पर विचार किया गया है, क्योंकि यहाँ गद्य की सीमा और उसमें से उपजी उसकी सामर्थ्य का भी पता चलता है। कविता रचना के समय, हिंदी के सबसे बड़े कवि तुलसीदास के शब्दों में, 'स्वांत: सुखाय' अभिव्यक्ति है, पर बन जाने के बाद कवि उसके लोक-संग्रही रूप की चिंता करता है, और मानता है कि कविता वही श्रेष्ठ है जो गंगा नदी की तरह सबके उपयोग में आ सके। गद्य, जैसा संकेत किया गया, अपने आरंभिक रूप में प्रयोजनमूलक है; उसका अस्तित्व अपने से इतर किसी प्रयोजन के लिए है, पौराणिक ऋषि दधीचि की हड्डियों की तरह। गद्य का प्रयोजन है अनुवाद के लिए (जैसे बाइबिल के अनुवाद), पाठ्यपुस्तकों के लिए (फ़ोर्ट विलियम कॉलेज के प्रशासनिक प्रशिक्षण केन्द्र से लेकर सामान्य शालाओं

में पढ़ाई तक के लिए), धार्मिक प्रचार के लिए (ईसाई प्रचारकों की पुस्तिकाओं, आर्यसमाज-सनातनधर्मी पंडितों के व्याख्यानों, वाद-विवाद और प्रचार-साहित्य के रूप में), और समाज-सुधार तथा राष्ट्र- नीति पर ध्यान केन्द्रित करने के लिए प्रवर्तित पत्रकारिता के रूप में। इनमें से पहले तीन प्रयोजनों के साधने में गद्य का जो अपना विकास हुआ उसका विश्लेषण किया जा चुका है, पत्रकारिता के हित साधन में गद्य कैसे अग्रसर होता है, अब इस पर विचार करना है।

कविता रचना-प्रक्रिया में अभिव्यक्तिमूलक और आस्वादन-प्रक्रिया में स्मृतिमूलक होने के कारण मुद्रण-सुविधाओं के होने न होने से गुणात्मक रूप में प्रभावित नहीं रही। गद्य अपनी प्रयोजनवत्ता में, और फिर बाद में अपने सर्जनात्मक माध्यमों में उससे उपराम होकर भी, क्रमशः मुद्रण-यंत्र पर निर्भर होता गया। पत्रकारिता का तो जन्म ही छापेखाने में होता है, शौकिया हस्तलिखित पत्रिकाओं की बात तो बस बात की बात है। यों मुद्रण, पत्रकारिता और गद्य के बीच बड़ा सघन रिश्ता है।

रामचंद्र शुक्ल ने अपने इतिहास में और श्रीनारायण चतुर्वेदी ने अपनी पुस्तक आधुनिक हिंदी का आदिकाल' में (पृ० 396/पृ० 81) हिंदी की आरंभिक पत्र-पत्रिकाओं की सूची दी है। इन दोनों सूचियों को मिलाकर देखा जाए तो पता चलता है कि 'उदंत मार्त्तंड (संपादक—जुगलकिशोर : 1826 ई०), और राजा राममोहन राय के 'बंगदूत' (1829) से लेकर योगेशचंद्र वसु के 'हिंदी बंगवासी', राजा रामपाल सिंह के 'हिंदोस्थान', रामकृष्ण वर्मा के 'भारत-जीवन', और गोस्वामी राधाचरण के 'भारतेंदु' (1884) तक के छः दशकों में तीस से अधिक पत्र-पत्रिकाओं का प्रकाशन हुआ, जिन में उल्लेखनीय हैं—'अलमोड़ा अखबार' (1871), 'हरिश्चंद्र चंद्रिका' (1873), 'भारत-मित्र' (1877), 'हिंदी प्रदीप' (1877), 'सार-सुधानिधि' (1878), 'आनंद-कादंबिनी' (1881), 'ब्राह्मण' (1883) तथा 'पीयूष-प्रवाह' (1884)। इन सूचियों में स्पष्ट ही, दैनिक समाचार पत्र और साहित्यिक पत्र-पत्रिकाएँ दोनों सम्मिलित हैं। भारतेंदु हरिश्चंद्र ने स्वयं तीन पत्रिकाएँ निकाली थीं—'कविवचन सुधा', 'हरिश्चंद्र मैगजीन/चंद्रिका' और स्त्रियोपयोगी 'बालाबोधिनी', तथा दो पत्रिकाओं की योजना विज्ञापित होकर अधूरी रह गई—'नीतिप्रकाश' (विधिपत्रिका) तथा 'कासिद' (उर्दू साप्ताहिक)।

इस प्रसंग में कृष्णाचार्य ने अपनी उपयोगी ग्रंथ-पुटी 'हिंदी के आदि मुद्रित ग्रंथ' में आरंभिक पत्र-पत्रिकाओं की सूची भी व्यवस्थित की है। इसके अनुसार 1826 ('उदंत मार्त्तंड' का प्रकाशन-वर्ष) से लेकर 1870 तक हिंदी में सत्तावन पत्र-पत्रिकाएँ प्रकाशित हुईं।

विविध हिंदी पत्र-पत्रिकाओं की प्रकृति का यदि विश्लेषण किया जाए तो स्पष्ट होता है कि दैनिक पत्र तो अपनी प्रकृति से राजनीति से जुड़े हुए थे—कहीं घोषित रूप में, कहीं अघोषित रूप में। साहित्यिक पत्रिकाओं की दो धाराएँ थीं—कुछ

ग़ैर राजनीतिक थीं, और कुछ का तत्कालीन स्वाधीनता संग्राम के प्रति खुला और उत्साहपूर्ण समर्थन था। कृष्णबिहारी मिश्र ने अपनी पुस्तक 'हिंदी पत्रकारिता' (1994) के उत्तरार्द्ध में हिंदी के कुछ प्रमुख पत्र-पत्रिकाओं के प्रवेशांक की संपादकीय विज्ञाप्तियाँ संकलित की हैं, जिनसे हिंदी पत्रकारिता का प्रवृत्तिगत इतिहास समझने में बड़ी सहायता मिलती है। इन विज्ञप्तियों का विश्लेषण किया जाए तो साहित्यिक वर्ग में अपने को ग़ैर-राजनीतिक घोषित करने वाली पत्रिकाएँ थीं 'इंदु' (1909), 'प्रभा' (1913), 'चाँद' (1922), 'कल्पना' (1949)। जो पत्रिकाएँ स्वाधीनता-संग्राम का प्रकट या सांकेतिक समर्थन करती थीं वे थीं—'समन्वय' (1921), 'मतवाला' (1923) 'विशाल भारत' (1927), 'हंस' (1930), 'प्रतीक' (1947)। इन पत्र-पत्रिकाओं के गद्य का यदि विस्तृत विश्लेषण किया जाए तो संभवतः यह निष्कर्ष निकले कि दूसरे वर्ग की पत्रिकाओं की शैली सामान्य बोलचाल के अधिक निकट और अख़बारी है।

पत्रकारिता का गद्य क्रमशः निबंधों, पत्रावलियों, यात्रा-वृत्तांतों, संस्मरणों, आलोचना आदि के रूप में उभरा है। भारतेंदु हरिश्चंद्र, बालकृष्ण भट्ट, प्रतापनारायण

मिश्र तथा बालमुकुंद गुप्त के अधिसंख्य प्रसिद्ध निबंध पहले 'हरिश्चंद्र चंद्रिका', 'कविवचन सुधा', 'हिंदी प्रदीप', 'ब्राह्मण' तथा 'भारत-मित्र' आदि के पृष्ठों में अवतरित हुए हैं। यों समकालीन चिंताओं और संदर्भों से जुड़कर ये निबंध आदि रूप सर्जनात्मक गद्य बने हैं। उदाहरण स्वरूप 'लेवी प्राण लेवी', 'पाँचवें (चूसा) पैगंबर' (भारतेंदु हरिश्चंद्र), 'सहृदय संमिलन' (भारतेंदु विषयक संस्मरण-बालकृष्ण भट्ट), 'सच्ची समालोचना' (लाला श्रीनिवासदास के नाटक 'संयोगिता स्वयंवर' की आलोचना-बालकृष्ण भट्ट), 'समझदार की मौत है' (प्रतापनारायण मिश्र), 'शिवशंभु के चिट्ठे' (बालमुकुंद गुप्त) का उल्लेख किया जा सकता है। पत्रकारिता और गद्य-लेखन के इस संबंध पर प्रतापनारायण मिश्र के प्रसंग में टिप्पणी करते हुए रामचंद्र शुक्ल इतिहास में कहते हैं, "अपना 'ब्राह्मण' पत्र उन्होंने विविध विषयों पर गद्यप्रबंध लिखने के लिए ही निकाला था।" (पृ० 403)

पाठ्यपुस्तकों, अनुवाद, पत्रकारिता के आरंभिक खड़ी बोली गद्य में दो मुख्य समस्याएँ थीं—एक दुर्बोधता की और दूसरे व्याकरणिक अस्थिरता की। पाठ्यपुस्तकों और पत्रकारिता ने क्रमशः दुर्बोधता की समस्या को दूर करने का यत्न किया। पत्रकारिता में विशेषतः संप्रेषण की दृष्टि से स्वच्छता और निर्मलता अधिक अपेक्षित थी, क्योंकि सामान्य रूप में उसे बार-बार पढ़ा नहीं जाना था। इसके लिए उसने बहुत बार व्याख्यान-कला की सीधे संबोधन शैली को अपनाया और पाठक को सामने बैठा श्रोता मानकर उससे बातचीत की आत्मीय पद्धति कायम की। आरंभिक दौर के कुछ पत्रकार तो ऐसे सेवा-व्रती थे जो ग्राहकों के घर पर जाकर उसे अपना समाचार पत्र सुना आते थे। आचार्य शुक्ल ने इस प्रसंग में कार्तिकप्रसाद खत्री का बड़ा भावपूर्ण उल्लेख किया है ('इतिहास'—पृ० 397)। हास्य-व्यंग के फ्रेंच नाटककार मोलियर

का एक पात्र यह पहिचान कर एकाएक विस्मय अनुभव करता है कि वह जीवन भर गद्य बोलता रहा है। कह सकते हैं कि हिंदी के ये आरंभिक लेखक बोलचाल को गद्य में लिखते रहे। बोलचाल और गद्य के बीच का यह सहज लेन-देन दोनों के स्वभाव की, अनुकूलता को प्रकट करता है।

पत्रकारिता के समानांतर विकसित होने से आधुनिक हिंदी गद्य को एक लाभ यह हुआ कि विविध विषयों की धारणा वहाँ जल्दी संभव हो सकी। साहित्य के अतिरिक्त धर्म, दर्शन, संस्कृति, विधि, राजनीति, अर्थनीति और यदा-कदा विज्ञान के विषयों पर लेख लिखे गये। भारतेंदु ने तो एक पूरी विधि-पत्रिका की कल्पना की थी, नाम प्रस्तावित था 'नीतिप्रकाश'। 1875, अप्रैल की 'हरिश्चंद्र चंद्रिका' में इसके लिए एक विज्ञापन उन्होंने निकाला था, पर आवश्यक ग्राहक-संख्या न हो पाने के कारण यह योजना कार्यान्वित न हो सकी। विज्ञान विषयक लेख उनकी 'कविवचन सुधा' में निकलते रहे। 'चंद्रिका' के जून 1874 अंक में लक्ष्मीशंकर मिश्र की 'त्रिकोणमिति' पर उत्साहवर्द्धक समीक्षा लिखते हुए वे सुझाव देते हैं, "पर हम यह कहना चाहते हैं कि लोग त्रिकोणमिति के नये ग्रंथ रचें, वे इन्हीं शब्दों का प्रयोग करें क्योंकि बहुत से पारिभाषिक शब्द होने से भ्रम होता है।" विज्ञान की पारिभाषिक शब्दावली की एकरूपता को लेकर हिंदी पुनर्जागरण के नेता की यह आरंभिक चिंता है, साथ ही गद्य को व्यवस्था देने की उत्सुकता भी यहाँ परिलक्षित की जा सकती है। 'पदार्थ दर्शन' और 'बीजगणित' जैसी पुस्तकों का वे उत्साहपूर्वक परिचय 'कविवचन सुधा' (अक्टूबर, 1873) में देते हैं। मार्च 1874 के अंक में विलायत में चल रहे भाप के यंत्रों की जानकारी छापते हैं। 'हरिश्चंद्र चंद्रिका' के अंकों का सर्वेक्षण करते हुए श्रीनारायण चतुर्वेदी 'आधुनिक हिंदी का आदिकाल' में लिखते हैं, "उन्होंने 'हरिश्चंद्र चंद्रिका' में सभी विषयों पर लेख प्रकाशित कर पाठकों की रुचि और ज्ञान को विस्तृत किया। उसमें कविता, नाटक, कहानी आदि के अतिरिक्त विज्ञान, इतिहास, पुरातत्व, जीवनी, यात्रा आदि विषयों पर अनेक लेख निकले। विज्ञान पर सुलभ रसायन, बिजली और परमाणु, ज्योतिर्विद्या (खगोल) और बच्चों के आहार ऐसे विषयों पर भी लेख निकाले। इतिहास पर केवल भारत ही नहीं, विदेशों के इतिहास पर भी लेख दिये गये।" (पृ० 84)

भारतेंदु के इस बहुविद्याविषयी दृष्टिकोण की प्रवृत्ति आगे गतिशील रहती है। महावीरप्रसाद द्विवेदी के वरिष्ठ समकालीन माधवराव सप्रे ने "हिंदी ग्रंथ निबंधावली निकाली जो बड़ी उच्च कोटि की पत्रिका थी, जिसमें सभी विषयों के गंभीर लेख रहते थे।" (वही, पृ० 122) हिंदी साहित्य की व्यापक परिकल्पना उन्हीं के शब्दों में इस प्रकार हैं, "इतिहास, राज प्रबंध, सामाजिक संस्था, स्वाधीनता, स्वदेशाभिमान, राजनैतिक वादानुवाद, वैज्ञानिक खोज, इत्यादि बातें अभी निरी हिंदी जानने वाले लोगों को ज़रा भी नहीं मालूम। यही अज्ञानता हम लोगों की अवनति की जड़ है।

हिंदी साहित्य के भावी वृक्ष के लिए यही मैदान खाली है।" (पृ० 103) कहना न होगा कि भारतेंदु और सप्रे की व्यापक परिकल्पना का वृक्ष पूरी तरह फलता-फूलता है महावीरप्रसाद द्विवेदी द्वारा संपादित 'सरस्वती' (1903) में। टेलीग्राफ़ के तारों को चलाने वाला पिछला अनुभव संपादकीय काल में जैसे विविध प्रकार के लेखकों को संचरित करने के काम आता है। अपनी ओर से देश-दशा का सही निदान करते हुए आचार्य द्विवेदी ने 'सरस्वती' के अंकों में 'संपत्ति शास्त्र' पर लिखा, जो फिर बाद में पुस्तकाकार प्रकाशित हुआ (1908)।

हिंदी के लेखकों के भौगोलिक दृष्टि से बहुक्षेत्रीय होने, और लेखन के संदर्भ में बहुविषयी होने का एक स्वाभाविक परिणाम था नव विकसित पत्रकारिता-गद्य की व्याकरणिक अस्थिरता, जिसकी ओर प्रस्तुत प्रकरण के आरंभ में संकेत किया गया है। अच्छाई यह थी कि पत्रकारिता के क्षेत्र में चलने वाले गद्य में जो अस्थिरता पनप रही थी पत्र-पत्रिकाओं के कॉलमों में ही उसे शमित कर लिया गया। भारतेंदु की मित्र-वत्सलता ने भाषा की जो छूट उनके मंडल के लेखकों को दे रक्खी थी, महावीरप्रसाद द्विवेदी की अनुशासन-दृष्टि ने अपने लेखक-वृत्त में, और उसके बाहर भी, उसे पूरी तरह व्यवस्थित कर लिया। शब्द-रूप, शब्द-समूह, वर्तनी, विराम चिन्हों को लेकर विस्तृत चर्चाएँ-परिचर्चाएँ तत्कालीन पत्र-पत्रिकाओं में हुईं, जिसमें भाग लेने वाले विशिष्ट लेखक थे स्वयं महावीरप्रसाद द्विवेदी, बालमुकुंद गुप्त, गोविंदनारायण मिश्र तथा गंगाप्रसाद अग्निहोत्री। यों भारतेंदु और आचार्य द्विवेदी के बीच हिंदी के जनतांत्रिक स्वरूप ने जो समस्याएँ उत्पन्न कीं उनका निराकरण भी वैसी ही जनतांत्रिक मनोवृत्ति के साथ पत्र-पत्रिकाओं की बहसों में कर लिया गया। हिंदी गद्य की व्याकरणिक अस्थिरता तो इस प्रकार बहुत कुछ समाप्त हो गई, पर उसके परिनिष्ठित होने अथवा प्रतिमानीकरण/मानकीकरण की समस्या अभी बनी है, जो इस समस्या के दुहरे अभिधान में स्वयं देखी जा सकती है। इस विषय पर अपेक्षया विस्तार में चर्चा पुस्तक के प्रथम खंड के अंत में की जा चुकी है। पाठ्य पुस्तकों की भाषिक व्यवस्था के प्रसंग में आगे लाला सीताराम का योगदान उल्लेखनीय है।

अपनी बहुविध साक्ष्यों से सज्जित तथा अत्यंत मनोयोगपूर्वक लिखित पुस्तक 'भारतेंदु युग और हिंदी भाषा की विकास परम्परा' (1975) में रामविलास शर्मा ने 'हिंदी भाषा की विकास-परम्परा और भारतेंदु युग' शीर्षक केन्द्रीय अध्याय के अंतर्गत 'पुरानी हिंदी' और 'नयी हिंदी' की विस्तृत तुलना करते हुए दिखाया है कि अनेक भारतेंदु कालीन बोली रूपों (जैसे—'सुनाय', 'नवाय', 'भये', 'लीजो', 'आन', 'लौं', 'तईं', 'काहे' आदि) को बाद में साहित्यिक हिंदी-उर्दू ने छोड़ दिया, और भाषा के विकास की दृष्टि से यह अच्छा नहीं हुआ। इस प्रसंग में उक्त अध्याय के अंत में दिए गए पच्चीस 'मुख्य निष्कर्ष' में संख्या 10 और 11 इस प्रकार हैं—

"(10) हिंदी-उर्दू के परिनिष्ठित होने की मूल प्रक्रिया एक है दोनों उन रूपों और प्रयोगों को छोड़ती जाती हैं जिन्हें भद्रजन गँवारू समझते हैं। इस दिशा में अक्सर उर्दू पहल करती है और हिंदी उसके पीछे चलती है।

(11) जनपदीय बोलियों से हिंदी उर्दू जितनी ही दूर हटती हैं, उतना ही उन दोनों के बीच का फासला बढ़ता है, प्राचीन भाषाओं पर उनकी निर्भरता बढ़ती है। इन जनपदीय बोलियों के सैकड़ों शब्द बँगला मराठी जैसी समृद्ध भाषाओं में स्वीकृत हैं, परिनिष्ठित हिंदी में अस्वीकृत।" (पृ० 278)

यहाँ स्मरणीय है कि श्रीनारायण चतुर्वेदी भी अपनी व्याख्यान-श्रृंखला 'आधुनिक हिंदी का आदिकाल' का समापन इसी बिंदु पर पं० गंगाप्रसाद अग्निहोत्री द्वारा 1906 में दी गई इस चेतावनी के साथ करते हैं, "इस विषय में हमें मरहठी की देखा-देखी करना चाहिए जिसमें देशी शब्दों का बड़ा ही मान होता है। सचमुच में संस्कृत शब्दों का आजकल जो अनावश्यक प्रयोग हो रहा है वह किसी समय हानिकारक होगा।" (पृ० 246)

पर रामविलास जैसे वैज्ञानिक आलोचक तथा भाषाविज्ञान के पंडित के यह निष्कर्ष एकाएक आश्चर्यजनक लगते हैं। यह एक तरह का भाषिक सम्मोहन है, साहित्यिक सम्मोहन की तरह : रहना उत्साह से महानगरों में, याद करना दुखिया कर गाँव की कच्ची सड़क, अमराई और ताल-पोखर की। ऊपर उद्धृत जिन रूपों को पुरानी हिंदी मानकर आधुनिक हिंदी ने छोड़ दिया है, उनका प्रयोग यदि उत्तम और वांछनीय है तो फिर रामविलास उन्हें अपने लेखन में स्वयं क्यों नहीं लाते? आखिर प्रयोग कौन किसकी अनुमति से करता है?

भाषिक रूपों का विकास कैसे होता है, इसकी व्याख्या तो हो सकती है, पर यह विकास होता क्यों है इसका कोई तर्क संगत उत्तर हर समय नहीं दिया जा सकता। 'करी' ब्रजभाषा प्रयोग मान्य था—फिर त्यक्त हुआ परिनिष्ठित हिंदी के लिए 'की' के पक्ष में, और अब वापस आ रहा है बरास्ता फैशनेबल अँग्रेजी स्कूलों के। यह फेर-बदल बहुत-कुछ वक्ताओं की अपनी स्वाधीन रुचि, या कहिए झक के कारण है, जिसकी बहुत बार व्याख्या संभव नहीं।

रामविलास शर्मा की यहाँ एक महत्वपूर्ण स्थापना यह भी है (निष्कर्ष सं० 11) कि परिनिष्ठित होने या कि मानकीकरण की प्रक्रिया में आधुनिक हिंदी अपने अनेक पुराने रूपों को देहाती समझ कर छोड़ती गई है, और उसका झुकाव संस्कृत तत्समता की ओर बढ़ा है। स्थिति का यह निदान आलोचक ने सही किया है, पर ऐसा है क्यों, इसकी ओर बहुत ध्यान नहीं दिया। वस्तुतः हिंदी कहीं बड़े क्षेत्र की भाषा है मराठी या बँगला की तुलना में बोलने की दृष्टि से भी और साहित्य-रचना की दृष्टि से भी। अतः वहाँ मानकीकरण का आधार संस्कृत तत्समता का होना स्वाभाविक

है। इस प्रक्रिया में स्थानीय बोली-रूप छूटते जाएँ—तत्समता बढ़ती जाए तो यह बड़े फैले हिंदी क्षेत्र की बोधगम्यता की दृष्टि से उचित है। स्थानीय बोलियाँ अपने सीमित क्षेत्र में जितना अधिक बोधगम्य होती हैं, अपने क्षेत्र के बाहर वे फिर उतनी ही दुरूह हो जाती हैं। जायसी के 'पद्मावत' की ठेठ अवधी और लोक-वृत्ति के बावजूद, तुलसी के 'रामचरितमानस' की कहीं अधिक व्यापकता का एक मुख्य कारण यह है कि तुलसी की अवधी संस्कृत तत्समता को अधिक अपनाये हुए है। यों क्षेत्र जितना सीमित है बोलियों में संप्रेषण—शक्ति उतनी प्रबल है, पर व्यवहार-क्षेत्र ज्यों-ज्यों फैलता जाता है, और इस प्रक्रिया में मानकीकरण बढ़ता है, तो संस्कृत तत्समता का आश्रय भी प्रायः उसी अनुपात में बढ़ता जाता है। इस प्रक्रिया की ओर ध्यान देने पर आधुनिक कालीन पुरानी हिंदी और नयी हिंदी की मूल प्रकृति में अंतर बेहतर समझा जा सकता है।

सर्जन और अनुशासन : महावीरप्रसाद द्विवेदी का महत्व

यह सही विंदु है जहाँ हम आधुनिक गद्य के केन्द्रीय व्यक्तित्व महावीरप्रसाद द्विवेदी के योगदान का मूल्यांकन करने में प्रवृत्त हो सकते हैं, और उसकी सही समझ बना सकते हैं। बीसवीं शती के लगते-लगते साहित्यिक परिदृश्य पर आचार्य द्विवेदी का अवतरण ठीक उस समय होता है, जब नयी-नयी प्रयुक्त खड़ी बोली में व्याकरणिक अनियमितताएँ, जैसा अभी कहा गया, पूरे वेग पर थीं। इतिहास की आवश्यकता और नियति की व्यवस्था के बीच के इस ताल-मेल की दार्शनिक और सैद्धांतिक व्याख्या का यहाँ न अवसर है और न ही प्रसंग, पर उसका होना मात्र हमें चमत्कृत अवश्य करता है। इस संदर्भ में श्रीनारायण चतुर्वेदी के साक्ष्य पर ('आधुनिक हिंदी का आदिकाल', पृ० 190) कहा जा सकता है कि 1885 से 1898 तक महावीरप्रसाद द्विवेदी 'केवल ब्रजभाषा में कविता करते रहे'। 1900 में 'सरस्वती' के संस्थापन के समय से वे उसमें लिखने लगे, 1902 में 'कुमारसंभवसार' शीर्षक से 'कुमारसंभव' के प्रथम पाँच सर्गों का खड़ी बोली पद्य में अनुवाद किया, और 1903 में 'सरस्वती' का संपादन दायित्व स्वीकार किया। यों बीसवीं शती का आरंभ खड़ी बोली की व्यवस्था का भी आरंभ है। एक शती से प्रकाशित हो रहे खड़ी बोली गद्य-लल्लूज़ीलाल के 'प्रेमसागर' और सदल मिश्र के 'नासिकेतोपाख्यान' का प्रकाशन वर्ष एक ही है : 1803—को अब कुछ व्यवस्था और कुछ दीक्षा अपेक्षित थी, जिसका दायित्व 'सरस्वती' के साथ-साथ आचार्य द्विवेदी ने सँभाला 1903 में।

पत्रकारिता की भाषा जल्दी की होती है, अनुवाद की भाषा अनिश्चय की, पाठ्यपुस्तकों की भाषा प्रयोगावस्था की रहती है। इन विविध भाषिक स्तरों का प्रतिमानीकरण सर्जनात्मक लेखन में होता है। और यही कार्यक्रम आचार्य द्विवेदी

ने रक्खा। मैथिलीशरण गुप्त की आरंभिक कविताओं तथा प्रेमचंद, कौशिक प्रभृति की कहानियों को उन्होंने दुबारा लिखा लगभग कक्षाध्यापक की भाँति। हिंदी के इन, अब, मूर्द्धन्य लेखकों ने शास्ता द्विवेदी की इस कार्य-पद्धति की साभार सराहना की है अलग-अलग समय पर लिखे अपने संस्मरणों में, जो उनके बीच के संपादकीय पत्र-व्यवहार से भी समर्थित होती है। भाषा-परिष्कार ने इन लेखकों को गुणात्मक रूप में उठा दिया। इस स्थिति में एक तरह से वे प्रजापति महावीरप्रसाद द्विवेदी की प्रजा हो गए। इतिहास में संपादक-लेखक का ऐसा महिमाशाली रिश्ता विरल है। इन रचनाकारों के माध्यम से अब तक अस्थिर चलते हिंदी गद्य को, और समूचे भाषिक विधान को, एक व्यवस्था और प्रतिष्ठा मिलती है। कविता-भाषा की अनियमितता की कवि-स्वच्छंदता के नाम पर कुछ अनदेखी भी की जा सकती है, पर गद्य-भाषा का प्रतिमान तो स्पष्ट और निर्धारित होना ही चाहिए।

इस प्रसंग में महावीरप्रसाद द्विवेदी के महत्व की बड़े मनोयोग के साथ व्याख्या करने वाले आलोचक रामविलास शर्मा के दृष्टिकोण का परीक्षण संगत होगा, जिसे उन्होंने अपनी पुस्तक 'महावीरप्रसाद द्विवेदी और हिंदी नवजागरण' (1977) में बहुविध साक्ष्यों के सहारे प्रस्तुत किया है। अपनी पुस्तक में रामविलास शर्मा ने हिंदी नवजागरण के तृतीय चरण (प्रथम चरण, उनके अनुसार, 1857 का स्वाधीनता-संग्राम, और द्वितीय चरण भारतेंदु-युग) के केन्द्रीय व्यक्तित्व के रूप में आचार्य द्विवेदी के योगदान का सही मूल्यांकन किया है, पर इसके लिए उनके भाषिक अनुशासन संबंधी कार्य का आलोचक द्वारा अवमूल्यन करना जरूरी नहीं था। वे अपनी भूमिका में लिखते हैं, भाषा-परिष्कार का काम उनके व्यापक कार्यक्रम का एक अंश मात्र है और वह उसका सबसे महत्त्वपूर्ण अंश नहीं है।" रामविलास शर्मा के समूचे विवेचन से ध्वनित होता है कि आचार्य द्विवेदी के कार्यक्रम का सबसे महत्वपूर्ण अंश उनके द्वारा अर्थशास्त्र-विषयक ग्रंथ 'सम्पत्ति-शास्त्र' लिखा जाना है। जब शंका यह हो जाए कि पात्र में घृत स्थित है या कि घृत में पात्र—'सरस्वती' में 'सम्पत्ति-शास्त्र' है अथवा 'सम्पत्ति-शास्त्र' में 'सरस्वती'—तो फिर समूचे को उलट कर देखना होगा। जो गिर जाए वह आधेय है और जो रह जाए वह आधार। इस न्याय से चलने पर विवाद को शमित करने का एक ही उपाय है हम अपने से प्रश्न करें कि 'सम्पत्ति-शास्त्र' के लेखक-रूप में महावीरप्रसाद द्विवेदी का उल्लेख इसलिए होता है कि वे 'सरस्वती' पत्रिका के संपादक थे, और उन्होंने स्वयं अपने से बड़े रचनाकर्मियों का वृत्त तैयार किया था, या कि वे अकेले इस पुस्तक के लेखक-रूप में पहिचाने जाते यदि 'सरस्वती' का संपादन उन्होंने न किया होता? केन्द्र और हाशिए का अंतर मद्धिम करने से इतिहास का परिप्रेक्ष्य दूषित होगा। यहाँ हमें समझना होगा कि केन्द्र में 'सरस्वती' पत्रिका अपने विविध अंगों-उपांगों सहित है, जिनमें से 'सम्पत्ति-शास्त्र' भी एक महत्त्वपूर्ण अंग है। इस प्रसंग में रामचंद्र शुक्ल ने अपने इतिहास में

महावीरप्रसाद द्विवेदी के अवदान पर बड़ी अर्थ-गर्भ समापन-टिप्पणी की है, "गद्य की भाषा पर द्विवेदी जी के इस शुभ प्रभाव का स्मरण जब तक भाषा के लिए शुद्धता आवश्यक समझी जायेगी, तब तक बना रहेगा।" (पृ० 426) 'सम्पत्ति-शास्त्र' जैसे नये ढंग के विषय के लिए तो और आवश्यकं है कि सही और शुद्ध गद्य में उसकी अवधारणा हो, और वैसे ही रूप में उसे लिखा जाए। एक आचार्य के कृतित्व पर एक दूसरे आचार्य की. यह टिप्पणी इस दृष्टि से भी महत्वपूर्ण है कि इतिहासकार ने यहाँ गद्य-भाषा की शुद्धता को विशेष रूप से रेखांकित किया है। शुद्धता की दृष्टि से कविता-भाषा और गद्य-भाषा की सापेक्ष स्थितियों के अंतर को हम पहले स्पष्ट कर चुके हैं। कविता की भाषा के संदर्भ में महावीरप्रसाद द्विवेदी ने भाषा का आरंभिक व्यावहारिक प्रतिदर्श 'कुमारसंभवसार' के अनुवाद में प्रस्तुत किया था, गद्य-भाषा की चिंता वे अपने लेखों, निबंधों, संपादकीय तथा समीक्षा लेखन में बराबर ही करते रहे।

एक दूसरे स्तर पर आधुनिक खड़ी बोली कविता और गद्य के आरंभिक रूप की तुलना और उनके सापेक्षिक महत्व की ओर संकेत करते हुए उस युग के बड़े प्रसिद्ध हिंदी प्रेमी और उसके विद्वान् शुभचिंतक फ्रेंडरिक पिन्कॉट-जिनका उल्लेख हम राजा शिवप्रसाद की भाषा-नीति के प्रसंग में कर चुके हैं—का मत उद्धृत करना प्रासंगिक होगा। श्रीधर पाठक के खड़ी बोली काव्य 'एकांतवासी योगी' (1886) पर अपनी प्रतिक्रिया व्यक्त करते हुए कवि को लिखे पत्र के अंत में पिन्कॉट जैसे अपना सुचिंतित मत यों व्यक्त करते हैं, "हिंदी को जरूरत है अच्छे गद्य लेखकों की जिससे कि वह राष्ट्रभाषा बन सके।" (26 जुलाई 1888 का पत्र : श्रीनारायण चतुर्वेदी की व्याख्यानमाला 'आधुनिक हिंदी का आदिकाल', पृ० 234 पर उद्धृत) राष्ट्रभाषा की पात्रता के प्रसंग में अच्छे गद्य की महत्ता और आवश्यकता का यह रेखांकन, विशेषत: हिंदी के संदर्भ में, पिन्कॉट ने पहली बार किया है। महावीरप्रसाद द्विवेदी ने जैसे अनजान में इस हिंदी हितैषी की इच्छा का, अपने से सम्मान करते हुए हिंदी गद्य का परिष्कार करके उसे काव्यभाषा, राष्ट्रभाषा और राजभाषा के विविध स्तरों पर एकबारगी विकसित किया।

रचना के सामान्यत: स्वच्छंद क्षेत्र में हर नियंत्रण की कहीं कुछ कीमत देनी होती है। इस दृष्टि से आचार्य द्विवेदी ने खड़ी बोली हिंदी गद्य को एक निश्चित व्यवस्था तो दी पर इस प्रक्रिया में भाषा बोलचाल के प्रवाह से दूर होकर पुस्तकीय अनुशासन में बँध गई। इसका एक स्पष्ट साक्ष्य वाक्य-विन्यास में देखा जा सकता है जहाँ गद्य को कर्ता-कर्म-क्रिया के एक सुनिश्चित क्रम में व्यवस्थित कर दिया गया। भाषा का लोच, उदाहरण के लिए, जैसा बँगला ने विकसित किया वैसा हिंदी गद्य में बहुत समय तक नहीं आ पाया। इस प्रसंग में अपेक्षया कुछ विस्तृत चर्चा पुस्तक के 'विन्यास' शीर्षक पहले खंड में की जा चुकी है, जहाँ दिखाया गया है कैसे प्रेमचंद-कौशिक-सुदर्शन की परिनिष्ठित पर बँधी मुहाविरेदार शैली से हटकर जैनेन्द्र ने अपने कथा-गद्य को

फिर से प्रकृत बोलचाल पर आधारित किया, न केवल शब्द-समूह की दृष्टि से वरन् समूचे वाक्य-विन्यास और लहज़े की झलक में भी। यों भारतेंदु और उनके सहयोगी लेखकों की व्याकरणिक स्वच्छंद वृत्ति पर आचार्य द्विवेदी की अनुशासनप्रियता का अवतरण होता है, तो फिर द्विवेदी-वृत्त के क्रमशः कठोर हुए विन्यास पर जैनेन्द्र की घरेलू, आत्मीय शैली की छटा उभरती है। स्वच्छंदता—अनुशासन—स्वच्छंदता की यह अंतर-क्रिया इस तरह कई स्तरों पर आगे-पीछे के युगों में चलती रही है। इस संदर्भ में यह रोचक विडंबना समझी जा सकती है कैसे 20वीं शती के आरंभिक दशकों में 'सरस्वती'—संपादक के प्रयत्नों से गद्य के क्षेत्र में व्याकरण की कठिनाई हल हुई पर रचना की किसी क़दर बढ़ गई।

यहाँ स्मरणीय है कि महावीरप्रसाद द्विवेदी ने अपने गद्य-अभियान में एक ओर व्याकरण की दृष्टि से लिंग-वचन के भारतेंदु युगीन पूर्वी प्रयोगों को हटाया तो दूसरी ओर ब्रजभाषा के पूर्वप्रचलित प्रयोगों को भी अनुचित ठहराया। इसी प्रकार से सभी मूल की तत्सम-बहुलता को उन्होंने निरुत्साहित किया, और व्यवस्थित वाक्य-विन्यास पर बल दिया। द्विवेदी-हिंदी का रूप स्वयं आचार्य द्विवेदी के शब्दों में इस प्रकार है, "हमारे इस लिखने का मतलब नहीं कि जिस भाषा में बहुत से संस्कृत के, अथवा अरबी फारसी के, शब्द हों वही साहित्य की भाषा है। नहीं, इन भाषाओं के सुप्रसिद्ध और क्लिष्ट शब्दों का प्रयोग हिंदी में करना दोष है, पर जो शब्द बोलचाल में आते हैं, फिर वे जिस भाषा के हों, उन्हें हिंदी से निकाल बाहर करने का प्रयत्न करना नादानी के सिवा और क्या कहा जा सकता है।" ('आधुनिक हिंदी का आदिकाल', पृ० 125 पर उद्धृत) शब्द-समूह की दृष्टि से द्विवेदी-हिंदी का आदर्श भारतेंदु की 'हिंदी भाषा' से काफ़ी मिलता-जुलता है। इसी शीर्षक से 1883 में प्रकाशित (?) अपने लेख में भारतेंदु ने बारह तरह की हिंदी शैलियों के उदाहरण दिए हैं, और अंत में अपना अभिमत यों व्यक्त किया है, 'मुझसे कोई अनुमति पूछे तो मैं यह कहूँगा कि नंबर 2 और तीन लिखने योग्य है।" (भा० स०, 1048-51) नं० 2 शैली का शीर्षक है 'जिसमें संस्कृत के शब्द थोड़े हैं, और नं० तीन है 'जो शुद्ध हिंदी है'।

यदि भारतेंदु आगे के कुछ दशकों में जीवित रहे होते तो शायद अपने 'कालचक्र' में फिर लिखते, "हिंदी नयी चाल में ढली, 1903। 1873 यदि 'हरिश्चंद्र चंद्रिका' के आरंभ का वर्ष था तो 1903 में महावीरप्रसाद द्विवेदी ने 'सरस्वती' के संपादन का दायित्व सँभाला था। रामविलास शर्मा ने अपनी पुस्तक 'भारतेंदु युग और हिंदी भाषा की विकास परम्परा' (1975) में भारतेंदु के प्रयोग 'नए चाल' के लिए दोष संपादक पर डालते हुए लिखा है, "भारतेंदु हरिश्चंद्र ने 'कालचक्र' में लिखा था—'हिंदी नए चाल में ढली-1873 ई०।' (भारतेन्दु-ग्रन्थावली में यह पुस्तक संकलित है : वहाँ 'नयी चाल' की जगह 'नए चाल' ही छपा है।)" (पृ०

330) रामविलास शर्मा का जी नहीं करता यह मानने को कि भारतेंदु ने 'नए चाल' वस्तुतः लिखा होगा। पर समग्र भारतेंदु-वाङ्मय में लिंग-दोष युक्त प्रयोग अनेक मिलेंगे, जैसे 'कालिदास का जीवन-चरित्र' में 'कई एक बातें ग्रहण किया है', 'कल्पना किया है', 'मानव लीला समाप्त किया', 'भेंट किया था'। स्पष्ट ही ये सारी संपादकीय अथवा मुद्रण की भूलें नहीं हैं। इस प्रसंग में आवश्यक चर्चा भारतेंदु हरिश्चंद्र विषयक प्रकरण में हो चुकी है। यहाँ इतना कहना पर्याप्त है कि भारतेंदु के गद्य में इस प्रकार की भूलें अनेक स्थलों पर मिलती हैं—इन्हें चाहे पूर्वी प्रयोग कह दिया जाए चाहे लेखकीय असावधानी। पर इनका ज़िम्मेदार स्पष्ट ही लेखक स्वयं है। रामविलास शर्मा की तुलना में आचार्य शुक्ल ने भारतेंदु के ऐसे दूषित प्रयोगों की अपने इतिहास में स्पष्ट चर्चा की है, "भारतेंदु के लेखों में इतना अंतर नहीं पाया जाता। 'इच्छा किया', 'आज्ञा किया' ऐसे व्याकरण-विरुद्ध प्रयोग अवश्य कहीं-कहीं मिलते हैं।") (पृ० 403)

महावीरप्रसाद द्विवेदी का महत्व कई रूपों में देखा जा सकता है जहाँ उन्होंने कविता और गद्य दोनों क्षेत्रों में व्यवस्था लाने का यत्न किया। पर बड़ी बात यह है कि कल्पना-प्रसूत गद्य-रूपों के जन्म में वे सहायक हुए। आधुनिक कहानी का जन्म तो 'सरस्वती' के पृष्ठों पर ही हुआ वह चाहे 'पंच परमेश्वर' (प्रेमचंद) हो, चाहे 'उसने कहा था' (चंद्रधर शर्मा गुलेरी), या फिर 'रक्षाबंधन' (विश्वंभरनाथ शर्मा कौशिक)। पत्रकारिता और काल्पनिक गद्य के संयोग से कहानी की सृष्टि होती है, फिर 'सरस्वती' के कहानीकार क्रमशः बड़े तथा महत्त्वशाली गद्य-रूप उपन्यास की ओर अग्रसर होते हैं। पूरे नाटक के लिए पत्रिकाओं के पृष्ठ बहुत बार पर्याप्त स्थान नहीं दे पाते थे, बँगला उपन्यासों के अनुवाद अवश्य धारावाहिक रूप में धीरे-धीरे वहाँ छपने लगे। आचार्य द्विवेदी स्वयं काल्पनिक गद्य लेखक नहीं थे, सर्जनात्मक क्षेत्र में वे किसी क़दर कवि कहे जा सकते हैं। गद्य के क्षेत्र में उनका कार्य विचार-गद्य और आलोचना-गद्य के क्षेत्र में अधिकतर रहा। पर उन्होंने सर्जनात्मक काव्य रूपों के अवतरण में योगदान दिया। 'सरस्वती' में प्रकाशनार्थ इतिवृत्तात्मक कविताओं और कहानियों की भाषा सुधारी, उन्हें उपयुक्त शीर्षक दिए। फिर निबंध, यात्रा-वृत्तांत, समीक्षा जैसे अकाल्पनिक गद्य-रूपों को भी तरह-तरह से प्रोत्साहन दिया। भारतेंदु का पक्ष रचनाकार का अधिक था, महावीरप्रसाद द्विवेदी का अनुशासक और व्यवस्थापक का। इसके बावजूद, जैसा संकेत किया गया, आचार्य द्विवेदी का महत्व भाषा-परिष्कार से ऊपर काव्य-रूपों के आविर्भाव और परिष्कार में समझा जा सकता है। प्रयाग संगम की तीसरी अदृश्य नदी 'सरस्वती' के लिए वेभगीरथ सदृश हुए।

सर्जनात्मक गद्य, अर्थ-सघनता के विविध स्तर, और आधुनिक गद्य-रूपों का उदय

बोलचाल और लेखन की टकराहट में भाषा सर्जनात्मक होती है। भाषा के सर्जनात्मक होने का अर्थ है उसकी अर्थ-सघनता का बढ़ना, और जब अर्थ-सघनता बढ़ती है तो उसके दबाव में नये-नये काव्य रूप फूटते और खिलते हैं। महावीरप्रसाद द्विवेदी के प्रकरण में इस विषय की ओर हमने कुछ संकेत किया है। अब यहाँ उचित अवसर है कि गद्य के नये रूपों के विकास और पुराने रूपों के कायाकल्प पर स्वतंत्र विवेचन किया जाए। इन रूपों में मुख्यत: उपन्यास-कहानी-नाटक को लिया जा सकता है। अर्थ-सघनता अधिकतम रूप में उपन्यास-कहानी-नाटक के गद्य-विन्यास में विकसित हुई है। इस भावात्मक दबाव से उपराम होकर कई तरह के तनावों के इस युग में कभी हल्के काव्य-रूपों की ओर पाठक का मन रमता है। इस दृष्टि से जीवनी-आत्मकथा, यात्रा-संस्मरण, रेखाचित्र-रिपोर्ताज जैसे नये अकाल्पनिक गद्य-रूप इधर काफ़ी लोकप्रिय हुए हैं। कल्पना का आश्रय लिए बिना, वास्तविक इतिवृत्त पर आधारित ये रूप हल्की भाषिक सर्जनात्मकता में संभव होते हैं। यों अर्थ-सघनता के विविध स्तरों पर अलग-अलग गद्य-रूप द्विवेदी युग में खड़ी बोली गद्य के साथ-साथ क्रमश: विकसित होते हैं, जिससे काव्यभाषा और काव्य रूपों की अंतर-क्रिया बेहतर समझ आती है।

जहाँ तक गद्य-रूपों का संबंध है बोलचाल की निकटतम स्थिति में आद्योपांत संवादों में बँधा नाटक पहले आता है। मोलियर के नाटक के पूर्व उल्लिखित चरित्र महाशय जोदों का विस्मय समझ में आता है जब गद्य की पहिचान पूछे जाने पर उन्हें बताया जाता है कि गद्य वह है जिसे वे बराबर बोलते आ रहे हैं। दैनंदिन बोलचाल और गद्य का निकट संबंध यहाँ नाटक में अनायास प्रकट होता है। प्राचीन विकसित भाषाओं जैसे संस्कृत-ग्रीक-लैटिन के इतिहास में आरंभिक बड़े काव्य-रूप के तौर पर अधिकतर नाटक का उदय देखा जा सकता है। आधुनिक युग में गद्य का बड़ा काव्य-रूप उपन्यास है, जहाँ प्रकथन की भूमिका में सीधे लेखक उतरता है। सबकी बात कहने और सभी वर्णनों को बाँधने में उसका गद्य अधिक अर्थ-सघन होता है। यही कारण है, जिससे आधुनिक गद्य-रूपों में उपन्यास सर्वाधिक महनीय है; नाटक की प्रभविष्णुता रंगमंच पर अभिनय के साहचर्य में उभरती है, सीधे पढ़े जाने में उसका संघात स्पष्ट ही कम हो जाता है। प्राचीन महाकाव्य या कि आख्यान और रोमांसों का नया रूप यदि उपन्यास लेता है तो प्राचीन आख्यायिकाओं का स्थान आधुनिक कहानी लेती है जहाँ भी प्रकथन का दायित्व सीधे रचनाकार का है। और फिर इन अर्थ-सघन काव्यरूपों की प्रतिक्रिया में जैसे निबंध-यात्रावृत्त-जीवनी-संस्मरण-आत्मकथा-रिपोर्ताज के गद्य-रूप आते हैं, जहाँ भाषा बोलचाल के निकट है और

प्रकथन लेखक का स्वयं। यों अपने विधान के इन दोनों स्तरों पर ये अकाल्पनिक गद्य-रूप आत्मीय और अनौपचारिक अधिक हो जाते हैं। आरंभ में ये रूप अधिकतर सूचना और इतिवृत्तपरक हैं, फिर क्रमशः कला-रूप के तौर पर विकसित होते हैं।

हिंदी के आधुनिक साहित्यिक गद्य का विकास यदि देखा जाए तो बहुत-कुछ काव्यरूपों के इसी क्रम में आगे बढ़ता है। पहले 1870 के आसपास भारतेंदु और उनके सहयोगियों के नाटक लिखे गए, जिनके द्वारा आधुनिक गद्य-परंपरा के प्रवर्तन पर आचार्य शुक्ल ने अपना विस्मय प्रकट किया था ('इतिहास' पृ० 393), जिसका उल्लेख पहले भी इस विवेचन में किया जा चुका है। फिर आते हैं इसी काल के उपन्यास 'भाग्यवती' (श्रद्धाराम फुल्लौरी-1877 में रचित, 1887 में प्रकाशित) और 'परीक्षागुरु' (लाला श्रीनिवासदास-1882)। और तब आधुनिक कहानी का उदय होता है 1900 में 'सरस्वती' पत्रिका के साथ-साथ। इन कहानियों में 'इंदुमती' (किशोरीलाल गोस्वामी-1900), 'प्लेग की चुड़ैल' (मास्टर भगवानदास-1902), 'ग्यारह वर्ष का समय' (रामचंद्र शुक्ल-1903) तथा 'दुलाईवाली' (राजेन्द्र बाला घोष) 'बंगमहिला'-1907 उल्लेखनीय हैं। यों 1800 के आसपास सक्रिय हुए आरंभिक गद्यकार-चतुष्टय के कार्य-काल से प्रायः एक शताब्दी के भीतर सर्जनात्मक गद्य के सभी मुख्य काव्य-रूप हिंदी में गति पकड़ लेते हैं।

गद्य अपने आरंभिक लिखित रूप में महज़ गद्य होता है। फिर क्रमशः अर्थ-सघनता के दबाव में, जैसा संकेत किया गया, विविध गद्य-रूप विकसित होते हैं, (उपन्यास-कहानी-नाटक) और बाद में कुछ अविकसित भी होते हैं (निबंध-यात्रा संस्मरण-रेखाचित्र आदि)। और इस विकास-यात्रा में एक स्थिति के बाद गद्य की निष्पत्ति फिर केवल गद्य के रूप में होती है, जिस परिणति का विवेचन हम इस खंड के समापन भाग में करेंगे। आरंभिक गद्य स्पष्ट ही इतिवृत्तपरक होता है, जबकि द्वितीय अवतरण में वह कला-गद्य के रूप में ढल जाता है। संप्रति इन दोनों के बीच के विस्तृत दिक्-काल का विवेचन अभीष्ट है।

उपन्यास

उपन्यास गद्य का पहला बड़ा आविष्कार है। गद्य में अर्थ और अनुभव की विविक्ति जितनी और जैसे बढ़ती गई उपन्यास की सामर्थ्य भी उतनी ही बढ़ती गई। आख्यान और रोमांस की कौतूहलमूलक सीधी रैखिक विकास-गति के स्थान पर क्रमशः कथा और उपन्यास की बहुपक्षीय तथा बहुस्तरीय प्रगति संभव हुई। इस दृष्टि से हिंदी उपन्यास का गद्य 'चंद्रकांता' की हिंदुस्तानी से आरंभ होकर किशोरीलाल गोस्वामी के उपन्यासों में उर्दू-मिश्रित अथवा कभी संस्कृत बहुल खड़ी बोली से होता हुआ प्रेमचंद में परिनिष्ठित हिंदी बनता है, और फिर जैनेन्द्र-अज्ञेय में समृद्ध से समृद्धतर

होता है। इसी के समानांतर इन उपन्यासों का कथा-विधान है सीधे कालानुक्रम से घूमता-फिरता फिर देश-काल को आगे-पीछे के कई कोणों से प्रस्तुत करता है। गद्य-प्रयोग और काव्य-रूप के विकास में यह द्वन्द्वात्मक रिश्ता है, जहाँ दोनों एक-दूसरे के साथ अंतर-क्रिया में समृद्ध और सघन होते हैं। इसी संदर्भ में पहले हिंदी उपन्यास का कुछ अध्ययन अभीष्ट होगा। स्पष्ट ही काव्य-रूपों के ब्यौरेवार सर्वेक्षण का न तो यह अवसर है और न ही वह यहाँ आवश्यक है।

मुद्रण-सुविधाओं और साक्षरता के विकास के साथ-साथ अँग्रेज़ सरकार 19वीं शती के आरंभ से ही उत्तर-भारत में शासन तथा अन्य व्यावहारिक उपयोगों के लिए एक कृत्रिम भाषा-रूप हिंदुस्तानी को बढ़ावा दे रही थी, इस तथ्य का उल्लेख कई प्रसंगों में पहले किया जा चुका है। पर जनसाधारण के निजी व्यवहार तथा साहित्यिक रचना के लिए हिंदी/हिंदवी का प्रयोग अपने से चला आता था। दक्षिण भारत की दकनी शैली में रचे गए मुल्ला वजही के गद्य रूपक ग्रंथ 'सबरस' (1635 ई०) से लेकर, लल्लूजी-इंशाअल्ला खाँ प्रभृति आरंभिक गद्यकारों, तथा बाइबिल के अनुवादकों, और फिर राजा लक्ष्मण सिंह के कृतित्व तक हिंदी का यह रूप उत्तरोत्तर परिमार्जित होता आ रहा था। हिंदुस्तानी रूप के आविष्कर्ता फोर्ट विलियम कॉलेज के हिंदुस्तानी विभाग के प्रोफेसर गिलक्राइस्ट थे। फिर बाइबिल के अनुवादकों ने भी हिंदी से अलग, हिंदुस्तानी रूप में अपने कुछ अनुवाद तैयार किए। आगे चलकर राजा शिवप्रसाद 'सितारेहिंद' ने अपनी पत्रकारिता और पाठ्यपुस्तकों में इसी भाषा-रूप को ढालने की कोशिश की। पर उल्लेखनीय यह है कि साहित्यिक रचनाशीलता में हिंदुस्तानी का प्रवेश नहीं हो सका, उसका क्षेत्र प्रशासनिक और व्यावहारिक ही रहा।

आरंभिक उपन्यास के गद्य में भी ये दोनों धाराएँ देखी जा सकती हैं। जैसा संकेत किया गया, देवकीनंदन खत्री ने अपनी लोकप्रिय उपन्यास-माला में हिंदुस्तानी शैली का प्रयोग किया, जबकि किशोरीलाल गोस्वामी ने खड़ी बोली हिंदी का। आचार्य रामचंद्र शुक्ल ने अपने इतिहास में इन दोनों आरंभिक उपन्यासकारों के प्रसंग में जो टिप्पणियाँ की हैं उनसे इस मौलिक अंतर पर और प्रकाश पड़ता है। देवकीनंदन खत्री के विषय में उनका कहना है, "पहले मौलिक उपन्यास लेखक, जिनके उपन्यासों की सर्वसाधारण में धूम हुई काशी के बाबू देवकीनंदन खत्री थे यहाँ पर यह कह देना आवश्यक है कि इन उपन्यासों का लक्ष्य केवल घटना-वैचित्र्य रहा, रससंचार, भावाविभूति या चरित्रचित्रण नहीं। ये वास्तव में घटना-प्रधान कथानक या किस्से हैं जिनमें जीवन के विविध पक्षों के चित्रण का कोई प्रयत्न नहीं, इससे ये साहित्य-कोटि में नहीं आते कहना चाहें तो यों कह सकते हैं कि उन्होंने साहित्यिक हिंदी न लिखकर 'हिंदुस्तानी' लिखी, जो केवल इसी प्रकार की हलकी रचनाओं में काम दे सकती है।" (पृ० 433-34) देवकीनंदन खत्री के तुरंत बाद इतिहासकार किशोरीलाल गोस्वामी का प्रसंग उठाता है, "उपन्यासों का ढेर लगा देने वाले दूसरे मौलिक उपन्यासकार

पंडित किशोरीलाल गोस्वामी हैं, जिनकी रचनाएँ साहित्य-कोटि में आती हैं साहित्य की दृष्टि से उन्हें हिंदी का पहला उपन्यासकार कहना चाहिए।" (पृ० 434) इस प्रसंग में स्मरणीय है कि हिंदी के पहले उपन्यास के रूप में हम 'भाग्यवती' (श्रद्धाराम फुल्लौरी) तथा 'परीक्षागुरु' (लाला श्रीनिवासदास) का उल्लेख पहले कर चुके हैं। ये इन लेखकों की अकेली उपन्यास-कृतियाँ हैं। अत: पहले उपन्यास के रूप में ये कृतियाँ हैं, जबकि पहले उपन्यासकार के रूप में देवकीनंदन खत्री और किशोरीलाल गोस्वामी की गणना की जा सकती है।

उपन्यास योरप में—जहाँ उसका प्रवर्तन हुआ—और बंगाल में—जहाँ उसका भारत में प्रथम अवतरण हुआ—दोनों जगह सामाजिक यथार्थ की समस्या से जुड़कर आगे बढ़ता है। कविता दार्शनिक पक्षों में अधिक रुचि लेती है; नाटक, विशेषत: हिंदी में, राष्ट्रीय संघर्ष को इतिहास की पृष्ठभूमि में चित्रित करता था; उपन्यास के लिए तब स्वाभाविक था कि सामाजिक यथार्थ का अंकन करे। हिंदी के दोनों आरंभिक उपन्यास 'भाग्यवती' तथा 'परीक्षागुरु' हिंदू समाज की कुरीतियों और मर्यादाओं का अपने-अपने ढंग से अंकन करते हैं। 'परीक्षागुरु' का अंकन उपन्यास-विधान के अधिक अनुकूल इसलिए पड़ता है क्योंकि यहाँ पाश्चात्य सभ्यता और जीवन-मूल्यों के तत्कालीन समाज पर प्रभाव का चित्रण है, और उससे उत्पन्न अवांछनीय परिणामों का दिग्दर्शन भी। अंतत: विजय भारतीय आदर्शों की होती है, जिनकी ओर उपन्यास का नायक लाला मदनमोहन कई तरह की टक्करें झेलने के बाद वापस लौटता है। इस तुलना में 'भाग्यवती' सीधे-सीधे हिंदू समाज की अपनी कुरीतियों का ही परिणाम दिखाता है और स्त्री-शिक्षा की आवश्यकता पर बल देता है। इस संदर्भ में रामचंद्र शुक्ल की टिप्पणी सटीक लगती है जब वे कहते हैं, "अँगरेज़ी ढंग का मौलिक उपन्यास पहले-पहल हिंदी में लाला श्रीनिवासदास का 'परीक्षागुरु' ही निकला था।" ('इतिहास' पृ० 395) दोनों उपन्यासों के गद्य में भी यह अंतर देखा जा सकता है। 'भाग्यवती' के गद्य में भाषा का सीधा-सरल प्रवाह है, जबकि 'परीक्षागुरु' के गद्य में कई तरह के प्रभावों की झलक और उनसे उत्पन्न कुछ ऐंठन जान पड़ेगी, जो उपन्यास के कथा-विधान में अनुस्यूत सांस्कृतिक संघर्ष की वस्तु से जुड़ी हुई है।

'चंद्रकांता संतति' के समापन-खंड में उपन्यास की भाषा का आदर्श इस प्रकार व्याख्यायित हुआ है—"किसी दार्शनिक ग्रंथ या पत्र की भाषा के लिए यदि किसी बड़े कोश को टटोलना पड़े तो कुछ परवाह नहीं, परन्तु साधारण विषयों की भाषा के लिए भी कोष की खोज करनी पड़े तो निस्संदेह दोष की बात है। मेरी हिंदी किस श्रेणी की हिंदी है इसका निर्धारण मैं नहीं करता परंतु मैं यह जानता हूं कि इसके पढ़ने के लिए कोष की तलाश करनी नहीं पड़ती जो हो भाषा के विषय में हमारा वक्तव्य यही है कि वह सरल हो और नागरी वाणी में हो, क्योंकि जिस भाषा के अक्षर होते हैं, उनका खिंचाव उन्हीं मूल भाषाओं की ओर होता है जिससे उनकी उत्पत्ति हुई

है।" दूसरी ओर किशोरीलाल गोस्वामी के भाषादर्श का विश्लेषण आचार्य शुक्ल ने अपने इतिहास में इस प्रकार किया है, "उर्दू जबान और शेर-सखुन की बेढंगी नकल से, जो असल से कभी-कभी साफ अलग हो जाती है, उनके बहुत से उपन्यासों का साहित्यिक गौरव घट गया है। ग़लत या ग़लत मानी में लाए हुए शब्द भाषा को शिष्टता के दरजे से गिरा देते हैं। खैरियत यह हुई कि अपने सब उपन्यासों को आपने यह मँगनी का लिबास नहीं पहनाया। 'मल्लिका देवी या बंग-सरोजिनी' में संस्कृत-प्राय समास-बहुला भाषा काम में लाई गई है। इन दोनों प्रकार की लिखावटों को देखकर कोई विदेशी चकपकाकर पूछ सकता है कि 'क्या दोनों हिंदी हैं? (पृ० 435)

खत्री की बोलचाल की हिंदी/हिंदुस्तानी और गोस्वामी की तत्समाग्रही हिंदी के वाद-विवाद में हिंदी का अपना संवादी रूप विकसित होता है जिसमें आगे के दौर के उपन्यासकार-विशेषत: प्रेमचंद और जैनेन्द्र-हिंदुस्तानी से अलग, अपना आधार-रूप पाते हैं। यों इन दोनों भाषादर्शों की टकराहट हिंदी गद्य के आधुनिक दौर में पहले से चलती आ रही थी, और तिलिस्मी-ऐयारी के उपन्यासों में पूरी होती है। देवकीनंदन खत्री प्रभृति के ये उपन्यास हिंदुस्तानी गद्य की एकमात्र उपलब्धि कहे जा सकते हैं, जहाँ आश्चर्य और शौर्य के इकहरे वृत्तांत सीधे-सीधे कौतूहल जगाते हुए कह दिए गए हैं। कहा जाता है कि 'चंद्रकांता' को पढ़ने के लिए उस युग में अनेक लोगों ने देवनागरी लिपि सीखी थी। इसके बाद तो हिंदुस्तानी की चर्चा महात्मा गांधी द्वारा चलाए राजनैतिक आंदोलन के एक कार्यक्रम रूप में शेष रह जाती है। साहित्य के क्षेत्र में उसका प्रयोग आप से आप समाप्त हो जाता है। दुबारा संकरित इस भाषा-रूप में ऐसी अर्थ-सघनता न थी कि तिलिस्मी-ऐयारी के कथानकों से आगे बढ़कर उपन्यास काव्य-रूप के भीतर मानव जीवन के विविध अनुभव-स्तरों को अपने में समो सकती।

भारतेंदु-मंडल के और कुछ परवर्ती उपन्यासकारों ने अपने युग की विविध समस्याओं का चित्रण मुख्य रूप से किया है। यह कथा-साहित्य अधिकतर घटना-प्रधान है, चरित्रांकन की बारीकी की ओर अभी ध्यान नहीं है। घटनाओं में दिलचस्पी अधिक होने से ये उपन्यासकार सीधे वर्णन की शैली अपनाते हैं। यों कथानक अलग-अलग होने पर भी इनके गद्य का रंग प्राय: एक-सा बना रहता है। इस युग के कुछ प्रतिनिधि उपन्यासकार हैं—बालकृष्ण भट्ट ('नूतन ब्रह्मचारी' : 1886, 'सौ अजान एक सुजान' : 1890), मेहता लज्जाराम शर्मा ('धूर्त रसिकलाल' : 1899, 'स्वतंत्र रमा और परतंत्र लक्ष्मी' : 1899, 'हिंदू गृहस्थ' : 1903, 'आदर्श दम्पति' : 1904, 'सुशीला विधवा' : 1907, 'आदर्श हिंदू' : 1915—उपन्यासों की यह शीर्षक-माला न केवल आरंभिक हिंदी उपन्यास की विषय-वस्तु की ओर संकेत करती है, वरन् उस पूरे युग की रचना-चिंता को भी प्रकट करती है।), राधाकृष्णदास ('नि:सहाय हिंदू'), गंगाप्रसाद गुप्त, जयरामदास गुप्त, गोपालराम गहमरी तथा रामजीदास वैश्य। इस आरंभिक युग में उपन्यास-विधा का आकर्षण कितना प्रबल था, इसका अनुमान

इस बात से भी लगाया जा सकता है कि इन लगभग बीस वर्षों में केवल उपन्यासों को प्रकाशित करने वाली पाँच पुस्तक पत्रिकाएँ प्रचलित थीं—'उपन्यास लहरी' (देवकीनंदन खत्री), 'उपन्यास' (किशोरीलाल गोस्वामी), 'जासूस' (गोपालराम गहमरी), 'उपन्यास बहार' (जयरामदास गुप्त), 'दारोगा दफ्तर' (रामलाल वर्मा)।

आरंभिक युग के उपन्यासकार यदि घटना-क्रम और विषय-वस्तु को केन्द्र में रख कर उपन्यास लिखते हैं तो यह उपन्यास माध्यम की यथार्थ अभिमुख प्रकृति के अनुकूल ही था। पर कुछ उपन्यासकार प्रमुखतः भाषा और गद्य-शैली के प्रयोग में भी प्रवृत्त हुए, यद्यपि इनका यह आकर्षण भी युगीन कथा -विधान जैसा बहुत-कुछ कौतूहलमूलक था। ऐसे उपन्यासकारों में कहीं-कहीं कविता का संस्कार प्रबल हुआ दिखता है। इस कोटि के कथाकारों में हैं, जगमोहन सिंह, खड़ी बोली हिंदी के पहले महाकाव्य-रचयिता अयोध्यासिंह उपाध्याय 'हरिऔध', 'ब्रजनंदन सहाय' तथा आगे चलकर चंडीप्रसाद 'हृदयेश' और राजा राधिकारमणप्रसाद सिंह। जगमोहन सिंह का 'श्यामा स्वप्न' (1888) कथा और गद्य-काव्य के संधि-विंदु पर रचित प्रकृति और प्रणय की काव्यात्मक गाथा के रूप में विदग्ध पाठकों के आकर्षण का केन्द्र रहा। आचार्य शुक्ल ने अपने इतिहास में इसके कथा-सौंदर्य का सोदाहरण विवेचन किया है, प्रकृति-चित्रण की विशेष तौर पर सराहना करते हुए, और इच्छा प्रकट की है, "क्या अच्छा होता यदि इस शैली का हिंदी में स्वतंत्र रूप से विकास होता।" (पृ० 411-13)

हरिऔध के उपन्यासों में भाषा-कौतूहल बहुत मुखर हुआ है। उन्होंने दो उपन्यास ठेठ हिंदी में लिखे—'ठेठ हिंदी का ठाट' (1899) और 'अधखिला फूल' (1907)। इसके पूर्व 'वेनिस का बाँका' तत्सम शब्दावली पर आधारित भाषा में लिखा था! इसी तरह का प्रदर्शनमूलक भाषिक द्वैत उनके दो काव्यों 'प्रियप्रवास' और 'वैदेही-वनवास' के बीच द्रष्टव्य है। ऐसे रचना-विधान में स्पष्ट ही कला कम कौशल अधिक दिखाई देता है। भाषा संवेदना के विकास में योग न देकर इन प्रयोगों में अलग-थलग पड़ जाती है। इस तुलना में ब्रजनंदनसहाय के उपन्यास ('सौंदर्योपासक' और 'राधाकांत') काव्यात्मक गद्य शैली और भावात्मक व्यंजना का अच्छा संघटन प्रस्तुत करते हैं। 'श्यामा-स्वप्न' से मिलता-जुलता तत्सममूलक काव्यात्मक गद्य आगे चंडीप्रसाद 'हृदयेश' के यहाँ मिलता है ('मंगल प्रभात'), जबकि राधिकारमण प्रसाद सिंह उर्दू की तरह, मुहाविरेदार, और कहीं-कहीं तुकांत युक्त बोलचाल की भंगिमा में चुलबुली शैली का प्रयोग करते हैं। पर यह तो परिदृश्य का अगला भाग है, जिसे हम कुछ बाद में देखेंगे।

प्रेमचंद में पहुँच कर हिंदी उपन्यास वयस्क होता है।

प्रेमचंद के गद्य पर विचार करते समय यह ध्यान रखना आवश्यक है कि उन्होंने अपने कथा-लेखन और पत्रकारिता दोनों का आरंभ उर्दू में किया था; फिर क्रमशः वे हिंदी में लिखने लगे। पर विशेष बात यह है कि उनके लेखन में उर्दू या हिंदुस्तानी

का कहीं कोई घालमेल नहीं है। यों उर्दू और हिंदी दोनों की भाषिक मर्यादा का पूरा ध्यान उन्होंने रखा है, और वे रचनाकार की अंतर्दृष्टि से समझते थे कि हिंदी-उर्दू के मिश्रण से जो हिंदुस्तानी का रूप बनेगा वह किसी उच्च लेखन के उपयुक्त न होगा। इस प्रसंग में पहले भी कहा जा चुका है कि उर्दू का विकास उत्तर भारत में एक 'क्रियोल' या संकर-भाषा ('रेख्ता') के रूप में हुआ, और धीरे-धीरे दकन से आरंभ करके उसने अपने मुहाविरे में असाधारण अर्थ-क्षमता अर्जित कर ली। पर फिर एक 'क्रियोल' से दूसरा 'क्रियोल' ('हिंदुस्तानी') जो तैयार होगा उसकी अर्थ-क्षमता अत्यंत सीमित रहेगी, यह भी स्पष्ट है। प्रेमचंद ने इस समूची भाषिक प्रक्रिया के मर्म को अपनी अंतर्दृष्टि और अपने रचना-अनुभव से समझ लिया था। इसीलिए उन्होंने बोलचाल के एकदम निकट सरल हिंदी अपनाई, हिंदुस्तानी नहीं!

प्रेमचंद का रचनात्मक मूल्यांकन इस संदर्भ में कई कारणों से समस्या उपस्थित करता है। वे पाठक को जितना सहज हैं, आलोचक को उतना ही मुश्किल। उनकी कथा-कृतियाँ घटना और अनुभव-बहुल दोनों हैं। यहीं प्रेमचंद आलोचक के लिए मुश्किल बनते हैं। यह स्थिति अपने में विडंबनापूर्ण है कि अनुभव-बहुलता के जिस विशिष्ट गुण के लिए पाठक के रूप में वह आभारी था, वही अनुभव-बहुलता आलोचक के रूप में उसके सामने एक सीमा बनाती है। प्रेमचंद अपनी रचना-प्रक्रिया में भाषा का संपूर्णतः दोहन कर लेते हैं, फलतः उनके गद्य में आलोचक के लिए ऐसी भाषा-छवियाँ, संकेत शेष नहीं बचते जिनके सहारे वह उस रचना में आगे अर्थ का संवर्द्धन कर सके। और यहाँ प्रेमचंद गांधी के सबसे निकट आते हैं। विचार-धारा के स्तर पर वे गांधी से प्रभावित रहे या फिर उनसे उपराम होते गए, यह एक स्थूल जानकारी की बात है। रचना के क्षण में वे गांधी के सबसे नज़दीक होते हैं।

गांधी के विचार-दर्शन और व्यावहारिक जीवन—और हमारे समकालीनों में शायद वे अकेले ऐसे थे जिनके यहाँ दोनों एक हो गए—की सबसे बड़ी विशेषता उन की किफ़ायतसारी है, जो उनकी तितिक्षा और कड़ाई के आदर्शों से जुड़ी रही है। गांधी के जीवन के प्रेरक प्रसंगों में एक वह माना जाता है जहाँ जहाज पर एक अँग्रेज़ सहयात्री के गालियों भरे लंबे लेख में से उन्होंने आलपीन निकाल कर अपनी डिब्बी में रख ली थी; और अँग्रेज़ के यह पूछने पर कि उस लेख में उन्हें क्या सार मिला, गांधी ने डिब्बी खोल कर वही आलपीन बड़ी निष्ठा के साथ उसे दिखा दी थी। यहाँ गांधी का विनोदी रूप देखा जा सकता है, पर वह अलग बात है। मूल बात उनकी किफ़ायतसारी की है। कुछ भी अनावश्यक रूप में व्यय नहीं होना है और छोटे से छोटे उपकरण का भी प्रयोग कर लिया जाना है—यह उनका मूल मंत्र था, अपने समय के लिए, देश की अर्थ-नीति के लिए और राजनैतिक शक्ति के लिए।

मुंशी प्रेमचंद अपने ढंग से, जैसे कि उनके समकालीन और निकट रचनाधर्मी कवि मैथिलीशरण गुप्त अपने ढंग से, किफ़ायतसारी का यह आदर्श अपनी रचना-

प्रक्रिया में रख कर चलते हैं। प्रेमचंद के यहाँ सामाजिक यथार्थ का चित्रण भी इसीलिए फैल नहीं पाता, बर्बाद नहीं जाता। उनका रचना-आदर्श आप से आप उनके यथार्थ चित्रण पर नियंत्रण रखता है। फलतः वे अपने समकालीन तथा पिछले कई अन्य कथाकारों की भाँति मज़ा लेकर यथार्थ का चित्रण नहीं करते, समूचे रचना- विधान में उसका उपयोग करते हैं। यहीं पांडेय बेचन शर्मा 'उग्र', ऋषभचरण जैन या कि पूर्ववर्ती किशोलीलाल गोस्वामी से उनमें गुणात्मक अंतर समझ में आ जाता है। प्रेमचंद के गद्य में किफ़ायतसारी का ढंग मज़ा लेकर यथार्थ चित्रण के ढंग से एकदम अलग दिखाई पड़ता है, यद्यपि कि ऐसे गद्य के प्रयोग में, जैसा संकेत किया गया, अर्थ पूरी तरह से निकाल लिया जाता है। अर्थ-व्यंजकता के अपेक्षया सूक्ष्म स्तर पर किफ़ायतसारी के आदर्श का निर्वाह एक-दूसरे गांधीवादी कथाकार जैनेन्द्र के यहाँ मिलता है, जिसका विश्लेषण आगे होगा।

प्रेमचंद भाषा का सत अपनी रचना में पूरी तरह से निचोड़ लेते हैं। यथार्थ के नियमन की तरह उनका यह गुण भी पाठक के लिए अत्यंत तोषप्रद है, पर यहाँ विधान के स्तर पर, जैसा संकेत किया गया, वे आलोचक के लिए कठिनाई उत्पन्न करते हैं। यह स्पष्ट है कि कोई भी रचनाकार आलोचक के लिए नहीं लिखता, पाठक के लिए लिखता है। और उसके रचना-कर्म से यहाँ यदि कुछ विडंबनाएँ उत्पन्न होती हैं तो उनके लिए वह जिम्मेवार नहीं है। रचनाकार का पहला दायित्व तो पाठक के प्रति है, और वहाँ वे महान् हैं। आलोचक अपनी चिंता स्वयं करेगा।

'गोदान' (1936) के विशेष संदर्भ में प्रेमचंद के गद्य का विवेचन अलग से होगा।

उपन्यास के क्षेत्र में प्रेमचंद के सहयोगी जयशंकर प्रसाद हैं। काव्य में जीवन के चरम आदर्श आनंद को रूपायित करने वाले कवि प्रसाद अपने तीन उपन्यासों-दो पूर्ण और एक अपूर्ण—में सामाजिक यथार्थ का चित्रण ही चुनते हैं। और इसके लिए 'कंकाल' तथा 'तितली' में उनका गद्य-विधान भी कम-बढ़ प्रेमचंद की तरह ही रहता है। अपने अंतिम अधूरे उपन्यास 'इरावती' में अवश्य वे एक भिन्न भाषिक स्तर पर रचना करते हैं। यहाँ कथानक शुंगकालीन है, और रचना-समस्या भी सामाजिक यथार्थ के बीच से लेखक की प्रिय जीवन-साधना आनंद की भाव-भूमि तक पहुँचने की है। तब स्वभावतः भाषा का रूप, उनके नाटकों की तरह, तत्सम शब्दावली पर आधारित काव्यात्मक लक्षणा के निकट है। लेखक की इस अंतिम अधूरी रचना में जैसे उनकी कविता, नाटक और उपन्यास तीनों रचना-पक्षों का एक विराट् समागम हुआ हो, और 'इरावती' के अधूरेपन ने तो शायद उसकी कलात्मकता और उन्मुखता को कुछ बढ़ाया ही है प्रसाद के आधे गाए गान के प्रिय बिंब की तरह। 'इरावती' के गद्य का कुछ अंश यहाँ उदाहरण के तौर पर प्रस्तुत है—

इरावती ने कहा—'क्या बिना मुझसे पूछे तुम रह नहीं सकते? अग्नि! मैं जीवन-

रागिनी में वर्जित स्वर हूँ। मुझे छेड़कर तुम सुखी न हो सकोगे'...'मुझसे मिले, मुझे बचाना चाहते हो। यह तुम्हारी अनुकम्पा है। परंतु मेरे ऊपर मेरा भी कुछ ऋण है। मैंने भी अपने को इतने दिनों से संसार से सार लेकर—भीख माँग कर—अनुग्रह से अनुरोध से जुटा कर कैसा कुछ खड़ा कर दिया है। उस मूर्ति को क्यों बिगाड़ें? स्त्री के लिए जब देखा कि स्वावलम्ब का उपाय कला के अतिरिक्त दूसरा नहीं; तब उसी का आश्रय लेकर जी रही हूँ। मुझे अपने में जीने दो। (पृ० 15-16)

पर प्रसाद के हस्तक्षेप के बावजूद यह उपन्यास-युग प्रेमचंद का है। महावीरप्रसाद द्विवेदी के नैतिक समर्थन और किसी क़दर निर्देशन में, प्रेमचंद, सुदर्शन, विश्वम्भरनाथ शर्मा कौशिक की इतिवृत्तमूलक गद्य शैली आगे भी कथाकारों में लोकप्रिय होती है। पर भाषा और यथार्थ की जो समझ प्रेमचंद के पास थी वह एकदम विशिष्ट थी, और वैसा ही उनका गद्य-विधान था अर्थ का अधिकतम दोहन कर लेने वाला। आगे आने वाले कथाकारों ने गद्य का यह सीधा-सरल रूप तो अपनाया पर प्रेमचंद जैसी अर्थ-प्रक्रिया का ढंग वे विकसित नहीं कर सके। इसीलिए उनके यहाँ कथा महत्त्वपूर्ण हो गई, उसका विधान परिष्कृत नहीं हो पाया। भगवतीचरण वर्मा, यशपाल, अमृतलाल नागर, भगवतीप्रसाद वाजपेयी के सीधे गद्य में सीधे कालक्रमानुसारी उपन्यास इसीलिए बहुत बार रोचकता से ऊपर नहीं उठ सके। मनुष्य जीवन के बहुस्तरीय यथार्थ का साक्षात्कार ऐसे खड़े गद्य में दूर तक संभव नहीं हो पाता। जाने-अनजाने प्रेमचंद की छाया में लिखने वाले इन उपन्यासकारों में सबसे अधिक सफलता मिली भगवतीचरण वर्मा को। रोचक बात यह है कि लेखक को पहले-पहले प्रतिष्ठित करने वाले उपन्यास 'चित्रलेखा' (1934) का कथानक, प्रेमचंद कलम से अलग, एक अर्द्ध-ऐतिहासकि ढंग से मौर्य काल में स्थित है, और एक दार्शनिक पर उतनी ही व्यावहारिक समस्या 'पाप क्या है?' के इर्द-गिर्द घूमता है। यों परिवेश और समस्या के अनुकूल तत्समाश्रित गद्य विधान में वर्णन और संवाद दोनों गतिशील हो गए हैं। यह गति लेखक के अगले दो उपन्यासों 'तीन वर्ष' और 'टेढ़े मेढ़े रास्ते' में बनी रहती है, फिर क्रमश: शिथिल होती जाती है।

इस क्रम के अन्य उपन्यासकार हैं प्रतापनारायण श्रीवास्तव, उपेन्द्रनाथ 'अश्क', इलाचंद्र जोशी तथा सियारामशरण गुप्त। अपने समकालीनों में सियारामशरण गुप्त का गद्य सर्वाधिक निर्मल और संवेदनशील है। यही कारण है कि उनकी रचना बहुत बार कथा, संस्मरण और रेखाचित्र के माध्यमों को काटती-जोड़ती चलती है। चतुरसेन शास्त्री, वृंदावनलाल वर्मा और मूलत: कवि निराला ने भी सामाजिक, ऐतिहासिक और अर्द्ध-ऐतिहासिक उपन्यास लिखे। पर कथा-संयोजन की बुनियादी शर्तों से अलग उनके गद्य-प्रयोग में कुछ विशिष्टता नहीं उभरती।

भारतेंदु युग के बाद महावीरप्रसाद द्विवेदी, मैथिलीशरण गुप्त तथा प्रेमचंद ने खड़ी बोली के सर्जनात्मक रूप को एक व्यवस्था और पहिचान दी। भाषिक विकास का यह एक महत्वपूर्ण चरण था। अगले चरण में परिष्कार और सूक्ष्म अर्थ-स्तरों का अभिज्ञान करना था। यह दायित्व कविता के क्षेत्र में जैसे जयशंकर प्रसाद तथा उनके सहयोगियों ने निबाहा वैसे ही कथा साहित्य में जैनेन्द्र तथा फिर अज्ञेय ने।

सीधी-सरल-मुहाविरेदार भाषा प्रेमचंद और जैनेन्द्र में बहुत कुछ एक जैसी है, पर दोनों के विधान में बुनियादी और गुणात्मक अंतर है। गुरु-शिष्य जैसी इस जोड़ी की समानता और अलग विशिष्टता का कुछ तुलनात्मक अध्ययन हम ग्रंथ के पहले खंड में कर आए हैं। इस प्रसंग को गद्य-प्रक्रिया की बेहतर समझ के लिए यहाँ कुछ आगे बढ़ाया जा सकता है। महत्त्वपूर्ण बात यह है कि दोनों का गद्य बोलचाल में से विकसित है, पर दोनों में से कोई हिंदुस्तानी शैली को नहीं अपनाता, हिंदी के परंपरित रूप को ही आगे बढ़ाता है। प्रेमचंद पहले उर्दू में लिखते थे, फिर हिंदी में लिखने लगे, पर उन्होंने हिंदुस्तानी का प्रयोग कहीं नहीं किया। उर्दू लिखी तो उर्दू की तरह, हिंदी लिखी तो हिंदी की तरह, दोनों का संकर हिंदुस्तानी रूप में नहीं किया। जैनेन्द्र तो दिल्ली-मेरठ के हिंदवी/हिंदी रूप के सबसे संवेदनशील और परिष्कृत प्रयोगकर्ता कहे जा सकते हैं, खास तौर से अपनी आरंभिक कथा-कृतियों में।

जैसा संकेत किया गया, प्रेमचंद और जैनेन्द्र दोनों का गद्य सरल, मुहाविरेदार बोलचाल में से विकसित है, पर प्रेमचंद की बोलचाल प्रचलित साधु हिंदी के आधार पर है जब कि जैनेन्द्र की बोलचाल सीधे दिल्ली-मेरठ की खड़ी बोली के आधार पर। प्रेमचंद में प्रचलित प्रसंगमूलक मुहावरों का प्रयोग अधिक है, जैनेन्द्र में बोलचाल का ठेठ मुहावरा है। उदाहरण से यह अंतर स्पष्ट किया जा सकता है। होरी की गाय ज़हर दिए जाने से मर जाती है। उसी रात होरी-धनिया की बातचीत चल रही है, होरी कहता है, "तेरे पेट में बात पचती नहीं, कुछ सुन पायेगी, तो गाँव भर में ढिंढोरा 'मैं पीटती फिरेगी।" होरी-गोबर के संवादों में एक प्रसंग आता है, गोबर कह रहा है, तो अपने हाथों अपने पाँव में कुल्हाड़ी न मारूँगा।' स्पष्ट ही ऐसे मुहाविरों के प्रयोग उपन्यासकार के वर्णन में नहीं, चरित्रों-विशेषतः ग्रामीणों-के संवादों में अधिक मिलेंगे। इस तुलना में 'त्यागपत्र' के कुछ अंश रखे जा सकते हैं : कथाप्रमुख का आत्ममंथन है—"नीव ढीली ही होगी और ऐसे हाथ आने वाला कुछ नहीं है।" (प्रकरण 4)"मन में एक गाँठ-सी पड़ती जाती थी।" (प्रकरण-7) यहाँ जोड़ना होगा कि ऐसा नहीं है कि पहले प्रकार के प्रयोग सिर्फ 'गोदान' में मिलते हैं, 'त्यागपत्र' में नहीं, या कि दूसरी तरह के प्रयोग 'त्यागपत्र' में ही मिलते हैं, 'गोदान' में नहीं। किसी भी गद्यकार में ये दोनों तरह के प्रयोग मिल सकते हैं। पर प्रेमचंद के गद्य में पहले प्रकार की बहुलता और केन्द्रीयता है जैनेन्द्र के यहाँ दूसरे प्रकार की। 'अकेला चना भाड़ नहीं फोड़ सकता' लोकोक्ति है, 'ढिंढोरा पीटना' मुहाविरों में रखा जाएगा, 'हाथ आना'

मुहावरा है। मुहावरे बहुवचन है, मुहावरा एकवचन। एकवचन प्रयोग को चलाकर उसे बहुवचन में रूपांतरित कर देना यही संप्रेषण का मूल रहस्य है। भाषा- प्रयोग को क्रमश: हल्का करते जाने में जैनेन्द्र ने इस संप्रेषण प्रक्रिया को आगे दक्षतर बनाया है। 'चना और भाड़' के पूरे विस्तृत दृश्यालेख से 'ढिंढोरा पीटना' हल्का है, और उससे हल्का लाक्षणिक प्रयोग है 'हाथ आना'। भाषा को हल्का करना यों अपने में ही लाक्षणिक प्रयोग है।

प्रेमचंद और जैनेन्द्र के तुलनात्मक विवेचन में फिर कहना होगा कि प्रेमचंद्र भाषा का संपूर्णत: दोहन कर लेते हैं, जबकि जैनेन्द्र अपने गद्य में कहकर बहुत कुछ अनकहा छोड़ देते हैं। अपनी इस भाषा प्रक्रिया की व्याख्या स्वयं जैनेन्द्र ने इस प्रकार की है, "यों भी कह सकते हैं कि भाषा कहकर इतना नहीं कहती, जितना अनकहा छोड़कर कहती है...हिंदी गद्य के विकास में, जैसे कि मेरी धारणा है इतर भाषाओं के विकास में भी, यह गति देखी जा सकती है। सफलता के लिए हर गद्य को वाग्मिता से सरलता और बनावट से सहजता की ओर बढ़ना होता है। ज्ञान से जीवन या कहिए कि पाठशाला के अनुशासन से घर के घरेलूपन की ओर उसे आना होता है। और गद्य की इस इष्ट प्रगति का दायित्व सर्वाधिक कहानी और उपन्यास पर है, यह कहने में कुछ अत्युक्ति नहीं है।" ('हिंदी गद्य का विकास'—आकाशवाणी संकलन पुस्तिका : 1958) कहना न होगा प्रेमचंद और जैनेन्द्र दोनों के कथा-साहित्य ने अपने-अपने ढंग से इस दायित्व का निर्वाह किया है।

उपर्युक्त 'अपने-अपने ढंग' के कारण जैनेन्द्र के यहाँ अनेक अर्थ-छवियों की संभावना बनती है, और बनी रहती है, जहाँ से पाठक और आलोचक फिर से नयी अर्थ-सृष्टि आरंभ कर सकता है। प्रेमचंद के कथा-साहित्य में यथार्थ चित्रण और गद्य-विधान से कुछ आगे अर्थ-व्यंजकता में गांधीवाद से मिलता-जुलता मितव्ययता का आदर्श था, जिसे जैनेन्द्र ने मितकथन के स्तर पर आगे बढ़ाया। प्रेमचंद जिस भाषा में कहते हैं वहाँ अर्थ-ग्रहण समूचे तौर पर हो जाता है, यह मितव्ययता है। जैनेन्द्र कहते कम हैं, अर्थ अधिक देना चाहते हैं; या कहिए कम बोलकर अधिक कहते हैं, यह मितकथन है। दोनों में भाषा की किफायतसारी के बीच यह मौलिक अंतर है।

जैनेन्द्र के संबंध में कुछ और चर्चा तीसरे खंड में होगी। यहाँ उनके 'त्यागपत्र' के आकर्षण का एक विशेष उल्लेख यों किया जा सकता है कि हिंदी पढ़ाई के अगले चरण के लिए इलाहाबाद आए हुए जापानी राजनयिक प्रशिक्षणार्थी सुज़ूकी शिगेनोबू ने बड़े उत्साह से 'त्यागपत्र' पर एक आलोचनात्मक निबंध 'युगचेतना' पत्रिका (लखनऊ) में प्रकाशित किया था। तीस के दशक में जापान में रहते हुए भारतीय पत्रकार केशोराम सब्बरवाल ने प्रेमचंद की 'मंत्र' आदि कई कहानियों का जापानी में अनुवाद किया था। कोई तीन दशक बाद भारत में रहते हुए जापानी राजनयिक 'त्यागपत्र' की आशंसा में निबंध लिखता है। ध्यान देने की बात यह है कि गद्य का

यह आदान-प्रदान एकदम स्वत:स्फूर्त है।

अज्ञेय में भाषा और गद्य-विधान के प्रति सजगता और बढ़ती है। 'आत्मनेपद' में 'जो न लिख सका' चर्चा का आरंभ करते हुए वे कहते हैं, "अच्छा गद्य पढ़ने में मुझे अनिर्वचनीय आनंद मिलता है।" गद्य के लिए किसी रचनाकार-कवि द्वारा ऐसे सम्मान की अभिव्यक्ति लगभग अभूतपूर्व है। कविता के रसास्वादन के संदर्भ में ब्रह्मानंद सहोदर की बात प्रचलित और पुरानी है, गद्य के प्रसंग में 'अनिर्वचनीय आनंद' की बात न केवल नयी वरन् किसी क़दर साहसिक है। यहाँ स्मरणीय है कि स्वयं अज्ञेय जहाँ अपने काव्य-प्रयोगों के लिए ख्यात हैं वहीं उनके गद्य की प्रांजलता और प्रयोगशीलता एकबारगी अविस्मरणीय है।

यहाँ 'अच्छा गद्य' से लेखक का अभिप्राय क्या हो सकता है? अच्छे-अच्छे शब्द? पर कविता में तो किसी क़दर काव्यात्मक शब्दावली की बात चल सकती है, गद्य में अच्छे शब्द क्या होंगे? तब बात आती है व्यवस्था की, शब्दों की व्यवस्था, चिंता उनके क्रम-विधान की, बलाबल निर्धारण की। कविता यदि अनुभूति की भाषा है तो गद्य चिंतन की। भाषा की व्यवस्था फिर चिंतन और सोच के विधान से जुड़ी हुई है। सर्जनात्मक गद्य में अनुभूति और चिंतन फेंट कर मिला होता है, इस पर भी ध्यान देना होगा। 'अच्छा गद्य' कहने पर ये सभी व्यवस्थाएँ अभिप्रेत हो सकती हैं। तब महत्वपूर्ण 'अच्छे शब्द' नहीं, 'अच्छी व्यवस्था' है, जो 'अच्छे गद्य-विधान' के केन्द्र में है।

इस समूचे विश्लेषण को उदाहृत करने के लिए अज्ञेय के उपन्यास 'शेखर : एक जीवनी' (1941) का एक ख्यात वाक्य लिया जा सकता है। उपन्यास में 'प्रवेश' के अंतर्गत समूची कथा-वस्तु का सूत्र-वाक्य आता है, "सबसे पहले तुम, शशि।" बिना क्रिया-पद के अपने में तना यह वाक्य जैसे कथा के अंतरंग को एकबारगी खोल देता है। वाक्य में आत्मीयता ('तुम') और नाटकीयता ('सबसे पहले') का विलक्षण संयोजन हुआ है। उपन्यास का यह केन्द्रीय वृत्त जैनेन्द्र के 'त्यागपत्र' में अनुस्यूत मृणाल-प्रसंग पर महत्वपूर्ण नवाचार है। अपने सहज अकुंठ भाव के कारण शशि को सीधा संबोधन यहाँ है कथा-पट के उठते ही। और तब इस छोटे से चार शब्दों के वाक्य में अर्थ की इतनी गूँज-अनुगूँज बसी है जो समूचे उपन्यास में, और फिर पाठक के मन में लगातार चलती रहती है।

गद्य की इस क्षमता के प्रसंग में यहाँ समझा जा सकता है कि 'परीक्षागुरु' (1882) से प्रेमचंद के 'गोदान' (1936) की यात्रा काल-प्रवाह की दृष्टि से अपेक्षाकृत लंबी है; उस तुलना में 'गोदान' (1936) से जैनेन्द्र के 'त्यागपत्र' (1937) और अज्ञेय के 'शेखर : एक जीवनी' (1941) तक की यात्रा संक्षिप्त। एक बार वयस्कता पा लेने पर फिर आगे परिष्कार की दिशाएँ यों जल्दी-जल्दी खुलती हैं।

अज्ञेय में कथा-भाषा के कई रंग हैं, जो जैनेन्द्र में इस रूप में नहीं दिखते। शायद

यही कारण है जिससे जैनेन्द्र के परवर्ती उपन्यासों में एकरसता जैसा भाव आने लगता है, जबकि अज्ञेय में भाषिक प्रयोगों के बीच नयी संभावनाएँ उभरती हैं। 'शेखर' की मूलगत भाषा 'नदी के द्वीप' (1951) की प्रणय-गाथा में और अर्थ-सघन हो उठती है; फिर एकाएक 'अपने-अपने अजनबी' (1961) में मृत्यु के साक्षात्कार-प्रसंग में अज्ञेय अपनी भाषा को एकदम बेलौस और रंगहीन कर लेते हैं। कथा-भाषा के इस विकास-क्रम में लेखक की उपन्यास-यात्रा प्रतिबिंबित होती दिखती है। तीनों उपन्यासों के उद्धरण से बात और स्पष्ट हो सकेगी :—

> *मैंने तुम्हारा घर देखा, उन्हें भी देखा, जिनके आधार पर वह घर तुम्हारा घर हुआ था। और मुझे लगा, तुम संतुष्ट बैठी हो, तुम्हारे जीवन के चलने के लिए एक पटरी निश्चित हो गयी है और उस पटरी के इधर-उधर कहीं कोई नहीं है। तब मेरा संकोच और भी दृढ़ हो गया कि मुझे दुबारा पहचानना है—तुम मेरी परिचित नहीं हो...* *('शेखर : एक जीवनी')*

> *पहाड़ की पहली शरद् का यह मदालस भाव अकेले अनुभव करने का नहीं है, क्योंकि वह मूलतः एक प्रतिकर्षित भाव नहीं है जैसी जाड़ों की ठिठुरन-सिकुड़न, न वैसा मुक्त विस्फूर्जित भाव है जैसा बरसात का उल्लास; वह मूलतः एक उन्मुख भाव है* *('नदी के द्वीप')*

> *उसे देखते-देखते मेरा मन होता है कि ज़ोर से चीखूँ, कि जलती हुई लकड़ी उठाकर उसकी कलाइयों पर दे मारूँ जिससे उसका आग को असीसने का दुस्साहस करने वाला हाथ नीचे गिर जाय—एकाएक जिसके सदमे से उसकी हृद्गति बंद हो जाय।* *('अपने-अपने अजनबी')*

सृजनात्मक भाषा-प्रयोग की दृष्टि से अज्ञेय के अंतिम उपन्यास 'अपने-अपने अजनबी' का अध्ययन अपने-आप में रोचक और महत्वपूर्ण है। पूरे उपन्यास की भाषा एकदम सादी और निराग्रह है। एक बुढ़िया और एक जवान लड़की के चरित्रों को आमने-सामने करके मृत्यु का साक्षात्कार जैसा रंगहीन और निरावरण हो सकता है, वैसी ही लेखक के वर्णन की भाषा है। खास तौर से अज्ञेय के पिछले उपन्यासों की तुलना में 'अपने-अपने अजनबी' की भाषा बिलकुल बदली हुई है—सतरंग मानों शुभ्र प्रकाश में समो जायें। 'शेखर : एक जीवनी' और 'नदी के द्वीप' की भाषा में आभिजात्य और तत्समता के गुण, जो अपने विशिष्ट ढंग से प्रसिद्ध रहे हैं, यहाँ पहुँचकर झर जाते हैं। यहाँ भाषा का मूलतः ठेठ, सहज और तद्भव रूप सहसा उभरता है, जिसका प्रयोग लेखक की कविता में उत्तरोत्तर सबल होता गया है। काव्यभाषा के इस रूप में एक खड़खड़ापन है, जो सामान्यतः बोलचाल की साधारण भाषा के लिए सहज है, और जिसमें अर्थ-सघनता लाना रचनाकार के लिए चुनौती है। और

शायद इसी दृष्टि से गद्य को कवियों के लिए कसौटी कहा गया है।

अज्ञेय के 'शेखर' पर विस्तृत चर्चा का अवसर पुस्तक के तीसरे खंड में होगा।

'त्यागपत्र' और 'शेखर' के आसपास ही हिंदी का तीसरा महत्वपूर्ण प्रेमचंदोत्तर उपन्यास प्रकाशित होता है 'बाणभट्ट की आत्मकथा' (1946)। यह संयोग से अधिक है कि इन तीनों उपन्यासों में भाषा-प्रयोग की अपनी-अपनी उन्मुखता है, और तीनों में कथा की शुरुआत एक छल के रूप में किसी क़दर लेखकीय भूमिका के साथ ही हो जाती है। हजारीप्रसाद द्विवेदी संस्कृत तथा प्राकृत-अपभ्रंश साहित्य के मर्मज्ञ पंडित थे, और उनकी सर्जनात्मक प्रतिभा उनके इस पहले उपन्यास में खूब खिली है। बाणभट्ट संस्कृत के 7वीं शती के प्रसिद्ध गद्यकार थे। उनकी आत्मकथा और शैली के कला-छंद्म रूप, हजारीप्रसाद द्विवेदी की इस कथा-कृति में स्वभावतः भाषा-प्रयोग समूची रचना के केन्द्र में है।

बाणभट्ट की आत्मकथा का छद्म होने पर उपन्यास में संस्कृत तत्सम पदावली का विधान अत्यंत स्वाभाविक है। पर तत्सम के व्यापक विस्तार के बीच-बीच में कुछ

देसी या ठेठ बोलचाल के शब्द ले आना आचार्य द्विवेदी की शैली की विशेषता है : 'निउनिया', 'बंड', 'फक्कड़', 'बच्चू', 'आवारा' जैसे पद यहाँ प्रधान चरित्रों के लिए प्रयुक्त होते हैं। ऐसे शब्दों को डाल कर लेखक जैसे समूची भाषिक तत्समता को एकबारगी भंग करके उसे फिर निकट और आत्मीय बना लेता है। संस्कृत में प्राकृत की मिलावट, जैसे खड़ी बोली में ब्रज की, कुछ वैसे ही तत्सम में देसी की रचनाकार के भाषिक आत्मविश्वास को प्रकट करती है और उसे पाठक के निकट ले आती है।

बाणभट्ट ने तत्कालीन संस्कृत गद्य का एक विशिष्ट रूप विकसित किया था। उस का कला-छद्म 'बाणभट्ट की आत्मकथा' यदि आधुनिक हिंदी गद्य का एक विशिष्ट रूप विकसित करती है तो यह सहज उतना नहीं जितना उचित है। इस विशिष्टता का एक ढंग, जैसा संकेतित किया गया है धीरे-धीरे तत्सम पदावली बुनना, और फिर उसके बीच-बीच में एकाएक कोई लोक-प्रयोग डालकर उसे भंग करना; यों पंडित और सामान्य जन दोनों को लेखकीय विश्वास में लेना। उदाहरण के लिए दो-एक प्रसंग लिए जा सकते हैं। भट्टिनी निउनिया को अपना वृत्तांत बता रही हैं—"मैं घर्षिता, अपमानिता, कलंकिनी, सौ-सौ मानवियों की भाँति सामान्य नारी हूँ। जगत् के दुःख प्रवाह में फेन-बुबुद् के समान मैं भी नष्ट हो जाऊँगी और प्रवाह अपनी मस्तानी चाल से चलता जायेगा। माता सै मैंने बौद्ध दुःखवाद का भाव पाया है और पिता से भागवत अनुकंपा का।" एक अन्य प्रसंग में धावक बाण भट्ट की पीठ थपथपाते हुए कहता है, "लो गुरु, पौ बारह हैं तुम्हारे।" सघन तत्सम पदावली के बीच 'मस्तानी चाल' और 'लो गुरु' की निपट लोक भंगिमा बिजली की तरह कौंध उठती है।

कुछ समय हुआ प्रसिद्ध योरोपीय साहित्य-चिंतक और काव्यभाषा-मर्मज्ञ अंब

इको का इतालवी भाषा में रचित उपन्यास 'द नेम ऑफ़ द रोज़' (1980) प्रकाशित होकर बहुचर्चित हुआ, और एकबारगी समकालीन क्लैसिक बन गया है लोकप्रियता और साहित्यिक मूल्यांकन दोनों दृष्टियों से। अपनी उपन्यास-प्रक्रिया में इस कथा-कृति का अद्भुत मेल है 'बाणभट्ट की आत्मकथा' से (1946), जो स्पष्ट ही इतालवी उपन्यास की तुलना में प्राय: चार दशक पूर्व रचा गया है। दोनों उपन्यास काल-क्रम की दृष्टि से क्रमश: भारतीय तथा यूरोपीय मध्यकाल में अवस्थित हैं, और दोनों लेखक कथा-भूमिका में स्पष्ट करते हैं कि यह उनकी रचना नहीं वरन् उनके हाथ लगी 7वीं ('बाणभट्ट की आत्मकथा') और 14वीं ('द नेम ऑफ़ द रोज़') शती में क्रमश: एक गद्यकार और एक पुरोहित द्वारा लिखित आत्मकथा-पांडुलिपि की प्रस्तुति-भर है। यों दोनों का कला-छद्म एक प्रकार के अभिप्राय से अनुशासित है। रचना-प्रक्रिया की दृष्टि से दोनों उपन्यासों में मध्यकालीन भारतीय और यूरोपीय जीवन-संदर्भों का विलक्षण पुन:सृजन हुआ है, समकालीन संस्पर्शों के साथ। एक ओर दिन के चौबीस घंटों का ठेठ मध्यकालीन ईसाई चर्च की आराधना के क्रम में बँटवारा, दूसरी ओर चर्च द्वारा गरीबी के वरण के सिद्धांत पर आधुनिक अंदाज़ में बहस। एक ओर सातवीं सदी की संपन्न आर्य संस्कृति और उसके संघर्षों का चित्रण, दूसरी ओर नारी उद्धार और जागरण के वर्तमान संदर्भ को उकसाना। यों इन उपन्यासों में अतीत और वर्तमान एक-दूसरे में डूबकर विराट् काल-प्रवाह का चित्र उपस्थित करते हैं, जहाँ कालसापेक्ष भाषा-प्रयोग की निर्णायक भूमिका है।

पर इस प्रसंग में स्मरणीय है कि यह विशिष्ट भाषिक विधान स्वयं लेखक द्वारा भी अनुकरणाशक्य है, और इसीलिए आवृत्त किये जाने पर अपना प्रभाव खो बैठता है। इस प्रसंग में प्रेमचंद, हजारीप्रसाद द्विवेदी और फणीश्वरनाथ 'रेणु' की कथा—यात्रा की तुलना रोचक होगी। प्रेमचंद का सीधा-सादा भाषिक विधान 'सेवासदन' से लेकर 'गोदान' तक बराबर साथ देता है, यह बात दूसरी है कि अलग-अलग रचनाओं में उसकी उपलब्धि की कोटि अलग-अलग है। पर हजारीप्रसाद द्विवेदी का विशिष्ट भाषिक विधान 'बाणभट्ट की आत्मकथा' के बाद जब 'चारु चंद्रलेख', 'पुनर्नवा' और 'अनामदास का पोथा' में आवृत्त होता है तो उसका प्रभाव मंद होता चला जाता है। इसी प्रकार 'रेणु' के 'मैला आँचल' (1954) में आंचलिक भाषा प्रयोग की नाटकीय सफलता उनके अगले उपन्यास 'परती परिकथा' में फीकी पड़ जाती है। शायद इसीलिए अज्ञेय ने जब विशिष्ट भाषिक विधान को चुना 'शेखर' में तो अगले उपन्यासों में उसे दुहराया नहीं। 'नदी के द्वीप' और 'अपने-अपने अजनबी' की भाषिक बुनावट उन्होंने फ़रक रखी, और इसमें उन्हें सफलता भी मिली। यानी भाषिक विशिष्टता को फिर हर बार अलग ढंग से विशिष्ट होना पड़ेगा।

'शेखर' और 'बाणभट्ट' जैसी ही ख्याति फणीश्वरनाथ 'रेणु' के कथा-प्रयोग 'मैला आँचल' (1954) को मिलती है। 'रेणु' की आरंभिक कर्म-भूमि बिहार और

बंगाल का संधि क्षेत्र रहा है, उनकी उपन्यास-भूमि में भी हिंदी और बंगाली का संगम देखा जा सकता है। आधुनिक भारत में उपन्यास बंगाले की कला के रूप में आरंभ होता है, उस कला को ठेठ व्यापक राष्ट्रीय संदर्भों से हिंदी का उपन्यासकार जोड़ता है। बंकिम, रवीन्द्र, शरत्, ताराशंकर और सतीनाथ भादुड़ी एक ओर, प्रेमचंद, जैनेन्द्र, अज्ञेय और रेणु दूसरी ओर-इनके बीच कुछ ऐसा ही रचनात्मक रिश्ता देखा जा सकता है।

रेणु पहले कथाकार हैं जिन्होंने भाषा में समूचे अंचल को सिरजा है। इसीलिए 'मैला आँचल' में भाषा, अंचल और चरित्र की क्रिया-प्रतिक्रिया अपनी प्रामाणिकता स्वयं प्रस्तुत करती है। यहाँ द्विस्तरीय गद्य का प्रयोग चलता है, और वर्णन तथा संवाद की भाषा के वैविध्य को एक-दूसरे के आमने-सामने करने में आंचलिकता की सृष्टि होती है। उपन्यासकार द्वारा वर्णन की सामान्य भाषा समूचा संदर्भ है, जिसके भीतर पात्रों की स्थानीय बोली अंचल विशेष का चित्र खड़ा करती है। यों इस द्विस्तरीय गद्य-प्रयोग में 1942 के राष्ट्रीय स्वाधीनता संग्राम का अंकन होता है। 'गोदान' जिस अवसाद में पूरा हुआ था, या कहिए अधूरा पूरा हुआ था उससे आगे 'मैला आँचल' में स्वाधीनता संग्राम का उल्लास, उत्साह और विषाद भी-चित्रित हुआ है। यह उल्लास-उत्साह और विषाद सीधे जन-बोली में उतरता है। उपन्यास के एक आरंभिक चित्र-संवाद का क्रम यों है—"और अंत में यादव टोली के लोग बालदेव के हाथ और कमर में रस्सी बाँध कर हो हल्ला मचाते हुए आए। उसकी कमर में बँधी हुई रस्सी को सभी पकड़े हुए हैं। फिरारी सुराजी को पकड़ने वालों को सरकार बहादुर की ओर से इनाम मिलता है—एक हजार, दो हजार, पाँच हजार! लेकिन साहब, तो देखते ही गुस्सा हो गए, 'क्या बात है? इसको क्यों बाँध कर लाया है? इसने क्या किया है?'

"हुजूर, यह सुराजी बालदेव गोप है। दो साल जेहल खटकर आया है; इस गाँव का नहीं, चन्ननपट्टी का है। यहाँ मौसी के यहाँ आया है। खध्धड़ पहनता है, जैहिन बोलता है।" स्वाधीनता आंदोलन की सूत्र शब्दावली यहाँ है—'जेहल', 'खध्धड़', 'जैहिन्न'। इन कुछेक शब्दों के प्रयोग से बोलने वालों के सामूहिक चरित्र को प्रकट किया गया है। स्थानीय प्राकृतिक और देशगत विशेषताओं के वर्णन से मिलकर ऐसा गद्य-रूप उभरता है जो पूरे अंचल का जीवंत प्रतिरूप बन जाता है। गद्य की यह वैसी स्थिति नहीं जहाँ बोली का पुट भाषा में दिया जाता है, यहाँ बोली और भाषा समानता के दरजे पर आमने-सामने आती है।

पर, जैसा कहा गया, 'मैला आँचल' में आंचलिकता का जो वैशिष्ट्य है वह अगले ही उपन्यास 'परती परिकथा' (1957) में युक्ति बनकर अपनी प्रभाविष्णुता खो बैठता है। विशिष्टता की आवृत्ति नहीं हो सकती, उसे हर बार नये ढंग से विशिष्ट होना पड़ेगा।

आंचलिकता से कुछ हल्का रंग प्रादेशिक गद्य में मिलता है। उपन्यास के विधान में वर्णन की परिनिष्ठित भाषा और संवादों की बोली का आमना-सामना कुछ टकराहट की मुद्रा में नहीं, वरन् पूरकता में होता है। स्पष्ट ही आंचलिकता का गहरा रंग प्रादेशिकता की तुलना में मिलावट के लिए अधिक समस्या खड़ी करता है। आंचलिकता और प्रादेशिकता के मिले-जुले रूप शैलेश मटियानी, मनोहरश्याम जोशी, गोविंद मिश्र और कृष्णा सोबती के कथा-क्रम में द्रष्टव्य हैं। बंबई महानगर की जीवन-चर्चा और बंबइया हिंदी की अंतर्प्रादेशिक बोली-बानी एकरस होकर मटियानी के कई उपन्यासों और जोशी के 'कुरु-कुरु स्वाहा' में विशेषत: उतरी है। गोविंद मिश्र के यहाँ बुंदेली की ठेठ ठसक सुनने को मिलती है, कृष्णा सोबती के यहाँ ग्रामीण पंजाब की मुहाविरेदानी। जो कभी कभी 'शैंपेन' में सत्तू सानने की कोशिश जैसी लगने लगती है। जोशी के 'नेताजी कहिन' (1982) में राजधानी दिल्ली के भीतर पूरब से बिहारी, और पछाँह से हरियानवी और राजस्थानी बोलियाँ कैसे घुलती-मिलती हैं अपने वक्ताओं के चरित्र के साथ, इसका बड़ा सटीक और व्यंग्य पूर्ण चित्रण हुआ है। पश्चिमी प्रभावों की चकाचौंध के बीच दिग्भ्रमित दिल्ली में प्रादेशिक भारतीय व्यक्तित्व जैसे स्थानीय नेताओं में उभरता है निपट स्वार्थपरता और व्यावहारिकता को लिए दिए वह 'नेताजी कहिन' का प्रधान उपजीव्य है, जिस रूप में यह कृति एक समकालीन गद्य क्लैसिक बन गई है। पुस्तक का समर्पण बोली हुई भाषा के प्रति कथाकार की सजगता और प्रतिश्रुति को प्रकट करता है—'अपने गुरु अमृतलाल नागर को जिनसे मैंने जाना कि भाषा सुनकर सीखी जाती है सादर!' 'नेताजी कहिन' के लेखक ने अमृतलाल नागर के 'सेठ बाँकेमल' से निश्चय ही बहुत कुछ सीखा होगा, पर 'नेताजी' कथा-कृति जिस प्रकार स्विफ़्ट की 'गलिवर्स टैक्ल्स' और भारतेंदु की 'अंधेर नगरी' की तरह कई स्तरों पर, अपना अर्थ खोलती है वह उसकी अपनी विशिष्ट और स्पृहणीय उपलब्धि है। समकालीन राजनीति में 'तन्तर-मन्तर और ज्योतिष-जन्तर' की स्थिति स्पष्ट करते हुए नेताजी अपना अनुकरणाशक्य-गद्य यों बोलते हैं—गद्य और बोलने के संबंध की विवेचना यों कई बार की जा चुकी है—"अरे नेहरूजी की बात अउर थी। नेसनल खेल वइसेई जमा हुआ था उनका, इण्टरनेसनल में इन खाँटी इण्डियन लटकों की जरूरतहि नहीं थी। अब तो सारा खेल नेसनल है अउर उसमें नेता का यह सब धरम-करम का नाटक न सिर्फ चलता है, बल्कि उसकी राजनीति के नाटक को जमाता है। पूजा-पाठ, तन्तर-मन्तर, जोतिस यह ठेठ भारतीता का ठाठ है। इसकी हमारी जिनगी में खास जगह है।" 'अंधेर नगरी' विदेशी शासन का ख़ाका था, 'नेताजी कहिन' स्वदेशी का। दूसरी स्थिति में अवसाद की स्थिति यदि गहरी है तो उससे निपटने के लिए व्यंग्य भी वैसा ही व्यापक और मुखर है।

सामान्य भाषा में विशिष्ट प्रयोग के संक्रमण से गद्य बनने का क्रम अपने ढंग से

चलता है। परिदृश्य पर विविध गद्य शैलियों के प्रति आकर्षण कभी प्रबल होता दिखता है तो कभी सीधे गद्य लेखन की ओर झुकाव जान पड़ता है। दोनों की अपनी-अपनी रचना-समस्याएँ हैं, फिर भी कहना होगा कि गद्य के एक ही रंग में विविध चरित्रों और मन:स्थितियों को उकेरना, एकत्व में अनेकत्व का आभास देना अपेक्षया कठिन है। कथा-गद्य के क्षेत्र में इस स्तर पर अपने-अपने ढंग से धर्मवीर भारती, निर्मल वर्मा तथा रघुवीरसहाय सक्रिय होते हैं। भारती तथा निर्मल ने उपन्यास और कहानियाँ दोनों की रचना की, रघुवीरसहाय ने सिर्फ़ कहानियाँ लिखीं। धीरे-धीरे रंगहीन, समरस गद्य, या कहना चाहिए सिर्फ़ गद्य लिखने की चुनौती रचनाकार को अधिक वरणीय जान पड़ती है, जहाँ क्रमश: उपन्यास-कहानी-नाटक जैसी कल्पनाप्रधान विधाओं और निबंध-रेखाचित्र-संस्मरण जैसी अकाल्पनिक विधाओं के गद्य के बीच अंतर कम से कम रह जाए। यों काव्य-रूपों की सीमा रेखाओं का मद्धिम पड़ना गद्य-रचना की उत्कृष्टता का एक प्रमाण है। इस स्थिति पर पहुँच सकना गद्य की अपनी सर्जनात्मकता का चरम शिखर कहा जा सकता है।

धर्मवीर भारती का उपन्यास 'सूरज का सातवाँ घोड़ा' (1951) उपन्यास के नये, और कहानी-चक्र के परंपरित विधान को ढाल कर बना है, और इस प्रक्रिया में उपन्यास-काव्यरूप को विस्तृत करने का प्रयास यहाँ हुआ है। 'सातवाँ घोड़ा' का गद्य गली-मुहल्ले की सामान्य बोलचाल में विकसित होता है बीच-बीच में विनोद का पुट लिए हुए। ऐसा गद्य कथा के उपजीव्य निम्न मध्यवर्ग को बखूबी उकेरता है जहाँ की अवसादपूर्ण ज़िंदगी में आशाएँ-आकांक्षाएँ बीच-बीच में विनोद भाव के रूप में उमड़ती हैं। यह संगमन जितना विषण्ण है उतना ही कभी-कभी उत्प्रेरक भी।

अज्ञेय की गद्य-परंपरा को समृद्ध किया है निर्मल वर्मा ने : वैसा ही सहज शिष्ट गद्याचार, वैसी ही सही शब्द की परख और वाक्य-लय, और वैसा ही अभिजात्य तथा आत्मीयता का सम्मिश्रण-कथा-साहित्य, अकाल्पनिक गद्य-रूप और आलोचना में प्राय: एक जैसा समरस गद्य, स्वयं अज्ञेय जिसे कहें 'अच्छा गद्य'। गद्य की इस समरसता के पीछे एक मुख्य कारण यह लक्षित किया जा सकता है कि निर्मल आविष्ट शब्दों या पद-बंधों का प्रयोग नहीं करते। आवेश या राग को पूरे विन्यास में से वे व्यंजित करते हैं। इस संदर्भ में उनके कथा-साहित्य, अकाल्पनिक गद्य-रूपों और आलोचना के गद्य स्वभाव की तुलना रोचक होगी। यहाँ उदाहरण के लिए तीनों प्रकार के गद्य लेखन से एक-एक अंश लिया जा रहा है—

> *टी० टी० को जैसे किसी अदृश्य गंध की आहट मिल गई। शिकारी कुत्ते की तरह चमकती आँखों से वह कमरे में चारों ओर देखने लगा। कहीं कुछ भी न था। अचानक उसकी दृष्टि मेरे रूमानियन 'रूममेट' के पलंग पर जा पड़ी। मेरा डफल-कोट अब भी वहाँ पड़ा था। वह उठ खड़ा हुआ और पलंग के पास*

चला आया। फिर उसने धीरे से कोट उठाया और बिना दूसरी जेबों की चिंता किये अंदरूनी लंबी जेब में हाथ डाला। वह मेरे कोट की हर जेब का दायित्व जानता था। उसे निश्चय नहीं था। उसने टेबुल-लैंप जलाया और बोतल को ध्यान से रोशनी के नीचे देखने लगा। पहले क्षण उसे सचमुच अपनी आँखों पर विश्वास नहीं हो पाया था। वह 'स्लिब' ही थी—लैंप के फीके आलोक में बोतल के लेबल पर दो सुर्ख प्लम चमक रहे थे।

('वे दिन' : उपन्यास-1964)

ये पहाड़ी छायाएँ एक-सी हैं, किंतु हर जगह इनके पल-छिन बदलते रंगों को देखा है। जाखू की पहाड़ियों पर स्कूल के कमरे की खिड़की से बाहर इन्हें धीरे-धीरे धूप के संग उतरते देखा है। बहुत बरसों बाद कोटगढ़ के सेब के बगीचों में लेटे हुए पेड़ों की सरसराती टहनियों पर, रानीखेत में चीड़ की सुईनुमा, नुकीली पत्तियों की जाली से इन्हें चुपचाप छनते, झरते देखा है।

और तब रात झुक आती है पहाड़ों पर अँधेरा एकदम नहीं आता, एकदम आकर चौंकता नहीं-न वह उजाले को धकेल कर उसकी जगह लेता है, बल्कि दिन का उजाला खुद-ब-खुद धीरे-धीरे अँधेरे में सिमट जाता है। इसलिए पहाड़ी धूप कभी मरती नहीं, सिर्फ अपना रंग बदल लेती है।

('चीड़ों पर चाँदनी' : यात्रा-संस्मरण-1964)

हम जिसे मानवता का भविष्य कहते हैं, वह इतिहास में जीने वाले व्यक्ति का अतीत है, जो उसकी मृत्यु के बाद भी बचा रहता है—जिससे परम्परा बनती है। हम इस अद्‌भुत निष्कर्ष पर पहुँचते हैं कि भविष्य का बोध हमें कहीं आने वाले समय में नहीं, पीछे गुज़र जाने वाले अतीत में उपलब्ध होता है। हजारीप्रसाद ने इतिहास का बोध प्रकृति की नैसर्गिक लय से प्राप्त किया था—पश्चिम के इतिहास-आतंक से नहीं, इसीलिए वह व्यक्ति की मृत्यु को झरा हुआ पत्ता मानते थे जो खुद मिट्टी में मिल नये वृक्ष में अंकुरित होता है। क्या पत्ते का भविष्य वृक्ष नहीं है जो स्वयं पत्ते की मरी हुई स्मृति से विकसित हुआ है?

('परम्परा और इतिहास-बोध' : आलोचनात्मक निबंध—
'कला का जोखिम'- 1981 में संकलित)

अकचक उठाये गये इन तीन अलग-अलग विधाओं के गद्य-उद्धरणों में एक साझी विशेषता परिलक्षित की जा सकती है। तीनों प्रसंगों में अपने-अपने ढंग से क्रमश: तीन सूक्ष्म अनुभव-प्रक्रियाओं-गंध, रंग और स्मृति का संधान है, जो और सूक्ष्म स्तर पर एक तरह से जीने की उत्कट कामना, जिजीविषा का ही रूप है। कह सकते हैं कि यह निर्मल के गद्य का मूल स्वर है।

विधान के स्तर पर भारती या कि रघुवीरसहाय की तुलना में निर्मल वर्मा का गद्य अँग्रेजी प्रयोगों से आक्रांत दिखता है, जो उनके बहुत बार यूरोपीय देश-काल-पात्र को बाद देने पर भी अतिरंजित लगता है, और कभी-कभी तो एक तरह की अँग्रेजी आंचलिकता का रूप धारण कर लेता है। यह ज़रूर है कि लेखक के गद्य में यह प्रवृत्ति उत्तरोत्तर अनुशासित और शमित होती गई है। वयस्संधि की अवधि में जैसे यह भाषा-संधि अधिक प्रबल रही हो।

उपन्यास में कथा-गद्य का अधिक व्यावहारिक रूपं मोहन राकेश, राजेन्द्र यादव, कमलेश्वर और नरेश मेहता के यहाँ देखा जा सकता है। नरेश की कविता-भाषा की सांकेतिकता उनके क्लासिकीय शैली में लिखे उपन्यास 'उत्तरकथा' (1979) में, ठीक ही, अपेक्षया वर्णनात्मक रूप ग्रहण कर लेती है। नरेश मेहता के रचना-कर्म की बड़ी विशेषता इस बात में है कि उन्होंने जीवन और मृत्यु दोनों का उत्सव-भाव से चित्रण किया है। एक ओर 'उत्सवा' की राशि-राशि कविताएँ हैं जिनमें जीवन का उल्लास अदम्य रूप में अभिव्यक्त हुआ है, दूसरी ओर बृहदाकार उपन्यास 'उत्तरकथा' के पट-विस्तार में मृत्यु का चित्रण नितांत सहजता के साथ किया गया है। एक के बाद एक चरित्र का शरीरांत लेखक बड़े सधे हाथों चित्रित करता है, जिसे सामान्य बोलचाल में 'अरथी सजाना' कहा जाता है। 'उत्तरकथा' जैसे इन उत्तर-कार्यों की एक अनिवार्य श्रृंखला हो, जहाँ भी जीवन का ही उत्सव प्रवाहित होता दिखता है। कथा का केन्द्रीय चरित्र यहाँ अपनी स्नेहमयी अभिभावक और सहयोगी गायत्री के साथ इस अनुभव-राशि के बीच से अनायास गुज़रता है। जीवन और मृत्यु का यह बँटवारा—यदि इसे किसी क़दर बँटवारा कहा जा सके—एक लेखकीय रचना-विधान का अंग है, जो छायावाद के शीर्ष रचनाकार जयशंकर प्रसाद की भाव-व्यवस्था का स्मरण दिला सकता है। प्रसाद की ही तरह नरेश मेहता में जीवन का दर्शन और उल्लास कविता में व्यक्त होता है, और संघर्ष तथा टकराहट के चित्र उपन्यास में उभरते हैं। ये दोनों विधाएँ इस भाव-व्यवस्था के कितने अनुकूल हैं, यह बताने की आवश्यकता नहीं।

एक विशेष अंचल—मालवा, और एक काल-विशेष—20वीं शती के आरंभ में स्थिर होने के कारण 'उत्तरकथा' के गद्य में ख़ास तरह की लटक है, जो सहज और प्रीतिकर एक साथ है। यहाँ पहुँच कर लेखक की अपनी भाषा के साथ रचनात्मक बेचैनी और अकुलाहट जैसे एक निष्पत्ति पा लेती है।

मार्कण्डेय, शिवप्रसाद सिंह और श्रीलाल शुक्ल का कथा-विधान कुछ-कुछ नीम आंचलिक लगता है, दोनों तरह के अर्थ में। यहाँ काल-क्रम की दृष्टि से अधिकतर 'गोदान' और 'मैला आँचल' के बाद की जीवन-कथा है, जो पहले जैसे पक्के गद्य में कही-समझी नहीं जा सकती। इस संदर्भ में श्रीलाल के 'राग दरबारी' (1968) का गद्य ख़ास तौर से ध्यान खींचता है, जो गाँव और कस्बा, गंभीर-अगंभीर, देहाती-

शहराती के बीच लटकता हुआ है। यह सामाजिक रूपांतरण और उससे जुड़े मूल्यों के बिखराव का गद्य है। यहाँ समूचे उपन्यास में लगातार चलने वाला व्यंग्य और तंज़ का स्वर रचना में सहानुभूति नहीं विकसित होने देता, जो इस बड़ी कथा-कृति की बड़ी कमी भी कही जा सकती है। यहीं 'राग दरबारी' का अंतर 'मैला आँचल' से स्पष्ट हो जाता है।

श्रीलाल के यहाँ यदि परंपरित वर्णन-गद्य को बाहर से चिढ़ाने का ढंग है तो दूसरी ओर कुछ नये कथाकारों द्वारा उसे अंदर से तोड़ने की रचनात्मक कोशिश भी हुई है। यद्यपि कथा-भाषा को तोड़ने की अपनी गहन समस्याएँ हैं। गद्य का बुनियादी स्वभाव बताना और वर्णन करना है, कथा कहना है। तब कविता की सांकेतिक या अपेक्षया अमूर्त भाषा का प्रयोग यहाँ सीमित रूप में ही संभव है। स्थूल वर्णन और सूक्ष्म अमूर्तन आमने-सामने आकर नयी रचना ऊर्जा उत्पन्न कर सकते हैं, पर केवल अमूर्तन से यहाँ काम नहीं चल सकता। बल्कि कई बार नये अमूर्तन की प्रतिक्रिया में कुछ 'सोप नॉवल्स' जैसी रचना हुई है।

वर्णन करना, कथा कहना यदि गद्य का आदि स्वभाव है तो कथा-क्रम के साथ काल-क्रम का बंधन भी उसके ऊपर आप-से-आप आ जाता है। आदि-मध्य-अंत के साथ कहीं जुड़ा हुआ है अतीत-वर्तमान-भविष्य का क्रम। कथा-भाषा को अंदर से तोड़ने की कोशिश इस कथा-क्रम और काल-क्रम से मुक्ति पाने की ही कोशिश है।

और यह कोशिश उपन्यास-विधान के कई स्तरों पर होती रही है। एक मूल कथा को कई चरित्रों के दृष्टि-विंदु से उपस्थित करना ('नदी के द्वीप' : अज्ञेय) या कि समूची कथा को दिन के चौबीस घंटों में ही बाँध देना ('यूलिसीज़' : जेम्स ज्वॉयस) अथवा कई रूपों में पर्यालोचन का सहारा लेना इस प्रकार के प्रयासों में उल्लेखनीय हैं। कुरअतुल-ऐन-हैदर ने अपने बृहदाकार उपन्यास 'आग का दरिया' में मुख्य चरित्रों की एक ही मंडली को भारतीय इतिहास के विविध काल-खंडों में आवृत्त किया है। वर्णन के रेखानुसारी अनुक्रम से अलग होने के ये उपाय अधिकतर शैली के स्तर पर हैं, और शायद इसीलिए आंतरिक यथार्थ से वे बहुत छेड़-छाड़ नहीं कर पाते। भाषा के अनुक्रममूलक ढाँचे को तोड़ने की बात यहीं आती है।

नोबुल विजेता (1976) अँग्रेजी उपन्यासकार सॉल बैलो ने अपने उपन्यास 'हरज़ौग' (1964) में भाषा की सीमाओं से जूझने की कोशिश की है। उनके यत्न को गद्य का द्विस्तरीय प्रयोग कहा जा सकता है। 'हरज़ौग' में उन्होंने कथा-प्रवाह को दो स्तरों पर एक साथ अंकित किया है। एक स्तर पर कथा स्थूल प्रसंगों में घटित होती रहती है, एक दूसरे स्तर पर इन प्रसंगों को लेकर चरित्रों की मानसिक क्रिया-प्रतिक्रिया चलती है। इन दो समानांतर स्तरों का अलगाव उपन्यासकार ने मुद्रण-शैली के माध्यम से उभारा है। एक कथा-स्तर का वर्णन एक प्रकार की टाइप-व्यवस्था में है, और दूसरे स्तर पर मानसिक जगत् के द्वन्द्वों का अंकन एक भिन्न प्रकार की

टाइप-व्यवस्था में चलता है। स्पष्ट ही यह ढंग भाषा की आंतरिक रचना-प्रक्रिया का अंग न होकर एक कृत्रिम और बाहरी मुद्रण-प्रणाली पर आधारित है। पर इतना तो मानना होगा कि रचनाकार ने यहाँ आधुनिक कथा-भाषा की समस्या को समझा है और अपने ढंग से उसका समाधान देने का यत्न भी किया है, ऐसा समाधान जो प्राचीन संस्कृत नाटककारों की उस प्रविधि का स्मरण दिलाता है जिससे वे नाटकीय कार्य तथा कथन को 'स्वगत' और 'प्रकट' में बाँटकर यथार्थ का द्विस्तरीय चित्रण करते चलते थे।

हिंदी के नये उपन्यासकारों में कृष्णबलदेव बैद, गंगाप्रसाद विमल तथा विपिन कुमार अग्रवाल ने अपने ढंग से कथा-गद्य को ढालने का यत्न किया है। विपिन के उपन्यास 'बीतीआपबीतीआप' (1978) में शीर्षक को ही कुशल आवृत्ति के सहारे अंतहीन और स्वतः सक्रिय बना दिया गया है। रचना में पुराने प्रसिद्ध काव्य और कथावृत्तों के टुकड़ों को इस तरह सजाया गया है कि नये तरह के गद्य के सामने आकर वे दोनों ओर अतिरिक्त अर्थ की सृष्टि करते हैं। देवकीनंदन खत्री के 'चंद्रकांता' के एक प्रसंग (भाग 4, 11वाँ बयान) को इस प्रकार उठाया-सँवारा गया है—

काफ़ीघर की गरम भट्टी के किनारे वाली मेज़ पर दो आदमी लेखकियाना पोशाक पहिरे बैठे हैं और आपुस में धीरे-धीरे बात कर रहे हैं। एक की उम्र लगभग चालीस वर्ष के होगी। काला रंग, छोटा कद, सिर्फ पायजामा और चुस्त कुरता पहिने हुए, प्याला कलम आगे रक्खे, घुटना साथी के साथ लगाए बैठा है। खूँखार आँखें चमक रही हैं, चेहरे से समीक्षक और आलोचक झलक रहा है, इसका नाम यदुनाथ दरोगा है।

दूसरा शख्स जो उसी के सामने बैठा है उसका नाम मनीष है। मेयाना कद, चुस्त पायजामा और कुरता पहिने, छुरी से लाल चटनी मुँह में रख-रख यदुनाथ की बातें खूब गौर से सुन-सुन जवाब देता जाता है।

यहाँ देवकीनन्दन खत्री के गद्य की पैरोडी नहीं, वरन् उनकी शैली का आधुनिक संदर्भ में रचनात्मक प्रयोग है, जो लेखकीय जीवन को कथा-वृत्त के रूप में लेकर चलने वाले इस उपन्यास में क्रमशः खुलता है। हिंदी के आदि उपन्यास से हिंदी का नवीनतम उपन्यासकार अपने गद्य को कैसे बना रहा है, इसका यह बड़ा सटीक उदाहरण है, और साथ ही साथ परंपरा तथा प्रयोग के रिश्ते को व्यावहारिक ढंग से उजागर करता चलता है।

इस संदर्भ में विपिन ने यथार्थ-विधान के लिए भाषा और गद्य के केन्द्रीय महत्व को अच्छी तरह समझा है। उपन्यास के संक्षिप्त परिचय में कहा गया है, "पर यथार्थ इतना सुलझा हुआ नहीं होता, न उसे एक ही तरफ़ से देखना काफ़ी है, न समय एक धारा में बहता है। भाषा भी एक सी नहीं होती हर मौके पर, प्रत्येक व्यक्ति के साथ, जहाँ जाओ वहाँ। बल्कि भाषा अकसर नए ढंग से जिंदगी को देखने और परखने का

अवसर हमें प्रदान करती है। भाषा द्वारा हम अपने अतीत, आज और कल को टटोल सकते हैं और पास-पास आने दे सकते हैं। यह इस उपन्यास से पता चल सकता है। आपको यह भी लग सकता है कि आप अपने पास आ गए हैं।" यों, बोलना कम और कहना अधिक (विपिन के यहाँ 'बोलना' की जगह भी 'कहना' प्रयुक्त है।) की प्रतिज्ञा का लेखक पूरी तरह निर्वाह करना चाहता है। नयी कविता में शमशेर की प्रतिज्ञा है 'बात बोलेगी/हम नहीं'। नये उपन्यासकार का यंत्र है, होना चाहिए, कि कम बोलकर अधिक कहा जाए। यह महज संयोग नहीं कि 'बीती आपबीतीआप' लगभग सौ पृष्ठों का ही उपन्यास है। नवलेखन में लक्ष्मीकांत वर्मा का 'खाली कुर्सी की आत्मा' शिल्प प्रयोग को अधिक महत्त्व देता है।

कहानी

कविता के क्षेत्र में गीत, और गद्य में कहानी मानवीय सभ्यता के आद्य अभिव्यक्ति-माध्यम कहे जा सकते हैं। ये भाषा के एकदम आरंभिक आविष्कार हैं। भाषा ने गद्य का रूप पहले कहानी में धारण किया होगा। उस युग में जीवन का अधिकतर ज्ञान-विज्ञान दादी-नानी, पंचतंत्र-हितोपदेश की कहानियों के माध्यम से संचरित होता था। क्रमश: परिवेश के फैलने और उससे परिचय बढ़ने पर कहानी का यह घटना-प्रधान, मनोरंजक, नीतिपरक स्वरूप हल्का पड़ता गया। घटना क्रम को समझने के अन्य उपाय सामने आये, मनोरंजन के नये साधन भी। तब कहानी अधिक गहरे यथार्थ-स्तरों के अन्वेषण में यत्नशील हो गई।

गद्य का विकास समानांतर चलता है। पहले संज्ञा-रूपों की प्रधानता है, उसमें भी नामों की। फिर महत्व है क्रियाओं और विशेषणों का। उस तुलना में आज के गद्य की प्रकृति प्रजातंत्रात्मक और समतामूलक है। वहाँ 'तो', 'भी', 'ही', 'और' जैसे सामान्य अव्यय शब्द वैसा ही गुणात्मक महत्व रखते हैं जैसे कि महिमान्वित नाम या कि गौरवपूर्ण क्रिया-पद। यों गद्य बदला तो कहानी बदली या कि कहानी के साथ-साथ गद्य बदला, और मूल में तो यथार्थ की हमारी समझ बदली।

सभ्यता के विकास के हर चरण में कहानी नया अवतार लेती है—पशु-कथा, नीति-कथा, आख्यायिका और कहानी से लेकर जासूसी कहानी तथा विज्ञान-कथा तक। कहानी के ये रूप स्पष्ट ही सभ्यता के उस दौर का यथार्थ के प्रति क्या रुख है इसे काफ़ी कुछ दरसाते हैं। इस संदर्भ में आधुनिक हिंदी कहानी का इतिहास प्राय: सौ बरस पुराना ठहरता है। यानी उसका अवतरण नाटक और उपन्यास के बाद होता है।

1800 ई० के आसपास लल्लूजी लाल प्रभृति लेखकों का गद्य अधिकतर पूर्व-प्रचलति कथाओं ('योगवासिष्ठ'—'प्रेमसागर'—'नासिकेतोपाख्यान'—'सुखसागर') को कहता है। एक शताब्दी बाद 1900 ई० के आसपास हिंदी गद्य अपनी कहानी स्वयं

गढ़ने लगता है। ब्रजभाषा का संस्कार अब लगभग पूरी तरह से हट जाता है, और खड़ी बोली की अपनी भंगिमाएँ विकसित होती हैं। उदाहरण के लिए इन आरंभिक कहानियों के कुछ अंश उद्धृत किये जा रहे हैं :—

इतना सुनकर इंदुमती की आँखों में आँसू भर आए। वह बोली—'प्यारे, मेरे पिता का तो बहुत अच्छा स्वभाव था, सो तुम्हें देखते ही एकदम से ऐसा बदल क्यों गया? वह तो ऐसे नहीं थे, अब उन्हें क्या हो गया? आज तक मैंने उन्हें कभी क्रोध करते नहीं देखा था। खैर, जो होय, पर तुम ज़रा ठहरो, दम ले लो, तब तक मैं इन लकड़ियों को फेंक देती हूँ।

('इंदुमती' : किशोरीलाल गोस्वामी— 'सरस्वती' : 1900)

गत वर्ष जब प्रयाग में प्लेग घुसा और प्रतिदिन सैकड़ों गरीब और अनेक महाजन जमींदार वकील मुख्तार के घरों के प्राणी मरने लगे तो लोग घर छोड़-छोड़ कर भागने लगे यहाँ तक कि कई नामी डाक्टर भी दूसरे शहरों को चले गए। एक मुहल्ले में ठाकुर बिभवसिंह नामी एक बड़े जमींदार रहते थे। उन्होंने भी अपने इलाके पर जो प्रयाग से 5 मील की दूरी पर था, चले जाने की इच्छा की।

('प्लेग की चुड़ैल' : भगवानदास, बी० ए०—'सरस्वती' : 1902)

उन्होंने चट अपना हाथ फैला दिया, जिस पर एक काला तिल दिखाई दिया। स्त्री कुछ काल तक उसी की ओर देखती रही; फिर मुख ढांप कर सिर नीचा करके बैठ रही। लज्जा का प्रवेश हुआ। क्योंकि यह एक हिंदू रमणी का उसके पति के साथ प्रथम संयोग था।

('ग्यारह वर्ष का समय' : रामचंद्र शुक्ल 'सरस्वती' : 1903)

यह सुन वंशीधर प्रसन्न हो गये। दोनों मित्रों में बड़े प्रेम से बातचीत होने लगी। वंशीधर बोले—'मेरे ऊपर तो जो कुछ बीती सो बीती, पर वह बेचारी, जो तुम्हारे से गुनवान के संग पहली ही बार रेल से आ रही थी, बहुत ही तंग हुई। उसे तो तुमने नाहक रुलाया। वह बहुत ही डर गई थी।

('दुलाईवाली' : एक बङ्ग-महिला—'सरस्वती' : 1907)

यह विचित्र संयोग लगता है कि कहानी के इस नये माध्यम में कुछ ऐसा आकर्षण था कि व्यवस्थित तौर पर कथाकार किशोरीलाल गोस्वामी के साथ-साथ, मुख्यत: आलोचक और कवि रामचंद्र शुक्ल, शौकिया कथा—लेखक एक बङ्गमहिला, प्रसिद्ध संस्कृत विद्वान चंद्रधर शर्मा गुलेरी ('उसने कहा था'—'सरस्वती' : 1915), तथा प्राय: इसी समय के आसपास प्रेमचंद सब इसमें प्रयोग आरंभ करते हैं, और ऐसे

प्रयोग जो खासे परिपक्व दिखाई देते हैं। यह ठीक है कि यहाँ गद्य की व्यवस्था में 'सरस्वती' संपादक महावीरप्रसाद द्विवेदी का बड़ा हाथ था, पर उनका संपादन-काल आरंभ होने (1903) के पहले से भी उपर्युक्त कहानियों की भाषा-शैली व्यवस्थित रूप में आती दिखाई देती है।

फिर यह तो संयोग से कुछ अधिक ही है कि हिंदी की प्राय: ये सभी आरंभिक कहानियाँ 'सरस्वती' पत्रिका (संस्थापित-1900 ई०) के पृष्ठों में प्रकाशित हुई हैं। लगता है कि हिंदी कहानी इस पत्रिका के प्रकाशन की प्रतीक्षा में रही हो। इससे यह भी स्पष्ट होता है कि पत्रकारिता और कहानी के स्वरूप और गद्य-विधान में कुछ आंतरिक संबंध है। कहानी मनुष्य जीवन की झाँकी है जबकि साहित्यिक मासिक पत्रिका अपने समूचे स्वरूप में ऐसी ही झाँकी है। जहाँ तक गद्य का संबंध है, कहानी और पत्रकारिता का गद्य बोलचाल से उद्भूत, सरल और एकबारगी सुबोध होना है।

लगभग सौ बरस पहले की इन कहानियों का गद्य आज भी शायद ही कुछ मार्जन की अपेक्षा रखता हो। वाक्य-विन्यास, शब्द-समूह और समूची भंगिमा कहीं पुरानापन या कि वर्जनीय पदावली लिए नहीं जान पड़ते। आज के कथाकार की उठान निश्चय ही फ़रक होगी, पर विन्यास में बहुत बदलाव ज़रूरी नहीं होगा। आरंभिक कहानी-गद्य की प्रौढ़ता का यह एक प्रमाण है। खड़ी बोली का गद्य इस दौर में अपने सम पर आ जाता है, जहाँ से फिर यथावश्यक आरोह-अवरोह चलते हैं।

उपन्यास विधा की ही तरह कहानी भी प्रेमचंद के हाथों में निखरती है : उनकी 'मंत्र', 'ईदगाह', 'पूस की रात', 'शतरंज के खिलाड़ी' और 'कफ़न' संसार की सर्वोत्कृष्ट कहानियों से तुलनीय हैं। प्रेमचंद कहानी कहते हैं, लिखते नहीं। उनके कथा-गद्य पर विचार करते समय जिस तथ्य की ओर हमारा ध्यान पहले जाता है, जाना चाहिए, वह यह है कि लेखक की पहली कहानी ही ('दुनिया का सबसे अनमोल रतन' : मूल उर्दू 1909), हज़रते ख़िज्र के अभिप्राय-चरित्र से युक्त, फ़ारसी दास्तान शैली पर आधारित है। और दास्तान शैली की मुख्य विशेषता है कि वह सुनाई और सुनी जाती है, वही उसकी भंगिमा है। क्या अजब कि प्रेमचंद का गद्य फिर इसी दिशा में आगे बढ़ता है। उर्दू में पहले लिखना आरंभ करके मुंशीजी इस कहानी-गद्य को हिंदी में लाए जो निश्चय ही व्यापक रूप में कहानी के हित में हुआ।

'दुनिया का सबसे अनमोल रतन' परंपरागत क़िस्से की शैली में से नयी तरह की कहानी गढ़ी गई है, और प्रचलित इश्किया दास्तान में देश-भक्ति की नयी कलम यहाँ लगाई है लेखक ने। यों तो 'सोज़े वतन' संग्रह की पाँचों कहानियों का मूल स्वर, संग्रह के शीर्षक के अनुरूप, गहरी देशभक्ति का है, पर इस पहली कहानी में फ़ारसी दास्तान को भारतीय राष्ट्रीय परिस्थिति के अनुरूप ढालना निश्चय ही एक बड़ा साहसिक और कई स्तरों पर, निर्भीक प्रयोग है, जिसके लिए तत्कालीन सरकारी मुलाज़िम लेखक नवाबराय (तब मुंशी धनपतराय, बाद के प्रेमचंद, इसी

नाम का उपयोग अपने लेखन में करते थे।) को ब्रिटिश शासन का कोप-भाजन होना पड़ा था। उस युग के कवियों (श्रीधर पाठक, रामनरेश त्रिपाठी, मैथिलीशरण गुप्त) ने प्रकृति-प्रेम और मानवीय प्रणय से देशभक्ति, और तब राष्ट्रीयता का मार्ग बनाया था, कथाकार ने फ़ारसी इश्किया और साहसिक दास्तान को देशभक्ति की कहानी का रूप दिया। आज यह सहसा निर्धारित करना कठिन है कि दोनों में से कौन-सा प्रयोग अधिक कठिन था। पर इसमें संदेह नहीं कि गद्य की अपेक्षया कठोर प्रकृति को देखते हुए मुंशीजी का प्रयोग अधिक रचनात्मक, और व्यावहारिक भी, साहस की अपेक्षा रखता था।

कहानियों के संदर्भ में प्रेमचंद के उर्दू-हिंदी गद्य की अंतर-क्रिया का अच्छा साक्ष्य कमल किशोर गोयनका का संग्रह 'प्रेमचंद की हिंदी-उर्दू कहानियाँ' (भारतीय ज्ञानपीठ : 1990) प्रस्तुत करता है। यहाँ स्पष्ट दस्तावेज़ी ढंग से दिखाया गया है कि प्रेमचंद की कौन-सी चुनी हुई कहानियाँ पहले उर्दू में लिखी गईं और फिर हिंदी में रूपांतरित हुईं, और कौन-सी पहले हिंदी में लिखी गईं और फिर उर्दू में रूपांतरित हुईं। उदाहरण के लिए, 'यही मेरा वतन है', 'ईदगाह' और 'कफ़न' पहले वर्ग में हैं, जबकि 'शतरंज के खिलाड़ी', 'मंत्र' और 'दो बैलों की कथा' दूसरे वर्ग में। इस तुलनात्मक अध्ययन के माध्यम से प्रेमचंद के कथा-गद्य में हिंदी और उर्दू के द्विपक्षीय लेन-देन को अच्छी तरह समझा जा सकता है। यहाँ एक बात अच्छी तरह से यह भी उभरती है कि जब प्रेमचंद उर्दू लिखते होते हैं तो वह व्यवस्थित उर्दू है, और जब हिंदी लिखते हैं तो वह पूरी तरह से हिंदी है। दोनों का घाल-मेल या कि हिंदुस्तानी का रूप उनके यहाँ नहीं बनता। इससे स्पष्ट ही रचना-भाषा और गद्य-स्वभाव की उनकी गहरी समझ प्रमाणित होती है। इस संदर्भ में गोयनका के निष्कर्ष से सहमत नहीं हुआ जा सकता कि "प्रेमचंद वैचारिक धरातल पर महात्मा गांधी के साथ जिस 'हिंदुस्तानी' का समर्थन कर रहे थे, सर्जनात्मक प्रक्रियाओं में उसे ही रच रहे थे।" (भूमिका) यदि प्रेमचंद हिंदुस्तानी को रच रहे होते तो उनकी कहानियों का हिंदीकरण और हिंदी कहानियों का वैसा उर्दूकरण अपेक्षित न होता जैसा कि स्वयं इस संग्रह की कहानियों का द्विविध पाठ दरसाता है। वैसी स्थिति में लिप्यन्तर पर्याप्त होता कहीं कुछ पाद-टिप्पणियों के साथ। और प्रेमचंद जहाँ अपने वैचारिक लेखन में हिंदुस्तानी का पक्ष ग्रहण करते दिखते हैं, जैसा कि भूमिकाकार ने सोदाहरण प्रदर्शित किया है, तो वहाँ यह प्रसिद्ध उक्ति अनायास याद आती है कि कहानी का भरोसा करो कहानीकार का नहीं।

प्रेमचंद के साथ-साथ कई अन्य महत्वपूर्ण कहानीकारों के नाम आते हैं—सुदर्शन, विश्वंभरनाथ शर्मा कौशिक तथा चंद्रधर शर्मा गुलेरी के। इनमें प्रेमचंद, सुदर्शन, कौशिक का गद्य-विधान एक-दूसरे से काफ़ी मिलता-जुलता है। अपनी बुनावट में इन की कहानियाँ बहुत-कुछ समान दिखेंगी। 'बूढ़ी काकी', 'ताई' या कि 'हार की

जीत' में यह भ्रम हो सकता है कि इनमें से कौन-सी सुदर्शन की है, कौन-सी प्रेमचंद की और कौन-सी कौशिक की। पर अपनी विशिष्ट कहानियों में प्रेमचंद के यहाँ जो सूक्ष्म संकेत-व्यंजना है, कल्पना-प्रसार के बीच विचार की कौंध है, वह उनके सहयोगी कथाकारों में वैसी नहीं। और इसी बिंदु पर प्रेमचंद उस्ताद कहानीकार ठहरते हैं। अपने संग्रह 'प्रेम द्वादशी' की भूमिका में उन्होंने जो आदर्श स्थापित किया है 'गल्पों का आधार कोई-न-कोई दार्शनिक तत्व या सामाजिक विवेचन अवश्य होता है' उसका भरसक निर्वाह उन्होंने अपनी कहानियों में माध्यमगत सीमा के बीच किया है।

गुलेरी द्वारा लिखित कुल तीन कहानियों का गद्य उनके व्यापक शास्त्रीय पांडित्य के बावजूद प्राय: उनके समकालीन कहानीकार-त्रय जैसा है। इससे यह प्रकट होता है कि उर्दू-फ़ारसी या कि संस्कृत का ज्ञान भी इन लेखकों के यहाँ हिंदी संस्कार बनकर ही प्रस्फुटित हुआ है। इस प्रतिमानीकरण की प्रक्रिया में कुछ योगदान 'सरस्वती' संपादक महावीरप्रसाद द्विवेदी का भी मानना होगा, जिनकी देख-रेख में इन कहानीकारों की आरंभिक कहानियाँ प्रकाशित हुईं। गुलेरी की 'उसने कहा था' में कुछ संस्कृत संदर्भ भले आ जाए पर कहानी का समूचा विधान लोक जीवन की नितांत बोलचाल की शब्दावली और भंगिमा में ही हुआ है। फिर एक अतिरिक्त विशेषता यह है कि बृहत्तर पंजाब का रंग और वातावरण यहाँ ठेठ खड़ी बोली हिंदी में बहुत अच्छी तरह घुल-मिल गया है, जो दोनों क्षेत्रों की साझी भाषिक प्रकृति के कारण अपने ढंग से सहज है।

संस्कृत पंडित के हिंदी गद्य का 'चुलबुलापन' (प्रेमचंद के शब्दों में जैनेन्द्र के गद्य की विशेषता जो स्वयं उनके यहाँ नहीं है।) गुलेरी की, 'उसने कहा था' की चकमक में अपेक्षया कम प्रकाशित कहानी, 'बुद्धू का काँटा' के समापन पर दम्पति की प्रणय-चर्चा प्रसंग में द्रष्टव्य है—'"उसका मुँह बंद करने का एक ही उपाय था। रघुनाथ ने वही किया।"

प्रेमचंदोत्तर कहानी का गद्य एकबारगी बदलता है जिसका महत्वपूर्ण साक्ष्य जैनेन्द्र और अज्ञेय की कहानियाँ प्रस्तुत करती हैं। प्रेमचंद कहानी कहते हैं, जैनेन्द्र कहानी खोलते हैं। इस प्रक्रिया में दोनों के बीच यथार्थ की समझ का अंतर कुछ स्पष्ट होता है। यह संयोग भी हो सकता है कि स्वयं मूल खड़ी बोली क्षेत्र के होने के कारण जैनेन्द्र की खड़ी बोली हिंदी मुहाविरे की पकड़ गहरी है। प्रेमचंद से कुछ फ़रक तो उनके निकट समकालीन जयशंकर प्रसाद के कहानी-गद्य में था। प्रसाद की ऐतिहासिक कहानियों में वैभवपूर्ण गद्य और सामाजिक कहानियों में निरीह जैसा गद्य—दोनों प्रेमचंद के सम से अलग हैं जिनके यहाँ आरोह-अवरोह का वैविध्य अपेक्षाकृत कम है। जैनेन्द्र फिर एक कदम आगे जाते हैं।

उदाहरण के लिए 'पत्नी' कहानी को ले सकते हैं। यहाँ सहयोगी मित्र-मंडली में देश की स्वतंत्रता के लिए आतंकवाद की पैरवी करने वाले पति कालिन्दी के

ऊपर घर में ही सविनय अवज्ञा चलाने वाली पत्नी सुनन्दा की अंतत: विजय कहानी की मुख्य वस्तु कही जा सकती है। रचना विधान का वैशिष्ट्य इस बात में है कि कथा जितनी मुखर और प्रगल्भ है, वस्तु उतनी ही शांत और चुपचाप। तब कथानक के ऊपर वस्तु की विजय भी वैसी ही शांत है, जो कहानी का अंत होते-होते ('जाने लगी, तो कालिन्दी ने तनिक स्निग्ध वाणी से कहा—थोड़ा पानी भी लाना।') चुपके से व्यंजित होती है। कथानक अहिंसा के ऊपर सशस्त्र क्रांति को वरीयता देता है, पति कालिन्दी का रूखा और लगभग आक्रामक व्यवहार जिसका प्रतीक है, वस्तु के धरातल पर अहिंसा जीतती दिखती है, पत्नी सुनन्दा की आज्ञाकारी सविनय अवज्ञा जिसकी प्रतीक है। कहानी के इस कुशल विधान में गद्य का स्वरूप भी प्रशमित और अहिंसक-सा लगेगा। हिंदी कथा-साहित्य के इतिहास में जैनेन्द्र के कहानी-गद्य में शायद पहली बार संज्ञा/विशेषण के प्रभुत्व से हटकर सर्वनाम/अव्ययों का जनतंत्र दिखाई देता है। इस स्तर पर भी कथा की बजाय कहानीकार की रचना-आस्था वस्तु में अधिक केन्द्रित हुई है। आधुनिक कहानी के विकास की यही दिशा कही जा सकती है—संज्ञा से सर्वनाम की ओर विशेषण से अव्यय की ओर, तथा कुल मिला कर स्थूल कथा से सूक्ष्म वस्तु की ओर।

इस प्रसंग में जैनेन्द्र की 'पत्नी' के साथ-साथ उनकी 'जाह्नवी' कहानी को भी लिया जा सकता है। 'पत्नी' का आरंभ होता है 'शहर के एक ओर एक तिरस्कृत मकान। दूसरा तल्ला'। 'जाह्नवी' का 'आज तीसरा रोज है। तीसरा नहीं, चौथा रोज है।' यों दोनों कहानियाँ काफी कुछ अनाम और अनिर्दिष्ट वातावरण में आरंभ होती हैं। 'पत्नी के आरंभिक वाक्य क्रिया-विहीन हैं जो वाक्य को साधने का अपने में एक पुष्ट प्रमाण है। गद्य का प्रवाह बोलचाल जैसा है, और शब्द-समूह सामान्य होने पर भी वाक्य-विन्यास में जगह-जगह उलट-पुलट मिलेगी जो स्थूल घटना-क्रम से नहीं मानसिक ऊहापोह से जुड़ी है, जैसे—"इस पत्र को देख कर मेरे मन में कल्पना हुई कि अगर वह मेरी लड़की होती तो?—मुझे यह अपना सौभाग्य मालूम नहीं हुआ कि जाह्नवी मेरी लड़की नहीं है।" अथवा "कद भी इतना ही था, लावण्य शायद उस जाह्नवी में अधिक था। पर वह वह नहीं है—जाह्नवी नहीं है, ऐसा मैं दिलासा मन को तनिक भी नहीं दे पाता हूँ।" इन वाक्यों में बलार्थक अव्यय 'तो' या कि अन्य पुरुष सर्वनाम 'वह' और उसकी आवृत्ति के प्रयोग, जैसा आरंभ में जैनेन्द्र के प्रसंग में कहा गया, कहानी को खोलने में मदद करते हैं और आवश्यक होने पर मूँदने में भी। 'जाह्नवी' कहानी के अंत तक 'यह जो लड़की' और 'जाह्नवी' के अभिज्ञान में भरम बना रहता है, जो मनुष्य जीवन की ही तरह यथार्थ और सच्चा है।

'पत्नी' जैसा ही आरंभ अज्ञेय की बहुचर्चित कहानी 'रोज़' का होता है—"दोपहर में उस घर के सूने आँगन में, पैर रखते ही मुझे ऐसा जान पड़ा, मानो उस पर किसी शाप की छाया मँडरा रही हो, उसके वातावरण में कुछ ऐसा अकथ्य, अस्पृश्य,

किंतु, फिर भी बोझिल और प्रकम्पमय और घना-सा फैल रहा था..."। प्रेमचंदोत्तर कहानी-गद्य इस 'अकथ्य' और 'अस्पृश्य' की समझ बनाना चाहता है। यह उसके लिए एक बड़ी रचना-चुनौती थी, भले इस समझ का रूप भी बहुत कुछ वैसा ही अनिर्दिष्ट और अनाम-सा हो जैसे कि वह यथार्थ जिसका रूप वह है। हिंदी कहानी का विकास घटना-प्रधान से चरित्र-प्रधान होता हुआ वातावरण और संवेदन-प्रधान रूप में होता है। यों स्वयं प्रेमचंद में सभी रंगों की कुछ-कुछ झलक मिलती है—'मंत्र' (घटना-प्रधान), 'शतरंज के खिलाड़ी' (चरित्र-प्रधान), 'पूस की रात' (वातावरण-प्रधान), 'कफ़न' (संवेदन-प्रधान), पर प्रेमचंदोत्तर कहानी का गद्य तो अधिकतर संवेदन के अनुकूल और उसके भीतर से बना है। 'पत्नी', 'जाह्नवी', 'रोज़' इस क्रम के उत्कृष्ट साक्ष्य हैं।

यशपाल, भगवतीचरण वर्मा, उपेन्द्रनाथ 'अश्क' प्राय: प्रेमचंद शैली को ही माँजने वाले कहानीकार हैं। आगे चलकर द्विजेन्द्रनाथ मिश्र 'निर्गुण' ने इसे और परिष्कृत किया।

कहानी माध्यम को नये सिरे से तोड़ कर बनाने का यत्न फिर नयी कहानी करती है। छठे दशक में धर्मवीर भारती, कमलेश्वर, मार्कण्डेय, राजेन्द्र यादव और मोहन राकेश के प्रयोग इस दिशा में महत्त्वपूर्ण हैं। उदाहरण के लिए कहानी के बँधे-बँधाए कालानुक्रम को एक नयी तरतीब देने की कोशिश कमलेश्वर ने अपनी एकदम आरंभिक कहानी 'राजा निरबंसिया' में की। यहाँ परंपरित लोक-कथा और आधुनिक प्रचलित कहानी के अभिप्रायों की अंतरक्रिया में नया गद्य और विधान विकसित होता है। कहानी बराबर देश और काल के दो समानांतर स्तरों पर गतिशील रहकर सुख-दुख से परे एक प्रवहमानता का बोध देती है। खेद की बात है कि ऐसे साहसिक रचना-प्रयोग नयी कहानी में आगे कम बढ़े। अमरकांत, शेखर जोशी, केशवप्रसाद मिश्र और ज्ञानरंजन की कहानियों में कुछ नये और अछूते प्रसंग अवश्य उकेरे गए हैं, पर उनका रचाव परंपरागत पद्धति पर ही चलता है। क्षेत्रीय रंग का कुछ अच्छा गद्य शिवप्रसाद सिंह, फणीश्वरनाथ 'रेणु', दूधनाथ सिंह, कृष्णा सोबती और गोविंद मिश्र की कहानियों में मिलता है। व्यंग्य-कथा का चंचल गद्य अमृतलाल नागर, श्रीलाल शुक्ल, हरिशंकर परसाई, शिक्षार्थी, केशवचंद्र वर्मा तथा मनोहरश्याम जोशी के यहाँ पढ़ते समय सुना जा सकता है। कुछ अन्य उल्लेखनीय कहानीकार हैं—भीष्म साहनी, उषा प्रियंवदा, काशीनाथ सिंह, रवीन्द्र कालिया, मेहरुन्निसा परवेज़, गिरिराज किशोर, ज्ञान प्रकाश, सतीश जमाली, प्रयाग शुक्ल तथा अर्चना वर्मा।

नयी कहानी की एक शाखा जहाँ प्रेमचंद का पुनर्नवीकरण करना चाहती है, वहीं एक दूसरी शाखा जैनेन्द्र-अज्ञेय के प्रयोगों की दिशा में आगे बढ़ती है। इस क्रम में निर्मल वर्मा, रघुवीरसहाय, गजानन माधव मुक्तिबोध और कुँवर नारायण के नाम आते हैं। यहाँ निर्मल वर्मा के अतिरिक्त अन्य कहानीकारों की स्थिति मूलत: कवि

के रूप में रही है। यों निर्मल वैसे ही खाँटी गद्यकार हैं जैसे कि जैनेन्द्र, जबकि अन्य कहानीकार अज्ञेय के कवि-गोत्र के कहे जा सकते हैं, जिस स्थिति का रचनात्मक संस्कार उनकी कहानियों में द्रष्टव्य है।

निर्मल वर्मा नयी कहानी के प्रमुख रचनाकार हैं। उनका गद्य-विधान, जैसा पहले कई संदर्भों में संकेत किया गया, बराबर गतिशील रहा है। गद्य-क्षमता का प्रमाण उनका समूचा लेखन प्रस्तुत करता है, कहानी जिसका महत्वपूर्ण अंग है। निर्मल का गद्य अनायास कहानी कहता है कि कहानी और जीवन-यथार्थ का अंतर सिमट जाता है। यह वैशिष्ट्य उनकी कई तरह की कहानियों में देखा जा सकता है, जिनमें उल्लेखनीय हैं—'माया दर्पण', 'जलती झाड़ी', 'बीच बहस में' या कि 'दूसरी दुनिया'। यहाँ कहानियत हल्की पड़ती जाती है घटना क्रम के स्तर पर, जबकि कहानी तीव्र होती चलती है यथार्थ अनुभव के धरातल पर। यही वह स्तर है जहाँ निबंध, संस्मरण और कहानी के बँधे-बँधाए माध्यम पिघल उठते हैं और गद्य की अपनी रचना-शक्ति उभर उठती है। नयी कहानी के विकास क्रम का विवेचन करते समय कई बार निर्मल वर्मा की कहानी 'परिन्दे' को अग्रणी स्थिति में रखा जाता है। पहली नज़र में हिंदी पाठक-आलोचक को यदि इस कहानी का आकर्षण बाँधता है तो यह सहज है। 'परिन्दे' में पहाड़ों का परिदृश्य और कॉनवेन्ट स्कूल का कोमल वातावरण उसे ठेठ मैदानी जीवन की कड़ी धूल-धूप, बोली-बानी के बीच रुचिकर और मोहक लगता है। पर परिवेश की इस नवीनता को बाद देने पर रचना संदर्भ का नयापन वहाँ उतना प्रभावपूर्ण नहीं बन पाता। निर्मल की कहानियों के प्रसंग में 'अँग्रेजी आंचलिकता' का उल्लेख पहले किया गया है। लेखक को स्वयं अपने रचना-व्यक्तित्व के इस पक्ष की वेध्यता का एहसास है। 'मेरी प्रिय कहानियाँ' संकलन (राजपाल) की भूमिका में कुछ सफ़ाई की मुद्रा में वह कहता है, "वर्षों विदेश में रहने के कारण मेरी कुछ कहानियों में शायद एक वीराने किस्म का 'प्रवासीपन' चला आया है—मुझे नहीं मालूम यह इन कहानियों को अच्छा बनाता है या बुरा।" इस संदर्भ में कहना होगा कि जो कहानियाँ विदेश की पट-भूमि में लिखी गई हैं वहाँ का परिवेश निश्चय ही तदनुकूल होगा, होना चाहिए। पर स्वदेशी भूगोल में जब अँग्रेजी आंचलिकता उभरने लगती है तो नयापन अधिकतर घटना और वर्णन-क्रम में उलझ कर रह जाता है। 'दूसरी दुनिया' और 'परिन्दे' के विधान के बीच इस अंतर को अच्छी तरह समझा जा सकता है। इसीलिए पहली कहानी का गद्य अनुभव को विस्तार देता है जबकि दूसरी कहानी में वह प्रधानतः वर्णन का संवहन करता है।

नयी कहानी के विकास क्रम में एक अलग छवि है रघुवीरसहाय की। छायावाद-युग में जैसा शांत, निर्मल और खालिस गद्य महादेवी ने लिखा, नयी कविता के ज़माने में वैसा गद्य रघुवीरसहाय ने। और ध्यान रखने की बात यह है कि दोनों मूलतः कवि हैं। छायावाद और नयी कविता के बीच का एक महत्वपूर्ण अंतर यहाँ भी द्रष्टव्य है।

छायावाद में तत्सम शब्दावली का आग्रह था, नयी कविता तत्समों पर निर्भरता छोड़ कर अपनी बनावट में तद्भव-देसी बोल को केन्द्र में रखती है। दोनों के गद्य में भी ऐसा वैशिष्ट्य परिलक्षित किया जा सकता है।

रघुवीरसहाय की कहानियाँ आम-अनाम आदमी के जीवनानुभव और वैसे ही विशेषण हीन गद्य में से उपजती और उसी में डूबती हैं। यह महज़ संयोग नहीं कि 'सीढ़ियों पर धूप में' संग्रह के 'जीता-जागता व्यक्ति' खंड की दस कहानियों में कहीं कोई नामवाची चरित्र नहीं आता। बड़े जीते-जागते चरित्र हैं वहाँ, ऐसे जीते-जागते कि उन्हें नाम की अपेक्षा नहीं। वे अपनी विशिष्टता में पहचाने जाते हैं, पर उनकी विशिष्टता किसी की भी हो सकती है। अपनी सहज मानवीयता में वे किसी भी महिमा को चुनौती देते नजर आते हैं।

पहली ही कहानी 'खेल' का आरंभ देखें—"नुक्कड़ के मकान में बढ़ई लगा हुआ था; उसने अभी-अभी एक कुन्दे में से एक तख़्ता निकाला था; एक ज़रा-सा टुकड़ा लकड़ी का जो फ़ालतू बच रहा था किसी तरह छिटककर बरामदे से बाहर बजरी पर आ रहा।" 'नुक्कड़', 'लगा हुआ था', 'निकाला था', 'छिटक कर', 'बजरी', 'आ रहा' जैसे सामान्य प्रयोग अपने संदर्भ में एकदम अपरिवर्तनीय हैं, उनका कोई बदल नही। संज्ञा शब्दों के बारे में 'एकमात्र सही नाम' की बात बहुत बार कही जाती है, यहाँ क्रिया-पदों की प्रकृति भी वैसी ही है। वे पूरी तरह अस्थानापन्नीय हैं। यहाँ भाषा की प्रकृति पर ध्यान दें तो समझा जा सकता है कि पर्यायों की संभावना जैसी तत्सम शब्दों के 'लिए होती है वैसी तद्भवों के लिए नहीं। इस संदर्भ में भी संस्कृत आचार्य ने कहा होगा कि गद्य बड़े-बड़े कवियों के लेखन की कसौटी है। तत्सम की महिमा कविता में रही है गद्य तो अधिकतर बोलचाल पर पनपता रहा है। यह अलग बात है कि आधुनिक लेखन में कविता और गद्य के बीच इस दूरी को अधिकाधिक कम करने का यत्न होता आया है, स्वयं रघुवीरसहाय का कृतित्व जिसका बहुत सशक्त उदाहरण है।

अपनी कविताओं की तरह कहानियों में भी रघुवीरसहाय मनुष्य जीवन को, उसके परिवेश सहित, समग्रता में पकड़ना चाहते हैं। कविता में उनकी प्रतिज्ञा थी—"हम तो सारा का सारा लेंगे जीवन/'कम से कम' वाली बात न हमसे कहिए।" और प्रतिज्ञा का निर्वाह इस प्रक्रिया में था कि कवि जीवन के उपेक्षित से उपेक्षित और तिरस्कृत से तिरस्कृत कोनों तक अपनी निगाह दौड़ाता है। उसकी चिंता महिमा की नहीं है. उधर तो सभी आप से आप देखेंगे। उसका ध्यान जाता है ऐसे जीवनानुभव की तरफ जिसे कभी मूल्यवान नहीं समझा गया। इस प्रक्रिया का निर्वाह गद्य में, कहानी में, कुछ अधिक ही संगति के साथ हो पाता है। गद्य-यथार्थ की समझ का यह अन्यतम क्षेत्र है। स्वयं कहानीकार अपनी 'कहानी की कला' शीर्षक कहानी (जी कहानी, निबंध नहीं) में इसकी व्याख्या यों करता है, "क्यों हम बिना किसी अतिरंजित दृष्टि

के वह घटना पहचान ही नहीं पाते और उसे पहचान कर चौंकते क्यों हैं, वह तो मानवीय है, स्वाभाविक है, और उसमें कौतूहल क्यों पाते हैं, आनंद क्यों नहीं?"

मनुष्य जीवन और उसके परिवेश के समग्र की बात अभी कही गई। इसका एक बुनियादी साक्ष्य प्रस्तुत करती है रघुवीरसहाय की कहानी 'जीता-जागता व्यक्ति'। कहानी-कला का मूल मंत्र एकदम आरंभ में कह दिया गया है, "अक्सर मेरा मित्र टोका करता, 'क्या देखा करते हो सड़क पर चलते हुए।' कुछ नहीं, दिखायी देता है, इसलिए देखता हूँ।" कहानी एक चिड़िया की है जो सड़क पर फैले कोलतार के कीचड़ में फँस गई है। बहुत यत्न करने पर भी वह उससे निकल नहीं पाती, सहायता के प्रयत्न से और घबरा जाती है। यों कहानी चिड़िया भी की है और उसकी सहायता करने वाले मनुष्य की भी। तभी यथार्थ की पकड़ समग्रतर हो पाती है। मनुष्य चिड़िया से सहानुभूति करता है; चिड़िया उस सहानुभूति से परेशान अंततः उड़ने में सफल हो जाती है।

निपट सुख और निपट दुख से परे जीवन के धुँधलके का एक बड़ा क्षेत्र है जिसमें झाँकना कवि-कहानीकार को बहुत प्रिय नहीं रहा, क्योंकि उधर दृश्यालेख कुछ स्पष्ट और दिलचस्प नहीं लगता। रघुवीरसहाय की कहानी का गद्य अपने निरीह सुदामा रूप में ऐसी दृष्टि को संभव करता है, यह उसकी एक बड़ी उपलब्धि है। क्योंकि विराट् की महिमा को भी तब उसके आलोक में सही-सही पहिचाना जा सकता है। और तभी कहानीकार की यह बात विश्वसनीय हो जाती है—"कला तो जीवन के लिए है ही, जीवन भी कला के लिए हो जाता है।"

रघुवीरसहाय 'दूसरा सप्तक' के कवि हैं, गजानन माधव मुक्तिबोध 'तारसप्तक'। मुक्तिबोध की कहानियों का मरणोत्तर संकलन प्रकाशित हुआ है 'काठ का सपना' (1967)। कविता में मुक्तिबोध के आवेग का ज्वार बहुत बार अँट नहीं पाता ; उस तुलना में कहानी-गद्य अधिक व्यवस्थित और शमित है। इस प्रसंग में कहानी-संकलन के आरंभिक वक्तव्य में मुक्तिबोध को लेकर श्रीकांत वर्मा की टिप्पणी काफ़ी संगत है, "कविता में जो काम अधूरा रह गया उसे उन्होंने डायरी में पूरा करने का प्रयास किया और डायरी में जो रह गया उसे शकल देने के लिए उन्होंने कहानी का माध्यम चुना—हालाँकि ये तीनों ही विधाएँ मुक्तिबोध के उस महानुभव की संपूर्ण अभिव्यक्ति के लिए जगह-जगह अपर्याप्त साबित हुई हैं जिसे किसी युग का समग्र अनुभव कहा जा सकता है। मुक्तिबोध अकेले कलाकार हैं जिनके अनुभव का आवेग अभिव्यक्ति की क्षमता से इतना बड़ा था कि सारा साहित्य टूट गया।" यहाँ जोड़ा जा सकता है कि उनके यहाँ कहानी में गद्य के फैलाव और कल्पना के पसारे के बीच ताल-मेल सर्वाधिक देखा जा सकता है, और इस स्थिति के कारण कहानी के अपेक्षया स्थिर माध्यम में मुक्तिबोध के प्रयोग जैसे साहसिक हैं बहुत-कुछ वैसे सफल भी। गद्य की क्षमता का बढ़िया आख्यान मुक्तिबोध 'नयी जिंदगी' शीर्षक कहानी में अपने

प्रतिचरित्र रमेश के माध्यम से करते हैं, 'उसकी सशक्त गद्य-वाणी में से जिंदगी के अनुभव, अंतर्राष्ट्रीय राजनीति के दृश्य स्थानीय और प्रांतीय हलचलों के नजारे कविता की भाँति फूट पड़ते।" ऐसे गद्य का एक अंश स्वयं इस कहानी के कुछ अगले भाग में उभरता है, "रमेश चुपचाप उठा, चूल्हा सुलगाया, चाय का पानी रखा और कुल्हाड़ा लेकर सधे हुए हाथों से लकड़ी फोड़ी। मेहनत के कारण उसका शरीर पसीने से धुल गया। फिर रस्सी कंधे पर डाली और कुएँ की ओर चल पड़ा। कुएँ के पासवाले नीम के पेड़ पर कोयल गा रही थी। बरसात की पहली घटा क्षितिज से झाँक रही थी। ठीक तीन बजे का समय था।" गरीबी और शारीरिक श्रम की पृष्ठभूमि में प्राकृतिक सौंदर्य का चित्रण अनायास निखर उठता है। यह मुक्तिबोध के गद्य का अपना ख़ास अंदाज़ है, जो खास तौर से उन की नामहीन कहानियों में बिखरा हुआ है जैसे 'जंक्शन', 'ब्रह्मराक्षस का शिष्य' या कि 'अंधेरे में'।

मुक्तिबोध के कथा-विधान की एक विशेषता यह है कि उनकी कहानियों में वस्तु-वर्णन और भाव-विश्लेषण सानुपातिक ढंग से चलते हैं, जिससे गद्य-प्रवाह बड़ा प्रीतिकर बन जाता है। कहानियों का समूचा विधान यदि कई बार पूरी तरह तोषजनक नहीं हो पाता तो इसका मुख्य कारण है कि लेखक यह समझ नहीं पाता कि कहानी का अंत कहाँ और कैसे होना है। कहीं कथा-विस्तार की तुलना में समापन काफ़ी-कुछ हड़बड़ी में हो जाता है (जैसे—'नयी जिंदगी'), या कहीं बहुत अस्पष्ट रह जाता है (जैसे 'अंधेरे में'), जबकि कहानी के नये-पुराने कैसे भी विधान में, आरंभ कहीं से हो, उसका अंत सबसे महत्वपूर्ण तत्व ठहरता है। इस दृष्टि से प्रचलित शैली के विधान जैसे सांकेतिक नीति-कथा के रूप में 'ब्रह्मराक्षस का शिष्य', अथवा परीकथा के ढाँचे पर बनी 'पक्षी और दीमक' अधिक परिपूर्ण कहानी बन सकी हैं।

यह संयोग से कुछ अधिक है कि सप्तक श्रृंखला में से प्रत्येक ने कम से कम एक महत्वपूर्ण कहानीकार दिया है। 'तारसप्तक' से मुक्तिबोध और 'दूसरा सप्तक' से रघुवीरसहाय हैं तो इस संदर्भ में 'तीसरा सप्तक' के प्रतिनिधि हैं कुँवर नारायण। यहाँ कहना होगा कि मुक्तिबोध और कुँवर नारायण की कहानियाँ उनकी कविताओं की याद दिलाती हैं, कभी पूरक रूप में कभी टिप्पणी रूप में, जबकि रघुवीरसहाय की कहानियाँ अपने में लगभग निरपेक्ष गद्य-रूप हैं। इस दृष्टि से कुँवर नारायण के कहानी- संग्रह 'आकारों के आसपास' (1971) का यह परिचय सही है, "इनमें सहसा अपने-आप कुछ पा जाने की खुशी की अपेक्षा कुछ खोज पाने के रोमांच पर बल दिया गया है।" आधुनिक गैररोमांटिक भाव-बोध के अनुकूल लेखक की 'पाठकों से' यह प्रतिज्ञा भी उचित है, "स्वभावतः अपनी बात अनुत्तेजित ढंग से कहता हूँ।" और यहाँ कुँवर नारायण मुक्तिबोध के बजाय रघुवीरसहाय के निकट होते हैं। किसी प्रकार की अतिरंजना से परहेज़ करते हुए आधुनिक गद्य का यह आत्मविश्वास देखते बनता है। अपने विधान को कहानीकार ने यों व्याख्यायित किया है, "मैंने कथाकार

की उपस्थिति को पात्रों के काफ़ी नज़दीक रखा है—कुछ इस तरह मानो वह किस्से को केवल बयान ही नहीं कर रहा उसे सोच भी रहा है, नाटकों के कोरस की तरह। इसीलिए भाषा भी जान-बूझ कर कई स्तरों पर रखी गई है ताकि अर्थों के रंग विभिन्न बौद्धिक और भावात्मक ज़मीनों पर महसूस किये जा सकें।" इस रूप में 'संदिग्ध चालें' या 'गुड़ियों का खेल' मुक्तिबोध की 'पक्षी और दीमक' जैसे परीकथा-विधान में कही गई कहानियाँ हैं; यह ज़रूर है कि ये कहानियाँ बड़े हो गए बच्चों के लिए हैं, जिनमें अपना विश्वास जमा पाना कहानीकार के लिए निश्चय ही कठिन, पर योग्य चुनौती है। कहानी के विधान को नये सिरे से रचने की कोशिश मृणाल पांडे, ज्योत्स्ना मिलन तथा उदयन वाजपेयी, ममता कालिया के यहाँ भी द्रष्टव्य है। व्यंग-कथा के प्रयोग रवीन्द्रनाथ त्यागी, गोपाल चतुर्वेदी, गिरीश पांडे ने किए हैं।

निर्मल वर्मा, रघुवीरसहाय, मुक्तिबोध और कुँवर नारायण की कहानियाँ यों आधुनिक गद्य की, माध्यमगत अलगाव से ऊपर, अपनी प्रभुसत्ता बनाने में महत्वपूर्ण भूमिका निभाती हैं। बल्कि कुछ और ऊँचे स्तर पर कविता और गद्य को एक-दूसरे के नज़दीक ले आती हैं, जो एक तरह से साहित्य के क्षेत्र में सर्जन कर्म की चरम महत्वाकांक्षा कही जा सकती है, जहाँ सभी माध्यम और विधाएँ एक दूसरे से मिलकर और टकरा कर अंतत: समरस होते हैं। संस्कृत के महिमाशाली आचार्य ध्वन्यालोककार आनंदवर्धन ने कथा-गद्य में कठिनता की संस्तुति की थी—"आख्यायिका (उपन्यास का निकटतम संस्कृत रूप) में तो अधिकतर मध्य-समासा और दीर्घ समासा संघटना ही होती है क्योंकि कठिन रचना से गद्य में सौंदर्य आ जाता है...कथा (कहानी का निकटतम संस्कृत रूप) में गद्य की कठिन [विकट] रचना का बाहुल्य होने पर भी रसबन्ध संबंधी औचित्य का पालन करना ही चाहिए।" (3/8) चक्र अब पूरा घूम गया है, संश्लिष्ट से विश्लिष्ट भाषा-रूप और शास्त्रीयता से लोक जीवन की ओर। कहानी की परिकल्पना भी बदल गई है—अब कहानी गद्य में नहीं, गद्य कहानी में है, जिसका एक दृष्टांत बिंबपरक ढंग से मुक्तिबोध की 'अँधेरे में' शीर्षक कहानी में यों आता है—"बूढ़ा अपनी नर्म, रेशमी, सितार के हल्के तारों की गूँज-सी आवाज़ में कहता जा रहा था। बातें मामूली तथ्यात्मक थीं, परंतु उनके आसपास भावना का आलोक वलय था।" यहाँ आधुनिक गद्य की व्याख्या और उदाहरण दोनों जैसे एक साथ दिए गए हों, फलत: अर्थ-सघनता का गद्य-रूपों की बनावट से रिश्ता भी किस क़दर स्पष्ट हुआ है।

नाटक

जो स्थान कविता के भाषिक विधान में लय का होता है नाटक के भाषिक विधान में वैसा ही स्थान प्रवाह का समझना चाहिए। यों तो व्यापक रूप में लय और प्रवाह

दोनों भाषा मात्र के सामान्य गुण कहे जा सकते हैं। पर कविता और नाटक के माध्यमों में उनकी विशिष्ट स्थिति बन जाती है। लय की प्रकृति बुनियादी तौर पर ध्वन्यात्मक है, यों वह कविता के सूक्ष्म, सांकेतिक विधान का सहज अंग है। प्रवाह का रूप यति-गति के साथ फिर देश-काल-परिस्थिति पर आधारित होता है—कौन, कब, कहाँ बोल रहा है, इससे प्रवाह निर्धारित होता है। अत: विविध नाटकीय संदर्भों से उसका मेल होना चाहिए। इस दृष्टि से प्रवाह महज़ तत्सम तद्भव, देशी, विदेशी शब्द-रूपों पर निर्भर नहीं करता। कौन-कब-कहाँ के तत्वों का संयोग उसे संभव करता है। कविता में यों केन्द्रीय तत्व ध्वन्यात्मक लय है, जो गद्य में अधिक बाह्य संदर्भों से जुड़कर प्रवाह का रूप लेती है। फिर नाटक का गद्य संवादों में चलता है, अत: यहाँ प्रवाह विविध चरित्रों की भाषिक विशेषताओं की टकराहट में बनता है। इस संवाद-प्रवाह को बनाये रखने की चिंता में संस्कृत नाटक में वर्ण-कर्म-लिंग भेद से जुड़ा भाषा-भेद रखा गया है राजा-रानी से लेकर समाज के निम्नतम समझे जाने वाले सदस्य तक, और तदनुरूप संस्कृत से लेकर पैशानी अपभ्रंश तक। संस्कृत जैसी निश्चित व्यवस्था न होने पर भी हिंदी नाटक के विधान में पात्रानुरूप भाषा की चर्चा प्राय: रहती है।

हिंदी नाटक का विकास आधुनिक गद्य के प्रवर्तन से जुड़ा हुआ है। आचार्य रामचंद्र शुक्ल ने अपने इतिहास में आधुनिक काल के अंतर्गत गद्य-साहित्य-परंपरा का प्रकरण खोलते हुए एक महत्वपूर्ण पर्यवेक्षण किया है। वे लिखते हैं, "विलक्षण बात यह है कि आधुनिक गद्य-साहित्य की परंपरा का प्रवर्तन नाटकों से हुआ।" विलक्षणता शायद उन्हें इस बात में लगती है कि कहाँ तो हिंदी-क्षेत्र में नाटक पिछली पाँच शताब्दियों से अनुपस्थित था, और कहाँ आधुनिक काल का प्रवर्तन इसी माध्यम से होता है। ऊपर से देखने पर यह विस्मय वाजिब। पर यदि समूची स्थिति का विश्लेषण किया जाए तो परिप्रेक्ष्य कुछ दूसरे रूप में उभरता है। 19वीं शती के पुनर्जागरण आंदोलन के विवेचन से स्पष्ट हो जाता है कि वहाँ एक मुख्य प्रतिज्ञा यह थी कि हिंदू जाति की एकांतिक भावना का निरसन करके उसे एक समाज के रूप में गठित किया जाए। 'ब्रह्म समाज', 'प्रार्थना समाज', 'आर्य समाज' और आगे चलकर स्वयं भारतेंदु द्वारा संस्थापित 'तदीय समाज' के नामकरण, और उनके कार्यक्रम इस मान्यता को भलीभाँति पुष्ट करते हैं। इधर नाटक सभी साहित्य और कला-माध्यमों के बीच अपनी प्रकृति में सर्वाधिक सामाजिक है। रंगमंच पर उसका प्रस्तुतीकरण अनेक प्रकार के कलाकारों के सहयोग से होता है, वैसे ही उसका आस्वादन समाज के रूप में किया जाता है। इस स्थिति में पुनर्जागरण की व्यापक सामाजिक चेतना की अभिव्यक्ति के लिए नाटक ही सर्वाधिक उपयुक्त माध्यम था। यों गद्य के क्षेत्र में नाट्य-माध्यम का पहला चुनाव करके भारतेंदु ने अपनी सही ऐतिहासिक दृष्टि का परिचय दिया।

तो आधुनिक सर्जनात्मक गद्य-माध्यमों में उपन्यास-कहानी-निबंध आदि के पहले नाटक आता है। हिंदी का पहला नाटक कौन-सा है इसे लेकर सामान्यत: प्रचलित वैदुषिक मतभेद यहाँ भी द्रष्टव्य है। पर उन ब्यौरों में यदि हम न जाएँ तो भारतेंदु के पिता गोपालचंद्र उपनाम गिरिधरदास कृत 'नहुष नाटक' हिंदी का पहला नाटक माना जा सकता है। स्वयं भारतेंदु ने अपने 'नाटक' शीर्षक आलोचनात्मक निबंध (1883) में—'जो हिंदी में आलोचना विषयक पहला लेखन है—यही बात कही है। वे लिखते हैं, "विशुद्ध नाटक रीति से पात्र प्रवेशादि नियम रक्षण द्वारा भाषा का प्रथम नाटक मेरे पिता पूज्यचरण श्री कविवर गिरिधर दास (वास्तविक नाम बाबू गोपालचंद्रजी) का है।"

नहुष नाटक (रचनाकाल-1857) पूर्व परंपरानुसार प्राय: पूरा का पूरा छंदबद्ध है—कवित्त, सवैया, दोहा, सोरठा, छप्पय छंदों में वह ब्रज भाषा में लिखा गया है। बीच-बीच में कहीं निर्देशों में, और कहीं सामान्य संक्षिप्त संवाद में गद्य का प्रयोग हुआ है, जो भी ब्रजभाषा या कि ब्रजरंजित खड़ी बोली है। उदाहरण के लिए नाटक के आरंभ में पारिपार्श्वक और सूत्रधार का तुकसहित संवाद है—"अहो तुम्हारी बात सों मेरे गात में आनंद नहीं समात है, तासों कौन श्री गिरिधर जी महाराज हैं सो बताओ।" स्पष्ट ही इस नाटक में गद्य की किसी गुणात्मक उपस्थिति का अनुभव नहीं होता।

नहुष नाटक के प्राय: दस बरस बाद काशी में ही एक और नाटक लिखा गया 'जानकीमंगल नाटक'। इसके लेखक थे शीतलाप्रसाद त्रिपाठी, और समकालीन विवरणों के आधार पर इसे हिंदी का पहला अभिनीत नाटक कहा गया है। 1868 में यह काशी नरेश के संरक्षण में खेला गया था। यह भी बताया गया है कि स्वयं भारतेंदु हरिश्चंद्र ने इस नाटक में लक्ष्मण की भूमिका की थी। समूचा नाटक तुलसी कृत रामचरितमानस के जनक-वाटिका और धनुष यज्ञ प्रसंग पर आधारित है।

'जानकी मंगल' पूरा का पूरा व्यवस्थित खड़ी बोली गद्य में लिखा गया है, बीच-बीच में प्रचलित नाट्य विधान के अनुरूप कहीं कुछ काव्यांश आ जाते हैं। नाटक के संपादक धीरेन्द्रनाथ सिंह ने ठीक लक्षित किया है कि 'सामान्यत: इस नाटक में खड़ी बोली का गद्य बनारस की शिष्ट जनता की बोली के निकट है।' नाटक का गद्य अभिनेता और सामाजिक के बीच सीधे सेतु के रूप में रहे तो यह उसके लिए सहज, स्वाभाविक है। एक तरह से नाटक के गद्य की यह आधारभूत विशेषता होनी चाहिए। मंच पर बोला गया संवाद अभिनेता के मुख से सामान्यत: नि:सृत लगे यह जरूरी है। और नाटक तो आद्योपांत संवादों में बँधा होता है। यों बोलचाल से इतर नाट्य भाषा के लिए कोई गति नहीं। 'जानकीमंगल' मूलत: अभिनय के लिए लिखा गया था, मुद्रण-प्रकाशन के लिए नहीं। बोलचाल का रंग उसमें यों भी गहरा है। फिर उसकी रचना का निकट आधार 'रामचरितमानस' के जनक-वाटिका और धनुषयज्ञ प्रसंग हैं, जहाँ तुलसी का अपना संवाद-कौशल पूरे निखरे हुए रूप में आता है। उदाहरण

के लिए सीता स्वयंवर के अवसर पर बंदी रावण का परिचय यों देता है—"इनके पराक्रम को देवता लोग भली भाँति जानते हैं, उनके हृदय में इन का पराक्रम शूल के समान आज तक चुभता है, महाराज! इनकी छाती की लड़ाई को दिग्गज जानते हैं, जब यह उनसे जाकर भिड़ते हैं और अपनी छाती से उनके दाँतों में टक्कर मारते हैं तब उनके दाँत मूली की नाईं पट्ट से उखड़ जाते हैं। इनके चलने के समय पृथ्वी ऐसी डगमग करती है जैसे हाथी के चलने से छोटी डोंगी।" तुलसी के काव्य को गद्य में ढालना कुछ आसान नहीं, पर नयी उभरती खड़ी बोली की संभावनाओं को यहाँ काफ़ी दूर तक उभारा गया है, कोमलता और ओज दोनों के संदर्भों में।

इन भाषिक सीमाओं का और विस्तार करते हैं भारतेंदु हरिश्चंद्र (1850-1885)। अपनी आयु के कुल जमा पैंतीस वर्षों में से आधे तो उन्होंने जीने और लिखने की तैयारी में लगा दिए, और बचे हुए आधे एक साथ ब्रजभाषा काव्य को प्रशस्त करने तथा खड़ी बोली गद्य का रूप खड़ा करने में। उम्र में इतनी किफ़ायत और लेखन का ऐसा विस्तार अन्यत्र कहीं कठिनाई से ही देखने को मिलेगा।

भारतेंदु के लेखकीय कार्यक्रम के अंतर्गत नाटक केन्द्र में कहा जा सकता है। उन्होंने मूल-अनुवाद सब मिलाकर सत्रह नाटक रचे, 'नाटक' शीर्षक लंबा आलोचनात्मक निबंध लिखा, और एक जीवंत रंगमंच खड़ा करने के व्यापक यत्न किए। इतने विस्तृत रचना आयोजन में भारतेंदु की नाट्य भाषा का सम एक है, आरोह-अवरोह के अनेक वैविध्य हैं—पंडों-महंतों की बोली से लेकर राजा-रजवाड़े के सदस्यों तक फैले हुए।

भारतेंदु ने अपने 'नाटक' निबंध में नाटक माध्यम के अंतर्गत संवाद और बोली के घनिष्ट रिश्ते और महत्व को समझते हुए कई रूपों में उसे रेखांकित किया है। आधुनिक गद्य परंपरा का प्रवर्तन नाटकों से होता है इस 'विलक्षणता' के पीछे एक कारण यह भी देखा जा सकता है कि गद्य का यहाँ सीधा बोलचाल का रूप सर्जनात्मक धरातल पर पूरा इसलिए पड़ जाता है कि इस लेखन-स्तर पर जो कुछ कमी उसमें रह जाती है उसे मंच पर अभिनय, या कहिए तत्कालीन अतिअभिनय से पूरा कर लिया जाता है। यह सुविधा, उदाहरण के लिए, उपन्यासकार-कहानीकार को सुलभ नहीं। उसके गद्य की संभावनाएँ उसी के स्तर पर पूरी बन जानी हैं।

'नाटक' निबंध में संस्कृत नाट्यशास्त्र के प्रमुख तत्वों का परिचय देने के बाद भारतेंदु 'अथ नाटकरचना प्रणाली' के अंतर्गत नाट्यविषयक अपनी मान्यताओं को प्रस्तुत करते हैं। वहाँ वे कहते हैं, "ग्रंथकर्ता ऐसी चातुरी और नैपुण्य से पात्रगण की बातचीत रचना करै कि जिस पात्र का जो स्वभाव हो वैसी ही उसकी बात भी विरचित हो "नाटक में वाक्प्रपंच एक प्रधान दोष है" वाचालता की अपेक्षा मितभाषिता के साथ वाग्मिता का ही सम्यक आदर होता है।" वस्तुत: ये सभी नाट्य-गद्य के गुण-दोष बताए जा रहे हैं। और भारतेंदु ने स्वयं अपने नाट्य लेखन में इनकी पूरी-पूरी चिंता

की है। इस प्रकरण को समेटने में अपने आलोचना-विवेक का पूरा परिचय देते हुए—सामने भरत मुनि का 'नाट्यशास्त्र' है—वे कहते हैं, "महामुनि भरताचार्य पात्र स्वभावानुकूल भाषण रखने का वर्णन अत्यंत सविस्तार कर गये हैं, यद्यपि उनके नांदी रचनादि विषय के नियम हिंदी में प्रयोजनीय नहीं किंतु पात्र स्वभाव विषयक नियम तो सर्वथा शिरोधार्य हैं।" इस समूचे प्रकरण में जिस नये सर्जनात्मक गद्य का प्रवर्तन भारतेंदु कर रहे हैं उसका जैसे आलोचनात्मक परिचय स्वयं उन्होंने यहाँ प्रस्तुत कर दिया है। लक्षण-उदाहरण अलग-अलग देने की ज़रूरत ही नहीं रही।

भारतेंदु के नाट्य गद्य की चर्चा पूरी करते-करते दो भिन्न स्वभाव के गद्यांश यहाँ उद्घृत किए जा रहे हैं। पहला संवाद 'श्रीचंद्रावली' से है जहाँ कृष्ण के प्रेम-विरह में निमग्न चंद्रावली का संवाद है—"हाय नाथ! मैं अपने इन मनोरथों को किसको सुनाऊँ और अपनी उमंगें कैसे निकालूँ। प्यारे रात छोटी है स्वांग बहुत हैं। जीना थोड़ा और उत्साह बड़ा। हाय! मुझ सी मोह में डूबी को कहीं ठिकाना नहीं। रात दिन रोते ही बीतते हैं। कोई बात पूछने वाला नहीं क्योंकि संसार में जी कोई नहीं देखता सब ऊपर ही की बात देखते हैं।" यहाँ सीधी बोलचाल और उसमें उकेरे गए बिंब-विधान का संश्लिष्ट रूप देखते बनता है। संवाद के लिहाज़ से छोटे-छोटे सीधे सधे वाक्य जो प्रेम-विभोरता के सूचक हैं, और बीच में रात की संक्षिप्तता और स्वाँग के विस्तार का विरोधमूलक बिंब। स्वाँग पश्चिम की बोली में नाटक के लिए ही प्रचलित शब्द है, यों स्वयं नाटक के दौर में नाटक की अपर्याप्तता का करुण उल्लेख है। और यह स्वाँग कोई सामान्य नाटक नहीं, जीवन का अपना ही नाटक है जो सीमित कालावधि में पूरा नहीं हो पाता, अधूरा ही छूट जाता है। आलोचकों ने कई बार दिखाया है कि 'श्रीचंद्रावली' में भारतेंदु ने राधा-कृष्ण के प्रति अपनी ही तन्मयकारी प्रेमाभक्ति का चित्रण किया है, चंद्रावली की रचना-भूमिका में वे स्वयं हैं। तब भारतेंदु की अपनी पैंतीस वर्षों की जीवनावधि के सन्दर्भ में यह उल्लेख और मार्मिक बन जाता है। बोलचाल और बिंब को मिलाकर यों भारतेंदु हिंदी का आरंभिक गद्य रच रहे हैं।

'श्री चंद्रावली' कोमल प्रेमाभक्ति का नाटक है तो 'मुद्राराक्षस' कूटनीति के कठोर प्रसंगों का। यहाँ चाणक्य के चंद्रगुप्त के प्रति संवाद का एक अंश प्रस्तुत है—"अब जो लोग उदास हो गए हैं या बिगड़ गए हैं उनके दो ही उपाय हैं, या तो फिर से उन पर अनुग्रह करें या उनको दंड दें...यह तो अनुग्रह का वर्णन हुआ, अब दंड का सुनिए। यदि हम इन सबों को प्रधान पद पाकर के जो बहुत दिनों से नंदकुल के सर्वदा शुभाकांक्षी और साक्षी रहे दंड देकर दुखी करें तो नंदकुल के साथियों का हम पर से विश्वास उठ जाय, इससे छोड़ ही देना योग्य समझा, सो इन्हीं सब हमारे भृत्यों को पक्षपाती बनाकर राक्षस के उपदेश से, म्लेच्छराज की बड़ी सहायता पाकर और अपने पिता के वध से क्रोधित होकर पर्वतक का पुत्र कुमार मलयकेतु हम लोगों से लड़ने को उद्यत हो रहा है, सो यह लड़ाई के उद्योग का समय है उत्सव का समय

नहीं। इससे गढ़ के संस्कार के समय कौमुदीमहोत्सव क्या होगा, यही सोचकर उसका प्रतिषेध कर दिया।" अंशों में उद्धृत इस लंबे संवाद में परत-दर-परत लगी-लिपटी कूटनीति को एक-एक तह से खोला जा रहा है। छोटे संवादों में प्रेमविभोरता है तो लंबे संवादों में कूटनीति। भारतेंदु का गद्य दोनों पक्षों को भली भाँति सँभालता-सहेजता है।

हिंदी क्षेत्र में पारसी नाट्य परंपरा भारतेंदु के समय से ही चलती रही। 1871 के आसपास बंबई से आरंभ इस व्यावसायिक रंगमंच-प्रणाली ने दो तरह के नाटक अपनाए—धार्मिक और इश्क-प्रधान। सामान्य जनता की इन दो मूल वृत्तियों को संतुष्ट करके ये अपना व्यवसाय चलाते थे। इन पारसी कंपनियों का दौर प्राय: 1930 तक बना रहा, जब सिनेमा के बढ़ते प्रभाव में ये समाप्त हो गईं।

पारसी नाट्य परंपरा का हिंदी गद्य से संबंध नाममात्र को रहा। ये नाटक मुख्यत: उर्दू-हिंदुस्तानी को आधार बनाकर लिखे गए थे। अधिकतर कंपनी के स्वामी सेठ के निर्देशानुसार कंपनी से जुड़ा कोई नाटक-मुंशी इन्हें कुछ अतिनाटकीय ढंग से जोड़कर शेरो-शायरी के गहरे मिश्रण के साथ तब के सचल रंगमंच के लिए प्रस्तुत कर देता था। इन आलेखों का साहित्यिक नाट्यपरक मूल्य नगण्य था। इनमें से कुछ नाटक मुद्रित और प्रकाशित भी किए जाते थे। इस कोटि के दो नाटकों का गद्य नमूने के तौर पर यहाँ विवेचित हो रहा है।

शेक्सपियर के नाटकों में 'हैमलेट' संसार की श्रेष्ठ नाट्य कृतियों में से है। उस की प्रतिष्ठा का लाभ उठाने के उद्देश्य से मूल नाटक के प्रेम और प्रेमपरक षड्यंत्र के प्रसंगों को काफी-कुछ भोंडे ढंग से उठाते हुए पारसी रंगमंच परंपरा में इसका आलेख 'खूने नाहक नाटक' (1915) शीर्षक से प्रस्तुत किया गया था। शीर्षक के साथ नाटक का परिचय यों दिया गया है 'मशहूर कवि शेक्सपियर के 'हैमलेट' नामक ड्रामा का उर्दू ज़बान में तर्जुमा।" यों इस तर्जुमे की घोषित भाषा उर्दू है, चरित्र मुसलमान हैं, और संक्षिप्त नाट्य रूपांतरण उसी के अनुकूल वातावरण में है। नागरी अक्षरों में यह 'हैमलेट' का रूपांतरण मूलत: हिंदी पाठकों के लिए हिंदी प्रकाशक द्वारा काशी से प्रस्तुत है।

अनुवाद में भाषा का बँटवारा कुछ इस प्रकार है—गाने कहीं कुछ ब्रज का पुट लिए हुए उर्दू/हिंदुस्तानी में हैं, आरंभ के मंगलाचरण स्तुति अथवा 'नांदी' को छोड़ कर जो प्राय: पूरा हिंदी में है। बीच-बीच में कुछ दोहे आ जाते हैं, उनकी भाषा खड़ी बोली- ब्रज है। इनके अतिरिक्त नाटक का मुख्यांश-संवाद तथा शेरोशायरी सब उर्दू में है। जो उर्दू गद्य है वह भी अधिकतर तुकप्रधान है। उदाहरण इस प्रकार हैं—

> ***स्तुति-मंगलाचरण :*** *'आलम पर सरदारी कायम की करतारी तापर वारी/ पतीत तार राखो रब शरम धरम राखो/बिनती तोरी हों करत मिल नरनारी।'*
> ***गाना :*** *'दिन रतियां, हां दिन रतियां, रकत बहे अंखियां/आग है छतियां*

लगतीयां, न भावत कोउ की बतियां/अब तो सजन, दिखला के दरशन हारे/ सुलगत तनमन तजे हम अन धन।'

दोहा (यद्यपि नाटक में इसे शैर लिखा गया है।) : 'हलदी जर्दी नातजे खट रस तजे न आम।

सीलवंत गुन ना तजे न औगुन तजे गुलाम॥'

***संवाद :** 'जहांगीर (हैमलेट का नामांतरण)—मैं शरमिन्दा होता हूं कि जो मेरी मां है अब वह मेरी चची है, जहां गम होना था वहां शादी रची है।'*

'मेहरबानूं (ऑफ़ीलिया का नामांतरण)—यह बात जुरूर है और यही इश्क व मुहब्बत का दस्तूर है इश्क का पाया आप के समझ में नहीं आया अगर जहांगीर को मुझ से नफरत है तो मुझे इस दर्दे फिराक में लज्जत है जो आंख से दूर है वह दिल से नज़दीक है जो हाल से बेखबर है वह ख्याल में शरीक़ है।'

नाटक के अंत में रूपांतरकार डी० पी० (सूरत) बनारसी का 'नोट' इस प्रकार है—"इस तमाशे में जो कुछ दीगर मंजूमह तसनीफ करके रक्खे गये हैं वह सब जनाब बम्मन जी बानरी वाले की इजाज़त से मैं ने किया था जिस वक्त आप बनारस में कबीर चौरा पर खेल रहे थे। इसके एलावा चन्द्रावली नाटक व गुलनार फिरोज़ का भी मुझे तर्जुमा करना पड़ा था। जो कि कंपनी एक ही एक मर्तबा खेल कर बाहर चली गई। उसी को मैंने दोबारा दुरुस्त करके बाबू बैजनाथ प्रसाद जी के हवाले किया। अब इसको छापने व छपाने का अख्तियार बाबू साहब को है। मेरे मंजूमह पर किसी ग़ैर शख्स को छापने का अधिकार नहीं है—इस नोट से बीसवीं शती के आरंभिक दशकों में प्रचलित पारसी थिएटर, उसके मालिक, नाटक मुंशी और पुस्तक प्रकाशक के संबंधों और उनकी कार्य-पद्धति पर अच्छा प्रकाश पड़ता है।

पारसी थिएटर की एक दूसरी प्रचलित नाट्य कृति है 'असीरे हिर्स' (1915), जो 18वीं शती उत्तरार्द्ध के प्रसिद्ध अँग्रेजी हास्य नाटकंकार शैरिडन की रचना 'पिज़ारो' का नाट्य रूपांतर है। 'खूने नाहक' की ही तरह इसका विधान है, वैसे ही चरित्रों के नामकरण, वातावरण, मंगलाचरण, गाने और संवाद। इन दोनों नाटकों की प्रकृति से समझा जा सकता है कि पारसी नाटक सिर्फ़ पौराणिक कथानक या कि प्रचलित इश्किया दास्तान के आधार पर ही तैयार नहीं किए गए थे, वरन् प्रसिद्ध अँग्रेजी नाट्य कृतियों को भी वहाँ रूपांतरण के लिए चुना गया था। यह ठीक है कि इन नाटकों—या कि जैसा इन्हें ठीक ही 'खेल' कहा जाता था—की बनावट प्राय: एक जैसी थी, पर इनके कथानकों में पर्याप्त वैविध्य था जो कि दर्शक मंडली को आकर्षित करने के लिए आवश्यक था। 'असीरे हिर्स' का परिचय मुद्रित रूप में अंदर के आवरण पर यों दिया गया है, 'विलायत के प्रसिद्ध नाटककार शेरिडन के प्रसिद्ध खेल 'पिज़ारो' का प्लाट/बंबई की पारसी नाटक कम्पनियों का एक प्रसिद्ध खेल/जिसे 'उपन्यास

बहार आफिस' राजघाट, बनारस के अध्यक्ष जयरामदास गुप्त ने नाटक प्रेमियों के विनोदार्थ बहुत व्यय और परिश्रम के उपरांत अपने मित्र मुंशी जलाल अहमद 'शाद' लेट आथर दि टाइम्स थियेट्रिकल कम्पनी आफ कलकत्ता, वर्तमान आथर दि पारसी थिएट्रिकल कम्पनी आफ बंबई से प्राप्त कर नागरी अक्षरों में सम्पादित और प्रकाशित किया।" इन नाट्य प्रकाशनों से यह भी अनुमान किया जा सकता है कि फ़ारसी-उर्दू से प्रभावित मध्यवर्ग में इन नाटकों/ खेलों के दर्शकों के साथ-साथ एक पाठक-वर्ग भी बन गया था जो तिलिस्मी-ऐयारी उपन्यासों के समानांतर इन्हें भी पढ़ता था। पर अपेक्षया व्यापक प्रचार के बावजूद हिंदी गद्य की मुख्य धारा से इस की कोई अंतरक्रिया नहीं दिखाई देती, और इसीलिए पारसी नाट्य कंपनियों के साथ- साथ इन नाट्य प्रकाशनों का युग भी समाप्त हो गया। यह अवश्य है कि लोकप्रियता के दबाव में जैसे तिलिस्मी-ऐयारी उपन्यासों का कुछ प्रभाव सामान्य उपन्यास धारा पर रहा कुछ वैसा ही संपर्क इन नाटकों का हिंदी नाट्य साहित्य में देखा जा सकता है।

भारतेंदु से कुछ अलग स्वभाव जयशंकर प्रसाद (1890-1937) के नाटकों का है। भारतेंदु के गद्य में बोलचाल का चरित्र मुखर है, प्रसाद के यहाँ काव्यभाषा का संस्कार है, यद्यपि नाट्य-भाषा का प्रवाह दोनों का अपने-अपने ढंग से अबाध रहता है। प्रसाद के संदर्भ में इसका एक मुख्य कारण उनके नाटकों का ऐतिहासिक परिवेश कहा जा सकता है। प्रसाद का चाणक्य 'अंधेर नगरी' के महंत की बोली-बानी में प्रकृतस्थ नहीं होगा। और महंत चाणक्य का संवाद बोले "ब्राह्मणत्व एक सार्वभौम शाश्वत बुद्धिवैभव है", यह अकल्प्य है।

प्रसाद के तत्समाग्रही गद्य का प्रवाह पहले उल्लिखित देश-काल-परिस्थिति के संयोग में बनता है इतिहास और दर्शन दोनों रूपों में जिसका बड़ा सघन अध्ययन नाटककार ने कर रखा था, जैसा कि उनकी नाट्य भूमिकाओं और कुछ स्वतंत्र निबंधों से भी प्रकट होता है। फिर यह भी स्मरणीय कि कविता और नाटक इन दोनों प्राचीन काव्य-रूपों की अपनी अंतर-क्रिया बहुत पहले से चलती आई है। सभी साहित्यों के इतिहास में नाटक का माध्यम अंशत: और कभी पूर्णत: कविता रही है। समूचे नाटक का लेखन गद्य में स्पष्ट ही बहुत बाद का विकास-क्रम है। यों प्रसाद के नाट्य-गद्य में कविता की अंतर्वर्ती धारा बहुत बार प्रवाहित होती जान पड़ेगी, जो नाटक में गीतों के विधान से अलग है। कविता, गद्य और संगीत का संश्लेष उनके यहाँ बहुत-कुछ परंपरानुसार चलता आया है। यह ठीक है कि कविता यहाँ दोहा, शेर की अलग उक्ति रूप में नहीं है, वह गद्य की प्रकृति में घुल-मिल गई है। प्रसाद के नाट्य-गद्य पर विचार करते समय इस पृष्ठभूमि को हमें विशेष रूप से ध्यान रखना होगा।

हल्के कल्पनालोकी नाटक 'एक घूँट' को छोड़कर, प्रसाद के नाटकों का गद्य न केवल उनके समकालीनों से बल्कि स्वयं उनके शेष अधिकतर गद्य लेखन से अलग है, जैसे कि उसके जीवन-संदर्भ अलग हैं। वह अपने में एक संपूर्ण संसार

है—जनमेजय परीक्षित से लेकर बौद्ध, मौर्य काल होते गुप्तों और हर्षवर्धन तक का संसार। यहाँ इतिहास है, पर वर्तमान से जुड़ा अपने कथा—संकेतों और चरित्रों के माध्यम से, जो महज़ गड़े मुर्दे उखाड़ना नहीं, जैसा कि प्रसाद-प्रेमचंद के बीच गहरे रचनात्मक धरातल पर चलते विवाद में हस्तक्षेप करते हुए आचार्य रामचंद्र शुक्ल ने प्रसाद के पक्ष से स्पष्ट किया था। वैसे ही इन नाटकों की भाषा है जो अतीत और वर्तमान को अपने में एक साथ जोड़े है, अतीत की महक लिए वर्तमान से टकराती है, और इस क्रम में जातीय-प्रादेशिक-सांप्रदायिक द्वन्द्वों के ऊपर राष्ट्रीय भाव-बोध को स्थापित करती है। इस रूप में प्रसाद का नाट्य-गद्य अपने में एक विलक्षण उपलब्धि है।

प्रसाद में भाषा के तत्समाग्रही और किसी क़दर काव्यात्मक स्वरूप को लेकर कई बार यह शंका उठाई जाती है कि क्या यह गद्य श्रोता-पाठक के लिए तात्कालिक रूप में संप्रेषणीय है, जो कि नाट्य भाषा का एक बुनियादी गुण होना चाहिए। इस प्रसंग में स्पष्ट करना होगा कि गद्य-प्रवाह, जैसा संकेत किया जा चुका है, संप्रेषण-प्रक्रिया में सर्वाधिक महत्वपूर्ण तत्व होता है। यह संभव है कि किसी लेखक की भाषा में शब्द बहुप्रचलित और सरल हों, पर प्रवाह न हो। दूसरी ओर, जैसी कि प्रसाद की स्थिति है, भाषा अपेक्षया कठिन काव्यात्मक हो पर प्रवाहपूर्ण हो। यहाँ दुहराया जा सकता है कि प्रवाह का रूप वाक्य में यति-गति के साथ फिर देश काल परिस्थिति के संयोग पर आधारित होता है। कौन-कब-कहाँ बोल रहा है, विशेष रूप से ऐतिहासिक कथानक के भीतर इसकी पहिचान प्रवाह से होती है, जैसे कि खुद प्रवाह का निर्धारण इन तत्वों के संयोग में होता है। तो नाटक के विधान में दूसरे प्रकार के गद्य के संप्रेषणीय होने की संभावना अधिक है।

इन संवादों के संप्रेषण में स्पष्ट ही प्रवाह से जुड़े अभिनेता के उच्चारण का गुणात्मक मंहत्व होगा। चाणक्य के 'ब्राह्मणत्व' की परिभाषा वाले संवाद में हो सकता है सामान्य दर्शक 'सार्वभौम' या कि 'शाश्वत' शब्दों का अलग-अलग ठीक-ठीक अर्थ न जानता हो, पर समूचे संवाद की उच्चारण-ध्वनि और प्रवाहमयता में वह वक्ता के व्यापक आशय-ब्राह्मणत्व की महत्ता और स्पृहणीयता-को बेहतर ग्रहण कर सकेगा। यह संवाद-गठन-नाटक का आलेख तो पूरी तरह संवादों में बँधा है—समूचे नाट्य विधान का मूल तत्व कहा जा सकता है, जहाँ वह अपने प्रदर्शनात्मक रूप में साहित्य की अन्य विधाओं की तुलना में अपनी विशिष्ट स्थिति बना लेता है।।

संवादों का गद्य कैसे अपने प्रवाह में संप्रेष्य होकर न केवल तात्कालिक परिस्थिति में वरन् समूचे नाट्य विधान में संवेद्य होकर बजता रहता है, इसका एक उदाहरण 'अजातशत्रु' नाटक से लेकर इस प्रसंग को पूरा किया जा सकता है। नाटक के आरंभ के एक दृश्य में (1/4) महाराज बिम्बसार अपनी रानी वासवी से पूछते हैं, "देवी, तुम कुछ समझती हो कि मनुष्य के लिए एक पुत्र का होना क्यों इतना आवश्यक

समझा गया है?" उत्तर से संतुष्ट न होकर वे फिर अपनी ओर से समाधान देते हैं, "संसारी को त्याग, तितिक्षा या विराग होने के लिए पहला और सहज साधन है। पुत्र को समस्त अधिकार देकर वीतराग हो जाने से असंतोष नहीं होता; क्योंकि मनुष्य अपनी ही आत्मा का भोग उसे भी समझता है।" ऐतिहासिक नाटकों के स्थूल कथानक में लगभग अभिप्राय की तरह अनुस्यूत उत्तराधिकार की समस्या का ऐसा संक्षिप्त, तात्विक और मर्मस्पर्शी विवेचन शायद ही अन्यत्र मिले, जो एक स्तर पर जितना दार्शनिक है एक दूसरे स्तर पर उतना ही व्यावहारिक भी। फिर सारे संसार के विगत राज-सिंहासनों से लेकर (यहाँ नाटक में संदर्भ अयोग्य कुणीक को राज-सत्ता सौंपने का है।) वर्तमान वंशानुक्रमिक प्रजातांत्रिक सत्ता के आग्रह तक, और मामूली गृहस्थ की छोटी-मोटी संपत्ति तक में यह उत्तराधिकार की समस्या कैसे परिव्याप्त है, इसका संप्रेषण हर दर्शक वर्ग को अपने-अपने स्तर पर हो जाता है। तत्समाग्रही भाषा कोई अवरोध न बनकर समस्या के गंभीर और शाश्वत रूप को ही प्रकट करती है। एक लम्बे अरसे तक नाट्य भाषा की तथाकथित दुर्बोधता, तथा कुछ अन्य वास्तविक कठिनाइयों के भी कारण, हिंदी समाज में प्रसाद के नाटक अनभिनेय माने जाते रहे। पिछले दिनों अनामिका (कलकत्ता) तथा विशेषत: रंगमंडल (भोपाल) की प्रस्तुतियों ने किसी क़दर इस भ्रम को तोड़ा है। पर आलेख और मंच की दूरी की वजह से प्रसाद का नाट्य-गद्य रंगकर्मियों की ज़बान पर वैसा नहीं चढ़ पाया जैसा कि सामान्य परिस्थितियों में उसे चढ़ना चाहिए था; फलत: वह वांछित रूप में संस्कारित नहीं हो सका। अब 'स्कंदगुप्त' में ब०व० कारंथ की कल्पनाशील प्रस्तुति इस गद्य को बोलने के लिए आगे और माँज सकेगी, ऐसी आशा की जानी चाहिए।

ऐतिहासिक इतिवृत्त के हट जाने पर प्रसाद के बाद नाट्य गद्य का रूप उस धरातल पर आ जाता है, स्वयं उनके अपने नाटक 'एक घूँट' की जहाँ स्थिति थी, जो साधारण दैनंदिन बोलचाल से जुड़ा हुआ है। यहाँ तक कि इस युग के ऐतिहासिक नाटक भी प्रसाद जैसी तत्समाग्रही भाषा में नहीं बनते, जगदीशचंद्र माथुर की नाट्य कृतियाँ जैसे 'कोणार्क' या कि 'पहला राजा' जिसके अच्छे प्रमाण कहे जा सकते हैं। ऐतिहासिक काल का बोध देने के लिए यहाँ कुछ युक्तियाँ दिखाई देती हैं, पर अधिकतर गद्य आधुनिक बोलचाल से जुड़ा चलता है। 'पहला राजा' (1969) एक ओर ऐतिहासिक काल के एकदम आरंभ में सक्रिय है, और दूसरी ओर रूपक के तौर पर आधुनिक भारत के प्रथम प्रधानमंत्री जवाहरलाल नेहरू की छवि उकेरता है। और नाट्य गद्य की यह विशेषता है कि यहाँ दोनों अर्थ-स्तर पूरी तरह संश्लिष्ट हो गए हैं। एक उदाहरण से इस गद्य प्रकृति को स्पष्ट किया जा सकता है। आर्यावर्त के पहले राजा पृथु के परामर्शदाताओं का संवाद है। शुक्राचार्य नाटक के तीसरे अंक में गर्ग को अनावृष्टि से उत्पन्न अकाल का सामना करने के लिए रास्ता बताते हैं, "रहे सूखी! आचार्य गर्ग! साफ बात है, आप, दो में एक बात चुन लीजिए-अपने

परिवार, कुटुम्ब, कन्या अर्चना और आश्रम का भविष्य या सरस्वती की धारा में पानी, जिसका फायदा होगा बस छोटे-मोटे किसानों, निषादों और बचे-खुचे दस्युओं को।" यहाँ अगर नामवाची शब्दावली को बाद कर दें तो समूचा गद्य किसी भी काल के चरित्र द्वारा बोला जा सकता है। यों इतिहास का काल-प्रवाह एकबारगी वर्तमान में अंतर्भुक्त हो जाता है।

ठेठ वर्तमान के नाटककार हैं उपेन्द्रनाथ 'अश्क' प्रसाद के बाद जब कई नाटककार नाटक को पुस्तक के रूप में रच रहे थे, उस समय 'अश्क' ने बड़े मनोयोग के साथ नाटक को मंच पर रचने की कोशिश की। इस रूप में सहज-सामान्य हिंदी नाट्य-गद्य बनाने में उनका महत्वपूर्ण योगदान है।

प्रसादोत्तर युग में नाटक और रंगमंच के कमतर रिश्ते की चिंता ने एकांकी नाटक जैसे स्थानापन्न रूप को लोकप्रियता दी। रामकुमार वर्मा के आरंभिक प्रयोगों ने अन्य समकालीन तथा परवर्ती नाटककारों को भी इस क्षेत्र में प्रोत्साहन दिया, और रंगमंच चेतना को फैलाने में इस काव्य-रूप का अपना महत्व है। पर अपनी माध्यमगत सीमाओं के कारण इस क्षेत्र में विकास की अगली संभावनाएँ नहीं रहीं, रंग तलाश वापस मूल नाटक की विधा में आ गई।

प्रसाद से एकदम भिन्न मिज़ाज के नाटककार लगभग उनकी पीठ पर आए, भुवनेश्वर। उनके आरंभिक नाटकों का प्रकाशन-काल प्राय: वही है जो प्रसाद के अंतिम नाटकों का है। जब जयशंकर प्रसाद का 'चंद्रगुप्त मौर्य' (1931) अथवा 'ध्रुवस्वामिनी' (1933) प्रकाशित हुआ, उसी समय के आसपास भुवनेश्वर के नाटंक छपने लगते हैं—'श्यामा', 'प्रतिभा का विवाह' (1933), 'शैतान' (1934), 'रोमांस-रोमांच' (1935)। और यह शायद संयोग हो कि दोनों का प्रकाशन-गृह एक है—भारती भंडार। प्रसाद के नाटकों में प्रेम-संबंधों की पवित्रता और कोमलता, और दूसरी ओर भुवनेश्वर में प्रेम-संबंधी मान्यताओं का सहज तिरस्कार एक दूसरे के सामने बड़ा अटपटा लगता है। भुवनेश्वर के पात्र कहते हैं, "मैं आपकी धर्मपत्नी से प्रेम करता हूँ' ('श्यामा)'; "यदि यहाँ पर इस समय कोई आ जाए, तो तुम्हें मेरी धर्मपत्नी समझे" ('शैतान'); "पुत्री के समान! पर मैं तो प्रतिभा से विवाह करना चाहता हूँ..." ('प्रतिभा का विवाह '); "आप मिसेज़ सिंह को अपनी पत्नी के रूप में ले जा सकते हैं, बहन के रूप में नहीं' ('रोमांस-रोमांच')। यहाँ पत्नी, पुत्री, बहिन, प्रेमिका सब रिश्ते एक दूसरे में गड्डमड्ड हो गए हैं; इन शब्दों की मर्यादा टूट गई है, तोड़ दी गई है। देवसेना, मालविका और ध्रुवस्वामिनी के संसार से यह कितना भिन्न संसार है। और कितनी अलग भाषा है? भाषा यथार्थ को ऐतिहासिक और समकालीन संदर्भों में कैसे-कैसे निखारती है, इसको समझने के लिए यह तुलना उपयोगी सिद्ध होगी।

भुवनेश्वर का यह बड़ा सधा आधुनिक गद्य है, जिसका रूखापन पिछले तत्सम

काव्यात्मक संस्कारों से युक्त गद्य के बाद नया और प्रीतिकर लगता है, और गद्य-वृत्ति की अपनी क्षमता को नये सिरे से उघारता है। सघन प्रतीकात्मकता-बिंबात्मकता यहाँ भी है जैसे 'स्ट्राइक' में घड़ी के बिंब, अथवा 'ऊसर' में कागज़ की पर्चियों का प्रतीकात्मक खेल, या कि 'ताँबे के कीड़े' के समूचे विधान में, पर बुनियादी भाषा ठेठ मध्यवर्गीय बोलचाल की होने से उसका विधान नयी क्षमता से संपन्न होता है। और सद्य:विकसित प्रविधि के युग में भी कोई हड़बड़ी नहीं दरसाता। उसकी शब्दावली अधिकतर ठंडी और यति-गति एकदम शमित है, जिससे किसी क़दर नाटक की अपनी गति निर्धारित होती है। अपनी इस अनाटकीय वृत्ति में भुनेश्वर के नाटक समूचे नये नाटक आंदोलन में अग्रणी भूमिका अदा करते हैं जहाँ नाटक कथा-वस्तु के धरातल पर न होकर संवेदना के स्तर पर घटित होता है। उनके गद्य में इस नये नाटक की पूरी संभावनाएँ निहित हैं।

भुवनेश्वर के इन साहसिक प्रयोगों के बावजूद हिंदी में नये नाटक की शुरुआत कुछ सहमे-सहमे ढंग से होती है। मोहन राकेश, लक्ष्मीनारायण लाल या कि धर्मवीर भारती के नाटक वैसे प्रयोगमूलक नहीं बन पाते जैसे कि उदाहरणार्थ अन्य सहयोगी भाषाओं के नाटककारों बादल सरकार (बँगला), विजय तेंदुलकर (मराठी) अथवा गिरीश कर्नाड (कन्नड़) के हैं। कुछ बाद में विपिन अग्रवाल अपना नाट्य-गद्य भुवनेश्वर से आगे और हल्का कर लेते हैं, जहाँ प्राथमिक स्तर पर वह बोलचाल से लगभग अभेद हो जाता है, जबकि उसकी आंतरिक संप्रेषण क्षमता और गहरी हो जाती है। दूसरी ओर सुरेन्द्र वर्मा के यहाँ संवाद कई तरह से तीखे बनते हैं।

नये नाटककारों में लक्ष्मीनारायण लाल यदि 'अश्क' के क्षेत्र में नयी ज़मीन तोड़ते दिखते हैं तो जगदीशचंद्र माथुर के क्षेत्र में मोहन राकेश आगे बढ़ते हैं। भारती का मुख्य नाटक 'अंधा युग' काव्य-नाटक है और यों गद्य के संस्कार से उसका संबंध नहीं जुड़ता। राकेश के तीन पूरे नाटक हैं 'आषाढ़ का एक दिन', 'लहरों के राजहंस' और 'आधे अधूरे'। इनमें से पहले दो का इतिवृत्त इतिहास से लिया गया है, भले अपेक्षया सूक्ष्म रूप में, जबकि 'आधे अधूरे' आधुनिक समाज की त्रासदी है। इतिहास और बोलचाल की अंतरक्रिया में राकेश के आरंभिक नाट्य-गद्य का सम प्रसाद और जगदीशचंद्र माथुर के बीच में है। 'आधे-अधूरे' का तीखापन उसके कथानक, चरित्र-गठन और गद्य में से एक साथ फूटता है और पाठक-सामाजिक को एकबारगी घेर लेता है। झीने इतिहास में ढँके उनके पहले दो नाटक प्रसाद के संस्कारों में जैसे आधुनिक वैचारिकता का संक्रमण करते हैं।

'तीन अपाहिज' (1969) में संकलित विपिन के नाटक गद्य की क्षमता को कुछ और खींचते हैं। यह गद्य कम बोलने का गद्य है—हल्के, सीधे-सामान्य घर-मुहल्ले के शब्दों का बिना आवाज़ तेज़ किए। संवाद छोटे हैं जैसा बोलचाल के क्रम में प्राय: होता है। यह पहली बार है कि अनुपातिक ढंग से यहाँ समूचे नाटक के आलेख

में संवाद कम जगह लेते हैं, नाट्य-निर्देशों की तुलना में। इस बनावट में नाटककार जिसे अपने आलोचनात्मक लेखन में 'हरकत' कहता है उसके लिए अधिक संभावना बनाकर रखता है। यों, आकार में संक्षिप्त होकर और दृश्य-परिवर्तन कम करके भी अपने में ये पूरे नाटक हैं, एकांकी या कि लघु नाटक नहीं। इस प्रसंग में यह भी स्मरणीय है कि 'तीन अपाहिज' तथा इस क्रम के अन्य नाटक अधिकतर पुस्तक रूप में प्रकाशन के पूर्व कई-कई बार मंच पर अभिनीत हो चुके हैं, और अपने नाटक नाम को सार्थक करते हैं। मंच का बड़ा अनुभव क्रमशः मुद्रित रूप में पैठ चुका हुआ है।

उदाहरण के लिए 'तीन अपाहिज' नाटक का एक अंश प्रस्तुत है—

खल्लू : लाओ।
गल्लू : (थैली बाँधते हुए) क्या?
खल्लू : चने, और क्या।
गल्लू : क्या करोगे?
खल्लू : क्या करेंगे।
गल्लू : हाँ! (शरीर में तनाव आ जाता है।)
खल्लू : (हार कर) खाएँगे।
गल्लू : (उत्तर सुनकर शिथिल हो जाता है।) तुम्हारा मतलब है दोस्त की ग़ैरहाज़िरी में हम उसका माल उड़ाएँगे।
खल्लू : (विचलित होकर) इस तरह से सोचते हो तो शायद नहीं।
गल्लू : (उत्तर सुनकर निराश हो जाता है पर विषय जारी रखना चाहता है।) क्या किसी और ढंग से सोचा जा सकता है।
खल्लू : क्यों नहीं। थैली बीच में रख दो!

छोटे-छोटे शब्द, छोटे-छोटे वाक्य, और कहा जा सकता है कुल बहुत छोटी-सी बात, पर इनके भीतर से चरित्रों के अंदर चलने वाला नाटक फूट रहा है, जो व्यंजना की बहुस्तरीय टकराहट में और गहरा होता जाता है। 'क्या किसी और ढंग से सोचा जा सकता है।' इस सीधे रूखे कथन में विकल्पवादी तलाश है तो सत्य से मुकर जाने की वृत्ति भी; यों अंतर्जगत की कई परतें झाँक रही हैं, और जैसा कहा गया, इनकी अंतरक्रिया में ही असली नाटक घटित होता है।

आधुनिक गद्य के कल्पना-प्रधान रूपों-उपन्यास, कहानी, नाटक—के इस विश्लेषण से जहाँ एक ओर गद्य का विकास-क्रम लक्षित किया जा सकता है, वहीं कुछ यह भी समझ में आता है कि इस गद्य के कई तरह के दबाव में काव्य-रूपों का उदय और विकास कैसे होता है। स्पष्ट ही यहाँ इन काव्य-रूपों का प्रातिनिधिक विवेचन किया गया है, न कि व्यवस्थित सर्वेक्षण। अर्थ-सघनता में बढ़ना, गद्य का उत्तरोत्तर सरल

अनलंकृत होना, काव्य-रूपों का एक-दूसरे में डूबना-ये सब प्रक्रियाएँ साथ-साथ घटित होती हैं; नवीनतम परिदृश्य पर निर्मल वर्मा के उपन्यास, रघुवीरसहाय की कहानियों और विपिन अग्रवाल के नाटकों में आधुनिक गद्य का यह विकास-क्रम द्रष्टव्य है।

अकाल्पनिक गद्य-रूपों का विकास-विस्तार

अकाल्पनिक गद्य-वृत्त पूरी तरह से आधुनिक युग की देन हैं, जहाँ रचना भाषा की हल्की सर्जनात्मकता में होती है। निबंध इस क्रम में पहले आता है ललित और वैचारिक दोनों रूपों में। निबंध गद्य का खुला क्षेत्र है। वहाँ कोई भी बात कही जा सकती है अगर कहने का ढंग है तो। इसीलिए अन्य गद्य-रूपों का विकास फिर उसी में से होता है; उन रूपों के सीमांत वहाँ मिलते टूटते हैं।

आधुनिक काल के पूर्व तक गद्य दो स्तरों पर सक्रिय था—एक तो पूरे सर्जनात्मक स्तर पर जहाँ नाटक-कहानी-उपन्यास रचे जाते हैं कल्पना के सहयोग में। दूसरा स्तर इतिवृत्त और वैचारिकता का जहाँ ज्ञान के विषयों की चर्चा से लेकर पत्रकारिता के विविध रूप आ जाते हैं। आधुनिक काल में गद्य का एक नया प्रयोग आरंभ होता है इन दोनों स्थितियों के बीच, जहाँ कल्पना का सहयोग नहीं है, इतिवृत्त को हल्की सर्जनात्मक भाषा के सहारे रचना के स्तर पर उठा लिया जाता है। जैसा कहा गया, निबंध से आरंभ होकर रेखाचित्र-संस्मरण, जीवनी-आत्मकथा, रिपोर्ताज-यात्रा संस्मरण तक ये नये अकाल्पनिक वृत्त फैलते हैं। असजग रूप से लिखे गये पत्र और डायरी-जर्नल भी इस क्रम के अंतर्गत आ जाते हैं। आधुनिक जीवन के सघन मानसिक तनावों और दबाव के बीच ये अकाल्पनिक वृत्त अधिक आत्मीय और कुछ विनोदपूर्ण पाठ्य सामग्री के रूप में काफी लोकप्रिय हुए हैं लेखक और पाठक दोनों क्षेत्रों में पिछले युग के गद्य वृत्तों की तरह ये सिर्फ़ सूचना देकर नहीं चुक जाते, और दूसरी ओर कल्पना की सक्रियता तथा भाषिक सर्जन की अर्थ-क्षमता में सघन अनुभूतियों के संवाहक नहीं होते। एक तरह से आधुनिक काल को गद्य-काल कहे जाने का वास्तविक औचित्य इन नये गद्यरूपों के प्रवर्तन से ही मिलता है।

निबंध मूलत: उन्नीसवीं शती के उदारतावादी युग की उपज है जहाँ वैचारिक स्वाधीनता पहली प्रतिज्ञा है; तब वैचारिक सहिष्णुता उसके साथ-साथ आएगी और किसी क़दर हल्के व्यंग्य-विनोद की वृत्ति और तरंग शैली भी। विचार-प्रतिपादन के लिए लिखा गया गंभीर गद्य निबंध कोटि के अंदर आ जाता है बशर्ते इनमें से कुछ उपकरण वहाँ प्रयुक्त हुए हों। आधुनिक हिंदी निबंध क्षेत्र में हजारीप्रसाद द्विवेदी यदि पहले प्रकार के श्रेष्ठ प्रतिनिधि हैं तो आचार्य रामचंद्र शुक्ल दूसरे प्रकार के।

हल्का सर्जनात्मक संस्पर्श रखने के कारण निबंध में गद्य-क्षमता का प्रदर्शन और परीक्षण बखूबी हो पाता है। रामचंद्र शुक्ल ने अपने इतिहास में निबंध का प्रकरण

खोलते हुए जब लिखा "यदि गद्य कवियों या लेखकों की कसौटी है तो निबंध गद्य की कसौटी है।" तो उनका आशय कुछ ऐसा ही रहा होगा। स्वयं आचार्य शुक्ल के अपने निबंध इस कसौटी का अच्छे ढंग से व्यावहारिक निदर्शन प्रस्तुत करते हैं। 'वैर क्रोध का अचार या मुरब्बा है' जैसा वाक्य कोई पेशेवर मनोविज्ञान-शास्त्री नहीं लिख सकता। पर निबंधकार की हल्की बिंबधर्मी भाषा उनके निबंध 'क्रोध' के अंतर्गत यों वैर और क्रोध में जैसे अंतर स्पष्ट करती है, वह बड़े-बड़े मनोविज्ञानवेत्ता नहीं कर सकते। क्रोध को सँजो कर और सँभाल कर रखने से कैसे वह वैर में परिणत होता है, इस बुनियादी तथ्य को यहाँ एक छोटे से वाक्य में बड़ी कुशलता से व्यक्त कर दिया गया है। अचार -मुरब्बे का बिंब जितना रोचक है, बात को हृदयंगम कराने में उतना ही उपकारक भी। निबंध इस रूप में बात करने की कला है।

हिंदी निबंध, जैसा संकेत किया गया, उदारतावाद का साक्षी बन कर आता है। तेज से तेज राजनैतिक बात भी बड़े नरम अंदाज़ में कही जाती है, जैसा कि बालमुकुंद गुप्त के चिट्ठे और ख़त में बहुत अच्छी तरह देखा जा सकता है। भारत के वायसराय से सीधे-सीधे बात करना और उनके कर्तव्य की व्याख्या करना बालमुकुंद गुप्त के प्रतिचरित्र शिवशंभु के ही बस की बात है। वायसराय ब्रिटिश सिंहासन का प्रतिनिधि है तो शिवशंभु भारतीय जनता के। इनके संलाप में हिंदी निबंध का गद्य असाधारण चमक पा लेता है।

आरंभ से चलें तो हिंदी निबंध के आद्य प्रयोगकर्ता रूप में भारतेंदु को पाएँगे, जैसा कि कुछ अन्य गद्य-वृत्तों के प्रसंग में भी हम देखेंगे। ललित निबंध के रूप में 'स्वर्ग में विचार सभा', 'ईश्वर बड़ा विलक्षण है', 'पाँचवें (चूसा) पैगंबर' जैसी उनकी गद्य रचनाएँ आएँगी। वैचारिक निबंध की दृष्टि से भारतेंदु की सर्वाधिक प्रसिद्ध रचना है 'भारतवर्ष की उन्नति कैसे हो सकती है?' जिसे उन्होंने ददरी मेले के अवसर पर व्याख्यान रूप में 1884 में प्रस्तुत किया था। स्पष्ट ही यह गद्य निबंध और व्याख्यान के मिले-जुले रूप में विकसित हुआ है, जो परंपरा फिर हजारीप्रसाद द्विवेदी तथा विद्यानिवास मिश्र तक चली आई है। ललित और वैचारिक निबंध के बीच में 'ग्रीष्म ऋतु' को रखा जा सकता है, जो भारतेंदु युग के निबंधकार-द्वय बालकृष्ण भट्ट तथा प्रतापनारायण मिश्र की शैली के सबसे अधिक निकट है। यों भारतेंदु की अपनी ज़िंदादिली का सर्वोत्कृष्ट उदाहरण 'ईश्वर बड़ा विलक्षण है' शीर्षक लघु निबंध में द्रष्टव्य है। निबंध का आरंभ यों होता है—"भला इस संसार बनाने का क्या काम था? व्यर्थ इतने उल्लू एक संग पिंजड़े में बंद कर दिए, किसी को दुखी बनाया किसी को सुखी, किसी को राजा बनाया किसी को फकीर, इसी से मैं कहता हूँ कि ईश्वर बड़ा विलक्षण है।" आत्मीय लहज़ा, विनोद-वृत्ति और तरंग शैली में किसी गंभीर विषय का उन्मुक्त विवेचन-वास्तविक निबंध की ये सभी प्रधान विशेषताएँ इस गद्य में कमोबेश लक्षित की जा सकती हैं जो उसे इतिवृत्त-कथन से ऊपर उठाकर

यथावश्यक रूप में सर्जनात्मक बनाती हैं।

भारतेंदु के समकालीनों में बालकृष्ण भट्ट तथा प्रतापनारायण मिश्र के निबंधों का कुछ विवेचन हम भारतेंदु-मंडल के प्रसंग में कर आए हैं। इनके शीर्षकों से पता चल जाता है कि मनुष्य जीवन के छोटे-बड़े सभी पक्षों को इन्होंने निबंध लेखन के लिए चुना है। 'आँख', 'कान', 'नाक', 'चंद्रोदय', या कि 'बात', 'वृद्ध', 'भौं' जैसे शीर्षकों से विषय-वैविध्य का ठीक पता चलता है, बल्कि समझा जा सकता है कि सामान्य उपेक्षित जीवन-दृश्यों की ओर ही इनका ध्यान अधिक गया है। निबंधों का यह विषय-वैविध्य गद्य-क्षमता को आज़माने और मापने का एक और कुशल उपाय है।

किसी बड़े और महत्वपूर्ण विषय को लेकर उस पर कुछ नयी मौलिक बात कह सकना अपेक्षाकृत आसान है, जबकि सामान्य दैनंदिन जीवन के किसी पक्ष को उठाकर उसकी सार्थकता रेखांकित करना कठिन। ऐसे अवसर पर लेखक को अपनी भाषा की चिंतन और अभिव्यंजन दोनों क्षमताओं का विस्तार करना होता है। हिंदी के आरंभिक निबंधों का गद्य एक सीमा तक ही इस अपेक्षा की पूर्ति करता है। फिर बहुत से अंशों में वह रीतिकालीन मनोवृत्ति के अवशेष रूप में कौतूहल और चमत्कार जगाकर रह जाता है। 'चंद्रोदय' (भट्ट) अथवा 'नारी' (मिश्र) इसके उदाहरण हैं।

व्यक्तिगत प्रयोग और सामाजिक अनुमोदन की अंतरक्रिया में भाषा निष्पादनशील ('जैनरेटिव') बनती है, जिसका प्रसिद्ध विश्लेषण चॉम्स्की द्वारा हुआ है। फिर अगले चरण में व्यक्ति और इस भाषा की टकराहट में भाषा सर्जनशील ('क्रिएटिव') बनती है, और स्वयं प्रयोक्ता व्यक्ति को भी बनाती है। इस सर्जनशील भाषा को ही मुक्तिबोध 'परम अभिव्यक्ति' कहते हैं, और उसे मानते हैं गुरु तथा अपने को शिष्य—"मैं उसका शिष्य हूँ। वह मेरी गुरु है "जबकि अज्ञेय उसकी नित्य सर्जनशील क्षमता को फिर और लाक्षणिक रूप में 'छल' कहते हैं, और इस 'काव्य' को यों संबोधित करते हैं, "तू छलता है पर हर छल में/तू और विशद अभ्रांत/अनूठा होता जाता है।"

भाषा की अपनी सर्जन-प्रक्रिया को यों समझ कर हम कह सकते हैं कि अकाल्पनिक गद्य के अंतर्गत निबंधों में भाषा की इस सर्जनात्मक क्षमता—होम्योपैथी की लक्षणा में कम 'पोटैन्सी'—का सजग प्रयत्नपूर्वक क्षीणतर प्रयोग होता है। भारतेंदु युगीन निबंधों में ऐसी गद्य क्षमता आरंभिक साक्ष्य के तौर पर देखने को मिलती है। अँग्रेजी गद्य का यह रूप, बोलने की लंबी परंपरा के क्रम में, अपेक्षया पहले विकसित होता है, और 18वीं-19वीं-20वीं शती तक इसका एक लंबा तथा समृद्ध दौर चलता है। यद्यपि कि इधर पिछले समय में, विशेषत: दैनिक पत्रकारिता के अंतर्गत लेख या कि आलेख के प्रचार ने साहित्यिक निबंध को काफ़ी दबा दिया है। इसकी चिंता अँग्रेजी-अमरीकी लेखन में कई बार देखने को मिलती है। सिंथिया ओज़ेक ने अपने निबंध "थोड़ा साहित्य रचने के लिए बहुत सारा इतिहास चाहिए" के समापन भाग में यह समस्या इस प्रकार प्रस्तुत की है, "लेकिन साहित्यिक निबंध को रक्षा की

आवश्यकता है और वह रक्षा का पात्र भी है। रक्षा और रक्षा के अलावा भी, जय जयकार और आचरण के माध्यम से पुनर्जीवन। किसी न किसी तौर पर साहित्यिक निबंध एक संस्कृति की स्वचेता उन्नति से संबंधित है। जबकि निबंध का चमकीला उत्तराधिकारी-आलेख या 'अंश'—हर सूरत में तत्काल का एक वक्काल है, उस सबको झाड़ कर अलग कर देने वाला जिसे अध्ययन या धैर्य या जिसे, कभी बिना किसी पूर्वाग्रह के यशोलिप्सा कहा जाता था, उसकी जरूरत पड़ती है। निबंधकार की यशोलिप्सा कृतज्ञता का भाव है जिसकी बात मैंने क्षण भर पहले की थी, न उससे जियादा, न उससे कम। कृतज्ञता, इतिहास के प्रति, विद्धत्ता के प्रति, साहित्य के प्रति, साहित्य के बारीक से बारीक नुकात के प्रति।" ('समास'-3)

हिंदी निबंध को अँग्रेज़ी निबंध की तरह तत्कालिक 'लेख'/'आलेख' का ख़तरा तो है ही, उसे स्वयं अपने भीतर चलने वाले उन संस्कृत-प्राकृत के सुभाषितों तथा अन्य लटकों और नुस्खों से भी खतरा है जिन्हें बाद के निबंधकारों ने बेतहाशा अपना रखा है। एक स्थिति में भाषिक सर्जनात्मकता का हल्का रूप फिर एकदम विलुप्त हो जाता है तो दूसरी स्थिति में इस भाषिक सर्जनात्मकता को कृत्रिम तरीके से बढ़ाने की बलपूर्वक कोशिश होती है। पर जैसा संकेत किया गया, निबंध का, तथा अन्य अकाल्पनिक वृत्तों का गद्य हल्की सर्जनात्मकता में ही पनपता है, न उसके अभाव में और न उसके अतिशय में।

यहाँ निबंध विषयक विवेचन स्वयं कुछ-कुछ उन्मुक्त निबंध शैली का अनुसरण करता रहा है। अब हम विकास क्रम को फिर आगे बढ़ाएँगे। द्विवेदी युगीन नये व्यवस्थित गद्य में निबंध की संभावनाएँ और खिलती हैं। यह ठीक है कि भारतेंदु युगीन निबंध की ज़िंदादिली अपने में विशेष रूप से आस्वाद्य थी, जो आगे कुछ कम हुई। पर इस युग के गद्य में विनोद और विचारशीलता का एक विशेष मिश्रण विकसित हुआ जहाँ निबंध की वयस्कता पहिचान में आती है। स्वयं महावीरप्रसाद द्विवेदी तो शिष्ट और व्यवस्थित गद्य के निर्माता थे, पर निबंध की विशिष्टता बालमुकुंद गुप्त के हाथों विकसित हुई जिसका कुछ उल्लेख पहले हो चुका है। यहाँ संकेत किया जा सकता है कि विनोद और विचारशीलता के संपृक्त रूप की विशेषता इस बात में है कि इसके लिए कहने का कुछ अतिरिक्त प्रयत्न अपेक्षित नहीं रहता, वह समूची भाषा-चेष्टा का अंग बन जाता है। यही निबंध गद्य की वास्तविक पहिचान है, जहाँ विचार के निर्मल होने पर ही विनोद की संभावना बनती है।

आधुनिक हिंदी गद्य के व्यवस्थापक हैं आचार्य महावीरप्रसाद द्विवेदी, और जब आचार्य द्विवेदी कहें, "अच्छी हिंदी बस एक व्यक्ति लिखता था—बालमुकुंद गुप्त।" ('एक महत्वपूर्ण बात' : राय कृष्णदास; 'बालमुकुंद गुप्त—स्मारक ग्रंथ'—पृ० 368) तो बालमुकुंद गुप्त की 'अच्छी हिंदी' का मर्म समझना हिंदी गद्य के किसी भी अध्येता के लिए अनिवार्य हो जाता है। यहाँ यह भी स्मरणीय है कि यह अभिमत

व्यक्त करने वाले आचार्य द्विवेदी हिंदी के स्वरूप की बहस को लेकर बालमुकुंद गुप्त अनेक वाग्बाणों का स्वयं शिकार हो चुके थे। यह जैसे शर-शय्या पर लेटे भीष्म पितामह की प्रशंसा अर्जुन की धनुर्विद्या के लिए हो।

अकाल्पनिक गद्य में प्रवाह के लिए अभी दो गुणों के होने की बात कही गई—विनोदप्रियता और विचारशीलता। अपने संदर्भ में बालमुकुंद गुप्त स्वयं इन तत्त्वों का उल्लेख अपने ढंग से करते हैं। प्रसिद्ध उर्दू पत्र 'ज़माना' के प्रसिद्धतर संपादक मुंशी दयानारायण निगम ने गुप्त के किसी एक 'चिट्‌ठे' ('शिवशंभु के चिट्‌ठे') की आलोचना की। इस संदर्भ में उत्तर देते हुए लेखक ने स्पष्ट किया, "निस्संदेह विनोदशीलता की वायु गंभीरता को उड़ा ले गई, क्षमा करें, चित्त की व्यग्रता अथवा असावधानी से ऐसा हुआ।" ('बालमुकुंद गुप्त-स्मारक-ग्रंथ'— पृ० 270) कहना न होगा, 'असावधानी' की इस व्याख्या में भी विनोद और गंभीरता की मिलावट बनी हुई है।

बालमुकुंद गुप्त के गद्य की इस विशिष्टता का सबसे अच्छा परीक्षण दो लेखन-क्रमों में हो सकता है—एक तो शिवशंभु की ओर से लिखे गए चिट्‌ठे और ख़त में, और दूसरे आत्माराम के नाम से लिखे 'भाषा की अनस्थिरता' शीर्षक लेखमाला में। इस लेखमाला का संदर्भ-विंदु था आचार्य द्विवेदी द्वारा अपने लेखन में कहीं 'अनस्थिरता' शब्द का प्रयोग। सामान्य रूप में यहाँ शब्द बनना चाहिए था 'अस्थिरता', न कि 'अनस्थिरता'। तब इस एक शब्द-प्रयोग को लेकर प्रधानतः बालमुकुंद गुप्त और महावीरप्रसाद द्विवेदी के बीच कई पत्र-पत्रिकाओं में लंबा विवाद चला, जिसमें कुछ अन्य लेखकों ने भी भागीदारी की थी। यों, एक लेखमाला में व्यापक राष्ट्रीय संदर्भ है और संबोधन के पात्र अँग्रेज़ वायसराय हैं दृप्त ब्रिटिश सत्ता के प्रतिनिधि, दूसरे में संदर्भ हिंदी भाषा का अपना व्याकरणिक स्वरूप है और संबोधन है 'सरस्वती' संपादक महावीरप्रसाद द्विवेदी के लिए, अपने क्षेत्र में जिनकी सत्ता भी कुछ कम महत्वपूर्ण न थी। तब विनोद और विचारशीलता के साथ-साथ इन बौद्धिक संवादों को चलाने के लिए एक तीसरा गुण भी आवश्यक था, निर्भीकता का। गुप्त के गद्य में इन तीनों गुणों का समावेश हुआ है, और जैसा संकेत किया गया, अलग-अलग शब्द-प्रयोगों में नहीं, समूची गद्य-चेष्टा में।

बालमुकुंद गुप्त के गद्य का अपेक्षया विस्तृत विवेचन प्रस्तुत अध्ययन के तीसरे खंड में होगा।

बालमुकुंद गुप्त का गद्य यदि राजनैतिक और साहित्यिक आदर्शों के लिए समर्पित है तो अध्यापक पूर्णसिंह का मूलतः नैतिक आदर्शों के प्रति। और दोनों के गद्य का स्वभाव भी फ़रक है। गुप्त का गद्य समकालीन राजनीति, भाषा और साहित्य के प्रश्नों से जुड़कर तार्किक क्रम में चलता है, जबकि अध्यापक जी का गद्य नैतिक मूल्यों से जुड़कर आविष्ट अधिक हो जाता है। इस रूप में उनकी भाषा-शैली 'सरस्वती'

के लेखक-मंडल में एकदम अलग पहिचान रखती है। संपादक द्विवेदी ने जैसे उन्हें एक सम्मानजनक अपवाद के रूप में स्वीकार किया था। व्यक्तिगत जीवन में खेती, साहित्य, रसायन, और अध्यात्म का समन्वय करने, और किसी क़दर स्वामी रामतीर्थ के साहचर्य ने उनके दृष्टिकोण को काफ़ी-कुछ उद्दाम बनाया रहा होगा जिसे उनका गह! पूरी तरह समर्थित करता है। उनके निबंधों के प्रसंग भी खेती-मज़दूरी-वन-विज्ञान-साहित्य और अध्यात्म के विषयों से जुड़े हुए हैं। यहाँ प्रसिद्ध अमरीकी कवि वाल्ट ह्विटमैन से संबद्ध उनके निबंध का कुछ अंश उद्धृत है—शीर्षक है 'अमेरिका का मस्त योगी वाल्ट ह्विटमैन' ('सरस्वती'—1913), जिससे कवि के प्रति लेखक के दृष्टिकोण का कुछ आभास मिल सकता है—"अमेरिका के वन में नहीं, जीवन के अरण्य में यह कौन जा रहा है? यह प्रकृति का बंभोला है कौन? यह वन का शाहदौला है कौन? यह इतना शरीफ अमीर होकर ऐसा रिन्द फकीर है कौन? अमेरिका के वही मूर्ख, तत्त्वहीन, मशीन-रूपी नरक में यह जीता जागता ब्रह्मज्ञानरूपी स्वर्ग कौन है? इसकी उपस्थिति मात्र से मनुष्य की आभ्यंतरिक अवस्था बदल जाती है। अमेरिका की बहिर्मुख सभ्यता को लात मारकर बिरादरी और बादशाह से बागी होकर, कालीनों को जलाकर, महलों में आग लगाकर यह कौन जाड़ा मना रहा है? प्रभात की फेरीवाला, जंगल का जोगी, अमेरिका का स्वतंत्र और मस्त फकीर वाल्ट ह्विटमैन अपनी काव्य रचना करता हुआ जा रहा है।" ऐसे गद्य में से जैसी विचारधारा निकलनी चाहिए वह सरदार पूर्णसिंह के व्यक्तित्व के साथ पूरा न्याय करती है। उद्धरण के आरंभ में उल्लसित प्रश्नवाची वाक्यों की लड़ी, और फिर उत्तरार्द्ध में उनका यथोचित समाधान, फ़कीराना अंदाज़ में, यह सरदार के गद्य की अपनी निजी पहिचान है, जो उन्हें अपने ढंग का अलग निबंधकार बनाती है।

खड़ी बोली गद्य को ऐसे ही गति देने वाले, एक अन्य निबंधकार हैं पद्मसिंह शर्मा। आर्यसमाज के प्रचारक और कुशल वक्ता होने के नाते उनके गद्य का प्रवाह विशेष रूप से ध्यान आकृष्ट करता है, जहाँ मत-प्रतिपादन, विचक्षणता और विनोद के गुण एकबारगी घुल-मिल गए हैं। आर्यसमाज के सक्रिय कार्यकर्ता निबंध-लेखक की उदार दृष्टि का परिचय इससे भी मिल जाता है कि उनके गद्य-संग्रह 'पद्म पराग' (1929) का पहला निबंध 'भगवान् श्रीकृष्ण' है। बंकिम के प्रसिद्ध ग्रंथ 'कृष्ण चरित्र' के संदर्भ से, कृष्ण चरित्र की चरम प्रासंगिकता और सार्थकता वर्तमान काल में वे यहाँ निरूपित करते हैं। 'पद्म पराग' हिंदी गद्य का निश्चय ही एक विशिष्ट संकलन-एक 'ओनीबस 'प्रस्तुतीकरण है, जहाँ निबंध, रेखाचित्र, संक्षिप्त जीवनी, संस्मरण, अभिभाषण के विविध रूप एक साथ देखने को मिलते हैं। पर गद्य का स्वरूप एक जैसा है—बोलचाल की चपल शैली, बीच-बीच में संस्कृत-फ़ारसी-उर्दू की उक्तियाँ और कहीं-कहीं तीखे कटाक्ष—'भगवान् श्रीकृष्ण' से लेकर 'महाकवि अकबर' तक गद्य का यही समरस रूप चलता है। अकबर का नया नया आया

दीवान पढ़ने का प्रसंग और अनुभव निबंधकार के शब्दों में इस प्रकार है, "ज्यों त्यों करके दिन मुँदा, रात आई। चाय पीकर लैम्प जलाया, किताब हाथ में उठाई, पढ़ने बैठा ही था कि आगंतुक मित्रों की मंडली ने आ घेरा-अजी रहने भी दो, इस गरमी में पढ़ने बैठे हो? किताब कहीं भागी जाती है, दिन में पढ़ लेना। एक साहब उठे, लैम्प उठाकर दूर रख आये, दूसरे किताब छीनने लगे। वर्षों के भूखे के आगे से भले आदमियों ने परसा हुआ थाल उठा लिया!...राम-राम करते दस बजे के करीब नींद ने मेरी पुकार सुनी, वह आई, और उनकी आँखों में छा गई। मैं आहिस्ता से उठा और लैम्प लेकर अंदर बरांडे में जा बैठा। गरमी कुछ कम न थी, पसीने पर पसीने आ रहे थे, पंखा झलूँ कि किताब पढ़ें। पतंगे कमबख्त अलहदा नाक में दम कर रहे थे; मानो सोने वालों ने अपना चार्ज पतंगों को दे दिया था। आखिर पढ़ने की प्रबल इच्छा-शक्ति ने इस विघ्न पर विजय पाई, मैं तन्मय होकर पढ़ने लगा। पढ़ते-पढ़ते समाधि सी हो गई, आँखें और पुस्तक के पृष्ठ खुले थे, बाकी इन्द्रियों का व्यापार बंद था। बड़े साइज़ के 282 पृष्ठ से ऊपर की पुस्तक एक आसन में लेटे-लेटे पढ़ गया। पढ़ता था और मस्ती का एक नशा सा चढ़ता जाता था, पेंसिल हाथ में थी, चमत्कृत पद्यों पर चिह्न करता जाता था। सारी पुस्तक रंग डाली, खांड की रोटी जिधर से तोड़ी, मीठी निकली कभी आह निकलती थी, तो कभी वाह। कभी रोता था, तो कभी हँसता था। एक अनिर्वचनीय दशा थी, जो लिखकर नहीं बताई जा सकती। आज इतने दिनों बाद इस समय उसकी स्मृति भी एक आनंद दे रही है।" लेखक ने उल्लेख नहीं किया—यद्यपि उनके जैसे संस्कृत काव्यशास्त्र के मर्मज्ञ हिंदी में कम हुए हैं—कि ऐसी मानसिक अवस्था ही काव्यशास्त्र में वर्णित 'मधुमती-भूमिका' है, जो या तो साधक के लिए सुलभ है या फिर कवि के लिए। और यहाँ इस का मार्मिक व्यावहारिक वर्णन गद्य में हुआ है।

यहाँ एक और उल्लेख प्रासंगिक होगा जिसमें अकबर के एक शेर से उपर्युक्त दोनों गद्यकार अध्यापक पूर्णसिंह और पद्मसिंह शर्मा अनायास जुड़ जाते हैं। वर्णन पद्मसिंह शर्मा के शब्दों में है अकबर के संदर्भ से—"इस गज़ल का एक शेर मेरे लिए मनोरंजक 'ऐतिहासिक घटना' हो गयी है। एक दफ़ा मैं देहरादून गया हुआ था। शाम के वक्त प्रोफेसर पूर्णसिंह जी (फ़ॉरेस्ट केमिस्ट) से मिलने के लिए गया। वह न मिले, कुछ देर इंतज़ार करके चला आया। बंगले पर कोई आदमी भी न था, जिसे अपने आने की और निराश लौटने की सूचना दे आता। मैंने पेंसिल से कागज़ के टुकड़े पर यह शेर लिखा और कमरे के दरवाज़े की चिक में रख दिया—

'नसीब हो न सकी दौलते-क़दम-बोसी;
अदब से चूम के हज़रत का आस्ताना चले।'

घूम फिर कर जब रात को सहृदय-शिरोमणि प्रो० पूर्णसिंह जी बंगले पर पहुँचे और

उस पर्चे पर उनकी नज़र पड़ी तो पढ़कर तड़प गए। मुझे प्रात:काल ही वहाँ से चल देना था। जहाँ ठहरा हुआ था, वह जगह उनके बंगले से दूर थी, इसलिए अपने ठहरने के स्थान का उसमें पता न लिखा था। उसके बाद जब पूर्णसिंह जी मिले, तो कहते थे—'उस शेर को पढ़कर मैं रात भर बेक़रार रहा; मज़े ले-लेकर बार-बार पढ़ता और झूमता था। एक कैफ़ियत तारी हो गई, तमाम रात नींद न आई। दिल चाहता था कि अभी चल कर मिलूँ, पर मालूम न था आप कहाँ ठहरे हैं। आपने मुझे ग़ैरहाजिरी की यह अच्छी सज़ा दी।"

उपर्युक्त दोनों प्रसंग अपेक्षया विस्तार में उद्धृत किए गए हैं—कुछ तो इसलिए कि पूरा संदर्भ स्पष्ट हो सके, और इसलिए भी कि हिंदी गद्य के कुछ श्रेष्ठ मानक एक साथ पढ़ने की सुविधा हो। यह संयोग से कुछ अधिक है कि यहाँ एक जगह कवि के पूरे दीवान के पढ़ने की प्रक्रिया अंकित है तो दूसरी जगह महज़ एक शेर की प्रतिक्रिया का वर्णन है। लेखक के गद्य की विशेषता इस बात में है कि ऐसी सघन मन:स्थितियों को बड़े सीधे-सादे ढंग से उकेर दिया गया है।

अपने इन दोनों समकालीनों-पूर्णसिंह तथा पद्मसिंह शर्मा की तुलना में इस युग के केन्द्रीय गद्य लेखक और व्यवस्थापक महावीरप्रसाद द्विवेदी के निबंध, उनके व्यक्तित्व के ही अनुरूप, अधिकतर इतिवृत्तपरक हैं। इतिवृत्तपरकता विषय और गद्य-क्रम दोनों में परिलक्षित होती है। विषय हैं 'मेघदूत', 'हंस का नीर-क्षीर विवेक', 'प्रभात', और गद्य बराबर कर्त्ता-कर्म-क्रिया के अनुक्रम में चलता है। महावीरप्रसाद द्विवेदी की दृष्टि में आदर्श भाषा-व्यवस्था है जहाँ सामान्य शिष्ट बोलचाल का रूप गद्य में प्रयुक्त होता है, और वह गद्य की भाषा ही कविता में चलनी चाहिए। यों, इन तीनों स्तरों में समरूपता काम्य है। अपनी इन मान्यताओं को उन्होंने अपने एक आरंभिक लेख 'कवि कर्तव्य' में यों प्रस्तुत किया है, "गद्य और पद्य की भाषा पृथक-पृथक न होनी चाहिए। यह एक हिंदी ही ऐसी भाषा है जिसके गद्य में एक प्रकार की और पद्य में दूसरे प्रकार की भाषा लिखी जाती है। सभ्य समाज की जो भाषा हो उसी भाषा में गद्य-पद्यात्मक साहित्य होना चाहिए।" यह जानना रोचक होगा कि इस सिद्धांत के संदर्भ में ही खड़ी बोली क्षेत्र के मूल वासी बालमुकुंद गुप्त ने बैसवाड़ी क्षेत्र के मूल वासी 'सरस्वती'—संपादक द्विवेदी पर कठोर व्यंग्य किया था अपनी अनस्थिरता वाली लेखमाला के पहले लेख में—"वही जिसकी रचनाओं को पढ़कर 'हम पंचन के ट्वालामां' बोलने वाले हिंदी बोलने को चोंच खोलने लगे हैं।"

इस संदर्भ में ध्यान देना होगा कि हिंदी के बहुजनपदीय स्वरूप की एक बड़ी विशेषता यह हैं कि इसे अनेक क्षेत्र के लेखकों ने मिलकर रचा है। यदि आधुनिक काल का परीक्षण किया जाय तो एक रोचक स्थिति यह दिखेगी कि यहाँ पूर्वी क्षेत्र के भोजपुरी प्रतिनिधियों का योगदान सर्वाधिक है—संभवत: पुनर्जागरण प्रवाह के अनुकूल—भारतेंदु हरिश्चंद्र से लेकर हजारीप्रसाद द्विवेदी तक, बीच में सबसे बड़े

कवि-नाटककार प्रसाद, सबसे बड़े कथाकार प्रेमचंद, और सबसे बड़े आलोचक रामचंद्र शुक्ल; जबकि पश्चिम के खड़ी बोली क्षेत्र के प्रतिनिधि अपेक्षया कम हैं—स्वयं बालमुकुंद गुप्त के अतिरिक्त विशेष उल्लेखनीय हैं कथाकार जैनेन्द्र तथा फिर कवि शमशेर। ऐसे में बैसवाड़ी क्षेत्र का प्रतिनिधि—महावीरप्रसाद द्विवेदी—यदि आधुनिक खड़ी बोली हिंदी का अनुशासन करता है तो इसमें अचरज क्या!

इस प्रसंग में यह भी स्मरणीय है कि भाषा के स्वरूप को लेकर चलने वाला महावीरप्रसाद द्विवेदी तथा बालमुकुंद गुप्त के बीच का यह द्वन्द्ध आगे चलकर व्यक्तिगत स्तर पर शमित होता है। बालमुकुंद गुप्त जब कानपुर गए तो अपने मित्र 'ज़माना'-संपादक मुंशी दयानारायण निगम के साथ आचार्य द्विवेदी से मिलने गए। आगे का वृत्त मुंशीजी के शब्दों में इस प्रकार है—"कानपुर आकर आपने कहा—'द्विवेदी जी (सरस्वती-संपादक) से अवश्य मिलेंगे।' मैं भी मिलने को उत्सुक था, उनके साथ हो लिया। अपनी सनातन रीति के अनुसार गुप्तजी ने द्विवेदी जी के चरण स्पर्श किये। द्विवेदीजी ने आशीर्वाद देकर पास में बिठलाया। विविध प्रसंगों पर चर्चा चली। 'भारतमित्र' का हाल पूछा, तो आपने उसकी ग्राहक संख्या साफ-साफ बतला दी।" ('बालमुकुंद गुप्त-स्मारक-ग्रंथ'—पृ० 260) यहाँ निगम जिस 'सनातन रीति' का ज़िक्र कर रहे हैं उसका भाव है कि एक तो आचार्य द्विवेदी उम्र में, भले कुछ महीने, बालमुकुंद गुप्त से बड़े थे, और दूसरे ब्राह्मण थे। पर इसके साथ-साथ एक और गहरा भाव जो यहाँ समूचे परिदृश्य में व्याप्त है वह यह कि दोनों महापुरुष अपने विरोध के बावजूद एक-दूसरे का मूल्य पहिचानते थे और उसकी कद्र करते थे। एक ने भाषा व्यवस्था के महत्व को स्वीकृति दी तो दूसरे ने पहले की गद्य-शैली का गुण-गान किया। यों यह समूचा दृश्य एक प्रकार से हिंदी भाषा और साहित्य की समरसता का द्योतक हो जाता है। अपनी ओर से हम इतना जोड़ना चाहेंगे कि आचार्य द्विवेदी के प्रयत्नों से खड़ी बोली हिंदी की व्यवस्था तो बनी पर अन्वेषणशीलता कम हुई, जिसका कुछ विवेचन पहले खंड के अंतर्गत किया जा चुका है।

अकाल्पनिक गद्य का फिर पूरा विकास रामचंद्र शुक्ल के यहाँ देखने को मिलता है। उनके लेखन में ललित, वैचारिक तथा आलोचना-गद्य के विविध स्तर हैं। विषय की दृष्टि से आचार्य शुक्ल के निबंध दो तरह के हैं या तो भावों-मनोविकारों संबंधी जैसे 'उत्साह', 'श्रद्धा-भक्ति', 'करुणा', 'ईर्ष्या', 'क्रोध', या फिर आलोचना के सैद्धांतिक और व्यावहारिक रूप को लेकर जैसे 'कविता क्या है?', 'काव्य में लोक-मंगल की साधनावस्था', 'भारतेंदु हरिश्चंद्र', 'मानस की धर्म-भूमि'। स्पष्ट ही इन दोनों वर्गों में विषय अपनी प्रकृति से पूरी तरह वैदुषिक हैं, या मनोविज्ञान के क्षेत्र से या साहित्य-चिंतन के क्षेत्र से। ऐसे विषयों पर ललित शैली में निबंध लेखन निश्चय ही कठिन है। इसके लिए लेखक ने दो उपायों का सहारा लिया है या तो जीवन और साहित्य के किन्हीं मार्मिक प्रसंगों को उभारकर या फिर व्यंग्य-विनोद का पुट देकर।

कई स्थितियों में ललित और वैचारिक निबंध तथा आलोचना-गद्य एक-दूसरे के क्षेत्र में पहुँच कर घुल-मिल जाते हैं। यह संभव मुख्यत: इसलिए हो पाता है क्योंकि आचार्य शुक्ल के गद्य का सम प्राय: एक जैसा चलता है, यथावश्यक कुछ आरोह-अवरोह से विषय और शैली के साथ उसका मेल हो जाता है। यही कारण है जिससे विवेचन की शास्त्रीयता बोझिल न रह कर निर्मल और प्रीतिकर लगने लगती है।

रामचंद्र शुक्ल का महत्व इस बात में है कि उनके गद्य में सूक्ष्म से सूक्ष्म चिंतन संभव होता है, और जैसे सहज भाव से वे अपनी बात कहते हैं उससे उनके सोच की निर्मलता प्रकट होती है। इसी आशय से कहा गया कि यहाँ हिंदी गद्य का पूरा विकास देखने को मिलता है। निराला की कविता-भाषा, प्रसाद के नाटक और प्रेमचंद के कथा- साहित्य की भाषा के समानांतर आचार्य शुक्ल का अकाल्पनिक गद्य कहीं किसी स्थिति में कुछ चाहता नहीं लगता। पाठक उसके पास जो कुछ अपेक्षा लेकर जाता है वह पूरी होती है। विद्वत्ता का गद्य और कल्पना का गद्य जो कुछ अधिक से अधिक कह सकता है, उसे रामचंद्र शुक्ल अपने अकाल्पनिक गद्य में अनायास कहते हैं। यों, मनोविज्ञानवेत्ता, साहित्यशास्त्री, कवि, कथाकार और एक सामान्य गृहस्थ-सब की बात वे एक जैसी सरलता से कह पाते हैं।

उदाहरण के लिए एक प्रसंग लिया जा सकता है जहाँ आचार्य शुक्ल अपने प्रसिद्ध विभावन 'विरुद्धों का सामंजस्य' की व्याख्या कर रहे हैं 'काव्य में लोक-मंगल की साधनावस्था' के अंतर्गत। विषय कठिन है. संदर्भ दुरूह, पर निबंधकार की व्याख्या में सरलता और आयासहीनता देखने योग्य है, "लोक में फैली दु:ख की छाया को हटाने में ब्रह्म की आनंदकला जो शक्तिमय रूप धारण करती है, उसकी भीषणता में भी अद्‌भुत मनोहरता, कटुता में भी अपूर्व मधुरता, प्रचंडता में भी गहरी आर्द्रता साथ लगी रहती है। विरुद्धों का यही सामंजस्य कर्मक्षेत्र का सौंदर्य है जिसकी ओर आकर्षित हुए बिना मनुष्य का हृदय नहीं रह सकता। इस सामंजस्य का और कई रूपों में भी दर्शन होता है। किसी कोट-पतलून-हैटवाले को धारा प्रवाह संस्कृत बोलते अथवा किसी पंडित वेश धारी सज्जन को अँगरेजी की प्रगल्भ वक्तृता देते सुन व्यक्तित्व का जो एक चमत्कार-सा दिखाई पड़ता है उसकी तह में भी सामंजस्य का यही सौंदर्य समझना चाहिए। भीषणता और सरसता, कोमलता और कठोरता, कटुता और मधुरता, प्रचंडता और मृदुता का सामंजस्य ही लोकधर्म का सौंदर्य है।" यहाँ पूर्वार्द्ध के उच्च स्तरीय गंभीर विश्लेषण के साथ उत्तरार्द्ध में दैनंदिन जीवन से लिए गए उदाहरण रोचक और विनोदपूर्ण तो हैं ही, साथ ही कुल मिला कर उद्धरण के ये दोनों पक्ष एक-दूसरे के आमने-सामने आकर जैसे 'विरुद्धों का सामंजस्य' का व्यावहारिक निदर्शन प्रस्तुत करते हों। अकाल्पनिक गद्य-क्षमता के श्रेष्ठतम उदाहरणों में यह अंश रखा जा सकता है जो बिना कुछ पारिभाषिक शब्दावली का सहारा लिए गहरी से गहरी ज्ञान चर्चा संभव करता है। उसका यह बुनियादी आत्मविश्वास ही उसे

वह सर्जनात्मक क्षमता प्रदान करता है जिससे कि यह संप्रेषण संभव हो। कहना न होगा, आचार्य शुक्ल के लेखन में ऐसे अंश अनेक स्थलों पर मिलेंगे। इस गद्य की कुछ और विस्तृत चर्चा विशिष्ट अध्ययन-क्रम में होगी।

द्विवेदी-युग से लगे हुए, पर उससे कुछ भिन्न प्रकृति के निबंधकार हैं पदुमलाल पुन्नालाल बख्शी। उनके निबंधों में बहुज्ञता का नहीं जितना विनम्रता और आत्मीयता का एहसास होता है, जिसका कुल मिलाकर प्रभाव पाठक के लिए तन्मयकारी बनता है। निबंध में आत्मपरकता और विनम्रता का ऐसा योग गीत के विधान का स्मरण कराता है। बख्शी के निबंध बहुत बार सामान्य घटनाओं और अकिंचन व्यक्तियों को केन्द्र में रखकर लिखे गए हैं, एक ऐसी विशेषता जो भारतेंदु काल से चली आती है, और जो अँग्रेजी निबंध-कला के प्रतिदर्श का भी एक आधारभूत तत्त्व कहा जा सकता है। पर बख्शी इन सामान्य-अकिंचन विषयों-चरित्रों घटनाओं की किसी असाधारणता पर ध्यान नहीं केन्द्रित करते, वरन् उनकी अकिंचनता को ही अपने में सार्थक दिखाते हैं। 'रामलाल पंडित' शीर्षक निबंध में वे ऐसे ही एक चरित्र की जीवन लीला के माध्यम से जीवन-प्रवाह के नैरंतर्य की ओर ध्यान दिलाना चाहते हैं। यहाँ उनकी बुनियादी, सहानुभूति भाषा को आवश्यक सर्जनात्मकता देती है। उनके 'नाम' शीर्षक निबंध से एक अंश प्रस्तुत है, जो उनके मितभाषी अर्थगर्भ गद्य का रूप स्पष्ट करता है—

> *मेरे एक छात्र का नाम है विक्टर चन्द्रादित्य। उन्हें यह नाम खूब शोभा देता है, परंतु यदि कोई मुझे कहे कि तुम अपना यह भद्दा नाम छोड़कर विक्टर चन्द्रादित्य या प्रतापादित्य या विक्रमादित्य या ऐसा ही कोई दूसरा गौरवशाली नाम रख लो तो मैं उसे कभी स्वीकार नहीं करूँगा। पद्मकांत, कमलाकांत या कमलाकर आदि नाम भी ऐसे हैं कि मुझे ऐसा जान पड़ता है कि उनमें से किसी एक नाम को भी स्वीकार कर लेने पर उक्त नाम के गौरव-भार से मेरा सारा जीवन ही दब जायगा। मैं साँस तक नहीं ले सकूँगा। मुझे तो यही अनुभव होगा कि सारा संसार मेरी ओर ताक रहा है और कहाँ जाकर मैं अपना मुँह छिपाऊँ। इसीलिए मैं जो हूँ वही रहूँगा।*

यहाँ लेखक की विनम्रता और उसका आत्मविश्वास दोनों एक साथ झलक रहे हैं, जो सामान्यत: निबंध-रचना की बड़ी उपयुक्त भाव-भूमि कहे जा सकते हैं; जिस संदर्भ में ही इस गद्य को मितभाषी और अर्थगर्भ एक साथ कहा गया है। निबंध-माध्यम की खुली, अनिर्दिष्ट प्रकृति का अच्छा संकेत बख्शी के निबंध-संग्रह के शीर्षक 'कुछ' से मिलता है।

हजारीप्रसाद द्विवेदी में निबंध-कला के नये-पुराने तत्वों तथा शैली-संस्कारों का बड़ा प्रीतिकर समीकरण मिलता है। लालित्य और वैचारिकता उनके यहाँ अच्छी तरह

घुल-मिल गए हैं। यह उनके गद्य के अनुरूप ही है जहाँ संस्कृत-प्राकृत-अपभ्रंश से लेकर विविध आधुनिक बोलियों के स्तर एक-दूसरे को छूते-काटते-मिलते चलते हैं। संस्कृत-प्राकृत के कई विद्वान हिंदी के प्रसिद्ध गद्यकार रहे हैं जैसे, बालकृष्ण भट्ट या चंद्रधर शर्मा गुलेरी या कि पद्मसिंह शर्मा, पर संस्कृत-प्राकृत के विविध तत्त्वों को हिंदी में जैसे हजारीप्रसाद द्विवेदी ने घुलाया है वह अन्यत्र दुर्लभ है। यही कारण है कि आचार्य द्विवेदी के हिंदी गद्य में शास्त्र और लोक एक साथ बोलते सुनाई पड़ते हैं, तथा विविध युगीन भाषा-रूपों का सहवर्त्तित्व दिखाई देता है। यह सहवर्त्तित्व का गद्य निबंधकार की कोई विशिष्ट शैली न होकर उसका सामान्य रूप है, जिसका एक उदाहरण उनके प्रतिनिधि निबंध 'आम फिर बौरा गये' से यहाँ प्रस्तुत है—"सरस्वती-कंठाभरण में महाराज भोजदेव ने सुवसंतक की एक हल्की-सी झाँकी दी है। इस दिन उस युग की ललनाएँ कंठ में कुवलय की माला और कान में दुर्लभ आम्र-मंजरियाँ धारण करके गाँव को जगमग कर देती थीं—

छणपिट्ठ धूसरत्थाणि, महुमअतम्माच्छि कुवलआहरणे।
कण्णकअ चूअमंजरि, पुत्ति तुए मंडिओ गामो॥

पर यह अपेक्षाकृत परवर्ती समाचार है। इसके पहले क्या होता था? क्या वसंत के जन्मदिन को मदन का जन्मोत्सव मनाया जाता था? धर्मशास्त्र की पोथियों में लिखा है कि वसंतपंचमी के दिन मदन देवता की पूजा करने से स्वयं श्रीकृष्णचंद्रजी प्रसन्न होते हैं। यह और मज़ेदार बात निकली। तांत्रिक आचार से विष्णु-भजन करने वाले बताते हैं कि 'काम गायत्री' ही श्रीकृष्ण-गायत्री है। तो कामदेव और श्रीकृष्ण अभिन्न देवता हैं? पुराणों में लिखा है कि काम देवता श्रीकृष्ण के घर पुत्र रूप में उत्पन्न हुए थे। यह कथा भी कुछ अपने ढंग की अनोखी ही है।"

संस्कृत तत्सम शब्दावली का आच्छादन ('अपेक्षाकृत परवर्ती समाचार है'), भीतर बोलचाल की बात ('यह और मज़ेदार बात निकली'), कहीं प्राकृत-अपभ्रंश की उद्धरणी ('छणपिट्ठ धूसरत्थाणि'), और बीच-बीच में ठेठ लोक-प्रयोग ('बौरा गये')—कहना न होगा कि इन विविध भाषिक रूपों का सहवर्त्तित्व जैसे भारतीय संस्कृति के पूरे प्रवाह को एकबारगी उकेर देता है, जो हजारीप्रसाद द्विवेदी की निबंध-कला की आधारभूत विशेषता कही जा सकती है। आचार्य द्विवेदी की यह गद्य-शैली फिर परवर्ती निबंध-लेखन में काफ़ी लोकप्रिय हुई, पर मूल जैसी रचना-क्षमता पुनरावृत्ति में प्राय: संभव नहीं होती।

गद्यकार हजारीप्रसाद द्विवेदी पर अलग से चर्चा पुस्तक के तीसरे खंड में होगी।

अज्ञेय (सच्चिदानंद हीरानंद वात्स्यायन) के निबंध उनके व्यापक सर्जनात्मक लेखन का अंग है, जो कभी-कभी कुट्टिचातन् के छद्म नाम से लिखे गए हैं। अज्ञेय ने 'अच्छे गद्य' के प्रति जो ललक अपने लेखकीय जीवन के संदर्भ में व्यक्त की

है ('अच्छा गद्य पढ़ने में मुझे अनिर्वचनीय आनंद मिलता है...'—'आत्मनेपद') उसका प्रमाणीकरण उनके निबंधों में सीधे देखने को मिलता है। ये निबंध हल्की तरंग शैली में भी लिखे गए हैं, और किसी वैचारिक समस्या को केन्द्र में रखकर भी लिखे गए हैं। रामचंद्र शुक्ल द्वारा 'चिंतामणि' भाग-1 के निवेदन में संकेतित 'बुद्धि' और 'हृदय' के कई तरह के अनुपात में ये कई तरह के योग हैं। पहली कोटि के गद्य लेखन में 'मार्ग-दर्शन' का नाम उदाहरण के तौर पर लिया जा सकता है, दूसरी में 'सावन किस रुत आएगा'। फिर वैचारिक निबंधों का अपना सिलसिला है। पर इन कई तरह के निबंधों की साझी विशेषता यह है कि गद्य का हल्का रूप रखने पर भी यहाँ विचार-प्रेरकता हल्की नहीं पड़ती। वह अपने ढंग से बहुत कुछ अनजान में सक्रिय बनी रहती है। दो-एक उदाहरणों की तुलना से बात और स्पष्ट हो सकेगी—

> *लेखक के नाते कई बार इस प्रश्न से उलझता हूँ। क्या ऐसा संभव है कि हम एक-साथ ही ऐसे सावधान व अनवधान रहें कि समग्र यथार्थ हमें दीखता भी रह सके और हम उसके एक-एक अंग पर ध्यान केन्द्रित करके उसे ज्यों का त्यों उतार भी सकें? मुझसे कभी ऐसा हुआ नहीं है। मुझसे नहीं हुआ है तो यह मानने में मुझे थोड़ी कठिनाई होती है कि और किसी से यह आसानी से सध गया होगा—भले ही मैं यह कहना भी इतने प्रमाणत्व के कारण अनुचित मानूँ कि वैसा हो सकना असंभव है।* *('सर्जनात्मक अनवधान')*

> *एक बार पटने में एक सज्जन से गोलघर का रास्ता पूछा था तो उन्होंने जिस वात्सल्यभरी टोन के साथ कहा था, 'गोलघर...जाबै क बाबू...' उसे लक्ष्य करके मैं मुग्ध होकर रह गया था, यह सोचकर कि पाटलिपुत्र में सवाल भी ऐसे पूछा जाता है मानो आशीर्वाद दिया जा रहा हो। पर फिर उन सज्जन ने मुझसे भी अधिक मुग्ध मुद्रा बनाकर बड़ी-बड़ी चकित आँखें मुझ पर जमा कर कहा था, 'वह तो हम नहीं बता सकते हैं', मानो सारा दोष कम्बख्त गोलघर का ही हो जो रोज़ न जाने किधर मटरगश्ती करने निकल जाता है।* *('मार्ग-दर्शन')*

यहाँ पहले निबंध में वादी स्वर वैचारिकता का है तो संवादी विनोदप्रियता का, और दूसरे में वादी स्वर विनोदप्रियता का है संवादी स्थिति में वैचारिकता है। लक्षित करने की बात यह है कि वैचारिकता अथवा विनोदप्रियता किसी खास तरह की शब्दावली या कि परिस्थिति से नहीं उपजती, वह समूचे गद्य-विन्यास में से प्रवाहित होती है जो गद्य-रचना की शीर्ष उपलब्धि मानी जा सकती है। पहले उद्धरण की वैचारिकता, उदाहरण के लिए, 'प्रमाणत्व' जैसे एक प्रतीक-प्रयोग से झलकती है तो दूसरे की विनोदप्रियता व्यंजित होती है हल्के अँग्रेजी-प्रयोग 'टोन' से। और यों कुल

मिलाकर अज्ञेय के गद्याचार का समग्र रूप बनता है, अधिकतर अपने लहज़े में।

हजारीप्रसाद द्विवेदी और अज्ञेय के बीच कहीं विद्यानिवास मिश्र का निबंध-गद्य विकसित हुआ है। संस्कृत-प्राकृत और बोलियों का समन्वय आचार्य द्विवेदी की तरह है, और आधुनिक चिंतन का धारदार रूप अज्ञेय जैसा। पर एक जैसी सहजता और दूसरे की जैसी चिंता में कुछ कमी रह जाती है, जिसकी पूर्ति लेखक फिर अपनी उच्छल शैली में करता है। समकालीन जीवन-चर्या में आधुनिकता और परंपरा, विज्ञान तथा धर्म, नगर तथा गाँव के द्वैत को किसी क़दर पाटना निबंधकार की मूल चिंता कही जा सकती है जो उसके गद्य के स्वभाव से मेल खाती है, और अज्ञेय तथा हजारीप्रसाद द्विवेदी के बीच सहज सेतु भी बनती है। इस गद्य का एक उदाहरण यहाँ प्रस्तुत है—

> *दूर्वा की नोक से जब हल्दी छिड़की जाती है तो ऐसा लगता है कि तितिक्षा के अग्रभाग से साक्षात् सौभाग्य छिड़का जा रहा हो। हल्दी दूब का यह संयोग सत्व को चिद् और आनंद का मंगलमय परिधान देता है। नहीं तो अपने में सत्व निरानंद और अशिव है। उसको अपना गौरव चिद् और आनंद के सुखद संयोग में ही प्राप्त होता है। शायद इसीलिए वह राष्ट्र के प्रतीक में हल्दी और दूब के योग का मध्यमान बन गया है। ('हल्दी दूब और दधि अच्छत')*

प्राचीन प्रतीकों की व्याख्या करने में प्रतीक प्रक्रिया, और उसके माध्यम से स्वयं भाषा, आप-से-आप नवीकृत होती चलती है।

हजारीप्रसाद द्विवेदी तथा विद्यानिवास मिश्र के क्रम में फिर कई निबंधकार आते हैं—कुबेरनाथ राय, कृष्णबिहारी मिश्र, विवेकी राय, ब्रह्मदत्त चतुर्वेदी। यह संयोग से कुछ अधिक है कि ये सभी लेखक पूर्वांचल से संबद्ध हैं। एक कारण हो सकता है कि इस क्षेत्र में आधुनिकता और परंपरा, नगर तथा गाँव का द्वन्द्व अपेक्षया गहरा है। तब गद्य-विधान भी प्राय: पूर्ववत् चलता है—शास्त्र और लोक, संस्कृत उक्तियों और बोलियों के मुहाविरों को समेटता हुआ। कई बार लगेगा कि विचार-क्षमता जहाँ कम हुई है गद्य-विलास का रूप बढ़ गया है। तब स्पष्ट ही गद्य बोलेगा बहुत, कहेगा कम। ऐसे जोखिम के बीच इन निबंधकारों ने कुछ नितांत तात्कालिक समस्याओं को लेकर उन्हें व्यापक जीवन-मूल्य के संदर्भ में परखने का यत्न किया है। उदाहरण के लिए कृष्णबिहारी मिश्र के निबंध से एक प्रसंग ले सकते हैं। पूर्वी उत्तर प्रदेश में विशेषत: पिछले कुछ वर्षों में एक जंगली घास की उपज फैलती गई है जिसे न पशु खाते हैं, न जिसका कोई अन्य उपयोग है, और जो भूमि की उर्वरा शक्ति को क्षरित ही करती है। साधारण बोलचाल में इसे बेहया घास कहा जाता है। इस स्थिति को बृहत्तर राष्ट्रीय संदर्भों से जोड़ते हुए निबंधकार ने अपनी बात कही है, "बेहया दूसरे की बाढ़ को रोकने वाली वनस्पति है। जहाँ एक बार इसकी जड़ जम जाती है

वहाँ दूसरी वनस्पति का अस्तित्व ख़तरे में पड़ जाता है। बड़ी त्वरित गति से फैलने वाली यह वनस्पति दूसरे को पाँव पसारने की जगह नहीं छोड़ती। ऐसी है बेहया इतनी राजनीतिक पार्टियाँ बेहया के जंगल की तरह बढ़ने वाली! इतनी घेरानें! प्रदेश, जाति, भाषा! बोलियों को भाषा की मान्यता का आग्रह-आंदोलन! भाषा के आधार पर नये प्रदेश की कल्पना! जाति के आधार पर नये-नये कुनबों की रचना! अरे बाबा, इतनी संकीर्ण घेरानों की कल्पना-रचना न करो, अकेले पड़ जाओगे और दम घुट जायेगा।" ('बेहया का जंगल और नयी-नयी घेरान') एक प्राकृतिक उत्पात को दृष्टि-केन्द्र में रखकर फिर उसके माध्यम से राष्ट्रीय जीवन की विकट समस्याओं का विश्लेषण, यह निबंधकार का ढंग कहा जा सकता है। पर यहाँ आधुनिक बिंब-प्रक्रिया की भाँति, मुख्यार्थ और व्यंग्यार्थ का द्वैत नहीं है। ऐसा नहीं कि बेहया की घास मुख्यार्थ या कि वाच्यार्थ है, और व्यंग्यार्थ है देश-दशा। यहाँ लेखक के गद्य में दोनों अर्थ अपना-अपना महत्व रखते हुए परस्पर संश्लिष्ट हो गए हैं, और दोनों की अंतर-क्रिया में व्यापक राष्ट्रीय स्तर पर एक विराटतर अर्थ की सृष्टि होती है।

अज्ञेय ने निबंध लेखन में सर्जनात्मक भाषा के महत्व को ठीक ही रेखांकित किया है। कृष्णबिहारी मिश्र के निबंध-संकलन 'बेहया का जंगल' की भूमिका में वे लिखते हैं, "निस्संदेह निबंध ऐसे भी होते हैं जिन्हें गद्य साहित्य में स्थान मिलता है और जो अच्छे गद्य के प्रमाण रूप में प्रस्तुत किए जाते हैं। लेकिन अच्छा गद्य, अच्छा होने के नाते ही सर्जनात्मक नहीं हो जाता; इसके विपरीत सर्जनात्मक गद्य अच्छा गद्य होता है और यह उसकी अतिरिक्त अच्छाई होती है कि उस पर एक व्यक्तित्व की छाप होती है जिससे अलग करके उस पर विचार नहीं किया जा सकता।" यहाँ समझा जा सकता है कि प्रदत्त भाषा और व्यक्तित्व की अंतरक्रिया में गद्य सर्जनात्मक होता है, जिसकी मात्रा अलग-अलग रहेगी और तदनुकूल अलग-अलग माध्यमों के विकास में उपकारक होगी। अज्ञेय इस दृष्टि से वैचारिक निबंध और ललित निबंध के अंतर को स्पष्ट करना चाह रहे हैं। सांस्कृतिक निबंध/लेखन के क्षेत्र में उल्लेखनीय नाम हैं—भगवानदास, रामदास गौड़, वासुदेवशरण अग्रवाल, मोतीचंद्र, बेनीप्रसाद, शैलीकार माखनलाल चतुर्वेदी तथा विष्णुकांत शास्त्री।

निबंध माध्यम का एक प्रीतिकर विस्तार चिट्ठों चरित्रों के क्रम में मिलता है। अधिकतर पत्रिकाओं में धारावाहिक रूप से प्रकाशित होने वाले ये गद्य कुछ व्यंग्य की मुद्रा में समकालीन विषम परिस्थितियों पर तीखा कटाक्ष करते हैं। यहाँ सर्जनात्मकता का रूप व्यंग्य की मुद्रा और कटाक्ष के तीखेपन की टकराहट में उभरता है। इस गद्य-लेखन की सिरमौर कृति बालमुकुंद गुप्त की लेखमाला 'शिवशंभु के चिट्ठे' का विवेचन पहले हो चुका है। फिर कथाकार विश्वंभरनाथ शर्मा कौशिक ने इसी लहज़े में 'दुबेजी का चिट्ठा' लिखा। और आगे बालकृष्ण राव की लेखमाला 'कमलाकांतजी ने कहा' आती है।

प्रस्तुत संदर्भ में कुछ ऐसे गद्यकारों का उल्लेख प्रासंगिक होगा जिनकी सक्रियता अकाल्पनिक गद्य की कई विधाओं में रही है, और जहाँ ये विधाएँ एक-दूसरे में घुलती मिलती गई हैं। इस क्रम का आरंभ महादेवी वर्मा से होगा, जो साहित्य के इतिहास में यों कवि के रूप में विख्यात हैं, पर गद्य लेखन के क्षेत्र में उनके प्रयोग अकाल्पनिक गद्य माध्यमों के उदय में सहायक हुए हैं। यह विचित्र संयोग है कि कल्पना की धनी कवयित्री ठोस गद्य में नये तरह के अकाल्पनिक रूपों की सृष्टि साथ—साथ करती चलती हैं। फिर ऐसे ही गद्यकार और शैलीकार हैं रामवृक्ष बेनीपुरी, अमृतराय, रामविलास शर्मा, शमशेरबहादुर सिंह, ओंकार शरद तथा अजित कुमार। इन लेखकों ने जैसे गद्य को अपने में एक स्वायत्त काव्य रूप माना हो।

महादेवी के निबंध ('शृंखला की कड़ियाँ') या कि भाषण ('संभाषण') अपनी प्रकृति में वैचारिक अधिक हैं और अधिकतर किन्हीं तात्कालिक समस्याओं को आलोकित करते हैं। उनके सर्जनात्मक गद्य का श्रेष्ठतम रूप संस्मरणों और रेखाचित्रों में मिलता है जिनकी चर्चा यथास्थान होगी। बेनीपुरी शैलीकार अधिक हैं निबंधों और रेखाचित्रों दोनों में, जहाँ उनका गद्य अधिकतर आविष्ट दिखता है। 'गेहूँ और गुलाब' तथा 'वंदे वाणी विनायकौ' के निबंधों में यह शैली विशेष रूप से द्रष्टव्य है। अमृत के निबंध, संस्मरण, हास्य-व्यंग्य में एक खास तरह का खिलंदरापन है जो पाठक को अपनी ओर खींचता है। 'रम्या', 'बतरस' और 'आनन्दम्' के निबंध या कि 'घायल की गति घायल जाने' के व्यंग्य अपने शीर्षकों में ही अपनी प्रकृति को बहुत कुछ खोल देते हैं। पर प्रेमचंद की जीवनी 'कलम का सिपाही' अथवा कई साहित्यकार-मित्रों के संस्मरण-रेखाचित्रों में गद्य मूलतः संजीदा रहता है; बीच-बीच में चुहल आती है, पर अब अधिकतर कहने के अंदाज़ में। बहुत-कुछ यही स्थिति उनके आलोचना-गद्य की है। रामविलास शर्मा का मूल क्षेत्र आलोचना का है, जैसे कि अमृत का कथा-साहित्य। पर रामविलास ने अपनी गद्य-प्रतिभा को स्वयं सही पहिचाना है अपने विविध 'ओम्नीबस 'गद्य-संग्रह 'पंचरत्र' में। संक्षिप्त भूमिका में इस संग्रह का परिचय देते हुए वे लिखते हैं, "यह 'पंचरत्न 'है। जिन पाँच प्रमुख तत्त्वों से यह बना है, उनमें पहला है रेखाचित्र...दूसरा तत्व है संस्मरण...तीसरा तत्व निबंधों का है, चौथा डायरी का और पाँचवा पत्रों का।" इन सब को जैसे घोल कर और गड्डमड्ड करके आलोचक का अकाल्पनिक गद्य बना है, जिसकी सर्जनात्मक छटा विशेष रूप से द्रष्टव्य है। यों रामविलास की आलोचना का मूल स्वर प्रायः तीखापन लिए होता है, पर उसे अनुशासित किए रहता है उनके गद्य का यह स्वभाव। एक आलोचक के नाते उन्होंने गद्य की प्रकृति पर जगह-जगह लिखा है, विशेषतः भारतेंदु और महावीरप्रसाद द्विवेदी विषयक अपने ख्यात अध्ययन-क्रम में। यहाँ इस 'पंचरत्र' संग्रह में उन्होंने अपने गद्यादर्श की जैसे एक प्रीतिकर बानगी प्रस्तुत कर दी है, जिसमें हल्के विनोद का भाव गहरे स्तर पर अंतर्व्याप्त रहता है।

अपने नगर आगरा के पं० हृषीकेश चतुर्वेदी विषयक संस्मरण का समापन आधुनिक विज्ञापनों की मुद्रा में रामविलास यों करते हैं, "ऐसा व्यक्तित्व आगरे की महिमा है। इधर आएँ तो उनके दर्शन जरूर करें, लेकिन इस लेख का हवाला देना न भूलें।" यह गद्य स्पष्ट ही काव्य-रूपों के वर्गीकरण से ऊपर उठ जाता है।

कई संदर्भों में रामविलास शर्मा के सहयोगी शमशेरबहादुर सिंह मूलतः कवि हैं, अपने सुकुमार-सघन सौंदर्य-चित्रण और जन-जीवन से लिए अनुभव-क्रम के लिए ख्यात। पर उनका गद्य अपने प्रवाह में बहुत कुछ बेजोड़ है। छायावाद में जो रिश्ता कविता और गद्य के बीच महादेवी ने बनाया था बहुत कुछ वैसा ही रिश्ता नयी कविता के युग में शमशेर ने जोड़ा है। उनके गद्य-संग्रह 'दोआब' के नये संस्करण की भूमिका में रामविलास शर्मा ने कवि की गद्य-लय को स्पष्ट करते हुए लिखा है, "शमशेर बोलचाल के गद्य की लय पहचानते हैं। बोलचाल के गद्य की यह लय उनकी कविताओं के गद्य की भी लय है। उनकी वाक्य रचना बदलती है, कभी सीधे-सादे वाक्य, कभी अनेक वाक्यांशों को गूँथकर रचे हुए लंबे वाक्य, जवाहरलाल नेहरू की शैली में ठहर-ठहर कर बढ़ने वाले वाक्य, आगे के हिस्से पीछे और पीछे के हिस्से आगे-कभी तत्सम शब्द ज्यादा कभी हिंदी का उर्दू रूप-लेकिन चाहे जैसी वाक्य रचना हो, चाहे जैसा शब्द चयन हो, उनके गद्य की लय प्रायः एक-सी रहती है।" शमशेर के इस गद्य के पीछे किसी क़दर लेखक के जन्म-क्षेत्र पश्चिमी उत्तर प्रदेश देहरादून का भी योगदान है जहाँ की खड़ी बोली में हिंदी-उर्दू का द्वैत वैसे तीखे रूप में नहीं सुनाई-दिखाई देता जैसा कि अन्य क्षेत्रों में। ओंकार शरद पहले गद्य का आदर्श अपने गुरु बेनीपुरी से लेते हैं, फिर क्रमशः महादेवी के निकट आते हैं। एक का आवेग और दूसरे की गंभीरता दोनों उनके यहाँ द्रष्टव्य हैं। निबंध-रेखाचित्र-संस्मरण-जीवनी-रिपोर्ताज जैसे विविध अकाल्पनिक गद्य-रूपों का प्रयोग उन्होंने किया है जो लगभग पत्रकारिता के गद्य को छूते दिखाई देते हैं। प्रायः अकचक बनी इस सूची में अंतिम नाम अजितकुमार का है जिनका गद्य अपनी सादगी और अलंकारहीनता में विशेष रूप से आत्मीय तथा प्रीतिकर हुआ है। उनके यहाँ भी अकाल्पनिक गद्य का पूरा वैविध्य देखने को मिलता है—निबंध, रेखाचित्र, संस्मरण, डायरी, यात्रा-वृत्त-और फिर सब एक-दूसरे में लगभग अलक्षित रूप में विलीन होते हुए। अजित के गद्य का विनम्र लहज़ा कभी पदुमलाल पुन्नालाल बख़्शी की याद दिलाते हुए भी उनका एकदम निजी है, जिसके विकास क्रम का आख्यान उनके विविध संग्रहों में पढ़ा जा सकता है—'अंकित होने दो' जैसी गद्य- विविधा से लेकर 'दूर वन में' तथा 'निकट मन में' के रेखाचित्रों-संस्मरणों में और 'सफ़री झोले में' के यात्रा-वृत्तांतों में।

इस देश और काल में अपेक्षया विस्तृत लेखक-मंडल की गद्य-निष्ठा ने निश्चय ही आचार्य शुक्ल के आधुनिक गद्य-काल अभिधान को जैसे एक प्रामाणिकता प्रदान

की है। इनके प्रयोगों की कुछ और विस्तृत चर्चा फिर अलग-अलग संदर्भों में होगी।

जीवनी-आत्मकथा ऐसे गद्य-रूप हैं जो क्रमश: सूचनात्मक से सर्जनात्मक धरातल पर पहुँचे हैं। पारस्परिक मानवीय संपर्क के बढ़ने तथा आधुनिक मनोविश्लेषण के प्रचार-प्रसार जैसे कई कारणों से सामान्य मनुष्य चरित्र और उसके क्रिया-कलापों में मनुष्य का कौतूहल पिछले दिनों बढ़ता गया है। जीवनी-आत्मकथा का आकर्षण उसी अनुपात में फैला है। और यह आकर्षण अब महनीयों के चरित तक सीमित नहीं रह गया, जैसा कि पहले बहुत समय तक था। अब अनाम साधारण मनुष्यों के जीवन में भी लेखक-पाठक की जिज्ञासा और रुचि बढ़ी है। अब प्रसिद्ध भारतीय अँग्रेज़ी लेखक नीरद चौधरी ने इसी आत्मविश्वास के बल पर अपनी आत्मकथा का पहला खंड लिखा था 'द ऑटोबायोग्राफी ऑफ ऍन अननोन इंडियन' ('एक अज्ञात भारतीय की आत्मकथा' : 1951) प्रकाशन के समय पुस्तक का शीर्षक अभिधा में था, अब व्यंजना में हो गया है। इसका मुख्य कारण आत्मकथा के अकाल्पनिक वृत्त का गद्य-प्रभाव कहा जा सकता है, जहाँ चरित-नायक की महत्ता नहीं गद्य की रचनात्मक क्षमता प्रधान विधायक तत्व है।

यदि मैथिलीशरण गुप्त के अनुसार राम का चरित स्वयं ही काव्य है तो किसी भी साधारण-सामान्य मनुष्य का चरित अपने में अच्छा गद्य है; उसे ठीक-ठीक लिखकर कवि या कि गद्यकार बनना 'सहज संभाव्य है।' जीवनी, जैसा संकेत किया गया, आरंभ में सूचनात्मक तथा प्रकृति में उपदेशपरक है। जीवनी के लिए गद्य के आरंभिक प्रयोगकर्ताओं में भारतेंदु प्रमुख हैं। यहाँ पुन: स्मरण करना होगा कि भारतेंदु हिंदी के प्रथम संपूर्ण गद्यकार हैं। निबंध-जीवनी-यात्रावृत्त-रिपोर्ताज-आलोचना से लेकर पत्रकारिता और विचार-गद्य उनके यहाँ मिलेगा-कल्पना-प्रधान विधाओं में नाटक तथा कथा-साहित्य के विविध रूप हैं। आचार्य शुक्ल की इतिहास-मुद्रा में फिर कहा जा सकता है कि विलक्षण बात यह है कि भारतेंदु हिंदी के पहले व्यवस्थित गद्य-लेखक, और प्राय: सभी गद्य रूपों का उदय अथवा विकास वहाँ द्रष्टव्य है। लगता है गद्य की विविध सर्जनात्मक संभावनाओं का संधान उन्होंने कर लिया हो।

आरंभिक जीवनी-लेखन की उपदेशात्मक वृत्ति सीधे तत्कालीन पुनर्जागरण की मनोवृत्ति से जुड़ी हुई है। महापुरुषों के चरित स्पष्ट ही इस राष्ट्रीय पुनर्जागरण के लिए व्यापक कार्यक्रम में उपयोगी अंग थे। ऐसी सामान्य जीवनियों का प्रस्तुतीकरण पहले प्रकाशकीय स्तर पर आरंभ हुआ। वर्तमान शताब्दी के आरंभ में कलकत्ता और वाराणसी के प्रमुख प्रकाशकों के विज्ञापनों को देखने से ज्ञात होता है कि वे तीन प्रकार की पुस्तकें आवश्यक रूप से तैयार करवाते थे—एक तो जासूसी और रहस्य-रोमांच के उपन्यास, दूसरे पढ़ने योग्य थियेट्रिकल नाटक, और तीसरे आदर्श

जीवन-वृत्त। यों आधुनिक काल के तीन मुख्य गद्य- माध्यम प्रकाशकीय उत्साह और व्यापारेच्छा की प्रेरणा से भी समृद्ध हुए, किए गए। इस क्रम की जीवनियाँ जन साधारण को ध्यान में रखकर प्रस्तुत की जाती थीं, और इनके पीछे किसी प्रकार की कलात्मक प्रेरणा नहीं देखी जा सकती। प्रकाशकीय दृष्टि से तैयार होने के कारण प्राय: इनके ऊपर लेखक का नाम भी नहीं दिया जाता था। अधिकतर पौराणिक और ऐतिहासिक, और कभी-कभी समसामयिक, चरित्रों को जीवनी के नायक रूप में चुना जाता था। 1917 में कलकत्ता से प्रकाशित रहस्य-रोमांच के एक अनूदित उपन्यास के अंत में 'वीर-चरितावली' शीर्षक से एक विज्ञापन इस प्रकार दिया हुआ है—

> *'मातृभूमि भारतवर्ष के वीर-वीरांगनाओं के चरित्र पढ़ने की किसकी इच्छा नहीं होती? इस पुस्तक में निम्नलिखित वीर-वीरांगनाओं की 14 वीर कहानियाँ सन्निवेशित की गई हैं—*
> *(1) रानी दुर्गावती, (2) रानी लक्ष्मीबाई, (3) जवाहर बाई, (4) कर्मदेवी, (5) वीरधात्री पन्ना, (6) वीर बालक और वीरनारी, (7) राजकुमार चण्ड, (8) महाराज पृथ्वीराज, (9) बादलचन्द, (10) रायमल, (11) सिख वीर रणजीत सिंह, (12) हमीर, (13) महाराणाप्रताप सिंह, (14) छत्रपति शिवाजी प्रभृति। पुस्तक में हाफटोन फोटो के सुंदर-सुंदर 5 चित्र भी दिये गये हैं। मूल्य केवल आठ) आना।'* *(रिनॉल्ड कृत 'पीतल की मूर्ति'—भाग 3)*

यहाँ आसानी से समझा जा सकता है कि ये चरितनायक प्राय: सभी ऐसे हैं जिन्होंने विदेशी शासन के दौरान स्वदेशी प्रतिरोध का नेतृत्व किया था। यों इस चुनाव में ही जीवनियों के लेखन-आयोजन की दृष्टि उभर आती है।

कई दशक पूर्व भारतेंदु हरिश्चंद्र द्वारा लिखित संक्षिप्त जीवन चरित्रों की सूची बहुत कुछ इसी अंदाज़ में पढ़ी जाएगी। भारतेंदु के चरित-नायकों की नामावली इस प्रकार है—विक्रम, कालिदास, रामानुजाचार्य, शंकराचार्य, जयदेव, पुष्पदंताचार्य, वल्लभाचार्य, सूरदास, सुकरात, नेपोलियन तृतीय, जंगबहादुर, द्वारिकानाथ मिश्र, राजाराम शास्त्री, लार्ड म्यो, लार्ड लॉरेंस, महाराजाधिराज ज़ार, पंचपवित्रात्मा (मुहम्मद, बीबी फ़ातिमा, अली, इमाम हसन और इमाम हुसैन)। यहाँ चुनाव स्पष्ट ही बहुत व्यापक और उदार भाव-भूमि पर है। नये-पुराने, देशी-विदेशी, विविध धर्मावलंबी, विविध कार्य-क्षेत्रों के व्यक्ति भारतेंदु के जीवनी-नायक बने हैं। ऐसे जीवनी-लेखन में स्पष्ट ही उनकी पत्रकारिता का भी किसी क़दर योग कहा जा सकता है। भारतेंदु की अपनी धर्म और विचार-निष्ठा जितनी गहरी है उतनी ही उदग्र उनकी दूसरे के प्रति उदारता है—उसे महज़ सहिष्णुता कहना उसे छोटा करना है। कहना होगा कि आधुनिक काल के प्रवर्तक की यह मानसिकता समूचे हिंदी साहित्य के लिए मार्ग-दर्शक बनी रही है।

हिंदी में जीवनी-लेखन की कई समस्याएँ आंतरिक रचना के स्तर पर आती हैं। बँगला, मराठी जैसे अग्रणी समाजों की तुलना में हिंदी क्षेत्र में विशेषत: अपनी ही विषमताओं को लेकर एक तरह का संकोच भाव है अपने बारे में कुछ भी बताने के लिए। हमारे समाज में कुछ ऐसे विधि-निषेध रहे हैं कि व्यक्ति अपने प्रसंग में खुर...निस्संकोच चर्चा नहीं कर सकता, करना चाहता नहीं। एक स्थिति यह भी है कि कुछ अधिक कहना अपने बारे में एक तरह की प्रगल्भता समझी जाती है। इन ख़तरों को उठा कर आत्मजीवनी का लेखक अपनी बात कहता है। जीवनी-लेखन में यह समस्या इस रूप में नहीं आती। पर यदि संयोग से उपजीव्य लेखक जीवित है और जीवनी लेखक के साथ सक्रिय सहयोग कर रहा है तो स्थिति बहुत कुछ वैसी बनती है जिसका उल्लेख ऊपर किया गया। फिर वास्तविक जीवनी-लेखन तो वहाँ है जहाँ जीवनी का मुख्य चरित्र अपनी ओर से कुछ भी सहयोग नहीं कर रहा। यहाँ टी० एस० एलियट के जीवनीकार पीटर एकरॉयड की प्रशंसा करनी होगी जिसने एलियट की जीवनी-लेखन के बारे में स्पष्ट निषेधाज्ञा के बावजूद अपनी जीवनी लिखी (1984)। एलियट ने अपनी वसीयत में लिख रक्खा था कि उनकी अपनी स्वयं की इच्छा है कि उनकी कोई जीवनी न लिखी जाए, और यदि कोई उनकी जीवनी लिखता है तो उनके उत्तराधिकारी और व्यवस्थापक उस जीवनीकार को एलियट के पत्र-पांडुलिपियाँ देने- दिखाने आदि की कोई सहायता न दें। इस संदर्भ में एकरॉयड का जीवनी लेखन निश्चय ही एक बड़ा साहित्यिक प्रयास है। बेचारे जीवनी-लेखक को अपनी कृति में एलियट के कई वाक्य या अंश जब चाहिए हुए तो उसने उद्धरणों का प्रयोग नहीं किया- यह उसके लिए निषिद्ध था—तब उसने किया यह कि एलियट का मंतव्य अपने शब्दों में कह दिया, और नीचे पाद टिप्पणी में उस रचना-पत्र आदि का संदर्भ दिया जिसमें और जहाँ वह बात कही गई है।

तब, जैसा संकेत किया गया, हिंदी क्षेत्र का जीवनी-लेखन कई तरह के विधि-निषेधों-वर्जनाओं के बीच चला है। आरंभिक जीवनीकारों में भारतेंदु के साथ कार्तिकप्रसाद खत्री तथा देवीप्रसाद मुंसिफ का कार्य महत्वपूर्ण है। ये रचनाएँ 'जीवनी' कम, 'चरित्र' या 'वृत्त' अधिक हैं। कहना न होगा ऐसे जीवनी-रूप इतिवृत्तात्मक गद्य में से विकसित हुए हैं। फिर धीरे-धीरे पौराणिक के स्थान पर ऐतिहासिक चरित्रों को अधिक लिया जाने लगा। पौराणिक चरित्रों को भी आधुनिक संदर्भ में व्याख्यायित करने की वृत्ति आरंभ हुई।

पर भारतेंदु के बाद के परिदृश्य पर निगाह डालने के पहले उनके पहले की स्थिति को समझना ज़रूरी है। भारतेंदु और उनके समकालीनों का जीवनी-लेखन खड़ी बोली में है। उनके काफ़ी पहले ब्रजभाषा गद्य का महत्वपूर्ण जीवनी लेखन है वल्लभ संप्रदाय से जुड़ा वार्ता साहित्य (17वीं शती), जिसका कुछ विवेचन मध्यकालीन गद्य के प्रसंग में हो चुका है। वार्ता साहित्य, जैसा नाम से स्पष्ट है, एकदम बोला

हुआ गद्य है, और यों अपने में सहज प्रवाह से युक्त है। मध्यकालीन भक्ति-चेतना के अनुरूप इस साहित्य में महाप्रभु वल्लभाचार्य और उनके पुत्र शिष्य गोसाईं विट्‌ठलनाथ के क्रमशः 84 तथा 252 वैष्णव शिष्यों के जीवनी-प्रकरण हैं। यह ठीक है कि ये प्रकरण अलग-अलग भक्तों के जीवन से लिए गए हैं, पर ये ऐसे स्वच्छंद यद्यपि कि समरस गद्य में हैं कि कुल मिलाकर एक समर्पित जन की समूची जीवन-चर्या बन गए हैं। कविता के क्षेत्र में जैसे 'सूरसागर' का विधान एक प्रबंध-मुक्तक का है, कुछ-कुछ वैसे ही ये वार्ताएँ गद्य की प्रबंध-मुक्तक होकर एक विशिष्ट कला-रचना, धारावाहिक जीवनी के तौर पर ढल गई हैं। अनुमान किया जाता है कि 'ये वार्ताएँ श्री आचार्य जी के समय में (1535- 1587) कदाचित् मौखिक रूप में प्रचलित थीं। बाद में श्री गुसाईंजी के समय में (1572-1642) वह ब्रजभाषा के गद्य-पद्यात्मक रूप में लेखबद्ध हुई हैं। श्री गुसाईंजी के सेवक कृष्णभट्ट उज्जैनि वालों ने सर्वप्रथम इसे ब्रजभाषा के गद्य के रूप में लेखबद्ध किया था इस पोथी के आधार पर ही श्री गोकुलनाथ जी ने 84 एवं 252 वैष्णवों की वार्ताओं का निर्माण किया।" ('दो सौ बावन वैष्णवन की वार्ता'-खंड 3 : सं० गो० ब्रजभूषण शर्मा-द्वारकादास परीख; काँकरौली : 1951, पृ० 5) वार्ताओं से दो अंश यहाँ उदाहरणार्थ प्रस्तुत हैं—पहला उद्धरण प्रख्यात भक्त कवि सूरदास विषयक है—

> *यह पद देशाधिपति के आगे संपूर्ण करिकैं सूरदासजी ने गायौ-सो सुनि कैं देशाधिपति बहुत प्रसन्न भयो और कयौ जो सूरदास जी मोकों परमेश्वर ने राज दीनौ है सो सब गुनीजन मेरौ जस गावत हैं तातें मेरौ जस कछू गावौ। तब सूरदास जी ने यह पद गायौ। सो पद—"नाहिंन रह्यौ मन में ठौर।*
>
> *दूसरा सूरदास के सहयोगी कवि कुंभनदास से संबद्ध है—*
>
> *तब देशाधिपति ने मनुष्य और असवारी कुंभनदास के बुलायबे कों भेजे-तब कुंभनदास ने कही जो भैया मैं कछू देशाधिपति को चाकर तौ नाहीं मेरो देशाधिपति सों कहा काम है तब देशाधिपति के मनुष्यन नें कही जो बाबा हम-तौ कछू समझत नाहीं परि हम को देशाधिपति को हुक्म है जो कुंभनदास कौं लै आवौ तातें यह पालकी है यह घोड़ा है जा पर चाहौ तापर बैठि कैं चलियै-तब कुंभनदास ने कह्यौ भैया मैं तौ कबहूँ बैठ्यौ नाहीं पाछें ऐसे ही चले सो फतहपुर सीकरी आय पहुँचें—*

जैसी खरी भाषा है वैसी खरी वार्ता। और सारी वार्ताएँ मिलकर फिर एक संपूर्ण भक्त-जीवनी का रूप ग्रहण कर लेती हैं।

और अब इस महत्वपूर्ण कड़ी को जोड़ लेने के बाद खड़ी बोली में जीवनी-साहित्य के विकास क्रम को फिर जारी रख सकते हैं। जैसा संकेत किया गया, आधुनिक काल के आरंभ में पौराणिक चरित्रों की नयी युगानुरूप व्याख्या का यत्न

चला। इस संदर्भ में लक्षित करने की बात है कि इस युग में उपन्यास और नाटक की तरह ही अन्य देशी-विदेशी भाषाओं से जीवनियों को भी अनुवाद के लिए चुना गया,

जिसने हिंदी के जीवनी-गद्य को किसी रूप में वैविध्य प्रदान किया। बँगला उपन्यासकार बंकिमचंद्र चटर्जी की रचना 'कृष्ण चरित्र' अपने समय की एक ख्यात कृति थी। हिंदी के प्रसिद्ध तत्कालीन लेखक जगन्नाथप्रसाद चतुर्वेदी ने उक्त ग्रंथ का अनुवाद 1913 में भारतमित्र प्रेस से प्रकाशित करवाया था। अन्य अनुवादों में बंकिमचंद्र लाहिड़ी प्रणीत 'सम्राट अकबर' का अनुवाद गुलजारीलाल चतुर्वेदी ने किया (हरिदास एंड कं०, कलकत्ता : 1919)। गोस्वामी वामनाचार्य गिरि द्वारा अनूदित 'वीरेन्द्र बाजीराव' (लहरी प्रेस, काशी : 1907) भी काफ़ी प्रख्यात हुआ। यूरोपीय इतिहासं के ख्यात चरित्रों को कुछ जीवनीकारों ने चुना। राधामोहन गोकुलजी ने यूरोपीय इतिहास के सबसे आकर्षक चरित्रों में से एक नेपोलियन का जीवन-वृत्त मनोरंजन पुस्तकमाला की 18वीं पुस्तक के रूप में 'नेपोलियन बोनापार्ट' शीर्षक से प्रकाशित किया (नागरी प्रचारिणी सभा : 1917)। लाला लाजपतराय द्वारा मूल उर्दू में लिखित ग्वीसप मेज़िनी का जीवन-चरित्र केशवप्रसाद सिंह 1900 में अनूदित कर चुके थे। हिंदी गद्य को भावात्मक विस्तार देने में इन जीवनियों का योग-दान निश्चय ही महत्वपूर्ण है।

यह संयोग से कुछ अधिक है कि 1921 में तीन आधुनिक भारतीय महापुरुषों के जीवन-चरित्र प्रकाशित हुए : 'महात्मा गांधी'—रामचंद्र वर्मा (हिंदी-पुस्तक-भंडार, बंबई), 'देशबन्धु चित्तरंजन दास'—सम्पूर्णानन्द (हिन्दी साहित्य मंदिर, इन्दौर), 'लोकमान्य बालगंगाधर तिलक'—ईश्वरीप्रसाद शर्मा (रामलाल वर्मा, कलकत्ता)। इन जीवनियों के चरित-नायक जैसे देश के विविध क्षेत्रों से उठकर अखिल भारतीय परिदृश्य पर आए, वैसे ही इन जीवनियों का लेखन-प्रकाशन देश के विविध क्षेत्रीय नगरों से हुआ। यों हिंदी का गद्य राष्ट्रीय आशाओं-आकांक्षाओं से उत्तरोत्तर घनिष्ट भाव से जुड़ता जा रहा था।

राजनैतिक क्षेत्र के मनीषियों के अतिरिक्त देश के अन्य मेधावी व्यक्तियों की ओर भी जीवनीकार आकृष्ट हुए। सुखसंपत्तिराय भंडारी ने 'डाक्टर सर जगदीशचंद्र बसु और उनके आविष्कार' शीर्षक से एक संक्षिप्त जीवनी प्रकाशित की (श्री मध्यभारत पुस्तक एजेंसी, इंदौर : 1919)। इस अवधि में क्रांतिकारी चरित्र अपनी निष्ठा और साहसिकता के लिए सामान्य जन समाज में आत्मीय और लोकप्रिय हुए थे। बंगाल के क्रांतिकारियों में यतीन्द्रनाथ दास का व्यक्तित्व अपनी भावुकता, सुकुमारता और निर्मलता के लिए ख्यात रहा है। दास की एक संक्षिप्त जीवनी इसी दौर में प्रकाशित हुई। इन्हीं दिनों अलीपुर बम-केस में अन्यतम अभियुक्त उपेन्द्रनाथ बंद्योपाध्याय की बँगला आत्मकथा 'निर्वासितेर आत्म कहानी' बहुचर्चित थी। इसका हिंदी अनुवाद 'राजनीतिक षड्यंत्र' शीर्षक से उमादत्त शर्मा ने किया (राजस्थान एजेंसी, कलकत्ता :

1921)। जीवनी-लेखन के इस दौर में क्रमश: वस्तुपरकता के साथ-साथ साहित्यिक भाषा-शैली का भी विकास हो रहा था। इस वर्ग की विशिष्ट और महत्त्वाकांक्षी जीवनियों में से सीताराम चतुर्वेदी कृत 'महामना पंडित मदनमोहन मालवीय' (1937) विशेष रूप से उल्लेखनीय है।

हिंदी लेखकों की जीवनियाँ भी इसी बीच, स्फुट रूप में ही सही, लिखी जाती रहीं। इस दिशा का एक आरंभिक प्रयास बाबू श्यामसुंदरदास का था, जिन्होंने 'हिंदी कोविद रत्नमाला' के दो भागों में (1909, 1914) हिंदी के चालीस साहित्यकारों तथा हितैषियों की संक्षिप्त जीवनियाँ संकलित कीं। भारतेंदु हरिश्चंद्र की कई जीवनियाँ लिखी गईं—राधाकृष्णदास कृत 'भारतेंदु बाबू हरिश्चंद्र का जीवन चरित्र' (1904), शिवनंदन सहाय विरचित 'हरिश्चंद्र' (1905) तथा ब्रजरत्नदास द्वारा रचित 'भारतेंदु हरिश्चंद्र' (1934)। इनमें से पहली दो तो प्राय: एक ही समय की हैं, तीसरी कई दशक बाद लिखी गई। तीनों जीवनियाँ आकार में छोटी-बड़ी होने पर भी चरितनायक के व्यक्तित्व और कृतित्व का विवरण देने के बाद एक बिंदु पर उनके मूल्यांकन का प्रयत्न करती हैं। इन अंशों की तुलना से उनके दृष्टिकोण की समानता स्पष्ट होती है। अपने जीवन-चरित्र के स्वभाव प्रकरण के अंतर्गत राधाकृष्णदास लिखते हैं, "हमारे इस लेख में उर्धोक्त स्वभावों का बहुत कुछ परिचय पाठक पा चुके हैं। गुनीजनों की सेवा, चतुरों को सम्मान, कवियों की मित्रता, नम्रता तथा उग्रता, लापरवाही आदि गुणों के विषय में कुछ विशेष कहना व्यर्थ है। अब केवल उक्त पद के अंतिम भाग की समालोचना शेष है। 'दिवाने सदा सूरत निवानी के' यही एक विषय है जिस पर तीव्र आलोचना हो सकती है और उसी को कोई भूषण तथा कोई दूषण की दृष्टि से देखते हैं, तथाच इनके जीवन चरित्र रचना में यही एक प्रधान बाधक विषय रहा।" इस प्रसंग में शिवनंदनसहाय का वक्तव्य इस प्रकार है—"चरित्र लेखक का यह भी कर्तव्य नहीं कि किसी विशेष विषय को संदिग्ध कुहासे से आच्छादित ही छोड़ दें कि पाठक उस व्यक्ति के उस कार्य का यथार्थ अभिप्राय जानने के लिए उसी अंधकार में डमाडोल घूमा करें। अतएव बाबू साहब का दो एक दोष का प्रकाश कर देना किसी प्रकार इनके वा पाठक वृंद के लिए हानिकारक नहीं। इनके गुणसमूह ऐसे हैं कि उन सबों के आगे ये दोष आप ही विलीन होकर किसी गिनती में नहीं रह जाते।" (पृ० 350) तीस बरस बाद अपनी जीवनी में ब्रजरत्नदास 'चंद्र के कलंक' जैसा सांकेतिक अर्थगर्भ शीर्षक देकर स्पष्ट करते हैं, "वेश्या का सहवास इनके लिए आवश्यक ही था। आज इस बहाने तो कल उस बहाने जलसे होते रहते थे। गुणी गायिका अपना गुण अवश्य दिखलाएगी तथा गुण-ग्राही पुरुष उसकी प्रशंसा करेगा ही। इस प्रकार वार्तालाप होते हुए आपस में परिचय होना अनिवार्य था...अस्तु, अब माधवी तथा मल्लिका का कुछ परिचय यहाँ दे दिया जाता है।" (पृ० 126-27) भारतेंदु के विवाहेतर प्रेम-संबंधों की जैसी व्याख्या तीनों जीवनीकारों ने कवि के आत्म-परिचय

विषयक छंद '...गुलाम राधा रानी के' को केन्द्र में रखकर की है उससे स्पष्ट है कि यह उनके लिए बड़ा नाजुक प्रसंग है जो स्वत: उनके गद्य से नहीं झलकता, जिसे उन्हें अलग से, कुछ क्षमा-याचना की मुद्रा में, बताना पड़ता है। कवियों और लेखकों के अगले जीवनीकारों को ऐसे प्रसंग किसी कुंठा का कारण नहीं जान पड़ते।

भारतेंदु-मंडल के एक महत्वपूर्ण सहयोगी प्रतापनारायण मिश्र का जीवन चरित्र बालमुकुंद गुप्त ने अपने पत्र 'भारत मित्र' में लिखा था (1907)। आगे 'कविरत्न सत्यनारायण जी की जीवनी' (1926) में कविरत्न के सीधे-सादे जीवन-वृत्त को जीवनीकार बनारसीदास चतुर्वेदी ने बड़े आत्मीय भाव से प्रस्तुत किया।

सूर्यकांत त्रिपाठी 'निराला' द्वारा लिखित जीवनी 'कुल्ली भाट' (1939) अपने में एक अभिनव गद्य-प्रयोग है। लेखक आरंभ करता है, "बहुत दिनों की इच्छा—एक जीवन-चरित लिखूँ, अभी तक पूरी नहीं हुई; चरितनायक नहीं मिल रहा था, ठीक जिसके चरित में नायकत्व प्रधान हो। बहुत आगे-पीछे, दाये-बायें देखा। कितने जीवन-चरित पढ़े, सब में जीवन से चरित ज्यादा..." निराला की इस उलझन में एलियट की पंक्ति अनायास याद आ जाती है—'वह जीवन कहाँ है हमने जिसे जीने में खो दिया?' ('ह्वेयर इज़ द लाइफ़ वी हैव लॉस्ट इन लिविंग?') यों इतना समझा जा सकता है कि निराला का जीवनी-लेखन इस खोये हुए जीवन की तलाश है न . केवल चरितनायक के, जो अपने में एक अज्ञातकुलशील चरित्र है—कम से कम इस जीवनी के लिखे जाने तक—बल्कि स्वयं अपने भी। यही कारण है कि जिससे यह गद्य-कृति चरितनायक कुल्ली भाट की जीवनी और लेखक निराला की आत्मकथा दोनों एक साथ है। फिर पुस्तक के समर्पण से और स्पष्ट हो जाता है कि एक साधारण मनुष्य के -गुण-दोष मनुष्य- मात्र में पाए जाते हैं। इस रूप में अपने संक्षिप्त आकार में 'कुल्ली भाट' एक मनुष्य का जीवन-चरित्र न होकर संपूर्ण मनुष्य को समझने का बड़ा प्रयत्न है। ऐसी पुस्तक के समर्पण के लिए लेखक हिंदी साहित्य में उपयुक्त पात्र एकबारगी नहीं खोज पाया तो यह बात समझ में आ सकती है—"इस पुस्तिका के समर्पण के योग्य कोई व्यक्ति हिंदी-साहित्य में नहीं मिला, यद्यपि कुल्ली के गुण बहुतों में हैं, पर गुण के प्रकाश में सब घबराये। इसलिए समर्पण स्थगित रखता हूँ।" नीरद चौधरी अपने को अज्ञातकुलशील मान कर आत्मकथा लिखते हैं 1951 में; निराला अज्ञातकुलशील कुल्ली की जीवनी लिखते हैं एक युग पूर्व 1939 में, और उसके निमित्त से आत्मकथा।

छायावादोत्तर युग में राष्ट्रीय तथा अंतर्राष्ट्रीय स्वतंत्रता-आंदोलनों के नायक चरित्रों को जीवनी-लेखन के लिए विशेष रूप में चुना गया। निराला के 'कुल्ली भाट' के समर्पण के साथ-साथ वैसा जीवनी-लेखन भी अभी स्थगित रहा। 'कुल्ली भाट' में बैसवाड़े की कठोर ज़मीन से उपजा कठोर और धूल लिपटा गद्य निराला के बंगाल के हरे-भरे जीवन से जुड़ी तत्सम प्रधान भाषा से अलग था। निराला के व्यक्तित्व

और कृतित्व दोनों में बंगाल और बैसवाड़ा आरंभ से अंत तक लगे-लिपटे चलते हैं। परवर्ती साहित्य में पहला पक्ष जितना देखा-समझा गया दूसरा पक्ष वैसा ही अनदेखा रहा। इस युग में राहुल सांकृत्यायन ने जीवनी लेखन के लिए कई विदेशी चरित्रों को चुना—'स्तालिन', 'कार्ल मार्क्स' और 'लेनिन' (1954)। भारतीय नेताओं और मनीषियों में राष्ट्रपति राजेन्द्रप्रसाद तथा श्रेयार्थी जमनालाल की जीवनियाँ क्रमशः शिवपूजन सहाय तथा हरिभाऊ उपाध्याय ने प्रस्तुत कीं।

फिर छायावादोत्तर युग में कई छायावादी कवि और समकालीन लेखक जीवनी के नायक बने तो यह हर दृष्टि से उचित विकास-क्रम है। माखनलाल चतुर्वेदी, निराला, सुमित्रानंदन पंत तथा प्रेमचंद की पूरी व्यवस्थित जीवनियाँ इस अवधि में लिखी गईं। बँगला कथाकार शरत्चंद्र हिंदी परिवार के अंग बराबर माने गए हैं, और उनकी एक जीवनी भी बड़ी तैयारी के साथ प्रस्तुत हुई। ये जीवनियाँ हैं—बरुआ द्वारा लिखित 'माखनलाल चतुर्वेदी : एक जीवनी' (1960), अमृतराय की 'प्रेमचंद : क़लम का सिपाही' (1962), रामविलास शर्मा कृत तीन खंडों में 'निराला की साहित्य साधना' (1969-1972-1976), शांति जोशी द्वारा दो खंडों में लिखित 'सुमित्रानंदन पंत : जीवन और साहित्य' (1970-1977), और विष्णु प्रभाकर की 'आवारा मसीहा' शरच्चंद्र चट्टोपाध्याय की जीवनी (1974)। यह संयोग से कुछ अधिक है कि इन जीवनियों का गद्य अपने चरित-नायक की भाषा-शैली का कुछ आभास ज़रूर देता है। निराला की बहुरंगी भाषा की लटक 'निराला की साहित्य साधना' में देखी जा सकती है, जबकि 'प्रेमचंद : क़लम का सिपाही' में तो कहना होगा कि प्रेमचंद की बोलचाल अमृतराय में कुछ अतिरंजित रूप में ही आई है। इन जीवनियों से एक बार फिर स्पष्ट होता है कि कैसे जीवनी-लेखन अपने में गद्यकार के आत्मविश्वास का पूरा प्रमाण है, जहाँ कल्पना का कोई सहारा लिए बिना वृत्त महज़ अपने गद्य में सर्जनात्मकता से रंजित हो उठता है। इस क्रम में अज्ञेय की एक अच्छी जीवनी रामकमल राय ने लिखी है 'शिखर से सागर तक' (1986)। लेखकों और कवियों के अतिरिक्त हिंदी पत्रकारों में बाबूराव विष्णु पराड़कर की एक पूरी और व्यवस्थित जीवनी प्रस्तुत हुई है लक्ष्मीशंकर व्यास लिखित 'पराड़करजी और पत्रकारिता' (1960)।

प्रकथनकर्ता की स्थिति बदल जाने से जीवनी और आत्मकथा के गद्य का मिज़ाज फ़रक हो जाता है। जीवनी लेखक का गद्य कुछ आदर और संभ्रम की मुद्रा में चलता है, आत्मकथा-लेखक की वृत्ति अनौपचारिकता और आत्मीयता की—कभी-कभी फक्कड़पन की—हो जाती है, जिसका एक रूप निराला के 'कुल्ली भाट' में द्रष्टव्य है। जीवनी और आत्मकथा का गद्य, जैसा संकेत किया जा चुका है, अलग-अलग तरह के संकोच के दबाव में रहता है, जिससे उबरे बिना उनकी बनावट सहज नहीं हो पाती।

हिंदी की पहली आत्मकथा पद्यबद्ध है बनारसीदास जैन की 'अर्द्धकथा' (1641)। गद्य में आत्मकथा-लेखन का प्रचलन अन्य कई रूपों के साथ भारतेंदु से आरंभ होता है। 1876 ई० की 'कविवचन सुधा' में इस आत्मचरित्र ('एक कहानी कुछ आप बीती कुछ जग बीती') का आरंभिक अंश 'प्रथम खेल' शीर्षक से प्रकाशित हुआ था जब भारतेंदु की आयु 26 वर्ष की थी। आत्मचरित्र का कुछ अंतर्साक्ष्य आरंभ में ही मिल जाता है जहाँ लेखक कहता है, "सं० 1930 में मैं जब तेईस बरस का था..."। यह वक्तव्य भारतेंदु की जन्म तिथि से मेल खाता है। इस संक्षिप्त गद्यांश की प्रकृति बोलचाल की पूरी भंगिमा लिए हुए है। आरंभ में उर्दू का एक शेर है, बीच-बीच में मुहावरे हैं, शब्दावली तत्सम तद्‌भव और देशज सब को लेकर चलती है। वर्णन संध्या के समय एक रईसजादे के घर का है।

भारतेंदु के सहयोगी लेखकों में सुधाकर द्विवेदी की 'रामकहानी' तथा अंबिकादत्त व्यास रचित 'निजवृत्तांत' (1901) उल्लेखनीय हैं। आर्यसमाज और अन्य आध्यात्मिक प्रभावों के अंतर्गत भी कुछ आत्मचरित लिखे गए, जिनमें लेखक ने निजी चारित्रिक विकास और अध्यात्मोन्मुखता का विश्लेषण किया है। ये आत्मकथाएँ कुछ वैसे ही सोद्‌देश्य हैं, जैसे कि महापुरुषों की जीवनियाँ-निराला के शब्दों में 'जीवन से चरित ज्यादा'। जीवन कम, चरित ज्यादा का साक्ष्य जीवनी के गद्य में आसानी से दिख जाता है जहाँ भारी-भरकम शब्दावली का प्रयोग बढ़ा हुआ रहता है।

भारतेंदु युग, द्विवेदी-युग और बाद के उल्लेखनीय आत्मचरितों में हैं—स्वामी दयानंद कृत, 'आत्मचरित', सत्यानंद अग्निहोत्री लिखित 'मुझ में देवजीवन का विकास', भाई परमानंद लिखित 'आप बीती', स्वामी श्रद्धानंद लिखित 'कल्याण-मार्ग का पथिक', रामविलास शुक्ल लिखित, 'मैं क्रांतिकारी कैसे बना', भवानीदयाल संन्यासी लिखित 'प्रवासी की आत्मकथा' तथा इंद्र विद्यावाचस्पति कृत 'जीवन की झाँकियाँ'।

बाबू श्यामसुंदरदास कृत 'मेरी आत्मकहानी' (1941) हिंदी की पहली प्रसिद्ध आत्मकथा कही जा सकती है। यह आत्मकथा हिंदी भाषा और साहित्य के एक पूरे युग को प्रतिफलित करती है, और प्रकारांतर से नागरी प्रचारिणी सभा, काशी का इतिहास बताती चलती है। इसी दशक में प्रकाशित भारत के प्रथम राष्ट्रपति देशरत्न राजेन्द्र प्रसाद की 'आत्मकथा' (1947) स्वतंत्रता-संग्राम के चरम बिंदु पर लिखी गई थी, तथा अपनी शैली की सरलता और सादगी के लिए विख्यात है। एक आत्मकथा हिंदी भाषा और साहित्य के विकास का आख्यान है तो दूसरी देश-दशा का। प्रधान चरित्र के माध्यम से परिवेश के साथ-साथ पुनर्नृजन—जो आधुनिक आत्मकथा-लेखन की एक विशिष्टता कही जा सकती है—इसका एक आरंभिक रूप यहाँ द्रष्टव्य है। इस प्रसंग में यह स्मरणीय है कि आदि से अंत तक प्रकथनकर्ता एक होने के कारण आत्मकथा का गद्य प्राय: प्रीतिकर ढंग से समरस बना रहता है, यद्यपि कि थोड़ी

असावधानी से उसके एकरस होने का खतरा भी बराबर रहेगा। गुलाबराय लिखित 'मेरी असफलताएँ' (1941) का गद्य हल्के व्यंग्य की मुद्रा में चलता है, राहुल सांकृत्यायन की 'मेरी जीवन-यात्रा' (1946) और सेठ गोविंददास की 'आत्म निरीक्षण' (1958) अधिकतर वर्णन-प्रधान हैं। प्रसिद्ध राजनेता और दार्शनिक आचार्य नरेन्द्रदेव ने भी एक संक्षिप्त आत्म-वृत्त अपने ग्रंथ 'बौद्ध धर्म-दर्शन' (1956) में प्रकाशित किया। कई पत्रकारों तथा हिंदी साधकों की आत्मकथाएँ आईं, जिनमें उल्लेखनीय हैं—'मेरा जीवन प्रवाह' : वियोगी हरि, 'साधना के पथ पर' : हरिभाऊ उपाध्याय तथा 'पत्रकार की आत्मकथा' मूलचंद अग्रवाल। कई प्रसिद्ध गद्य लेखकों ने भी इस दौर में आत्मकथाएँ लिखीं—शांतिप्रिय द्विवेदी की 'परिव्राजक की प्रजा' (1952), देवेन्द्र सत्यार्थी की 'चाँद-सूरज के बीरन' (1953), तथा कई खंडों में प्रकाशित यशपाल की रचना 'सिंहावलोकन' (1951-55)।

जीवनियों के प्रसंग में निराला कृत 'कुल्ली भाट' (1939) का उल्लेख हो चुका है। 'कुल्ली भाट' की रचना फिर काव्य-रूपों के व्यवस्थित विभाजन को विफल कर देती है। ऐसा गद्य जीवनी, आत्मकथा, संस्मरण, आख्यान इन सब प्रचलित भेदों को हल्का करता है। यह रचना एक ओर कुल्ली की जीवनी है तो साथ-साथ निराला की आत्मकथा। निराला जैसी ही आंशिक आत्मकथा उनके सहयोगी मित्र पाण्डेय बेचन शर्मा 'उग्र' ने लिखी अपेक्षाकृत बाद में 'अपनी खबर' (1960)।

आत्मकथा के माध्यम में उत्तर छायावाद के प्रमुख कवि हरिवंशराय 'बच्चन' का लेखन इस युग का सर्वाधिक महत्वपूर्ण और विवादास्पद रहा है। इस चतुखंड आत्मकथा के चार खंड इस प्रकार हैं—'क्या भूलूँ क्या याद करूँ' (1969), 'नीड़ का निर्माण फिर' (1970), 'बसेरे से दूर' (1977), (प्रवास की डायरी : 1971) तथा 'दशद्वार से सोपान तक' (1985)। अत्यंत विस्तृत और व्यवस्थित इस आत्मकथा में लेखक ने अपने को केन्द्र में रखा है, उपलक्ष्य नहीं माना। अपने आत्मकथा-लेखन में बहुत बार रचनाकार विशेषत:, प्रकारांतर से अपने साहित्यिक कृतित्व और निजी व्यक्तित्व का औचित्य प्रमाणित करते चलते हैं। बच्चन की आत्मकथा एक बड़े अंश में इसी प्रकार की है—'जीवन' से 'चरित' ज्यादा स्वयं जीवन की ही पकड़ करने वाली जीवनी या आत्मकथा सर्जनात्मक लेखन के शीर्ष रूप में आएगी।

'चरित' का गद्य स्पष्ट ही सहज कम सुचिंतित अधिक होगा। 'दशद्वार से सोपान तक' का एक अंश उद्धृत किया जा रहा है—इस प्रसंग में यह स्मरणीय है कि छायावाद के बाद हिंदी कविता के परिदृश्य पर बच्चन ख्यात रहे हैं अपनी कविता में सहज बोलचाल के प्रयोग के लिए।

इस आत्म-चेतना और अहं मोह को लेकर धर्म, दर्शन, नैतिकता, कर्मकांडों का

बहुत विस्तृत-बहुविधि तंत्र रचा गया है। अपनी इस विचार-प्रक्रिया से मैं जिस परिणाम पर पहुँचा हूँ उसे मैंने हंस-प्रतीक से लिखी एक कविता में बाँधा है। मैं ने आप से कहा था न कि कुछ मनोविज्ञान, कुछ कविता के सहारे मैं इस विषय पर कुछ कहूँगा। मनोविज्ञान की बात कह दी, अब कविता पर आएँ।
(संस्करण : 1992 : पृ० 411)

आत्मकथा का गद्य जितना अपने माध्यम को निर्मल करता है उतना स्वयं भी निर्मल और हल्का होता चलता है। बच्चन की आत्मकथा से यह रचना-अपेक्षा एक सीमित रूप में ही पूरी हुई दिखती है।

साहित्यकारों-पत्रकारों की अन्य उल्लेखनीय आत्मकथाएँ हैं—'सम्पादक के पचीस वर्ष' : देवीदत्त शुक्ल (1956), सुमित्रानंदन पंत का संक्षिप्त आत्म-वृत्त 'साठ वर्ष एक रेखांकन' (1960), 'मेरी अपनी कथा' : पदुमलाल पुन्नालाल बख्शी (1969), 'छायावादयुगीन स्मृतियाँ' : रामनाथ सुमन (1975), 'मेरा जीवन' : शिवपूजन सहाय (1985), तथा अँग्रेजी-हिंदी पत्रकार पी०डी० टंडन की 'राख से लपटें (1984)। इनमें से कई रचनाओं में लेखक द्वारा अलग-अलग प्रस्तुत संस्मरणों को बाद में एक साथ व्यवस्थित किया गया है, जबकि कई आत्मकथाएँ आद्योपांत एक योजना के अंतर्गत लिखी गई हैं। गद्य-प्रवाह स्वभावतः दूसरे प्रकार की रचनाओं में द्रष्टव्य है। नाट्यकर्मी प्रतिभा अग्रवाल की आत्मकथा : प्रथम खंड—'दस्तक जिंदगी की' (1990) क्रमबद्ध लिखी जाने पर भी संस्मरण-माला के रूप में चलती है।

जीवनी-आत्मकथा से जुड़े, यद्यपि कि अपने में स्वतंत्र, माध्यम संस्मरण-रेखाचित्र के हैं। संस्मरण उपजीव्य चरित्र का गत्यात्मक चित्रण करता है देश तथा काल दोनों में, जबकि रेखाचित्र अपेक्षाकृत स्थिर अंकन है। चित्रकला में जैसा अंतर 'स्टिल लाइफ़' और सामान्य दृश्यालेख में होता है कुछ वैसा अंतर रेखाचित्र और संस्मरण के बीच समझा जा सकता है। इसी के अनुरूप एक फ़रक यह भी होगा कि रेखाचित्र अधिकतर सामान्य या कि कम प्रसिद्ध व्यक्तियों के बनते हैं—महादेवी की रचना-सृष्टि में तो पशु-पक्षी तक सम्मिलित हैं ('मेरा परिवार')—संस्मरणों के नायक प्रायः ख्यात व्यक्ति होंगे।

रेखाचित्र का गद्य प्रशमित होता है संस्मरणों का बहुरंगी। पद्मसिंह शर्मा और महादेवी वर्मा के गद्य-लेखन में ये अंतर-रेखाएँ अपेक्षाकृत साफ़ दिखती हैं। पाठक की दृष्टि से एक गद्य तन्मयकारी होगा दूसरा किसी क़दर उत्तेजक। इस संदर्भ में कुछ उद्धरणों की तुलना उपयोगी होगी, पहले दो पद्मसिंह शर्मा के हैं, बाद के महादेवी वर्मा के—

...नवनीत जी अगले ज़माने के कवियों की बची-खुची एक यादगार हैं जो चुपचाप अलग एक कोने में पड़े हैं। नया दौर है, न कोई उन्हें पहचानता है, न वह किसी को जानते हैं। बड़े-बड़े बाकमाल साथी एक-एक करके उठ गये—'एक दो का ज़िक्र क्या महफ़िल की महफ़िल उठ गई'। अकेले रह गये, नई रोशनी से आँखें बंद किए बैठे हैं।

(कविरत्न पं० श्री नवनीतलाल चतुर्वेदी : 'पद्म-पराग')

सुनकर फड़क गये, और उठकर फिर मेरी पीठ थपकी। कहा—'शाबाश! मैं इसी शेर को सोच रहा था, जो ज़हन से उतर गया था। आप कैसे समझ गये कि मैं इसी की तलाश में हूँ? सचमुच इस वक्त आप को इलहाम हुआ है।' मैं ने अर्ज़ की-इलहाम तो नहीं, पर मुझे आप का हर मौक़े का चुना हुआ कलाम याद है, मैं समझा कि इसी की तलाश है—यही इस मौक़े के लिए मौजूं है।

(महाकवि अकबर : 'पद्म-पराग')

मैंने अवज्ञा से उत्तर दिया 'मैं विदेशी—फॉरेन—नहीं खरीदती'। 'हम फॉरेन है? हम तो चाइना से आता है' कहने वाले के कंठ में सरल विस्मय के साथ उपेक्षा की चोट से उत्पन्न चोट भी थी। इस बार रुक कर, उत्तर देने वाले को ठीक से देखने की इच्छा हुई। धूल से मटमैले सफेद किरमिच के जूते में छोटे पैर छिपाये, पतलून और पैजामे का सम्मिश्रित परिणाम जैसा पैजामा और कुरते तथा कोट की एकता के आधार पर सिला कोट पहने उधड़े हुए किनारों से पुरानेपन की घोषणा करते हुए हैट से आधा माथा ढके, दाढ़ी-मूँछ विहीन दुबली नाटी जो मूर्ति खड़ी थी वह तो शाश्वत चीनी है। उसे सबसे अलग करके देखने का प्रश्न जीवन में पहली बार उठा।

(चीनी फेरीवाला : 'स्मृति की रेखाएँ')

एक दूसरी घटना भी कम मनोरंजक नहीं है। साहित्यकार-संसद् के लिए गंगातट पर एक भवन खरीदने का निश्चय हुआ जिसके स्वामी चालीस हजार से कम लेने को प्रस्तुत नहीं थे। मैं जब गुप्तजी को वह स्थान दिखाने ले गई, तब वे रास्ते भर जो कुछ कहते रहे उसका आशय था कि मुझे ऐसे क्रय विक्रय का अनुभव नहीं है। मैं वहाँ कुछ न बोलूँ। वे गृह-स्वामी से बात करके कम में तय करा देंगे। वहाँ पहुँच कर उस भवन की तरल सीमा बनाती हुई गंगा और उसके तट पर एक बड़े कमल सा रखा हुआ मंदिर देखकर वे सब कुछ भूल गए।

(मैथिलीशरण गुप्त : 'पथ के साथी')

इन दो जोड़ी गद्यांशों की प्रकृति को यदि हम ध्यान से देखें तो रेखाचित्र और संस्मरण का सूक्ष्म अंतर काफ़ी सीमा तक स्पष्ट हो जाता है। पहले और तीसरे अंश

में वाक्य सधे हुए लयात्मक, लंबे होने पर उपवाक्यों में बँट कर धीमी गति से चलने वाले हैं। सहानुभूति वहाँ मूल स्वर है—ये रेखाचित्र के उदाहरण हैं। दूसरे और चौथे अंश का वाक्य-विन्यास गतिशील, सक्रिय, ओज को लिए हुए है। चमत्कृति की मनोदशा अनुस्यूत है। यह संस्मरण का विधान है। पहले उद्धरण में एक पुराने कवि का मार्मिक रूप-चित्र है—'अकेले रह गये, नई रोशनी से आँखें बंद किए बैठे हैं।' आलोक के अकेलेपन का विषाद है यहाँ। दूसरे उद्धरण में अपने युग के अत्यंत प्रभावशाली और लोकप्रिय शायर के स्वभाव की उच्छलता है। बुजुर्ग दोनों हैं, पर समकालीनता से उनका रिश्ता अलग-अलग है। यों एक रेखाचित्र का मॉडल है तो दूसरा संस्मरण का चरित्र।

संस्मरण का माध्यम जीवनी-आत्मकथा से प्रेरित होने पर भी शिल्प में उससे भिन्न है। वस्तुत: नये अकाल्पनिक गद्य-वृत्तों की धारणा संस्मरण को देखकर अच्छे से बनती है। आरंभिक जीवनी और आत्मकथा के साथ इतिहास और वृत्त का संबंध कुछ इस तरह जुड़ा रहा कि उनका साहित्यिक रूप अपेक्षाकृत बाद में विकसित हो पाया। पर संस्मरण आरंभ से ही सर्जनात्मक गद्य का उपयोग करता दिखाई देता है, और अपनी व्यापक प्रकृति के कारण विविध गद्य रूपों के बीच केन्द्रीय स्थिति में है। तीव्र भावात्मक गठन और गहरी सर्जनात्मक भाषा के परंपरित काव्य रूप जैसे उपन्यास, नाटक, कविता आधुनिक त्वरित संचार से उत्पन्न तनावों के युग में सब समय पाठक के लिए रुचिकर नहीं हो पाते। वैसी स्थिति में वह पत्रकारिता के विविध रूपों की ओर उन्मुख होता है, जो अपनी प्रकृति में मूलत: सूचनात्मक और वस्तुपरक होते हैं—ऐसी सूचना से भरपूर जिस पर टिप्पणी करते हुए एलियट ने खेद की मुद्रा में कहा था कि जीवन को हमने जीने में खो दिया है, बुद्धि को ज्ञान में, और ज्ञान को सूचनाओं के ढेर में। संस्मरण, रेखाचित्र, रिपोर्ताज जैसे नये गद्य रूप इन दोनों स्थितियों के बीच के अंतराल में विकसित हुए हैं, और आधुनिक कला-वृत्ति के अनुकूल स्वचेतनता तथा परंपरा से चली आती निर्वैयक्तिकता की परस्पर विरोधी माँग के बीच एक समतुलित क्षेत्र का विस्तार करते हैं। आधुनिक गद्य-रूप निराला और एलियट की चिंता के आलोक में चरित के पसारे में खोए जीवन और सूचना के जाल में फँसे ज्ञान का पुनराविष्कार करना चाहते हैं, और यों अपने युग की परिस्थितियों से सीधे जुड़े हैं।

भाषा-प्रयोग की दृष्टि से ये अकाल्पनिक गद्य-रूप हल्की सर्जनात्मकता के उन्मेष में सामान्य और असघन मन:स्थितियों का अंकन करते हैं, जो प्राय: विशिष्ट साहित्य-रूपों में उतनी संगति प्राप्त नहीं कर पातीं। इस दृष्टि से इन काव्य-रूपों की सर्जनात्मकता में भाषिक स्तर पर एक विशेष प्रकार की दक्षता अपेक्षित होती है, क्योंकि कविता और पत्रकारिता के विस्तृत अंतराल के बीच इन माध्यमों की अपनी भाव-भूमि है।

गद्य-रूपों में संस्मरण की प्रवृत्ति अपेक्षाकृत व्यापक है। संस्मरण के केन्द्र में व्यक्ति, घटना, यात्रा या कोई अन्य प्रसंग हो सकता है। पर अधिकतर संस्मरण व्यक्ति- चरित्र को आधार बनाकर लिखे गए हैं। हिंदी के आरंभिक संस्मरण-लेखकों में पद्मसिंह शर्मा का नाम प्रमुख है। हिंदी में संस्मरण को कला-रूप की प्रतिष्ठा उन्हीं के माध्यम से मिलती है। अपने क्षेत्र में आरंभिक प्रयास होने पर भी महाकवि अकबर, सत्यनारायण कविरत्न, भीमसेन शर्मा के संबंध में लिखे गए पद्मसिंह शर्मा के संस्मरण आज भी बेजोड़ हैं। 'पद्म पराग' (1929) में संकलित ये संस्मरण, कहीं-कहीं भावुकता से परिचालित होने पर भी, साहित्यिक सहृदयता का सुंदर उदाहरण प्रस्तुत करते हैं। हल्के विनोद का भाव इन गद्य खंडों को यथावश्यक रूप में आलोकित करता है, जो जीवनियों और आत्मकथाओं के अधिकतर सोद्देश्य वातावरण में प्राय: सुलभ नहीं था। यह विनोद-भाव नवोदित गद्य रूपों की एक मुख्य वृत्ति है। इस रूप में 'पद्म पराग', जैसा संकेत किया गया, निबंध-रेखाचित्र-संस्मरण-अभिभाषण के संग्रह में अपने युग का प्रतिनिधि और श्रेष्ठ गद्य-लेखन है।

परवर्ती युग के प्रसिद्ध संस्मरणकार हैं—बनारसीदास चतुर्वेदी, कन्हैयालाल मिश्र 'प्रभाकर', श्रीनारायण चतुर्वेदी, किशोरीदास वाजपेयी, ब्रजमोहन वर्मा तथा विनोदशंकर व्यास। मन्मथनाथ गुप्त की रचना 'क्रांति युग के संस्मरण' (1937) और प्रख्यात शिकार-लेखक तथा साहित्यिक पत्रकार श्रीराम शर्मा की 'सन् बयालीस के संस्मरण' (1948) राष्ट्रीय स्वाधीनता संग्राम के विशिष्ट क्षेत्रों से संबद्ध हैं। ऐतिहासिक चरित्रों को आधार बना कर रघुवीर सिंह के संस्मरण-रेखाचित्र हैं 'शेष स्मृतियाँ।' अंतिम तीनों लेखक अपने संस्मरणों को लेकर ही विशिष्ट शैलीकार के रूप में ख्यात हैं। आत्मकथा की तरह संस्मरण में लेखक स्वयं प्रकथनकर्ता होता है, और यों इन माध्यमों में प्राय: अनिवार्य रूप से लेखक के बुनियादी गद्य का स्वरूप देखने को मिलता है। श्रीराम शर्मा के शिकार विषयक संस्मरणों का संग्रह 'शिकार' (1932) हिंदी गद्य के बड़े पुष्ट रूप को प्रमाणित करता है। विख्यात गद्यकार पद्मसिंह शर्मा की टिप्पणी स्मरणीय है—"श्रीरामजी तो उत्तरोत्तर गज़ब ढा रहे हैं। बंदूक से बढ़कर इनकी लेखनी का निशाना बैठता है, पढ़ने वाला तड़प कर रह जाता है।"

हिंदी की कई प्रसिद्ध जीवनियाँ संस्मरणात्मक शैली में लिखी गई हैं। गांधी को केन्द्र में रखकर पूरी संस्मरणात्मक पुस्तक घनश्यामदास बिड़ला की है, शीर्षक है 'बापू' (1940)। कुछ ऐसे ही ढंग की कृति रामनरेश त्रिपाठी की है 'तीस दिन : मालवीय जी के साथ' (1942)।

जीवनी में गद्य इतिवृत्त रूप में है, संस्मरण में स्वयं जीवन-प्रक्रिया पर तत्काल पर्यवेक्षण और टिप्पणी की तरह। यों संस्मरण का गद्य अकाल्पनिक रूपों में सर्वाधिक उत्तेजित भाव से चलता है। बनारसीदास चतुर्वेदी, कन्हैयालाल मिश्र 'प्रभाकर', रामवृक्ष बेनीपुरी, उपेन्द्रनाथ 'अश्क' का लेखन इस प्रसंग में द्रष्टव्य है। अन्य उल्लेखनीय

संस्मरण-लेखक हैं—जैनेन्द्र कुमार ('ये और वे'), यशपाल ('सिंहावलोकन'), शिवरानी प्रेमचंद ('प्रेमचंद : घर में'), मोहन लाल महतो 'वियोगी', काका कालेलकर, विष्णु प्रभाकर तथा प्रभाकर माचवे। अज्ञेय की 'स्मृति-लेखा' (1982) में सरोजिनी नायडू और मैथिलीशरण गुप्त से लेकर अपने कनिष्ठ कथाकार फणीश्वरनाथ 'रेणु' तक बारह लेखक बंधुओं के संस्मरण संकलित हैं। इसी प्रकार के लेखकीय संस्मरण जगदीशचंद्र माथुर की 'दस तस्वीरें' (1963) में मिलते हैं। वरिष्ठ लेखक राय कृष्णदास तथा नये कहानीकार कमलेश्वर के संस्मरण अपने उपजीव्य चरित्रों के साथ-साथ उनके पूरे रचना-युग को भी आलोकित करते हैं। स्पष्ट ही यहाँ संस्मरण और रेखाचित्र दोनों शैलियाँ एक-दूसरे में घुल-मिल गई हैं।

अलग से रेखाचित्र-लेखन के लिए प्रसिद्ध हैं—महादेवी वर्मा ('अतीत के चल चित्र'—1941, 'स्मृति की रेखायें'—1943, 'मेरा परिवार'—1972), बनारसीदास चतुर्वेदी 'रेखाचित्र' (1952), श्रीराम शर्मा ('बोलती प्रतिमा'—1937), विनयमोहन शर्मा ('रेखा और रंग'—1955), रामविलास शर्मा ('पंचरत्न'—1980) प्रकाशचंद्र गुप्त ('रेखाचित्र'—1940, 'पुरानी स्मृतियाँ'—1947), देवेन्द्र सत्यार्थी ('रेखाएँ बोल उठीं'—1949), नगेन्द्र ('चेतना के बिंब'—1967), अजित कुमार ('दूर वन में'—1983, 'निकट मन में'—1992) तथा ओंकार शरद। संस्मरण का गद्य यदि अकाल्पनिक रूपों में सर्वाधिक उत्तेजित होता है तो रेखाचित्र का गद्य सर्वाधिक शांत और प्रशमित। और इस रूप में रेखाचित्र मितकथन की अपेक्षया कठिन कला है। संस्मरण का गद्य बोलता अधिक है, रेखाचित्र की विशेषता उसके वाक्-संयम में है। यही एक तरह से दोनों विधाओं का बुनियादी अंतर है, जबकि बहुत बार तो इनका संगमन ही देखने को मिलता है। रेखाचित्र के गद्य का कुछ नमूना अजितकुमार के एक संग्रह से उद्धृत किया जा रहा है—

> *सोलह साल पहले जब मैंने उसे देखा, वह नन्हीं सी बच्ची थी—सफ़ेद झब्बेदार फ्राक पहने, गोरी, गोल-मटोल। उसके घुँघराले बालों में पीले रिबन का फूल बना हुआ था और छोटे-छोटे पैरों में बिल्कुल नये जूते पहने वह ठुमुक ठुमुक कर चल रही थी। अपनी मौसी के साथ वह हमारे घर आयी थी और उस रोज़ ही नहीं, उसके बाद भी, लम्बे अर्से तक वह हमारे समूचे घर के लिए एक नन्हीं-सी गुड़िया और आकर्षण का केन्द्र बनी रही।*
>
> *(लालची लड़की : 'दूर वन में')*

यहाँ रेखाचित्र में चित्र महज़ रेखाओं से बन गया है, रंगों की जैसे कुछ अपेक्षा नहीं रह जाती। ब्यौरों की भरमार नहीं, सिर्फ़ ज़रूरी अंकन—ऐसी कला जो अनायास महादेवी के गद्य का स्मरण दिला देती है, यद्यपि कि वृत्त आगे चलकर महादेवी जैसा हल्का नहीं रह जाता।

जीवनी की मूल विधा से ही किसी क़दर जुड़े हैं यात्रा-संस्मरण-रिपोर्ताज, डायरी-जर्नल-पत्र-इंटरव्यू के विविध रूप। इनमें से यात्रा-संस्मरण स्पष्ट ही बहुत पुराना माध्यम है जिसको देशी-विदेशी यात्रियों ने अपनी-अपनी भाषाओं में प्रयुक्त किया है। अपने आदि रूप में यात्रा-संस्मरण यात्रा-वृत्त अधिक है, और अधिकतर विदेशी यात्रियों का प्रिय लेखा-जोखा रहा है। हिंदी के आरंभिक यात्रा-वृत्त भारतेंदु द्वारा लिखे गए हैं। वे स्वभाव से सैलानी थे, और लेखकीय वृत्ति के अनुरूप उनका पैना पर्यवेक्षण था। उनके यात्रा-वृत्तों में हैं 'हरिद्वार', 'लखनऊ', 'जबलपुर', 'सरयूपार की यात्रा', 'वैद्यनाथ की यात्रा' और 'जनकपुर की यात्रा'। ये वृत्त 'कविवचन सुधा', 'हरिश्चंद्र चंद्रिका', 'मोहन चंद्रिका' के 1865 से 1880 ई० के बीच विविध अंकों में प्रकाशित हैं, और इस दृष्टि से पाठकों को सीधे संबोधित हैं। 'हरिद्वार' का एक वर्णन इस प्रकार है—

श्री गंगाजी का पाट भी बहुत छोटा है पर वेग बड़ा है, तट पर राजाओं की धर्मशाला यात्रियों के उतरने के हेतु बनी हैं और दुकानें भी बनी हैं पर रात को बंद रहती हैं। यह ऐसा निर्मल तीर्थ है कि काम क्रोध की खानि जो मनुष्य है सो वहाँ रहते ही नहीं। पंडे दूकानदार इत्यादि कनखल या ज्वालापुर से आते हैं। पंडे भी यहाँ बड़े विलक्षण संतोषी हैं। ब्राह्मण होकर लोभ नहीं यह बात इन्हीं में देखने में आई। एक पैसे को लाख करके मान लेते हैं।

यहाँ एक स्तर पर सीधा वर्णन और इतिवृत्त-कथन है, पर साथ-साथ निर्लोभी ब्राह्मण पंडों के विषय में सूक्ष्म पर्यवेक्षण है हल्के व्यंग्य की पृष्ठभूमि में। भारतेंदु के गद्य में दोनों सधते हैं आमने-सामने।

हिंदी के शुरू के यात्रा-वृत्तों में बाबू शिवप्रसाद गुप्त की कृति 'पृथ्वी प्रदक्षिणा' (1924) उल्लेखनीय है। जैसा नाम से स्पष्ट है, इस पुस्तक में विश्वभ्रमण का रोचक आख्यान है, जो अनेक चित्रों के साथ प्रस्तुत किया गया है। मौलवी महेशप्रसाद का ग्रंथ 'मेरी ईरान यात्रा' (1930) उतनी महत्वाकांक्षी रचना नहीं है। इन आरंभिक यात्रा-वृत्तों से प्रकट होता है कि उस काल के लेखक के लिए, अन्य क्षेत्रों की भाँति ही यात्रा-वर्णन में भी विषय का मोह और महत्व अधिक था। विदेश यात्राएँ प्राय: वृत्तों का आधार बनती थीं। लंदन-यात्रा के कई वृत्त इन दिनों लिखे गए। वृत्ति से व्यवसायी भगवानदीन दुबे ने 'सरस्वती' में ऐसे कई रोचक वृत्त प्रकाशित किए।

हिंदी लेखकों में अप्रतिम घुमक्कड़ और गाथाकार राहुल सांकृत्यायन ने कई यात्रा-वृत्त प्रस्तुत किए हैं। भूगोल के अतिरिक्त समाज, इतिहास और संस्कृति की तह तक इन वृत्तों में उनकी निगाह पहुँचती है, यद्यपि शैली उनकी भी इतिवृत्त-प्रधान है। उनके कुछ शीर्षक लेखक की यात्रा-रुचि को अपने आप प्रकट कर देते हैं—'मेरी लद्दाख यात्रा', 'लंका यात्रावलि', 'तिब्बत में सवा वर्ष', 'मेरी यूरोप यात्रा', 'मेरी तिब्बत यात्रा', 'यात्रा के पन्ने', 'जापान', 'ईरान', 'रूस में पच्चीस मास', 'किन्नर

देश में', 'एशिया के दुर्गम खंडों में'। और इन सबके अतिरिक्त है उनका 'घुमक्कड़-शास्त्र'। ये अधिकांश वृत्त 1926 से लेकर 1956 के बीच प्रकाशित हुए हैं। ये सभी रचनाएँ समान स्तर की नहीं हैं। हाँ, इतिवृत्त की प्रधानता और रोचक वर्णन शैली सब में परिलक्षित की जा सकती हैं। हिंदी यात्रा साहित्य में राहुल का योगदान परिमाण और वैविध्य दोनों दृष्टियों से महत्वपूर्ण है। बहुत कुछ ऐसे ही विविधतापूर्ण यात्रा-वृत्तों के लेखक स्वामी सत्यदेव परिव्राजक रहे हैं।

जीवन-चरित जैसे चरित के आगे जीवन की खोज में लगता है वैसे ही यात्रा-संस्मरण—जो अंततः जीवन-चरित का ही एक खंड है—वृत्त से आगे यात्रानुभूति में प्रवेश करता है। यह संभव होता है कौतूहल से उपराम होकर भाषा-संवेदना की सक्रियता में। यों अज्ञेय ने यात्रा-वृत्त और संस्मरण की विधाओं को मिलाकर यात्रा-संस्मरण की नयी परिकल्पना दी है। स्पष्ट ही यहाँ वृत्त के साथ-साथ उसके मानसिक प्रभाव का विश्लेषण भी होता चलता है। यात्राएँ यहाँ जितनी बाहर जाती हैं, उतनी ही अंदर की ओर भी। 'अरे यायावर, रहेगा याद?' (1953) इस कोटि की पहली रचना है। भारत के पूर्वी सीमांत से लेकर उत्तर-पश्चिम सीमांत तक की यात्रा यहाँ प्रमुख है, यों उत्तर-दक्षिण के बीच के क्षेत्रों का भी वर्णन हुआ है। अपनी एक प्रसिद्ध कविता की पंक्ति को शीर्षक बनाकर लेखक मनुष्य और प्रकृति के अंतर-संबंधों का बराबर विश्लेषण करता चलता है। भूमिका में लेखक कहता है, "अरे यायावर, रहेगा याद?' जैसी पुस्तकों को उनसे मिलने वाली भौगोलिक अथवा प्रादेशिक जानकारी के लिए नहीं पढ़ा जाएगा। ऐसे यात्रा-संस्मरण 'टूरिस्ट गाइड' का स्थान लेने के लिए नहीं लिखे और पढ़े जाते। ऐसी पुस्तकों में प्रस्तुत ब्यौरा एक व्यक्ति की यात्रा का ब्यौरा होता है, और वह यात्रा जितनी बाहरी होती है उतनी ही भीतरी भी। यात्रा का विवरण जितना स्थूल भू-विस्तार से संबद्ध होता है उतना ही सूक्ष्म मानसिक भूगोल से भी।"

लेखक का दूसरा यात्रा-संस्मरण 'एक बूँद सहसा उछली' (1960) विदेशी यात्राओं से संबद्ध है, पर सारा अंकन बड़ी हल्की रेखाओं में है। विदेश के संदर्भ में सामान्यतः मिलने वाली अतिरंजित प्रतिक्रिया का लेश भी नहीं आने पाता। और सबसे बड़ी उपलब्धि है लेखक का गद्य जो यात्रा-संस्मरण की प्रकृति के अनुकूल हल्की सर्जनात्मकता से सर्वत्र आलोकित है। अपनी सूक्ष्म अंतर्दृष्टि, रचना-संघटन और भाषा-प्रयोग के कारण 'एक बूँद सहसा उछली' का अध्ययन किसी भी संवेदनशील पाठक के लिए समृद्धिकर अनुभव है। समूची कृति अपनी एक रचना-दृष्टि व्यंजित करती है, जिस में मूलतः मानवीय आस्था और आस्तिकता का स्वर है। इस दृष्टि से अज्ञेय का यह यात्रा-संस्मरण अपने में पूरी कलाकृति है, और अकाल्पनिक गद्य-रूपों की नयी शक्ति-संभावना का पहला महत्वपूर्ण संकेत भी।

विदेश यात्रा के सुगम, सुलभ और उत्तरोत्तर प्रचलित होने के साथ-साथ यात्रा-संस्मरण लिखने और पढ़ने में रुचि बढ़ती है। भगवतशरण उपाध्याय, भदंत

आनंद कौसल्यायन, यशपाल, अमृतराय, दिनकर, प्रभाकर माचवे, जो कुछ अन्य अकाल्पनिक वृत्तों के लिए भी गद्य का सर्जनात्मक प्रयोग करते रहे हैं, यात्रा-संस्मरण के माध्यम को विकसित करते हैं। यह स्मरणीय है कि इन सभी लेखकों ने प्राय: विदेश यात्रा का वर्णन प्रस्तुत किया है। स्वदेश भ्रमण के मार्मिक वृत्त लिखने योग्य आत्मविश्वास अभी कम लेखकों में दिखता है। विदेश यात्रा के वर्णन की मनोवृत्ति में स्पष्ट ही बल विषय पर अधिक है, भाषा के सर्जनात्मक प्रयोग पर उतना नहीं।

उपाध्याय के यात्रा संस्मरणों में प्राचीन इतिहास और संस्कृति के रोचक उल्लेख होते हैं। 'कलकत्ता से पीकिंग' (1954) और 'सागर की लहरों पर' (1959) इन दोनों वृत्तों में लेखक की गहरी मानवीय सहानुभूति व्यक्त हुई है, क्योंकि उसके देखने का माध्यम मूलत: संस्कृति है। कौसल्यायन ('आज का जापान'), अमृतराय ('सुबह के रंग') और उपाध्याय की दृष्टि में एशियाई संस्कृति की एकता का प्रश्न उभर कर आता है। 'लोहे की दीवार के दोनों ओर' (1953) में यशपाल ने सोवियत और पूँजीवादी देशों का तुलनात्मक वृत्त प्रस्तुत किया है। रामधारी सिंह 'दिनकर' और प्रभाकर माचवे के यात्रा-संस्मरण यूरोप और अमरीका से संबद्ध हैं। हिंदी में विविध विषयों के लेखक संतराम ने यात्रा विषयक कई पुस्तकें लिखीं, जिनमें प्रमुख हैं 'स्वदेश-विदेश-यात्रा' जो इस दौर के आरंभिक लेखन का उदाहरण कही जा सकती है।

नयी कविता-नवलेखन युग के लेखकों ने यात्रा-संस्मरण विशेष रुचि और अंतर्दृष्टि के साथ लिखे हैं। इस प्रसंग में पहल अज्ञेय कर चुके हैं। मोहन राकेश का यात्रा-संस्मरण 'आखिरी चट्टान तक' (1953) दक्षिण भारत के कुछ हिस्सों को प्राकृतिक दृश्यों और चरित्रों के माध्यम से अंकित करता है। इनकी अंतर-क्रिया में ही संस्मरण जैसे गति पकड़ता है। रघुवंश की 'हरी घाटी' (1961) में शिल्प का नया और प्रीतिकर प्रयोग इस रूप में है कि यहाँ रेखाचित्र, संस्मरण, डायरी और यात्रा-वृत्त की विधाएँ एक-दूसरे में घुल-मिल गई हैं। यात्रा-स्थल है राँची-हज़ारीबाग के आस-पास की छोटी पहाड़ियों वाला प्रदेश और लेखक के प्रवास में केन्द्रीय स्थान है, वहाँ के कैथलिक मिशनरियों की 'सेमिनरी'। 'हरी घाटी' में अधिकतर सामान्य और अकिंचन लगने वाली घटनाओं को रेखांकित करने का यंत्र हुआ है, यों ऐसे स्थल भी हैं जहाँ गंभीर और दार्शनिक समस्याओं पर सहज भाव से विचार किया गया है। पूरी रचना में जो कमी खटकती है वह है विनोद भाव के न होने की। इससे वर्णन में कहीं-कहीं एकरसता आ जाती है। अन्य व्यवस्थित यात्रा-वृत्त प्रभाकर द्विवेदी, कृष्णनाथ तथा कन्हैयालाल नंदन ने लिखे हैं।

निर्मल वर्मा का यात्रा-संस्मरण 'चीड़ों पर चाँदनी' (1964) लगभग पूरे का पूरा यूरोप-प्रवास पर आधारित है। यहाँ देश-दर्शन के साथ-साथ सांस्कृतिक संदर्भों पर भी चर्चा लगातार चलती है, यों यात्रा देश-काल और इतिहास-संस्कृति में एक साथ गतिशील हुई है। यात्रा-संस्मरण अनेक विदेशी संदर्भों से भरा-पूरा होने पर भी

मुख्यतः बोलचाल में है, जिससे गद्य का प्रवाह बराबर बना रहता है। इस विवेचन-क्रम के आरंभ में भारतेंदु के यात्रा-वृत्त से एक उद्धरण दिया था; मुनासिब होगा कि समापन की स्थिति में एक और उद्धरण रहे-इस बार निर्मल वर्मा के यात्रा-वृत्त से, यह दिखाने के लिए कि प्रायः एक शताब्दी के अंतराल में हिंदी यात्रा-संस्मरण की अपनी यात्रा कैसी रही है—

> *नौ हजार फ़ीट की ऊँचाई पर नारकण्डे का डाक- बँगला एक नन्हें घोंसले-सा पहाड़ की चोटी पर टिका है। अभी बस से उतरा हूँ और बरामदे में बैठ कर कॉफ़ी पी है। डाक बँगले के ज़रा नीचे बसों के अड्डे के पास किसी पहाड़ी देवता का मंदिर है। मंदिर के चारों ओर लाल, नीले, हरे रंग के चीथड़े टँगे हैं, जो दिन-रात हवा में फरफराते रहते हैं। डाक-बँगले के चौकीदार ने मुझे बताया कि हर यात्री किसी पुरानी प्रथा के अनुसार अपना कोई कपड़ा मंदिर को भेंट कर जाता है। इन्हीं कपड़ों को मंदिर की दीवारों के चारों ओर लटका दिया जाता है।* (*'चीड़ों पर चाँदनी'*)

तुलना में देखा जा सकता है कि भारतेंदु के यहाँ दृश्य और दर्शक के बीच डाक-बँगले का चौकीदार नहीं था, जो निर्मल के यहाँ आ गया है।

निर्मल वर्मा के यात्रा-संस्मरण विदेशी दृश्यालेख या कि चरित्रों की ओर अधिक उन्मुख हैं तो अजित कुमार का मन अपने मैदानी-पहाड़ी क़स्बों में अधिक रमता है। हिंदुस्तान के गाँव-क़स्बों के रूपांतर को वे बहुत बार एक समाजशास्त्री की तरह मार्मिक मुद्रा में देखते हैं। 'सफ़री झोले में' (1985) ऐसी ही यात्राओं का संकलन है। 'रिपोर्ताज' एक तरह से यात्रा-वृत्त का 'डिटेल' है, और अधिकतर तात्कालिक उत्तेजन के रूप में लिखा जाता है। यह माध्यम हिंदी में ही नहीं, अपने आप में भी काफ़ी नया है, बहुत कुछ बीसवीं शताब्दी मध्य का विकास है। इस दृष्टि से यह विलक्षण है कि रिपोर्ताज अपने आरंभिक रूप में भारतेंदु और उनके निकट परवर्तियों के लेखन में मिल जाता है। स्वयं भारतेंदु ने 1877 के दिल्ली दरबार का विशद वर्णन किया है जहाँ महारानी विक्टोरिया ने भारत साम्राज्ञी पदवी धारण की थी। 'दिल्ली दरबार दर्पण' के नाम से यह वृत्त 1877 के जनवरी अंक में पहली बार 'हरिश्चंद्र चन्द्रिका' के परिशिष्ट में छपा था ('भारतेंदु', समग्र पृ० 667)। एक वर्ष पहले 1875-76 में प्रिंस ऑफ़ वेल्स की भारत यात्रा हुई थी। इस यात्रा का विस्तृत वर्णन बाबू चंडीप्रसाद सिंह ने 'विद्याविनोद' में प्रकाशित किया था, जो बाद में 1897 में पुस्तकाकार प्रकाशित हुआ (खड्गविलास प्रेस, बाँकीपुर)। दोनों वृत्तों में दो राजकीय समारोहों का ब्यौरेवार वस्तुपरक अप्रत्यक्ष चित्रण हुआ है। प्रिंस ऑफ वेल्स की यात्रा का कुछ हिस्सा प्रत्यक्षदर्शी रूप में भी वर्णित है। इन दोनों आरंभिक रिपोर्ताज के कुछ अंश यहाँ प्रस्तुत हैं—

बहुत से छोटे छोटे राजाओं की बोलचाल का ढंग भी, जिस समय वे वाइसराय से मिलने आए थे, संक्षेप के साथ लिखने योग्य है। कोई तो दूर ही से हाथ जोड़े आए, और दो एक ऐसे थे कि जब एडिकॉंग के बदन झुका कर इशारा करने पर भी उन्होंने सलाम न किया तो एडिकाँग ने पीठ पकड़ कर उन्हें धीरे से झुका दिया। कोई बैठ कर उठना जानते ही न थे, यहाँ तक कि एडिकाँग को 'उठो' कहना पड़ता था।

(भारतेंदु : 'दिल्ली दरबार दर्पण')

बंबई आदि सब जगहों से कहीं बढ़कर सफाई के साथ यहाँ (कलकत्ता में) रोशनी हुई। यह बात तो सब लोग जो बंबई, लंका, मद्रास आदि मुख्य स्थानों में वर्तमान थे स्वीकार करते हैं परन्तु इतनी बड़ाई हम पूरी नहीं समझते। वाइसराय के एक अधिकारी से सुनने में आया कि श्रीमान प्रिन्स ने रोशनी की बहुत बड़ाई करने के पीछे श्रीयुत से कहा कि हमने ऐसी स्वच्छ रोशनी कभी न देखी थी। इस बात का सच झूठ तो ईश्वर जाने परन्तु इतना हम कह सकते हैं कि जब हम श्रीमान के टोपज़ नामा जंगी जहाज़ पर सैर को गये तो मास्टर ऐट आर्मस और एक दूसरे बड़े भारी अधिकारी ने कहा कि ऐसी रोशनी बंबई, लंका आदि जगहों की कौन कहै हम लोगों ने अपने होश में इंगलिस्तान वा दूसरे यूरोपी देशों में भी कभी नहीं देखी।

(बाबू चंडीप्रसाद सिंह: युवराज की यात्रा-पृ० 33)

'नए चाल में ढली : 1873' हिंदी गद्य का यह रूप इतिवृत्त-कथन के लिए वस्तुपरक ब्यौरों को सहेजने में पूरी रुचि लेता है। स्वयं भारतेंदु की वृत्ति इतिवृत्त-कथन के साथ-साथ स्वभाव-चित्रण में भी द्रष्टव्य है।

आगे चल कर युद्ध-दुर्भिक्ष, मेला या किसी अन्य बड़ी घटना को पटभूमि स्वीकार करके रिपोर्ताज का रूप बनता है। इस रूप में सजग भाव से रिपोर्ताज लेखन द्वितीय महायुद्ध के आसपास आरंभ होता है, जबकि बढ़ती हुई राजनैतिक चेतना लेखकों को परिवेश के प्रति अधिकाधिक जागरूक कर देती है। अन्य गद्य रूपों की तुलना में रिपोर्ताज कला पत्रकारिता से घनिष्ट भाव से संबद्ध है। परिवेश के प्रति सजगता की दृष्टि प्रेमचंद द्वारा संस्थापित 'हंस' पत्रिका (1930) में विशेष रूप से उभरती है। और यह आकस्मिक नहीं है कि विविध नये अकाल्पनिक गद्य-रूपों के विकास में उसकी विशेष रुचि रही। आत्मकथा, संस्मरण, रेखाचित्र, रिपोर्ताज इन सभी माध्यमों पर इस पत्रिका ने विशेषांक निकाले और उनके लेखन को प्रोत्साहित किया। रिपोर्ताज, जैसा कहा गया, सबसे बाद में आता है।

पत्रकारिता और साहित्य के संधि-स्थल में विकसित इस माध्यम के अंतर्गत लेखक की समस्या यह है कि वह अपने मन पर पड़े अधिकतर प्रत्यक्ष प्रभाव के

आधार पर किसी बड़ी, सामान्यत: आँखों देखी, घटना के विविध प्रसंगों और ब्यौरों की भीड़-भाड़ प्रस्तुत करके उनके आंतरिक संबंध और संगति को स्पष्ट करे। रिपोर्ताज लेखन स्फुटरूप में ही सही प्रगतिवादी दौर में हुआ। प्रभाकर माचवे, अमृतराय, प्रकाशचंद्र गुप्त, शिवदान सिंह चौहान तथा रांगेय राघव ने रिपोर्ताज में जनजीवन के अनेक पक्षों को निकट से देखने का यत्न किया है। गद्य का रूप स्पष्ट ही यहाँ पत्रकारिता की मानसिकता से मेल अधिक खाता है।

अन्य नये गद्य-रूपों में पत्र-डायरी-जर्नल आत्माभिव्यक्ति के अधिकतर वैयक्तिक तथा असजग माध्यम हैं, जबकि 'इंटरव्यू' पूरी तरह से सार्वजनिक और सजग। पत्र सबसे अधिक व्यक्तिगत और निस्संकोच लेखन होता है, और इस दृष्टि से पत्र लेखक के व्यक्तित्व का सर्वाधिक यथार्थ प्रतिफलन कहा जा सकता है। महान व्यक्तियों के छोटे-मोटे सुख-दुख, राग-द्वेष वहाँ उजागर होते हैं सामान्य साधारण भाषा में, और यों वे पाठक के निकट सर्वाधिक आत्मीय बन जाते हैं। साहित्यकारों के जीवन-क्रम में पत्र ऐसा गद्य है जो साहित्य की तरह लिखा नहीं जाता, पर साहित्य का अंग हो जाता है। पत्रों के स्वतंत्र संकलन प्रकाशित हुए हैं, उन्हें जीवनियों के परिशिष्ट रूप में रखा गया है, और कई बार पत्रों के कालक्रमानुसार संकलन से पत्र-लेखक की समूची जीवनी ही पुनर्रचित हुई है। पत्रों का यह तीसरे ढंग का उपयोग सबसे अधिक कलात्मक और नाटकीय होता है। अँगरेजी जीवनी साहित्य के संक्षिप्त इतिहास 'द डैवैलपमेंट ऑफ इंगलिश बायोग्राफी' (1928) में हैरल्ड निकल्सन ने इसे 'जीवन और पत्रावली' शैली कहा है। इस प्रकार की जीवनी में पत्रों को कालक्रमानुसार ऐसे ढंग से जमाया जाता है कि समूचे जीवन का परिदृश्य अपने-आप सामने आ जाता है, बहुत-कुछ विविध आकारी पत्थर के टुकड़ों को बैठा कर उसमें से आकृतियाँ और परिकल्पना उभारने की तरह। अँग्रेजी में ब्राँटी बहिनों के पत्रों का एक ऐसा ही बड़ा कलात्मक और मार्मिक संकलन प्रकाशित हुआ है : 'द ब्राँटी लैटर्स' (संपादक-म्यूरियल स्पार्क, पीटर नैविल लंदन : 1954)। टी० एस० एलियट के पत्रों का बृहत संग्रह उनकी पत्नी वालेरी एलियट ने प्रकाशित किया है: 'द लैटर्स ऑफ टी० एस० एलियट' (हारकोर्ट ब्रेस जोवानोविच : 1988)। हिंदी में इस प्रकार के धारावाहिक पत्र-संकलन आए हैं : 'निराला की साहित्य साधना-खंड 3' (संपादक-रामविलास शर्मा : 1976), 'चिट्ठी पत्री' (प्रेमचंद के पत्र : दो खंड-संपादक : अमृतराय, मदनगोपाल : 1962)। पत्र-लेखक की मन:स्थिति पर टिप्पणी करते हुए एलियट के दो वाक्य उनके उक्त पत्र-संग्रह के मुख-बंध में दिए गए हैं, जिनसे रचनाकार के पत्र-लेखन की भाव-भूमि अच्छे से उजागर होती है। एलियट कहते हैं, "पत्र लिखने की इच्छा, कुछ ऐसा कागज़ पर उतारना जिसे आप नहीं चाहते कि पत्र पाने वाले के अलावा कोई पढ़े, पर जिसे आप नष्ट होने देना भी नहीं चाहते, क्योंकि मन में यह आशा है कि भविष्य में शायद कोई अनजान व्यक्ति उन्हें पढ़ेगा, यह इच्छा दुर्दमनीय है। हम

पत्रों में अपने किए-धरे को स्वीकारना चाहते हैं कुछ मित्रों के सामने और हम यह भी अनुभव नहीं करना चाहते कि इस लेखन को उन मित्रों के अतिरिक्त और कोई कभी पढ़ेगा ही नहीं।" ('अँग्रेजी कवियों का पत्र-लेखन' शीर्षक व्याख्यान: येल, 1933)

साहित्यकारों के पत्र एक ख़ास अर्थ में गद्य-रूपों के अंतर्गत रखे जाते हैं। यह ठीक है कि सजग भाव से उनका सृजन साहित्य के रूप में नहीं होता, पर लिखने में अधिकतर सर्जनात्मक भाषा प्रयोग के अभ्यस्त होने के कारण लेखकों के पत्रों का गद्य किसी सीमा तक सर्जनात्मक हो जाता है। कुछ पत्रो की प्रकृति केवल सूचनात्मक भी होती है, पर उनका साहित्यिक महत्व हो सकता है। इस दृष्टि से कुछ पत्र साहित्यिक गद्य में लिखे होते हैं, और कुछ अन्य इतिवृत्तपरक होते हुए भी साहित्यिक संदर्भ में महत्वपूर्ण होते हैं। उदाहरणार्थ, लेखकों के पत्रों में कभी उनकी अपनी रचना-प्रक्रिया का विश्लेषण रहता है, जो उनकी कृतियों को बेहतर ढंग से समझने में सहायता दे सकता है।

पत्र सजग भाव से साहित्य के रूप में प्रकाशन के लिए नहीं लिखे जाते। इस स्थिति में अनजाने ही एक लाभ लेखक को मिल जाता है, वह यह कि लेखक अपनी भाषा और शैली में अबाधित भाव से प्रयोग कर सकते हैं, करते हैं। सीधी, स्वच्छंद और निर्भीक अभिव्यक्ति, अनौपचारिक, आत्मीय शैली और सारगर्भित स्थितियों का सही, यथार्थ अंकन, ये कुछ ऐसी विशेषताएँ हैं जो लेखकों के पत्रों को विशेष प्रकार के साहित्य-रूप की कोटि दे देती हैं।

हिंदी में अभी पत्र-साहित्य कम प्रकाशित हुआ है। आचार्य महावीरप्रसाद द्विवेदी ('द्विवेदी पत्रावली)', धीरेन्द्र वर्मा ('यूरोप के पत्र'), प्रेमचंद ('चिट्ठी-पत्री'), पद्मसिंह शर्मा और बनारसीदास चतुर्वेदी' के कुछ पत्रों के संकलन अब उपलब्ध हैं। एक संकलन प्रकाशित हुआ है 'द्विवेदी जी के पत्र पाठक जी के नाम', जिसमें महावीर प्रसाद द्विवेदी के साठ से अधिक पत्र श्रीधर पाठक के नाम हैं जो सभी अँग्रेजी में लिखे हुए हैं। छायावादी कवियों में सूर्यकांत त्रिपाठी 'निराला' तथा सुमित्रानंदन पंत के पत्रों के संकलन कई लेखकों ने अलग-अलग प्रकाशित किए हैं। कुछ लेखकों ने पत्र शैली का सजग प्रयोग करके तात्कालिक स्थितियों के संबंध में अपनी प्रतिक्रियाएँ व्यक्त की हैं। ऐसे काल्पनिक पत्रों में बालमुकुंद गुप्त द्वारा लिखित शिवशंभु के चिट्ठे और 'चिट्ठे और खत' अपनी व्यंग्यपरक शैली के लिए प्रसिद्ध हैं। विश्वंभरनाथ शर्मा कौशिक ने दुबे जी के नाम से 'चिट्ठा' लिखा। पर कौशिक के पत्रों में हास्य का अपेक्षाकृत स्थूल रूप है, जबकि बालमुकुंद गुप्त के चिट्ठों में गहरा और सटीक व्यंग्य और तीव्र वाग् वैदग्ध्य है। 'शिवशंभु के चिट्ठे' हिंदी गद्य साहित्य का स्थायी अंग है। रामनाथ सुमन के पत्र भी सजग भाव से लिखे गए हैं। उनमें पारिवारिक तथा सामाजिक समस्याओं का गंभीर-भाव से विश्लेषण हुआ है।' 'भिक्षु के पत्र' भदंत आनंद कौसल्यायन का संकलन है।

पत्र-साहित्य का मौलिक और महत्वपूर्ण अंग साहित्यकारों के वास्तविक पत्र ही हैं। महावीरप्रसाद द्विवेदी और प्रेमचंद के पत्र दो महान् लेखकों के व्यक्तित्व को सहज भाव से प्रकट करते हैं, साथ ही अपने साहित्यिक युग का बड़ा सजीव चित्र भी उपस्थित करते हैं। लेखकों की समकालीन परिस्थिति की जटिलता का कुछ अनुमान उनके पत्रों के माध्यम से हो सकता है। और फिर बहुत से पत्र स्वतंत्र रूप से गद्य और शैली रचना के उत्कृष्ट उदाहरण हैं। सच तो यह है कि पत्र-साहित्य अकाल्पनिक गद्य वृत्त का एक स्तर पर बड़े अच्छे ढंग से प्रतिनिधित्व करता है, क्योंकि कल्पना का और सजग कलात्मकता का अंश उसमें है नहीं, अत: सर्जनात्मकता का सारा दायित्व भाषिक गठन पर है।

पत्र-साहित्य में रुचि और उसके महत्व की पहिचान बढ़ने से प्रसिद्ध लेखकों के अधिकतर स्फुट पत्र-संकलन क्रमश: प्रकाश में आते जा रहे हैं—'बच्चन पत्रों में' (1970), 'यशपाल के पत्र' (1977), 'दिनकर के पत्र'(1981)। हजारीप्रसाद द्विवेदी तथा गजानन माधव मुक्तिबोध के पत्र उनकी रचनावली के साथ प्रकाशित हुए हैं। केदारनाथ अग्रवाल तथा रामविलास शर्मा के आधी शताब्दी से अधिक अवधि में चलने वाले पत्राचार का बृहत् संकलन 'मित्र संवाद' शीर्षक से रामविलास शर्मा तथा अशोक त्रिपाठी द्वारा संपादित होकर प्रकाशित हुआ है; मुक्तिबोध और नेमिचंद्र जैन का 'पाया पत्र तुम्हारा' शीर्षक से।

पत्रों की तरह डायरी भी किसी क़दर असजग लेखन का उदाहरण है। पर पत्र की तुलना में डायरी का रूप स्वभावत: अधिक आत्मपरक है, क्योंकि उसका लेखन साधारणत: यह मान कर होता हैं कि उसका पाठक स्वयं लेखक ही होगा। इसलिए डायरी जैसी निजी और स्वच्छंद अभिव्यक्ति अन्यत्र अकल्प्य है। यह दूसरी बात है कि डायरी शिल्प का सजग प्रयोग भी कुछ लेखकों ने अपने कथा-विधान में किया है। पर सहज रूप में तो डायरी केवल अपने लिए है, लेखक के लिए एक निजी दस्तावेज़। इस दृष्टि से डायरी में संप्रेषण की समस्या एक ख़ास तौर से आती है, पर किसी भी लेखक की डायरी को लेकर उस पर दुरूहता का आरोप नहीं लगाया गया। इससे साबित होता है कि यदि रचनाकार की कृति स्वयं उसके लिए संप्रेषणीय है तो पाठक भी उसे ग्रहण कर सकेगा। यह ज़रूर है कि डायरी ही क्यों, सभी अकाल्पनिक गद्य वृत्त वैसे सघन साहित्य-रूप नहीं है जैसे कि कविता या नाटक या उपन्यास।

आधुनिक काल के आरंभिक लेखकों में अप्रतिम गद्यकार बालमुकुंद गुप्त की डायरी के कुछ अंश प्रकाशित हुए हैं 'बालमुकुंद गुप्त-स्मारक-ग्रंथ' (1950) में। डायरी की प्रविष्टियाँ एकदम संक्षिप्त और अधिकतर वस्तुपरक हैं। सन् 1906 ई० से कुछ उदाहरण इस प्रकार हैं—

ता० 19 अक्टूबर : पं० विष्णु दिगम्बर जी मिलने आये। उनको लेकर कई

जगह मिलाने गये।

ता० 21 अक्टूबर : सबेरा मुकामा घाट में हुआ था। वहाँ भीड़ से कुछ न कर सके...दिन में एक जगह स्नान किया, फिर कुछ भोजन किया, 7 बजे कानपुर पहुँचे। दयानारायणजी निगम, नवाबराय सहित मिले। स्टेशन के एक गोरे ने उनसे बड़ा खराब बरताव किया। खराब क्या, बड़ी बेईमानी और बदनियती की। ता० 22 अक्टूबर : (कानपुर) सबेरे स्नानादि डेरे पर किया। भोजन रामचंद्रजी के मंदिर में सनाढ्य पुजारी के यहाँ किया। यह मंदिर दयानारायणजी के दादा वकील शिवसहाय जी ने बनाया था। दोपहर बाद गाड़ी में बाबू दयानारायण सहित पं० महावीरप्रसाद द्विवेदी जी के दर्शन को जुही गये। उनका स्थान शहर से अलग है। सन्ध्या को मथुरा को जाने वाले थे, पर पेट में दर्द हो जाने से जाना मुलतवी किया।

हिंदी में आरंभिक डायरी शैली में लिखे वृत्त हैं, श्रीराम शर्मा की 'सेवाग्राम डायरी' (1946) और घनश्यामदास बिड़ला की 'डायरी के पन्ने'। विश्वविद्यालयीय हिंदी शोध और अध्यापन के आदि व्यवस्थापक प्रो० धीरेन्द्र वर्मा ने अपनी एक संक्षिप्त डायरी प्रकाशित की है 'मेरी कालिज डायरी'।

छायावाद-युग के लेखकों में डायरी-लेखन की रुचि नहीं दिखती। उनके समकालीन गद्य-लेखक और संपादक शिवपूजन सहाय की क्रमबद्ध डायरी मिलती है, जिसके कुछ अंश प्रकाशित हुए हैं। लेखन की सरलता और भाषा की सादगी यहाँ विशेष रूप से ध्यान आकृष्ट करती है! बाद के लेखकों में बच्चन ('प्रवास की डायरी'-1971), त्रिलोचन, शमशेरबहादुर सिंह की डायरियाँ कला-रचना के महत्वपूर्ण पक्षों को उजागर करती हैं और साहित्यिक जीवन के कुछ नये तथ्यों को प्रकाश में लाती हैं। प्रसिद्ध आलोचक रामविलास शर्मा ने अपनी डायरी के कुछ अंश गद्य-विविधा 'पंचरत्न' (1980) में प्रकाशित किए हैं। कवि शमशेर और आलोचक रामविलास के डायरी-गद्य के कुछ अंश प्रस्तुत हैं—

12 जुलाई, 55 : शाम: सेंदुर या गेरू या टेसू के रंग से गहरी धुली हुई शाम यानी शाम के बादल। बादलों का एक लंबा ढाल। हल्की ढलुवाँ हँसती हुई पहाड़ियाँ—और हँसता हुआ ख़ुश-ख़ुश कुछ गहरा-सा ऊपर नीला आसमान।

—छतों के ऊपर: आड़ी-तिरछी, कई सिम्तों में जाती हुई खपरैली या पुख्ता छतें 2-2, 3-3 मंज़िलों की छतें। छोटी-छोटी, गुंजान। शाम के आसमान की तरफ़ अपने बरसात से धुले सर उठाए हुए।

मैं अपनी छत से श्रीकांत के साथ इस सीन को देख रहा हूँ।

('शमशेर' : पृ० 132)

5-10-65: कल अमृत आए। इलाहाबाद से लखनऊ, लखनऊ से आगरा। दोनों यात्राएँ रात को। बहुत थके थे। कहने लगे-कम चले; फ़र्स्ट में चले; या फिर पैदल चले। सर में जहाँ-तहाँ सफेद बाल चमकने लगे हैं। पंतजी से बातें हुई थीं। पंतजी को विश्वास है कि निराला जी ने रामविलास से उन पर तांत्रिक प्रयोग कराए, उनकी बुद्धि भ्रष्ट करने के लिए। मैंने पूछा-प्रयोग सफल हुआ या नहीं? अमृत-उनकी समझ में वह बच गए।

(रामविलास शर्मा : 'पंचरत्न' : पृ० 136)

यहाँ जटिल संदर्भों के प्रसंग में गद्य की प्रकृति जैसे जैसे सरल होती जाती है अभिव्यक्ति वैसी ही निर्मल। बालमुकुंद गुप्त से चलकर रामविलास शर्मा तक लेखकीय डायरी का रूप क्रमश: वहाँ पहुँच गया है जिसे अब 'जर्नल' या 'लेखक की नोटबुक' नाम से जाना जाता है। यहाँ ऐसे प्रसंगों की चर्चा विशेष है जिन्हें लेखक का अंतरंग बही-खाता कहा जा सकता है। डायरी का यह अधिक बौद्धिक और चिंतन प्रधान रूप जर्नल नयी कविता युग में अधिक प्रचलित होता है, जहाँ डायरी और साहित्य-चिंतन का मिला-जुला रूप उभरता है। साहित्य-चिंतन का यह रूप स्वभावत: आत्मपरक अधिक है। यों डायरी, जर्नल और कालानुक्रम का एक मिला-जुला रूप भारतेंदु के 'कालचक्र' में दृष्टव्य है, जहाँ अपने समय तक के भारतीय इतिहास की प्रमुख तिथियाँ और घटनाएँ संक्षिप्त टिप्पणियों के रूप में अंकित की गई हैं, और जिसमें उन्होंने नोट किया था—'हिंदी नए चाल में ढली 1873 ई०'।

जर्नल या कि लेखक की नोटबुक में लेखक के चिंतन और रचना-कर्म की अधिक अंतरंग समस्याओं का लेखा रहता है। अज्ञेय की यूरोप यात्रा से संबद्ध जर्नल के कुछ अंश उनके यात्रा-संस्मरण 'एक बूँद सहसा उछली' में तथा निबंध-संग्रह 'आत्मनेपद 'के परिशिष्ट में 'एकांत साक्षात्कार' शीर्षक से संकलित हुए हैं। बाद में जर्नल का एक पूरा व्यवस्थित रूप 'भवन्ती' (1972) में मिलता है। इस नये ढंग की गद्य-रचना की प्रकृति व्याख्यायित करते हुए लेखक अपने 'निवेदन' में कहता है, "बल्कि यह कहें कि 'यात्रा' उन्हीं रचनाओं में है, 'भवन्ती' में उस यात्रा की 'लॉग बुक' है, जिसमें जब-तब दिक्काल की माप की टीप लिखी जाती रही है, जिसके आधार पर यात्रा के पथ-चिन्ह, अनुकूल और प्रतिकूल स्थितियाँ तथा धाराएँ, जोखम, भटकन, प्रत्युत्पन्न सूझ आदि का ब्यौरा मिलता रहे।"

'लेखक की नोटबुक' शीर्षक से रघुवीरसहाय ने अपनी कुछ टिप्पणियाँ आरंभिक संकलन 'सीढ़ियों पर धूप में' (1960) संकलित की हैं, जिन्हें लेखक ने बिना किसी तात्कालिक उत्तेजन के जैसे पूरे तौर पर अपने तईं अंकित किया है। यह गद्य तब स्पष्ट ही अपने आप से संवाद है यों इनमें से एक उद्धरण के साथ अकाल्पनिक गद्य-रूप विषयक प्रस्तुत विवेचन का समापन उचित होगा—

सबसे बड़ा आत्महनन जो किया जा सकता है वह है 'लिखना'। अब हम कैसे बतायें कि लिखना कितना बड़ा दर्द है, कितना बड़ा त्याग है। बताना मुश्किल है क्योंकि वह कई एक ऐसी वस्तुओं का त्याग है जिन्हें साधारणतया कोई महत्व नहीं दिया जाता।

पत्रकारिता के इस युग में कुछ लेखकों की टिप्पणियों के संकलन प्रकाशित हुए हैं। कहानीकार बटरोही का ऐसा ही संग्रह है 'टीप' (1985)। रघुवीरसहाय की टिप्पणियों का मरणोत्तर संग्रह है—'अर्थात्' (1994)।

लेखन-कर्म से जुड़े गद्य-रूपों के प्रसंग में परिशिष्ट की स्थिति पर 'इंटरव्यू' का उल्लेख उचित होगा। यों 'इंटरव्यू' का गद्य अभिभाषण की कोटि में आता है, यद्यपि कि अभिभाषण की तुलना में यहाँ प्रवाह कम, और सुचिंतित होना अधिक है। हिंदी लेखकों में महादेवी वर्मा के 'संभाषण' (1976) छपे हैं। 'इंटरव्यू' आश्रय और आलंबन दोनों पक्षों की ओर से प्रकाशित हुए हैं। इस प्रसंग में भेंट-वार्ताओं का एक आरंभिक संकलन डॉ० कमलेश ने तैयार किया था 'मैं इनसे मिला'। निर्मल वर्मा की कई भेंट-वार्ताएँ कुछ प्रसिद्ध यूरोपीय लेखकों के साथ प्रकाशित हैं उनकी गद्य-विविधा 'दूसरी दुनिया' (1978) में। अज्ञेय को केन्द्र में रखकर की गई भेंट-वार्ताओं के कई संकलन हैं—'अपरोक्ष' (1979), 'रचना : क्यों और किनके बीच' (1988), 'अज्ञेय-अपने बारे में' (1992)। यह समूचा अज्ञेय-वृत्त मुख्य चरित्र द्वारा प्रकाशित है, और यों लेखक और उसके परिवेश को भली भाँति उजागर करता है। अज्ञेय के सीधे बोले हुए गद्य का आकर्षण तो अपनी जगह है ही, जिसे सुनना-पढ़ना—लेखक की अपनी शब्दावली प्रयुक्त करें तो—अपने में 'अनिर्वचनीय आनंद' है।

आधुनिक कालीन गद्य के विकास और परिष्कार में उपर्युक्त नये माध्यमों का गुणात्मक योगदान रहा है, क्योंकि यहाँ लेखक कल्पना का सहारा न लेकर पूरी तरह से भाषिक क्षमता के विकास में संलग्न रहता है। इस रूप में नाटक, उपन्यास, कहानी जैसी पूर्वप्रचलित गद्य विधाएँ कविता के अधिक निकट हैं, भले उनका विन्यास अलग-अलग तरह का हो। गद्य का वास्तविक रूप जीवनी-आत्मकथा, संस्मरण-रेखाचित्र-यात्रावृत्त जैसे नये माध्यमों में ही देखने को मिलता है। और यहीं आचार्य शुक्ल का आधुनिक काल के लिए प्रस्तावित नाम 'गद्य-काल' सही ढंग से चरितार्थ होता है, यद्यपि स्वयं इतिहासकार का ध्यान इन नये गद्य रूपों की ओर नहीं था। और अपने इतिहास में उसने इनका स्वतंत्र रूप से उल्लेख नहीं किया।

इस विवेचन-क्रम का समापन करते-करते फिर याद रखना उचित होगा कि यहाँ अलग-अलग काव्य रूपों के व्यवस्थित सर्वेक्षण का यत्न नहीं किया गया, वरन् मूल चिंता यह दिखाने की रही है कि कैसे गद्य के क्रमिक विकास ने विविध विधाओं का रूपाकार ग्रहण किया, और फिर कैसे इन गद्य-रूपों में अपना फेर-बदल होता

रहा। यों गद्य और गद्य-विधाओं की अपनी अंतर-क्रिया को समझना इस विवेचन का प्रधान लक्ष्य रहा है।

आलोचना: गद्य में अर्थ-विस्तार की नयी क्षमता का संधान

गद्य के विकास के साथ एक और नया साहित्य माध्यम विकसित होता है आलोचना या कि साहित्य-चिंतन का। अकाल्पनिक गद्य रूपों और विचार-गद्य के बीच की यह रचना-भूमि है। जैसा पहले खंड में विवेचन किया जा चुका है, गद्य के ये स्तर बहुत बार एक-दूसरे में घुले-मिले दिखेंगे। इसके बावजूद रामचन्द्र शुक्ल के मनोविज्ञान विषयक निबंधों ('उत्साह', 'श्रद्धा-भक्ति', 'करुणा'), 'कविता क्या है?' जैसे साहित्य-चिंतन, और 'विश्व-प्रपंच' की विचार-प्रधान भूमिका के गद्य को अलग-अलग पहिचाना जा सकता है। निबंधों का गद्य हल्के विनोद-भाव में कुछ सर्जनात्मक संस्पर्श लिए चलता है, 'विश्व-प्रपंच' की भूमिका में विषय का सीधा-सीधा किसी क़दर शास्त्रीय उपस्थापन है, आलोचना-गद्य उपजीव्य रचना की सर्जनात्मकता से आलोकित व्याख्या, विवेचन और उसके अर्थ-विस्तार में संलग्न है। यहाँ तीनों प्रकार के गद्यांश तुलना की दृष्टि से प्रस्तुत हैं—

विचार-गद्य : इतिहास से प्रकट है कि आदि में सब देशों के बीच प्रकृति की भिन्न-भिन्न शक्तियों और विभूतियों या उनके भिन्न-भिन्न अधीश्वरों की भावना हुई और बहुदेवोपासना प्रचलित हुई। कुछ देशों में 'भेद में अभेद' की तत्वदृष्टि का क्रमश: विकास हुआ और सब देवों की समष्टि के रूप में एक ईश्वर की प्रतिष्ठा हुई। जिन दो देशों में सबसे पूर्व इस प्रकार स्वाभाविक क्रम से एक ब्रह्म की भावना का विकास हुआ वे भारत और बाबुल थे। भारतीय आर्यों के बीच एक ईश्वर या ब्रह्म की भावना का विकास शुद्ध तत्त्व दृष्टि से हुआ।

(भेद में अभेद दृष्टि : 'विश्व-प्रपंच' (अनूदित) की भूमिका का अंतिम अंश

अकाल्पनिक गद्य : मनुष्य लोकबद्ध प्राणी है, इससे वह अपने को उनके कर्मों के गुण दोष का भी भागी समझता है जिनसे उनका संबंध होता है, जिनके साथ में वह देखा जाता है। पुत्र की अयोग्यता और दुराचार, भाई के दुर्गुण और असभ्य व्यवहार आदि ध्यान करके भी दस आदमियों के सामने सिर नीचा होता है। यदि हमारा साथी हमारे सामने किसी तीसरे आदमी से बातचीत करने में भारी मूर्खता का प्रमाण देता है, भद्दी और ग्राम्य भाषा का प्रयोग करता है तो हमें भी लज्जा आती है। मैंने कुत्ते के कई शौकीनों को अपने कुत्ते की बदतमीजी पर शरमाते देखा है।

('लज्जा और ग्लानि' शीर्षक निबंध)

आलोचना-गद्य : उस पुरुष समाज के प्रभाव से चित्रकूट की रमणीयता में

पवित्रता भी मिल गई। उस समाज के भीतर नीति, स्नेह, शील, विनय, त्याग आदि के संघर्ष से जो धर्म ज्योति फूटी, उससे आसपास का सारा प्रदेश जगमगा उठा-उसकी मधुर स्मृति से आज भी वहाँ की वनस्थली परम पवित्र है। चित्रकूट की उस सभा की कार्रवाई क्या थी, धर्म के एक-एक अंग की पूर्ण और मनोहर अभिव्यक्ति थी। रामचरितमानस में वह सभा एक आध्यात्मिक घटना है। धर्म के इतने स्वरूपों की एक साथ योजना, हृदय की इतनी उदात्त वृत्तियों की एक साथ उद्‌भावना तुलसी के ही विशाल 'मानस' में संभव थी।

(तुलसी की भावुकता : 'गोस्वामी तुलसीदास')

शब्द-शक्तियों के साथ यदि इन गद्य-स्तरों की चलती तुलना की जाए तो विचार-गद्य की निकटता अभिधा से, अकाल्पनिक गद्य की लक्षणा से, और आलोचना-गद्य की व्यंजना के साथ समझी जा सकती है।

आलोचना की एक प्राचीन और बड़ी पुष्ट परंपरा काव्य शास्त्र के रूप में पहले से आती दिखती है, पर रचना को शास्त्र से सीधे-जोड़ने वाली प्रक्रिया के रूप में आलोचना का विकास आधुनिक काल में ही होता है। कहा जा सकता है कि काव्यशास्त्र अपनी प्रकृति में विचार-गद्य के अधिक निकट था, फिर हिंदी की आरंभिक आलोचना सरणियों में—जहाँ महावीरप्रसाद द्विवेदी, मिश्रबंधु, और पद्‌मसिंह शर्मा का स्मरण किया जा सकता है—निबंध शैली की आलोचना मिलती है। व्यंजना के गद्य स्तर पर मूल रचना के अर्थ-विस्तार की संभावना पहली बार आचार्य रामचंद्र शुक्ल के यहाँ दिखाई देती है।

हिंदी आलोचना का उदय—कई अन्य गद्य रूपों की भाँति-भारतेंदु के लेखन से होता है। उनका निबंध 'नाटक' (1883) एक साथ ही सैद्धांतिक तथा व्यावहारिक आलोचना का सूत्रपात करता है, साथ ही यहाँ भारतीय नाट्य परंपरा का संक्षिप्त इतिहास भी दिया गया है। इस प्रसंग में आचार्य शुक्ल का प्रसिद्ध वाक्य स्मरणीय है, "विलक्षण बात यह है कि आधुनिक गद्य-साहित्य की परंपरा का प्रवर्तन नाटकों से हुआ।" तब यह तो उचित है कि यदि आधुनिक काल के आरंभ में प्रधान काव्य-रूप नाटक था तो हिंदी आलोचना का प्रवर्तन नाटक से ही जुड़ कर हो। स्मरणीय यह भी है कि भारतेंदु के इस प्राय: 60 पृष्ठों के लंबे निबंध में केवल इतिवृत्त ही नहीं, नयी और साहसिक आलोचना-दृष्टि भी है। संस्कृत नाट्यशास्त्र का विवेचन करते हुए फिर भारतेंदु लिखते हैं, "संस्कृत नाटक की भाँति हिंदी नाटक में इनका अनुसंधान करना वा किसी नाटकांग में इनको यत्नपूर्वक रखकर हिंदी नाटक लिखना व्यर्थ है क्योंकि प्राचीन लक्षण रखकर आधुनिक नाटकादि की शोभा संपादन करने से उल्टा फल होता है और यत्न व्यर्थ हो जाता है।" यों हिंदी नाट्य रचना और हिंदी नाट्यालोचन दोनों को संस्कृत के अंधानुकरण से बचाने की बात कहकर भारतेंदु ने अपने आधुनिक

दृष्टिकोण को सही प्रमाणित किया है। ऐसी संतुलित और नवोन्मेषशालिनी दृष्टि के विकास को आरंभिक युग में 'समालोचना' नाम ठीक ही दिया गया था, यद्यपि आगे चलकर 'आलोचना' पद अधिक प्रचलित हो गया। यह संयोग से कुछ अधिक है कि हिंदी में व्यावहारिक समीक्षा की शुरुआत भी नाटक से हुई। भारतेंदु के 'नाटक' शीर्षक प्रकाशन के तीन वर्ष बाद 1886 में लाला श्रीनिवासदास के नाटक 'संयोगिता स्वयंवर' की समीक्षा बालकृष्ण भट्ट ने अपने पत्र 'हिंदी प्रदीप' में प्रकाशित की और उपाध्याय बदरीनारायण चौधरी 'प्रेमघन' ने 'आनंद कादंबिनी' में। हिंदी आलोचना ने यों अपने युग की केन्द्रीय रचना-वृत्ति को ठीक-ठीक पहिचाना था।

आलोचना संबंधी गतिविधि क्रमशः पत्र-पत्रिकाओं में तेज़ होती है। 1900 के आसपास 'सरस्वती' (इलाहाबाद), 'सुदर्शन' (बनारस) और 'समालोचक' (जयपुर) का प्रकाशन आरंभ होता है, जहाँ नये ग्रंथों की समीक्षा और आलोचनात्मक विषयों की विवेचना नियमित रूप से चलती है। नाटक के बाद ध्यान अब केन्द्रित होता है नये विकसित माध्यम उपन्यास पर। इस संबंध में जो प्रश्न उठाए गए उन पर विविध पत्र-पत्रिकाओं के बीच व्यापक बहस गति पकड़ती है, मुख्य विषय है उपन्यास में वर्णित यथार्थवाद के स्वरूप को लेकर। नया माध्यम, और वह भी पश्चिम से आया हुआ होने के कारण तत्कालीन आलोचना ठीक ही अपना ध्यान उपन्यास पर केन्द्रित करती है समाज में उसके प्रभाव के व्यापक प्रश्न को सामने रखकर। पहले नाटक और फिर उपन्यास के उदय का विवेचन करते समय आलोचना के दायित्व-निर्वाह का औचित्यबोध यों आप से आप प्रकट हो जाता है। यहाँ लक्षित करने की बात यह भी है कि आधुनिक काल के आरंभ में इन गद्य रूपों को लेकर साहित्यिक परिदृश्य पर गहमागहमी अधिक है।

आधुनिक काल के इस आरंभिक परिदृश्य पर ध्यान देने से यह भी स्पष्ट होता है कि आलोचना-गद्य समझदारी का सेतु बनाने की नीयत से बहुत बार मूल रचना के गद्य के जोड़ पर रक्खा जाता है। इस दृष्टि से भारतेंदु युगीन नाटक या कि द्विवेदी युगीन उपन्यासों के मेल में इस युग की आलोचना लिखी गई है। यह प्रवृत्ति नयी गद्य कविता के युग तक चली आती है। शमशेरबहादुर सिंह की कविताओं का एक प्रतिनिधि संग्रह तैयार करके प्रसिद्ध आधुनिक आलोचक नामवरसिंह उसकी भूमिका में लिखते हैं, "यह कोई चिर-परिचित गीत नहीं। गद्य है। बोलचाल की लय का गद्य। रुक- रुक कर आगे बढ़ता हुआ। विलंबित। विपर्यस्त। फिर भी कविता। 'टूटी हुई बिखरी हुई' नहीं, जैसा कि कुछ लोग समझ बैठे हैं। अत्यधिक सुगठित। हर तरह के झोल को हटाकर, फालतू शब्दों को निकालकर जतन से रचा हुआ। साबित करते हुए कि कविता को गद्य की तरह ही सुलिखित होना चाहिए। एकदम ठोस। लेकिन उस नहीं। कहीं-कहीं शोखी भी। शमशेरियत लिए हुए। "कहना होगा कि यहाँ अंदाज़ शमशेर का है, बात नामवर की। यों साझेदारी है शमशरियत और नामवरी की।

स्पष्ट ही आलोचक का अपना गद्य आद्योपांत इस प्रकार का नहीं रह सकता। उसके गद्य का सम उसके भाषिक संस्कार के अनुकूल होगा, अन्यथा तो उसे न जाने कितने प्रकार का गद्य अपनी ओर से लिखना होगा। मूल रचना-गद्य या कि कविता का सर्जन-रूपांतरण बीच-बीच में वह अपने आलोचनात्मक लेखन के अंतर्गत करता चलता है—एक तो मूल रचना का व्यावहारिक पर सूक्ष्म निदर्शन कराने के लिए—जो काम साधारण तौर पर उदाहरण देने से नहीं सध सकता—और उससे कुछ अधिक ही मूल रचना का संस्कार स्वयं अपनी समझ में उतारने के लिए। यह निश्चय ही कठिन प्रक्रिया है; आलोचक बराबर सावधानी के साथ उसका प्रयोग करता है, और ऐसे भाषिक संगठन में रचना-अनुभव का पुन: सर्जन करता है, जो कि उसका चरम लक्ष्य है। रचना के परवर्ती आलोचक के लिए यह प्रक्रिया कुछ और कठिन, यद्यपि कि उतनी ही फलप्रद भी, हो जाती है। यों रचना और आलोचना की एक गहरे स्तर पर क्रिया-प्रतिक्रिया चलती है।

संस्कृत काव्यशास्त्र, और हिंदी के रीतिकाव्य में उसके अनुकरण पर किया गया विवेचन प्रधानत: सिद्धांत-कथन था, जिसे स्वतंत्र उदाहरणों से संपुष्ट किया जाता था—रचनात्मक साहित्य का संदर्भ वहाँ अनुपस्थित था। हिंदी का आलोचनात्मक लेखन पृष्ठभूमि के रूप में इस वाङ्मय को स्वीकार करके भी स्वत: स्फूर्त था, क्योंकि उसकी टकराहट शास्त्र से उतनी नहीं जितनी साहित्य से थी। यह ठीक है कि भारतेंदु की इस चेतावनी के बावजूद कि 'प्राचीन लक्षण रखकर आधुनिक नाटकादि की शोभा-संपादन करने से उल्टा फल होता है' संस्कृत नाट्यशास्त्र और काव्यशास्त्र की मर्यादा शास्त्र-चिंतन में पूर्ववत् बनी हुई थी, पर रचनाकार बहुत बार उनके नियमों की अवहेलना करके अपना नया मार्ग निकाल रहे थे। हिंदी आलोचक अपनी निकटता इन रचनाकारों से अधिक मानता था बजाय संस्कृत के शास्त्रकारों से। महावीरप्रसाद द्विवेदी, मिश्रबंधु तथा पद्मसिंह शर्मा जैसे आलोचक संस्कृत प्रतिमानों की अवज्ञा न करते हुए भी अपनी सहानुभूति हिंदी लेखक के प्रति रखते थे। और इसी के कारण संस्कृत के अधिकतर अमूर्तनप्रिय काव्यशास्त्र से अलग हिंदी की अपनी व्यावहारिक आलोचना विकसित हो सकी, जिसके गद्य में क्रमश: भावात्मक संवेदनशीलता और अनुभूतियों को विविक्त कर सकने की क्षमता एक साथ अंकुरित हो सकी।

आचार्य महावीरप्रसाद द्विवेदी की छवि एक कठोर अनुशासनप्रिय संपादक और आलोचक की बनी हुई है। अपनी पुस्तक 'समालोचना-समुच्चय' (1930) के पहले निबंध में उन्होंने संस्कृत-हिंदी काव्य में गोपियों के माध्यम से अंकित प्रेम-भाव का विवेचन किया है—'गोपियों की भगवद्भक्ति' शीर्षक से। यहाँ आचार्य की उक्त छवि साहित्य के संदर्भ में उचित रूप से अनुकूलित होती है, जो एक प्रकार से हिंदी आलोचना का आरंभिक रूप कहा जा सकता है। आचार्य द्विवेदी गोपियों की प्रेमाभक्ति का पक्ष समर्थन करते हुए बड़ी सूझ-बूझ के साथ सख्य भाव के कवि सूरदास को

नहीं, मर्यादावादी कवि तुलसीदास को उद्धृत करते हैं—

तज्यो पिता प्रह्लाद विभीषण बंधु भरत महतारी।
बलि गुरु ब्रज बनितन पति त्यागो भे जग मंगलकारी॥

आलोचकीय व्याख्या में यों संवेदनशीलता और विवेक एक दूसरे के सहयोग में सक्रिय दिखते हैं।

हिंदी आलोचना के इस आरंभिक युग की एक बड़ी विशेषता इस बात में है कि यहाँ संस्कृत काव्य की भी विस्तृत और उन्मुक्त समीक्षा हुई है, जो स्वयं संस्कृत परंपरा के समय में संभव न थी। व्यावहारिक आलोचना, या कि जो आज आलोचना का मुख्य रूप हो गया है, विकसित तब होती है, जब रचनाओं के प्रसार-प्रचार तथा संपर्क की संभावनाएँ समाज में बढ़ जाएँ। साथ ही व्यावहारिक आलोचना या कि समीक्षा भाषा के विश्लिष्ट रूप की विशेषता बनती है। संस्कृत के अपने उत्कर्ष काल में समाज के भीतर आवागमन, मुद्रण और संचार के त्वरित साधन नहीं थे; भाषा अधिकतर संश्लिष्ट स्वरूप में थी। यों दर्शन और सौंदर्यशास्त्र की एक शाखा जैसी आलोचना मूलत: सूक्तपरक सैद्धांतिक रही ; उदाहरण के लिए भरत मुनि के रस-निष्पत्ति विषयक सूत्र को स्मरण किया जा सकता है जो संस्कृत काव्यशास्त्र की आधार-शिला जैसा है। तब हिंदी आलोचना आरंभिक अभ्यास के लिए संस्कृत ही के विस्तृत और समृद्ध वाङ्मय को अपना क्षेत्र चुने तो यह सर्वथा स्वाभाविक है, और एक प्रकार से पितृ ऋण और ऋषि-ऋण से उऋण होने का एक विनम्र यत्न भी। महावीरप्रसाद द्विवेदी, मिश्रबंधु और पद्मसिंह शर्मा की आलोचना कालिदास तथा अन्य विख्यात संस्कृत कवियों, और बहुत से अल्पज्ञात कवियों की भी, बड़ी रुचि पूर्वक समीक्षा करती है, जो हिंदी गद्य के अपने विश्लिष्ट हुए रूप (प्रकृति-प्रत्यय अलग-अलग) से भी किसी क़दर संभव होती है गद्य का यह विश्लिष्ट रूप आरंभिक आलोचना में स्वभावत: फैला दिखाई देता है, पर इसमें क्रमश: कसावट और शाब्दिक मितव्ययिता आती है। महावीरप्रसाद द्विवेदी के निबंध 'कवि और कविता' तथा रामचंद्र शुक्ल के निबंध 'कविता क्या है?' के गद्य-स्वभाव में यह अंतर स्पष्ट समझा जा सकता है। कविता संबंधी इन दोनों निबंधों के अंशों की तुलना यहाँ रोचक होगी :—

इससे स्पष्ट है कि किसी किसी में कविता लिखने की इस्तेदाद स्वाभाविक होती है, ईश्वरदत्त होती है। जो चीज़ ईश्वरदत्त है वह अवश्य लाभदायक होगी। वह निरर्थक नहीं हो सकती। उससे समाज को अवश्य कुछ न कुछ लाभ पहुँचता है। कविता यदि यथार्थ में कविता है तो संभव नहीं कि उसे सुनकर कुछ असर न हो। कविता से दुनिया में आज तक बड़े बड़े काम हुए हैं।

('कवि और कविता': महावीरप्रसाद द्विवेदी)

कविता इतनी प्रयोजनीय वस्तु है कि संसार की सभ्य और असभ्य सभी जातियों में पाई जाती है। चाहे इतिहास न हो, विज्ञान न हो, दर्शन न हो, पर कविता अवश्य होगी। इसका क्या कारण है? बात यह है कि मनुष्य अपने ही व्यापारों का ऐसा घना मंडल बाँधता चला आ रहा है जिसके भीतर फँसकर वह शेष सृष्टि के साथ अपने हृदय का संबंध कभी-कभी नहीं रख सकता। इस बात से मनुष्य की मनुष्यता जाती रहने का डर रहता है। अतएव मानुषी प्रकृति को जाग्रत रखने के लिए कविता मनुष्य जाति के संग लग गई है। *('कविता क्या है?' : रामचंद्र शुक्ल)*

आचार्य द्विवेदी कविता के 'लाभ' बताते हैं आचार्य शुक्ल उसका 'प्रयोजन'। फिर पहले अंश में कविता का 'लाभदायक' होना उल्लिखित-भर है, जबकि दूसरे अंश में उस 'प्रयोजन' का तात्त्विक और हार्दिक विश्लेषण भी है। आलोचना-गद्य हिंदी में यों विकसित और अर्थ सघन होता है, लाभ के अपेक्षया स्थूल रूप से प्रयोजन की सूक्ष्मतर भावना में।

महावीरप्रसाद द्विवेदी का आलोचना-कर्म आरंभ में संस्कृत साहित्य पर केन्द्रित रहता है। रामचंद्र शुक्ल ने अपने इतिहास में आलोचना की पहली व्यवस्थित पुस्तक महावीरप्रसाद द्विवेदी की 'हिंदी कालिदास की आलोचना' मानी है, जो 1900 ई० के आसपास प्रकाशित हुई (पृ० 458)। फिर आगे-पीछे संस्कृत कवियों की कुछ परिचयात्मक समीक्षाएँ भी निकलीं—'विक्रमांकदेव-चरितचर्चा' और 'नैषधचरित-चर्चा'। यों भाषा और रुचि संस्कार का आधार द्विवेदी ने पहले संस्कृत को ही रक्खा, यद्यपि कि आलोचना-गद्य मिली-जुली भाषा में ('कविता लिखने की इस्तेदाद स्वाभाविक...') अधिकतर इतिवृत्तमूलक रहा। बाद में हिंदी काव्य और अन्य साहित्य-धाराओं को उन्होंने आलोचना के लिए चुना। जैसे पहले संकेत किया गया, झुकाव संस्कृत काव्यशास्त्र से क्रमश: हिंदी के अपने रचनात्मक साहित्य की ओर होता गया।

1930 में 'समालोचना-समुच्चय' शीर्षक से महावीरप्रसाद द्विवेदी ने अपनी बीस ऐसी समालोचनाओं का संकलन प्रकाशित किया। ये सभी 'सरस्वती' पत्रिका के प्रथम तीन दशकों के अंकों में छपी हैं। समालोचना के लिए जो रचनाएँ चुनी गई हैं उनमें संस्कृत और हिंदी काव्य हैं, कोश और व्याकरण ग्रंथ हैं, यात्रा-वृत्तांत और चित्रकलाविषयक पुस्तकें हैं, और अंत में सबसे विस्तृत तथा महत्वपूर्ण ग्रंथ मिश्रबंधुओं का 'हिंदी नवरत्र' है। पुस्तकें ये अधिकतर परिचयात्मक और इतिवृत्तपरक हैं, वैसी ही समालोचना है गुण-दोष-दिग्दर्शनवाली।

महावीरप्रसाद द्विवेदी यदि भाषा की व्यवस्था और साहित्यिक सुरुचि के नियमन में लगे हुए थे तो मिश्रबंधु काव्य निर्णय के क्षेत्र में अपने को शास्ता की भूमिका में देख रहे थे। 'हिंदी नवरत्न' (1910) इस दिशा में उनका महत्वपूर्ण प्रयास था। अधिकतर निर्णयात्मक मुद्रा में रहने के कारण मिश्रबंधुओं के आलोचना-गद्य में लोच

अपेक्षाकृत कम है, विशेषत: इस ग्रंथ में जहाँ आलोचक बंधुओं ने हिंदी काव्य के नौ रत्नों का सापेक्षिक मूल्यांकन प्रस्तुत किया है। यह अकारण नहीं है कि अपनी पूर्व उल्लिखित समीक्षा में महावीरप्रसाद द्विवेदी ने 'नवरत्न' के अनेक सामान्य भाषा-दोषों का उल्लेख किया है। इस क्रम में पाँच उदाहरण भाषा-दोष के हैं, बारह उदाहरण वाक्य और वाक्यांश दोष के, प्राय: उतने ही शब्द-दोष के और नौ फुटकर दोष के हैं। संस्कृत आचार्य की भंगिमा में आचार्य द्विवेदी चाहते तो मिश्रबंधुओं के प्रति आभार प्रदर्शित कर सकते थे कि उन्होंने इतने सारे दोष एक ही ग्रंथ में एकत्र कर दिए हैं कि संपादक-आलोचक के लिए भाषा-प्रशिक्षण का काम आसान हो गया है। पर 'उपसंहार' में आलोचक कहता है, "इस पुस्तक के गुणों का उल्लेख समष्टि रूप से लेखारम्भ में हम कर आए हैं। यहाँ पर हम फिर भी कहते हैं कि यह पुस्तक उपादेय है।" हिंदी आलोचना के इस आरंभिक युग का यह एक स्तुत्य और शुभ पक्ष है कि आलोचक यहाँ परस्पर एक दूसरे की कठोर और निर्भीक भाव से आलोचना करते हैं, साथ ही उनके योगदान का उन्मुक्त भाव से गुण-गान भी करते हैं। मिश्रबंधु और महावीरप्रसाद द्विवेदी, मिश्रबंधु और रामचंद्र शुक्ल, महावीरप्रसाद द्विवेदी और रामचंद्र शुक्ल का आलोचना-संबंध बहुत कुछ ऐसा ही है।

मिश्रबंधुओं का दूसरा महत्वपूर्ण ग्रंथ 'मिश्रबंधु विनोद' (1993) है, जो वृत्त और 'कवि-कीर्तन' से आरंभ होकर हिंदी साहित्य के इतिहास का रूप लेता है। इसके लेखकों की रुचि, 'नवरत्न' में भी और 'विनोद' में भी, तुलना और निर्णय की है, आलोचना-लेखन की जो दोनों प्रक्रियाएँ एक दूसरे से सहज जुड़ी हुई हैं। मिश्रबंधु गणेशबिहारी मिश्र-श्यामबिहारी मिश्र-शुकदेव बिहारी मिश्र का कार्य आलोचना और साहित्येतिहास के क्षेत्र में आरंभिक पर महत्वपूर्ण रहा है, यद्यपि आचार्य-द्वय महावीर प्रसाद द्विवेदी और रामचंद्र शुक्ल के व्यंग्य और कटूक्तियों के वे बराबर लक्ष्य रहे, जिस का मुख्य कारण शायद उनकी कठोर निर्णयात्मक मुद्रा हो जो आलोचना की अपनी सुकुमार प्रक्रिया के बहुत अनुकूल नहीं पड़ती। एक अन्य कारण मिश्रबंधुओं की साहित्यिक समझ से भी जुड़ा हो सकता है जो रीतिकालीन संस्कारों से पोषित थी, जबकि महावीरप्रसाद द्विवेदी और रामचंद्र शुक्ल 'विनोद'—लेखकों जैसी अँग्रेज़ी की उच्च शिक्षा पाए बिना भी नये युग के आलोक में संपूर्ण साहित्य प्रक्रिया की व्याख्या में संलग्न थे।

मिश्रबंधु यदि अँग्रेज़ी की उच्च शिक्षा प्राप्त थे तो इस युग के दूसरे प्रभावशाली आलोचक पद्मसिंह शर्मा संस्कृत परंपरा के पंडित थे। मिश्रबंधुओं के प्रिय कवि देव थे और पद्मसिंह शर्मा के बिहारी। यह ध्यान देने की बात है कि इस युग की आलोचकीय मानसिकता अधिकतर रीतिकालीन कविता के सहारे बनी थी। संस्कृत, उर्दू-फ़ारसी और रीतिकालीन कविता के संस्कार जहाँ एक दूसरे से मिलते हैं वहाँ पद्मसिंह शर्मा तुलनात्मक आलोचना के माध्यम से अपने काव्य-मूल्य स्थापित करना चाहते थे।

अन्य आलोचकों का झुकाव भी कुछ बदलते अनुपात में, इसी प्रकार का था। मिश्रबंधु, पद्मसिंह शर्मा, कृष्णबिहारी मिश्र तथा लाला भगवानदीन की आलोचना-प्रणाली के केन्द्रीय कवि-व्यक्तित्व थे देव, बिहारी, मतिराम या केशवदास। अकेले महावीर प्रसाद द्विवेदी इस धारा से अलग थे। 'हिंदी नवरत्न' की समीक्षा करते हुए वे पुरानों में सूर और तुलसी को महत्व देते हैं ("हिंदी में यदि कोई कविरत्न कहे जाने योग्य कवि या महाकवि हुए हैं तो वे सूर और तुलसी ही हैं।") और नयों में हरिश्चंद्र को ("जिन हरिचंद्र ने भिन्न-भिन्न विषयों के कितने ही गद्यपद्यात्मक काव्य, नाटक और इतिहास आदि लिखे और जिनकी बदौलत हिंदी भाषा ने एक नया रूप पाया... ")। कहना न होगा कि हिंदी आलोचना, जिसके समर्थ प्रतिनिधि आगे रामचंद्र शुक्ल हुए, आचार्य द्विवेदी के ही मार्ग पर चलती है। आचार्य शुक्ल ने सूर, तुलसी और भारतेंदु तीनों का स्वतंत्र आलोचनात्मक मूल्यांकन किया।

पद्मसिंह शर्मा के आलोचकीय व्यक्तित्व में कई तत्त्वों का बड़ा विलक्षण संयोग हुआ था। वे आर्यसमाज के उपदेशक थे, संस्कृत साहित्य के पंडित, फ़ारसी-उर्दू काव्य के अच्छे मर्मज्ञ और मध्यकालीन हिंदी साहित्य के सहृदय अध्येता। उनके आलोचना-गद्य का भी ऐसा ही वैशिष्ट्य था जहाँ शास्त्रार्थप्रियता, विचक्षणता और सहृदयता का बड़ा प्रभावकारी और आकर्षक सामंजस्य था। आलोचक का पहला गुण सहृदयता उनमें प्रचुर मात्रा में था, और स्वभाव से विद्याव्यसनी होने के नाते उनका अध्ययन अत्यंत व्यापक था। 'बिहारी सतसई' नाम से दो भागों में उन्होंने सतसई का अध्ययन संस्कृत-प्राकृत, फ़ारसी-उर्दू के तुलनात्मक संदर्भों में बड़े सहृदय पांडित्य के साथ प्रस्तुत किया। यों अनेक भाषाओं में लिखी होने पर भी कविता की सत्ता एक है, इस बात को उन्होंने कई तरह से रेखांकित किया।

पर इतनी व्यापक सहृदयता के बावजूद आधुनिक खड़ी बोली काव्य के लिए पद्मसिंह शर्मा के मन में रुझान नहीं बना। विट्गैंस्टाइन के इशारे पर कह सकते हैं कि जो जैसी भाषा उनके पास थी उसमें यह रुझान बनना संभव नहीं था। सबसे समर्थ गद्य रामचंद्र शुक्ल का था, पर छायावाद के सीमांत पर वह भी रुक गया। उनके शिष्य और सहकर्मी नंददुलारे वाजपेयी ने प्रसाद और निराला की मार्मिक व्याख्या की, पर फिर अज्ञेय की कविता में उनकी पैठ नहीं हुई। और जिन्होंने अज्ञेय को समझा या नासमझा उन्हें भी आगे कहीं रुकना है। यों भाषा परिष्करण की सीमा समझदारी और अनुभूति की सीमा बनाती चलती है। सृजनशीलता की आयु है तो आलोचकीय समझदारी की भी है।

हिंदी साहित्य सम्मेलन, मुज़फ्फरपुर अधिवेशन (1928) के समय का अध्यक्षीय अभिभाषण कई कारणों से प्रसिद्ध हुआ। उसमें पद्मसिंह शर्मा ने नवीन कविता विशेषत: छायावादी नवोन्मेष के प्रति अपना अविश्वास स्पष्ट शब्दों में व्यक्त किया था। 'कविता में परिवर्तन' खंड के अंतर्गत उन्होंने कहा, "हिंदी की नवीन कविता में

भाषा, भाव, शैली सभी कुछ नया है—अपरिचित है। वह कुछ कह रहे हैं, यह तो सुन पड़ता है पर क्या कह रहे हैं यह समझ में नहीं आता...'। इस समझ में न आने की

आत्म-स्वीकृति में विनय अधिक है या कि अहंकार, कहना कठिन है। पर इस प्रसंग से यह अवश्य समझा जा सकता है कि एक पीढ़ी की रचना में अविश्वास फिर कैसे अगली पीढ़ी के आलोचना-गद्य को चुनौती देता है!

इस युग के एक अन्य आलोचक कृष्णबिहारी मिश्र ने व्यवस्थित आलोचना के क्रम में रीतिकालीन कवियों पर अध्ययन प्रस्तुत किए, पर 'माधुरी' और 'समालोचक' जैसी पत्रिकाओं का संपादन करते हुए वे समकालीन साहित्य और उसके विवादों के सीधे संपर्क में रहे। 1926-30 के बीच छायावाद संबंधी चर्चा-परिचर्चा जब अपने तीव्रतम रूप में थी तब भी वे एक संपादक के रूप में उसमें भागीदारी कर रहे थे। निराला की प्रसिद्ध लेख-माला 'पंतजी और पल्लव' इन्हीं के कार्य-काल में 'माधुरी' में प्रकाशित हुई थी। रीतिकाल से लगाव, पर तत्कालीन नव काव्यांदोलन के प्रति इस उन्मुखता ने मिलकर कृष्णबिहारी मिश्र की आलोचना-समझ को प्रशस्त किया, जिससे उनके रीतिकाल के मूल्यांकन में एक ताज़गी आई। अभी तक रीतिकाल के केन्द्रीय कवि के रूप में बिहारी, देव या कि केशव को प्रतिष्ठा मिलती थी। मिश्र ने इस विवाद में स्वयं हाथ बँटाते हुए एक नये और अपेक्षाकृत कम चर्चित कवि-व्यक्तित्व मतिराम को यहाँ मान्यता प्रदान की; और मतिराम के विवेचन में भी उन्होंने काव्यभाषा के वैशिष्ट्य को रेखांकित किया। उनके इस दृष्टिकोण की सही सराहना रामचंद्र शुक्ल ने की है। तुलनात्मक आलोचना को पुरस्कृत करने वाले आलोचकों की स्वयं तुलना करके इस प्रसंग में आचार्य शुक्ल ने अपने इतिहास में लिखा है, "मिश्रबंधुओं की अपेक्षा पं० कृष्णबिहारी जी साहित्यिक आलोचना के कहीं अधिक अधिकारी कहे जा सकते हैं।" (पृ० 461)

देव-बिहारी विवाद के अंतिम चरण में लाला भगवानदीन आते हैं, जिन्होंने कृष्णबिहारी मिश्र की 'देव और बिहारी' के जवाब में 'बिहारी और देव' नामक पुस्तक लिखी। इसके अतिरिक्त कई रीतिकालीन काव्यों की उन्होंने टीकाएँ लिखीं और उनका संपादन किया। इनमें से केशवदास की 'रामचंद्रिका' की टीका विशेष रूप से प्रसिद्ध हुई। इस युग के आलोचकों की मानसिकता अधिकतर रीतिकालीन काव्य से बनी। इसका एक कारण यह भी था कि रीति-ग्रंथों में जो काव्यशास्त्रीय सिद्धांत-कथन था उसका व्यावहारिक प्रयोग उन्हीं कवियों पर किया जाएँ यह सुगम भी था और एक तरह से तर्क-पूर्ण भी। व्यावहारिक आलोचना के कुछ नये तत्व इन आलोचकों ने अपनी ओर से जोड़े पर मुख्यतः ढाँचा पुराना ही था। इस दौर का सबसे बड़ा योग-दान यह था कि सिद्धांत-चर्चा के आगे व्यावहारिक आलोचना का एक पुष्ट आधार तैयार हो गया भले ही आलोचना की प्रणाली यहाँ प्रभावाभिव्यंजक, तुलनापरक और निर्णयात्मक थी। रचना के अपने वैशिष्ट्य का विश्लेषण और उसका

मूल्यांकन अगले चरण में विकसित होने के लिए रहे।

भारतेंदु युग और द्विवेदी-युग के बाद छायावाद-युग को रामचंद्र शुक्ल जैसा आलोचक मिला तो यह दोनों ओर से औचित्यपूर्ण था। उन्होंने हर रूप में आलोचना को आधुनिक बनाया। शास्त्र और द्विवेदीयुगीन कोरे रचनाकार के संदर्भ से हटकर उन्होंने रचना को अपने विवेचन का केन्द्र-बिंदु बनाया, जिसके लिए अब तक के सीधे इतिवृत्त-कथन से आगे संश्लिष्ट छायावादी विधान ने अपने को उपजीव्य रूप में प्रस्तुत किया। रामचंद्र शुक्ल ने संस्कृत के पंडित थे और न उनके पास अँग्रेज़ी की डिग्री थी। अपनी मानसिकता बनाने में उन पर कोई दबाव न था, यों इन दोनों प्रतिष्ठित भाषाओं का ज्ञान उन्हें ऐसा था कि उनसे काम-भर की सामग्री वे बराबर ले सकते थे। अँग्रेज़ी में तो वे तत्कालीन प्रसिद्ध पत्रों में लिखते भी थे, और उससे उन्होंने अनुवाद भी कई प्रकार के किए थे। अँग्रेजी के अलावा कुछ थोड़ा अनुवाद बँगला से किया था, पर संस्कृत-ज्ञान उनका शायद ऐसा व्यवस्थित न था कि वहाँ से कुछ अनुवाद करते। स्फुट लेखन उन्होंने 'सरस्वती' और 'नागरी प्रचारिणी पत्रिका' में आरंभ किया।

रामचंद्र शुक्ल के यहाँ हिंदी का पहला परिपूर्ण गद्य देखने को मिलता है। उनसे वरिष्ठ आचार्य महावीरप्रसाद द्विवेदी ने हिंदी गद्य को ठीक-ठिकाने से व्यवस्थित किया था, जिस योग-दान को इन्होंने अपने इतिहास में मुक्त कंठ से स्वीकारा है, "गद्य की भाषा पर द्विवेदी जी के इस शुभ प्रभाव का स्मरण जब तक भाषा के लिए शुद्धता आवश्यक समझी जाएगी तब तक बना रहेगा।" (पृ०426) आचार्य शुक्ल का गद्य के विकास के अगले चरण में योग-दान दो रूपों में समझा जा सकता है। एक तो शुद्ध भाषा के आगे अर्थ-क्षम और अभिव्यक्ति-समर्थ भाषा का विकास करना, और इस क्रम में आचार्य द्विवेदी के साथ कुछ उस प्रकार का संबंध बनाना, जैसा कि रचनात्मक स्तर पर मैथिलीशरण गुप्त और प्रसाद या निराला के बीच रहा। दूसरे अर्थ-सघनता को ठेठ हिंदी रूप में संभव करना जहाँ संस्कृत, अँग्रेज़ी या कि बँगला की छाया न हो। अन्य भाषा-साहित्यों से रामचंद्र शुक्ल वैचारिक उत्तेजन बराबरी के दरजे पर लेना चाहते थे, अनुकरण या कि प्रभाव के स्तर पर नहीं। अपने इतिहास में हिंदी गद्य पर इस तरह के दुष्प्रभावों की उन्होंने जगह-जगह खिल्ली उड़ाई है। आरंभिक गद्य के संदर्भ में इंशाअल्ला ख़ाँ की 'ठेठ हिंदी' लिखने की प्रतिज्ञा का विश्लेषण यों किया है, "इंशा ने अपनी भाषा को तीन प्रकार के शब्दों से मुक्त रखने की प्रतिज्ञा की है—'बाहर की बोली' = अरबी, फ़ारसी, तुरकी। 'गँवारी' = ब्रजभाषा, अवधी आदि। 'भाखा': संस्कृत के शब्दों का मेल।" (पृ० 363) फिर हरिश्चंद्र-काल के हिंदी लेखकों में 'अपनी भाषा की प्रकृति की पूरी परख थी, इस तथ्य को रेखांकित करता हुआ इतिहासकार संस्कृत की नकल करने वालों पर व्यंग्य करता है, "उनकी लिखावट में न 'उड्डीयमान' और 'अवसाद' ऐसे शब्द मिलते हैं, न 'औदार्य्य' 'सौकर्य्य' और 'मौरर्व्य' ऐसे रूप।" (पृ० 392) इसी क्रम में 'हरिश्चंद्री हिंदी' के लेखकों का विवेचन

करते हुए उसके खाँटी रूप की अनुशंसा रामचंद्र शुक्ल बड़े मनोयोग से करते हैं, विशेष रूप से इसलिए कि तरह-तरह के तूफ़ानी प्रभावों से मुक्त 'उनकी हिंदी हिंदी होती थी'। वे लिखते हैं, "बँगला, मराठी, उर्दू, अँग्रेज़ी के अनुवाद का वह तूफान जो पचीस तीस वर्ष पीछे चला और जिसके कारण हिंदी का स्वरूप ही संकट में पड़ गया था, उस समय नहीं था। उस समय ऐसे लेखक न थे जो बँगला की पदावली और वाक्य ज्यों के त्यों रखते हों या अँगरेजी वाक्यों और मुहावरों का शब्द प्रति शब्द अनुवाद करके हिंदी लिखने का दावा करते हों। उस समय की हिंदी में न 'दिक् दिक् अशांति थी', न 'काँदना सिहरना और छल छल अश्रुपात'; 'न जीवन-होड़' और 'कवि का संदेश' था, न 'भाग लेना' और 'स्वार्थ लेना'।" (पृ० 399)

यों, जैसा संकेत किया गया, आचार्य शुक्ल का हिंदी गद्य, बिना किसी अहंकार के, पर पूरा आत्मविश्वास लिए दिखता है। उन्होंने यह गद्य अपने ही साधनों से विकसित किया और ऐसा समर्थ कि जहाँ ऊँचे से ऊँचा चिंतन और सघन से सघन अभिव्यक्ति एक साथ संभव हो सके। अन्य अनुशासनों की चर्चा वे जगह-जगह करते हैं, पर बिना उनकी पारिभाषिक शब्दावली का सहारा लिए हुए। ऐसे आलोचना-गद्य को किसी बाहरी सहारे की अपेक्षा न थी, और न ही उससे कुछ अपेक्षाएँ शेष रहती हैं। वह संपूर्ण प्रभुत्व संपन्न स्वायत्त गद्य है।

'सरस्वती' पत्रिका में आलोचना की क्रिया-प्रतिक्रिया धीमे-धीमे गति पकड़ती है। उसके एकदम आरंभिक वर्षों में कई निबंध साहित्य और कविता के सामान्य स्वरूप पर प्रकाशित होते हैं—'हिंदी काव्य' (श्यामबिहारी मिश्र-सुखदेव बिहारी मिश्र), 'कवि कर्तव्य' (महावीरप्रसाद द्विवेदी), 'साहित्य' (रामचंद्र शुक्ल), 'कवि और कविता' (महावीरप्रसाद द्विवेदी)। इस पृष्ठभूमि में रामचंद्र शुक्ल का निबंध आता है 'कविता क्या है?' 1909 की 'सरस्वती' में। अपनी युवावस्था के आरंभिक दिनों में उन्होंने जो यह प्रश्न छेड़ा, परिपक्वावस्था तक जैसे वे अपने इसी प्रश्न और उसके उत्तर दोनों का परिष्कार करते रहे, कई बार इस बुनियादी निबंध को लिखकर और सँवार कर, तथा वीरगाथा काव्य से लेकर 1940 में उत्तर छायावादी काव्य के व्यावहारिक विवेचन तक। महावीरप्रसाद द्विवेदी के निबंध 'कवि और कविता' से वे असंतुष्ट थे, यह बात उन्होंने अपने इतिहास में स्पष्ट कर दी है, "इस विषय की बहुत मोटी-मोटी बातें बहुत मोटे तौर पर कही गई हैं।" मिश्रबंधुओं की आलोचनात्मक क्षमता के प्रशंसक वे कभी रहे नहीं। यों दस बरस तक 'सरस्वती' में विचारों की हाट देखकर उन्होंने कुछ अपनी भी चिंतन सामग्री वहाँ सजा दी, जो तभी से बराबर आकर्षण का केन्द्र बनी हुई है।

रामचंद्र शुक्ल ने जब संपूर्ण प्रभुत्व संपन्न स्वायत्त गद्य विकसित किया तो उसकी कुछ स्वाभाविक परिणति यह भी थी कि उन्होंने अपने आलोचनात्मक लेखन या कि इतिहास में कहीं साहित्येतर मानदंड स्वीकार नहीं किए। स्वायत्त गद्य स्वायत्त रचना

और वैसी ही विचारधारा को संभव करता है। यह सर्वविदित है कि आचार्य शुक्ल की प्रिय तथा मानक रचना तुलसी का रामचरितमानस रही और अधिकतर उसी में से उन्होंने अपने काव्य-मूल्य विकसित किए, जिस रचना के बारे में स्वयं कवि ने कहा, 'एहि महँ रघुपति नाम उदारा'। विलक्षण बात यह है कि इसके बावजूद उन्होंने अध्यात्म को काव्य और कला के विवेचन में कहीं प्रासंगिक नहीं माना। अपने प्रसिद्ध आलोचनात्मक निबंध 'काव्य में लोकमंगल की साधनावस्था' में वे लिखते हैं, 'अध्यात्म शब्द की मेरी समझ में काव्य या कला के क्षेत्र में कोई कहीं जरूरत नहीं है।" दूसरी ओर निरे उपयोगितावाद की कसौटी भी वे अस्वीकार कर देते हैं। अपने चिंतन के केन्द्रीय निबंध 'कविता क्या है?' में वे स्पष्ट कहते हैं, "सुंदर और कुरूप-काव्य में बस ये ही दो पक्ष हैं। भला-बुरा, शुभ-अशुभ, पाप-पुण्य, मंगल-अमंगल, अनुपयोगी-उपयोगी—ये सब शब्द काव्य-क्षेत्र के बाहर के हैं।" इस प्रकार अध्यात्म और उपयोगितावाद दोनों ओर के दबाव से रचना को मुक्त करके उसे उन्होंने स्वायत्त रूप में प्रतिष्ठित किया। जैसा संकेत किया गया, अपने विवेचन में न तो वे क्लैसिकल चिंतन-प्रणाली के अनुसार शास्त्र को प्रधानता देते हैं न रोमांटिक भाव-धारा के अनुकूल रचनाकार को। वे आधुनिक साहित्य चिंतन के क्रम में रचना को केन्द्र में रखते हैं। रचना को केंन्द्र में रखने के कारण आलोचना-गद्य की महत्ता उजागर होती है, क्योंकि रचना का अर्थ विस्तार इस गद्य में ही संभव होता है, यहीं रचना और आलोचना एक दूसरे से टकरा कर समरस होती हैं। जायसी, सूर और तुलसी पर लिखी शुक्ल की आलोचना इस गद्य का श्रेष्ठतम उदाहरण कही जा सकती है।

अपनी आलोचना में रामचंद्र शुक्ल जब रचना को केन्द्र में रखते हैं तो वे अतिरिक्त सावधानी यह बरतते हैं कि महत्व रचना का रहे न कि रचना के 'पाठ' का जैसा कि इधर कई नये समीक्षक आग्रह करते दिखाई देते हैं। वे इस आत्यंतिक प्रणाली से परिचित थे, जिसके अंतर्गत कृति की सत्ता 'कवि और श्रोता (या पाठक) दोनों से स्वतंत्र ठहराई जाने लगी है।' कृति की ऐसी स्वतंत्र सत्ता आचार्य शुक्ल को स्वीकार्य नहीं। वे रचना को स्वायत्त मानते हैं, स्वतंत्र नहीं। रचनाकार को महत्व देने पर आत्मपरकता बढ़ती है तो पाठ को महत्व देने में वस्तुपरकता। कवि, समाज (श्रोता या पाठक) और कृति की अंतरप्रक्रिया में वे कृति या रचना को आलोचना के केन्द्र में रखना चाहते हैं। इस स्तर पर ही रचना में अर्थ की उत्तरोत्तर संभावना होती है, जो आलोचना के गद्य में रूपाकार ग्रहण करता चलता है। अर्थ की इस क्रमिक संभावना और सर्जना में आलोचना की अपनी भूमिका नये साहित्य-चिंतन की विशेषता है। रामचंद्र शुक्ल की विचार भूमि में से यह फिर आगे निःसृत होती है। रचना के महत्व का साक्ष्य नये-पुराने कई रचनाकारों में अलग-अलग तरह से मिलता है : 'मोहिं तौ मेरे कबित्त बनावत'—घनआनंद, 'सखुन इनसे सँवरता है सख़ुन से मैं सँवरता हूँ'—अकबर इलाहाबादी, 'तू काव्य...तू छलता है/पर हर छल

में/ तू और विशद, अभ्रांत/अनूठा होता जाता है।' अज्ञेय, 'मैं उसका शिष्य हूँ। वह मेरी गुरु है।'—मुक्तिबोध। आचार्य शुक्ल के काव्य-विवेचन में, जैसा कहा गया, इस रचना की स्वायत्त सत्ता है, न वह अध्यात्म से बाधित है और न उपयोगितावाद से। पर दूसरी ओर वह अपने रचनाकार और समाज से स्वतंत्र नहीं है।

आलोचना की तरह ही अपने इतिहास-लेखन में रामचंद्र शुक्ल किसी साहित्येतर आधार को स्वीकार नहीं करते। आदि काल के विविधमुखी साहित्य में उन्होंने केन्द्र में वीरगाथा काव्य को रखा, जो सच्चे अर्थों में एहिक काव्य है। परवर्ती कई इतिहासकारों ने जैनों, सिद्धों और नाथों के साहित्य को अधिक महत्व देना चाहा, पर आचार्य शुक्ल की दृष्टि में वह धार्मिक और सांप्रदायिक काव्य है, और इस रूप में साहित्य की केन्द्रीय प्रकृति को प्रकट नहीं करता। आदि काल में जैसे वे धर्म और अध्यात्म के आक्रांतकारी प्रभाव के प्रति सजग हैं, आधुनिक काल में वैसे ही राजनीति के। आदि काल का नामकरण उन्होंने 'वीरगाथा-काल' किया, 'जैन-बौद्ध काल' या कि 'सिद्ध सामंत काल' नहीं। आधुनिक काल का नाम उसी न्याय से दिया 'गद्य-काल', 'स्वतंत्रता-संघर्ष काल या कि 'पुनर्जागरण काल' नहीं। आधुनिक काल के अंतर्गत राजनैतिक आग्रहों से मुक्त रहने की विशेष चिंता वे तब करते हैं, जब उपन्यास-साहित्य के विवेचन में प्रवृत्त होते हैं। 'गद्य साहित्य की वर्तमान गति' के अंतर्गत उपन्यास-कहानी पर विचार करते हुए वे लिखते हैं, "कहने का तात्पर्य यह कि हमारे उपन्यासकारों को देश के वर्तमान जीवन के भीतर अपनी दृष्टि गड़ा कर आप देखना चाहिए, केवल राजनीतिक दलों की बातों को लेकर ही न चलना चाहिए। साहित्य को राजनीति के ऊपर रहना चाहिए, सदा उसके इशारों पर ही न नाचना चाहिए।"

रामचंद्र शुक्ल का समकालीन राजनीति के प्रति रवैया इस बात से भी प्रकट होता है कि अपने लेखन में वे मार्क्स का उल्लेख नहीं करते। विदेशी चिंतकों को उन्होंने बड़े मनोयोग से पढ़ा था और अपने विवेचन-क्रम में वे बराबर उनसे टकराते हैं। फ्रायड, हैकेल, शापनहावर जैसे दार्शनिक, क्रोचे, डंटन, रिचर्ड्स जैसे आलोचक, एलियट तथा कमिंग्ज जैसे कवि, जिनमें से अधिकतर आचार्य शुक्ल के समकालीन थे और संपूर्ण योरोपीय परिदृश्य पर अत्यंत सक्रिय, उनका उल्लेख और साधिकार विवेचन वे बार-बार करते हैं, पर मार्क्स को अपनी विचार-परिधि में वे स्वीकार नहीं करते। इस संदर्भ में यह भी स्मरणीय है कि 1936 में यद्यपि सोवियत प्रभाव में प्रगतिशील लेखक संघ की स्थापना हो चुकी थी, पर 'प्रगतिवाद' को अपने विवेचन में उन्होंने मान्यता नहीं दी। उनके प्रिय कवि तुलसी की वाणी जैसे कविता में प्राकृत जनों, राजाओं-रानियों के गुण-गान से परहेज करती है, उनकी अपनी लेखनी वैसे ही साहित्यिक विवेचन में राजनैतिक कर्मियों से।

आचार्य शुक्ल की कुछ भंगिमाओं से उनके बारे में यह पूर्वग्रह बन गया है कि छायावाद के वे विरोधी थे या उस कविता के प्रति उनकी सहानुभूति न थी। यह ठीक

है कि काव्य में रहस्य-भावना की स्वीकृति उन्हें प्रिय न थी, न तो मध्यकालीन काव्य में और न ही आधुनिक काव्य में। रहस्य को वे साधना की उपयुक्त अनुभूति मानते थे कविता की नहीं। कविता में उसका प्रवेश उनके अनुसार सामी धर्मावलंबियों में हुआ, जो आधुनिक काल में अँग्रेज़ी साहित्य के प्रभाव से बंगाल के ब्रह्मसमाजियों और रवीन्द्रनाथ के माध्यम से हिंदी तक पहुँचा। छायावाद को उन्होंने दो रूपों में देखा। इतिहास में 'नई धारा' के अंतर्गत 'छायावाद' शीर्षक खंड में विवेचन करते हुए वे लिखते हैं, "छायावाद शब्द का प्रयोग दो अर्थों में समझना चाहिए। एक तो रहस्यवाद के अर्थ में...'छायावाद' शब्द का दूसरा प्रयोग काव्यशैली या पद्धति-विशेष के व्यापक अर्थ में है।" आलोचक की सहानुभूति और समझदारी दूसरे अर्थ के पक्ष में है जिसकी मुख्य विशेषता उसकी दृष्टि में लाक्षणिकता या चित्रभाषा शैली है। यह 'चित्रभाषा' प्रयोग प्रतीक और बिंब जैसे नये अप्रस्तुत विधान के लिए है, और इस संदर्भ में आलोचक के अनुसार "छायावाद का सामान्यतः अर्थ हुआ प्रस्तुत के स्थान पर उसकी व्यंजना करनेवाली छाया के रूप में अप्रस्तुत का कथन।" यहाँ 'छाया' शब्द का अर्थ ("इस रूपात्मक आभास को योरप में 'छाया'—Phantasmata कहते थे।" 'हिंदी-साहित्य का इतिहास': छायावाद) आध्यात्मिक संदर्भ से अलग करके उसे भाषिक संदर्भ में ग्रहण किया गया है। रहस्यवाद के विदेशी बनाम भारतीय स्रोत की स्थिति पर मौलिक मतभेद रखने वाले आलोचक रामचंद्र शुक्ल और छायावाद के वरिष्ठ कवि जयशंकर प्रसाद इस प्रसंग में एक-दूसरे के निकट हो जाते हैं। छायावाद की प्रसाद द्वारा दी गई व्याख्या रामचंद्र शुक्ल के बहुत अनुकूल है, "ध्वन्यात्मकता, लाक्षणिकता, सौंदर्यमय प्रतीक-विधान तथा उपचार वक्रता के साथ स्वानुभूति की विवृति छायावाद की विशेषताएँ हैं। अपने भीतर से मोती के पानी की तरह आंतर स्पर्श करके भाव समर्पण करने वाली अभिव्यक्ति छाया कांतिमयी होती है।" 'छाया' शब्द की व्युत्पत्ति को केन्द्र में रखकर, और उसे मूलतः शब्द-प्रयोग की छाया से जोड़कर छायावाद की ये दोनों व्याख्याएँ एक-दूसरे से बहुत मेल खाती हैं, ऐसा मेल जो आलोचक और रचनाकार के बीच कम देखने को मिलता है। जहाँ तक आचार्य शुक्ल का संबंध है, छायावाद की व्याख्या के प्रसंग में वे संस्कृत लक्षणा तथा अँग्रेज़ी 'इमेज' से मिलता-जुलता पद बनाते हैं 'चित्रभाषा', और दूसरी ओर 'छाया' का प्रयोग नीमपारिभाषिक ढंग से करते हैं। यों आलोचना-भाषा को बिना बोझिल होने दिए वे जटिल से जटिल विभावन अपेक्षाकृत बहुत सरल विन्यास में ले आते हैं।

हिंदी आलोचना ने अधिकतर छायावाद और रहस्यवाद के बीच विवेक किया है। आचार्य शुक्ल का संकेत इस संदर्भ में स्पष्ट है। वस्तुतः रहस्यवाद मानव संस्कार की एक व्यापक प्रवृत्ति है जो अनेक देशों और कालों में विविध मानवीय अभिव्यक्तियों जैसे धर्म, दर्शन, कर्मकांड, कला, कविता आदि में अपने को विवृत करती है। छायावाद हिंदी कविता की एक विशेष प्रवृत्ति है जिसमें रहस्यवाद की भावना का

कहीं-कहीं समावेश है। रहस्यवाद परम तत्व से सीधे साक्षात्कार का यत्न है, छायावाद में उसकी छाया के विविध चित्र हैं। इसीलिए एक का मुख्य क्षेत्र साधना है जबकि दूसरे का कविता। यों दोनों प्रवृत्तियाँ बहुत बार एक-दूसरे को छूती काटती चलती हैं।

इस प्रकार आचार्य शुक्ल के छायावाद संबंधी विवेचन में कोई ख़ास पूर्वग्रह समझ में नहीं आते। उनका यदि कुछ पूर्वग्रह है तो रहस्यवाद को लेकर, और वह भी कविता के क्षेत्र में प्रयुक्त होने पर। 'अज्ञात की लालसा' या अज्ञात के प्रति प्रेम को वे संभव नहीं मान पाते। अपनी इस मान्यता को उन्होंने जगह-जगह और कई रूपों में बलपूर्वक स्पष्ट किया है। एक कविता में वे कहते हैं—

सचमुच ही यदि प्रेम कहीं है,
ज्ञात छोड़ वह कहीं नहीं है।

सैद्धांतिक रूप में इस बात को उन्होंने अपने प्रसिद्ध निबंध 'काव्य में रहस्यवाद' के अंतर्गत इस प्रकार व्याख्यायित किया है, "तत्त्व दृष्टि से, मनोविज्ञान की दृष्टि से, साहित्य की दृष्टि से 'अज्ञात की लालसा' कोई भाव ही नहीं है। यह केवल 'ज्ञात की लालसा' है जो भाषा की छिपानेवाली वृत्ति के सहारे 'अज्ञात की लालसा 'कही जाती है।" यहाँ आलोचक के तर्क बड़े सटीक और पैने हैं और 'भाषा की छिपानेवाली वृत्ति' की समझ बहुत बढ़िया है। यह तो आधुनिक आलोचना ने छायावादी काव्य में ऐसी विशेषता परिलक्षित की है कि रचनाकार की इस मन:स्थिति में, उदाहरण के लिए प्रसाद के 'आँसू' में, लौकिक और अलौकिक प्रेम का अंतर, भाषा और अनुभूति दोनों में, परस्पर विलीन हो जाता है। अर्थ और अनुभव के इस अद्वैत तक आचार्य शुक्ल नहीं पहुँचते।

पर उन्हें बड़ा श्रेय इस बात का है कि सिद्धांत में अज्ञात की लालसा या अज्ञात के प्रति प्रेम को स्वीकार न करते हुए भी व्यवहार में इन मन:स्थितियों का चित्रण करनेवाले कवियों को सराहने में उन्होंने कसर नहीं रखी। निर्गुण सूफ़ी कवियों में जायसी और आधुनिक छायावादी कवियों में प्रसाद तथा सुमित्रानंदन पंत का उन्होंने बड़ी आस्था के साथ विवेचन किया है। सगुण राम के उपासक तुलसी के ही साथ वे सूफ़ी कवि जायसी को रखते हैं। उनकी दृष्टि में दोनों लगभग समतुल्य हैं। तुलसी को वे ऊँचा स्थान देते हैं तो इसलिए नहीं कि तुलसी सगुणमार्गी हैं और जायसी निर्गुणमार्गी, बल्कि इसलिए कि तुलसी का जीवन-चित्रण जायसी की अपेक्षा व्यापक है। 'जायसी ग्रंथावली' की विस्तृत भूमिका का समापन वे यों करते हैं, "प्रबंध-क्षेत्र में तुलसीदास जी का जो सर्वोच्च आसन है, उसका कारण यह है कि वीरता, प्रेम आदि जीवन का कोई एक ही पक्ष न लेकर उन्होंने संपूर्ण जीवन को लिया है और उसके भीतर आने वाली अनेक दशाओं के प्रति अपनी गहरी अनुभूति का परिचय दिया है। जायसी का क्षेत्र तुलसी की अपेक्षा परिमित है, पर प्रेम-वेदना उनकी अत्यंत गूढ़ है।"

समग्र महत्व की दृष्टि से जो क्रम आचार्य शुक्ल ने तुलसी और जायसी को लेकर स्थापित किया है, कुछ वैसा ही महत्व-क्रम उन्होंने भक्ति काव्य और छायावादी काव्य के बीच माना है। अपने इतिहास में वे 19 पृष्ठों में तुलसी का विवेचन करते हैं, जिसमें कवि का जीवन-वृत्त, रचनाओं की प्रामाणिकता आदि सब कुछ शामिल है। और फिर 19 पृष्ठों के विस्तार में ही वे सुमित्रानंदन पंत के काव्य का विवेचन करते हैं, जहाँ जीवन-वृत्त और पांडुलिपियों की प्रामाणिकता के उलझे प्रसंग कोई नहीं हैं। सुमित्रानंदन पंत को वे छायावाद का प्रथम और प्रतिनिधि कवि इसलिए मानते हैं कि एक तो अपने अप्रस्तुत विधान में "सबसे अधिक लाक्षणिक साहस पंतजी ने अपने 'पल्लव' में दिखाया", और दूसरे इसलिए कि "छायावाद के भीतर माने जाने वाले सब कवियों में प्रकृति के साथ सीधा प्रेम-संबंध पंतजी का ही दिखाई पड़ता है।" आलोचक के तर्क अपनी जगह बड़े पुष्ट और व्यवस्थित हैं, यह दूसरी बात है किं परवर्ती मूल्यांकन प्रसाद और निराला को अधिक महत्व देता है। बहरहाल यह 19 पृष्ठों का संयोग मात्र नहीं जो तुलसी और पंत को इतिहास की एक कोटि में रखता है, वरन् गुण और परिमाण दोनों दृष्टियों से छायावाद का विवेचन यदि कहीं कम है तो केवल भक्तिकाल से। आचार्य की दृष्टि में बड़े काव्य के लिए प्रबंध काव्य का बंधान होना चाहिए। और छायावाद में यह कमी उन्हें 'कामायनी' से पूरी होती दिखती है, "इस प्रकार प्रसाद जी प्रबंध क्षेत्र में भी छायावाद की चित्रप्रधान और लाक्षणिक शैली की सफलता की आशा बँधा गए हैं।" इससे स्पष्ट है कि आचार्य शुक्ल ने न सिर्फ़ छायावाद की समझ में कोई बड़ी चूक नहीं की बल्कि महत्व-क्रम में उसे भक्तिकाल के बाद ही स्थान दिया है। जायसी-सूर-तुलसी ही नहीं, प्रसाद-निराला-पंत-महादेवी को भी अपनी ओर से पूरी सहानुभूति देने का यत्न उन्होंने बराबर किया। और रामचंद्र शुक्ल की आलोचना तथा इतिहास-दृष्टि मूलत: उनके अपने युग के काव्य से नि:सृत होती है—जिस आवश्यक संदर्भ के बिना कोई बड़ा आलोचक नहीं हो सकता—यह भी इस प्रसंग में अच्छी तरह समझा जा सकता है। इस युग की आलोचना को विकसित करने में दो विद्वानों का योग और अपने-अपने ढंग से महत्वपूर्ण है। एक बाबू श्यामसुंदरदास, जो काशी हिंदू विश्वविद्यालय के हिंदी विभाग में रामचंद्र शुक्ल के वरिष्ठ सहयोगी थे और जिन्होंने उनके व्यावहारिक जीवन-क्रम को बनाने में महत्वपूर्ण भूमिका निभाई, और दूसरे नंददुलारे वाजपेयी, जो आचार्य शुक्ल के शिष्य थे काशी के उसी विभाग में। इस दृष्टि से इस एक विश्वविद्यालयीय विभाग का हिंदी आलोचना के विकास में गुणात्मक महत्त्व है, विशेषत: जब परवर्ती आलोचना के क्षेत्र में यहीं के हजारीप्रसाद द्विवेदी की भूमिका पर हम और ध्यान देते हैं। श्यामसुंदरदास आलोचना के उस रूप का श्रेष्ठतम प्रतिनिधित्व करते हैं जिसे कभी-कभी कटाक्ष में 'अध्यापकीय आलोचना' कहा जाता है। यहाँ आलोचक में ज्ञान और विद्वत्ता अधिक पर सर्जनात्मक क्षमता न्यून होती है, और तब आलोचना-गद्य

वैचारिक गद्य के निकट पहुँच जाता है। बाबू साहब को तो यों भी नये बने हिंदी विभाग के विद्यार्थियों के लिए उपयुक्त पाठ्य-पुस्तकें तैयार करनी थीं। 'साहित्यालोचन', 'रूपक रहस्य', 'हिंदी भाषा और साहित्य' जैसे ग्रंथ इसी आवश्यकता की पूर्ति के लिए लिखे गए थे, जिनकी शैली स्पष्ट और विवेचन स्वच्छ है। मौलिक विवेचन की न यहाँ संभावना है और न शायद अपेक्षा ही। आचार्य शुक्ल की इतिहास में टिप्पणी-जो कठोर लगती हुई भी ग़लत नहीं कही जा सकती—इस संदर्भ में यों है, "शिक्षोपयोगी तीन पुस्तकें—भाषाविज्ञान, हिंदी भाषा और साहित्य तथा साहित्यालोचन-भी आपने लिखीं या संकलित की हैं।"

नंददुलारे वाजपेयी की ख्याति छायावाद के प्रमुख व्याख्याकार और पुरस्कर्ता के रूप में है। अपने गुरु रामचंद्र शुक्ल की आलोचना-क्षमता से वे प्रभावित हैं, पर छायावादी कवियों विशेषत: प्रसाद और निराला के जीवंत संपर्क में रहकर, उनके छायावाद संबंधी मूल्यांकन से असंतुष्ट भी हैं। 1929 में अपने एक पत्र में वे निराला को लिखते हैं, "भारतीय काव्य दृष्टि पर इधर एक व्याख्यान सुकुल जी का हुआ था। पाखंड प्रतिषेध को गद्य का रूप मिल गया है। एक पूरी किताब लिख चुके हैं जिसमें यह सिद्ध किया गया है कि रहस्यवाद की कविता अभारतीय है—छप रही है, उसकी थोड़ी सी बेवकूफियाँ मेरी समझ में भी आई हैं, छप जाने पर आप देखेंगे ही।" स्मरणीय है कि 'पाखंड प्रतिषेध' शीर्षक से छायावाद-रहस्यवाद के विरोध में आचार्य शुक्ल के कवित्त कुछ समय पूर्व प्रकाशित हो चुके थे।

वाजपेयी का आलोचना-कर्म अपनी ऊपरी रूप-रेखा में रामचंद्र शुक्ल से मिलता-जुलता है। उन्होंने भी 'सूरसागर' और 'रामचरितमानस' का संपादन किया, सूरदास पर स्वतंत्र अध्ययन प्रस्तुत किया, और छायावादी कवि और काव्य पर विशेष रूप से लिखा। पर उनकी लेखन-शैली स्फुट रही। आचार्य शुक्ल ने यदि प्रबंध काव्य को महत्त्व दिया तो उनकी आलोचना में भी वैसी ही व्यवस्था और क्रमपरकता झलकती है। नंददुलारे वाजपेयी में अपने आलोच्य को लेकर ऐसी निष्ठा नहीं दिखती।

आचार्य शुक्ल से वाजपेयी की स्थिति में एक और महत्वपूर्ण अंतर है। शुक्ल नवविकसित व्यावहारिक आलोचना को पुरस्कृत और प्रशस्त करने के साथ-साथ परंपरित सैद्धांतिक आलोचना में भी पूरी रुचि रखते हैं। वे आधुनिक भारतीय भाषाओं के ऐसे आलोचक कहे जा सकते हैं जो भारतीय और पाश्चात्त्य दोनों परंपराओं के काव्य-चिंतकों का पूरे आत्मविश्वास के साथ विवेचन करते हुए अपनी दृष्टि का प्रतिपादन करते हैं। उनका गद्य इस समूची क्रिया-प्रतिक्रिया को आत्मसात् किए हुए है। वाजपेयी की रुचि सिर्फ व्यावहारिक आलोचना में है, जो स्पष्ट ही उनके गद्य-स्वभाव की एक सीमा बनाती है।

आधुनिक काव्य के विकास की ऐतिहासिक तथा सांस्कृतिक व्याख्या और उसका विवेचन वाजपेयी का विशिष्ट क्षेत्र है। द्विवेदी युग में आधुनिक खड़ीबोली कविता के

उदय से आरंभ करके छायावाद-प्रगतिवाद तथा प्रयोगवाद की विकास-सरणियों तक को समझने-समझाने का यत्न उनके आलोचनात्मक अध्ययन की आधार-भूमि है। यह अलग बात है कि इस सारी प्रक्रिया में उनके व्यक्तित्व की विशिष्ट सहानुभूति छायावादी काव्य के साथ रही है।

छायावाद के जटिल और संश्लिष्ट सांस्कृतिक उन्मेष की तुलना में नंददुलारे वाजपेयी को मैथिलीशरण गुप्त और प्रेमचंद का कृतित्व 'आरंभिक राष्ट्रीयता' की सीधी-सरल अभिव्यक्ति प्रतीत होता है। 'जयशंकर प्रसाद' के आरंभिक निबंध में वे लिखते हैं, "बड़े जीवन चक्रों को हाथ में लेना; पेचीदा भावधाराओं और सांस्कृतिक परिवर्तन के फलस्वरूप उठी हुई समस्याओं का निरूपण करना; व्यक्ति, देश और जगत् के जीवन के वृहत् छाया-आलोकों को उद्घाटित कर सकना, सारांश यह है कि जीवन के गहरे और बहुमुखी घात-प्रतिघातों और विस्तृत जीवन दशाओं में पद-पद पर आने वाले उद्वेलनों को चित्रित करना, उन्हें सँभालना और अपनी कला में उन सबको सजीव करना गुप्त और प्रेमचंद की साहित्य सीमा के बाहर है।" निबंध के इस लंबे, घुमावदार पर निर्दोष वाक्य-विन्यास में आलोचक जैसे छायावाद के जटिल और संश्लिष्ट रूप को किसी क़दर मूर्तमान कर देना चाहता है। आलोचना-भाषा में, कविता की तरह ही, यह एक तरह का अनुरणनात्मक विन्यास है।

उपर्युक्त उद्धरण में साहित्य की जिन गहरी संभावनाओं का अभाव समीक्षक ने मैथिलीशरण गुप्त के काव्य में लक्षित किया है वे प्रकारांतर से उसके अनुसार छायावाद, और उसकी शीर्षकृति 'कामायनी' की प्रतिनिधि विशेषताएँ हैं। अपने समीक्षा-कार्य को वाजपेयी मुख्यतः और प्रथमतः छायावाद से संबद्ध मानते हैं। अपनी पहली मुख्य रचना 'हिंदी साहित्य : बीसवीं शताब्दी' के प्रसंग में वे कहते हैं, "मेरा आगमन हिंदी के छायावादी कवि प्रसाद, निराला और पंत की कविता के विवेचक के रूप में हुआ था।" ('नया साहित्यः नए प्रश्न'—निकष) छायावाद की व्याख्या करते हुए आलोचक अपना दृष्टिकोण आचार्य शुक्ल से भिन्न रूप में प्रस्तुत करता है। उसका कहना है, "इस छायावाद को हम पंडित रामचंद्र शुक्ल जी के कथनानुसार केवल अभिव्यक्ति की एक लाक्षणिक प्रणाली-विशेष नहीं मान सकेंगे। इसमें एक नूतन सांस्कृतिक मनोभावना का उद्गम है और एक स्वतंत्र दर्शन की नियोजना भी।" ('जयशंकर प्रसाद') इस 'नूतन सांस्कृतिक मनोभावना' और 'स्वतंत्र दर्शन की नियोजना' की व्याख्या उन्होंने कई प्रसंगों में की है। वे छायावाद का एक 'आध्यात्मिक पक्ष' देखते हैं, परंतु उसकी मुख्य प्रेरणा धार्मिक न होकर मानवीय और सांस्कृतिक है।' यों छायावादी काव्य—जो इस गुरु-शिष्य की जोड़ी का निकट समकालीन काव्य है, और उनकी व्याख्या का केन्द्रीय अधिकारी भी-शुक्ल और वाजपेयी के विवेचन में अपना समुचित परिप्रेक्ष्य पा लेता है। गुरु की व्याख्या में जो भूल-चूक रह गई उसे शिष्य ने पूरी निर्भीकता और वैसी ही विनम्रता के साथ

मार्जित किया है। इस रूप में वाजपेयी की गुरु-ऋण से निष्कृति अनुकरणीय कही जा सकती है।

शुक्लोत्तर आलोचना में प्रमुख रूप से कृति रचनाकार अज्ञेय का योगदान विशेष रूप से उल्लेखनीय है। इस संदर्भ में और भी कि यहाँ आलोचना-भाषा को एक नयी उन्मुखता मिलती है। 'तारसप्तक' (1943) के प्रकाशन के बाद हिंदी कविता और समीक्षा वही नहीं रही, और वहीं नहीं रही। जिस अभिनव भाव-भूमि की पहिचान इन कवियों ने की उसका अभिज्ञान अज्ञेय द्वारा लिखित 'तारसप्तक' की भूमिका कराती है। उसके बाद वाद-विवाद, चर्चा-परिचर्चा के क्रम में परवर्ती सप्तक-संकलनों की भूमिकाएँ जुड़ती गईं, और हिंदी में छायावादोत्तर काव्य परिवेश का एक पूरा नक्शा इस श्रृंखला के माध्यम से तैयार होता गया। रचना' का महत्व, रचना-प्रक्रिया की छान-बीन रचनाकार और उसके बृहत्तर समाज के बीच होने वाली क्रिया-प्रतिक्रिया में वाचिक परंपरा का योगदान—ये और ऐसे अन्य अनेक विषय समकालीन समीक्षा में अज्ञेय की चिंता-धारा से प्रवाहित हुए हैं। आधुनिक साहित्य में अज्ञेय की यह भूमिका अनायास टी०एस० एलियट का स्मरण कराती है, जिसका काव्य और सहित्य-चिंतन परस्पर सहकार की मुद्रा में अँग्रेज़ी साहित्य को आधुनिक युग में लाते हैं। कविता सर्जनात्मकता का सघनतम रूप होने के कारण वहाँ निश्चय ही अधिक महत्वपूर्ण है, पर पुन: सर्जन के स्तर पर समीक्षात्मक निबंध भी कम महत्व के नहीं। कविता और समीक्षा का यह युग्म अपने आप में आधुनिक साहित्य की पहिचान बनाता है, जहाँ अनुभव और विचार का संश्लेष कई रूपों और मात्राओं में गतिशील हुआ है। अज्ञेय की भूमिकाएँ ('कवि-दृष्टि'), निबंध ('त्रिशंकु', 'आत्मनेपद', 'अद्यतन'), और समग्र विवेचन ('संवत्सर') साहित्य ही नहीं रचनात्मकता और संप्रेषण मात्र की विविध समस्याओं का गहरा और सुलझा हुआ विश्लेषण प्रस्तुत करते हैं। उन्होंने अपने से पहले, समकालीन और परवर्ती सभी आयु-क्रम के लेखकों का सहानुभूतिपूर्ण अध्ययन किया है, और यों परंपरा की सही पहिचान बनाने में गुणात्मक योग दिया है—जो परंपरा की पहिचान अज्ञेय के चिंतन का केन्द्र बिंदु कही जा सकती है!

आलोचना-गद्य सामान्यत: कुछ पर्युत्सुकता, किसी क़दर सक्रियता, और कभी-कभी आक्रामकता लिए रहता है। अज्ञेय के यहाँ यह पर्युत्सुकता और सक्रियता बराबर प्रशमित रहती है। इसका एक कारण हो सकता है कि मैलार्मे की कविता-व्याख्या—"कविता, मित्रवर देगास, विचारों से नहीं, शब्दों से लिखी जाती है।" की तरह ही अज्ञेय का गद्य प्रमुखत: शब्दों से लिखा जाता है, न कि विचारों से। विचार कहने पर लगता है कि कोई बात पहले से सोच कर निश्चित कर ली गई है, जबकि शब्दों में वह प्रक्रिया सबके निपट सामने सक्रिय है और धीरे-धीरे अपने को खोल रही है, बल्कि पाठक—श्रोता को भी भागीदारी के लिए समेटे हुए है। अज्ञेय के कवित्व और चिंतन के अंतरसंबंध को व्याख्यायित करते हुए रमेशचंद्र शाह अपनी सुव्यवस्थित

तथा सुविचारित पुस्तक 'अज्ञेय : वागर्थ का वैभव' के पुरोवाक् में ठीक ही कहते हैं, "जो कवि अपने कविकर्म में सच्चा-पूरा होता है, कविता के अपने अनुशासन, अपने साधनों का भरपूर उपयोग करते हुए अपने भावनात्मक उन्मोचन और सम्प्रेषण की राह पा लेता है, उसे फिर गद्य में कविताई करने की जरूरत ही नहीं रह जाती, उसका गद्य इसीलिए उबरा हुआ गद्य होता है। उसमें भावुकता, और अतिरिक्त वाग्मिता का ख़तरा भी कम से कम होता है। अज्ञेय का चिन्तनात्मक गद्य ऐसा ही है।" यहाँ कविता और गद्य, और इन दोनों के बीच 'कविताई' के क्षेत्रों की मिलावट तथा उनका पृथक्करण बहुत अच्छे ढंग से अज्ञेय के संदर्भ से प्रकट किया गया है।

मुख्य धारा में परवर्ती आलोचना-लेखन रामचंद्र शुक्ल से प्रेरित और प्रभावित रहा तो यह उचित और स्वाभाविक है। इस प्रसंग में नंददुलारे वाजपेयी के योग दान का मूल्यांकन पहले हो चुका है। अन्य आलोचकों में से कुछ ने द्विवेदीयुगीन काव्य को विवेचन का विषय बनाया कुछ ने छायावादी काव्य को। गिरिजादत्त शुक्ल 'गिरीश' ('महाकवि हरिऔध', 'गुप्तजी की काव्यधारा'), सत्येन्द्र ('गुप्तजी की कला') और रामनाथ सुमन ('प्रसाद की काव्य-साधना') के अपनी कोटि में आरंभिक अध्ययन हैं, जिनका उल्लेख आचार्य शुक्ल अपने इतिहास के 'समालोचना और काव्य-मीमांसा' शीर्षक प्रकरण के अंतर्गत करते हैं। ये अध्ययन परिचयात्मक और सहानुभूतिपूर्ण हैं। आधुनिक काल में आकर छायावादी कवि और काव्य बड़े रचना-क्रम के अंतर्गत ठीक ही पहिचाने गए। फलत: समकालीन आलोचना का ध्यान इस ओर अधिक गया। शांतिप्रिय द्विवेदी, विश्वम्भर 'मानव' तथा गंगाप्रसाद पाण्डेय ने छायावाद संबंधी आरंभिक विभ्रमों को दूर करने में महत्वपूर्ण योग दिया। प्रसाद, निराला, सुमित्रानंदन पंत, महादेवी तथा समग्रत: छायावाद संबंधी इनके अध्ययन उल्लेखनीय हैं। इनकी सीधी-सरल शैली छायावाद के आरंभिक आख्यान के लिए उपयुक्त सिद्ध होती है। इनमें से शांतिप्रिय द्विवेदी का आलोचना-गद्य अत्यंत प्रांजल, व्यवस्थित, और भावुकता की सीमा पर रुक जाने वाला है। इस दृष्टि से एक लंबी अवधि तक द्विवेदी की आलोचना-शैली छायावादी काव्य के बहुत अनुकूल मानी जाती रही।

सैद्धांतिक अध्ययन के क्षेत्र में लक्ष्मीनारायण 'सुधांशु' ने कार्य किया ('काव्य में अभिव्यंजनावाद', 'जीवन के तत्व और काव्य के सिद्धांत')। इसी अनुशासन के आलोचक हैं गुलाबराय, जयनाथ नलिन तथा विश्वनाथप्रसाद मिश्र, जिन्होंने क्रमश: पाश्चात्य तथा भारतीय काव्यशास्त्र में अधिक रुचि ली।

नंददुलारे वाजपेयी के बाद शुक्लोत्तर आलोचना के तीन मुख्य व्यक्तित्व हैं—हजारीप्रसाद द्विवेदी, नगेन्द्र तथा रामविलास शर्मा। हजारीप्रसाद द्विवेदी में पांडित्य और सहृदयता का विलक्षण मिश्रण है। संस्कृत-प्राकृत-अपभ्रंश परंपराओं की उनकी जानकारी तब और उपयोगी हो जाती है जब वे हिंदी साहित्य के संदर्भ से जोड़कर उन्हें देखते हैं। पर आलोचक के रूप में उनके साथ बड़ी कठिनाई यह है कि अपने

युग के साहित्य के साथ उनकी समझदारी और साझेदारी सीमित रही है। आलोचना-प्रक्रिया की अनिवार्य शर्त है समकालीन साहित्य से गहरा लगाव। किसी हद तक इस कमी के कारण आचार्य द्विवेदी की छवि एक सहृदय पंडित की अधिक बनती है बजाय एक संवेदनशील आलोचक के। उनके लेखन ने दो पक्षों को विशेष रूप से समृद्ध किया है—एक तो हिंदी चिंता-धारा की सहज लोक-परंपरा, और दूसरी उसी से जुड़ा कबीर का कवित्व। हजारीप्रसाद द्विवेदी के पहले तक दोनों हिंदी साहित्य के इतिहास में स्वीकृत तो किए जाते थे, पर जैसे कुछ छूट देने की मुद्रा में। उनके अध्ययन, विशेषत: 'कबीर' और 'हिंदी साहित्य की भूमिका' ने हिंदी साहित्य की इस विशिष्ट पृष्ठभूमि और इस विशिष्ट कवि को उनके सहज महत्व में प्रतिष्ठित किया।

आलोचक के साथ-साथ हजारीप्रसाद द्विवेदी एक विशिष्ट ऐतिहासिक उपन्यासकार, निबंधकार तथा साहित्य के इतिहासकार हैं। उनका गद्य-लेखन एक साझे रूप में इन विधाओं की अपेक्षाएँ पूरी करता है। शास्त्र और लोक, इतिहास और संस्कृति, परिनिष्ठत भाषा और बोली—इन सबके तत्वों से मिलकर उनका गद्य बना है। यों कालिदास और कबीर दोनों उनके यहाँ समान भाव से जीवंत होते हैं, यद्यपि कि युग की अपेक्षानुसार उनकी निष्ठा जितनी कबीर में है उतनी कालिदास में नहीं। यही कारण है जिससे उनका लेखन शास्त्र के पूरे आलोड़न के बाद भी धज 'मसि कागद छूयो नहीं' की रखता है। यह उनके समूचे गद्य तथा आलोचना-गद्य में भी सीधे परिलक्षित होता है। इसके साथ-साथ द्विवेदी के गद्य की आंतरिक शक्ति इसमें है कि यहाँ उपर्युक्त काल्पनिक तथा अकाल्पनिक विधाएँ परस्पर अंतर-क्रिया में अपने विशिष्ट ढंग से सर्जनात्मक होती हैं। 'बाणभट्ट की आत्मकथा', 'हिंदी साहित्य की भूमिका' तथा 'अशोक के फूल' का गद्य-लगभग एक ही दशक में रचित—एक-दूसरे में घुल-मिल रूपाकार ग्रहण करता है।

यहाँ एक तथ्य की ओर संकेत करना अप्रासंगिक न होगा। आचार्य द्विवेदी का योरोपीय या कि अँग्रेज़ी साहित्य से घनिष्ठ परिचय न था। यह बात उनके व्यक्तिगत जीवन संदर्भों से भी समझी जा सकती है, और उससे अधिक उनकी पूरी समीक्षा-प्रक्रिया से। जो बात महत्वपूर्ण है वह यह कि 20वीं शती के भारतीय संदर्भों में अँग्रेज़ी से निकट परिचय न होने पर भी उनका व्यक्तित्व कहीं कुंठित नहीं हुआ। उनके इस आत्मविश्वास का यदि विश्लेषण किया जाए तो दिखेगा कि संस्कृत के पांडित्य और लोक-जीवन में निष्ठा, इन दोनों तत्वों ने मिलकर बड़े विनम्र भाव से अँग्रेज़ी के ज्ञान को हिंदी साहित्य-चिंतन के लिए अप्रासंगिक कर दिया है। यह जानना रोचक है कि आचार्य द्विवेदी के यहाँ 'पंडित' शब्द का प्रयोग बहुत बार कबीर की मुद्रा में अवमानना से युक्त तो नहीं, पर हल्के व्यंग्य को लिए हुए है। कुल मिलाकर पंडित और लोक के बीच उनका पक्ष बराबर लोक का है, और यही उनके आत्मविश्वास का मूल स्रोत है। संस्कृत के प्रति आदर, अँग्रेज़ी के प्रति शालीन तटस्थता और

लोक के प्रति निष्ठा तथा आत्मीयता, हजारीप्रसाद द्विवेदी का रचनात्मक व्यक्तित्व कुछ ऐसे अनुपात में बनता है।

रामचन्द्र शुक्ल जैसे संस्कृत के पसारे से आतंकित नहीं होते, हजारीप्रसाद द्विवेदी वैसे अँग्रेज़ी के प्रभुत्व से। दोनों हिंदी के स्वतंत्रचेता आलोचक हैं। रामचंद्र शुक्ल की आशंसा में लिखा हजारीप्रसाद द्विवेदी का यह वाक्य दोनों के महत्व को प्रकट करता है, "नया लेखक उनसे डरता है, पुराना घबराता है, पंडित सिर हिलाता है। वे पुराने की गुलामी पसंद नहीं करते और नवीन की गुलामी तो उनके लिए एकदम असह्य है। ('भूमिका'—उपसंहार) यहाँ आचार्य शुक्ल की आलोचकीय महिमा की जैसी मार्मिक व्याख्या है तो दूसरी ओर आचार्य द्विवेदी के सीधे-सरल आलोचना-गद्य की शक्ति का वैसा ही निदर्शन, जहाँ लेखक अपने लयात्मक प्रवाह में नये ढंग के मुहावरे गढ़कर ('डरता है'/ घबराता है/सिर हिलाता है') उन्हें एक साथ अभिधा और लक्षणा के तौर पर प्रयुक्त करता है।

रामचंद्र शुक्ल और हजारीप्रसाद द्विवेदी की आलोचना-प्रक्रिया का विवेचन करते समय एक रोचक तथ्य की ओर ध्यान जाता है। हिंदी में बहुत बार 'प्राध्यापकीय आलोचना' पद कुछ चिढ़ाने और कुछ अवमानना की मुद्रा में प्रयुक्त होता है। स्थिति यह है कि पाश्चात्य तथा हिंदी के प्राय: सभी प्रतिष्ठित आलोचक किसी न किसी विश्वविद्यालय-परिसर से संबद्ध रहे हैं—ब्रैडले, रिचड्‌र्स, एम्पसन, स्टीनर, इको या कि रामचंद्र शुक्ल, हजारीप्रसाद द्विवेदी, नंददुलारे वाजपेयी, नगेन्द्र, रामविलास शर्मा—आलोचकों की पूरी नाम-माला स्मरण हो आती है। इसी प्रसंग में उल्लेखनीय यह भी है कि हिंदी के दो युगप्रवर्तक साहित्येतिहास—रामचंद्र शुक्ल का 'हिंदी-साहित्य का इतिहास' और हजारीप्रसाद द्विवेदी का 'हिंदी साहित्य की भूमिका' के मूल पाठ क्रमश: काशी तथा शांतिनिकेतन परिसर पर विद्यार्थियों के नोट्स-रूप में तैयार हुए थे। दोनों इतिहासकारों ने अपने इतिहास की भूमिका में इस तथ्य का स्पष्ट उल्लेख किया है। व्याख्या और पुनर्नृजन का गद्य यों बहुत बार प्राध्यापक की कक्षा में भी बनता है।

रीति-काव्य में रसिकता और शास्त्रीयता का योग हुआ है, और आधुनिक समीक्षा में डॉ० नगेन्द्र का व्यक्तित्व इसे अपने ढंग से प्रतिफलित करता है। उनकी शीर्ष रचना इस दृष्टि से 'रस-सिद्धांत' हो तो यह स्वाभाविक है। आधुनिक काल में मैथिलीशरण गुप्त और छायावादी काव्य उनके अध्ययन के प्रिय विषय रहे हैं। छायावाद के आरंभिक अध्येताओं में उनका स्थान महत्वपूर्ण है। छायावाद की तत्कालीन समीक्षा से कुछ-कुछ खीजे रामचंद्र शुक्ल को सुमित्रानंदन पंत के संबंध में लिखी हुई "केवल प्रो० नगेन्द्र की 'सुमित्रानंदन पंत' पुस्तक ही ठिकाने की मिली।" ('हिंदी साहित्य का इतिहास': गद्य-साहित्य की वर्तमान गति)। आचार्य शुक्ल के इतिहास में किसी समकालीन लेखक का ऐसा उल्लेख कुछ वैसा स्फूर्तिदायक है जैसा कि किसी कलाकार की कृति का उसके जीवन काल में ही पेरिस स्थित लूव्र संग्रहालय में

टँग जाना। इस संस्तुति के साथ, रीति-काव्य और छायावाद के अतिरिक्त, नगेन्द्र ने भारतीय काव्यशास्त्र की व्याख्या में विशेष रूप से कार्य किया है।

अपनी आलोचना-प्रक्रिया में नगेन्द्र क्रमशः काव्य के प्रति कुछ शंकालु और शास्त्र को लेकर पूरे आश्वस्त होते गए हैं। 'छायावाद की परिभाषा' शीर्षक अपने आरंभिक और प्रसिद्ध निबंध में वे लिखते हैं, "यह तो स्पष्ट ही है कि छायावाद का काव्य प्रथम श्रेणी का विश्व-काव्य नहीं है—कुंठा की प्रेरणा प्रथम श्रेणी के काव्य को जन्म नहीं दे सकती।" अपने दूसरे प्रिय क्षेत्र रीति काव्य की ऐतिहासिक पृष्ठभूमि का विवेचन आरंभ करते हुए इस काल की कविता को वे 'क्षयग्रस्त' बताते हैं ('रीति-काव्य की भूमिका')। हो सकता है अपनी आलोचकीय निष्पक्षता को प्रमाणित करने के लिए उन्होंने ऐसे कठोर वक्तव्य दिए हों, पर इससे दोनों युगों की कविता के प्रति अन्याय हुआ है। यहाँ नगेन्द्र की आलोचक मुद्रा मिश्रबंधुओं के निर्णयात्मक वक्तव्यों की याद दिलाती है और वैसे ही कठोर आलोचना-गद्य की। इन सीमाओं के बावजूद रीति-काव्य के वैशिष्ट्य को रेखांकित करने में उनके अध्ययन का ऐतिहासिक महत्व है।

आलोचना के क्षेत्र में नगेन्द्र के व्यक्तित्व का एक पक्ष आयोजन को लेकर है। प्राचीन भारतीय और पाश्चात्य काव्यशास्त्र के संकलन और संपादन में उनका कार्य श्यामसुंदरदास की आरंभिक व्यवस्था का स्मरण दिलाता है।

रामविलास शर्मा का आलोचना-कर्म हिंदी में प्रगतिवादी विचार-धारा के एक मुख्य प्रवक्ता के रूप में आरंभ होता है। पर क्रमशः उनके लेखन में वाद का आग्रह हल्का होता जाता है और विवेचन प्रधान। इस आरंभिक रुझान से उनका संस्कार कुछ ऐसा बन गया कि वे किसी लेखक के विचार की जितनी अच्छी व्याख्या कर सकते हैं उतनी उसकी रचनात्मकता की नहीं। और इसी प्रवृत्ति का एक परिणाम यह हुआ कि ध्वंसात्मक आलोचना उन्हें उतनी ही प्रिय है जितनी अपने मत की स्थापना। भारतेंदु हरिश्चंद्र संबंधी अध्ययन के अंतिम अंश में शिवदानसिंह चौहान की, और 'निराला की साहित्य साधना' (खंड-3) की भूमिका में जानकीवल्लभ शास्त्री की जिस मुद्रा में रामविलास शर्मा ने आलोचना की है वह पद्मसिंह शर्मा की संहार-शैली का स्मरण दिलाती है। और तब लगता है कि हिंदी के इन दोनों तेजस्वी आलोचकों के भीतर कहीं एक प्रचारक का तत्व है जो इन्हें जोड़ता हैं। पर रामविलास के आलोचना-गद्य में शरारत और विनोद की एक मिली-जुली छवि है जो उसे विशिष्ट बनाती है।

अपनी रुचि और तैयारी के अनुकूल रामविलास शर्मा का श्रेष्ठतम अध्ययन महावीर प्रसाद द्विवेदी को लेकर है, और इस बात का भी श्रेय उन्हें जाता है कि भारतेंदु के कृतित्व को वे अनेक विभ्रमों से खींच कर केन्द्र में लाए। कबीर की तरह ही भारतेंदु भी बहुत समय तक लेखक कम समाज सुधारक अधिक माने जाते थे।

उन्हें आधुनिक साहित्य-चेतना के केन्द्र में स्थापित करना रामविलास का काम है, वैसे ही जैसे जायसी और कबीर के कवि-रूप का संधान क्रमशः रामचंद्र शुक्ल तथा हजारीप्रसाद द्विवेदी ने किया। इसी संदर्भ में यह भी समझना होगा कि 'निराला की साहित्य साधना', जो लेखक का कई दृष्टियों से सबसे बड़ा काम है, अपनी जीवनी में जितना पुष्ट है आलोचना में उतना ही हल्का। और सबसे अच्छा खंड तो तीसरा है जिसमें निराला के पत्रों का संग्रह है, जिसकी भूमिका के एकदम आरंभ में रामविलास शर्मा ने स्वयं लिखा है, "एक तरह से तीनों खंडों में यह सबसे महत्वपूर्ण है। इसमें मेरा लेखन कम से कम है, दूसरों का अधिक से अधिक।"

भारतेंदु, महावीरप्रसाद द्विवेदी, निराला—इन तीनों लेखकों के माध्यम से रामविलास शर्मा ने हिंदी नवजागरण का बड़ा स्पष्ट और स्वच्छ नक्शा तैयार किया है। 'महावीरप्रसाद द्विवेदी और हिंदी नवजागरण' की भूमिका में उनका रेखांकन इस प्रकार है, "गदर, सन् 57 का स्वाधीनता संग्राम, हिंदी प्रदेश के नवजागरण की पहली मंज़िल है। दूसरी मंज़िल भारतेंदु हरिश्चंद्र का युग है...हिंदी नवजागरण का तीसरा चरण महावीरप्रसाद द्विवेदी और उनके सहयोगियों का कार्य-काल है...हिंदी नवजागरण के संदर्भ में निराला का यह लेखन महावीरप्रसाद द्विवेदी के ही कार्य की अगली कड़ी है।" इस प्रसंग में लेखक ने बड़ी सावधानी के साथ यह स्पष्ट कर दिया है कि भारतेंदु युग का जागरण हिंदू पुनरुत्थान नहीं है। भारतेंदु के बलिया व्याख्यान का यह अंश उन्होंने उद्धृत किया है, "इस महामंत्र का जप करो, जो हिंदुस्तान में रहे, चाहे किसी रंग, किसी जाति का क्यों न हो, वह हिंदू है। हिंदू की सहायता करो। बंगाली, मराठा, पंजाबी, मदरासी, वैदिक, जैन, ब्रह्मो, मुसलमान सब एक का हाथ एक पकड़ो।" ('भारतेंदु युग', पृ० 42)। हिंदू की इस व्याख्या में भारतेंदु का अंतर बँगला साहित्य में पुनर्जागरण के अग्रदूत बंकिम बाबू व्यंजना से (द्र० 'सीताराम' उपन्यास : 'हिंदू को हिंदू न बचाएगा तो कौन बचाएगा?') स्पष्ट समझा जा सकता है। स्वदेशी की भावना और राष्ट्र की धर्म-निरपेक्ष परिकल्पना में भारतेंदु का चिंतन अग्रगामी कहा जाएगा। वे आधुनिक भारतीय संविधान की इन मान्यताओं को बहुत पहले से पूर्वाशित करते दिखाई देते हैं।

इस व्यापक भाव-भूमि के पीछे भारतेंदु की गहरी हिंदू आस्था को रामविलास स्पष्ट नहीं करते। भारतेंदु ऐसे नये प्रकार के भक्त थे जो समकालीन राजनीति पर पूरी दृष्टि रखते थे, और उनकी रचना इस पूरी स्थिति में से निष्पन्न होती है। भारतेंदु या कि निराला के कृतित्व में—व्यक्तित्व की बात यहाँ छोड़ दें—व्यापक आस्तिक हिंदू पक्ष की उपेक्षा उन रचनाकारों के संपूर्ण स्वरूप को समझने में हमेशा बाधक होगी। रामविलास शर्मा इन दोनों कृतिकारों की समीक्षा में इस एक महत्त्वपूर्ण बिंदु पर ऊने पड़ते हैं। अंतर्राष्ट्रीय आग्रह उनके यहाँ राष्ट्रीय और जातीय मानस की समझ में आड़े आते हैं, और विडंबना यह कि इन राष्ट्रीय और जातीय पक्षों पर हिंदी

संवेदना की बनावट पर समीक्षक बल बराबर देता रहा है। भारतेंदु और निराला के विचारों को पकड़ने में रामविलास शर्मा की जैसी प्रखरता है वैसी उनके संस्कारों को समझने में संवेदनशीलता नहीं। आलोचक का व्यंग्य-विडंबनाओं से भरपूर, किसी क़दर नास्तिकभावी गद्य शायद इसीलिए रचना के सूक्ष्म सर्जन चक्र को समझने में कठिनाई का अनुभव करता है। आगे चलकर 'नयी कविता और अस्तित्ववाद' (1977) में तो आलोचक लगभग एक हठ की मुद्रा में हिंदी कविता की इस नयी सर्जनशीलता को समझने से इनकार कर देता है। महावीरप्रसाद द्विवेदी इस क्रम में कवि और रचनाकार नहीं हैं, इसलिए उनके व्यक्तित्व को समग्रतः ग्रहण करने में आलोचक को पूरी सफलता मिली है।

अपने आरंभिक प्रगतिवादी दिनों में रामविलास शर्मा के साथ-साथ शिवदानसिंह चौहान ने प्रगतिशील आंदोलन की सैद्धांतिक पृष्ठभूमि को स्पष्ट करने में महत्वपूर्ण योग दिया था, यद्यपि जैसा संकेत किया गया, कई मुद्दों पर दोनों आलोचकों के बीच तीव्र मतभेद भी रहा। चौहान को इस बात का श्रेय है कि उन्होंने हिंदी में आलोचना की एक उत्कृष्ट पत्रिका संस्थापित की 'आलोचना' (1951), और अपने अपेक्षया संक्षिप्त संपादन-काल में उसका स्तर बराबर ऊँचा बनाये रखा। 'आलोचना' त्रैमासिक के पृष्ठों में आलोचना-गद्य के आधुनिकीकरण और प्रतिमानीकरण की सहज प्रक्रिया चलती रही जो इस पत्रिका का हिंदी आलोचना के विकास में विशिष्ट योग-दान कहा जाएगा।

हिंदी के प्रमुख आलोचकों के साथ-साथ एक धारा आधुनिक काल के आरंभ से चलती रही है जिसमें रचनाकारों ने आलोचनात्मक लेखन किया। वस्तुतः हिंदी आलोचना का सूत्रपात ही भारतेंदु हरिश्चंद्र के लंबे निबंध 'नाटक' (1883) से हुआ। तब से यह प्रवाह अबाध गति से चला आ रहा है। रचनाकारों की आलोचना में सर्जनात्मक गद्य का संस्कार कुछ प्रबलतर हो तो यह स्वाभाविक है। और तब कई मानों में रचना-प्रक्रिया और आस्वादन की सही समझ विकसित करने में आलोचना की यह शैली विशुद्ध आलोचना-प्रक्रिया के लिए महत्वपूर्ण पूरक साबित होती है।

इस प्रसंग में स्मरणीय है कि अधिकतर रचनाकारों ने उस माध्यम के संबंध में सैद्धांतिक चिंतन विशेष रूप से किया है जो उनके अभिव्यक्ति-क्रम में प्रधान रहा। इस दृष्टि से भारतेंदु का नाटक संबंधी चुनाव हर दृष्टि से उचित है। इस निबंध से न केवल हिंदी आलोचना का सूत्रपात होता है वरन् इस क्षेत्र में आधुनिक दृष्टि का उन्मेष भी। भारतेंदु यहाँ लिखते हैं, "संस्कृत नाटक की भाँति हिंदी नाटक में इनका अनुसंधान करना, वा किसी नाटकांग में इनको यत्नपूर्वक रखकर हिंदी नाटक लिखना व्यर्थ है क्योंकि प्राचीन लक्षण रखकर आधुनिक नाटकादि की शोभा संपादन करने से उल्टा फल होता है और यत्न व्यर्थ हो जाता है।" रचनात्मकता के क्षेत्र में संस्कृत परंपरा से हिंदी के पार्थक्य का यह महत्वपूर्ण घोषणा-पत्र है। यहाँ लक्षित करने की

बात यह भी है कि रचनाकार में ऐसा विद्रोही भाव आलोचक की तुलना में कुछ गहरा ही रहता है; सापेक्षिक दृष्टि से एक में बल प्रयोग पर है तो दूसरे में परंपरा पर। यह विलक्षण संयोग है कि जिस पंडितों कीं नगरी काशी में भारतेंदु ने हिंदी नाटक की संस्कृत शास्त्र से अलग अपनी स्वतंत्र इयत्ता घोषित की उसी नगरी में कुछ आगे चलकर स्वयं आचार्य रामचंद्र शुक्ल की देख-रेख में अपना ग्रंथ प्रस्तुत किया 'प्रसाद के नाटकों का शास्त्रीय अध्ययन' (1943) जगन्नाथप्रसाद शर्मा ने। तब इस तुलना में यह भी स्पष्ट है कि सामान्य आलोचना-गद्य को देखते रचनाकारों की आलोचना जटिल पारिभाषिक संदर्भों से मुक्त हो।

नाटक का विवेचन और इतिहास भारतेंदु ने लिखा तो कविता का पक्ष फिर द्विवेदी-युग और छायावाद-युग के कई बड़े कवियों ने प्रस्तुत किया। नाटक और महाकाव्य सभी सभ्यताओं के आद्य काव्य-माध्यम हैं। हिंदी रचनाकारों ने शास्त्र तथा निजी अनुभवों की तुलना करते हुए इस प्रसंग में अपने मत की उपस्थापना की। अयोध्यासिंह उपाध्याय 'हरिऔध' ने खड़ी बोली में पहला महाकाव्य लिखा था 'प्रियप्रवास' (1914)। उस समय तक यह पूर्वग्रह बना हुआ था कि खड़ी बोली में सरस कविता नहीं लिखी जा सकती, वह सिर्फ़ गद्य के व्यावहारिक प्रयोगों के लिए भले सक्षम हो। भारतेंदु-मंडल के वरिष्ठ सदस्य बालकृष्ण भट्ट ने द्वितीय हिंदी साहित्य सम्मेलन (1911 : प्रयाग) के स्वागत-भाषण में कहा था, "मेरे विचार में खड़ी बोली में एक इस प्रकार का कर्कशपन है कि कविता के काम में ला उसमें सरसता संपादन करना प्रतिभावान् के लिए भी कठिन है, तब तुकबंदी करने वालों की कौन कहे।" 'प्रियप्रवास' के आरंभ में 58 पृष्ठों की अपनी लंबी भूमिका में 'हरिऔध' ने इस मत का, तथा कई अन्य विद्वानों के आरोपों का खंडन किया है। खड़ी बोली के पक्ष में एक रचनाकार का यह प्रामाणिक साक्ष्य है।

इस युग के दूसरे महत्वपूर्ण कवि मैथिलीशरण गुप्त स्वभाववश विवादों से बचते रहे। पर अपने काव्य-गुरु महावीरप्रसाद द्विवेदी के संपादन-काल में उन्होंने कई निबंध और समीक्षाएँ 'सरस्वती' में प्रकाशित कीं। अपनी पुस्तक 'महावीरप्रसाद द्विवेदी और हिंदी नवजागरण' के 'साहित्य समालोचना और रीतिवाद-विरोधी अभियान' के अंतर्गत रामविलास शर्मा ने इस लेखन के महत्व को सही रेखांकित किया है। 1992 की 'सरस्वती' में मैथिलीशरण गुप्त ने जगन्नाथप्रसाद 'भानु' के 'काव्य प्रभाकर' नामक ग्रंथ की समीक्षा की है। यहाँ 'भानु' के मतों का खंडन और कुछ उपहास करते हुए उन्होंने लिखा, "भानु जी अभ्यास को प्रधानता देते हैं। पर मेरी राय में कविता विशेषकर शक्ति या प्रतिभा पर ही अवलंबित रहती है।" फिर 1914 की 'सरस्वती' में मैथिलीशरण गुप्त का एक और लेख प्रकाशित होता है 'हिंदी कविता किस ढंग की हो?' रामविलास शर्मा के शब्दों में, "गुप्तजी यहाँ दो बातों पर ज़ोर देते हैं। एक तो यह कि रीतिवादी कविता का सामाजिक आधार अत्यंत संकुचित है। नयी कविता

को अपना संबंध सर्वसाधारण से जोड़ना है। दूसरी बात यह कि रीतिवादी काव्य का भाषा-सौंदर्य निर्जीव किस्म का है। माधुर्य के साथ ओज भी होना चाहिए।" यों हम पाते हैं कि रचनाकारों के आलोचनात्मक दायित्व का निर्वाह खड़ी बोली के इन आरम्भिक कवियों ने बखूबी निभाया है।

छायावाद एकदम नये ढंग की कविता थी, जिसका तीखा विरोध होना ही था। स्वभावतः इन कवियों ने अपने पक्ष को बड़ी तैयारी और सावधानी के साथ प्रस्तुत किया। वस्तुतः छायावाद के निमित्त से हिंदी में पहली बार ऐसा सघन आलोचनात्मक चिंतन संभव होता है। छायावाद में यदि खड़ी बोली हिंदी कविता वयस्क होती है, तो उससे जुड़ी चर्चा-परिचर्चा में आलोचना-गद्य को वयस्कता मिलती है—एक ओर रामचंद्र शुक्ल के साहित्य-चिंतन में, दूसरी ओर सुमित्रानंदन पंत, निराला, प्रसाद और महादेवी के आलोचनात्मक लेखन में।

इस संदर्भ में सुमित्रानंदन पंत के 'पल्लव' की भूमिका (1926) का ऐतिहासिक महत्व है, जिसे आगे चलकर 'आधुनिक कवि-2' के 'पर्यालोचन' (1941) में उन्होंने और पल्लवित किया। रामचंद्र शुक्ल यदि अपने इतिहास में पंत को छायावाद का प्रथम कवि मानते दिखते हैं तो इसका एक बड़ा कारण 'पल्लव' की व्यवस्थित भूमिका है, अन्यथा इस स्थिति में 'झरना' (1918) के कवि जयशंकर प्रसाद को रखना हर दृष्टि से औचित्यपूर्ण होता। पर 'झरना' में कवि की ओर से कोई भूमिका नहीं, जबकि 'पल्लव' का कवि अपने आलोचनात्मक प्रवेश में इस नयी काव्य-धारा के उपयुक्त भाव-भूमि तैयार करने के लिए पक्ष-विपक्ष का सांगोपांग विवेचन प्रस्तुत करता है, जो प्रक्रिया फिर आगे गतिशील रहती है। कुल मिलाकर ब्रजभाषा और रीतिकालीन मनोवृत्ति को नये युग में अप्रासंगिक ठहराते हुए उसने खड़ी बोली के वैशिष्ट्य और पुनर्जागरणकालीन चेतना का आख्यान किया। 'पर्यालोचन' मे वह कहता है, "सच तो यह है कि हमें अपने देश के युगव्यापी अंधकार में फैले, इस मध्यकालीन संस्कृति के ऊर्ध्वमूल अश्वत्थ को, जड़ और शाखा सहित, उखाड़ कर फेंक देना होगा।"

पंत और निराला की स्पर्द्धा छायावादी काव्य का इतिहास लिखने वाले के लिए केवल मानवीय पक्षों को ही नहीं उघारती वरन् आलोचना के कुछ सैद्धांतिक प्रश्नों को भी खड़ा करती है। 'पंत और पल्लव' (1928) शीर्षक प्रसिद्ध लेख-माला में निराला का पंत के प्रति आविकर्षण भाव भली भाँति प्रकट होता है। कवित्त छंद के विधान और खड़ी बोली के जातीय स्वरूप को लेकर निराला ने यहाँ पंत की मान्यताओं से स्पष्ट अंतर प्रकट किया है। कवित्त को उन्होंने हिंदी का 'जातीय छंद' कहा, और खड़ी बोली का पक्ष लेकर पंत ने 'पल्लव' के प्रवेश में ब्रजभाषा का जो मखौल उड़ाया था उसे निराला ने संयमित करना चाहा। 'पंतजी की छंद-योजना' शीर्षक निबंध में निराला ने लिखा, "जिनके संस्कार बहुत कुछ अँग्रेज़ी कविता के साँचे में ढल जाते हैं, उन्हें ब्रजभाषा की कविता पसंद नहीं आती, यह बहुत ठीक है। परन्तु यह भी बहुत ठीक है

कि पंतजी ने ब्रजभाषा पर अपनी उदासीनता के कारण जो कटाक्ष किया है, वह कुछ ही अंशों में सत्य है।" यहाँ स्पष्ट ही छंद-विधान और काव्य भाषा के साथ-साथ मूल प्रश्न परंपरा के प्रति दृष्टिकोण को लेकर है। पंत ने ब्रजभाषा और कवित्त-छंद पर जो कठोर प्रहार किया वह न तो निराला के संस्कार को रुचा और न उनके विचारों में ग्राहय हुआ। वे परंपरा के नये उपयोग के पक्ष में हैं न कि उसके अंध समर्थन या विरोध के। आलोचना की ज़मीन पर पंत और निराला का यह द्वन्द्व निराला की 'सरोज-स्मृति' की इन पंक्तियों की अनायास याद दिला देता है—

देखता रहा मैं खड़ा अपल
वह शर-क्षेप, वह रण-कौशल।

पंत के 'पल्लव' (1926) और निराला के 'परिमल' (1929) की भूमिकाओं का ऐतिहासिक महत्व दोनों की वैचारिक तीव्रता को लेकर है, यह ठीक है, पर यह तीव्रता और उदग्रता दोनों के निखरे आलोचना-गद्य में संभव होती है। 'प्रवेश' और 'भूमिका' के अंतर्गत काव्य-रचना के प्रसंग में जहाँ नयी मान्यताओं की सोदाहरण तार्किक उपस्थापना है वहीं प्रतिद्वद्वियों के ऊपर गहरे, यद्यपि कि सुरुचिपूर्ण भंगी में, व्यंग्य गुँथे हुए हैं। विचार-प्रक्रिया और वक्तृत्व का बड़ा प्रीतिकर संगम यहाँ देखा जा सकता है, जो बहुत बार बोलचाल की मुद्रा लिए है। दोनों प्रसंगों से कुछ अंश उदाहरण रूप में प्रस्तुत हैं :—

कवित्त छंद, मुझे ऐसा जान पड़ता है, हिंदी का औरसजात नहीं, पोष्य पुत्र है; न जाने, यह हिंदी में कैसे और कहाँ से आ गया, अक्षर मात्रिक छंद बँगला में मिलते हैं, हिंदी के उच्चारण संगीत की ये रक्षा नहीं कर सकते। कवित्त को हम संलापोचित (कलोकियल) छंद कह सकते हैं; संभव है, पुराने समय में भाट लोग इस छंद में राजा-महाराजाओं की प्रशंसा करते हों, और इसमें रचना सौकर्य पाकर, तत्कालीन कवियों ने धीरे-धीरे इसे साहित्यिक बना दिया हो।
('पल्लव' का प्रवेश)

मनुष्यों की मुक्ति की तरह कविता की भी मुक्ति होती है। मनुष्यों की मुक्ति कर्मों के बंधन से छुटकारा पाना है, और कविता की मुक्ति छंदों के शासन से अलग हो जाना। जिस तरह मुक्त मनुष्य कभी किसी तरह भी दूसरे के प्रतिकूल आचरण नहीं करता, उसके तमाम कार्य औरों को प्रसन्न करने के लिए होते हैं—फिर भी स्वतंत्र, इसी तरह कविता का भी हाल है। मुक्त काव्य कभी साहित्य के लिए अनर्थकारी नहीं होता, प्रत्युत उससे साहित्य में एक प्रकार की स्वाधीन चेतना फैलती है, जो साहित्य के कल्याण की ही मूल होती है
('परिमल' की भूमिका)

यहाँ दोनों उद्धरण एक तरह से इन दोनों परिवर्तनकामी कवियों के समूचे रचना-कर्म का ही पक्ष प्रस्तुत करते हैं, पर यह औचित्य का प्रस्तुतीकरण कहीं न्यस्त स्वार्थ का रूप लेता नहीं दिखता ; वरन् सारा विवेचन अत्यंत तर्कपूर्ण और साक्ष्य सज्जित है वैसे ही प्रवहमान आलोचना-गद्य में। रचनाकारों द्वारा आलोचना का यह श्रेष्ठतम रूप कहा जा सकता है।

छायावादी वरिष्ठ और कनिष्ठ कवि जयशंकर प्रसाद तथा महादेवी वर्मा अपने आलोचनात्मक लेखन में तात्कालिक विवादों से अलग रहे। प्रसाद का महत्वपूर्ण चिंतन रहस्यवाद और छायावाद की सांस्कृतिक पृष्ठभूमि को लेकर अधिक है। रहस्यवाद को उन्होंने वैदिक परंपरा के स्वस्थ सहज विकास के रूप में देखा जो अपने अद्वैत-चिंतन में इस संसार को स्वीकार करके चलता है, और विवेक के स्थान पर आनंद को महत्व देता है। 'कामायनी' और उनके अधूरे उपन्यास 'इरावती' की जीवन-दृष्टि इस निबंध की मान्यताओं से बराबर मेल खाती दिखती है। 'इरावती' उपन्यास, 'सालवती' शीर्षक कहानी, और 'रहस्यवाद' विषयक निबंध का गद्य जैसे एक-दूसरे में अतिक्रमित होता दिखाई देता है। रचनात्मक और आलोचनात्मक लेखन में ऐसा ताल-मेल अन्यत्र कठिनाई से मिलेगा।

महादेवी के आलोचनात्मक निबंध अपने युग के काव्य की आधार-भूमि खोजते चलते हैं। 'काव्य-कला', 'छायावाद', 'रहस्यवाद', 'गीति-काव्य', 'यथार्थ और आदर्श' शीर्षक निबंध प्रसाद की ही तरह साहित्य की सैद्धांतिक समस्याओं का तात्विक विवेचन करते हैं। शीर्षकों का चुनाव और तर्क का क्रम वैसा ही सधा हुआ है। उत्तर छायावाद के कवियों में रामधारी सिंह 'दिनकर' का आलोचनात्मक लेखन महत्वपूर्ण है। 'शुद्ध कविता की खोज' (1966) में जहाँ कविता के बुनियादी स्वरूप को लेकर विवेचन किया गया है वहाँ 'पंत, प्रसाद और मैथिलीशरण' (1958) में पिछली पीढ़ी के तीन ख्यात कवियों का आलोचनात्मक अध्ययन हुआ है।

छायावादोत्तर काव्य का तो आरंभ ही कविता और आलोचना के समागम में होता है 'तारसप्तक' (1943) जिसका पुष्ट प्रमाण है, जहाँ कविताओं के साथ-साथ कवियों के अपने आलोचनात्मक वक्तव्य दिए गए हैं। 'तारसप्तक' की भूमिका और अज्ञेय के साहित्य-चिंतन प्रसंग में यह विवेचन पहले हो चुका है। इस युग के दूसरे महत्वपूर्ण रचनाकार-आलोचक गजानन माधव मुक्तिबोध हैं। ऐसे उदाहरण विरल हैं जहाँ एक बड़े रचनाकार की महत्वपूर्ण कृति से एक परवर्ती प्रतिभावान और महत्वाकांक्षी लेखक सीधे टकराए और उसका पूरा व्यवस्थित अध्ययन प्रस्तुत करे। मुक्तिबोध की आलोचना 'कामायनी : एक पुनर्विचार' (1961) ऐसा ही उदाहरण है। यह पुस्तक अपने में न केवल व्यवस्थित अध्ययन है, वरन् आलोचना के क्षेत्र में पुनर्विचार और पुनर्मूल्यांकन प्रक्रिया का सूत्रपात करती है। 'कामायनी' के प्रकाशन-काल से ही उसकी तरह-तरह से आलोचनाएँ होती रहीं। मुक्तिबोध प्रकाशन

के पचीस बरस बाद इस विशेष रचना को एक नये परिप्रेक्ष्य में रख कर देखते हैं। हिंदी आलोचना में यह एक महत्वपूर्ण शुरुआत है।

'पुनर्विचार' होने के नाते यह स्वाभाविक था कि मुक्तिबोध 'कामायनी' को आधुनिक संदर्भों से आधुनिक शब्दावली में जोड़ते। यहीं आलोचना-प्रक्रिया के सामने समस्या आती है कि ऐसी स्थिति में किसी रचना को उसके अपने परिवेश और आलोचक के समकालीन संदर्भ के बीच कैसे और कितनी दूर तक विकसित किया जाए। अस्तित्ववाद और अजनबीपन की शब्दावली में 'रामचरितमानस' का विवेचन कुछ वैसा ही लगेगा जैसे कथावाचक लोग 'मानस' में बाँग्ला देश के मुक्ति आंदोलन का चित्रण देख लेते हैं। 'कामायनी' की आलोचना-प्रक्रिया में मुक्तिबोध का मुख्य प्रदेय उसे 'फैंटेसी' के रूप में व्याख्यायित करना है। इस संदर्भ में कवि-आलोचक ने 'फैंटेसी' के सैद्धांतिक पक्ष का भी अच्छा विवेचन किया है। उसकी मान्यता का तर्क-क्रम यों है, "कलाकृति स्वानुभूत जीवन की कल्पना द्वारा पुनर्रचना है—संक्षेप में फैंटेसी के अंतर्गत, भाव पक्ष प्रधान और विभाव पक्ष गौण और प्रच्छन्न तो होता ही है, साथ ही यह भाव-पक्ष, कल्पना को उत्तेजित करके, बिंबों की रचना करते हुए एक ऐसा मूर्त विधान उपस्थित करता है कि जिस विधान में उस विधान ही के नियम होते हैं दूसरे शब्दों में, प्रसाद जी ने 'कामायनी' में एक विशाल फैंटेसी के अंतर्गत स्वानुभूत जीवन समस्या को, एक परिवेश से संलग्न कर उपस्थित किया है, तथा उस जीवन-समस्या का स्व-चिंतित दार्शनिक निदान प्रस्तुत किया है।" ('प्रथमत:') जैसा सुलझा चिंतन वैसा ही व्यवस्थित विश्लेषण है। बढ़िया संयोग, यह है कि लेखक का सिद्धांत-चिंतन और उसका व्यावहारिक विकास दोनों एक दूसरे को पुष्ट करते चलते हैं।

मुक्तिबोध ने इस अध्ययन के माध्यम से 'कामायनी' की समझ को बढ़ाने में निश्चय ही योग दिया है। उसे 'फैंटेसी' के रूप में व्याख्यायित करके उन्होंने रचना के अब तक स्थूल रूप में देखे जाने वाले कथानक का रंग काफ़ी हल्का कर दिया है। यह समीक्षा बड़ी क्रमबद्ध और विचारोत्तेजक है, तथा और अधिक सार्थक हो पाती, यदि लेखक अपने मार्क्सवादी चिंतन को यहाँ अस्थान स्थापित करने का आग्रह न करता। यह वैसा ही है जैसा 'कामायनी' को शैवागम के माध्यम से समझना। एक दार्शनिक पद्धति से 'कामायनी' की रचनात्मकता को मुक्ति दिला कर उसे दूसरी दार्शनिक पद्धति में जकड़ना एक ग़लती को ठीक करने के लिए दूसरी और बड़ी ग़लती करना है। पुस्तक की एक रोचक विडंबना यह है कि 'कामायनी' को 'फैंटेसी' के रूप में प्रस्तुत करते हुए भी वह अंत में मनु के हिमालय जाने को वैसे ही स्थूल घटना के रूप में स्वीकार करती है जैसा कि 'कामायनी' की कुछ अन्य परंपरित समीक्षाओं में किया गया है।

समकालीन काव्य-प्रक्रिया के संबंध में मुक्तिबोध का विवेचन 'एक साहित्यिक

की डायरी' तथा 'नयी कविता का आत्मसंघर्ष तथा अन्य निबंध' शीर्षक कृतियों में हुआ है। फ़ैंटेसी संबंधी सिद्धांत कथन को और प्रशस्त करते हुए यहाँ लेखक ने काव्य-रचना के तीन क्षणों का बड़ा स्पष्ट विवेचन किया है। अपने क्रम-विकास में यह क्रोचे के 'अंत: प्रज्ञा-अभिव्यक्ति', तथा एलियट के निर्वैयक्तिकता सिद्धांत के निकट पहुँचता है।

हिंदी में कथाकारों का आलोचनात्मक लेखन अपेक्षाकृत कम है, पर इस क्षेत्र का भी जो साहित्य-चिंतन है वह काफी पुष्ट यद्यपि स्फुट रूप में हुआ है। स्वयं कथा साहित्य की तरह यहाँ भी प्रेमचंद पहले आते हैं। उनके आलोचनात्मक निबंध और टिप्पणियाँ 'साहित्य का उद्देश्य' शीर्षक से पहले संकलित हुए हैं। इस लेखन में उपन्यासकार के विचार बहुत स्पष्ट रूप में व्यक्त होते हैं, यद्यपि उनके पीछे का तर्क-क्रम बहुत बार नहीं रहता। कहना न होगा, प्रेमचंद का आलोचना-गद्य उनके रचना-गद्य के बहुत अनुरूप चलता है सीधा दो टूक। 'साहित्य का उद्देश्य' समशीर्षक संकलन का मुख्य निबंध है, जो 'प्रगतिशील लेखक संघ' के प्रथम अधिवेशन, लखनऊ में सभापति के भाषण रूप में दिया गया था। इस निबंध की कुछ मुख्य मान्यताएँ यों हैं—"नीति-शास्त्र और साहित्य-शास्त्र का लक्ष्य एक ही है—केवल उपदेश की विधि में अंतर है।" "मुझे यह कहने में हिचक नहीं कि मैं और चीजों की तरह कला को भी उपयोगिता की तुला पर तौलता हूँ। निस्संदेह कला का उद्देश्य सौंदर्य-वृत्ति की पुष्टि करना है और वह हमारे आध्यात्मिक आनंद की कुंजी है; पर ऐसा कोई रुचिगत मानसिक तथा आध्यात्मिक आनंद नहीं, जो अपनी उपयोगिता का पहलू न रखता हो।" "वह (साहित्यकार) देशभक्ति और राजनीति के पीछे चलने वाली सचाई भी नहीं, बल्कि उनके आगे मशाल दिखाती हुई चलने वाली सचाई है।" पूरे संकलन में स्पष्ट ही वे निबंध अधिक महत्त्वपूर्ण हैं जिनमें उपन्यास या कहानी-कला के किसी पक्ष का विवेचन हुआ है। ऐसे निबंधों की संख्या लगभग दस होगी। कुछ निबंध ऐसे हैं जो साहित्य की व्यापक प्रकृति और समस्याओं को सामने रखते हैं और उस संदर्भ में लेखक के आलोचनात्मक चिंतन को स्पष्ट करते हैं।

जैनेन्द्रकुमार ने अपने निबंधों तथा विचार-साहित्य में साहित्य और साहित्यकार की विविध समस्याओं को उठाया है, यद्यपि उनका सरोकार व्यावहारिक आलोचना से कम रहा है। प्रेमचंद की तरह जैनेन्द्र का भी आलोचना-गद्य उनके सर्जनात्मक गद्य से पूरा मेल खाता है—एक छोटी घटना, चरित्र या कि प्रसंग को लेकर उसकी तहों में धीरे-धीरे प्रवेश करते हुए। प्रेमचंद और जैनेन्द्र के गद्य की तुलना और विवेचना पिछले कई संदर्भों में हो चुकी है।

अज्ञेय की आलोचना मुख्यत: कविता के विवेचन से जुड़ी हुई है, पर कथा-साहित्य के विविध पक्ष भी उनके चिंतन का केन्द्र बने हैं। 'संवत्सर' में उन्होंने कथा और कालानुक्रम के विषय में कुछ बुनियादी प्रशन उठाये हैं। 'शेखर' और 'नदी के

द्वीप' को लेकर कुछ विचारोत्तेजक चर्चा 'आत्मनेपद' में है।

कथाकारों में इलाचंद्र जोशी का आलोचनात्मक लेखन सबसे अधिक वैविध्यपूर्ण है। सैद्धांतिक प्रश्नों पर भी उन्होंने विवेचन किया है, और नये-पुराने लेखकों तथा उनकी रचनाओं की समीक्षा भी प्रस्तुत की है। 'साहित्य-कला और विरह 'तथा 'कला और नीति' जैसे निबंध पहले वर्ग में आएँगे तथा 'मानवधर्मी कवि चंडीदास', 'शेक्सपियर का हैमलेट', 'कामायनी' तथा 'शरत्चंद्र की प्रतिभा' जैसे निबंध दूसरी कोटि में। 'कामायनी' के संबंध में जोशी का निबंध 1937 में आया जो कि मूल रचना का ही प्रकाशन वर्ष है। स्पष्ट ही छायावाद की शीर्ष रचना पर यह आरंभिक समीक्षाओं में है, और बड़ी सहानुभूति तथा अंतर्दृष्टि के साथ यहाँ इस गहन रचना का विवेचन हुआ है। कालिदास, गेटे, शेक्सपियर, रवीन्द्रनाथ, प्रसाद, प्रेमचंद, शरच्चंद्र इन बड़े रचनाकारों का आलोचनात्मक अध्ययन इलाचंद्र जोशी ने प्रस्तुत किया है, और इस रूप में वे केवल कथा-साहित्य के समीक्षक भर नहीं पूरे व्यवस्थित आलोचक हैं। भाषा, देश, काल की सीमाओं से ऊपर उन्होंने अपने युग में साहित्य की वास्तविक व्यापक प्रकृति से हिंदी पाठक और लेखक को परिचित कराया, और विश्व-साहित्य की अवधारणा बनने में महत्वपूर्ण योग दिया। उनके आलोचना-गद्य में वह संपन्नता है जो ऐसे और इतने व्यापक देश-काल को अपने में समो सके। आलोचनात्मक निबंधों के उनके प्रमुख संकलन हैं 'साहित्य सर्जना', 'विवेचना' (1948)।

आलोचना-प्रक्रिया का संबंध कई रूपों में साहित्यिक पत्रकारिता से रहता है। काव्यशास्त्र का प्रणयन एकांत भाव से ग्रंथ के रूप में होता है, आलोचना समकालीन साहित्य से टकराहट में विकसित होती है, और इसीलिए बहुत बार उसका प्रथम प्रकाशन किसी न किसी साहित्यिक पत्रिका में होता है। रामचंद्र शुक्ल का शीर्ष निबंध 'कविता क्या है?' 'सरस्वती' (1909) में पहली बार प्रकाशित होता है। पुस्तक-समीक्षाएँ तो स्वभावत: पत्र-पत्रिकाओं में प्रकाशन के लिए ही लिखी जाती हैं। लाला श्रीनिवासदास के नाटक 'संयोगिता स्वयंवर' की समीक्षा बदरीनारायण चौधरी 'प्रेमघन' ने अपने पत्र 'आनंद कादंबिनी' में और बालकृष्ण भट्ट ने अपने पत्र 'हिंदी प्रदीप' में 1886 में प्रकाशित की। यों आलोचना-कर्म के लिए साहित्यिक मानसिकता बनाने में साहित्यिक पत्र-पत्रिकाओं का विशिष्ट योगदान रहता है। हिंदी साहित्य में समय-समय पर जो विवाद चलते रहे हैं उन्होंने भी हमारे आलोचनात्मक विवेक को बनाने में महत्वपूर्ण भूमिका निभाई है। ये स्वभावत: पत्र-पत्रिकाओं के माध्यम से अधिक चले। काव्यशास्त्र के अपेक्षया स्थिर गद्य को ये साहित्यिक बहसें एक जीवंतता और गति :

प्रदान करती हैं। इनकी अंतरक्रिया में जैसे समकालीन आलोचना का विकास होता है। इन बहसों में से कुछ के विषय थे—ब्रजभाषा बनाम खड़ी बोली, छायावाद का स्वरूप और उसकी सार्थकता, घासलेटी साहित्य, उपन्यास में यथार्थ का स्वरूप, उपन्यास का समाज के नैतिक जीवन पर प्रभाव, आत्मकथा लिखने का अधिकार।

इनमें से कुछ की चर्चा यथाप्रसंग हो चुकी है। इस पक्ष का व्यवस्थित अध्ययन तो अपने में संपूर्ण और स्वतंत्र विषय है। यहाँ सिर्फ़ उन पत्रकारों और पत्रिकाओं का उल्लेख भर किया जा रहा है जिन्होंने हिंदी गद्य के विविध रूप और उससे जुड़ी मानसिकता को बनाने में योग दिया।

भारतेंदु हरिश्चंद्र ('कविवचन सुधा', 'हरिश्चंद्र पत्रिका'—काशी), बालकृष्ण भट्ट ('हिंदी प्रदीप'—इलाहाबाद), बदरीनारायण चौधरी 'प्रेमघन' ('आनंद कादंबिनी'—मिर्जापुर), प्रतापनारायण मिश्र ('ब्राह्मण'—कानपुर), महावीरप्रसाद द्विवेदी ('सरस्वती'—इलाहाबाद), बनारसीदास चतुर्वेदी ('विशाल भारत'—कलकत्ता), प्रेमचंद ('माधुरी'—लखनऊ, 'जागरण', 'हंस'—काशी), जयशंकर प्रसाद ('इंदु'—काशी), निराला ('मतवाला'—कलकत्ता), शिवपूजन सहाय ('जागरण'—काशी), कृष्णबिहारी मिश्र : रूपनारायण पांडेय ('माधुरी'—लखनऊ), महादेवी वर्मा, रामरिखसिंह सहगल ('चाँद'—इलाहाबाद), रामगोविंद त्रिवेदी ('गंगा'—सुलतानगंज, बिहार), नर्मदाप्रसाद मिश्र : द्वारकाप्रसाद मिश्र ('श्रीशारदा' जबलपुर), रामेश्वर गुरु : हरिशंकर परसाई ('वसुधा'—जबलपुर), कालिकाप्रसाद दीक्षित 'कुसुमाकर' ('वीणा'—इंदौर), हेमचंद्र जोशी ('विश्वमित्र'—कलकत्ता), माखनलाल चतुर्वेदी : बालकृष्ण शर्मा 'नवीन' ('प्रभा'—कानपुर), श्रीनाथ सिंह ('सरस्वती'—इलाहाबाद), ज्योतिप्रसाद मिश्र 'निर्मल' ('देशदूत'—इलाहाबाद), पदुमलाल पुन्नालाल बख्शी : देवीदत्त शुक्ल : हरिभाऊ उपाध्याय : गणेशशंकर विद्यार्थी : ठाकुरदत्त मिश्र : देवी प्रसाद शुक्ल : उमेशचंद्र मिश्र : देवीदयाल चतुर्वेदी : श्रीनारायण चतुर्वेदी ('सरस्वती'—इलाहाबाद), ब्रजमोहन वर्मा : मोहनसिंह सेंगर : श्रीराम शर्मा ('विशाल भारत'—कलकत्ता), इलाचंद्र जोशी : धर्मवीर भारती' ('संगम'—इलाहाबाद), सुमित्रानंदन पंत ('रूपाभ'—इलाहाबाद), अज्ञेय : रघुवीरसहाय ('प्रतीक'—इलाहाबाद : दिल्ली), बालकृष्ण राव ('माध्यम'—इलाहाबाद), भैरवप्रसाद गुप्त ('कहानी'—इलाहाबाद), आर्येन्द्र शर्मा ('कल्पना'—हैदराबाद), कृष्णकांत मालवीय : पद्मकांत मालवीय ('मर्यादा', 'अभ्युदय'—इलाहाबाद), श्रीकृष्णदास ('माया' प्रतिष्ठान)। पत्रिकाओं के संचालकों में कुछ केवल उदार स्वामी थे, जैसे 'सरस्वती' के संस्थापक चिंतामणि घोष या कि 'विशाल भारत' के रामानंद चटर्जी, कुछ संचालक होने के साथ-साथ पत्रिका के संपादन में भी सक्रिय रुचि लेते रहे, जैसे महादेवप्रसाद सेठ ('मतवाला'—कलकत्ता), दुलारेलाल भार्गव ('सुधा'—लखनऊ), बदरीविशाल पित्ती ('कल्पना'—हैदराबाद)। हिंदी की साहित्यिक पत्रकारिता का एक ऐतिहासिक संदर्भ यह है कि 1950 में भारतेंदु शती पर 'सम्मेलन पत्रिका' (इलाहाबाद) के 'भारतेंदु अंक' का संपादन अतिथि-संपादक के रूप में अज्ञेय करते हैं। आधुनिकता के दोनों सिरे जैसे यहाँ एक-दूसरे के संपर्क में आ गए हों। कृष्णबिहारी मिश्र ने अपनी पुस्तक 'हिंदी पत्रकारिता' (1994) के

उत्तरार्द्ध में प्रसिद्ध हिंदी पत्रों के प्रवेशांक के संपादकीय आवश्यक ब्यौरे के साथ उद्धृत किए हैं। इनका क्रमिक अध्ययन साहित्यिक पत्रकारिता में गद्य का विकास-क्रम बड़े अच्छे ढंग से अनायास खोलता है 'सरस्वती' (1900) से 'प्रतीक' (1947) तक। 'भारतेंदु समग्र 'में संकलित 'कविवचन सुधा' और 'हरिश्चंद्र पत्रिका' (1873) की सामग्री से मिलान करने पर और स्पष्ट होता है कि कैसे 'हिंदी नए चाल में ढली', और मदनमोहन मालवीय तथा पुरुषोत्तमदास टंडन जैसे पत्रकार-राजनेताओं के प्रयत्न से उत्तरोत्तर निखरती गई।

आधुनिक आलोचना और साहित्यिक पत्रकारिता का दौर 1950 के आसपास आरंभ होता है 'आलोचना' (1951), 'नये पत्ते' (1952), 'नयी कविता' (1954) तथा 'निकष' (1955) जैसी पुस्तक-पत्रिकाओं के प्रकाशन के साथ। इनमें से 'निकष' प्रमुख रूप से गद्य-प्रयोगों से जुड़ी थी, जबकि 'आलोचना' त्रैमासिक का कार्य-क्षेत्र अपने नाम के अनुरूप आलोचना और साहित्य-चिंतन था। इसी के आसपास आलोचना लेखन के नये क्रम की शुरुआत देवराज से देखी जा सकती है, जिन्होंने छायावाद की सीमाएँ पहिचानते हुए, भले कुछ नाटकीय शीर्षक के साथ, अपनी पुस्तक लिखी 'छायावाद का पतन' (1948)। दूसरी ओर प्रगतिवाद की राजनीति अभिमुख प्रकृति उन्हें स्वीकार्य नहीं हुई और आलोचना के लिए उन्होंने साहित्यिक मानदंडों की ही स्थिति मानी। अपनी पहली पुस्तक के बाद देवराज ने आलोचना के क्षेत्र में फिर कोई सुव्यवस्थित अध्ययन प्रस्तुत नहीं किया, अधिकतर उनके स्फुट आलोचनात्मक निबंधों के संकलन प्रकाशित हुए। अधिक ध्यान और समय उन्होंने दर्शन के क्षेत्र में दिया। फलतः अपने आलोचनात्मक विचार का वे कोई मुकम्मल ढाँचा प्रस्तुत नहीं कर सके।

अपनी इस स्पष्ट सीमा के बावजूद देवराज ने आधुनिक साहित्य-चिंतन को विकसित करने का बराबर यत्न किया है। वे साहित्य की प्रक्रिया में सांस्कृतिक चेतना और सौंदर्य-बोध को केन्द्रीय महत्त्व देते हैं, और कुल मिलाकर क्लासिकी विचारधारा की ओर अधिक उन्मुख हैं। यों बीसवीं शती के ख्यात अँग्रेज़ी कवि और आलोचक एलियट की मान्यताओं के वे निकट हैं। आलोचना में भाषा के वैशिष्ट्य को महत्त्व देते हुए उन्होंने 'संदर्भवाद' की स्थिति प्रतिपादित की है और रचना के पक्ष को बराबर सामने रखा है।

नामवरसिंह इस युग के प्रतिनिधि और समर्थ आलोचक हैं जो समकालीन रचनात्मकता से क्रिया-प्रतिक्रिया करते हुए आगे बढ़े हैं। नामवर ऐसी संपूर्ण और व्यवस्थित तैयारी अन्यत्र कठिनाई से मिलेगी। पांडित्य और सहृदयता, शोध और आलोचना, शास्त्र और लोक, भारतीय तथा विदेशी विचार-पद्धतियों, पूर्वी साम्यवादी तथा पश्चिमी स्वाधीन समीक्षा-धाराओं, पुराने तथा नये साहित्य में बराबर रुचियों का विरल सम्मिलन उनके आलोचक व्यक्तित्व की असाधारण विशेषता है। इसके

साथ-साथ वे हिंदी साहित्यिकों में महादेवी वर्मा, हजारीप्रसाद द्विवेदी तथा अज्ञेय के क्रम में कुशल वक्ता हैं, और यों उनके आलोचना-गद्य में पारदर्शिता और विचक्षणता के गुण बराबर मिलेंगे। पर इस सारी तैयारी में बाधा आती है जब लेखक अपनी कुछ पूर्व मान्यताओं के साथ साहित्य की ओर जाता है। तब उस विषम स्थिति में यह समझा जा सकता है कि पक्ष अभिवक्ता का होता है, आलोचक का नहीं।

पर यहाँ भी आलोचक ने अपने लिए कुछ बचत रखी है। जैसे बड़े लेखक अपने तीखे विचार पत्रों में व्यक्त करते हैं (उदाहरणार्थ द्रष्टव्य महावीरप्रसाद द्विवेदी, प्रेमचंद अथवा निराला के पत्र) वैसे नामवर व्याख्यानों में अपने मतवाद को व्यक्त करके लेखन के लिए स्वस्थ हो जाते हैं, जहाँ उनका तर्क-क्रम बहुत सधा और व्यवस्थित होता है। समकालीन साहित्य में नयी कहानी प्रसंग का प्रवर्तन करके भी उन्होंने उसे हाशिए पर रखा, केन्द्र में बराबर कविता रही। आरम्भिक अध्ययनों में छायावाद पर उन्होंने व्यवस्थित ढंग से विचार किया है ('छायावाद')। बाद में 'कविता के नये प्रतिमान' उनके साहित्य-चिंतन की केन्द्रीय भाव-भूमि प्रकट करता है।

'कविता के नये प्रतिमान' (1968) आलोचक के एक दौर की वैचारिक निष्पत्ति कही जा सकती है। रचना का विश्लेषण कहाँ और कितनी दूर तक करना है कि वह विरूप न हो जाए, इसे नामवर सिंह अच्छी तरह जानते हैं, यही कारण है कि रचनानुभव उनकी सूक्ष्म आलोचना-प्रत्यालोचना में बराबर सुरक्षित और संवर्द्धित मिलेगा। यहाँ यह स्मरणीय है कि अपनी समीक्षा में उन्होंने संवाद की भाव-भूमि को लगातार विकसित किया है। ये सारी प्रवृत्तियाँ 'नये प्रतिमान' में सर्वाधिक लक्षित की जा सकती हैं, जो यद्यपि एक केन्द्रीय विषय को लेकर नहीं चलती पर जिसमें एक वस्तु की प्रवहमानता बराबर है। यहाँ सैद्धांतिक पक्ष का भी विवेचन है और आधुनिक काल की कुछ महत्वपूर्ण काव्य-कृतियों जैसे 'कामायनी', 'उर्वशी', 'तारसप्तक', 'अँधेरे में' का भी। इससे स्पष्ट ही आलोचना के दोनों पक्ष पुष्ट और परस्पर संपृक्त होते हैं। छायावादोत्तर कविता के मूल्यांकन की समस्या पर विचार करते हुए आलोचक ने स्पष्ट किया है कि 'मूल्यांकन की प्रक्रिया से अलग सूत्रों में निचोड़ कर रखा हुआ प्रतिमान काव्य का प्रतिमान नहीं, गल्ला तोलने का बाँट या कपड़ा नापने का गज़ है।' यह एक प्रकार से 'कविता के नये प्रतिमान' पुस्तक की सैद्धांतिक आधार-भूमि का बखान है। और इस प्रक्रिया से आलोचक जिस निष्कर्ष तक पहुँचता है वह उसी की शब्दावली में इस प्रकार है—"मूल्यांकन की दिशा में संप्रति ये कुछ संकेत हैं जिनसे स्पष्ट है कि छायावादोत्तर कविता की प्रमुख उपलब्धियाँ नयी कविता के अंतर्गत ही सुलभ हो सकती हैं; किंतु इसका यह अर्थ नहीं कि नयी कविता के बाहर का सारा काव्य मूल्यहीन है। छायावादोत्तर काल की यह सारी सार्थक काव्य-सर्जना उस कविता के गिर्द हुई है जो इस काल की मुख्य काव्य-धारा रही है—स्पष्ट ही यहाँ नयी कविता से आशय प्रगति और प्रयोग दोनों के कल्पित कगारों को तोड़ती

हुई समग्र नयी काव्य-धारा से है।"

पर कुछ तो वैचारिक द्विविधा और कुछ फुटकल वृत्ति से लिखने के कारण आलोचक अपने लिए कई तरह की बुनियादी समस्याएँ खड़ी कर लेता है। उसकी बीज कृति 'कविता के नये प्रतिमान' में कवि त्रिलोचन के लिए कुछ जगह नहीं है कहीं कोई प्रासंगिक उल्लेख के अतिरिक्त। यहाँ नये प्रतिमानों का निर्धारण करते समय, या कि नया काव्यशास्त्र रचते समय जो कवि केन्द्र में हैं वे हैं अज्ञेय, मुक्तिबोध, शमशेर, रघुवीरसहाय, सर्वेश्वर, कुँवर नारायण, श्रीकांत वर्मा या कि केदारनाथ सिंह। फिर 'आलोचना' पत्रिका (सं० 82) के एक संपादकीय में नामवरसिंह अपनी आलोचना-निष्ठा त्रिलोचन में एकबारगी प्रतिष्ठित कर देते हैं 'एक नया काव्यशास्त्र त्रिलोचन के लिए' शीर्षक देते हुए। यानी जब आलोचक अपना पूरा व्यवस्थित काव्यशास्त्र रच रहा था तो त्रिलोचन कहीं नहीं थे, पर सहसा उसे त्रिलोचन याद आते हैं और वह प्रस्तावित करता है कि त्रिलोचन की काव्याशंसा के लिए अलग से काव्यशास्त्र अपेक्षित है क्योंकि यह कवि इतना मौलिक सर्जनात्मक है।

आलोचक की ऐसी वैचारिक अंगभीरता कभी-कभार गद्य-शैली की छिछिलता में प्रकट होती है। इन पंक्तियों के लेखक ने अपनी पुस्तक 'साहित्य के नये दायित्व' (1991) में संचार माध्यमों का विश्लेषण करते हुए दिखाया था कि दूरदर्शन कैसे औद्योगिक युग का लोक-साहित्य बन गया है। इस विचार का जोरदार खंडन करते हुए नामवरसिंह हिंदी साहित्य सम्मेलन बंबई अधिवेशन 1994 के अवसर पर साहित्य परिषद् के अपने मुद्रित अध्यक्षीय वक्तव्य 'जन-संचार माध्यम और हिंदी साहित्य' में संचार माध्यमों के पक्ष में बोलते हुए कहते हैं, "कहने की आवश्यकता नहीं कि इस तथाकथित 'औद्योगिक लोक साहित्य' को हीन समझने के पीछे एक निश्चित अभिजन दृष्टि है और यह दृष्टि इतनी प्रच्छन्न भी नहीं कि कहना पड़े 'बोली के पीछे क्या है? "खंडन के आवेश में लेखक-वक्ता यहाँ भूल जाता है कि जिन संचार माध्यमों की शक्ति और काम्यता का बखान वह कर रहा है हिंदी गद्य पर उसके दुष्प्रभाव का साक्ष्य वह अनायास स्वयं देता चलता है। इस ज़माने के सबसे कदर्थित फ़िल्मी चोली गाने की नकल जब हिंदी का प्रतिष्ठित आलोचक कर रहा हो तो सामान्य लेखन और जन-प्रयोग किस सीमा तक प्रदूषित होगा, यह अपने में विचारणीय है। सौभाग्य की बात है कि दूसरे पर व्यंग्य के लिए अपना ऐसा विद्रूप आलोचक के गद्य में कम ही देखने को मिलता है। पर उसका होना भी कम चिंता की बात नहीं है।

आधुनिक आलोचना के प्रसंग में नामवरसिंह और विजयदेवनारायण साही का नाम साथ-साथ चलता है। नामवर और साही की जोड़ी आलोचना लेखन और गोष्ठियों में बहुचर्चित रही है। दोनों एक प्रकार के वाद-प्रतिवाद के रूप में सामने आते हैं। नामवर प्रगतिवादी विचारधारा से प्रतिबद्ध हैं जबकि साही को अपनी रचनात्मकता से इतर कोई प्रतिबद्धता स्वीकार्य नहीं। दोनों की अध्ययनशीलता और तर्क-प्रणाली

एक-दूसरे के टक्कर में रही, यद्यपि दोनों की बुनियादी मान्यता एक है कि रचना को आलोचना के केन्द्र में रहना है।

विजयदेवनारायण साही का आलोचनात्मक लेखन अधिकतर स्फुट रूप में रहा, जिस क्रम में उनका प्रसिद्ध लंबा निबंध है 'लघुमानव के बहाने हिंदी कविता पर एक बहस (छायावाद से अज्ञेय तक) 'जो 'नयी कविता' पत्रिका के संयुक्तांक 5-6 में छपा है। उनके अन्य निबंध भी पत्र-पत्रिकाओं में प्रकाशित होते रहे और मरणोत्तर स्थिति में उन्हें संकलित करके प्रकाशित किया गया—'छठवाँ दशक' (1987), 'साहित्य क्यों?' (1988)।

अपने लेखन की स्फुट प्रकृति से साही कहीं गहरे में असंतुष्ट थे। अपने अपेक्षया संक्षिप्त जीवन-काल के अंतिम वर्षों में इसीलिए उन्होंने विख्यात मध्यकालीन कवि मलिक मुहम्मद जायसी के कृतित्व को अपने अध्ययन का विषय बनाया। 'जायसी' उनके व्यवस्थित अध्ययन-क्रम की पहली और अंतिम रचना है। यहाँ उन्होंने अपने को समकालीन वितंडा से खींच लिया, और जायसी के अध्ययन और उनके काव्य विशेषतः 'पद्मावत' की व्याख्या में अपने को पूरी तरह से दे दिया ; 'कवित्त-रस' में वे बूड़े और फिर स्वभावतः तिरे। जायसी के जीवन वृत्त, पाठ और 'पद्मावत' के कथानक की ऐतिहासिकता से लेकर उसके कवित्व की सूक्ष्मतम व्याख्या में उनका मन खूब रमा! विद्वत्ता और सहृदयता का मणिकांचन योग इस अध्ययन में दिखता है। मध्यकालीन हिंदी की अकेली ट्रैजडी के रूप में साही द्वारा 'पद्मावत' की व्याख्या सर्जनात्मक आलोचना का बहुत अच्छा उदाहरण है।

आलोचना-प्रक्रिया के संदर्भ में साही की मूलभूत मान्यता यह थी, जिसे नामवर सिंह ने 'कविता के नये प्रतिमान' के पहले अध्याय 'कविता क्या है?' के अंत में साभार उद्धृत किया है, "समूची नयी कविता को ठीक-ठीक देखने के लिए नयी कविता के प्रतिमान की ज़रूरत नहीं है, बल्कि कविता के नये प्रतिमान की ज़रूरत है।" स्वयं साही का काव्यालोचन अधिकतर इस बुनियादी निष्पत्ति के लिए लिखा गया है। वे चाहे 'शमशेर की काव्यानुभूति की बनावट' पर लिख रहे हों चाहे जायसी के काव्य-सौंदर्य का उद्‌घाटन कर रहे हों उनकी आलोचना की मूलभूत शब्दावली एक रहती है। फिर उन शब्दों की भंगिमा से वे उन अलग-अलग कवियों का वैशिष्ट्य दिखाने का यत्न करते हैं। आलोचना-गद्य की, विशिष्टता झलकाते हुए, ऐसी समरसता बनाए रख सकना हर बड़े आलोचक की महत्वाकांक्षा होती है। रही बात प्रतिमानों की, तो यह समझा जाना चाहिए कि नयी कविता के प्रतिमान या कविता के नये प्रतिमान की बहस एक सीमा तक ही आलोचक का साथ देती है। अंततः तो उसे हर रचना के लिए प्रतिमान उस रचना और अपने आलोचना-विवेक की टकराहट में रो ही आविष्कृत करने होंगे। और तब प्रतिमान की परिकल्पना स्वयं प्रासंगिक नहीं रह जाती।

व्यंग्य-विनोद का चरपरापन साही के गद्य को आकर्षक बनाता है, पर कहीं-कहीं

उसकी तेजी आलोचना की बुनियादी गंभीर वृत्ति से बेमेल हो उठती है।

पुराने शास्त्र और नयी रचनात्मक क्षमता के अंत: संपर्क में अपनी आलोचना-प्रक्रिया रघुवंश ने विकसित की है। संदर्भ उनका अधिकतर नया साहित्य रहा है। पर इस क्षेत्र में उन्होंने कोई व्यवस्थित अध्ययन प्रस्तुत नहीं किया, नयी कविता के संबंध में एक लंबा निबंध अवश्य लिखा है 'समसामयिकता और आधुनिक हिंदी कविता'। उनके स्फुट निबंध 'साहित्य का नया परिप्रेक्ष्य' शीर्षक से प्रकाशित हुए हैं। इस सीमा के बावजूद कई नये कवियों के संप्रेषण को रघुवंश ने समृद्ध किया है, जिनमें प्रमुख हैं शमशेरबहादुर सिंह और विपिनकुमार अग्रवाल। आधुनिक साहित्य के सैद्धांतिक पक्ष को भी स्पष्ट करने में उनका योगदान महत्वपूर्ण। दूसरी ओर परंपरित काव्यशास्त्र की वर्तमान संगति पर उन्होंने विचार किया है जो परंपरा और प्रयोग के रिश्ते को सुलझाने में सहायक होता है।

विद्यानिवास मिश्र का देय यों तो दो परस्पर विरोधी दिशाओं में रहा है—एक ओर शोध और दूसरी ओर ललित निबंध। पर इन दोनों के बीच वे आलोचना संबंधी कार्य बराबर करते रहे हैं। स्फुट निबंधों के अतिरिक्त एक बुनियादी प्रश्न पर उनकी पुस्तक है 'साहित्य का प्रयोजन', जो समूचे साहित्य की समझ को इस एक महत्वपूर्ण बिंदु पर खोलती है। संस्कृत साहित्य से आरंभ करते हुए हिंदी के भक्तिकालीन और आधुनिक साहित्य तक वे आते हैं, और इस पूरे संवेदनात्मक विकास को उसकी क्रमबद्धता में विवेचित करते हैं। इसी सिलसिले में वे 'समाज परिवर्तन और साहित्य के रिश्ते की भी छानबीन करते हैं और पुराने प्रचलित शब्द 'लोक' की व्यंजनाओं को अधिक सार्थक ठहराते हैं, जिसके सहारे रामचंद्र शुक्ल ने पद बनाया लोक-मंगल। इस पूरे अध्ययन में भावज्ञता अधिक है, विवेचन उतना पुष्ट नहीं। पर प्राचीनों द्वारा उठाए गए एक विवादास्पद प्रश्न का हल देने का यत्न अवश्य महत्वपूर्ण है, जिसे लेखक ने 'साझेदारी की आकांक्षा' कहकर परिभाषित किया है। विद्यानिवास मिश्र के आलोचना-गद्य में उनके ललित निबंधों की शैली झलकती रहती है, 'रीतिविज्ञान' जैसा सैद्धांतिक अध्ययन जिसका अपवाद कहा जा सकता है।

साहित्य के विविध पक्षों के अध्ययन की स्थिति इस युग में बढ़ती दिखती है। शोध और आलोचना के संधि-बिंदु पर इस दृष्टि से कई महत्वपूर्ण कार्य हुए हैं। इंद्रनाथ मदान वरिष्ठ आलोचक के रूप में आधुनिक साहित्य की विविध समस्याओं को सुलझाने में प्रयत्नशील रहे हैं। शरच्चंद्र और प्रेमचंद से लेकर मोहन राकेश तक के कृतित्व को बड़ी सहानुभूति के साथ उन्होंने व्याख्यायित किया है। कविता के संदर्भ में 'कामायनी की आलोचना-प्रक्रिया पर उन्होंने अपनी लंबी भूमिका के साथ एक पुस्तक संपादित की है 'कामायनी : मूल्यांकन और मूल्यांकन' जो अपने ढंग का पहला अध्ययन है।

निर्मला जैन और प्रेमशंकर काव्यशास्त्र तथा मध्यकालीन साहित्य के अध्ययन

का लाभ आधुनिक साहित्य के विवेचन तक लाते हैं। 'रस-सिद्धांत और सौंदर्यशास्त्र' में निर्मला जैन ने दो भिन्न प्रकृति के साहित्य अनुशासनों की तुलनात्मक विवेचना इसी रूप में की है। प्रेमशंकर छायावाद और स्वच्छंदतावाद के काव्य की परख में विशेष रुचि रखते हैं। 'प्रसाद का काव्य' और 'हिंदी स्वच्छंदतावादी काव्य' इस दिशा में उनके महत्वपूर्ण अध्ययन हैं। गद्य-साहित्य की विविध प्रवृत्तियों और विधाओं पर बड़ी स्वच्छ तथा व्यवस्थित पुस्तक रामचंद्र तिवारी की है 'हिंदी का गद्य-साहित्य', जिसका नया और परिवर्द्धित संस्करण प्रकाशित हुआ है 1992 में।

प्रधानत : नये साहित्य की समस्याओं को लेकर चलने वाले आलोचक हैं देवीशंकर अवस्थी, परमानंद श्रीवास्तव, रमेशचंद्र शाह, नित्यानंद तिवारी, सत्यप्रकाश मिश्र, चंद्रकांत बांदिवडेकर, कृष्णदत्त पालीवाल तथा रामकमल राय। अवस्थी ने आलोचना के क्षेत्र में बड़े उत्साह से प्रवेश किया और नयी कविता तथा नयी कहानी के विविध पक्षों पर बड़ी तैयारी के साथ लिखा था। नयी कहानी के संबंध में आरंभिक पुस्तकों में एक उनकी है। आकस्मिक मृत्यु ने उनकी बहुत सी संभावनाओं को खिलने नहीं दिया। परमानंद ने यों तो विविध विधाओं के संबंध में लिखा है पर कविता उनका विशिष्ट क्षेत्र है। 'समकालीन कविता का व्याकरण' तथा 'शब्द और मनुष्य' कविता के अपेक्षया विवादित क्षेत्रों पर निरुज दृष्टि से अनुत्तेजित गद्य में लिखी गई समीक्षा-कृतियाँ हैं। रमेशचंद्र शाह बड़ी संवेदनशील समझ के धनी हैं, और उनका अध्ययन भी अत्यंत व्यापक है। आरंभ में उनकी रुचि स्फुट निबंध-लेखन में रही, पर धीरे-धीरे उन्होंने कई समग्र आलोचनात्मक अध्ययन प्रस्तुत किए, जिनमें जयशंकर प्रसाद तथा अज्ञेय पर लिखे गए मोनोग्राफ के अतिरिक्त 'अज्ञेय : वागर्थ का वैभव' (1995) विशेष रूप से उल्लेखनीय है। उनके इस लेखन क्रम में आलोचना-गद्य निरंतर प्रांजल होता गया है; विशेष रूप से अज्ञेय के चिंतन विषयक नवीनतम समीक्षा-कृति में अनेक जटिल और संश्लिष्ट पक्षों को बड़े सहज भाव से गहरे में आलोकित किया जा सका है। शाह के आलोचनात्मक संकलनों में 'छायावाद की प्रासंगिकता' अपेक्षया व्यवस्थित संकलन है जिसमें चारों छायावादी कवियों के वैशिष्ट्य को रेखांकित करने का अच्छा प्रयास हुआ है। 'समानांतर' और 'वागर्थ' फुटकर निबंधों के संकलन हैं। नित्यानंद तिवारी का ऐसा ही संकलन है 'आधुनिक साहित्य और इतिहास-बोध'। बांदिवडेकर, रामकमल राय, नंदकिशोर आचार्य, भोलाभाई पटेल, धनंजय वर्मा, कृष्णदत्त पालीवाल तथा सत्यप्रकाश मिश्र ने अज्ञेय, मुक्तिबोध, सर्वेश्वर तथा नरेश मेहता के साहित्य पर स्वतंत्र अध्ययन प्रस्तुत किए हैं, सावित्री सिनहा और मीरा श्रीवास्तव ने दिनकर तथा पंत के काव्य पर। इस प्रसंग में सैद्धांतिक चिंतन के पक्ष को सत्यप्रकाश मिश्र, वागीश शुक्ल, मदन सोनी तथा विजेन्द्रनारायण सिंह ने आगे बढ़ाया है जिससे आलोचना-भाषा में एक नयी उन्मुखता विकसित हुई है।

प्रगतिवादी दृष्टिकोण से साहित्य को देखने की एक परंपरा पहले से चली

आ रही है। इस क्रम में बच्चनसिंह, विश्वम्भरनाथ उपाध्याय, रमेश कुंतलमेघ तथा शिवकुमार मिश्र ने आगे का चिंतन प्रस्तुत किया है। इस दृष्टि के युवतर आलोचकों में नंदकिशोर 'नवल', विश्वनाथ त्रिपाठी तथा मैनेजर पांडेय सक्रिय हैं। ये सभी दत्त विचारधारा के प्रति पूरी तरह आश्वस्त हैं, और उसी के अंतर्गत अपना विवेचन चलाते हैं। पक्ष को लेकर चलने के नाते उनके लेखन में 'हम' और 'वे' का द्वन्द्व चलता रहता है, इस सहज आशा के साथ कि इस वाद-प्रतिवाद में से संवाद उभरेगा। इन सभी आलोचकों का अध्ययन विस्तृत और अंतर्दृष्टिपूर्ण है, और यह अपने में खेद की बात है कि इन्हें एक वर्ग के रूप में विवेचित करने की स्थिति हो, पर यह उनके अपने ही तर्क की परिणति है। रचना में सीधे विषय को एकांत महत्व देने के कारण प्रगतिवादी आलोचना अधिकतर इतिवृत्तमूलक गद्य में है।

साहित्य से निकटत: संबद्ध अनुशासनों में कार्य करने वाले आलोचक हैं, नलिन विलोचन शर्मा ('साहित्य का इतिहास-दर्शन'), देवेन्द्रनाथ शर्मा ('काव्य के तत्व'), कुमार विमल ('कला विवेचन')। इतिहास-दर्शन, अलंकार-शास्त्र तथा सौंदर्यशास्त्र विषयक ये अध्ययन आलोचना की पृष्ठभूमि को पूर्णतर बनाते हैं। भारतीय पुनर्जागरण और निराला के कृतित्व को साथ-साथ विवेचित करने वाला रामरतन भटनागर का अध्ययन 'निराला और नवजागरण' (1965) अपने क्षेत्र का आरंभिक पर महत्वपूर्ण प्रयास है। सैद्धांतिक आलोचना के क्षेत्र में आनंदप्रकाश दीक्षित, भोलाशंकर व्यास, विजयेन्द्र स्नातक तथा राममूर्त्ति त्रिपाठी का कार्य नयी दृष्टि और स्वच्छ व्याख्या से संपन्न है। रंग-आलोचना के क्षेत्र में नेमिचंद्र जैन की निष्ठा सराहनीय है। नाटक और रंगमंच संबंधी उनका सैद्धांतिक अध्ययन तथा व्यावहारिक विवेचन रंग-क्षेत्र में बराबर स्फूर्तिप्रद रहे हैं।

रचनाकारों द्वारा लिखित आलोचना का क्रम इस युग में और आगे बढ़ता है। कविता का पक्ष यहाँ अब भी प्रबल दिखता है : लक्ष्मीकांत वर्मा ('नयी कविता के प्रतिमान'), जगदीश गुप्त ('नयी कविता : स्वरूप और समस्याएँ'), धर्मवीर भारती ('मानव मूल्य और साहित्य'), विपिनकुमार अग्रवाल ('आधुनिकता के पहलू'), मलयज ('कविता से साक्षात्कार'), अशोक वाजपेयी ('फ़िलहाल', 'कुछ पूर्वग्रह'), निर्मल वर्मा ('शब्द और स्मृति')। लक्ष्मीकांत की पुस्तक नयी कविता का पहला व्यवस्थित विवेचन है। इसलिए यह स्वाभाविक है कि यहाँ विषय-विवेचन में कुछ उलझाव दिखाई दे। पर इतना स्पष्ट है कि 'नयी कविता' पत्रिका के कुल तीन बरस बाद 1957 में प्रकाशित यह ग्रंथ इस नये काव्य- आंदोलन की विविध समस्याओं को पहिचानने की कोशिश करता है, और काफी विस्तार में उद्धरण आदि देकर उनका विवेचन करता है। 'लघुमानव' संबंधी लेखक की प्रसिद्ध मान्यता यहीं प्रस्तावित की गई है। नयी कविता की रचना-प्रक्रिया और उसकी वैचारिक आधार-भूमि पर लक्ष्मीकांत का विवेचन आज भी प्रासंगिकता रखता है। 'नयी कविता के प्रतिमान' का

गद्य अपनी आरंभिक दुरूहता के लिए बहुत समय तक चर्चित रहा, यद्यपि कि इस विषय का विवेचन स्वयं लेखक के यहाँ, तथा अन्य विचारकों के बीच फिर क्रमशः निर्मल होता गया, और इसमें के कुछ प्रयोग धीरे-धीरे प्रचलित हो गए।

जगदीश गुप्त 'नयी कविता' पत्रिका के संस्थापक-संपादक हैं। इस रूप में नयी कविता के रचना-आंदोलन से उनका घनिष्ट संबंध रहा है। 'नयी कविता : स्वरूप और समस्याएँ' में इस विषय के विविध पक्षों पर प्रकाश डाला गया है। संकलन के अधिकतर निबंध 'नयी कविता' पत्रिका में ही पहले प्रकाशित हुए थे।

नयी कविता-नवलेखन के दौर में कम्युनिस्ट आंदोलन की सर्वसत्तावादी पद्धति का आक्रांतकारी रूप देश के बौद्धिक जीवन में भी प्रवेश कर रहा था। फलतः छठे दशक में मानव मूल्य और व्यक्तित्व की बुनियादी स्वाधीनता को लेकर इस क्षेत्र में व्यापक बहस चलती है, इलाहाबाद की 'परिमल' गोष्ठी (1944) जिसके लिए बराबर खुला मंच प्रदान करती रही। भारती की पुस्तक 'मानव मूल्य और साहित्य' में इसी विषय के कुछ महत्वपूर्ण पक्षों का विवेचन हुआ है।

विपिनकुमार अग्रवाल कई अनुशासनों से एक साथ जुड़े रहे। प्रशिक्षण से वे सैद्धांतिक भौतिकी के प्रख्यात कार्यकर्ता थे। चित्रकला, नाटक, कविता तथा गद्य माध्यमों में उनके प्रयोग बराबर सराहे गए हैं। अपनी इस असाधारण तैयारी के कारण रचना और चिंतन में अमूर्तन-प्रक्रिया का विवेचन करने के लिए वे विशेष रूप से योग्य रहे हैं। अनर्थक नाटक, अमूर्त कला तथा नयी कविता संबंधी उनके निबंध 'आधुनिकता के पहलू' तथा 'सृजन के परिवेश' में संकलित हुए हैं, जो कुल मिलाकर आधुनिकता की अधिक समर्थ और संपृक्त व्याख्या प्रस्तुत करते हैं। विपिन के निबंध, आलेख तथा साक्षात्कारों का मरणोत्तर संकलन प्रकाशित हुआ है 'कविता, नाटक तथा अन्य कलाएँ' (1995)। साधारण बोलचाल में प्रस्तुत स्वयं बोलते, बात करते निबंधों की विशेषता यह है कि इनके गद्य का स्वर कहीं ऊँचा नहीं उठता, तेज नहीं पड़ता। तर्क पर अधिकतर निर्भर रहने के कारण स्वर को ऊँचा करने की उन्हें ज़रूरत नहीं थी, अपने व्यक्तिगत जीवन में भी और रचना-कर्म में भी। तीखापन आता था तो उनके अचूक व्यंग्य से। सुई की जगह वे तलवार का प्रयोग नहीं करते थे, बल्कि तलवार की जगह भी सुई से ही काम लेना चाहते थे। उनके सर्जनात्मक और आलोचना-गद्य दोनों में यह क्षमता परिलक्षित की जा सकती है।

मलयज और अशोक वाजपेयी नयी कविता के संवेदनशील कवि के रूप में जाने जाते हैं। इन कवियों ने वैसी ही संवेदनशीलता के साथ अपनी तथा अपने युग की कविता का विश्लेषण किया है। अशोक की रुचि कविता से इतर कई अन्य कलाओं में भी रही है, जिनके चतुर्मुख विकास के लिए वे व्यावहारिक धरातल पर 'भारत भवन' (भोपाल) के माध्यम से यत्नशील रहे हैं। स्वभावतः उनकी आलोचना-प्रक्रिया इन व्यापक संदर्भों से भी अपने लिए वैचारिक उत्तेजन लेती है। अपनी पुस्तक 'कुछ

पूर्वग्रह' में उनका पक्ष बराबर रचनात्मकता का है। यांत्रिकी और संचार माध्यमों के विकराल तथा चौमुख हमले के बीच वे छपी हुई पुस्तक तथा जीवंत प्रदर्शनात्मक कलाओं के बचाव की हर संभव कोशिश में संलग्न हैं। 'कस्तूरी मृग और घास' तथा 'साहित्य की स्थिति' शीर्षक निबंधों में उन्होंने इस नाज़ुक स्थिति का बढ़िया विश्लेषण किया है। अशोक वाजपेयी के सावधान भाषा-प्रयोग की एक विशेषता यह परिलक्षित की जा सकती है कि उनके यहाँ कविता तथा गद्य की दूरी उत्तरोत्तर कम हुई है जिसका कुछ साक्ष्य उनके जर्नल-शैली में प्रस्तुत आलोचना गद्य में सुना जा सकता है।

नयी कविता-नवलेखन युग के समर्थ विचारकों में निर्मल वर्मा अग्रणी हैं। साहित्य और कलाओं की व्यापक स्थिति तथा क्रिया-प्रतिक्रिया की उन्हें प्रत्यक्ष जानकारी रही है, और अपने समय के वे श्रेष्ठ गद्य लेखक हैं। इन कई विशेषताओं की साझी स्थिति में निर्मल की आलोचना व्यापक चिंतन का रूप धारण कर लेती है, पर संदर्भ सब समय साहित्य का रहता है। 'शब्द और स्मृति' के मुख्य निबंधों में लेखक बराबर भाषिक संप्रेषण की प्रक्रिया को स्पष्ट करने और एकबारगी उसे समृद्ध करने में संलग्न रहा है। कविता की रचना-प्रक्रिया पर आधुनिक काल में कुछ बहुत महत्वपूर्ण और प्रसिद्ध कविताएँ लिखी गई हैं, निर्मल वर्मा जब अपने गद्य की रचना-प्रक्रिया व्याख्यायित करते हैं तो वह स्वयं सर्जनात्मक गद्य हो उठता है। इसके अतिरिक्त परंपरा और जातीय स्मृति का अकुंठ विवेचन निर्मल की आलोचना की एक और महत्वपूर्ण विशेषता है। इसके लिए वे साक्ष्य विपिन और अशोक की तरह विविध कलाओं के क्षेत्र से अनायास उठाते हैं। निर्मल वर्मा के गद्याचार पर अधिक विस्तृत विवेचन इस खंड के कई अन्य प्रकरणों, तथा तीसरे खंड के विशिष्ट अध्ययन-क्रम में हुआ है।

नये कहानीकारों में राजेन्द्र यादव और कमलेश्वर ने कथा-साहित्य के नये विकास-क्रम को व्याख्यायित करने का कई रूपों में यत्न किया है। शुद्ध सैद्धांतिक या कि व्यावहारिक आलोचना के साथ-साथ अपने संस्मरणात्मक लेखन में भी उन्होंने नयी कहानी के वैशिष्ट्य को उभारा है। नये नाटक का पक्ष विपिनकुमार अग्रवाल ने बड़ी क्षमता के साथ अपने कई निबंधों में प्रस्तुत किया है जो 'आधुनिकता के पहलू' में संकलित हुए हैं।

साहित्यिक पत्रकारिता की दृष्टि से नयी कविता युग का वैशिष्ट्य लघु पत्रिकाओं के उदय में देखा जा सकता है। 'नयी कविता' स्वयं लेखकों के प्रयास से आरंभ की गई एक लघु पत्रिका थी। लघु पत्रिकाएँ यदि एक छोर पर हैं तो रंगीन और चिकनी पत्रिकाएँ दूसरे छोर पर। बीच की मध्यवर्गीय साहित्यिक पत्रिकाएँ दृश्य से एकदम हट गई हैं। 'सरस्वती', 'विशाल भारत', 'सुधा', 'माधुरी' से लेकर 'प्रतीक', 'कल्पना', 'आलोचना', 'पूर्वग्रह' तक पत्रिकाओं का लंबा प्रवाह इस युग में आकर सूख जाता है। गद्य लेखन में नवाचार की संभावनाएँ इससे स्पष्ट ही कम हुई हैं। इस अवधि में

जो लेखक साहित्यिक पत्रकारिता में इस बीच संलग्न रहे वे हैं जगदीश गुप्त ('नयी कविता'), धर्मवीर भारती ('निकष', 'आलोचना'), लक्ष्मीकांत वर्मा ('नये पत्ते', 'निकष', 'कखग'), रामस्वरूप चतुर्वेदी ('नये पत्ते', 'नयी कविता', 'कखग'), रघुवंश ('आलोचना', 'कखग'), विजयदेवनारायण साही ('आलोचना', 'नयी कविता'), विपिनकुमार अग्रवाल ('कखग'), नामवरसिंह ('आलोचना'), नरेश मेहता: श्रीकांत वर्मा ('कृति'), अशोक वाजपेयी ('पूर्वग्रह', 'समास'), देवराज: कुँवर नारायण: प्रेमशंकर: कृष्णनारायण कक्कड़: प्रतापनारायण टंडन ('युगचेतना'), प्रकाशजैन, मनमोहिनी ('लहर'), कृष्णनाथ ('कखग'), स० ही ० वात्स्यायन: इला डालमिया (नया प्रतीक'), विश्वनाथप्रसाद तिवारी ('दस्तावेज़'), ज्ञानरंजन ('पहल'), राजेन्द्रकुमार ('अभिप्राय')। फिर और लघु पत्रिकाओं की एक लंबी श्रृंखला इस अवधि में बराबर गतिशील रही है।

आधुनिक आलोचना को विकसित पुरस्कृत करने में इलाहाबाद की 'विवेचना'—गोष्ठी का महत्वपूर्ण योगदान रहा है। 'विवेचना' में प्रस्तुत आलेख और विचार-विमर्श तीन भागों में 'विवेचना' शीर्षक से उमाराव द्वारा संकलित-संपादित हुए हैं (1971)। तात्कालिक रूप में इनका प्रकाशन 'माध्यम' और 'कल्पना' मासिक में हुआ था।

साहित्यिक पत्रकारिता के साथ अंतरक्रिया में, और उससे स्वतंत्र भी, हिंदी आलोचना ने यों एक लंबी यात्रा की है। भारतेंदु तथा प्रेमघन के साथ शास्त्रीय और गुण-दोष कथन शैली से आरंभ करके आलोचना मिश्रबंधुओं के साथ निर्णयात्मक, और पद्मसिंह शर्मा के साथ तुलनात्मक दौर में आती है। फिर रामचंद्र शुक्ल के माध्यम से अपने व्याख्यात्मक-विवेचनात्मक रूप में एकबारगी वयस्क होकर वह विकास की कई नयी दिशाओं को एक साथ उद्घाटित करती है। और इसी क्रम में आगे अर्थ-संवर्द्धन की या कि सर्जनात्मक भूमिका अपनाकर अपने रूप में गुणात्मक परिवर्तन लाती है। यहाँ कविता यदि जीवन की पुनर्रचना है तो आलोचना कविता की। स्पष्ट ही ऐसा गुणात्मक परिवर्तन एक ओर समूचे विवेचन में काव्यभाषा को केन्द्र में ले आता है तो दूसरी ओर आलोचना-भाषा से भी यह अपेक्षा रखता है कि वह अर्थ को अपने में बराबर खोलती हुई उसे निरंतर विकसनशील बनाए रखे। इसी संदर्भ में निराला की 'कविता की मुक्ति' की माँग के क्रम में प्रस्तुत आलोचक द्वारा 'आलोचना की मुक्ति' की बात कही गई, क्योंकि 'कविता मुक्त हो, और आलोचना लक्षणों-प्रतिमानों में बद्ध, यह बड़ी अटपटी और इतिहास-विरुद्ध बात होगी। साहित्य-चिंतन की नयी दिशा आलोचना की मुक्ति होगी...'।

इस विकास-क्रम में तब यह स्वाभाविक था कि भाषिक चिंतन और अध्ययन आधुनिक आलोचना की अनिवार्य पृष्ठभूमि बने। रामचंद्र शुक्ल ('हिंदी शब्दसागर' का संपादन/ 'काव्यभाषा'—'बुद्धचरित' की भूमिका/जायसी की भाषा—'जायसी ग्रंथावली' की भूमिका), रामविलास शर्मा ('भाषा और समाज'/ 'भारत के प्राचीन भाषा परिवार और हिंदी'), नामवर सिंह ('पृथ्वीराजरासो की भाषा') तथा विद्यानिवास मिश्र

('रीतिविज्ञान')—इन सभी आलोचकों की भाषा/भाषाविज्ञान विषयक समझ उनके आलोचना-कर्म को पुरस्कृत करती रही। इस प्रसंग में वे भाषा के व्याकरणिक तथा सर्जनात्मक दोनों पक्षों को संपृक्त रूप में देख सकने की क्षमता विकसित कर सके हैं। फिर आधुनिक आलोचना को जब सर्जनात्मक व्यापार के रूप में प्रस्तुत किया गया तब तो भाषा की भूमिका, रचना में काव्यभाषा के समानांतर आलोचना प्रक्रिया में केन्द्रीय हो गई, क्योंकि सर्जन-क्षमता का मूल भाषा की अपनी सर्जनात्मक प्रकृति में पहिचाना गया। निर्मल वर्मा जैसे आधुनिक रचनाकार ने अपनी पुस्तक 'शब्द और स्मृति' में इसके महत्वपूर्ण साक्ष्य उपस्थित किए हैं। इस विकास-क्रम में आलोचना को स्वभावतः अपनी गद्य-क्षमता उत्तरोत्तर संवर्द्धित करनी होगी।

गद्य की निष्पत्ति

कविता से लेकर इश्तहार तक आधुनिक काल में गद्य का प्रयोग-क्षेत्र उत्तरोत्तर फैलता गया है, अपनी 5हिचान को कठिनतर बनाते हुए। ऐसे में लेखक के लिए योग्य चुनौती है कि वह विविध विधाओं को भेदता हुआ गद्य के व्यापक रूप को निष्पन्न करे। कविता के वर्गीकरण-विभाजन पुराने हैं : प्रबंध-मुक्तक-गीत-लंबी कविता से आधुनिक हाइकू तक। पर धीरे-धीरे ये तीखे वर्गीकरण अपेक्षाकृत प्रशमित होते गए, और कविता का एक व्यापक रूप ही अब जैसे मान्य हो गया है। गद्य के रूप आधुनिक काल में मुद्रण सुविधाओं और वैचारिक ज़रूरतों के अनुकूल तरह-तरह से विकसित हुए हैं, और अभी शायद होते जा रहे हैं, पर साथ ही साथ संवेदनशील लेखक इन रूपों के बीच से, फिर भी इनसे स्वतंत्र, गद्य की अपनी सत्ता को समझने में उत्तरोत्तर सक्रिय हुआ है। यों अब कवि और गद्यकार क्रमशः एक-दूसरे के सामने आए हैं, उनके आपस के लेन-देन हैं, वह बात अलग है। पर इस सब के बीच यह समझा जा सकता है कि गद्य का क्षेत्र विस्तृत हुआ है, कि वह कविता के अपने रचना-क्षेत्र में अतिक्रमण कर गया है, जिससे साहित्य की बुनियादी समझ निश्चय ही समृद्ध हुई है।

विलक्षण बात यह है कि गद्य की इस प्रकृत भूमि को सबसे पहिले पहिचाना एक कवि ने, छायावाद-कविचतुष्टय की महादेवी वर्मा ने। महादेवी के बारे में साहित्यिक गडलिका है कि वे निरंतर अपने अदृश्य प्रिय की प्रतीक्षा में रहती हैं जो कल्पना-लोक का वासी है, और वेदना में डूबे रहना उन्हें अच्छा लगता है। वास्तविकता यह है कि उन्हें अमरों के लोक की तुलना में यह धरती प्रिय है, डूबने की चुनौती से वे घबराती नहीं, और निरंतर चलते रहने में उनका अटूट विश्वास है। पुनर्जागरण आंदोलन की जैसी सूक्ष्म प्रक्रिया उनके यहाँ गतिशील है वैसी अन्यत्र कठिनाई से मिलेगी। फिर इस पुनर्जागरण का और विस्तार उनके गद्य में मिलता है जैसे कि उसका व्यावहारिक पक्ष उनके नारी शिक्षा संबंधी कार्यक्रमों में। पुनर्जागरण महादेवी के लिए लगातार

चलने वाली प्रक्रिया है जिसे बहुत सशक्त यद्यपि कि सूक्ष्म-संवेदनशील ढंग से उनका गद्य व्यक्त करता है। उनकी दृष्टि और सहानुभूति के विस्तार में यह संभव हुआ है कि उनकी एक ही गद्य-रचना-उदाहरण के लिए 'घीसा'—कहीं संस्मरण है तो कहीं रेखाचित्र, और कहीं कहानी के रूप में संकलित है तो कहीं आत्मकथा का अंश माना जा सकता है। कवयित्री के गद्य का यह उन्मुक्त-निर्बन्ध रूप उस पुरानी उक्ति का जैसे साक्ष्य प्रस्तुत करता हो कि गद्य लेखन कवियों के लिए कसौटी है।

बिना अपने को विधाओं में बाँटे गद्य लिखने की उत्कंठा महादेवी के समकालीन गद्यकार रामवृक्ष बेनीपुरी में मिलती है। पर जैसा संकेत किया गया, उनका गद्य तर्क के सहारे उतना नहीं चलता जितना भावुकता के सहारे बढ़ता है। लगभग इसी रूप में उनसे प्रेरणा लेकर ओंकार शरद का गद्य विकसित होता है। अमृतराय में तर्क, भावुकता और विनोद का अनुपात बेहतर सधा है। यों उपन्यास-कहानी-नाटक एक ओर, और जीवनी-संस्मरण-यात्रा-वृत्त, निबंध-व्यंग्य, दूसरी ओर-सर्वत्र उनका गद्य अपना प्रवाह-तल पा लेता है।

विधाओं की विलीनीकरण-प्रक्रिया का सजग एहसास आधुनिक गद्यकार को कई रूपों में होता है। 'मुक्तिबोध' के कहानी संग्रह 'काठ का सपना' (1967) की भूमिका में श्रीकांत वर्मा ने कहानीकार के गद्य कृतित्व का विश्लेषण करते हुए ठीक ही लिखा है, "मुक्तिबोध ने साहित्य की हर विधा को इतना तोड़ दिया है कि रचना स्वयं अपने मूल्यों को ललकारने लगती है ; कविता बढ़ते-बढ़ते डायरी हो जाती है और डायरी चलते-चलते कहानी हो जाती है। डायरी, कहानी और उपन्यास, तीनों के गुण-दोषों से बेलाग 'विपात्र' को साहित्य की किस विधा में रखा जाय, फ़ैसला कर पाना कठिन है।" बहुत कुछ यही भंगिमा रामविलास शर्मा अपनाते हैं अपने गद्य-संग्रह 'पंचरत्न' (1980) की भूमिका में, "यह 'पंचरत्न' है। जिन पाँच प्रमुख तत्वों से यह बना है, उनमें पहला है रेखाचित्र।...दूसरा तत्व है संस्मरण। रेखाचित्र वाला तत्व कहाँ समाप्त होता है और संस्मरण वाला कहाँ आरंभ होता है, यह बताना मेरा काम नहीं है। श्रेष्ठ पेय वह है जिसमें विभिन्न तत्व ऐसे घुल मिल गए हों कि उनके अलग अस्तित्व का ठीक पता न चले। तीसरा तत्व निबंधों का है, चौथा डायरी का और पाँचवाँ पत्रों का।" कहना न होगा कि यहाँ रामविलास द्वारा उठाया गया 'पेय' का बिंब अनायास प्राचीनों द्वारा रस-चर्चा के संदर्भ में दिए 'पानक' (देसी 'पना') के दृष्टांत का स्मरण करा देता है।

फिर एक तीसरी भूमिका की ओर ध्यान जाता है—निर्मल वर्मा के आलोचनात्मक निबंधों के संकलन 'भारत और यूरोप : प्रतिश्रुति के क्षेत्र' (1991) के प्राक्कथन की ओर, जिसका समापन यों होता है, "एक तरह से ये (निबंध) मेरी विचार-यात्रा के पड़ाव अंकित करते हैं...कहीं अधिक ठहरा हूँ, कहीं ज़्यादा ठहरने के लालच को दबाना पड़ा है, कहीं बिना ठहरे आगे बढ़ गया हूँ—इस आशा में, कि कभी लौटने

का मौका मिलेगा। जब लौटूंगा, तो फिर एक कहानी साथ होगी, जो मेरी कहानियों में जगह न पाकर हमेशा मेरे निबंधों में शरण पा लेती है।" इन लेखकों की भूमिका से स्पष्ट हो जाता है कि कैसे उनके मन में कहानी-निबंध-संस्मरण-रेखाचित्र-डायरी के रूप एक-दूसरे में घुल-मिल रहे हैं, और तब इसी संश्लेष में उनका गद्यकार चरित्र उभरता है। यह गद्य की अपनी निष्पत्ति है।

छठे दशक में नयी कविता-नवलेखन के उदय के समय यद्यपि नयी रचना प्रवृत्तियों का प्रतिफलन कविता के क्षेत्र में पहले हुआ, फिर भी गद्य के वैशिष्ट्य को इस रचना-आंदोलन में बराबर रेखांकित किया गया। 1954 में 'नयी कविता' पत्रिका का प्रकाशन हुआ तो अगले वर्ष ही 1955 में 'निकष' संकलन सामने आया जहाँ समूचे नवलेखन के प्रयोगों को संकलित किया गया कविता को शामिल करते हुए, पर केन्द्र में गद्य-रचनाएँ रहीं। 'निकष'-1 में एक संपूर्ण लघु उपन्यास, दस कहानियाँ, दो उपन्यासों के अंश, एक नाटक और कुछ निबंध-व्यंग्य-डायरी के अंश प्रस्तुत किए गए। इनमें से अनेक रचनाएँ जैसे 'सोया हुआ जल' (सर्वेश्वरदयाल सक्सेना), 'रसप्रिया' (फणीश्वरनाथ 'रेणु'), 'सेव' (रघुवीरसहाय), 'गुलकी बन्नो' (धर्मवीर भारती), 'खाली कुर्सी की आत्मा' (लक्ष्मीकांत वर्मा), 'मार्ग-दर्शन' (कुट्टिचातन् अर्थात् अज्ञेय), 'हल्दी, दूब और दधि-अक्षत' (विद्यानिवास मिश्र), डायरी के कुछ पृष्ठ (अजित कुमार) क्रमशः गद्य के क्षेत्र में महत्वपूर्ण रचना-प्रयोग स्वीकृत हुए। 'निकष' नामकरण में ही कहीं गद्य कवियों की कसौटी है का भाव छिपा हुआ है। यह भी स्मरणीय है कि 'निकष' का पहला संपादकीय पाठक से सीधे बातचीत है।

स्वयं नयी कविता के मुख्य कवियों ने गद्य को विविध रूपों में संपन्न किया है। इनमें से अज्ञेय, मुक्तिबोध, शमशेर और रघुवीरसहाय की चर्चा यथाक्रम हो चुकी है। इस लेखन में परिलक्षित करने की बात है कि यह काव्यात्मक गद्य नहीं, शुद्ध सात्विक गद्य है। उल्टे उनकी कविता कई स्तरों पर गद्य का रचनात्मक सहयोग लेती है। निर्मल वर्मा, मनोहरश्याम जोशी तथा अजित कुमार मुख्यतः गद्यकार हैं। नयी कविता-नवलेखन वृत्त के ये रचनाकार नयी कविता के क्षेत्र में किए गए प्रयोगों का लाभ भी गद्य के क्षेत्र में लाए हैं, और अपने-अपने ढंग से आधुनिक काल के लिए आचार्य शुक्ल के नामकरण 'गद्य-काल' का औचित्य अनायास ही सिद्ध करते हैं। इस आधुनिक काल की चरम परिणतियों में एक है कविता के क्षेत्र में गद्य का संक्रमण—गद्य कविता, जिस प्रक्रिया का विवेचन हम आरंभ में कर आए हैं। यहाँ अज्ञेय की 'आत्मनेपद'-उक्ति को एक बार फिर स्मरण कर लेना संगत होगा, "अच्छा गद्य पढ़ने में मुझे अनिर्वचनीय आनंद मिलता है..."। यहाँ स्पष्ट ही महत्वपूर्ण है गद्य, न कि उपन्यास-कहानी-नाटक-निबंध में बँटे काव्य-रूप। यों चिंतन और रचना-कर्म दोनों में आधुनिक लेखक ने गद्य की सत्ता को पहिचाना है, और इस अभियान में अपने कृतित्व को संश्लिष्टतर बनाया है।

[3]

विशिष्ट गद्यकार

* भारतेंदु हरिश्चंद्र
* बालमुकुंद गुप्त
* रामचंद्र शुक्ल
* जयशंकर प्रसाद
* महादेवी वर्मा
* प्रेमचंद
* जैनेन्द्रकुमार
* अज्ञेय
* हजारीप्रसाद द्विवेदी
* फणीश्वरनाथ 'रेणु'
* निर्मल वर्मा
* रघुवीरसहाय

भारतेंदु हरिश्चंद्र

यह संयोग से कुछ अधिक है कि आधुनिक संदर्भ में खड़ी बोली हिंदी के आद्य प्रयोगकर्ता भारतेंदु हरिश्चंद्र के यहाँ गद्य के प्रायः सभी प्रमुख रूपों का उदय प्रायः एक साथ होता है। नाटक-उपन्यास-आख्यान, निबंध-व्यंग्य-जीवनी-यात्रा-वृत्त-रिपोर्ताज-आलोचना, और पत्रकारिता, अर्थात् कल्पना-प्रधान, अकाल्पनिक ओर वैचारिक सभी स्तरों पर वे गद्य का प्रयोग आरंभ करते हैं, और कुछ घिघियाती मुद्रा में नहीं, पूरे आत्मविश्वास के साथ। धीरे-धीरे इन गद्य रूपों का विभाजन-वर्गीकरण स्पष्टतर-कठोरतर होता है, और फिर सर्जनात्मक आधुनिकता के दूसरे दौर में ये सभी रूप क्रमशः एक-दूसरे में विसर्जित होने लगते हैं। इस समूची प्रक्रिया का सोदाहरण विवेचन प्रस्तुत ग्रंथ के दूसरे खंड में हो चुका है। सृष्टि के उन्मीलन और संवरण का जैसे यह कोई रूपक हो।

भारतेंदु के व्यक्तित्व में संस्कार और विचार, राजभक्ति तथा राष्ट्रभक्ति, ब्रजभाषा-खड़ीबोली के बीच निरंतर द्वन्द्व चलता रहता है, यद्यपि इस द्वन्द्व में उनका सजग प्रयत्नपूर्वक झुकाव विचार, राष्ट्रभक्ति और खड़ी बोली के प्रति रहा। इस उन्मुखता में ही उनकी आधुनिक दृष्टि निहित है। यों विचार, राष्ट्रभक्ति और खड़ी बोली के साथ उनके गद्य लेखन का समीकरण बनता है, जबकि कविता में संस्कार, राजभक्ति और ब्रजभाषा का आग्रह है। अपवाद स्पष्ट ही दोनों ओर देखे जा सकते हैं।

भारतेंदु के समय में घर-मुहल्ले की बोली और शिष्ट समाज के बीच प्रचलित भाषा का हिंदी क्षेत्र के अंतर्गत द्वैत चला आता है। उनके संदर्भ में घर-मुहल्ले की बोली बहुत-कुछ भोजपुरी बनारसी थी, और शिष्ट समाज में प्रचलित खड़ी बोली हिंदी। लेखक का गद्य इनके मेल में बना है। अपने संक्षिप्त निबंध 'हिंदी भाषा' (1883) का आरंभ भारतेंदु इस प्रकार करते हैं—"भाषाओं के तीन विभाग होते हैं यथा घर में बोलने की भाषा कविता की भाषा और लिखने की भाषा।" इस दृष्टि से भारतेंदु के लिए 'घर में बोलने की भाषा' बनारसी थी, जैसे कि दिल्ली क्षेत्र में, स्वयं उनके अनुसार, यह भाषा भिन्न थी। 'कविता की भाषा' ब्रजभाषा थी, और 'लिखने की भाषा', बहुत कुछ भारतेंदु के प्रयत्नों से ही, खड़ी बोली हिंदी बन रही

थी। यहाँ 'कविता की भाषा' और 'लिखने की भाषा' का विभाजन-नामकरण विशेष रूप से ध्यान देने योग्य है, यानी कविता अभी प्रधानत: वाचिक परंपरा में थी लिखने की भाषा गद्य थी। यों बोलने की भाषा को क्रमश: लिखने में रूपांतरित करना गद्य-रचना के लिए मुख्य लेखकीय दायित्व था। फिर यह भी स्मरणीय है कि भारतेंदु के इस गद्य-प्रवर्तन में-व्याकरणिक दृष्टि से अलग-अलग निरूपित-पश्चिमी हिंदी, पूर्वी हिंदी, बिहारी का अनायास मेल हो जाता है। आधुनिक हिंदी का यह बहुरूपी यद्यपि कि संश्लिष्ट रूप भारतेंदु के हाथों प्रवर्तित होता है, और इसी अर्थ में भारतेंदु का स्वयं उद्घोष 'हरिश्चंद्र मैगज़ीन' के प्रवेशांक के साथ 'हिंदी नए चाल में ढली 1873 ई०' सर्वाधिक सार्थक बनता है।

'घर में बोलने की भाषा' को 'लिखने की भाषा' बनाना, उसकी सर्जनात्मक प्रवृत्ति को और बढ़ाना सबसे अधिक संभव होता है नाट्य- रचना में। तब क्या यह अपने में उचित और स्वाभाविक नहीं कि आधुनिक गद्य-साहित्य की परंपरा का प्रवर्तन नाटकों से हुआ! रामचंद्र शुक्ल की इस विस्मयोक्ति से यों कई उत्तर फूटते हैं। प्रस्तुत विवेचन में अब तक शायद यह तीसरा विकल्प निकलता है।

बोली जाने वाली भाषा को लिखने के कई प्रकार नाटककार की प्रसिद्ध रचना 'अंधेर नगरी' (1881) में देखे और सुने जा सकते हैं। नाटक के परिवेश में बाज़ार और दरबार दोनों को समेट लेने के कारण 'अंधेर नगरी' एकबारगी समाज का समग्रतर चित्रण बन गया है। 'अंधेर नगरी' के बाज़ार में सब माल टके सेर बिक रहा है, वहाँ के दरबार में न्याय भी टके सेर के सिद्धांत पर है, बस बोली का कुछ फर्क है। बाज़ार के दृश्य से नाटककार दो रचनात्मक उपयोग साधता है। एक स्तर पर बाज़ार की भूमिका वह है जो यूनानी नाटक में 'कोरस' की होती है, जहाँ सामान्य अनाम नागरिक मिल-जुल कर नाटक की मूल कथा-वस्तु पर टिप्पणी और उच्चवर्गीय चरित्रों तथा घटना-क्रम का विश्लेषण करते हैं, जैसे कि साधारण जीवन-क्रम में हाट-बाज़ार, मुहल्ले-टोले में सचमुच होता है। दूसरी ओर समाज के बोली-वैविध्य की कुछ बानगी सुनने को मिलती है—कबाबवाला और हलवाई, कुँजड़िन और मुग़ल, नरंगीवाली और मछलीवाली और फिर जातवाला-सबकी बोली के अलग-अलग रंग हैं, वर्ण-जाति-लिंग-क्षेत्र के अनुकूल। इन सब रंगों के मेल में समाज का इंद्रधनुषी रूप बनता है, और उनकी बोलियों से नाटक का गद्य। इस वैविध्य में बुना हुआ नाटक एकबारगी कई अर्थ-स्तरों पर अपने को खोलता है, 'ऍलिगरी' या रूपक के तौर पर नहीं वरन् कई अलग-अलग यद्यपि कि संश्लिष्ट अनुभव-भूमिकाओं के अंतर्गत। एक सामान्य स्तर पर नाटक बच्चों के कौतूहल और शुद्ध मनोरंजन का साधन बनता है, एक दूसरे स्तर पर नाटक सत्ता की शाश्वत दृष्टिहीनता को उजागर करता है—जातवाला का बाज़ार विज्ञापन समकालीन विधायकों की दल-बदल वृत्ति को अनायास खोल देता है। यों 'अंधेर नगरी', शब्द के हर अर्थ में, कालजयी क्लैसिक

कृति है जो आरंभिक बचपन से लेकर घनघोर वयस्कता तक हमारा साथ देती है! बाज़ार के वर्णन पुराने अपभ्रंश तथा हिंदी काव्यों में भी आते हैं, पर वहाँ उनका उपयोग सीधे रोचक वर्णन की दृष्टि से अधिक है, 'अंधेर नगरी' जैसे श्रव्य-दृश्य बाज़ार का रचनात्मक आयोजन अपने में अतुलनीय है।

भारतेंदु के बारे में कहा जा सकता है कि वे ऐसे भक्त थे जो समकालीन राजनीति पर पूरी दृष्टि रखते थे, और उनकी रचना इस पूरी स्थिति में से निष्पन्न होती है। एक ओर 'श्रीचंद्रावली' नाटिका है जिसमें चंद्रावली के माध्यम से लेखक ने अपनी ही 'प्रेमा-भक्ति' को निष्ठापूर्ण अभिव्यक्ति दी है, जिसमें केवल नारी पात्र हैं, कृष्ण भी रंगमंच पर जोगिन के वेष में आते हैं। दूसरी ओर 'मुद्राराक्षस' का रूपांतर है जिसमें नारी पात्रों का प्राय: एकांत अभाव है और जहाँ कूटनीति के दाँव-पेच पूरी जटिलता में अंकित हुए हैं। इन दोनों को मिला कर भारतेंदु का संश्लिष्ट व्यक्तित्व बनता है, जो पुनर्जागरण-चेतना के अनुरूप है। हिंदी साहित्य में पुनर्जागरण भारतेंदु के माध्यम से अवतरित होता है, और तब यह स्वाभाविक है कि वे आधुनिक काल के प्रवर्तक माने जाते हैं। टैक्स, महामारी, धन के विदेशों में प्रवाह के विरुद्ध वे आवाज़ उठाते हैं, स्वदेशी और मातृभाषा के प्रयोग के लिए आग्रह करते हैं, और प्रिय कृष्ण की अनंत प्रतीक्षा में आँखें खुली की खुली रह जाने का मार्मिक उल्लेख करते हैं ('बिना प्रान प्यारे भये दरस तुम्हारे हाय मरेहू पै आँखें ये खुली ही रह जायेंगी')। यह आधुनिक मानव जीवन की समग्र प्रस्तावना है जो पुनर्जागरण की मुख्य भावभूमि है।

पुनर्जागरण चेतना का एक अन्य विशिष्ट तत्व विवेक-बुद्धि पर आग्रह रहा है। भारतेंदु, जैसा संकेत किया गया, स्वभाव से आस्थावान भक्त थे, पर साथ ही समाज-सुधार और राष्ट्रीय भावना के संदर्भ में वे रूढ़ियों और अंधविश्वासों को, कबीर की तरह, हटाकर विवेकसम्मत जीवन प्रक्रिया के समर्थक थे। उनकी इस विवेकशीलता का गहरा रचनात्मक आख्यान 'अंधेर नगरी' में मिलता है। कहा जा सकता है कि 'अंधेर नगरी' विरोधी परिदृश्य पर विवेक-बुद्धि का नाटक है। ऊपर से देखने पर समानता और समता के श्लाघनीय आधुनिक मूल्य यहाँ सर्वोपरि हैं। बाज़ार में सब चीज़ एक भाव, और अपराध के लिए दंड की अनिवार्य व्यवस्था 'अंधेर नगरी' शासन की दो मूल मान्यताएँ हैं। पर बिना विवेक के समानता और समता का यह आग्रह न सिर्फ़ मूर्खतापूर्ण वरन् आत्मघाती भी है। नाटक के समापन पर महंत की टिप्पणी है—

जहाँ न धर्म्म न बुद्धि नहिं नीति न सुजन समाज।
ते ऐसहिं आपुहिं नसै, जैसे चौपटराज॥

यह एक तरह का विलोम भरत-वाक्य है। अच्छा समाज धर्म और बुद्धि और नीति पर टिका होता है, यह नाटककार का संदेश है, और इनका अभाव अंधेर नगरी बनाता

है। चुनाव तब सामाजिक को करना है।

प्रश्न फिर बनता है कि भारतेंदु के प्रयोग में 'घर में बोलने की भाषा' को यदि लिख भर दिया जाए तो क्या वह 'लिखने की भाषा' हो जाती है? अर्थात् बोलने और लिखने के बीच गद्य कहाँ रूप ग्रहण करता है? 'श्री चंद्रावली' नाटिका में चंद्रावली के अपनी सखियों से लंबे संवाद और स्वगत-कथन चलते हैं। ये प्रसंग सामान्य तौर पर मुँह से निकले संवाद के तौर पर सुन पड़ते हैं, बोली को जैसे लिपिबद्ध कर दिया गया हो। स्त्रियोचित गालियाँ, शपथ, मुहाविरे सब ज्यों के त्यों आते हैं। चौथे अंक में चंद्रावली का स्वगत-कथन है, "हाय आशा भी क्या ही बुरी वस्तु है और प्रेम भी मनुष्य को कैसा अंधा कर देता है। भला वह कहाँ और मैं कहाँ, पर जी इसी भरोसे पर फूला जाता है कि अच्छा सगुन हुआ है तो जरूर आवैंगे।" यहाँ कृष्ण के वियोग में व्याकुल, पर मिलन की आशा से संपन्न, चंद्रावली की मनोदशा का वर्णन है। संवाद का पहला वाक्य दो बराबर के हिस्सों में बँटा हुआ इस तनाव में अपना संतुलन बनाए हुए है। दूसरे वाक्य में 'वह' और 'मैं' का अलगाव, पर उत्तरार्द्ध की आशान्वित लय—ये सब मिलकर चंद्रावली की उक्त मनोदशा का शुद्ध शब्दार्थ से अलग हटकर भी संकेत देते हैं। अभिनय की मुद्राओं और भंगिमाओं के साथ यह गद्य-लय पूरी तरह घुल-मिल जाती है। और यहाँ उसकी सर्जन-शक्ति पूरी तरह सक्रिय हो उठती है, 'घर में बोलने की भाषा' गद्य बन जाती है। ऐसे अनेक प्रसंगों में भारतेंदु का सजग गद्यकार रूप उभरता है।

भारतेंदु के संदर्भ में एक महत्वपूर्ण तथ्य यह उभर कर आता है कि उनके यहाँ शिष्ट और लोक का द्वैत नहीं फूटा है, जो आगे चलकर क्रमश: बढ़ता जाता है। उनके काव्य, नाटक, अकाल्पनिक वृत्तों में भाषा-शैली-भंगिमा आर्थिक विषमताओं के बावजूद संवेदनात्मक धरातल पर एकनिष्ठ समाज से पूरी तरह जुड़ी हुई है जहाँ चौक और सिविल लाइन्स का बँटवारा अभी देसी जन-जीवन में नहीं हुआ है। 'अंधेर नगरी' के बाज़ार में भी समाज का ऐसा साबित रूप उभरता है, यद्यपि कि विक्रेताओं के विज्ञापन वहाँ प्राय: द्वयार्थक हैं—एक स्तर पर बेचने के लिए सामान का आकर्षक विवरण, दूसरी ओर समकालीन शासन की दुष्टताओं और मूर्खताओं दोनों पर तीखी टिप्पणी : 'चना हाकिम सब जो खाते/सब पर दूना टिकस लगाते', 'ले हिंदुस्तान का मेवा फूट और बैर', 'चूरन साहेब लोग जो खाता/सारा हिंद हजम कर जाता'। व्यंग्य के सहारे कड़ी से कड़ी बात कहना यह कबीर-कला भारतेंदु में आगे और विकसित हुई है! कहना न होगा, विदग्ध लोक को श्रोता-पाठक बनाकर ही इन दोनों क्रांतिकारी रचनाकारों ने अपनी बात कही है।

'अंधेर नगरी' का विधान उस कथा-अभिप्राय और ढाँचे पर चलता है, जो हमारे घर-परिवार के मनोरंजन का अत्यंत प्रचलित साधन और अंग था, जिसे लोक शास्त्र के पंडित चक्राकार कथा का नाम देते हैं। चिड़िया का दाना खूँटे में फँस जाता है

जिसके निकालने के लिए वह बढ़ई से आरंभ करके राजा-रानी तक अनुनय करती है, हर बार पूर्व-वृत्त को दुहराते हुए, जहाँ कथा का हर एक श्रोता दुखी चिड़िया को अगले अभिकर्ता तक जाने की सलाह देता है। पर जैसा कहा गया, भारतेंदु की मानसिक बनावट में यह अभी लोक-कथा नहीं हुई है, घर परिवार की सायंकालीन कथा-मजलिस का प्राय: वैसा ही अनिवार्य अंग है जैसे कि गृहस्थ की प्रात:-संध्या आरती। कुछ-कुछ ऐसी ही स्थिति चने और चूरन वाले लटकों की है जो गली-मुहल्ले के बाज़ारों में सामान्यत: प्रचलित रहे हैं।

नाटक के दृश्य-विधान की बनावट पूरी हो जाती है छठे और अंतिम अंक में जो श्मशान में खुलता है। बाज़ार दरबार और अरण्य के बाद श्मशान में पहुँचना जैसे समूचे जीवन-चक्र को एकबारगी घुमा देना है। इतना छोटा नाटक ऐसा परिपूर्ण हो सकता है यह 'अंधेर नगरी' के विधान में ही समझा जा सकता है, जो ऊपर से एकदम सरल दिखते हुए भी अपनी अर्थ-सघनता में धीरे-धीरे खुलता है। भारतेंदु का सर्जनात्मक गद्य यहाँ पूरी क्षमता अर्जित कर लेता है।

अकाल्पनिक वृत्तों के अंतर्गत निबंध तथा यात्रा-वर्णनों में गद्य की सापेक्ष रचनात्मकता सर्वाधिक अनुभव होती है। यात्रा-वृत्त का गद्य अलस भाव पर सतर्क दृष्टि को एक साथ समोता है। यह संतुलन भारतेंदु के यात्रा-वर्णन 'वैद्यनाथ की यात्रा' में बहुत अच्छे ढंग से देखा जा सकता है, "झपकी का आना था कि बौछारों ने छेड़छाड़ करनी शुरू की, पटने पहुँचते पहुँचते तो घेर घार कर चारों ओर से पानी बरसने ही लगा। बस पृथ्वी आकाश सब नीरब्रह्ममय हो गया। इस धूमधाम में भी रेल, कृष्णाभिसारिका सी अपनी धुन में चली ही जाती थी। सच है सावन की नदी और दृढ़प्रतिज्ञ उद्योगी और जिनके मन पीतम के पास हैं वे कहीं रुकते हैं? राह में बाज पेड़ों में इतने जुगनू लिपटे हुए थे कि पेड़ सचमुच सबे चिरागाँ बन रहे थे। जहाँ रेल ठहरती थी, स्टेशन मास्टर और सिपाही बिचारे टुटरू दूँ छाता, लालटेन लिए रोजी जगाते भीगते हुए इधर उधर फिरते दिखलाई पड़ते थे।" वर्षा में कृष्णाभिसारिका का चित्रण रीतिकालीन काव्य, संगीत, और चित्रकला में अनेक रूपों में हुआ है। पर लोहे के काले वाष्प इंजन से जुड़ी रेलगाड़ी की अप्रतिहत गति में कृष्णाभिसारिका का रूप-दर्शन भारतेंदु की दृष्टि में पहली बार संभव होता है। यह रीतिकाल का आधुनिक काल में संक्रमण है। इसीलिए एक ओर वर्षाऋतु के निविड़ अंधकार का मोहक चित्रण है तो दूसरी ओर रोजी से जुड़े रेल कर्मचारियों की बेबसी का मार्मिक उल्लेख भी है जो ऐसी रात अपने घर में न बिता कर रेल की सेवा में लगा रहे हैं। यहाँ मानो कविता में गद्य पहली बार प्रवेश कर रहा है।

गद्य-प्रवाह का एक दूसरा रूप उन निबंधों में दिखाई देता है जहाँ समकालीन जीवन की विषमताओं और समस्याओं का लेखक गहराई में विश्लेषण करता है। इस कोटि के लेखन में 'भारतवर्ष की उन्नति कैसे हो सकती है? 'शीर्षक लिखित

वक्तव्य सबसे ऊपर आता है, जो भारतेंदु के बलिया-व्याख्यान (1884) नाम से भी प्रसिद्ध है। जैसा नाम से स्पष्ट है, इस व्याख्यान में समूचे देश की उन्नति का एक कार्यक्रम प्रस्तावित किया गया है। स्मरणीय है कि भारतेंदु यहाँ हिंदी-भाषा, साहित्य, नागरी अक्षरों की चिंता न करके संपूर्ण राष्ट्र के विकास के लिए अपनी चिंता प्रकट कर रहे हैं। 'अंधेर नगरी' (1881) की दुर्दशा दूर करने का एक संपूर्ण कार्यक्रम बलिया व्याख्यान (1884) है।

यह लिखित व्याख्यान—जिसे 'ऐड्रेस' कहा गया है—स्पष्ट ही 'घर में बोलने की' कम, बाहर बोलने की भाषा को अधिक आधार बनाकर चलता है। इसमें इतिहास, समाज, दर्शन, अर्थनीति के संदर्भों में से लेखक देश की नितांत व्यावहारिक समस्याओं का समाधान प्रस्तुत करता है; बीच में हल्के-फुल्के दृष्टांत हैं, शेर-शायरी है, पर सभी एक बिंदु पर केन्द्रित—'भारतवर्ष की उन्नति कैसे हो सकती है?' समापन का कुछ अंश इस प्रकार है—"हाय अफसोस, तुम ऐसे हो गए कि अपने निज के काम की वस्तु भी नहीं बना सकते। भाइयो, अब तो नींद से चौंको, अपने देश की सब प्रकार उन्नति करो। जिसमें तुम्हारी भलाई हो वैसी ही किताब पढ़ो, वैसे ही खेल खेलो, वैसी ही बातचीत करो। परदेशी वस्तु और परदेशी भाषा का भरोसा मत करो। अपने देश में अपनी भाषा में उन्नति करो।" सर्वतोमुखी विकास का यह मूल मंत्र एक ओर समकालीन पुनर्जागरण चेतना को प्रतिफलित करता है तो दूसरी ओर स्वदेशी और मातृभाषा के प्रयोग पर महात्मा गांधी के बल को पूर्वाशित। यह उद्‌बोधन हिंदी गद्य के अत्यंत निर्मल रूप में संभव होता है, और देश की आज़ादी की लड़ाई की रणनीति प्रस्तुत करता है। इस वक्तव्य में ही भारतेंदु ने 'हिंदू' पद की प्रसिद्ध व्याख्या दी है, "इस महामंत्र का जप करो। जो हिंदुस्तान में रहे, चाहे किसी रंग किसी जाति का क्यों न हो, वह हिंदू। हिंदू की सहायता करो। बंगाली, मरट्ठा, पंजाबी, मदरासी, वैदिक, जैन, ब्राह्मो, मुसलमान सब एक का हाथ एक पकड़ो। कारीगरी जिसमें तुम्हारे यहाँ बढ़े, तुम्हारा रुपया तुम्हारे ही देश में रहै वह करो। "विविध धर्मों और क्षेत्रों के समवाय को उन्होंने हिंदू नाम दिया है, जिसकी सामूहिक उन्नति से ही देश की उन्नति संभव हो सकती है। और उन्नति की इस परिकल्पना में आर्थिक पुनर्निर्माण को भारतेंदु केन्द्र में रखते हैं, वह रणनीति जिसे देर-अबेर वर्तमान शताब्दी के अंतिम दशक में राष्ट्र के कर्णधारों ने किसी क़दर समझा है। यह स्मरणीय है कि लेखक के प्रस्तावित नक्शे में देश की आज़ादी के लिए लड़ाई और उसके पुनर्निर्माण की योजना एक साथ शामिल है। 'हिंदी नए चाल में ढली, 1873 ई०' की यह व्यावहारिक परिणति यों एक दशक में पूरी हो जाती है।

बालमुकुंद गुप्त

भारतेंदु के एकदम असमय अस्त होने (1885) के प्राय: एक दशक के भीतर हिंदी परिदृश्य पर दो लेखकों का एक साथ उदय होता है—महावीरप्रसाद द्विवेदी तथा बालमुकुंद गुप्त। द्विवेदी अपने में कोई बड़े रचनाकार न थे, न कवि और न गद्यकार रूप में; पर वे बड़े व्यवस्थापक और शास्ता थे, दूसरे लेखकों को बड़ा बनाने का रास्ता जानते थे। बालमुकुंद गुप्त अपने समय के प्रतिष्ठित संपादक होने के साथ-साथ स्वयं श्रेष्ठ गद्यकार थे। इस एक दशक के अंतर में उन्होंने हिंदी गद्य में गुणात्मक परिवर्तन उपस्थित कर दिया। उनके गद्य की सबसे बड़ी विशेषता यह है कि वह कोई छाया लिए हुए नहीं, अपने में खाँटी हिंदी गद्य है। संस्कृत, फ़ारसी, उर्दू, अँग्रेज़ी, बँगला, ब्रज किसी का उनके यहाँ आग्रह नहीं, जबकि इन सब भाषा रूपों की कार्यकारी जानकारी लेखक को थी, और सांस्कृतिक-राजनैतिक कारणों से इन सभी दरबारी या कि दरबार से जुड़ी भाषाओं का गहरा दबाव जनभाषा हिंदी पर आरंभ से अब तक चला आता है। बालमुकुंद गुप्त के समय में यह दबाव भरपूर था। उन्होंने स्वयं अपना लेखकीय जीवन उर्दू पत्रकारिता के क्षेत्र में आरंभ किया था। 'अखबारे चुनार' और लाहौर के 'कोहेनूर' के वे संपादक थे (1886-1889)।

इतने दबावों के बीच बालमुकुंद गुप्त न शुद्ध हिंदी लिखते थे, न मिश्रित, वे बस हिंदी लिखते थे जिसे उन्होंने किसी विशेषण का मुँहताज नहीं रखा। लेखक का यह भाषिक आत्मविश्वास उसके अपने प्रतिनिधि चरित्र अधबूढ़े ब्राह्मण भंगड़ शिवशंभु शर्मा के चारित्रिक आत्मविश्वास से अभिन्न है, जिसके माध्यम से वे अपने समय के अत्यंत प्रखर वायसराय लॉर्ड कर्ज़न की सीधी आलोचना उन्हें सीधे संबोधन में करते हैं, अपने पत्र भारतमित्र' के अंकों में धारावाहिक रूप से 'बनाम लार्ड कर्ज़न' जैसा खुला शीर्षक देकर। कभी यह एकतरफा संवाद ब्रिटिश सरकार के तत्कालीन भारत-सचिव मार्लो साहब के नाम होता है। यहाँ बंग-भंग प्रसंग से एक उद्धरण दृष्टव्य है, "भारतवासियों ने बहुत कुछ देखा और देख रहे हैं। इस देश के ऋषि-मुनि जब वनों में जाकर तप करते थे और यहाँ के नरेश उनकी आज्ञा से प्रजापालन करते थे, वह समय भी देखा। फिर मुसलमान इस देश के राजा हुए और पुराना क्रम मिट

गया, वह भी देखा। अब देख रहे हैं, सात समुद्र पार से आई हुई एक जाति के लोग जो पहले बिसाती के रूप में इस देश में आए थे और छल बल और कौशल से यहाँ के प्रभु बन गये। यह देश और यहाँ की स्वाधीनता उनकी मुट्ठी की चिड़िया बन गई। और भी न जाने क्या क्या देखना पड़ेगा। पर संसार की कोई बात निश्चित है, यह बात यहाँ के लोगों की समझ में नहीं आती।" ('निश्चित विषय!') यह खाँटी गद्य खरी बात के धनी शिवशंभु के सर्वथा योग्य है। गद्य-प्रवाह में देश का इतिहास और वर्तमान एकबारगी जीवंत हो गया है। तत्कालीन ब्रिटिश साम्राज्य के प्रमुख नगर कलकत्ता में बैठकर शासक जाति को उनके 'बिसाती' अतीत की याद दिला देना बालमुकुंद गुप्त के ही बस की बात थी। वे न तो ब्रितानिया के प्रतिनिधि वायसराय से दबते हैं न सरस्वती के प्रतिनिधि आचार्य द्विवेदी से। 'शिवशंभु के चिट्ठे' और 'अनस्थिरता' लेखमाला की किश्तें इसका ज्वलंत प्रमाण हैं।

बालमुकुंद गुप्त के गद्य-विधान में भारतेंदु के बाद कई तरह के परिष्कार होते हैं। यह विधान कला-रचना के अनुरूप एक तरह से सुचिंतित और सहज एक साथ है। भाषा-प्रसंग में उनका दृष्टिकोण बहुत सधा हुआ है आगत भाषिक तत्वों का न तो वे सर्वथा बहिष्कार करते हैं और न तो उनके लिए कोई आग्रह! अन्य भाषाओं के वैशिष्ट्य की उनकी पकड़ अच्छी है। 'अनस्थिरता'-लेखमाला की आठवीं किश्त में बँगला वाक्य-प्रवाह की आशंसा में उनकी टिप्पणी है, "उधर बँगला उदाहरण को देखिए तो उसके पहले और दूसरे वाक्य में क्रिया ही नदारद है। क्रिया का गायब कर डालना द्विवेदी जी के व्याकरण की रू से जुर्म है। पर बंगाल में ऐसे मौकों पर क्रिया उड़ा देना ही फसीह समझा जाता है।" यों इस विवाद में अनायास वैयाकरण और शैलीकार का दृष्टि-भेद समझ में आ जाता है। आचार्य द्विवेदी का मुख्य ध्यान व्याकरण पर है—यद्यपि विडंबना यह कि उनके 'अनस्थिरता' प्रयोग में बालमुकुंद गुप्त ने व्याकरण-स्खलन को ही पकड़ा था : व्याकरण से 'अनस्थिरता' नहीं 'अस्थिरता' शब्द बनता है—जबकि बालमुकुंद गुप्त शैलीगत मर्म को समझना चाहते हैं। इसीलिए महावीर प्रसाद द्विवेदी मुख्य रूप से संपादक और व्यवस्थापक हैं, बालमुकुंद गुप्त गद्यकार।

बुनियादी भाषिक विधान को लेकर, जैसा संकेत किया गया, बालमुकुंद गुप्त की दृष्टि बहुत संतुलित है। 'हिंदी भाषा' शीर्षक अपने प्रबंध में वे लिखते हैं, " अँग्रेज़ी के बहुत से शब्द ऐसे हैं कि जो हिंदी में कुछ बिगड़कर मिल गए हैं। उनके बोलने से उनका अर्थ भली भाँति समझ में आ जाता है। पर यदि उनका अनुवाद किया जावे तो समझना कठिन हो जावे। रेल, स्टेशन, लाट, कमिटी आदि पचासों शब्द ऐसे हैं जिनका अनुवाद करना व्यर्थ सिर पचाना है। फारसी, अरबी के कितने ही शब्द हिंदी में ऐसे मिले हैं कि लोग उनको हिंदी के शब्दों से भी प्यारा समझते हैं। साहब शब्द को तुलसीदास जी अपनी कविता में बड़े ही प्रेम से लाते हैं" कहना न होगा

लेखक की इस मान्यता का पूरा निर्वाह उनके गद्य में देखने को मिलता है। उनके गद्य का जैसा यह प्रकृत स्वभाव है वैसा ही समरस उनका विचार-प्रवाह है हिंदी-उर्दू, हिंदू-मुसलमान, देश दुर्दशा की चिंता-महारानी विक्टोरिया की प्रशंसा-तत्कालीन इन अनेक द्वन्द्वों के बीच वे बड़े निर्भीक पर अनुत्तेजित भाव से चलते हैं और अपना रास्ता बनाते हैं।

बालमुकुंद गुप्त की इस अनुत्तेजित शैली के पीछे उनके व्यंग्य-विनोद भाव का महत्वपूर्ण योगदान है। व्यंग्य के उनके यहाँ दो उपयोग हैं—एक तो राष्ट्रीय विषमता की स्थिति को अपेक्षया निरावेग ढंग से समझने का यत्न, और दूसरे, बड़ी से बड़ी बात को शिष्टता से कह सकने की क्षमता। संस्कृत आचार्यों ने सहचारी चेष्टाओं के आधार पर हास्य की कई कोटियाँ निर्धारित की हैं, और उनमें सर्वाधिक सूक्ष्मता के कारण स्मिति को सर्वश्रेष्ठ माना है। कुछ वैसे ही 'भारतमित्र' संपादक का गद्य है, जहाँ व्यंग्य शब्द-प्रयोगों या कि अटपटी स्थितियों के वर्णन से नहीं, वरन् सूक्ष्म वाक्य-भंगिमाओं में से उपजता है। 'श्रीमान् का स्वागत' शीर्षक चिट्ठे में लॉर्ड कर्ज़न के दुबारा भारत के वायसराय होकर आने के समय शिवशंभु आत्मालोचन की मुद्रा में कहते हैं, "अभी भारतवासियों को बहुत कुछ देखना है और लार्ड कर्जन को भी बहुत कुछ-कोई दिखाने वाला चाहिए भारतवासी देखने को सदा प्रस्तुत हैं। इस गुण में वह मोंछ मरोड़कर कह सकते हैं कि संसार में कोई उनका सानी नहीं। लार्ड कर्जन भी अपनी शासित प्रजा का यह गुण जान गये थे, इसी से श्रीमान् ने लीलामय रूप धारण करके कितनी ही लीलाएँ दिखाईं।" यहाँ ब्रितानी शासन के जाल-बट्टे की ओर जितना व्यंग-संकेत है उतना ही भारतवासियों की महज़ तमाशबीनी, और घोर अकर्मण्यता की वृत्ति को लेकर पीड़ा है। लेखक का यह व्यंग्य स्पष्ट ही समकालीन जीवन की विषमताओं पर केन्द्रित है। ऐसे व्यंग्य के लिए आवश्यक है कि वह पाठक के मन में दबे आक्रोश को सहलाए तो पर सुलाए नहीं। बहुत बार यह संभावना होती है कि हास्य-व्यंग्य की रचना पाठक-सामाजिक के आक्रोश-विद्रोह का रेचन करके उस भाव से ही निष्कृति दिला दे। ऐसी स्मिति में व्यंग्य निष्फल हो जाता है। एक तरह से यह हास्य-व्यंग्य का अंतर भी कहा जा सकता है। हास्य हँसा हँसा कर अपना उद्देश्य पूरा कर लेता है जबकि स्मिति से जुड़ा व्यंग्य मन की गाँठ कहीं ढीली करता है तो कहीं दूसरे स्तर पर नयी गाँठ लगा भी देता है, कहीं हृदय को सहलाता है तो कहीं एक अलग चोट भी करता है। शिवशंभु के चिट्ठों का व्यंग्य लॉर्ड कर्ज़न और बर्तानवी शासन के संदर्भ में इसी कोटि का है।

बालमुकुंद गुप्त के इस गद्य-विधान पर विचार करते समय लेखकीय प्रतिभा से इतर कुछ बाह्य तत्वों और संयोगों पर ध्यान देना होगा। गुप्त हरयाणा प्रदेश के थे जो खड़ी बोल के मूल क्षेत्र के अंतर्गत है। उनकी इस सहज-सुगम खड़ीबोली को फिर साधु भाषा का रूप देने में कलकत्ता नगर की बहुभाषी स्थिति का भी योगदान

समझा जा सकता है। लेखकीय आधारभाषा के प्रसंग में बालमुकुंद गुप्त ने अपनी अनस्थिरता वाली लेखमाला में प्रतिपक्षी महावीरप्रसाद द्विवेदी की बैसवाड़ी बोली पर, विशेषत: उसके उच्चारण-वैचित्र्य को लेकर तीखा व्यंग्य किया था। लेखमाला की पहली किश्त में प्रसंग यों आता है, "वही (भारतेंदु हरिश्चंद्र) जिसकी रचनाओं को पढ़कर 'हम पंचन के ट्वालामां बोलने वाले (संकेत आचार्य द्विवेदी के प्रति है) हिंदी बोलने को चोंच खोलने लगे हैं।" और यह साहित्य के इतिहास का एक अत्यंत प्रीतिकर प्रसंग है जहाँ ऐसे तीखे वाग्बाणों से बिंधकर भी हिंदी के पितामह महावीरप्रसाद द्विवेदी ने बाद में राय कृष्णदास की जिज्ञासा के उत्तर में कहा, "अच्छी हिंदी बस एक व्यक्ति लिखता था—बालमुकुंद गुप्त।" इसमें कोई संदेह नहीं कि बालमुकुंद गुप्त हिंदी के पहले विशिष्ट गद्यकार हैं।

जैसा पहले संकेत किया गया, भारतेंदु द्वारा प्रवर्तित आधुनिक गद्य को व्यवस्था देने का दायित्व यदि आचार्य द्विवेदी ने सँभाला तो उसे परिचालित करने के नये ढंग बालमुकुंद गुप्त ने निकाले। यहाँ कुछ उदाहरणों से इस गद्य-प्रक्रिया को स्पष्ट किया जा सकता है, यह ध्यान रखते हुए कि ये लगभग सौ वर्ष पुराने भाषा-रूप हैं। शिवशंभु के 'पीछे मत फेंकिये' शीर्षक चिट्ठे में समापन के पहले का अनुच्छेद यों खुलता है, "विक्रम, अशोक, अकबर के यह भूमि साथ नहीं गई।" इस वाक्य का क्रम स्पष्ट ही कुछ उलट-पुलट कर रखा गया है। सामान्य तौर से यह वाक्य होना चाहिए था, "विक्रम, अशोक, अकबर के साथ यह भूमि नहीं गई।" पर राजाओं के साथ भूमि का नित्य संबंध नहीं है, इस शाश्वत सत्य को स्मरण दिलाने के लिए संयोजक 'साथ' को राजाओं की नामावली के साथ से हटाकर कुछ आगे रख दिया गया है... 'अकबर के यह भूमि साथ नहीं गई।' इस परिवर्तन, या कि आज की शब्दावली में विचलन, का प्रयोजन इसी उक्ति पर बल देना है। यों वाक्य-भंग की यह प्रक्रिया बलार्थक दृष्टि से नियोजित है। 'आशा का अंत' शीर्षक चिट्ठे का अंतिम वाक्य देखिए—"...यही विचार विचारकर इस अधबूढ़े भंगड़ ब्राह्मण का नशा किरकिरा हो-हो जाता है।" यहाँ 'हो' क्रिया की हल्की-सी पुनरावृत्ति में जैसे नशा किरकिरा होने की पूरी प्रक्रिया रेखांकित कर दी गई है। परिलक्षित करने की बात यह भी है कि लेखकीय चिंता हल्के और अप्रधान माने जाने वाले रूपों जैसे क्रियाविशेषण अव्ययों या कि सहायक क्रियाओं की वैसी ही है जैसी कि नामवाची शब्दावली, विशेषणों या कि मुख्य क्रियाओं के लिए अपेक्षित होती है। शिवशंभु अपने को वायसराय के समक्ष 'गूंगी प्रजा का एक वकील' ('एक दुराशा') मानता है। तब लगता है जैसे सारे बृहत्तर समाज ने अपनी आंतरिक वाणी से उसे इस दायित्व के लिए संपन्न कर दिया है। वह उन्हीं की भाषा में उन्हीं की बात अपनी प्रतिभा के सहारे कहता है।

सही शब्द-प्रयोग गद्य का या कि भाषामात्र का केन्द्रीय तत्व है। मुहावरा सहयोगी भूमिका में आता है। नवाचारी प्रकृति का लेखक तो मुहाविरा भी संचित भंडार से न

लेकर बहुत-कुछ अपने ढंग से गढ़ता है। 'सरस्वती' संपादक महावीरप्रसाद द्विवेदी से गुप्त की 'अनस्थिरता' विषयक बहस में ऐसे कई प्रसंग आते हैं, शायद इसलिए कि बात यहाँ परम राजपुरुष 'वैसराय' से नहीं, समानधर्मा लेखक-संपादक से हो रही है। बात के प्रवाह में इन मुहावरों का बेहतर उपयोग है। 'अनस्थिरता' लेखमाला का चौथा लेख खुलता है, "द्विवेदी जी आंधी की भाँति उठते हैं, किंतु धूल की भाँति गिरते हैं"। एक सामान्य प्राकृतिक पर्यवेक्षण पर आधारित यह विशिष्ट मुहाविरा एक ओर जैसा स्थूल दृश्य प्रधान है वैसे ही सूक्ष्म मनोविज्ञान को उजागर करता है, और अंतर्निहित व्यंग्य के कारण एक कड़ी अप्रिय बात को बड़ी शिष्टता के साथ कहने का माध्यम तो है ही। 'अनस्थिरता' प्रयोग को लेकर आचार्य द्विवेदी के आवेश, पर अंदर छिपी अवशता, के लिए व्यंग्य की कलम से मुहाविरे में बना ऐसा सटीक बिंब बड़े समर्थ कवि की काव्यभाषा का स्मरण दिलाता है। भाषा-प्रयोग का यह अंतिम सूक्ष्मतम और श्रेष्ठतम स्तर है, जहाँ बोलना कम और कहना अधिक है, क्योंकि गद्य-बिंब की मुख्य विशेषता यह है कि यहाँ बोलचाल और बिंब दोनों की प्रायः विरोधी क्षमताओं का संगमन होता है। ऐसे प्रयोग फिर बिंब और मुहावरे की छवि एक साथ देते हैं, जिन्हें गद्यकार बालमुकुंद गुप्त ने आधुनिक गद्य में अपने ढंग से विकसित किया है।

रामचंद्र शुक्ल

काल्पनिक-अकाल्पनिक गद्य के बीच बहुत सही अनुपात रामचंद्र शुक्ल के यहाँ सधा मिलता है चाहे निबंध हो, आलोचना हो या कि इतिहास-लेखन। जैसा पहले भी संकेत किया गया, आचार्य शुक्ल का अकाल्पनिक गद्य पहली बार ऐसा ढलता है कि उससे जो माँगो वह देने में समर्थ है। कहीं यह नहीं लगता कि इस बात को कुछ और अच्छे ढंग से कहा जा सकता था। कविता में निराला, नाटक में प्रसाद और कथा-साहित्य में प्रेमचंद की जैसी समर्थ भाषा है, निबंध-आलोचना में वैसा ही सशक्त गद्य आचार्य शुक्ल का है। तीसरे-चौथे दशक में यह बानाबंत यों खूब बना है। इस प्रसंग में स्मरणीय है कि प्रेमचंद को छोड़कर इनमें से कोई डिग्रीधारी नहीं था। अँग्रेज़ी ढंग की औपचारिक शिक्षा इनकी बहुत कम थी। जो कुछ इनका ज्ञान था—और जो निश्चय ही बहुविध था—स्वाध्याय से अर्जित था।

रामचंद्र शुक्ल की आलोचना-सामर्थ्य को ठीक-ठीक परखने के लिए उनके आलोचना-गद्य का विश्लेषण आवश्यक है। आलोचना की भाषा अपने आप में एक कठिन और सुकुमार प्रक्रिया है। अनुभव और अर्थ के जिस संश्लेष को रचनाकार भाषा के अधिकतम सर्जनात्मक रूप के सहारे व्यक्त करता है, उसे अपेक्षया सीधी-सादी भाषा में विश्लेषित और व्याख्यायित करते रहने का दायित्व समीक्षक का है। आधुनिक दृष्टि से रचना जीवन के अर्थ का विस्तार करती है, तो आलोचना फिर रचना के अर्थ का। आचार्य शुक्ल की आलोचना-भाषा को जाँचते समय देखा जा सकता है कि उनके द्वारा प्रयुक्त शब्दावली विशिष्ट होते हुये भी पारिभाषिक नहीं बनती। तभी वह रचना के अनुभव को नये और सार्थक ढंग से पकड़ पाती है। 'संश्लिष्ट चित्रण', 'विरुद्धों का सामंजस्य', 'लोकमंगल' उनके कुछ ऐसे ही नये और विशिष्ट प्रयोग हैं।

आलोचना-गद्य के सामान्य विधान में आचार्य शुक्ल की सावधानी समर्थ कवियों की काव्यभाषा का स्मरण दिलाती है। एक अच्छा उदाहरण मिलता है, जहाँ उन्होंने 'जनता' और 'लोक' शब्दों के बीच विवेक किया है। 'जनता' शब्द के अंतर्गत समाज के ऊँचे-नीचे विविध वर्ग सिमट आते हैं, 'लोक' से समाज के पिछड़े वर्ग

का बोध अधिक होता है। साहित्य की रचना-प्रक्रिया का इतिहास में विवेचन करते समय वे 'जनता' का योगदान रेखांकित करते हैं, पर उसके प्रयोजन-स्वरूप 'लोक' को सामने रखते हैं। इतिहास के प्रवाह की व्याख्या में पाँच पदों से बनी लंबी संयुक्त क्रिया 'परिवर्तन होता चला जाता है' आलोचना-भाषा में सावधान प्रयोग का एक और अच्छा प्रमाण है।

काव्य में नाद-सौंदर्य का महत्व स्पष्ट करते हुए आचार्य शुक्ल ने लिखा है 'नाद-सौंदर्य से कविता की आयु बढ़ती है'। यह वाक्य कविता के वैशिष्ट्य की व्याख्या करते हुए स्वयं आलोचना-भाषा में नाद-सौंदर्य का एक अच्छा उदाहरण प्रस्तुत करता है। गद्य में शब्दों का चुनाव, आरोह-अवरोह का क्रम, और एक साँस में वाक्य पूरा हो जाने की स्थिति, ये सारे तत्व मिलकर इस ऊपर से दिखने वाली उक्ति को एक गहरी अनुभूति में बदल देते हैं। 'कविता की आयु' का लाक्षणिक प्रयोग भी इस प्रक्रिया में सहायक हुआ है।

इसी प्रकार रचना के अर्थ-संश्लेष की व्याख्या करते समय आचार्य शुक्ल कई बार ऐसे प्रयोग करते हैं जिन्हें हम आलोचना-बिंब कह सकते हैं। इस तरह के प्रयोगों में छायावादी काव्य, विशेषत: प्रसाद का विवेचन करते समय 'मधुचर्या' शब्द देखने योग्य है, 'इनकी मधुचर्या के मानस प्रसार के लिए रहस्यवाद का परदा मिल गया...'। यहाँ एक शब्द 'मधुचर्या' के माध्यम से आलोचक ने प्रसाद-काव्य में अलसता, खुमार, सलज्जता के संश्लिष्ट वातावरण को एक साथ उजागर करने का यत्न किया है, और दूसरी ओर कवि द्वारा 'मधु' शब्द के व्यापक प्रयोग पर कटाक्ष भी किया है। एक ऐसा ही प्रयोग है जहाँ अयोध्याकांड में चित्रकूट की सभा को उन्होंने 'आध्यात्मिक घटना' कहा है। इसी प्रकार सूर द्वारा चित्रित कृष्ण और गोपियों के प्रेम को 'जीवनोत्सव' बताया गया है। भावों और मनोविकारों संबंधी निबंध, जो आलोचक के साहित्य-चिंतन की पुष्ट आधार-भूमि बनाते हैं, समास-शैली और संश्लिष्ट शब्द-प्रयोगों से नाना रूपों में संपन्न हैं। इस दृष्टि से 'क्रोध' निबंध में वैर और क्रोध का अंतर जिस प्रकार किया गया है वह अविस्मरणीय है—'वैर क्रोध का अचार या मुरब्बा है'। किशोर-पाठ से लेकर विश्वविद्यालय, और जीवन के खुले विश्वविद्यालय तक यह वाक्य अपने बिंब-विधान के कारण अनेक स्तरों पर खुलता है। इसी टक्कर का विन्यास है—'करुणा सेंत का सौदा नहीं है।'

इस समास-शैली के साथ-साथ गद्यकार की बहुलक्षित व्यास-शैली भी चलती है, जहाँ लेखक, बहुत कुछ अध्यापकीय अंदाज़ में, अपने मंतव्य को कई रूपों में समझाता है। वहाँ 'सारांश यह', 'बात यह है', 'तात्पर्य यह', 'मेरा अभिप्राय', 'वह स्पष्ट हो गया होगा' जैसे वाक्यांश कई बार प्रयुक्त होते हैं। पर सूत्र और विन्यास का योग ऐसा संतुलित रहता है जिससे कई श्रेणी के पाठकों के लिए आशय खुलता चलता है। इस व्यास-शैली के साथ कभी संक्षिप्त विनोदपूर्ण व्यक्तिगत क़िस्से जुड़

जाते हैं, जैसे 'क्रोध' निबंध में ब्राह्मण देवता का थक कर चूल्हे की आग पर पानी डाल देना, या 'लोभ और प्रीति' में महुए का नाम लेने पर देहाती समझे जाने का ख़तरा, या फिर 'श्रद्धा-भक्ति' में काशी के ठठेरे के मोल-भाव का ढंग। ये प्रसंग एक ओर आत्मीयता की सृष्टि करके पाठक को जैसे अपने निकट विश्वास में लेते हैं, वहीं इस प्रक्रिया में अपने विवेचन को अधिक विश्वसनीय बनाते हैं। इसके अतिरिक्त निबंध शैली में व्यंग्य-विनोद का कुशल प्रयोग तो अपनी जगह है ही। आचार्य का विषय-प्रतिपादन जैसा गुरु-गंभीर है उसके बीच उनका सूक्ष्म व्यंग्य और तीव्र तथा पैना हो गया है, घनी-बड़ी मूँछों के बीच हल्की मुस्कान की तरह।

सावधान शब्द-प्रयोग, नाद-सौंदर्य और बिंब-विधान—साधारणत: काव्यभाषा के ये गुण रामचंद्र शुक्ल के आलोचना और निबंध-गद्य में पाए जाते हैं। सामान्य आलोचकअपनी प्रभाववादी शैली में कविता की व्याख्या करने का अपर्याप्त यत्न करते रहे, जबकि आचार्य शुक्ल ने अपनी आलोचना-भाषा में काव्यभाषा के महत्वपूर्ण तत्वों का समर्थ प्रयोग करके रचना के अर्थ को अधिकाधिक संवर्द्धित किया है। और उनकी इस भाषा के ही कारण यह संभव हुआ कि आलोचक ने बार-बार बड़े कवियों की रचना में जैसे आत्म-प्रक्षेप किया हो। तुलसीदास को पढ़ते समय अब आचार्य शुक्ल की समीक्षा उस पाठ का अंग हो गई है। यह विचित्र बात है कि मध्यकालीन क्षेपककारों के क्षेपक हम सावधानी से बीन कर मूल रचना से अलग कर देते हैं, जबकि बड़े समीक्षक की समीक्षा कालांतर में अज्ञात भाव से रचना के भीतर समाहित हो जाती है।

रामचंद्र शुक्ल ने भारतीय और पाश्चात्य दोनों परंपराओं से विचार-सामग्री ली। पर आक्रांत या कि आतंकित वे किसी से नहीं हुए। उनके गद्य में परस्पर मिलते-जुलते दो प्रयोग आते हैं—'समन्वय' ('जीवन की पूर्णता कर्म, ज्ञान और भक्ति तीनों के समन्वय में है') और 'विरुद्धों का सामंजस्य' ('विरुद्धों का यही सामंजस्य कर्मक्षेत्र का सौंदर्य है')। दोनों आशंसामूलक हैं, पर संदर्भ से लेखक दूसरे की महनीयता व्यंजित करता है। इस प्रसंग में कहा जा सकता है कि उनकी आलोचना-प्रक्रिया 'समन्वय-साधना' के बजाय 'विरुद्धों के सामंजस्य' के अधिक निकट है, जिनके बीच विवेक उनके सूक्ष्म सावधान शब्द-प्रयोग का एक और अच्छा साक्ष्य है। इस गद्य-प्रयोग से यह भी संभव होता है कि आधुनिक आलोचना की कई महत्वपूर्ण अवधारणाएँ—जैसे रचना का महत्व, काव्यभाषा का केन्द्रीय आधार और बिंब-प्रक्रिया की विशिष्ट भूमिका—आचार्य शुक्ल के यहाँ किसी क़दर पूर्वाशित दिखती हैं। साहित्य की प्राचीन परंपरा और नयी संभावना को यों रामचंद्र शुक्ल ने बड़े निर्मल भाव से जोड़ा है।

निबंध-गद्य और आलोचना-गद्य के साथ विचार-गद्य की भी रचना शुक्ल ने की है। दर्शन, विज्ञान और इतिहास के कई ग्रंथों का उन्होंने हिंदी अनुवाद किया। इनमें से 'रिड्ल ऑफ़ द यूनिवर्स' के अनुवाद 'विश्व प्रपंच' की विस्तृत सारगर्भ भूमिका

मौलिक रूप में प्रस्तुत की। यह अध्ययन स्पष्ट ही दर्शन और विज्ञान दोनों क्षेत्रों का स्पर्श करता है, जहाँ एक प्रकार से नवीनतम चिंतन ने अपने को अवस्थित किया है। इस भूमिका में यह स्वाभाविक था कि वे भारतीय तथा पाश्चात्त्य दोनों दृष्टियों का समाकलन करते।

ललित निबंध और आलोचना के गद्य से विचार-गद्य में अंतर यह है कि जहाँ निबंध या कि आलोचना, अपने आप से, अथवा मूल रचना के माध्यम से, अनुभव का विस्तार और पुनर्नृजन करते हैं वहाँ विचार-गद्य अवधारणाओं और उनके विवेचन को प्रस्तुत करता है। विविध सांस्कृतिक प्रकार्यों के अंतर्गत दर्शन में विचार का विश्लेषण में दर्शन अभीष्ट है, जबकि दूसरे सिरे पर संगीत है जहाँ अनुभूति का सर्वाधिक सघन रूप है। साहित्य इनके बीच कहीं आता है, विचार और अनुभूति को फेंट कर मिलाता हुआ। कुछ ऐसा ही विस्तार साहित्य का अपना है, जहाँ बीच का क्षेत्र आलोचना का है सर्जनात्मक क्षमता की दृष्टि से। यों, जैसा कहा गया, विचार-गद्य कल्पना को भी एक बिंदु पर स्थिरीकृत बनाता है, जबकि आलोचना का गद्य अनुभूति के क्षेत्र में उसका विस्तार करता है। विचार-गद्य की विशेषता उसकी निर्देश और प्रस्तार क्षमता है, आलोचना-गद्य की सृजन और विस्तार।

इस दृष्टि से 'विश्व-प्रपंच' की भूमिका में तत्वपरक विभावन और अवधारणा के विविध रूपों में सुस्पष्ट विवेक करते हुए उनका विवेचन और मूल्यांकन हुआ है। इस गद्य का वैशिष्ट्य उपर्युक्त संदर्भों में समझा जा सकता है। यहाँ अनुभव का विस्तार नहीं करना, तत्व की समझ को संकेन्द्रित करना है। इसके लिए पारिभाषिक शब्दों का आना अनिवार्य है, पर उनके मूल्यांकन में किसी क़दर अनौपचारिक हुआ जा सकता है। इस गद्य का एक उद्धरण यहाँ प्रस्तुत है भूमिका के समापन-अंश से—

अब जिन्हें मैदान में जाना हो वे नाना विज्ञानों से तथ्य संग्रह करके सीधे उस सीमा पर जाएँ जहाँ दो पक्ष अड़े हुए हैं—एक ओर आत्मवादी, दूसरी ओर अनात्मवादी, एक ओर जड़वादी, दूसरी ओर नित्य चैतन्यवादी। यदि चैतन्य की नित्य सत्ता सर्वमान्य हो गई तो फिर सब मतों की भावना का समर्थन हुआ समझिए, क्योंकि चैतन्य सर्वस्वरूप है। नाना भेदों में अभेद दृष्टि ही सच्ची तत्व-दृष्टि है। इसी के द्वारा सत्य का अनुभव और मतमतांतर के रागद्वेष का परिहार हो सकता है।

लयात्मक विन्यास और गद्य-बिंबों से अलग यह सीधी विवेचन शैली है, जहाँ तत्व या कि परम सत्य को समझने की उन कोशिशों का आख्यान तथा मूल्यांकन है जो दर्शन और विज्ञान के विविध क्षेत्रों में चलती आ रही हैं। विवेचन-विश्लेषण का जैसा निर्मल रूप है यहाँ वैसा ही गहरा आत्मविश्वास लेखक के मन में है; किसी दूसरी ज़मीन पर होने का संकोच या भय कहीं नहीं। अपने ज्ञान की सीमाओं से वह परिचित है, पर अपनी समझ को लेकर कहीं आश्वस्त भी। आचार्य शुक्ल का यह बहुस्तरीय गद्य अपने में संपूर्ण प्रभुत्वसंपन्न है।

जयशंकर प्रसाद

प्रसाद में सृजनात्मक स्तर पर खड़ी बोली गद्य का विस्तार और वैविध्य पहली बार देखने को मिलता है। ऐतिहासिक नाटकों के तत्समाग्रही अलंकृत गद्य से लेकर 'मधुआ' जैसी कहानी की बोलचाल तक प्रसाद की रचना-भाषा का विस्तार है। छायावाद के वरिष्ठ कवि प्रसाद के यहाँ कविता की भाषा के रूप में खड़ी बोली पूरी तरह से अर्थ-सघन होती है, तब स्वाभाविक है कि गद्य में भी वे कई तरह के अभिनव प्रयोग करें। प्रसाद की काव्यभाषा दो स्तरों पर गतिशील होती है—एक बिंब-भाषा जो एकदम व्यवस्थित ढली हुई है, दूसरे वर्णन की भाषा जहाँ कहीं कुछ ढिलाई देखने को मिलती है। यों प्रसाद का सामान्य बुनियादी गद्य कुछ बहुत आकर्षक नहीं बन पड़ा, और बहुत बार असमान स्तर का है।

प्रसाद-गद्य कई रूपों में मिलता है—नाट्य-गद्य जिसकी प्रकृति स्पष्ट ही अलग है, विशेषत: ऐतिहासिक नाटकों की आवश्यकता के अनुरूप, कथा-गद्य, और आलोचना का गद्य। नाट्य गद्य में बल प्रवाह पर है, भाषा चाहे अधिकतर तत्समाग्रही हो या फिर कहीं बोलचाल के निकट जैसे कि 'एक घूँट' में, कथा-गद्य में अधिकतर चिंता वर्णन और चित्रण की है, जबकि आलोचना-गद्य में विवेचन का क्रमिक विकास महत्वपूर्ण है। ऐतिहासिक नाटकों का काल कलियुग के आरंभ से—अर्थात् मानव संस्कृति के आरंभ से ('जनमेजय का नागयज्ञ') सम्राट हर्षवर्धन तक ('राज्यश्री') माना जा सकता है। इस विस्तृत कालावधि की भाषा में संस्कृत तत्सम शब्दावली का प्रचुर प्रयोग दो प्रयोजनों की सिद्धि करता है। एक तो इस गद्य में तत्कालीन संस्कृति की कुछ झलक आती है, दूसरे यह भी स्पष्ट हो जाता है कि नाट्य-काल समकालीन जीवन-व्यवस्था से बहुत पुराना है। यों सांस्कृतिक तादात्म्य और ऐतिहासिक अंतराल दोनों की अनुभूति एक साथ इस भाषा-प्रक्रिया में होती है। फिर कुछ पदनामों-शिष्टाचार के संबोधनों जैसे महाबलाधिकृत, भंते आदि के प्रयोग से नाट्य-काल को सामाजिक के मन में स्थिर करने का यत्न होता है।

ऐतिहासिक नाटकों का यह गद्य विधान सबसे बड़ी समस्या उत्पन्न करता है संवाद-प्रवाह की। समूचा नाटक संवादों में बँधा होता है, संवाद से बाहर निर्देशों को

छोड़कर, नाटक की नियति नहीं है। संवाद बोलने वाले के मुँह से सहज निःसृत लगने चाहिए, और जो ऐसे हों कि सामाजिक तत्काल उन्हें ग्रहण कर ले। तात्कालिक संप्रेषण नाटकीय गद्य की बुनियादी आवश्कता है, क्योंकि सामाजिक दुबारा किसी संवाद को सुनने की जुगत नहीं बना सकता, और न कठिन शब्द-प्रयोग को समझने के लिए शब्द-कोश की सहायता ले सकता है। यहीं संवाद-प्रवाह का महत्व समझ में आता है। यह प्रवाह वक्ता के भावार्थ को एकबारगी स्पष्ट कर देता है, भले उसे वहाँ कई शब्द कठिन और अपरिचित लगें, उनका ठीक-ठीक अर्थ वह न जानता हो। प्रसाद के ऐतिहासिक नाटकों में से अनेक ऐसे स्थल उदाहृत किए जा सकते हैं। 'चंद्रगुप्त' में दाण्ड्यायन सिंकदर के दूत से कहता है, "भूमा का सुख और उसकी महत्ता का जिसको आभास मात्र हो जाता है, उसको ये नश्वर चमकीले प्रदर्शन नहीं अभिभूत कर सकते।" (1/11) या फिर चाणक्य का लंबा स्वगत-कथन : "समझदारी आने पर यौवन चला जाता है—जब तक माला गूँथी जाती है, तब तक फूल कुम्हला जाते हैं।" ऐसे दार्शनिक या कि काव्यात्मक प्रसंग सामाजिक के लिए पूरे के पूरे ग्राह्य होते हैं, भले इन संवादों में कुछेक शब्दों का ठीक-ठीक अर्थ वह न जानता हो। यहाँ संवाद-प्रवाह भावात्मक और ध्वन्यात्मक दोनों स्तरों पर संप्रेषण में मुख्य रूप से उपकारक होता है। कुछ-कुछ ऐसी ही संप्रेषण प्रक्रिया आधुनिक काल में शेक्सपियर के अँग्रेज़ी नाटकों की होगी। कहीं-कहीं तो लगता है कि सामान्य हिंदी बोलचाल का तत्समीकरण किया गया है। तक्षशिला की राजकुमारी अलका से यवन दूत बलपूर्वक सेतु का मानचित्र छीनना चाहता है। वह कहता है, "अब ठीक पथ पर आ गई होगी बुद्धि।" (1/6) मुहावरा बुद्धि के सही रास्ते आने का है, पर 'रास्ते' का तत्सम रूप लिया गया 'पथ'। फिर कुछ आगे यवन कहता है, "निकल गया—मेरा अहेर!" यहाँ भी अधिक प्रचलित प्रयोग होता 'शिकार', पर बल तत्सम शब्दावली पर है। पर ऐसे कठोर तत्समों में विलक्षण प्रवाह प्रसाद के नाट्य-गद्य में मिलता है। सिंहरण का संवाद—"अतीत सुखों के लिए सोच क्यों, अनागत भविष्य के लिए भय क्यों और वर्तमान को मैं अपने अनुकूल बना ही लूंगा; फिर चिंता किस बात की?" (1/1) या फिर 'स्कंदगुप्त' के समापन अंश में क्रमशः पर्णदत्त और देवसेना के संवाद—"अन्न पर स्वत्व है भूखों का और धन पर स्वत्व है देशवासियों का। प्रकृति ने उन्हें हमारे लिए—हम भूखों के लिए—रख छोड़ा है।", "संगीत-सभा की अंतिम लहरदार और आश्रयहीन तान, धूपदान की एक क्षीण गंध-रेखा, कुचले हुए फूलों का म्लान सौरभ, और उत्सव के पीछे का अवसाद, इन सबों की प्रतिकृति मेरा क्षुद्र नारी-जीवन!" अलग-अलग ढंग से तत्सम प्रयोगों को सिद्ध करते हैं। पहले उद्धरण में तत्समों से अभ्यस्त कराने का यत्न है, जबकि बाद के संवादों में जैसे तत्समों की अंतिम परिणति और निष्पत्ति हो, जहाँ गद्य का प्रवाह बोधगम्यता को सहसा अपने अनुकूल बना लेता है। 'अजातशत्रु', 'स्कंदगुप्त', 'चंद्रगुप्त' और 'ध्रुवस्वामिनी'

में प्रसाद का बुनियादी नाट्य गद्य इसी प्रकार का है। कहना न होगा कि इस उदात्त गद्य-शैली को कुछ तो तत्कालीन पुनर्जागरण चेतना का नैतिक समर्थन मिलता है, और कुछ स्वयं क्लासिकी नाट्य-शैली का जिसका उस समय काफ़ी प्रभाव था।

इस नाट्य-गद्य के सामने प्रसाद का कथा-गद्य पहली निगाह में कुछ-कुछ निरीह और असहाय सा जान पड़ेगा, विशेषत: उस कथा-भाग को छोड़ देने पर जहाँ इतिहास का आश्रय लिया गया है। प्रसाद के नाटकों की भाषा यदि ग्रहीता के मन में ऐतिहासिक अंतराल को जन्म देती है तो कथा-भाषा आत्मीयता की अनुभूति उत्पन्न करती है। इन दोनों गद्य-स्तरों का अंतर उच्चारण के आरोह-अवरोह, शब्द-समूह और वाक्य-विन्यास के सभी क्षेत्रों में स्पष्ट समझा जा सकता है। अधिकतर अलग-अलग रचना-माध्यमों—नाटक तथा उपन्यास—में सक्रिय होने के कारण इन स्तरों की परस्पर अंतरक्रिया कुछ ख़ास ज़रूरी नहीं होती। ऐसा लगता है जैसे ये अपने में संपूर्ण रचना-देश हैं, जो फिर आगे चलकर लेखक की विश्व-दृष्टि को एक दूसरे के साथ संपूर्णतर बनाते हैं।

प्रसाद के तीन उपन्यास है—'कंकाल', 'तितली' और अधूरा 'इरावती'। इनमें से पहले दो समकालीन समाज का चित्रण करते हैं, इरावती में अग्निमित्र का समय है, प्राय: 155 ई० पू० के आसपास। इस ऐतिहासिक उपन्यास में भी जैसे परवर्ती बौद्ध-समाज में व्याप्त विधि-निषेधों के माध्यम से आधुनिक हिंदू समाज की विषमताओं का ही चित्रण उद्दिष्ट है। पाँच कहानी-संग्रहों—'छाया', 'प्रतिध्वनि', 'आँधी', 'आकाशदीप' और 'इंद्रजाल' में सत्तर कहानियाँ हैं, जिनमें से कुछ इतिहास के विविध कालों में प्रतिष्ठित हैं, जबकि अधिकतर समकालीन हैं। प्रसाद की 'ग्राम' हिंदी की आरंभिक कहानियों में गिनी जाती है। यों लेखक के विस्तृत कथा-साहित्य में भाषा और संवेदना का पूरा वैविध्य है। अपने अध्ययन 'प्रसाद का गद्य' के समापन में सूर्यप्रसाद दीक्षित ने ठीक ही लक्षित किया है, "गद्य की अनेक विधाएँ प्राय: प्रसाद द्वारा उत्कृष्ट रूप में आविष्कृत हुई हैं।"

ऐतिहासिक और समकालीन परिदृश्य के दो गद्य यहाँ उदाहरणार्थ प्रस्तुत हैं। पहला अंश 'मधुआ' कहानी से है—

उसने अपने को मिठाई की दूकान पर खड़ा पाया। वह शराब का अद्धा लेना भूलकर मिठाई-पूरी खरीदने लगा। नमकीन लेना भी न भूला। पूरा एक रुपये का सामान लेकर वह दूकान से हटा। जल्द पहुँचने के लिए एक तरह से दौड़ने लगा। अपनी कोठरी में पहुँच कर उसने दोनों की पाँत बालक के सामने सजा दी। उनकी सुगंध से बालक के गले में एक तरावट पहुँची। वह मुस्कराने लगा।

दूसरा ऐतिहासिक परिवेश में रचित 'सालवती' से—

सदानीरा की लहरें पुलिन से टकराकर गंभीर कलनाद का सृजन कर रही थीं; किंतु वह लावण्यमयी युवती अचेतन अवस्था में चुपचाप बैठी हुई वज्जियों की - विदेहों

की अद्भुत स्वतंत्रता पर विचार कर रही थी। उसने झुंझलाकर कहा—'ठीक! मैं अनुग्रह नहीं चाहती। अनुग्रह लेने से मनुष्य कृतज्ञ होता है। कृतज्ञता परतंत्र बनाती है।

पहली कहानी में सामान्य वर्णन का गद्य है, जहाँ 'शराब का अद्धा' और 'दोनों की पाँत' है ('पंक्ति' नहीं); दूसरी में एक तत्त्व-चिंतन है 'अनुग्रह' की वांछनीयता या अवांछनीयता को लेकर। साधन-हीनता और भूख का संदर्भ दोनों कहानियों में एक जैसा है, वृद्धावस्था और किशोरावस्था के चरित्र-युग्म एक जैसे हैं (शराबी और मधुआ ; वृद्ध कुलपुत्र और सालवती) पर समस्या के विवेचन और समाधान का स्तर अलग-अलग है। 'मधुआ' में अनुग्रह और कृतज्ञता का समर्थन है, 'सालवती' में प्रत्याख्यान और फिर स्वीकार। समर्थन के लिए चित्रण-भर पर्याप्त है, प्रत्याख्यान के लिए दोनों पदों और उनके विवेचन की ज़रूरत है—'अनुग्रह' और 'कृतज्ञता'। प्रसाद का गद्य दोनों स्थितियों में समर्थ है।

'कंकाल' और 'तितली' उपन्यास एक ओर, और अधूरा 'इरावती' दूसरी ओर—इनके बीच का रिश्ता भी बहुत कुछ ऐसा है। 'तितली' के आरंभ का एक वर्णन है—"संध्या गाँव की सीमा में धीरे-धीरे आने लगी। अंधकार के साथ ही ठंड बढ़ चली। गंगा की कछार की झाड़ियों में सन्नाटा भरने लगा। नालों के करारों में चरवाहों के गीत गूँज रहे थे।" तुलना के लिए एक आरंभिक वर्णन 'इरावती' से लिया जा सकता है—"महाकाल के विशाल मंदिर में सायंकालीन पूजन हो चुका। दर्शक अभी भी भक्ति-भाव से यथास्थान बैठ रहे थे। मंडप के विशाल स्तंभों से बेले के गजरे झूल रहे थे। स्वर्ण के ऊँचे दीपाधारों में सुगंधित तैलों के दीप जल रहे थे। कस्तूरी अगुरु से मिली हुई धूप-गंध मंदिर में फैल रही थी। "एक वर्णन आधुनिक गाँव की संध्या का है जो जितना सामान्य है उतना ही आश्वस्तिकर है; दूसरा प्राचीन विशाल मंदिर का है जहाँ की भव्यता आशंका को उकसाती है। उपन्यासकार के गद्य में तद्भवता और तत्समता अपने-अपने ढंग से नियुक्त हैं।

फिर एक तुलना उपन्यास के वर्णन और नाटक के संवाद की कर सकते हैं, जहाँ संवाद की कसावट और चुस्ती वर्णन के फैलाव से एकदम अलग दिखाई देती है। 'चंद्रगुप्त' के एकदम आरंभिक दृश्य में अलका सिंहरण से कहती है, "देखती हूँ कि प्रायः मनुष्य, दूसरों को अपने मार्ग पर चलाने के लिए रुक जाता है, और अपना चलना बंद कर देता है।" यहाँ तत्समता का कोई दबाव नहीं, पर शैली की उदात्तता अपनी जगह है। सूत्र-शैली में कहा गया यह वाक्य एक बड़े अंतर्विरोध को अपने में समोए हुए है, और इस द्वन्द्व-प्रक्रिया में अर्थ की अनेक परतें उघारता है। प्रसाद का सर्जनात्मक गद्य यहाँ अपने पूरे वैभव पर है।

अब समापन में प्रसाद के आलोचना और विचार-गद्य पर कुछ विवेचन अपेक्षित होगा। इतिहास-दर्शन-साहित्य, ये प्रसाद के प्रिय विषय थे। उनका निबंध लेखन और साहित्य-चिंतन इसी क्षेत्र का है। 'चंद्रगुप्त' नाटक (1931) की भूमिका में 'मौर्य्य-

वंश' शीर्षक उनका लंबा प्रबंध है, जिसके क्रमश: तीन रूप मिलते हैं (1909:1918: 1931)। यह प्रबंध बहुत-कुछ मूल स्त्रोतों के आधार पर लिखा गया है, और प्राचीन भारतीय इतिहास को लेकर प्रसाद की अच्छी तैयारी प्रकट करता है। यहाँ गद्य अपने प्राथमिक दायित्व वर्णन और विवेचन को अच्छे से निभा रहा है, न कोई विशेषता है न ही शिकायत। मत-प्रतिपादन का एक प्रसंग चाणक्य किस धर्म के अनुयायी थे, इसको लेकर चलता है—"अर्थशास्त्र के मंगलाचरण का प्रमाण देकर यह कहा जाता है कि (नमः शुक्रबृहस्पतिभ्यां) ऐसा मंगलाचरण आचार्यों के प्रति कृतज्ञतासूचक वैदिक हिंदुओं का नहीं हो सकता, क्योंकि वे प्रायः ईश्वर को नमस्कार करते हैं। किंतु कामसूत्र के मंगलाचरण के संबंध में क्या होगा, जिसका मंगलाचरण है 'नमो धर्मार्थकामेभ्यो'। इसमें भी तो ईश्वर की वंदना नहीं की गई है। तो क्या वात्स्यायन भी जैन थे?" यहाँ संस्कृत पंडितों की खंडन-मंडन शैली को उसके व्यंग्यपरक प्रश्नमूलक वाक्य-विन्यास के साथ प्रसाद ने लिया है, पर उसे हिंदी वाक्य-प्रवाह के साथ पूरी तरह अनुकूलित किया है। साहित्य-चिंतन के विषयों में तो लेखक और सुदृढ़ भूमि पर स्थित दिखता है। 'रहस्यवाद' शीर्षक निबंध में अद्वैत, रहस्य और आनंद का पक्ष लेते हुए उन्होंने विवेक के पक्ष पर बड़ा सूक्ष्म, पर कटीला व्यंग्य किया है, "इस पौराणिक धर्म के युग में विवेकवाद का सबसे बड़ा प्रतीक रामचंद्र के रूप में अवतरित हुआ, जो केवल अपनी मर्यादा में और दुःखसहिष्णुता में महान् रहे। किंतु पौराणिक युग का सबसे बड़ा प्रयत्न श्रीकृष्ण के पूर्णावतार का निरूपण था। इनमें गीता का पक्ष जैसा बुद्धिवादी था वैसा ही ब्रजलीला और 'द्वारका का ऐश्वर्यभोग आनंद से संबद्ध था।" प्रसाद के इस चिंतन में पूरा तारतम्य है। भारतीय आर्यों की आनंद-धारा का वे समर्थन करते हैं जिसके प्रतीक इंद्र हैं, और जिसके प्रतिपक्षी हैं वरुण, विवेक को मानने वाले। आगे आनंद की धारा से जुड़ते हैं शिव और कृष्ण, तथा विवेक और दुःख सहिष्णुता के प्रतीक हैं राम। भारतीय पुनर्जागरण के चिंतन में आनंद बनाम विवेक का विवेचन करते हुए प्रसाद ने आनंद के पक्ष को बड़ी क्षमता के साथ प्रतिष्ठित किया है 'कामायनी' काव्य, 'इरावती' उपन्यास, 'सालवती' कहानी और 'रहस्यवाद' शीर्षक निबंध में। ऐसा संश्लिष्ट रचनाकार-व्यक्तित्व आधुनिक भारतीय साहित्य में कठिनाई से ही मिलेगा। 19वीं-20वीं शती के बँगला तत्त्व-चिंतन और विचार को, बिना अंग्रेजियत का सहारा लिए, भारतीय स्त्रोतों के सहारे आगे बढ़ाया है जयशंकर प्रसाद ने, जिसमें उनके गद्यकार का पूरा योगदान रहा है।

महादेवी वर्मा

आचार्य रामचंद्र शुक्ल ने अपने इतिहास में आधुनिक काल को 'गद्य-काल' कह कर इस युग में गद्य की व्यावहारिक प्रतिष्ठा की ओर सही संकेत किया है। पर अपने आधुनिक साहित्य में क्या हम सचमुच गद्य का सम्मान करते हैं? गद्य हमारे यहाँ एक तरह से नकारात्मक विभावन है। जो कुछ पद्यबद्ध नहीं, वह जैसे बेबसी में गद्य है। यों, इस 'गद्य-काल' में भी हमारी दृष्टि मूलतः कवितावादी है। गद्य का अस्तित्व किसी या किन्हीं उद्देश्यों की पूर्ति के लिए है—गद्य में कहानी कही जा सकती है, नाटक बनते हैं, और आगे चलें तो यात्रा-संस्मरण-डायरी या फिर पत्रकारिता का गद्य है; पर गद्य की अपनी कोई सत्ता नहीं, संप्रभुता नहीं। पुराने ज़माने में पद्य की बहुत कुछ ऐसी ही स्थिति थी, पर एक स्पष्टता यह थी कि पद्य और कविता में अंतर किया जाता था। आज सब गद्य एक है, और उसका प्रयोजन दूसरों के लिए है। कविता की तरह वह आत्मनिर्भर और प्रभुतासंपन्न नहीं है।

ऐसे में यह सचमुच एक प्रीतिकर विषय है कि छायावादी कवि-चतुष्टय की विख्यात कवयित्री महादेवी वर्मा वैसे ही विख्यात गद्य की भी रचयिता हैं। संस्कृत उक्ति कि गद्य कवियों की परख के लिए कसौटी जैसा होता है, अनायास महादेवी के लिए चरितार्थ होती है। संस्कृत मनीषी ने ठीक ही यह सोचा होगा कि कविता-रचना के लिए कई प्रकार के अनुशासन अपेक्षित होते हैं, जबकि गद्य उन बंधनों से मुक्त है। तो बंधनों को मानकर रचना आसान है बजाय बंधनों को परे करके। यह आज भी देखा जा सकता है कि मुक्त छंद की रचना छंद-विधान से कुछ कठिनतर है। और तब यह आकस्मिक नहीं कि हिंदी में मुक्त छंद के प्रवर्तक निराला ने आधुनिक कविता में कठिन-से-कठिन छंद को बाँधा है अपने काव्य 'तुलसीदास' में। और उनके समूचे कृतित्व में मुक्त छंद का काव्य अधिक महत्वपूर्ण है या कि छंदबद्ध काव्य यह सहसा निर्णय कर पाना संभव नहीं लगता। इस संदर्भ में यह लक्षित किया जा सकता है कि सफल कवि की फिर अगली परीक्षा गद्य-रचना में होती है।

जैसा पहले संकेत किया गया, हिंदी में अच्छा गद्य, या सिर्फ कहें गद्य-लेखन, अनुपातिक दृष्टि से कम है। नाटक, उपन्यास, कहानी, आलोचना है, पर गद्य विरल

है। और इन दोनों स्थितियों का परस्पर संबंध है, इसीलिए नाटक, उपन्यास, कहानी, आलोचना भी उतने अच्छे नहीं बन पाते जितने कि एक शताब्दी से अधिक पुराने खड़ी बोली गद्य में होने चाहिए। अखबार का सूचनात्मक गद्य जैसे रचना के क्षेत्र पर छाया हुआ है, या फिर एक दूसरे तरह का गद्य लालित्य के छौंक से बनता है, जिसे साधारण तौर पर ललित निबंध कहा जाता है। फीके इतिवृत्त और बलात् लालित्य के बीच साधारण, सामान्य, अच्छा गद्य दुर्लभ है।

गद्य का संबंध बोलचाल से है, और किसी रूप में वक्तृता से। वक्तृता तो यों आज हासोन्मुख कला है। पिछले दिनों के अच्छे सार्वजनिक वक्ताओं में जयप्रकाश नारायण और राममनोहर लोहिया के नाम लिए जा सकते हैं। साहित्यिक संदर्भ में महादेवी वर्मा, अज्ञेय और हजारीप्रसाद द्विवेदी की छवि मन में उभरती है, आलोचकों में नामवर सिंह ने अपने को कुशल वक्ता के रूप में विकसित किया है। और यह संयोग नहीं कि इन सभी लेखकों का गद्य व्याकरणिक रूप में जितना व्यवस्थित है, चिंतन और आस्वाद के स्तर पर उतना ही आकर्षक भी।

अच्छे गद्य की एक पहिचान शायद यह हो सकती है कि वह सहसा किसी काव्य-रूप में वर्गीकृत न हो सके, और स्वयं में प्रभुत्वसंपन्न गद्य के रूप में ही पहिचाना जाए। यूरोपीय साहित्य से उदाहरण लें तो एक्सेल मुंथे की कृति याद आती है 'द स्टोरी ऑफ साँ माइकेल' जो 1929 में प्रकाशित होकर शताधिक पुनर्मुद्रणों और अनुवादों में प्रसारित हुई। बारहवें संस्करण की भूमिका का आरंभ लेखक इस प्रकार करता है : "इस पुस्तक के सभी समीक्षकों को काफी दिक्कत हुई 'द स्टोरी ऑफ साँ माइकेल' को ठीक-ठीक वर्गीकृत करने में, और इस पर मुझे अचरज नहीं। कुछ ने पुस्तक को आत्मकथा बताया है, दूसरों ने कहा, 'एक डॉक्टर के संस्मरण'। जहाँ तक मैं समझता हूँ, पुस्तक न यह है न वह।" असल में मुंथे की रचना आत्मकथा, संस्मरण, यात्रा-वृत्त आदि कुछ न होकर सिर्फ बढ़िया, परिष्कृत गद्य है । हिंदी में इस स्थिति पर महादेवी का गद्य आता है। बहुत बार उनकी भी एक ही रचना (उदाहरणार्थ, 'चीनी फेरीवाला' या 'घीसा') कहीं कहानी के रूप में संकलित है तो कहीं संस्मरण और रेखाचित्र के रूप में। यह गद्य का जादू है जो कवियों के लिए निकप बताया गया है।

गद्य का एक गुण यदि बोलचाल से निकटता है तो दूसरा उसकी आत्मीयता है। कविता हमेशा से उदात्त भाव भूमि पर आकृष्ट करती है, जबकि गद्य में निश्छलता और आत्मीयता प्रीतिकर होती है। कविता साधारण की पहिचान असाधारण स्तर पर कराती है, गद्य में चाहे साधारण हो या असाधारण वे सभी साधारण रूप में ही चमकते हैं। निराला की कविता 'तोड़ती पत्थर' की मजदूरनी और महादेवी के 'घीसा' में यही अंतर है। एक पूरे अनुच्छेद में चलने वाला घीसा का चित्र यों पूरा होता है—"निरंतर दौड़ते रहने के कारण उस लचीले शरीर में दुबले पैर ही विशेष पुष्ट जान पड़ते थे।

बस, ऐसा ही था वह, न नाम में कवित्व की गुंजाइश, न शरीर में।" जहाँ कवित्व की गुंजाइश न हो वहाँ कविता की मर्म अनुभूति जगा देना महादेवी के गद्य का काम है। कवि कैसे गद्य के निकप पर खरा उतरता है, यह इसका सटीक उदाहरण है।

गद्य में आत्मीयता का स्वर बहुत बार महज़ लहज़े में से आता है। महादेवी की भाषा सामान्यतः तत्सम शब्द प्रधान है, इसमें संदेह नहीं। गद्य में वाक्य विन्यास भी अपेक्षाकृत लंबा और जटिल है, फिर भी वह निर्मल और आत्मीय है, यह अपने में एक विलक्षण बात ही कही जाएगी। 'बीसा' से ही एक और उद्धरण लें—एकदम आरंभिक वाक्य है :

> *वर्तमान की कौन-सी अज्ञात प्रेरणा हमारे अतीत की किसी भूली हुई कथा को संपूर्ण मार्मिकता के साथ दुहरा जाती है, यह जान लेना सहज होता, तो मैं भी आज गाँव के उस मलिन सहमे नन्हें-से विद्यार्थी की सहसा याद आ जाने का कारण बता सकती, जो एक छोटी लहर के समान ही मेरे जीवन तट को अपनी सारी आर्द्रता से छूकर अनंत जलराशि में विलीन हो गया है।*

घीसा के इस आरंभिक अनाम परिचय में जो करुण आत्मीयता निहित है वह पूरे संस्मरण में आद्यंत प्रवाहित रहती है। संस्मरण-नायक (?) का रचनाकार से हल्का-सा परिचय और उसमें भी उसका अपना अकिंचन व्यक्तित्व—यह समूचा सरल, पर भावात्मक स्तर पर जटिल संबंध एक छोटी-सी लहर और जीवन-तट के बिंब में बड़ी मार्मिकता से उभरा है। कविता में महादेवी की प्रतिज्ञा अनायास याद आ जाती है—

सब आँखों के आँसू उजले सबके सपनों में सत्य पला!

जन्म-जन्मान्तर के संबंधों की याद करने का लहज़ा इस लंबे वाक्य में पाठक का सहज विश्वास धीमे से अर्जित कर लेता है। लगता है, घीसा ने लेखिका के जीवन तट को ही नहीं छुआ, पाठकों के मन को भी वैसी ही आर्द्रता के साथ स्पर्श किया है।

महादेवी के गद्य-साहित्य में अकाल्पनिक वृत्त (रेखाचित्र-संस्मरण-यात्रा-वृत्त) ही रचना के केन्द्र में हैं, जिसका अर्थ है कि उन्हें पूरी तरह से गद्य की क्षमता पर निर्भर रहना है, कल्पना-तत्व को परे रख कर। कहानी-उपन्यास-नाटक जैसे कल्पनाश्रित काव्य-रूप उनके यहाँ हैं ही नहीं। एक ओर पत्रकारिता का सूचनात्मक या विचार प्रधान गद्य है, और फिर हैं हल्की सर्जनात्मक क्षमता से अनुप्राणित रेखाचित्र-संस्मरण जैसे नये गद्य-रूप। यानी उन्होंने या तो कविता लिखी है जो भाषा की सर्जनात्मक शक्ति का सघनतम रूप है, या फिर अकाल्पनिक गद्य रचना की है जहाँ भाषा का हल्का सर्जनात्मक संस्पर्श है। इन दो छोरों के बीच साहित्य-सृजन का पूरा वैविध्य अंतर्निहित है।

इस संदर्भ में यह भी द्रष्टव्य है कि इस भाषिक प्रयोग के अनुकूल ही उनका

संवेदनात्मक विस्तार है—कविता में अद्वैत भावना है तो गद्य में विविक्त यथार्थ। 'बीन भी हूँ मैं तुम्हारी रागिनी भी हूँ' यदि उनकी कविता का प्रमुख स्वर है तो गद्य में रामा, लछमा, घीसा, चीनी भाई के चित्र अलग-अलग साफ़ उकेरे गए हैं, जिन सबके सपनों में सत्य पला करता है। सत्य और सत्य को पालने वाली आँखें दोनों महादेवी की दृष्टि में हैं। रचनाकार की सजगता का यह एक बहुत विश्वसनीय प्रमाण है कि वह वस्तु और विधान को कैसे समरस और संश्लिष्ट बनाता है। सभी बड़े लेखकों की तरह यहाँ महादेवी की भी पहिचान अचूक है। गद्य और कविता के प्रयोगों के वैशिष्ट्य को उन्होंने बारीकी से समझा है।

महादेवी का शुद्ध विचारपरक गद्य भी मात्रा की दृष्टि से कम नहीं है। 'चाँद' पत्रिका के नारी-जागरण से संबद्ध संपादकीय, काव्य-संकलनों का पक्ष प्रस्तुत करने वाली भूमिकाएँ, 'काव्य-कला', 'छायावाद', 'रहस्यवाद', 'गीतकाव्य' जैसे साहित्यिक विषयों पर लिखे गए निबंध उनके गद्य लेखन का महत्वपूर्ण अंग है। आगे चलकर अपने संपादकीय लेखन का दायित्व वे अपने अभिभाषणों में रूपांतरित करती दिखती हैं। इन दोनों माध्यमों की वस्तु एक जैसी है। यहाँ वे सामाजिक और राष्ट्रीय जीवन की विविध समस्याओं का विवेचन करती हैं जिसके लिए उन्होंने उचित ही गद्य का अपेक्षाकृत सहज और व्यावहारिक रूप चुना है। स्वयं उन्हीं के शब्दों में "गद्य में भाव भी प्राय: चिंतन के माध्यम से व्यक्त होने के कारण व्याख्यात्मक ही रहते हैं, अत: उन्हें काव्य के समान प्रवाहात्मक लय की आवश्यकता नहीं होती।" ('साहित्यकार : व्यक्तित्व और अभिव्यक्ति')

साहित्यिक निबंधों की जरूरतें दूसरी हैं। और यहाँ वे बहुत बार अपने संदर्भ और बिंब दर्शन के क्षेत्र से चुनती हैं, जिसकी पृष्ठभूमि में वैदिक और बौद्ध वाङ्मय है। 'काव्य-कला' नये छायावादी आंदोलन के लिए जिज्ञासा की एक प्रमुख भूमि थी। अपने अन्य वरिष्ठ सहयोगी कवियों की तरह उन्होंने भी इस बुनियादी विषय पर विचार किया है। रचना-प्रक्रिया के इस संदर्भ में क्षण की महत्ता का आख्यान करती हुई वे लिखती हैं, "वास्तव में जीवन की गहराई की अनुभूति के कुछ क्षण होते हैं, वर्ष नहीं। परन्तु वे क्षण निरन्तरता से रहित होने के कारण कम उपयोगी नहीं कहे जा सकते। जो क्रूर मनुष्य सौ-सौ शास्त्रों के नित्य मनन से कोमल नहीं बन पाता, वह यदि एक छोटे-से निर्दोष बालक के सरल और आकस्मिक प्रश्न मात्र से द्रवित हो उठता है, तो वह क्षणिक प्रश्न शास्त्र मनन की निरंतरता से अधिक उपयोगी क्यों न माना जावे!" ('काव्य-कला') आगे वे आदि कवि वाल्मीकि और आधुनिक वैज्ञानिक न्यूटन के सृजन-स्रोत में सामान्यत: तुच्छ लगनेवाली घटनाओं के माहात्म्य को रेखांकित करती हैं। उनकी मान्यताओं के पीछे कुछ भावावेश लगे तो यह संभव है, पर उनके विवेचन में तर्क-क्रम का कहीं अभाव नहीं है।

रेखाचित्र, संस्मरण, यात्रावृत्त-एक ओर; संपादकीय भूमिकाएँ, निबंध और

अभिभाषण दूसरी ओर। जैसे संपूर्ण जीवन का वैविध्य यहाँ समोया हो। बिना कल्पनाश्रित काव्य-रूपों का सहारा लिए कोई रचनाकार महज़ गद्य से, और गद्य में इतना अर्जित कर सकता है, यह महादेवी को पढ़कर ही समझा जा सकता है। और यह 'महज़' गद्य अपनी सर्जनात्मकता में इतना प्रभावी बन सकता है, यह अनुभव भी अपने में विस्मयकर है। पाश्चात्य कथा-साहित्य के संदर्भ में विचार करते हुए श्री अरविंद अपने एक पत्र में लिखते हैं, "गद्य में बड़ा लेखक होना एक बात है और बड़ा गद्य-लेखक होना दूसरी।" पर यहाँ विलक्षण बात यह है कि बिना उपन्यास-कहानी-नाटक लिखे महादेवी श्रेष्ठ गद्यकार होती हैं। यह हिंदी गद्य के विन्यास और विकास का एक अत्यंत प्रीतिकर अध्याय है। और गद्य की ज़रूरत क्या है, इस विषय में उनका साक्ष्य इस प्रकार है, "विचार के क्षणों में मुझे गद्य लिखना ही अच्छा लगता रहा है, क्योंकि उस में अपनी अनुभूति ही नहीं बाह्य परिस्थितियों के विश्लेषण के लिए भी पर्याप्त अवकाश रहता है।" ('शृंखला की कड़ियाँ' : अपनी बात)

प्रेमचंद

प्रेमचंद का गद्य विलक्षण है—एकदम सीधा-सरल, पूरा पारदर्शी और सर्जनात्मक, अँग्रेज़ी बाइबिल की तरह। भी जहाँ अपनी ऋजुता में निष्कवच है। यह ज़रूर है कि यह स्थिति बनी वहाँ है जहाँ गद्य की ढलाई का आरंभिक चरण चल रहा है। इस ऐतिहासिक संदर्भ का लाभ अपने-अपने ढंग से दोनों गद्यकारों को मिला।

प्रेमचंद का रचनात्मक मूल्यांकन कई कारणों से समस्या उपस्थित करता है। वे पाठक को जितना सहज हैं आलोचक को उतना ही मुश्किल। उनकी कथा-कृतियाँ घटना और अनुभव-बहुल दोनों हैं। यहीं प्रेमचंद आलोचक के लिए मुश्किल बनते हैं। यह स्थिति अपने में विडंबनापूर्ण है कि अनुभव-बहुलता के जिस विशिष्ट गुण के लिए पाठक के रूप में वह आभारी था, वही अनुभव-बहुलता आलोचक के रूप में उसके सामने एक सीमा बनाती है। प्रेमचंद अपनी रचना-प्रक्रिया में भाषा का संपूर्णत: दोहन कर लेते हैं, फलत: आलोचक के लिए ऐसी भाषा-छवियाँ, संकेत शेष नहीं बचते जिनके सहारे वह उस रचना में आगे अर्थ का संवर्द्धन कर सके। और यहाँ प्रेमचंद गांधी के सबसे निकट आते हैं। विचार-धारा के स्तर पर वे गांधी से प्रभावित रहे या फिर उनसे उपराम होते गए, यह एक स्थूल जानकारी की बात है। रचना के क्षण में वे गांधी के सबसे नज़दीक होते हैं।

सामान्य गद्य-प्रयोग में तो प्रेमचंद शब्दों का अधिकतम अर्थ लेते ही हैं, कहीं कुछ अप्रस्तुत विधान रचते हैं तो उसका भी पूरा-पूरा ताना-बाना खोल देते हैं। 'गोदान' में होरी-धनिया के दांपत्य जीवन को लेकर प्रसिद्ध बिंब-विधान आता है, उपन्यास के आरंभिक अंश में ही वैवाहिक जीवन के प्रभात में लालसा अपनी गुलाबी मादकता के साथ उदय होती है और हृदय के सारे आकाश को अपने माधुर्य की सुनहरी किरणों से रंजित कर देती है। फिर मध्याह्न का प्रखर ताप आता है, क्षण-क्षण पर बगूले उठते हैं और पृथ्वी काँपने लगती है। लालसा का सुनहरा आवरण हट जाता है, और वास्तविकता अपने नग्न रूप में सामने आ खड़ी होती है। उसके बाद विश्राममय संध्या आती है, शीतल और शांत, जब हम थके हुए पथिकों की भाँति दिन-भर की यात्रा का वृत्तांत कहते और सुनते हैं, तटस्थ भाव से, मानो हम किसी ऊँचे शिखर

पर जा बैठे हैं, जहाँ नीचे का जनरव हम तक नहीं पहुँचता।

यहाँ वैवाहिक जीवन के क्रम विकास का चित्र सूर्योदय से सूर्यास्त तक की दिवस यात्रा से बाँधा गया है। प्रस्तुत और अप्रस्तुत दोनों बहुपरिचित! सच तो यह है कि मनुष्य जीवन में वैवाहिक बंधन के खट्टे मीठे अनुभवों से लगभग सभी गुज़रते हैं जैसे कि प्राकृतिक जीवन में दिनारंभ से लेकर संध्या तक के रूप रंग सब के देखे हुए हैं। इससे अधिक परिचित प्रस्तुत अप्रस्तुत का संयोग कठिनाई से मिलेगा। दोनों के बीच साम्य भी सांगोपांग है। प्रभात मध्याह्न संध्या, और दूसरी ओर युवावस्था प्रौढ़ता वृद्धावस्था। मानवीय और प्राकृतिक दशाओं को ऐसे बिंब प्रतिबिंब भाव से रखा गया है कि दाम्पत्य जीवन का एक एक चरण खुलता जाता है। पर यह खुलना फिर कल्पना के सक्रिय होने के लिए अवकाश नहीं छोड़ता। यह बिंबमूलक गद्य वैवाहिक संबंधों के एक एक पक्ष को उधार कर रख देता है, जो जैसा कहा गया, सामान्य पाठक के लिए जितना तृप्तिकर है, आलोचक के लिए कुछ उतना ही अतिरिक्त तृप्तिकर हो उठता है, मीठा जैसे कुछ ज़रा अधिक हो जाए। बिंब के भीतर फिर वर्णन का सहारा गद्यकार यहाँ लेता है।

प्रेमचंद की गांधी से निकटता की बात अभी कही गई। गांधी के विचार दर्शन और व्यावहारिक जीवन—और हमारे समकालीनों में शायद वे अकेले ऐसे थे जिनके यहाँ दोनों एक हो गए—की सबसे बड़ी विशेषता उनकी किफायतसारी है, जो उनकी तितिक्षा और कड़ाई के आदर्शों से जुड़ी रही है। गांधी के जीवन के प्रेरक प्रसंगों में एक वह माना जाता है जहाँ जहाज़ पर एक अँग्रेज़ सहयात्री के गालियों भरे लंबे लेख में से उन्होंने आलपीन निकाल कर अपनी डिब्बी में रख ली थी; और अँग्रेज़ के यह पूछने पर कि उस लेख में उन्हें क्या सार मिला, गांधी ने डिब्बी खोल कर वही आलपीन बड़ी निष्ठा के साथ उसे दिखा दी थी। यहाँ गांधी का विनोदी रूप देखा जा सकता है, पर वह अलग बात है। मूल बात उनकी किफ़ायतसारी की है। कुछ भी अनावश्यक रूप में व्यय नहीं होना है, और छोटे से छोटे उपकरण का भी प्रयोग कर लिया जाना है—यह उनका मूल मंत्र था, अपने समय के लिए, देश की अर्थ नीति के लिए और राजनैतिक शक्ति के लिए।

मुंशी प्रेमचंद किफ़ायतसारी का यह आदर्श अपनी रचना-प्रक्रिया में रखकर चलते हैं। प्रेमचंद के यहाँ सामाजिक यथार्थ का चित्रण भी इसीलिए फैल नहीं पाता, बर्बाद नहीं जाता। उनका रचना-आदर्श आपसे आप उनके यथार्थ चित्रण पर नियंत्रण रखता है। फलत: वे मज़ा लेकर यथार्थ का चित्रण नहीं करते, समूचे रचना-विधान में उसका उपयोग करते हैं। यहीं अपने पूर्ववर्त्तियों से उनमें गुणात्मक अंतर आ जाता है। कुछ आलोचकों की राय में प्रेमचंद की कहानी 'कफ़न' में यथार्थ का अतिरंजित रूप है। पर इस प्रसिद्ध रचना का गद्य-विधान इतना संतुलित है कि यथार्थ के ब्यौरों पर उतना ध्यान नहीं जाता जितना उनसे प्रकाशित होने वाले इस कटु सत्य पर कि

ग़रीबी मनुष्य को कितना अमानवीय बना देती है! यों घटना से अनुभूति में रूपांतरण की प्रक्रिया चलती हैं।

किफ़ायतसारी का आदर्श जैसा प्रेमचंद के यथार्थ चित्रण में है उससे और गहरे धरातल पर उनके भाषिक विधान में है। भाषा का सत अपनी रचना में वे पूरी तरह से निचोड़ लेते हैं। यथार्थ के नियमन की तरह उनका यह गुण भी पाठक के लिए अत्यंत तोषप्रद है पर यहाँ विधान के स्तर पर, जैसा संकेत किया गया, वे आलोचक के लिए कठिनाई उत्पन्न करते हैं। यह स्पष्ट है कि कोई भी रचनाकार प्रथमत: आलोचक के लिए नहीं लिखता, पाठक के लिए लिखता है। और उसके रचना-कर्म से यहाँ यदि कुछ विडंबनाएँ उत्पन्न होती हैं तो उनके लिए वह जिम्मेवार नहीं है। महात्मा गांधी बहुत बड़े हैं, मनीषी हैं, पर रचनाकार का उनसे विशेष प्रयोजन सिद्ध नहीं होता। प्रेमचंद बहुत बड़े रचनाकार हैं, पर आलोचक का उनसे प्रयोजन सिद्ध नहीं होता। यद्यपि कि रचनाकार का पहला दायित्व तो पाठक के प्रति है, और वहाँ वे महान् हैं। आलोचक अपनी चिंता स्वयं करेगा।

यह कि फिर प्रेमचंद जैसा पारदर्शी गद्य वैसी सफलता के साथ नहीं लिखा जा सका, इससे समझा जा सकता है कि सरल भाषा लिखना सबसे कठिन है। और तब उसमें अर्थ-संवर्द्धन और भी कठिन!

जहाँ तक अकाल्पनिक गद्य का प्रश्न है वह उनके कथा-गद्य से काफ़ी दूर तक जुड़ा हुआ है। शब्द चयन, वाक्य-विन्यास और अपनी अर्थ-प्रक्रिया में दोनों एक दूसरे के समानांतर चलते हैं। 'गोदान' उपन्यास, 'कफ़न' कहानी और 'महाजनी सभ्यता' शीर्षक निबंध अपनी भाषा और संवेदना में एक दूसरे को काटते-छूते दिखते हैं। समकालीन समाज में धन की स्थिति का वस्तुगत विश्लेषण लेखक के निबंध में होता है, पर उपन्यास में एक वैकल्पिक दृष्टि भी प्रस्तावित की जाती है। 'महाजनी सभ्यता' के केन्द्रीय तत्व को रेखांकित करते हुए प्रेमचंद लिखते हैं, "धन-लोभ ने मानव भावों को पूर्ण रूप से अपने अधीन कर लिया है। कुलीनता और शराफत, गुण और कमाल की कसौटी पैसा, और केवल पैसा है। जिसके पास पैसा है, वह देवता स्वरूप है, उसका अंत:करण कितना ही काला क्यों न हो। साहित्य, संगीत और कला—सभी धन की देहली पर माथा टेकने वालों में हैं। यह हवा इतनी जहरीली हो गयी है कि इसमें जीवित रहना कठिन होता जा रहा है।" पर 'गोदान' में लेखक का प्रिय पात्र 'पक्का आदर्शवादी' दार्शनिक मेहता कुछ दूसरे ढंग से सोचता है। मिल जल जाने के बाद उसके स्वामी अपने मित्र खन्ना को समझाते हुए वह कहता है, आप समझदार होकर दिल इतना छोटा करते हैं! दौलत से आदमी को जो सम्मान मिलता है, वह उसका सम्मान नहीं, उसकी दौलत का सम्मान है। आप निर्धन रहकर भी मित्रों के विश्वासपात्र रह सकते हैं, और शत्रुओं के भी; बल्कि तब कोई आपका शत्रु रहेगा ही नहीं।" लग सकता है कि 'कथाकार' और 'कथा' के बीच

यहाँ अंतर्द्वन्द्व चल रहा है। पर कथा तो मेहता की नहीं होरी की है, जिसके पास अंत समय में गोदान के लिए दौलत के नाम पर बीस आने पैसे बचे रहते हैं। यों 'गोदान' की कथा में असली गद्य होरी का है जो 'महाजनी सभ्यता' के निबंध-गद्य से मेल खाता है। इस बिन्दु पर लेखक का समूचा गद्य एकाकार हो उठता है।

जैनेन्द्रकुमार

प्रेमचंद और जैनेन्द्र की तुलना हम एक बार इस अध्ययन के आरंभिक खंड में कर चुके हैं। सरल, महाविरेदार गद्य के ये दोनों प्रतिदर्श हैं, पर एक दूसरे से कितने भिन्न! प्रेमचंद में प्रचलित लोकोक्तियों की सरलता है, जैनेन्द्र में ठेठ पछाहीं खड़ी बोली का मुहाविरा (मुहावरे नहीं)। लोकोक्ति बात कह कर संपन्न हो जाती है, मुहावरे चुक जाते हैं, जबकि मुहावरा, या कहें तो वाक्य-भंगी अर्थ की मीड़ें खोलती रहती है। 'गोदान' में प्रयुक्त कुछ मुहाविरे या लोकोक्तियाँ हैं—'या तो चलेगी नहीं, या चलेगी तो दौड़ने लगेगी', 'सोने की हँसिया जिसे न उगलते बनता है न निगलते', 'जल में रह कर मगर से बैर करना', 'वह कुछ शेर हो रहा था', 'कहीं गड़े मुर्दे न उखाड़ने लगे'। जैनेन्द्र के 'त्यागपत्र' में मुहाविरा यों चलता है—'अपने सुख से रहे। हमें क्या', 'तू नन्हीं-सी थी तभी पिताजी उठ गये', 'दबना किसका', 'पर जाने मुझे क्या चीज़ रोक रही थी कि मैं फट नहीं पड़ा', 'ऐसे हाथ आने वाला कुछ नहीं है', 'वैसी नामवरी निष्फल है, व्यर्थ है, निरी रेत है।' इस उद्धरण-क्रम का आशय यह नहीं कि प्रेमचंद में मुहावरे का प्रयोग एकदम नहीं है, और जैनेन्द्र लोकोक्ति का प्रयोग कभी नहीं करते। मूल बात दोनों के गद्य के स्वभाव की है।

मुहाविरे-लोकोक्तियाँ प्राय: संवादों में आते हैं, जबकि मुहावरा या वाक्य-भंगी अधिकतर वर्णन की विशेषता है। फिर लोकोक्तियाँ दृश्यात्मक रूप में किसी एक पूरी कथा पर आधृत रहती हैं, मुहावरा हल्की लक्षणा से परिचालित होता है। कुल मिला कर मुहावरों-लोकोक्तियों की तुलना में मुहावरा सूक्ष्मतर भाषिक उपकरण है।

जैनेन्द्र की इस सहज वाक्य-भंगी के पीछे कहीं यह भी कारण है कि दिल्ली-मेरठ की यह खड़ी बोली—जो आधुनिक गद्य का मूलाधार है—उनके लिए नित्य व्यवहार की क्षेत्रीय बोली रही। वे भाषा लिखते नहीं बोलते हैं। जैनेन्द्र के बारे में कहा जाता है कि वे उपन्यास बोलकर लिखाते थे तो यह उनके सर्वथा योग्य है। उर्दू में ग़ज़ल कही जाती है, जैनेन्द्र के उपन्यास कहे गए हैं।

कुछ तो कहे उपन्यास होने के कारण, और कुछ जैन-गुरुकुल की शिक्षा-दीक्षा के कारण, जैनेन्द्र के यहाँ अँग्रेज़ी ढंग का वाक्य विन्यास शायद ही कहीं सुनने-पढ़ने

को मिले। यह गद्य ठेठ हिंदी का है, और उसका कोई 'ठाठ' भी नहीं; अपने में वह एकदम सहज, लगभग अकिंचन है, पर पूरा आत्मविश्वास लिए हुए। यहाँ स्मरणीय है कि भाषा में ठेठ शब्दावली लाना सबसे आसान है, पर उसके लहज़े और वाक्य-भंगी को ठेठ रखना सबसे मुश्किल। यो जैनेन्द्र के उपन्यासों का आरंभ बड़ी आत्मीय और पूर्वपरिचित मुद्रा में होता है जहाँ किसी परिचयात्मक वर्णन की अपेक्षा नहीं रहती—'वकालत पास तो की, पर शुरू न की। इसके दो कारण हुए।' ('परख'), 'नहीं, भाई, पाप-पुण्य की समीक्षा मुझसे न होगी। जज हूँ, कानून की तराजू की मर्यादा जानता हूँ। पर उस तराजू की जरूरत को भी जानता हूँ' ('त्यागपत्र'), 'जब कभी उधर से निकलता हूँ, मन उदास हो आता है। कोशिश तो करता हूँ कि फिर उधर जाऊँ ही क्यों, लेकिन बेकार!' ('कल्याणी') यहाँ गद्य की बुनियादी अपेक्षा पूरी होती है—श्रोता-पाठक के साथ आत्मीय संबंध स्थापित करना।

अपने पहले उपन्यास 'परख' (1930) की संक्षिप्त भूमिका में लेखक कथा और गद्य के संघटन की व्याख्या करता है—"न भाषा का शिकंजा है, न भाव का। दोनों किसी कोड के नियमों में बँध कर नहीं रह सकते। जिसे बढ़ाना है, वैसी कोई भी चीज शिकंजे में कसी नहीं रह सकती। शिकंजे में कस दोगे तो वह नहीं बढ़ेगी, लुंज रह जायेगी,—हम उसी को सुंदरता मानने लग जायँ तो बात दूसरी, पर, दुनिया की स्पर्धा और दौड़ में वह कहीं की नहीं रह सकती। जैसे चीनी स्त्रियों के पैर। हिंदी भाषा-भाषियों और भाषा लेखकों को यह सत्य, पूरे हर्ष से और बिना ईर्ष्या के, मान लेना और अपना लेना चाहिए। भाषा का, और दुनिया का हित इसी में है।"—कहना न होगा कि अपने जिस भाषादर्श का उल्लेख उपन्यासकार यहाँ कर रहा है स्वयं अपने उपन्यास में वह उसका पालन कर रहा है, और उक्त भूमिका का गद्य भी ठीक वैसा है। यह संयोग नहीं कि जैनेन्द्र के आरंभिक उपन्यास—जिन्होंने उन्हें प्रेमचंद के साथ-साथ, और जैसे उनकी सहमति पर, कथा-जगत में प्रतिष्ठित किया—न केवल बोल कर लिखाए गए हैं वरन् विधान के स्तर पर भी वक्ता-श्रोता की आर्ष परिपाटी का किसी क़दर अनुगमन करते हैं। यह बोला हुआ गद्य लेखक के कथा-संघटन की बहुत बड़ी शक्ति है।

कहानी स्वभावत: अन्य पुरुष शैली में अधिकतर चलती है। वक्ता—श्रोता वाला बंधान यहाँ बेडौल हो सकता है। जैनेन्द्र की विशेषता है कि एकदम सीधे-सरल-अकिंचन गद्य में इतनी क्षमता भर देते हैं कि नयी से नयी और कठिन से कठिन मन: स्थितियों को रूपाकार मिल जाता है। उनकी एक अपेक्षया कम चर्चित कहानी है—'कहानी की कहानी'। शुरू होती है—'कहानी की क्या कहानी है? क्या है वह सोत कि जहाँ से कहानी के सूत-के-सूत, बे-अंत, निकलते ही आते हैं, फिर भी जो अक्षय और अगम बना रहता है। मैंने कहानियाँ लिखी हैं, पर आज मुझे उनका उद्‌गम चाहिए, मूल चाहिए।' प्रश्न ठेठ साहित्यिक है, पर उससे कहीं अधिक दार्शनिक है।

बोली- बानी और वातावरण की बानगी यों है—'श्रीमती जी बोलीं—बत्ती क्यों की है, बंद कर दो।', 'मैंने कहा—यह अखबार है और आज गांधी जयंती है। उठोगी नहीं!', 'क्योंजी, इत्ते आलसी तुम क्यों हो? पढ़ने-लिखने से क्या यही होता है?', 'रास्ते में अजब मालूम हुआ कि हम अकेले हैं और गांधी जी मर गए हैं। क्या वह मरने के लिए थे? पर ठीक ही हुआ कि वह मर गए और हमारे हाथों मरे।' और इसके साथ-साथ यह प्रसंग भी—'इसलिए मैंने मुँह मोड़ा और अपने जूतों पर आया। बड़ा ढाढस हुआ कि बेचारे वहीं थे जहाँ छोड़े गए।' जैनेन्द्र की इस भंगिमा पर अनायास सूरदास के साथी भक्त कवि कुंभनदास की याद हो आती है—'आवत जात पनहियाँ टूटी बिसरि गयो हरि नाम।' प्रभु भक्ति और महात्मा के पुण्य स्मरण के साथ जूतों की चिंता जुड़ी हुई है; इस दृष्टि में बड़े-छोटे का अंतर महत्वपूर्ण नहीं ।

तब कहानी में दो परिचित विदेशी महिलाओं, और एक अपरिचित काषायधारी की निर्मल गांधी-भक्ति का प्रसंग आता है। और यह सारी अनुभव-प्रक्रिया संपन्न इस बिंदु पर होती है—'वह क्षण मेरे साथ सर्वकालिक है! क्या सब कहानियों की कहानी उस, और वैसे, क्षणों में ही नहीं है और वहीं से रह-रह कर नहीं फूटा करती है?' इतने गहरे अनुभव-स्रोत में बड़े मामूली गद्य-विन्यास के सहारे उतरने का यह रचनात्मक उपक्रम है। कहानी पहले पशुओं-मनुष्यों-दानवों के किसी दिलचस्प कथा -क्रम से कोई नैतिक सीख देना चाहती थी—अब वही कहानी सामान्य बोली—बानी में से किसी गहरे सत्य का साक्षात्कार करने के लिए यत्नशील है। इस लंबे विकास-क्रम में जैनेन्द्र की कथा-भाषा का महत्वपूर्ण योगदान है।

कथा-गद्य के साथ-साथ जैनेन्द्र के अकाल्पनिक गद्य का भी अपना एकदम अलग रंग है। लेखक के निबंध या कि वैचारिक लेखन के बारे में कभी- कभी व्यंग्यात्मक मुद्रा में कहा जाता है कि वहाँ तो बड़ी दूर तक बात में से बात निकलती आती है। पर इस देश की लोक-कथाओं तथा जन-वृत्तांतों की तो खास शैली यही है, जिसे जैनेन्द्र ने अपनी 'कहानी की कहानी' में कहा है 'कहानी के मृत के सूत'। अँग्रेज़ी में भी इस तरह की बतकही को 'यार्न' (सूत या कताई) संज्ञा दी गई है। मूल प्रश्न है कि इस शैली का उपयोग किस लिए होता है? कैसे होता है, यह उक्त रूप में सर्वविदित है। किसलिए होता है? के उत्तर में कहा जा सकता है कि यहाँ मनोरंजन और तत्वदर्शन का विलक्षण संयोग बनता है। भारतेंदु, प्रतापनारायण मिश्र और बालमुकुंद गुप्त से लेकर जैनेन्द्र, अज्ञेय तथा हजारीप्रसाद द्विवेदी तक ललित निबंध कहे जाने वाले गद्य-माध्यम में यह योग घटती-बढ़ती मात्रा में बराबर मिलता है।

बतकहीमूलक इस शैली के उदाहरण स्वरूप जैनेन्द्र का निबंध लिया जा सकता है 'बाज़ार दर्शन'। यहाँ स्पष्ट ही 'दर्शन' का प्राथमिक अर्थ देखना भी है, और पारिभापिक अर्थ विचार व्यवस्था भी है। निबंध खुलता है, 'एक बार की बात कहता हूँ। मित्र बाज़ार गये तो थे कोई एक मामूली चीज़ लेने पर लौटे तो एकदम बहुत-से

बंडल पास थे। मैंने कहा—यह क्या? बोले—यह जो साथ थीं। उनका आशय था कि यह पत्नी की महिमा है। उस महिमा का मैं कायल हूँ। आदि काल से इस विषय में पति से पत्नी की ही प्रमुखता प्रमाणित है। और यह व्यक्तित्व का प्रश्न नहीं, स्त्रीत्व का प्रश्न है। स्त्री माया न जोड़े, तो क्या मैं जोड़ूँ?...बाज़ार-घर जोड़ना स्त्री-माया, यो स्थूल से सूक्ष्म, उदाहरण से दर्शन की ओर गति दिखती है। सूत क्रमशः महीन होता जाता है, पर उलझता नहीं जो असली बात है। यों ही बात महीन हो, पर उलझे नहीं, यह गद्य की बड़ी उपलब्धि है।

कई बार आलोचक जैनेन्द्र के संदर्भ में इस उपलब्धि को स्वीकार नहीं करते। प्रश्नोत्तर शैली में प्रस्तुत उनके विचार-गद्य का एक बड़ा संकलन है 'समय और हम'। 'विवेचना' में उसकी समीक्षा (1964) करते हुए इतिहास और दर्शन के विद्वान हर्षनारायण का दृष्टिकोण बहुत-कुछ ऐसा ही है। एक उदाहरण उन्होंने यों चुना—"प्रश्न था, 'बुद्धि को ही जो अंतिम सर्वशक्तिमान तत्व मानते हैं, उनके विषय में आपको क्या कहना है?' उत्तर: 'वे भी गलत क्यों हैं? लेकिन फिर उन्हें जीवन को ही एक व्यापक तत्व बनाकर मानना होता है। वैसे हर मानने के साथ, मालूम होता है, कुछ अवशिष्ट बचा ही रह गया है। अंत में श्रद्धा की आवश्यकता होती है। परमेश्वर को थाम कर मानो इसी कठिनाई से एक तरह आदमी पार जाता है...अंत में जिसको मानना पड़ता है वही तो ईश्वर है। इस तरह हर एक की अंतिम मान्यता को हम ईश्वर का ही एक रूप क्यों न कह दें। ऐसे बुद्धि और श्रद्धा की अनबन हमेशा के लिए कट जाती है।" जैनेन्द्र की इस व्याख्या पर समीक्षक हर्षनारायण की टिप्पणी है—"इसका सीधा-सादा निष्कर्ष यही हो सकता है कि जो कुछ मानो सब ठीक।"

उपर्युक्त प्रसंग में एक रचनाकार और एक समाजवैज्ञानिक के भाषा-प्रयोग की समझ का फ़रक आसानी से समझ में आता है। समाजवैज्ञानिक कठोर तार्किक प्रक्रिया से चल कर 'सीधा-सादा निष्कर्ष' पाना चाहता है। रचनाकार के लिए 'हर मानने के साथ, मालूम होता है, कुछ अवशिष्ट बचा ही रह गया है।' इस बचे हुए को बड़े सामान्य और अकिंचन अव्यय-प्रयोग 'भी', 'क्यों', 'लेकिन', 'वैसे', 'कुछ' कहते हैं। समाज वैज्ञानिक जब बड़े संज्ञा और क्रिया शब्द-रूपों पर अपना ध्यान केन्द्रित रखता है, जैसे 'जीवन', 'तत्व', 'परमेश्वर', 'मानना' तब गद्यकार निरीह से लगते अव्ययों की रचना-शक्ति से काम लेता है। जैनेन्द्र के कथा और अकाल्पनिक गद्य दोनों स्तरों पर इन अव्ययों का वैभव (जी! अव्ययों का!) अतुलनीय है। 'वे भी गलत क्यों हैं?' का 'क्यों', और ठीक अगले वाक्य का 'लेकिन' दर्शन की सीधी-सादी 'नेति' शैली का कुछ संभ्रम और सम्मान के साथ संस्कार करते हैं। आखिर इस छोटे से उद्धरण में परम तत्व और परमेश्वर की व्याख्या का उपक्रम जो है!

जैनेन्द्र के गद्य पर यह टिप्पणी 'कि 'जो कुछ मानो सब ठीक' हड़बड़ी की प्रतिक्रिया है। उनकी दृष्टि तो शायद यह है—'कि जो कुछ मानो सब ठीक से मानो'।

अज्ञेय

प्रेमचंदोत्तर कथा-साहित्य के प्रसंग में जैनेन्द्र और अज्ञेय का नाम बहुत बार साथ-साथ आता है। पर दोनों के गद्य में बुनियादी फ़रक है। जैनेन्द्र के यहाँ सहज हिंदी का प्रवाह है, अज्ञेय में अर्जित हिंदी की शालीनता-शुद्धता है। एक गद्य संस्कारयुक्त है, दूसरा संस्कारित। प्रेमचंद में लोकोक्तियों का बाहुल्य है, जैनेन्द्र के यहाँ खड़ीबोली का मुहावरा है, अज्ञेय गद्य को अधिकतर अपने ढंग से रचते हैं। यों रचाव की प्रक्रिया क्रमशः बढ़ती है। एक लंबे साक्षात्कार में अज्ञेय ने स्वयं इसे यों स्पष्ट किया है, "भाषा कोई मरी हुई या जड़ चीज नहीं होती, वह भी, उसका साधु रूप भी एक गतिमान रूप है, और मैं कह सकता हूँ कि भाषा, जिसे हम साधु भाषा लगातार मानते रहे वह मेरे जीवनकाल में लगातार बदलती रही, और यह भी कह सकता हूँ कि उसमें कुछ शब्द मैंने भी जोड़े।" ('अज्ञेय : अपने बारे में', पृ० 6)

अज्ञेय ने हिंदी कथा-गद्य को कई रूपों में रचा—'शेखर : एक जीवनी' में अधिकतर हिंदी मनस् पर, 'नदी के द्वीप' में अँग्रेज़ी मनस् भारी पड़ता है, 'अपने-अपने अजनबी' का मनस्-प्रयत्नपूर्वक रंगहीन रखा गया है। शेखर का झगड़ा पिता से होता है हिंदी-अँग्रेज़ी प्रसंग को लेकर। शेखर को तो 'भविष्य दीखता ही हिंदी में है' जबकि उसके पिता अँग्रेज़ी के पक्षधर हैं, भले अँग्रेज़ियत के नहीं। 'नदी के द्वीप' के भुवन-रेखा-गौरा और उनके साथी चरित्र अँग्रेज़ी और अंग्रेज़ियत दोनों के किसी हद तक दबाव में हो गए हैं।' अपने-अपने अजनबी' में, जैसा कहा गया, भाषिक या कि सांस्कृतिक पक्षपात से ऊपर उठने का यत्न है। 'शेखर' के प्रणय प्रसंग की पृष्ठभूमि में वैदिक भाव-गीतों का पाठ है, 'नदी के द्वीप' में ऐसे अवसर को बाइबिल के सॉलॉमन-गीत से मंडित किया गया है, जबकि 'अपने-अपने अजनबी' का अंतिम प्रतीकात्मक प्रणय-संवाद है मरियम (योके) और जगन्नाथन के बीच, एक बृहत्तर भारोपीय परिवेश में। यहाँ भारतीयता का पल्ला कुछ भारी पड़ता है। इस संदर्भ में एक रोचक प्रसंग यह है कि 'नदी के द्वीप' में भुवन-रेखा की अजन्मी संतान को रेखा 'वायलिनिस्ट सर्जन' के रूप में देखती है—रेखा ने वायलिनिस्ट होने की कल्पना की थी, भुवन की आकांक्षा सर्जन होने की थी—यों उनकी संतान 'वायलिनिस्ट सर्जन'

बने यह भावना थी। उपन्यास के अगले एक संस्करण में लेखक ने 'वायलिनिस्ट' के स्थान पर 'बीनकार' रख दिया, यानी झुकाव पाश्चात्य संगीत के स्थान पर ठेठ भारतीय संगीत की ओर (द्रष्टव्य तीसरे संस्करण का पुनर्मुद्रण: सरस्वती प्रेस : पृ० 161/199, यद्यपि कि उपन्यास के मरणोत्तर संस्करण 1995 : 'नेशनल' में 'बीनकार-सर्जन' फिर से 'वायलिनिस्ट सर्जन' हो जाता है : पृ० 189/231)। कथाकार अज्ञेय की यह रचना-यात्रा उनके सांस्कृतिक विकास और भाषिक चयन दोनों को किसी सीमा तक दरसाती है, और शायद उनके बहुचर्चित विभावन 'व्यक्तित्व की खोज' का व्यावहारिक निदर्शन भी प्रस्तुत करती है।

अज्ञेय के कथा-गद्य का विकास क्रम बहुत कुछ इसी मान-चित्र के अनुकूल है। 'शेखर' के गद्य का मूलाधार हिंदी क्षेत्र का सामान्य मध्य-मध्यवर्गीय घरेलू जीवन-क्रम है, पर उसके ऊपर परिवेशमूलक, चरित्रगत और वैचारिक विविधता रचने में संस्कृत तत्सम और अँग्रेज़ी शब्दावली तथा संदर्भों का प्रचुर प्रयोग हुआ है। विशेषता इन दोनों स्तरों के जोड़ने और मिलाने में है कि संधि कहीं दिखे नहीं। एक उदाहरण उठाया जा सकता है—"होने को बहुत कुछ था। वह अवर्णनीय वातावरण था, जो तब उत्पन्न होता था, जब शेखर सरस्वती को अकेला पाकर उससे निर्बाध बातचीत करने लगता था। वह आनंद था जो बात का उत्तर न पाकर भी केवल यही जानने में था कि सरस्वती ने उसकी बात सुन ली है। वह विस्मय था कि सरस्वती के पास क्या इतना कुछ सोचने को है जो वह शेखर को नहीं कह सकती, जबकि वह शेखर को ऐसी बातें कहती है जो और किसी के आगे नहीं कहती। और वह खीझ थी, जो तब भभक उठती थी, जब वह सरस्वती से कुछ कहना चाहता था और पाता था कि वह रसोई में कुछ काम में लगी है, या छोटी बहिन के—जिसका नाम कमला रखा गया था—लत्ते धो रही है—या यों ही सिलाई-कढ़ाई के लिए माँ के पास बैठी है... और माँ थी..." (भाग-1)।

यहाँ लंबा, समरूप वाक्य-विन्यास अधिकतर गढ़ा हुआ है, पर लय और विवरण का अंदाज़ घरेलू है। अज्ञेय के गद्य में, जैसा संकेत किया गया, संस्कृत और अँग्रेज़ी तत्समों तथा घरेलू बोलचाल के बीच अंतर-क्रिया बराबर चलती रही है। गद्य का यह क्रमिक संस्कार एक तरह से समूचे रचनाकार व्यक्तित्व की व्याख्या करता चलता है। इस समूचे प्रसंग में लक्षित करने की बात यह है कि 'शेखर' भाग-2 में कारागार-जीवन से उपजे सून्न-वाक्य अधिकतर सामान्य बोलचाल में हैं। कुछ प्रसिद्ध वाक्य हैं—'अहंकार स्वाभाविक होता है, विनय सीखनी ही पड़ती है', 'एक सूत्र यह भी है कि हर एक को अपना रास्ता खुद बनाना चाहिए', और फिर हर तरह से 'अंतिम सूत्र': 'अभिमान से भी बड़ा दर्द होता है, पर दर्द से भी बड़ा एक विश्वास है इन सूत्रों का गद्य 'शेखर' का आधारभूत चरित्र कहा जा सकता है, कई रूपों में।

स्वतंत्रता संग्राम की कई धाराओं में तपा-बना यह चरित्र 'नदी के द्वीप' में रंग

बदलता है। व्यक्तित्व की खोज यहाँ बहिरोन्मुख से अंतरोन्मुख हो उठती है। चरित्रों की सामाजिक पृष्ठभूमि 'शेखर' जैसी बने रहने पर भी गद्य का स्वभाव यहाँ फ़रक है। एक उदाहरण से बात स्पष्ट होगी। भुवन का पत्र है रेखा के लिए—"रेखा, एक बात को तुम समझोगी—तुम नहीं समझोगी तो कोई नहीं समझ सकेगा—प्यार मिलाता है; व्यथा भी मिलाती है; साथ भोगा हुआ क्लेश भी मिलाता है; लेकिन क्या ऐसा नहीं है कि एक सीमा पार कर लेने पर ये अनुभूतियाँ मिलाती नहीं, अलग कर देती हैं, सदा के लिए और अंतिम रूप से? मेरे पास अधिक चित्र नहीं हैं, कह लो कि एक ही है, पर वही—हमारे साझे अनुभवों का सम्पुंजन ही, रेखा!—हमारे बीच में दीवार सा खड़ा हो जाता है।" यह गद्य बहुत क्षमतापूर्ण है, और विन्यास में सघन। संस्कृत तत्सम 'व्यथा', 'क्लेश' यहाँ बहुत कुछ पारिभाषिक छटा धारण कर लेते हैं, दूसरी ओर वाक्य-विन्यास में संस्कृत का जैसा सीधा विस्तार नहीं। अँग्रेज़ी ढंग की जटिलता आ जाती है। अर्थ सघनता एकाएक भारी लगने लगती हैं, कुछ कुछ घुटन सरीखा वातावरण लिए।

'नदी के द्वीप' की अतितत्समता के निराकरण का कुछ सजग प्रयास अज्ञेय के अंतिम उपन्यास 'अपने-अपने अजनबी' में देखा जा सकता है। योके सोच रही है कैंसरग्रस्त बुढ़िया सेल्मा के लिए—"आग को असीसती है—वह, जिसे आग को देखकर रिरियाना चाहिए, क्योंकिं अभी उसके भीतर की आग बुझ जायेगी और वह हो जायेगी—क्या? राख राख से भी कम! उसे देखते-देखते मेरा मन होता है कि ज़ोर से चीखूं, कि जलती हुई लकड़ी उठाकर उसकी कलाइयों पर दे मारूँ जिससे उसका आग को असीसने का दुस्साहस करने वाला हाथ नीचे गिर जाय—एकाएक जिसके सदमे से उसकी हृद्गति बंद हो जाय!" यूरोपीय परिवेश, यूरोपीय चरित्र, और उनके बीच ठेठ हिंदी गद्य-कुछ अटपटा तो लगता है, पर उसकी नयी अर्थ—संभावनाओं को कहीं प्रमाणित भी करता है। भारतीय चरित्र यदि अँग्रेज़ी विन्यास पकड़ते हैं तो यूरोपीय चरित्र भी हिंदी गद्य में उजागर हो सकते हैं, अज्ञेय प्रकारांतर से इसे दिखाना चाहते हैं। और इसके लिए वे भाषा का सबसे सरल, घरेलू रूप उठाते हैं।

अज्ञेय की कहानियाँ किसी बड़े कलाकार के रेखांकनों की तरह हैं। यहाँ तत्समता का दबाव अपेक्षाकृत कम घरेलू अंदाज़ अधिक मुखर है। यहाँ तक कि यूरोपीय परिवेश में रचित क्रांतिकारी जीवन से संबब्द्ध कहानियों में भी यह वृत्ति देखी जा सकती है। उनकी साठ से अधिक कहानियाँ कई संकलनों में विन्यस्त हुई हैं—'विपथगा', 'परम्परा', 'कोठरी की बात', 'जयदोल' और 'शरणार्थी' में। इनमें से अधिकतर विषय के आग्रह को प्रतिफलित करती हैं—'विपथगा' में क्रांति-जीवन की कहानियाँ हैं, कुछ युद्ध-जीवन से संबंधित हैं ('जयदोल'), और कुछ देश-विभाजन के बाद शरणार्थी-समस्या को लेकर लिखी गई हैं ('शरणार्थी')। यहाँ स्पष्ट ही गद्य रेखाओं और विषय के बीच घनिष्ट संबंध देखा जा सकता है। कहानी माध्यम के संबंध में

लेखक ने अपनी मान्यता 'जयदोल' की भूमिका में यों व्यक्त की है, "कहानियों के बारे में लेखक का वक्तव्य क्या हो सकता है? उपन्यास के बारे में तो फिर भी कुछ कहने की गुंजाइश होती है, क्योंकि उसमें जीवन का एक दर्शन होता है। कहानियों के सत्य में उतनी व्याप्ति नहीं होती, वह एक क्षण का, एक मन:स्थिति का सत्य है—एक दौड़ती लहर का गति-चित्र"। जाहिर है ऐसे सीमित माध्यम में गद्य का योगदान भी सीमित होगा। यहाँ जो भी संभावना है उसकी परिपूर्ति अधिकतर वर्णन में होती है। उदाहरण के लिए प्रसिद्ध कहानी 'रोज़' का एक अंश लिया जा सकता है—"दोपहरिए में उस घर के सूने आँगन में पैर रखते ही मुझे ऐसा जान पड़ा, मानो उस पर किसी शाप की छाया मँडरा रही हो। उसके वातावरण में कुछ ऐसा अकथ्य, अस्पृश्य; किंतु फिर भी बोझल और प्रकम्पमय और घना-सा फैल रहा था...।" 'दोपहरिए' ('दोपहर' का और खिंचा रूप!) और 'सूने आँगन' की तद्भवता से तत्सम 'अकथ्य' और 'अस्पृश्य' की टकराहट में जैसे कहानी का सारा स्थूल परिवेश और सूक्ष्म वातावरण निर्मित हो रहा हो जो धीरे-धीरे समूचे वर्णन और चरित्रों में परिव्याप्त हो जाता है प्रकथनकर्ता को छोड़कर, क्योंकि वह तो उसे बाहर से देख रहा होता है। और फिर कहानी का समापन जब रात में ग्यारह के घंटे पर होता है तो लगता है कि दोपहर का वह वातावरण रात में हल्का नहीं पड़ा, वरन् और सघन हो गया है—आदि में ही जैसे यहाँ अंत निहित हो!

अज्ञेय के कथा-साहित्य में सर्जनात्मक गद्य जैसा बहुस्तरीय है वैसा ही विधान उनके अकाल्पनिक गद्य साहित्य में मिलता है। निबंध-रेखाचित्र-संस्मरण-यात्रावृत्त-जर्नल-आलोचना-विचार-गद्य-पत्रकारिता का वैविध्य उनके लेखन में फैला है। भारतेंदु जैसा गद्य-प्रसार फिर अज्ञेय के यहाँ देखने को मिलता है। और यह आकस्मिक नहीं कि आधुनिकता का एक दौर वैचारिक स्तर पर भारतेंदु से शुरू होता है तो दूसरा दौर रचनात्मक स्तर पर अज्ञेय से। यात्रा संस्मरण में क्योंकि कई माध्यम घुले-मिले रहते हैं अत: वहीं से एक उद्धरण उठाया जा रहा है—'सुना है जब कवि ताजगंज़ से गधा हाँकते निकलते थे कि मदरसे जाकर लड़कों को पढ़ा आवें, तब रास्ते में इतनी जगह लोग उन्हें रोक-रोक कर उनसे दो-चार बंद सुना के जाने का सफल आग्रह करते थे कि नज़ीर मियाँ को गोकुलपुरे में अपने मदरसे पहुँचते-पहुँचते साँझ हो जाती थी, और वह लड़कों को छुट्टी देकर फिर रुकते-चलते रात तक घर पहुँच जाते थे। एक वह दिन था, जब कविता का स्वाभाविक उद्रेक राह चलते को खींचता था और फक्कड़ कवियों की बानी सीधे लोक-हृदय में पैठ जाती थी; एक हमारा दिन है कि ट्रक हाँकते धूल उड़ाते चले जा रहे हैं, हर पोखरे में ढेले फेंकते हैं और हर झमेले में टाँग अड़ाते हैं क्योंकि 'जीवन की धारा के बीचोबीच रहना कलाकार का धर्म है, किंतु फिर भी उस लोक-हृदय के आसपास भी नहीं फटकते जो वास्तव में जीवन का मूल स्रोत है! क्योंकि जीवन का स्रोत-घटना का स्त्रोत नहीं है, वह

चेतना का स्रोत है! ('एक टायर की राम कहानी') कहना न होगा कि सभ्यता की इस दौड़ में लेखक ट्रक से गधे की ओर तो नहीं जा पाता, उसकी यात्रा अब होती है वायुयान से। अज्ञेय के गद्य का यह फक्कड़ अंदाज़ भी आगे नहीं रह जाता, वह अधिक सुचिंतित और तत्समप्रधान होता है। क्योंकि बाहर से देखने में जिसे धूल उड़ाना, ढेले फेंकना, टाँग अड़ाना कहा जा रहा है अंदर वही कलाकार के धर्म का सूक्ष्म विश्लेषण है, जिस दायित्व से आज के लेखक की बचत नहीं। अज्ञेय के गद्य में धूल उड़ाना जैसा सहज है कला-धर्म का सूक्ष्म विश्लेषण वैसा ही प्रीतिकर। इसी अर्थ में वह बहुस्तरीय गद्य है।

'आत्मनेपद' में अज्ञेय ने कहा है, "अच्छा गद्य पढ़ने में मुझे अनिर्वचनीय आनंद मिलता है, जो कि उस गद्य में कही गई बात या कहानी या सूचना के संभाव्य आनंद से—कम से कम मेरे लिए—किसी तरह कम महत्व का नहीं है।" ('जो न लिख सका') यहाँ हम जोड़ सकते हैं कि अच्छे गद्य के लिए उन्होंने अपनी तीव्र लालसा ही नहीं जताई उस गद्य का प्रतिदर्श भी उन्होंने अपने सुदीर्घ लेखन-काल में बराबर प्रस्तुत किया है। गद्य लिखना कवियों के लिए कसौटी है यह संस्कृत आचार्य ने कहा था, गद्य लिखने की चुनौती के प्रति प्रसिद्ध फ़ारसी-उर्दू शायर ग़ालिब ने भी इशारा किया है। अपने अत्यंत प्रिय शिष्य मुंशी हरगोपाल 'तफ्ता' के काव्य-संग्रह की भूमिका उन्होंने लिखी थी। जब अगले संग्रह की भूमिका के लिए 'तफ्ता' ने फिर आग्रह किया तो ग़ालिब ने यह कह कर अस्वीकार कर दिया कि 'दीबाचा (भूमिका) लिखना क्या आसान है?' फिर मुंशी नबी बख्श 'हकीर' के नाम लिखे पत्र में वे आगे कहते हैं, 'नत्र (गद्य) की फिक्र नज़्म (कविता) से कम नहीं'। यों कवियों के यहाँ गद्य का मोल कुछ अधिक ही आँका गया है, कम नहीं!

हजारीप्रसाद द्विवेदी

हजारीप्रसाद द्विवेदी के गद्य में पंडित और लोक की वृत्तियों का विलक्षण समावेश हुआ है, जिससे उसका रंग एकदम अलग है। इतर प्रभावों में बँगला का विन्यास कभी कुछ झलक मारता है, जिससे एक प्रीतिकर वैविध्य ही उपजता है। अँग्रेज़ी संपर्क यहाँ पूरी तरह अनुपस्थित है। लोक और वेद को साथ लेकर चलने की बात पहले से कही जाती है, दोनों को साथ-साथ भाषा में उतारने की क्षमता आचार्य द्विवेदी की विशेषता है। विस्तृत संस्कृत वाङ्मय से उद्धरण और लोक-विश्वासों के व्यापक उल्लेख उनके यहाँ मनकों की तरह गुँथे हुए हैं। 'अशोक के फूल', 'बाणभट्ट की आत्मकथा' और हिंदी साहित्य की भूमिका' का गद्य कुछ ऐसे ही संघटित हुआ है।

द्विवेदी के गद्य की एक और विशेषता है। उनके लेखन में काल्पनिक और अकाल्पनिक विधाओं की अंतर क्रिया गद्य के स्वरूप को विकसित करती है। उपन्यास ऐतिहासिक परिवेश में प्रतिष्ठित हैं—लगभग उपनिषद्-काल से लेकर हर्ष के समय तक, दूसरी ओर उनके निबंध-लेखन और साहित्येतिहास में भारतीय संस्कृति की चिंता केन्द्र में है। यों इन विधाओं का गद्य-स्तर एक दूसरे को सहज ही छूता-काटता चलता है। तब उनका गद्य विलक्षण ढंग से एकरूप दिखाई देता है।

शिष्ट और लोक की बात पहले। 'अशोक के फूल' संग्रह में निबंध है 'घर जोड़ने की माया'। 'घर जोड़ना' मुहावरा साधारण बोलचाल से लिया गया है, पर उससे सांसारिक माया के आकर्षण की एक बुनियादी दार्शनिक समस्या का विवेचन यहाँ होता है। गद्यकार लिखता है, "यह कह देना कि सब ग़लत हुआ, कुछ विशेष काम की बात नहीं हुई। क्यों यह ग़लती हुई? माया से छूटने के लिए माया के यह प्रपंच रचे गये, यह सत्य है" स्पष्ट ही मालूम होता है कि यह घर जोड़ने की माया बड़ी प्रबल है और संसार का विरला ही कोई इसका शिकार होने से बच सकता है। इतनी प्रबल शक्ति के यथार्थ को उलटा नहीं जा सकता। उसको मान कर ही उसके आकर्षण से बचने की बात सोची जा सकती है।" ग़लत होना, माया से छूटना, घर जोड़ना, शिकार होना, यथार्थ को उलटना—ये कई तरह की लोक में प्रचलित वाक्य-भंगी हैं, निबंध का वैचारिक आलंबन भी कबीर पंथियों का सामान्य जीवन- क्रम है। ऐसे

चलते उपकरणों से राग-मुक्ति की आदर्श उच्च व्यवस्था के बारे में सोचा जा रहा है। उद्धरण का पहला वाक्य बहुत-कुछ बँगला शैली पर चलता है और बोलचाल की लय को ही गहरा करता है। यों दर्शन ऋषि आश्रम से पाठक के दरवाज़े ला दिया गया है।

समान चिंताओं से प्रेरित और मिलते-जुलते परिवेश में प्रतिष्ठित काल्पनिक और अकाल्पनिक गद्य रूपों की अंतर क्रिया जैसे निकट भाव से आचार्य द्विवेदी में देखी जा सकती है वह अन्यत्र दुर्लभ है। पूरे के पूरे वाक्य, विभावन एक से दूसरे में स्थानांतरित हो जाते हैं। 'बाणभट्ट की आत्मकथा' में एक संवाद है निपुणिका और बाण के बीच—"मैं पूछती हूँ, आर्य, क्या छोटा सत्य बड़े सत्य का विरोधी होता है? निपुणिका ने उत्तर पाने की आशा से मेरी ओर देखा। मैं इस प्रश्न का कोई प्रयोजन नहीं समझ सका, सहज भाव से उत्तर दिया—'सत्य अविरोधी होता है, ऐसा ही तो सुना है।' (षोडश उच्छ्वास) 'अशोक के फूल' के निबंध 'भारतीय संस्कृति की देन' में लेखक कहता है, " प्रसिद्ध संत रज्जबदास ने कहा था—'सब साँच मिलै सो साँच है, ना मिले सो झूठ।' संपूर्ण सत्य अविरोधी होता है।" 'आत्मकथा' में कुमार कृष्णवर्द्धन बाणभट्ट को समझाते हैं, "लोक-कल्याण प्रधान वस्तु है! वह जिससे सधता हो, वही सत्य है।" (सप्तम उच्छ्वास) 'हिंदी साहित्य की भूमिका' के आरंभिक अंश में अपने दृष्टिकोण को स्पष्ट करते हुए लेखक कहता है, "मतों, आचार्यों, संप्रदायों और दार्शनिक चिंताओं के मानदंड से लोक-चिंता को नहीं मापना चाहता बल्कि लोक-चिंता की अपेक्षा में उन्हें देखने की सिफारिश कर रहा हूँ।" 'आत्मकथा' का ही एक और प्रसंग है। निपुणिका और बाणभट्ट के एक लंबे संवाद का निष्कर्ष—"म्लेच्छ जाति में इसी संयम का अभाव है, आत्म-नियंत्रण की कमी है। उन्हें यही चाहिए। भारतीय समाज ने बंधन को सत्य मान कर संसार को बहुत बड़ी चीज़ दी है। " (अष्टादश उच्छ्वास) 'घर जोड़ने की माया' का समापन होता है, "पुराने तांत्रिक आचार्यों ने बताया था कि जो राग बंधन के कारण होते हैं, वे ही मुक्ति के भी कारण होते हैं।" जैसे संपूर्ण जल एक है, स्थान-भेद में अलग-अलग नामों से पुकारा जाता है, वैसे ही लगेगा कि यहाँ संपूर्ण गद्य एक है, कहीं वह उपन्यास है, कहीं निबंध और कहीं साहित्येतिहास। इससे रचनाकार व्यक्तित्व की एकनिष्ठता और महनीयता प्रमाणित होती है।

इन गधों की प्रकृति में कुछ अंतर भी देखे जा सकते हैं। निबंधों के गद्य में जैसा विनोद-भाव है वह अन्य माध्यमों में नहीं मिलेगा। उपन्यास ऐतिहासिक परिवेश में हैं, अत: उनका गद्य देश-काल-पात्र से मेल खाता है; 'आत्मकथा' का गद्य यदि बाणभट्ट की मूल संस्कृत शैली के अनुकूल हो तो यह हर दृष्टि से उचित है। साहित्येतिहास और आलोचना में गद्य स्पष्ट ही विवेकी प्रकृति का है। विनोद-भाव सामान्यत: अकाल्पनिक गद्य को गतिशील बनाए रखता है। हजारीप्रसाद द्विवेदी में इस दृष्टि से संस्कृत विचक्षणता को आधुनिक रूप मिलता है, जहाँ चमत्कार कम और सूक्ष्मता कुछ अधिक विकसित हुई है। परंपरागत पांडित्य की कठोरता को उन्होंने

पहिचाना था। इसीलिए 'अशोक के फूल' के समापन में वे कहते है, "पुराने चित्त से इसको देखने वाला उदास होता है। वह अपने को पंडित समझता है। पंडिताई भी एक बोझ है—जितनी ही भारी होती है उतनी ही तेजी से डुबाती है। जब वह जीवन का अंग बन जाती है तो सहज हो जाती है।" कहना न होगा आचार्य द्विवेदी की पंडिताई इसी कोटि की है।

लेखक का निबंध-गद्य सामान्यत: हल्के विनोद-भाव से बराबर अनुप्राणित रहता है। अपने आस-पास की प्रकृति, फूलों और वृक्षों को जैसे जीवंत रूप में द्विवेदी ने देखा और उसके महत्व की व्याख्या की है वह आधुनिक पर्यावरण सजगता को पूरी तरह पूर्वाशित करती है। कुटज सा कठोर या देवदारु का बड़ा वृक्ष हो, विष्णुकांता जैसी नन्हीं घास हो, कांचनार के फूल हों सबकी आंतरिक संगति को लेखक पहिचानना चाहता है। पर जहाँ उसे बसंत में खिले 'कांचनार फूल की ललाई बहुत भाती है', वहीं 'सबसे बड़ी बात यह है कि इन फूलों की पकौड़ियाँ भी बन सकती हैं।' फूल और पकौड़ी का संयोग पंडित को याद न आए सामान्य गृहस्थ के ध्यान में जरूर आएगा। लेखक इस सामान्य गृहस्थ के दृष्टिकोण को ओझल नहीं होने देता।

कुछ निबंध ऐसे भी हैं जो पूरे के पूरे व्यंग्य-प्रधान हैं, वादी स्वर ही जहाँ विनोद का है। महत्वपूर्ण बात यह कि उससे जो संगीत बजता है वह कुछ हल्का-फुल्का नहीं। वहाँ यह सारा उपक्रम किसी गंभीर निष्पत्ति के लिए है। 'क्या आपने मेरी रचना पढी है?' इसी तरह का निबंध है। यहाँ एक ओर लेखकीय जीवन के अपने पक्ष में विनोदप्रियता के अभाव का जैसा मार्मिक विश्लेषण है, वहीं समीक्षक के संकट का भी पूरा ब्यौरा है, और गद्य का अंदाज़ आरंभ से अंत तक विनोदप्रियता का है। निबंध यों खुलता है, "हमारे साहित्यिकों की एक भारी विशेषता यह है कि जिसे देखो, वही गंभीर बना है, गंभीर तत्ववाद पर बहस कर रहा है और जो कुछ भी वह लिखता है उसके विषय में निश्चित धारणा बनाये बैठा है कि वह एक क्रांतिकारी लेख है। जब आये दिन ऐसे ख्यात-अख्यात साहित्यिक मिल जाते हैं जो छूटते ही पूछ बैठते हैं, 'आपने मेरी अमुक रचना तो पढ़ी होगी?' तो उनकी नीरस प्रवृत्ति या विनोदप्रियता का अभाव बुरी तरह प्रकट हो जाता है।" यहाँ वैदुषिक और साहित्यिक क्षेत्रों में फैली अनवरत और अकारण गंभीरता तथा आत्मकेन्द्रिकता के विरुद्ध जैसे एक विनम्र और व्यंग्यपूर्ण अभियान छेड़ा जा रहा हो। बहुत कुछ इसी मुद्रा में लेखक अपने उपन्यासों को अधिकतर 'गप्प' कहता रहा। संस्कृत का अच्छा ज्ञान जितना उसे शिष्ट तत्वों की ओर खींचता था, अपभ्रंशों से लगाव उतना ही लोक-मनोरंजन की ओर। इन दोनों के बीच एक प्रीतिकर संतुलन उसके लेखकीय व्यक्तित्व की बड़ी विशेषता है। सच तो यह है कि आधुनिक युग के गुरु-गंभीर तनावों को किसी क़दर शमित करने में विशेषत: इस अकाल्पनिक गद्य लेखन की महत्वपूर्ण भूमिका है।

हजारीप्रसाद द्विवेदी का आलोचना-गद्य भी बहुत-कुछ अनौपचारिक अंदाज़ में

चलता है। भक्ति-काल की व्याख्या के प्रसंग में उनका प्रसिद्ध जुमला 'लेकिन ज़ोर देकर कहना चाहता कि अगर इस्लाम नहीं आया होता तो भी इस साहित्य का बारह आना वैसा ही होता जैसा आज है' इसका अच्छा उदाहरण है। 'बारह आना' का मुहावरा साधारण बोलचाल में चलता है गंभीर साहित्यिक वाद-विवाद में नहीं। पर कबीर का निष्ठावान आलोचक यदि अपने साहित्येतिहास में ऐसी चलती शब्दावली लाए तो यह स्वाभाविक और उचित है। उसकी आलोचना-भाषा में 'बहता नीर' का गुण है। आधुनिक साहित्य से अपेक्षया कम प्रतिकृत होने के कारण यह गद्य फिर कोई कठिनाई खड़ी नहीं करता।

अपने निबंध-लेखन और साहित्य-चिंतन में आचार्य द्विवेदी ने कुछ नये पद बनाए और कुछ नये विभावन विकसित किए हैं, जैसे—'मनुष्य की जय-यात्रा', 'भारतीय चिंता का विकास', 'लोक-चिंता'। जैसा कई संदर्भों में स्पष्ट किया जा चुका है, मानविकी विषयों के पारिभाषिक शब्द एक स्थिति में पहुँचने पर अर्थ-प्रक्रिया की दृष्टि से ठस होकर अगले चिंतन के लिए अवरोध-से बन जाते हैं। तब सावधान गद्यकार कुछ ऐसे विशिष्ट प्रयोग विकसित करता है जिनमें पारिभाषिक अर्थ की झलक तो हो पर जो अपने स्वरूप में खुले हुए हों, और नये चिंतन को अपने में अबाधित रूप से प्रवाहित होने दें। रामचंद्र शुक्ल के आलोचना-गद्य के प्रसंग में ऐसे उदाहरण दिए गए हैं। हजारी प्रसाद द्विवेदी के उक्त प्रयोग भी बहुत-कुछ ऐसे ही हैं।

'मनुष्य की जय-यात्रा' प्रयोग कई बार करने के बाद लेखक उसकी व्याख्या की ज़रूरत महसूस करता है, और कहता है, "मनुष्य की जययात्रा!...जीवतत्व स्थिर अविक्षुब्ध भाव से उचित अवसर की प्रतीक्षा में बैठा रहा। अवसर आने पर उसने समस्त जड़शक्ति के विरुद्ध विद्रोह करके सिर उठाया—नगण्य तृणांकुर के रूप में! तब से आज तक संपूर्ण जड़शक्ति अपने आकर्षण का समूचा वेग लगाकर भी उसे नीचे की ओर नहीं खींच सकी।" प्राकृतिक घटना क्रम के विकास में जड़ के विरुद्ध चैतन्य का यह आख्यान जैसे 'मनुष्य की जय-यात्रा' का पहला क़दम है। और फिर इस यात्रा के सूक्ष्म सांस्कृतिक पहलुओं की पड़ताल लेखक करता है। आदि संघर्ष के इस वृत्तांत में 'सिर उठाया' क्रिया अभिधा और लक्षणा दोनों रूपों में एक दूसरे की पूरक होकर समूची प्रक्रिया का विलक्षण बिंब उपस्थित करती है। एक बहुप्रचलित शब्द से बना जय-अभियान यों सर्वथा नया रूप धारण कर लेता है। यह समूचा प्रसंग गद्य में रचित 'सृष्टि-सूक्त असाधारण' कहा जा सकता है।

दूसरी ओर 'लोक-चिंता' और 'भारतीय चिंता का विकास' शब्दबंध में चिंता शब्द एक तरह से नहीं है।' भारतीय चिंता' में चिंता अनायास ही चिंतन और चेतना से जुड़ कर और सघन हो उठती है, जबकि 'लोक चिंता' की चिंता पिछड़े वर्ग से लगाव, और उसे उपेक्षा से बचाने के उपक्रम से प्रेरित है। एक रचनात्मक है, दूसरी प्रतिरक्षात्मक।

फणीश्वरनाथ 'रेणु'

फणीश्वरनाथ 'रेणु' के साथ हिंदी उपन्यास में एक नयी विधा प्रतिष्ठित होती है—आंचलिक उपन्यास। आंचलिकता मूलतः गद्य की विशिष्ट सर्जनात्मकता है जो फिर विविध क्षेत्रों में परिव्याप्त हो जाती है। इन सबको एक साथ संघटित करने में आंचलिकता की कसौटी निहित है, जिसका मानक 'रेणु' का उपन्यास 'मैला आँचल' (1954) प्रस्तुत करता है। आंचलिकता में यों कला की सामान्य अवधारणा निहित है—विशिष्ट की सामान्य के रूप में पहिचान कराना। अंचल की अपनी विशिष्टता है, पर विशिष्टताओं से युक्त ऐसा अंचल अन्यत्र भी है। रचना के द्वारा, इस अनुभूति का प्रसार आंचलिक कथाकार का बुनियादी कला-यत्न है। ऐसे में कथा-गद्य अनुभव को बाँटता और जोड़ता एक साथ चलता है।

आंचलिकता की इस मौलिक प्रकृति के ही कारण 'रेणु' का पहला उपन्यास 'मैला आँचल' अपने में अलग और अद्वितीय बना रहा। बाद की कथा-कृतियाँ न तो उसका अनुकरण कर सकीं और न उससे अलग कला-रूप बन सकीं। यानी आंचलिक गद्य की आवृत्ति नहीं हो सकती, आवृत्ति होते ही रूढ़ि बन जाएगी। सामान्य गद्य से आंचलिक प्रयोग का यह बड़ा अंतर है।

यहाँ एक बुनियादी प्रश्न और आता है—हिंदी क्षेत्र की बोलियों के बीच पारस्परिक बोधगम्यता का। लगभग एक शताब्दी पूर्व आरंभ अपने विस्तृत भाषा-सर्वेक्षण में जॉर्ज ग्रियर्सन ने लिखा था कि झाँसी ज़िले के किसान अर्थात् बुंदेली बोलने वाले को गोरखपुर ज़िले के किसान अर्थात भोजपुरी बोलने वाले से बात करने में कठिनाई होगी। 'मैला आँचल' में आंचलिक तौर पर जिस बोली की कलम बाँधी गई है वह तो और पूरब में जिला पूर्णिया (बिहार) की बोली है। पर इस उपन्यास को समूचे हिंदी क्षेत्र में लगभग हठपूर्वक पढ़ा और सराहा गया, और कहीं से अबोधगम्यता की शिकायत नहीं उठी। हिंदी गद्य के व्यापक और संश्लिष्ट स्वरूप का यह एक रोचक और महत्वपूर्ण साक्ष्य है। यह उचित संयोग है कि उपन्यास में भारतीय स्वतंत्रता आंदोलन और परवर्तीकाल का देश की जनता, वास्तविक भारतमाता 'भारथमाता' से कैसा—क्या रिश्ता था, इसका अत्यंत जीवंत चित्रण हुआ है। यों कई रूपों में इस

कथा-कृति को 'गोदान' का अगला क्रम कहा जा सकता है।

'मैला आँचल' का गद्य कई स्तरों पर चलता है। सम पर तो सामान्य परिनिष्ठित हिंदी है ही—बीच में दो-एक स्थानीय प्रयोग आ जाते हैं आंचलिकता की झलक के लिए। फिर अंचल के अपेक्षया उच्चवर्गीय चरित्र हैं जो बोली और भाषा का मिला-जुला रूप बोलते हैं। एक तीसरे स्तर पर हैं निम्नवर्गीय चरित्र जो ठेठ स्थानीय बोली में स्थित हैं। कथा-विस्तार में जगह-जगह स्थानीय गीतों, उक्तियों और ध्वनि-रूपों को वातावरण के लिए जोड़ा गया है बड़ी चिंता के साथ। ये भाषा-रूप बराबर एक-दूसरे में अंतर्भुक्त होते चलते हैं जिससे उपन्यास का गद्य पूरे समय समरस रहता है। तीनों स्तरों के गद्य-प्रयोग से एक-एक उद्धरण यहाँ लिया जा सकता है—

> *बालदेव जी ने जिस दिन अनसन किया था, शाम को खेलावन यादव के दरवाजे पर कीर्तन हुआ था। बालदेव जी का सिखाया हुआ सुराजी कीर्तन 'धन-धन गांधी जी महराज ऐसा चरखा चलाने वाले' कीर्तन के बाद बालदेव जी ने भैंस का कच्चा दूध पीकर व्रत तोड़ा था। कहते थे, अब हिंसाबात करने से फिर अनसन करेंगे, अब के दो दिनों का! सुराजी कीर्तन, लहसन का बेटा सुनरा खूब गाता है। बालदेव जी जबकि फिर उपवास करेंगे तो सुनना। अभी और सीख रहा है।* (चार)
>
> *पियारे भाइयो! कोठारिन साहेब जितना बात बोली, सब ठीक है। लेकिन सबसे बड़ा दोखी हम हैं। हमारे कारन ही गाँव में लड़ाई-झगड़ा हो रहा है। हम तो सबों का सेवक हैं। हम कोई बिदमान नहीं हैं, सास्तर-पुरान नहीं पढ़े हैं। गरीब आदमी हैं, मूरख हैं। मगर महतमाजी के परताप से, भारथमाता के परताप से, मन में सेवा-भाव जन्म हुआ और हम सेवक का बाना ले लिया।* (पाँच)
>
> *रे, सिंघवा की रखेली! सिंघवा के बगान का बंबै आम का स्वाद भूल गई। तरबन्ना में रात-रात भर लुकाचोरी मैं ही खेलती थी रे? कुरअँखा बच्चा जब हुआ था तो कुरअँखा सिंघवा से मुँख देखौनी में बाछी मिली थी, सो कौन नहीं जानता?* (ग्यारह)

फिर जो लोक-गीत, कथा-गीत उपन्यास के प्रवाह में प्रायः आ जाते हैं वे तो स्पष्ट ही पूरे के पूरे स्थानीय बोली में हैं। इन्हें पृष्ठभूमि में लेकर उपर्युक्त गद्य-स्तर एक-दूसरे में मिलकर आंचलिकता की सृष्टि करते हैं और बोधगम्य रहते हैं। जैसा कहा गया, इन्हें जोड़ने और मिलाने में ही आंचलिक कथाकार की रचनाशीलता निहित है, जो फिर अपने संश्लेष में भाषिक-सामाजिक संघटन के बीच से लेखक की दृष्टि विकीर्ण करती है।

मैला आँचल भारतमाता—'भारथमाता'—का है, जो मैला जरूर है पर है तो

आँचल। 'मैला' की गरीबी-पिछड़ापन-गंदगी और 'आँचल' का मातृत्व-स्नेह-संरक्षण-भाव ये सारी व्यंजनाएँ मिलकर एक विराट् बिंब उपस्थित करती हैं, जिसमें उपन्यास परंपरागत महाकाव्य के आधुनिक उत्तराधिकारी होने का रूप ग्रहण करता दिखता है। गद्य-महाकाव्य का जैसे विकास-क्रम यहाँ संपन्न होता है। परवर्ती उपन्यास को फिर भिन्न रूपों की खोज में लगना है। क्लैसिक कृति का एक लक्षण यह ठीक ही कहा गया है कि वह अपने आस-पास की समस्त रचना-संभावनाओं का दोहन कर लेती है।

कहानी में दृष्टि के पकने की संभावना कम होने से यहाँ आंचलिक तत्व मुखर लगने लगता है। 'मैला आँचल' के आस-पास प्रकाशित रेणु की कहानी 'रसप्रिया' में यह वृत्ति देखी जा सकती है, जहाँ आंचलिकता लगती है जैसे कुछ छलक आई हो। कहानी के केन्द्रीय चरित्र बूढ़े मिरदंगियां का स्मृति-चित्र है—"उसी रात रसपिरिया बजाते समय उसकी उँगली टेढ़ी हो गई थी! मृदंग पर जमीनका देकर वह 'परबेस' का ताल बजाने लगा। 'नटुआ' ने डेढ़ 'मातरा' ढेताला होकर प्रवेश किया तो उसका माथा ठनका। 'परबेस' के बाद उसने 'नटुआ' को झिड़की दी—'एस्साला! मारते थप्पड़ों से गाल लाल कर दूँगा।" यहाँ क्षेत्र, व्यवसाय और लोक-कला की आंचलिकता एक-दूसरे में घुल-मिल गई है, जिससे गद्य कहीं कुछ बोझिल होने लगता है। निष्पत्ति अपेक्षया कम होने से कहानी में वर्णन के ये ब्यौरे कभी चिड़चिड़ाहट का कारण हो जाते हैं।

कथा-गद्य में नये प्रयोगों के साथ रेणु ने अकाल्पनिक गद्य में पूरी रुचि ली है। निबंध, यात्रा-वृत्त, रिपोर्ताज जैसे माध्यमों को उन्होंने कई रूपों में अपनाया है। पर अकाल्पनिक वृत्तों में लेखक की आंचलिक वृत्ति अधिक सहायक नहीं हो सकी। 'नेपाली क्रांति-कथा' में संस्मरण और रिपोर्ताज का मिला-जुला रूप है, जबकि ललित निबंध के साथ आत्मकथा और रेखाचित्र का सम्मिश्रण हुआ है। गाँव के वट-वृक्ष को केन्द्र में रखकर लिखे गए गद्य 'ईश्वर रे, मेरे बेचारे!' का एक अंश इस प्रकार है, "इन्ही दिनों बरगद से मेरी आत्मीयता घनिष्ठ हुई। सारा गाँव सोया रहता। परिवार का हर प्राणी नींद में खोया रहता। अकेला जगा हुआ मैं—खिड़की से बाहर बरगद की फुनगी की ओर ताकता रहता। लाखों जुगनुओं से जगमग करती हुई छत्राकार उगलियाँ। कभी घुघ्धुओं की मनहूस बोली सुनकर डर जाता तो लगता कोई ठठाकर हँस पड़ता है—अरे! चिरई -चुरमुन की बोली सुनकर भी डरता है रे?" यहाँ पटभूमि के अतिरिक्त आंचलिकता का कुछ खास रंग नहीं रह जाता जो इस गद्य-विधान के अनुकूल ही है। अकाल्पनिक वृत्तों में आंचलिकता वर्ण्य विषय हो सकती है जबकि कथा-साहित्य में वह रचना-उपकरण बनकर आती है। रेणु ने अपने प्रयोग की विशिष्टता और सीमा दोनों को यों अच्छे-से पहिचाना है। उपन्यास और कहानी आंचलिक हो सकते हैं, निबंध-संस्मरण-रेखाचित्र नहीं। इस तुलना में अकाल्पनिक वृत्तों का गद्य स्वभावतः कुछ उदास हो जाता है! आंचलिक गद्य की उच्छलता के सामने।

निर्मल वर्मा

निर्मल वर्मा के गद्याचार पर विचार करते समय दो बातें विशेष रूप से हमारा ध्यान आकृष्ट करती हैं। एक तो निर्मल वर्मा अपने रचना-क्रम में बिना कविता का कोई सहारा लिए हुए निपट गद्यकार हैं। फिर यह कि जैसे निराला का परिचय कवि है, न कि प्रबंधकार/गीतकार या कि लंबी कविता के रचयिता, वैसे ही निर्मल उपन्यासकार / कहानीकार/निबंधकार या कि साहित्य-चिंतक न होकर बस गद्यकार हैं। आलोचक के लिए अध्ययन का यह रोचक और तात्त्विक विषय होगा कि एक ओर समकालीन परिदृश्य पर कविता की परंपरागत विधाएँ जैसे महाकाव्य, खंड काव्य, गीत, मुक्तक आदि विलुप्त होकर सामान्यत: एक ही ढंग की व्यापक काव्य-प्रक्रिया में पर्यवसित हुई हैं, वहीं दूसरी ओर गद्य के अलग-अलग रूप सुस्पष्ट और पहिचाने जाने योग्य जैसे-उपन्यास, कहानी, निबंध, संस्मरण के तौर पर बने हुए हैं, पर उनके गद्य का स्वभाव बहुत-कुछ एक जैसा है। जैसे नाटक में अब पात्रानुरूप भाषा की अवधारणा पीछे पड़ गई है, और एक सामान्य भाषा में प्राय: सभी तरह के चरित्र जीते और बोलते हैं, उसी तरह अलग-अलग गद्य-रूपों का गद्य अलग-अलग तरह का हो यह आग्रह अब लगभग समाप्त हो गया है। कहना न होगा कि इस विकास-यात्रा में निर्मल के लेखन का महत्वपूर्ण योगदान है। अपने निबंध-संग्रह 'भारत और यूरोप : प्रतिश्रुति के क्षेत्र' (1991) के प्राक्कथन का समापन करते हुए लेखक कहता है, "जब लौटूँगा, तो फिर एक कहानी साथ होगी, जो मेरी कहानियों में जगह न पाकर हमेशा मेरे निबंधों में शरण पा लेती है।"

पुस्तक के दूसरे खंड में कई विधाओं के उद्धरणों को प्रस्तुत करके दिखाया जा चुका है कि कैसे निर्मल के गद्य का स्वभाव बहुत-कुछ एक जैसा है। यह एक तरह से गद्य की अपनी आंतरिक आत्म-शक्ति पर विश्वास का लक्षण है। लेखक अब देश-काल परिस्थिति के बाहरी वैशिष्ट्य पर अधिक निर्भर नहीं करता। वह अपने सामान्य भाषा-प्रयोग में ही उन सभी विशिष्टताओं को अंतर्भुक्त कर लेता है, जिनके लिए अभी तक अलग-अलग रंग की भाषा अपेक्षित होती थी।

गद्य की आंतरिक शक्ति की परीक्षा वहाँ भी देखने में आती है जहाँ लेखक

किसी विदेशी रचनाकार या मनीषी का मंतव्य उद्धृत करता है। प्राय: ऐसे उद्धरण सामान्य भाषिक प्रवाह के बीच अटपटे हो जाते हैं, क्योंकि एक भिन्न संस्कृति और परिवेश से आने पर ग्रहीता भाषा में उनका पूरी तरह अनुकूलन नहीं हो पाता। यहाँ निर्मल की भाषा-छवि देखते बनती है। वे मूल लेखक की सूक्ष्म से सूक्ष्म बात को सीधे-सादे ढंग से, अनायास, कह देते हैं। कला और सत्य के रिश्ते को लेकर नीत्शे का मंतव्य उन्होंने यों प्रस्तुत किया है, "हम कला के पास इसलिए जाते हैं ताकि सत्य हमें नष्ट न कर डाले।" ('इतिहास स्मृति आकांक्षा'-पृ० 50) ऐसे ही चेक लेखक मिलान कुंदेरा को निर्मल के गद्य में सुनें," तानाशाही शासन में एक जाति की स्मृति को सबसे पहले नष्ट किया जाता है, ताकि विस्मृति में वह अपनी गुलामी स्वीकार कर सके। एक देश की जातीय अस्मिता को नष्ट करने का सबसे सरल उपाय है—उसकी स्मृति को उन्मूलित करना।" ('भारत और यूरोप : प्रतिश्रुति के क्षेत्र, पृ० 113) ऐसे प्रसंगों में आसानी से समझा जा सकता है कि उद्धरणों को अपने गद्य में समरम करना कितनी सावधानी और संवेदनशीलता की माँग करता है।

निर्मल का प्रतिनिधि गद्य-संग्रह प्रकाशित हुआ है 'दूसरी दुनिया' (1978)। इसमें उनके निबंध, कहानियाँ, नाट्य-कथा, यात्रा संस्मरण, साक्षात्कार और डायरी संकलित हैं। स्पष्ट ही यहाँ गद्य लेखन को उसकी समग्रता में समझने की उपयोगी कोशिश हो सकती है। और यह भी कि यहाँ उनकी गद्यकार छवि अच्छे से देखते बनती है। इस छवि में जो बात सबसे ऊपर उभर कर आती है वह यह कि यहाँ उनकी चिंतन क्षमता उनकी सर्जन-प्रक्रिया में पूरी तरह समरस हो गई है। और यही कारण है कि आधुनिक समाज में गद्य से जो विविध प्रकार की अपेक्षाएँ की जाती हैं—सूचना देने से लेकर कल्पना, सृजन और चिंतन की उच्च भाव-भूमियों के साक्षात्कार तक —वे सब यहाँ एकबारगी पूरी हो सकती हैं। इसी अर्थ में निर्मल को उपन्यासकार/ कहानीकार/नाट्यकार/आलोचक/चिंतक न कहकर गद्यकार कहा गया है। ऐसे ही रचनाकार के प्रसंग में निर्मल ने प्रयाग के कुंभ मेला संबंधी अपने यात्रा-संस्मरण 'सुलगती टहनी' का समापन करते हुए लिखा है, "रिल्के ने जिस देवदूत ऐंजिल से ईर्ष्या की थी, जो ईश्वर के पास हैं, क्या उसका प्रतिरूप इस दुनिया में लेखक नहीं है: एक रिपोर्टर, एक खबर देने वाला हरकारा—दो तरफा दूत—जो ईश्वर की खबर मनुष्य को और धरती का सौंदर्य कहीं दूर ईश्वर को देता रहता है—एक ऐसा ईश्वर जो शायद नहीं है..."। यहाँ जोड़ा जा सकता है कि यह दो तरफा दूत इस माने में भी है कि वह मनुष्य की खबर मनुष्य को देता रहता है, जबकि अखबार की खबर एकतरफा रह जाती है।

निर्मल के यहाँ कहानियों में एक तरह की उदासी का वातावरण, उनके अपने ही शब्दों में 'एक ज्वरग्रस्त आलोक' ('पिछली गर्मियों में'), परिव्याप्त लगता है जो अपने में कुछ सम्मोहन लिए, पर किसी क़दर चुनौतीभरा है। इसे यदि उनके गद्य में

समझने का यत्न किया जाए तो जान पड़ेगा कि वहाँ बहुत बार सीधे-सादे भारतीय परिवारिक जीवन को यूरोपीय जीवन-पद्धति-दबोचे है। यह संयोग से कुछ अधिक है कि हिंदी के आदि उपन्यास 'परीक्षागुरु' (1882) की भी केन्द्रीय चिंता यही थी। सौ बरस बाद एक महत्वपूर्ण अंतर यह है कि वहाँ समस्या कथा-वस्तु के स्तर पर थी, यहाँ समस्या का सत जैसे लेखक के गद्य में उतर आया है। यह एक प्रकार से विचार का संक्रमण संस्कार के रूप में है। यहाँ स्मरणीय है कि अज्ञेय की प्रसिद्ध कहानी 'रोज़' में भी उदासी और अवसाद का प्रवेश है, पर उसके मूल में पारिवारिक जीवन की अपनी ही एकरसता है। निर्मल की कहानियों में हिंदी परिवार यूरोपीय सभ्यता के आक्रमण से परेशान दिखता है।

कहानियों के इस खास माहौल के लिए निर्मल वर्मा दो तरह के शब्द उठाते हैं। एक ओर है ठेठ घरेलू जीवन की शांत पर स्मरणोत्तेजक प्रयोग-माला, और दूसरी ओर है विदेशी संस्कृति से जुड़ी आक्रामक-सी शब्दावली। पहली कोटि में होंगे—पोटली, माँग, साँकल, दातुन, ताक, गोमड़े, बाबू (पिता) जैसे शब्द। दूसरी कोटि में—कॉटेज, पूल, प्रिमिटिव, पीस, प्रिंट्स, आर्किटैक्ट/इंजीनियर बाबू। इस टकराहट में निर्मल का गद्य गोधूलि का रंग ले लेता है।

अँग्रेज़ी से कुछ बोझिल और कुछ-कुछ घटनापूर्ण गद्य से भिन्न एक गद्य वह है जो बहुत-कुछ अनाम ढंग से चलता है। उदाहरण के लिए 'जलती झाड़ी' या कि 'बीच बहस में' शीर्षक कहानियों में अथवा अत्यंत संवेदनशील ढंग से प्रस्तुत महाकुंभ के यात्रा-संस्मरण 'सुलगती टहनी' में (जहाँ एक नाम श्रीनिवास आता है, पर जो स्वयं अनाम होने की प्रक्रिया में है) बिना नाम/नामवाची संज्ञा का गद्य है जहाँ प्रक्रिया है, पर गति नहीं, और इसीलिए कहीं से चलकर कहीं पहुँचना नहीं। बहुत-सी अच्छी कविताओं की तरह यह गद्य अपने आरंभ और अंत दोनों में खुला है। ऐसी कहानियों-संस्मरणों में पिछली तरह की आत्मीय टकराहट नहीं मिलेगी, पर गद्य का सन्नाटा अपने ढंग से है जिसे, स्वयं लेखक के शब्दों का प्रयोग करें तो कहना होगा, 'बंद करने के लिए कितनी चाभियाँ हैं, खोलने के लिए एक भी नहीं!' इस अंतहीन लगती 'बहस' को शायद तर्क नहीं अंत:प्रज्ञा की चाभी से खोलना होगा, जिसकी ओर हमारे संतों और मर्मियों ने संकेत किया है, पर जो आज के कोलाहल और भीड़भाड़ में खो गई है। जैसा कुछ है वहाँ मानवीय संबंधों का बड़ा सघन निर्वात (अंतर्विरोध है न?) बन गया है, बहुत-कुछ कामूँ के 'अजनबी' के आरंभिक अंश की तरह। वहाँ संदर्भ माँ का था, यहाँ 'बीच बहस में' पिता का है। इस प्रसंग में लेखक का पर्यवेक्षण है, बहुत कुछ तॉल्सतायी अंदाज़ में, "हर परिवार का शुरू चाहे अलग हो, अंत एक जैसा ही होता है।" पर भारतीय और यूरोपीय परिवार के फ़र्क को समझते हुए इस सामान्यीकरण पर शायद पुनर्विचार अपेक्षित हो सकता है समकालीन प्रविधि सभ्यता के दौर को ध्यान में रखते हुए भी।

उपन्यास-कहानी, यात्रा संस्मरण, विचार-निबंध, के रिश्तों को समझने के यत्न में लक्षित किया जा सकता है कि निर्मल के यहाँ विविध विधाओं में कल्पना का तत्व जितना हलका पड़ता जाता है गद्य का प्रभुत्व उतना बढ़ता जाता है। इस संदर्भ में यात्रा-संस्मरण के अंतर्गत वर्णन, कथा और विचार-प्रक्रिया का बड़ा संतुलित और प्रीतिकर संगमन होता है। 'अँग्रेज़ों की खोज में' और 'सुलगती टहनी' इस कोटि की उत्कृष्ट गद्य रचना है। पहला वृत्त लंदन में बिताए गए दिनों पर आधारित है, दूसरा प्रयाग के महाकुंभ पर। नगर, संदर्भ और अवसर के पार्थक्य के बावजूद दोनों में मूल चिंता बहुत-कुछ एक जैसी है—भारतीय अस्मिता को पहिचानने या कि अपनी जड़ों को समझने की कोशिश। यह एक प्रकार से निर्मल वर्मा के समूचे कृतित्व में अंतर्व्याप्त बुनियादी तलाश है। लेखक के लंबे विदेशी प्रवासों ने इस उदग्रता को और बढ़ाया है। लंदन की भीड़ में अपने को खोने की कोशिश है, कुंभ की भीड़ में पाने की।

और इन प्रवृत्तियों का रचनात्मक सूत्र दोनों यात्रा-संस्मरणों के गद्य में देखा जा सकता है। लंदन का वृत्त तरह-तरह के नामों और जानकारियों से बोझिल है जबकि महाकुंभ का वृत्त जैसे अपार भीड़ के प्रवाह में निरंतर गतिशील, वृत्तांत के समाप्त हो जाने के बाद भी। कविता की क्षमता ठेठ गद्य यहाँ अर्जित कर लेता है। 'सुलगती टहनी' का एक वाक्य इसे स्पष्ट कर देगा—'यदि तृष्णा से मेरा इतना लगाव है तो त्याग के प्रति इतना मोह क्यों?'

निबंध तथा आलोचनात्मक लेखन में अनुभूति और विचार का द्वैत फिर और मद्धिम पड़ जाता है। गद्य यहाँ बताने के बजाय सोचने लगता है, वस्तुपरक के स्थान पर आत्मपरक हो उठता है, और तब कविता की तरह यहाँ भी अर्थ और अनुभव का अद्वैत हो जाता है। यही गद्य की वास्तविक सत्ता है। इसके एहसास के लिए 'इतिहास स्मृति आकांक्षा/2' का एक अनुच्छेद पर्याप्त होगा—"ऐसा ही अंतर्बोध एक दूसरे पात्र को भी होता है, एक दूसरी स्थिति में जब आन्द्रे घायल होकर युद्ध क्षेत्र में पड़ा है—चारों तरफ घमासान मारकाट है, हिनहिनाते घोड़े, सेनापतियों के निरर्थक आदेश और क्षत-विक्षत कराहते सैनिकों की चीखों के बीच अचानक आन्द्रे की आँखें आकाश की ओर उठ जाती हैं वहाँ सब कुछ निश्चल है, एक नीला, अनंत विस्तार फैला है जहाँ सिर्फ कुछ बादलों की चित्तियाँ हवा में तैर रही हैं। उसे देखते हुए आन्द्रे की समूची भटकन, यातना, अंतर्द्वन्द्व शांत हो जाते हैं मानो उसे सहसा अपनी नियति का अर्थ मिल गया हो। वह जैसे उस क्षण उस विराट शक्ति से साक्षात् कर लेता है, जो इतिहास के घेरे में है और फिर भी उससे बाहर है। वह आकाश से अपने को देखता है। युद्ध क्षेत्र में पड़ा, मरणासन्न एक घायल और त्रस्त जीव, किंतु वह इन्हीं आँखों से आकाश को भी देखता है, जो उसकी व्यथा-पीड़ा के प्रति बिल्कुल निरासक्त और निरपेक्ष है। यह अद्भुत और असाधारण अनुभव था जब मनुष्य एक साथ अपने को विभिन्न अवस्थाओं में देख सकता है, जहाँ एक का अर्थ

दूसरे में उद्घाटित होता है।" टॉल्स्टॉय से निर्मल वर्मा होता हुआ यह विराट् अनुभव, जिसे भले लेखक ने असाधारण कहा हो, इन पंक्तियों के हर पाठक को सुलभ है, और उसे लग सकता है कि जैसे यह स्वयं उसका अपना भी मंतव्य हो जहाँ एक का अर्थ दूसरे में उद्घाटित होता है। और तब शायद वह यह भी सोच सकता है कि इसे उद्धरण कहना या कि उस पर उद्धरण-चिन्ह लगाना कितना निरर्थक है!

रघुवीरसहाय

आधुनिक गद्य की निष्पत्ति का व्यावहारिक रूप देखना हो तो उसके लिए रघुवीरसहाय बहुत अच्छा उदाहरणं प्रस्तुत करते हैं। छायावाद में महादेवी जैसे कवि-गद्यकार का श्रेष्ठ व्यक्तित्व हैं नयी कविता में बहुत-कुछ वैसी स्थिति रघुवीरसहाय की है—दोनों स्तरों पर कौन बड़ा-कौन छोटा कहना कठिन है।

इस दृष्टि से यह उचित और सर्वथा योग्य है कि रघुवीरसहाय के यहाँ निराग्रह खाँटी देसी गद्य मिलता है। 'विशुद्ध दूध' कहने की यहाँ अपेक्षा नहीं, विशेषण विशेष्य में स्वतः समाहित है। यह गद्य संस्कृत-उर्दू-अँग्रेज़ी प्रभावों से परे, और कल्पनाश्रय से रहित, अपनी आत्मनिर्भरता में विनम्र है। जैसे नयी कविता, तुक-ताल-छंद-लय-अलंकरण से मुक्त! तब यह आकस्मिक नहीं कि ऐसे गद्य और ऐसी कविता का उत्कृष्ट संयोग रघुवीरसहाय के यहाँ घटित होता है—गद्यकविता।

रघुवीरसहाय के गद्य-माध्यम हैं—कहानी, निबंध, लेखकीय नोटबुक, वैचारिक लेखन, पत्रकारिता, और जैसा अभी कहा गया, एक भिन्न स्तर पर गद्यकविता। गद्यकविता की बात यहाँ छोड़ दें तो उनके माध्यम वे हैं जहाँ लेखकीय कल्पना की सक्रियता के लिए विशेष स्थान नहीं है—कहानी में भी कुछ विशेष नहीं। पर गद्य-प्रयोग ऐसा है जो पाठक की कल्पना को सक्रिय बनाता है, विवेचन को उत्तेजित तो करता ही है।

जैनेन्द्र ने अपनी कहानी 'कहानी की कहानी' में मितकथन और सामान्य जीवन-चर्या के वैशिष्ट्य को महत्व दिया था। रघुवीर मितकथन और सामान्य जीवन-चर्या को तो महत्व देते हैं, पर वैशिष्ट्य को बाद करके। उनकी कहानी 'कहानी की कला' जैनेन्द्र से आगे की कला-रचना पर वक्तव्य है, और उससे आगे की कहानी तो है ही। कल्पना को परे रख कर वे सीधे यथार्थ से कहानी रचना चाहते हैं। एक तरह से कहानी के दोनों प्रारूप वे सामने रखते हैं—एक जहाँ कल्पना और अतिरंजना का आधार है, और दूसरा जो है सीधा-सादा विनम्र यथार्थ! फिर वे चाहते हैं कि पाठक अपना प्रारूप खुद चुन ले। लगभग पूरी की पूरी कहानी पहले प्रारूप पर चलती है—अतिरंजित और घटनापूर्ण! दूसरा प्रारूप अंत के दो छोटे अनुच्छेदों में

समा जाता है, जो यों हैं-

> *इसलिए हमारी कहानी यह है कि एक यात्री ने दूसरे से कहा, 'भाई, ज़रा हमको भी बैठने दो।' दूसरे ने कहा, ' नहीं, मैं आराम करूँगा।' पहला आदमी खड़ा रहा। उसे जगह नहीं मिली पर वह चुपचाप खड़ा रहा।*
>
> *दूसरा आदमी बैठा रहा और देखता रहा। बड़ी देर तक वह उसे खड़े हुए देखता रहा। अचानक उसने उठकर जगह कर दी और कहा, 'भाई, अब मुझसे बरदाश्त नहीं होता। आप यहाँ बैठ जाइये।*

यों दोनों प्रारूप एक-दूसरे के सामने आकर एकबारगी प्रकट करते हैं कि मनुष्य स्वयं में अतिरंजित नहीं होता। अतिरंजना या तो उसे देवता बनाती है या फिर राक्षस। मनुष्य की कहानी मनुष्य होने में है। यों ही गद्य है जिसे न कविता बनना है और न अख़बार। दोनों को मिला देने से गद्य-कविता बन सकती है जैसे कि रघुवीरसहाय ने स्वयं बनाई है, वह अलग बात है। मनुष्य है, और वह अधिकतर समय गद्य में है, मुख्य बात यहाँ यह है। इसीलिए उनकी कहानियाँ, जैसे 'खेल', 'लड़के' या कि 'सेब', वहाँ कुछ देखती हैं जो औरों की निगाह से ओझल बना रहता है। क्योंकि अधिकांश समय हम कुछ बड़ा ढूँढ़ने की फ़िराक में रहते हैं इसीलिए तो अधिकांश जीवन उपेक्षित हो जाता है। रघुवीरसहाय अपने गद्य में, जैसे कि कविता में भी, इस उपेक्षित-स्थगित जीवन की तलाश में रहते हैं। इस संदर्भ में भी उनके यहाँ गद्य और कविता एक बिंदु पर मिलते हैं, और मिलकर नया कुछ बनाते हैं। कहानियाँ उनके यहाँ बिना नाम की हैं, जबकि कविता में कई तरह के नाम आते हैं।

रघुवीरसहाय का गद्य कुछ ऐसा प्रशमित और एकरूप है कि उसे ललित निबंध में भी कोई ख़ास रंग नहीं बदलना होता। न तो वहाँ संस्कृत श्लोक-प्राकृत आर्या-अँग्रेज़ी उक्ति या कि लोकगीत की अपेक्षा रहती है, और न किसी व्यक्तिगत जीवन-प्रसंग को लाना पड़ता है। गद्य अपनी ही गति से आगे बढ़ता है। विनोद का एक सामान्य तत्व अवश्य कुछ मुखर हो उठता है। 'मौन' पर निबंध का कुछ अंश सुनें—"यों भी बोलने में एक सुख है, कोई सुने चाहे न सुने। सुननेवाले के लिए यही बात उलटकर नहीं कही जा सकती ; सुनने में एक सुख है, मगर यह तो नहीं कि वह सुख रहेगा ही कोई बोले चाहे न बोले। इसी से बोलता हूँ अर्थात् कहता हूँ कि बोलना सुनने से कुछ बड़ा है इस आरंभिक उपपत्ति के बाद चर्चा आगे बढ़ती है, और अंततः निष्कर्ष कुछ यों बनता है कि बोलना और मौन बहुत हद तक परस्पर सापेक्ष हैं! पर वस्तुतः तो महत्व हल्के व्यंग्य की मुद्रा में तर्क का है अंतिम निष्पत्ति का नहीं, जो एक प्रकार से निबंध का सामान्य विधान कहा जा सकता है।

'लेखक की नोटबुक' का गद्य जितना आत्मीय है उतना ही विचारपरक भी। इस प्रसंग में 'नोटबुक' शीर्षक बहुत सार्थक बन पड़ा है। मूल समस्याएँ अधिकतर

लेखक-कर्म की हैं, पर उनका संदर्भ समाज का वृहत्तर रूप है। पारिभाषिक शब्दावली किसी ओर से भी न लेने के कारण विवेचन हल्के-हल्के चलता है, पाठक को जैसे पूरी भागीदारी के लिए निमंत्रित करता हुआ। यह लेखक के गद्य-प्रयोग का प्रतिनिधि रूप कहा जा सकता है, जहाँ निबंध, जर्नल, आलोचना और संपादकीय टिप्पणी के सीमांत एक-दूसरे में घुलते-मिलते नज़र आते हैं। एक उद्धरण से बात स्पष्ट होगी—"मैं किसी का जवाब देने नहीं खड़ा हुआ हूँ। जो किसी ने कहा है उसका खंडन करना मेरे लिए महत्वपूर्ण नहीं है, महत्वपूर्ण है यह देखना कि यदि मैं खंडन करता हूँ तो अंत में क्या विचार किसी के लिए बच रहता है।" बिना एक भी शास्त्रीय प्रयोग को लाए रचना-कर्म की बुनियादी ज़रूरत और उसकी प्रकृति क्या है, इसका ऐसा सटीक विवेचन अन्यत्र कठिनाई से मिलेगा। लेखक का गद्य यहाँ कहीं भी हिलता-डुलता नहीं। एक-एक शब्द—जो अपनी प्रकृति में एकदम सीधे-सरल हैं—एक-दूसरे से सटा कर रखे गए दिखते हैं। इस गद्य की कोई व्याख्या संभव नहीं; जो यह कह रहा है और जो है, उसमें कोई अंतर नहीं।

साहित्यिक पत्रकारिता और समाचार-पत्रकारिता दोनों से रघुवीरसहाय का गहरा संबंध रहा है। नयी रचना-प्रवृत्तियों के पत्र 'प्रतीक', तथा समाचार-साप्ताहिक 'दिनमान' और दैनिक 'नवभारत टाइम्स' के संपादकीय विभागों में वे कई स्थितियों में कार्यरत रहे, संवाददाता से संपादक तक। सामान्यत: साहित्यिक पत्रकारिता को रचना-कर्म का उपकारक और किसी क़दर सहयोगी माना जाता है, जबकि समाचार-पत्रकारिता की भूमिका विरोधी मानी गई है। अँग्रेज़ी साहित्य और पत्रकारिता से दो प्रसंग यहाँ उद्धृत किए जा सकते हैं। प्रसिद्ध कवि टी०एस० एलियट लंदन के अपने आरंभिक संघर्षपूर्ण वर्षों में, 1919 में, अपनी माँ को लिखते हैं, 'पत्रकारिता और साहित्य के बीच निश्चय ही उतना अंतर है जितना कि अध्यापन और साहित्य के बीच है'। कई वर्ष पूर्व उनकी पत्नी विवियन भी इसी मत को प्रतिध्वनित करती हुई बताती हैं, 'इस कारण से मेरा पक्का मानना है कि पत्रकारिता टॉम के लिए खराब है। है ही अगर वे कवि न होते तो उनके लिए यह बहुत अच्छी थी। उन्हें यह पंसद है। पर मैं एकदम निश्चित हूँ, कि यह उनकी कविता का विनाश कर देगी—अगर यह जारी रहती है।' यहाँ संदर्भ श्रेष्ठ कवि का है। अगला प्रसंग है उत्कृष्ट पत्रकार किंग्सले मार्टिन—प्रख्यात साप्ताहिक 'न्यू स्टेट्समैन' के तीन दशकों तक रहे संपादक-का। जब वे इस पत्र का दायित्व सँभालने की सोच रहे थे तो उनके मित्र-लेखक और प्रकाशन-संचालक लेनर्ड वुल्फ़ ने समझाया, 'सिर्फ सात वर्षों के लिए इसे स्वीकार करो, इससे अधिक नहीं, क्योंकि पत्रकारिता दिमाग को खोखला कर देती है।'

यहाँ महत्वपूर्ण यह है कि रघुवीरसहाय ने 'प्रतीक' को तो सीधे अपने लेखन-कर्म से जोड़ कर रखा ही, 'दिनमान' और 'नवभारत टाइम्स' की समाचार-पत्रकारिता और उसके गद्य को अपने लेखन-कर्म के लिए बुनियादी स्तर पर उपकारक बनाया।

कहानी से लेकर पत्रकारिता तक उनका गद्य अपना वांछित धरातल जैसे स्वत: पा लेता है, और बड़ी बात यह कि इन तलों के बीच सर्जनात्मक अंतर-क्रिया चलती रहती है। विविध रचना-माध्यमों को एक व्यापक स्तर पर बाँधना आधुनिक गद्य की निष्पत्ति का एक स्तर था। अगले स्तर पर रचना-माध्यमों की अंतर-क्रिया पत्रकारिता के साथ है। फिर एक तीसरे स्तर पर स्वयं कविता को गद्य में बनाना है, जहाँ एक प्रकार से लेखन-कला का वृत्त पूरा हो जाता है। रघुवीरसहाय के यहाँ ये तीनों स्तर संश्लिष्ट हो गए हैं।

'प्रतीक' के एक संपादकीय 'ईमानदारी' को देखें। ईमानदारी के सामान्य और व्यापक मानवीय गुण की चर्चा के बाद गद्यकार उसे साहित्यिक संदर्भों में रखकर विश्लेषित करता है। उसका मानना है कि 'दूसरों का अनुभव समस्त अनुभूति में जो वृद्धि करता है वह स्थायी रूप से सार्वजनीन अनुभूति बन जाती है। हमारे लिए यह शेष रह जाता है कि हम उसको फिर अनुभव करें और उसे वैसे ही आत्मसात् करें जैसे धूप और हवा की अपेक्षा में अन्यान्य रंगों और आकारों को करते हैं। साहित्यिक ईमानदारी का एक यह इस्तेमाल है और अनुभूति को सुधारने का एक तरीका है।' ईमानदारी की सामान्य परिकल्पना में यहाँ लेखकीय अनुभव की ईमानदारी और समस्त अनुभूति-प्रक्रिया के एकीकरण को जोड़ने की कोशिश है। इस बड़े यत्न में रचना-माध्यमों और पत्रकारिता की ईमानदारी को भी मिलाया जा रहा है। यह समूचे गद्याचार को विस्तार देना है।

सर्जनात्मक साहित्य, अकाल्पनिक वृत्त और पत्रकारिता के गद्य को परस्पर संक्रमित करके रघुवीरसहाय फिर और कठिन रचना-कर्म में प्रवृत्त होते हैं जिसे हम गद्यकविता कह रहे हैं। गद्यकविता के प्रयोग अज्ञेय-मुक्तिबोध-शमशेर से चले आते हैं, पर इस समूचे रचना-विधान को संघटित करने का श्रेय रघुवीरसहाय का है। यह गद्य की चरम निष्पत्ति का स्तर है, एक तरह का विरुद्धों का सामंजस्य! एक ओर अपने विविधस्तरीय प्रयोगों से गद्य ने इतनी, ऐसी क्षमता विकसित कर ली कि वह कविता को धारण कर सके, दूसरी ओर स्वयं कविता में वैचारिकता का तत्व इस रूप में संक्रमित हुआ कि वह गद्य में बेहतर कही जा सकने लगी। यों साहित्य के इतिहास के दो पुराने प्रतिद्वद्वियों ने हाथ मिलाया, और उदय हुआ गद्यकविता का। यहाँ पत्रकारिता का अनुभव रघुवीरसहाय के लिए विशेष उपयोगी सिद्ध हुआ भाषा और संवेदना दोनों के स्तर पर। इस तरह कविता-गद्य-पत्रकारिता—वाङ्मय के इंद्रधनुष में विरोधी सिरे के ये रंग एक-दूसरे में मिलकर प्रकाश की सृष्टि नये सिरे से करते हैं। रघुवीरसहाय की कविता-गद्यकविता—से एक उद्धरण प्रस्तुत है—

गया बाजपेयी जी से पूछ आया देश का हाल
पर उढ़ा नहीं सका एक नंगी औरत को

कम्बल रेलगाड़ी में बीस अजनबियों के सामने
बेचू बल्द निरहू, ढोड़े मँगरे पाँचू गोबरे

बैठे थे पाँच भाई जाने कहाँ से न जाने कहाँ को जा रहे थे
डाँड़ भरने के लिए; तीन दिन तीन रात मैंने सफ़र किया
तीसरे दर्जे में अंत में एक भिनभिनाते क़स्बे में पहुँचा
पिछड़े रिश्तेदारों के यहाँ ; ढोड़े मँगरे होरे रस्ते में उतर गये।
('भीड़ में मैकू और मैं')

इस कविता को गद्य की तरह, उपयुक्त विराम-चिन्हों के साथ, यों लिखा जा सकता है—

'गया, बाजपेयी जी से पूछ आया देश का हाल। पर उढ़ा नहीं सका एक नंगी औरत को कम्बल रेलगाड़ी में, बीस अजनबियों के सामने। बेचू बल्द निरहू, ढोड़े मँगरे पाँचू गोबरे, बैठे थे पाँच भाई, जाने कहाँ से न जाने कहाँ को जा रहे थे डाँड़ भरने के लिए; तीन दिन तीन रात मैंने सफ़र किया तीसरे दर्जे में। अंत में एक भिनभिनाते क़स्बे में पहुँचा पिछड़े रिश्तेदारों के यहाँ; ढोड़े मँगरे होरे रस्ते में उतर गये।' गद्य कविता में इस सीधे-सादे गद्य को, बल के लिए आवश्यक विग़मों के अनुकूल, पंक्तियों में व्यवस्थित किया गया है। गद्य विराम-चिह्नों के अनुसार पढ़ा जाएगा, गद्यकविता पंक्तियों के क्रम में, और यहीं गद्य और गद्यकविता या कि कविता के बीच लय की दृष्टि से बुनियादी अंतर है। नंगी औरत को कम्बल उढ़ाने का प्रसंग विस्तृत रूप में रघुवीरसहाय की कहानी में आया है 'मेरे और नंगी औरत के बीच'। यों निपट बोलचाल में पत्रकारिता के अनुभव का स्मृत होना—यह रघुवीर की गद्यकविता की आधार-भूमि है, जो समकालीन साहित्य में अनुभव के जनतंत्र के निकटतम है और हिंदी गद्य के लंबे विकास-क्रम में आधुनिकतम विन्यास है।

अवतरण-माला

[हिंदी गद्य के सहस्त्रावधि वर्षों के विस्तार में विकास क्रम कैसे-क्या चला है, इसे दरसाने के लिए यहाँ कुछ गद्यावतरण प्रस्तुत किए जा रहे हैं। इन्हें इस क्रम में एक साथ पढ़ना जितना रोचक है उतना ही इतिहास को समझने की दृष्टि से उपयोगी भी। तिथियाँ ईसवी सन् में हैं।]

तौ स्वामी पंचतत्व ते क्या बोलिये, पचीस परकीरती ते क्या बोलिये।

पंच तत्त बोलिये पृथ्वी आप तेज बाई आकास, येक येक तत्त संजुगत पंच पंच परकीरती बोलिये। प्रथम पृथ्वी प्रकीरती बोलिये अस्त 1 मास 2 तुचा 3 नाडी 4 रोम 5 एतो पृथ्वी को प्रकीरती बोलिये। *(गोरखबानी—×11वीं शताब्दी)*

इते बीच इच्छनि पामारि का दासी आइ ठाढ़ी रही औसै कहयौ जए राजा कै डील बराबर है। तब तैं कवि सौं गुरू सौं मनौं हारि करिन लागी।

(पृथ्वीराज रासउ-वचनिका—×1350)

एक शहर था। उस शहर का नाँव सीस्तान। उस सीस्तान के बादशाह का नाँव अकल। दीनो दुनिया का तमाम काम उसते चलता। उसके हुकम बाज जर्रा कई नैं हिलता। उसके फ़रमाये पर जिनों चले, हर दो जहाँ में होये भले।

(सबरस : वजही—1635)

सो सुनिं कैं देशाधिपति बहुत प्रसन्न भयो और कयौ जो सूरदास जी मोकौं परमेश्वर ने राज दीनौ है सो सब गुनीजन मेरौ जस गावत हैं तातें मेरौ जस कछू गावौ तब सूरदास जी ने यह पद गायौ। सो पद—'नाहिंन रह्यौ मन में ठौर'।

(चौरासी वैष्णवन की वार्ता : 17वीं शताब्दी)

इतनी बात सुन जरासंध बोला कि महाराज, आप ज्ञानवान हैं औ सब बात में ज्ञान। मैं तुम्हें क्या समझाऊँ, जो ज्ञानी पुरुष हैं सो हुई बात का सोच नहीं करते, क्योंकि भले बुरे का करता और ही है, मनुष का कुछ बस नहीं, यह परबस पराधीन है। जैसे काठ की पुतली को नटुआ जों नचाता है तों नाचती है, ऐसे ही मनुष करता के बस है, वह जो चाहता है सो करता है। *(प्रेमसागर : लल्लूजी लाल—1803)*

हँस के पिप्पलाद ऋषि ने कहा कि तुम को यह कहना उचित नहीं, क्योंकि

बिना संतान योग तप कबहीं फलदायक नहीं होता है और संतति के लिए स्त्री के पास जाने को अगले मुनियों ने भी आज्ञा दी है। तिस में वह ब्रह्मचारी गिना जाता है कि जो मनुष्य ऋतु समय में उसके पास जाता है। ब्रह्मचर्य ते तप भंग नहीं होता, धर्म्मशास्त्र भी कहता है। *(नासिकेतोपाख्यान: सदल मिश्र—1803)*

मिट्टी के बासन को इतनी सकत कहाँ जो अपने कुम्हार के करतब कुछ ताड़ सके। सच है, जो बनाया हुआ हो, सो अपने बनानेवाले को क्या सराहे और क्या कहे। यों जिसका जी चाहे, पड़ा बके। सिर से लगा पाँव तक जितने रोंगटे हैं, जो सबके सब बोल उठें और सराहा करैं और उतने बरसों उसी ध्यान में रहें जितनी सारी नदियों में रेत और फूल फलियाँ खेत में हैं, तो भी कुछ न हो सके, कराहा करें।

(रानी केतकी की कहानी: इंशाअल्लाह खाँ—1800 के आस पास)

गालिल के जो लोग अंधकार में बैठे हैं उनंते बड़ौ उजेरौ देख्यौ और मृत्यु के देस मैं और छावा मैं बैठनवारे जे उन उजैरौ उदैं भयो।

(बाइबिल का ब्रजभाषा अनुवाद : 1824)

जो विद्वान् मनुष्य वा विदुषी पंडिता स्त्री लड़के-लड़कियों को शीघ्र विद्वान् और विदुषी करते वा जो वणिक् सब देशों की भाषाओं को जानके देश-देशांतर और द्वीप-द्वीपांतर से धन को ला ऐश्वर्ययुक्त होते हैं वे सब को सब प्रकारों से सत्कार करने योग्य हैं।

(ऋग्वेद-भाषाभाष्य 1/122/14 : अनुवाद : दयानंद सरस्वती—1877)

इसी अर्से में चोबदार पुकारा चौधरी इंद्रदत्त निगाह रूबरू श्री महाराज सलामत भोज ने आँख उठाई दीवान ने साष्टांग दंडवत् की फिर सम्मुख आ हाथ जोड़ यों निवेदन किया—पृथ्वीनाथ वह कुएँ सड़क पर जिनके वास्ते आपने हुक्म दिया था बनकर तैयार हो गए और आम के बाग भी सब जगह लग गए जो पानी पीता है आपको असीस देता है और जो उन पेड़ों की छाया में विश्राम करता है आपकी बढ़ती दौलत मनाता है।

(राजा भोज का सपना : राजा शिवप्रसाद 'सितारेहिंद'—1867 के 'संग्रह' में)

अनसूया—(हौले प्रियंवदा से) सखी! मैं भी इसी सोच विचार में हूँ। अब इससे कुछ पूछूँगी। (प्रगट) महात्मा! तुम्हारे मधुर वचनों के विश्वास में आकर मेरा जी यह पूछने को चाहता है कि तुम किस राजवंश के भूषण हो और किस देश की प्रजा को विरह में व्याकुल छोड़ यहाँ पधारे हो? क्या कारन है जिससे तुमने अपने कोमल गात को कठिन तपोवन में आकर पीड़ित किया है?

(शकुंतला नाटक : राजा लक्ष्मणसिंह—1862)

चाणक्य—बेटा! केवल कार्य्य में तत्परता मुझे व्याकुल करती है, न कि और उपाध्यायों के तुल्य शिष्यजन से दु:शीलता (बैठकर आप ही आप) क्या सब लोग यह बात जान गए कि मेरे नंदवंश के नाश से क्रुद्ध होकर राक्षस पिताबध से दुखी

मलयकेतु से मिलकर यवनराज की सहायता लेकर चंद्रगुप्त पर चढ़ाई किया चाहता है। (कुछ सोचकर) क्या हुआ जब मैं नंदवंश—वध की बड़ी प्रतिज्ञारूपी नदी से पार उतर चुका, तब यह बात प्रकाश होने ही से क्या मैं इसको न पूरा कर सकूँगा?

(मुद्राराक्षस: भारतेंदु हरिश्चंद्र—1875)

चपला कोई ऐसी साधारण औरत न थी; खूबसूरती और नजाकत के सिवाय वह ताकतवर भी थी, दो चार आदमियों से लड़ जाना और उनको पकड़ लेना उसका एक अदना काम था, शस्त्र विद्या को पूरे तौर से जानती थी, ऐयारी के फन के अलावे कई बातें उसमें थीं। गाने और बजाने में उस्ताद, नाचने में कारीगर, आतिशबाजी बनाने का बड़ा शौक, कहाँ तक लिखें कोई फन ऐसा न था जिसको चपला न जानती हो, रंग उसका गोरा, बदन हर जगह से सुडौल उसके नाजुक हाथ पाँव की तरफ ख्याल करने से यही मालूम होता था कि इसे एक रूल से भी मारना खून करना है।

('चंद्रकांता' 1/17 : देवकीनंदन खत्री—1891)

न बंगभंग ही निश्चित विषय है और न भारत का यथेच्छ शासन। स्थिरता न प्रभात को है और न संध्या को। सदा न वसंत रहता है, न ग्रीष्म। हाँ, एक बात अब भारतवासियों के जी में भली भाँति पक्की होती जाती है कि उनका भला न कंसरवेटिव ही कर सकते हैं और न लिबरल ही। यदि उनका कुछ भला होना है तो उन्हीं के हाथ से। इसे यदि विज्ञवर मार्लो 'निश्चित-विषय' मान लें तो विशेष हानि नहीं।

(चिट्टे और खत—'निश्चित विषय'!: बालमुकुंद गुप्त —1907)

पूर्व वासनाएँ यदि संचित न रहतीं—पूर्वकृत कर्मों का संस्कार यदि बना न रहता—तो मनुष्य अनेक प्रकार के अद्भुत-अद्भुत कार्य न कर सकता। शंकराचार्य ने सोलह वर्ष के होने के पहले ही वेदांत-सूत्रों का भाष्य लिख डाला था। क्यों? पूर्वजन्म की संचित विद्वत्ता के संस्कार के बल पर। वीर्य रूप से उनकी पूर्वजन्म जात विद्वत्ता बनी थी। अतएव थोड़े ही परिश्रम से वह जागृत हो उठी।

(पुनर्जन्म : महावीरप्रसाद द्विवेदी—1908)

वह सबके मन की कहता है और सब उसको अपने मन की बात बताते हैं। गरीबों को अमीर और अमीरों को गरीब करने वाला कवि यही है। अपने आनंद की मस्ती में उसे काव्य की तुकबंदी भी बंधन प्रतीत होती है। वह प्रत्येक दोहे-चौपाई को पिंगल के नियम की तराजू में नहीं, किंतु अपने हृदयानंद के ताल में तोलता है।

(अमेरिका का मस्त योगी वाल्ट हिटमैन : सरदार पूर्णसिंह—1913)

कविता-वल्ली को प्रतिभा के वारि से सींच कर 'पल्लव' निकालिए, खुशी से उसकी छाया में बैठकर 'वीणा' बजाइये; पर काव्य-कानून के कल्प वृक्षों की जड़ पर—चंदन, चम्पक और सहकार आदि के मूल पर-कुमति-कुठार न चलाइये! यह अत्याचार असह्य है। आपको इनकी गंध नहीं भाती, शिकायत नहीं, अपनी पसंद, अपनी रुचि—'कीजे कहा करता से न चारो'—पर इनकी महक के मतवाले मधुप

भी हैं, उन वृक्षों पर न सही, इन पर ही दया कीजिए—'पल्लव' के नोकीले और ज़हरीले काँटे इनके दिल में न चुभाइए, 'वीणा' में सोहनी के स्वर छेड़िए, 'मारू-राग' न बजाइये—

(संभाषण-हिंदी साहित्य सम्मेलन, मुजफ्फरपुर : पद्मसिंह शर्मा—1928)

चित्रकूट की उस सभा की कार्रवाई क्या थी, धर्म के एक-एक अंग की पूर्ण और मनोहर अभिव्यक्ति थी। रामचरितमानस में वह सभा एक आध्यात्मिक घटना है। धर्म के इतने स्वरूपों की एक साथ योजना, हृदय की इतनी उदात्त वृत्तियों की एक साथ उद्भावना तुलसी के ही विशाल 'मानस' में संभव थी। यह संभावना उस समाज के भीतर बहुत से भिन्न भिन्न वर्गों के समावेश द्वारा संघटित की गई है। राजा और प्रजा, गुरु और शिष्य, भाई और भाई, माता और पुत्र, पिता और पुत्री, श्वसुर और जामातृ, सास और बहू, क्षत्रिय और ब्राह्मण, ब्राह्मण और शूद्र, सभ्य और असभ्य के परस्पर व्यवहारों का उपस्थित प्रसंग के धर्मगांभीर्य और भावोत्कर्ष के कारण, अत्यंत मनोहर रूप प्रस्फुटित हुआ।

(गोस्वामी तुलसीदास : रामचंद्र शुक्ल—1923)

प्रेमशंकर कई मिनट तक वहीं चुपचाप खड़े रहे, तब वह सहसा इसी अर्द्धचैतन्यावस्था से जागे, जैसे कोई रोगी देर तक मूर्च्छित रहने के बाद चौंक पड़े। अपनी अवस्था का ज्ञान हुआ। हा! अवसर हाथ से निकल गया। मैंने विचार को मनुष्य से उत्तम समझा। सिद्धांत मनुष्य के लिए है, मनुष्य सिद्धांतों के लिए नहीं है। मैं इतना भी न समझ सका! माना, प्रायश्चित्त पर मेरा विश्वास नहीं है, पर उससे दो प्राणियों का जीवन सुखमय हो सकता था। इस सिद्धांतप्रेम ने दोनों का ही सर्वनाश कर दिया।

(प्रेमाश्रम-31 : प्रेमचंद—1922)

स्कंदगुप्तः इस साम्राज्य का बोझ किसके लिए? हृदय में अशांति, राज्य में अशांति, परिवार में अशांति केवल मेरे अस्तित्व से? मालूम होता है कि सब की—विश्व -भर की—शांति-रजनी में मैं ही धूमकेतु हूँ, यदि मैं न होता, तो यह संसार अपनी स्वाभाविक गति से, आनंद से, चला करता। परन्तु मेरा तो निज का कोई स्वार्थ नहीं, हृदय के एक-एक कोने को छान डाला—कहीं भी कामना की वन्या नहीं। बलवती आशा की आँधी नहीं चल रही है। केवल गुप्त-सम्राट् वंशधर होने की दयनीय दशा ने मुझे इस रहस्यपूर्ण क्रिया-कलाप में संलग्न रखा है। कोई भी मेरे अंतःकरण का आलिंगन करके न रो सकता है, और न तो हँस सकता है।

(स्कंदगुप्त-3 : जयशंकर प्रसाद—1928)

जीवन के दूसरे परिच्छेद में भी सुख की अपेक्षा दुःख ही अधिक है। जब उसने गेंहुएँ रंग और बटिया जैसे मुख वाली पहली कन्या के दो संस्करण और कर डाले तब सास और जिठानियों ने ओठ बिचका कर उपेक्षा प्रकट की। उचित भी था क्योंकि सास तीन तीन कमाऊ वीरों की विधात्री बनकर मचिया के ऊपर विराजमान पुरखिन

के पद पर अभिषिक्त हो चुकी थी और दोनों जिठानियाँ काकभुशुण्डी जैसे काले लालों की क्रमबद्ध सृष्टि करके इस पद के लिए उम्मीदवार थीं। छोटी बहू के लीक छोड़कर चलने के कारण उसे दंड मिलना आवश्यक हो गया।

(स्मृति की रेखाएँ : महादेवी वर्मा—1943)

हम लोगों का असली घर पछाँह की ओर था। पिता प्रतिष्ठावाले थे और माता अत्यंत कुशल गृहिणी थीं। जैसी कुशल थीं वैसी कोमल भी होतीं तो—? पर नहीं, उस 'तो?' के मुँह में नहीं बढ़ना होगा। बढ़े, कि गये। फिर तो सारी कहानी उस मुँह में निगलकर समा जायेगी और उसमें से निकलना भी नसीब न होगा। इतना ही हम समझें कि माँ जितनी कुशल थीं उतनी कोमल नहीं थीं।

(त्यागपत्र-1 : जैनेन्द्रकुमार—1937)

सबसे पहले तुम, शशि।

इसलिए नहीं कि तुम जीवन में सबसे पहले आईं या कि तुम सबसे ताजी स्मृति हो। इसलिए कि मेरा होना अनिवार्य रूप से तुम्हारे होने को लेकर है—ठीक वैसे ही जैसे तलवार में धार का होना सान की पूर्वकल्पना करता है। तुम वह सान रही हो, जिस पर मेरा जीवन बराबर चढ़ाया जाकर तेज होता रहा है—जिस पर मँज-मँज कर मैं कुछ बना हूँ जो संसार के आगे खड़ा होने में लज्जित नहीं है—लज्जित होने का कोई कारण नहीं जानता। *(शेखर-प्रवेश : अज्ञेय—1941)*

थोड़ी देर तक एक अद्‌भुत मस्ती की दशा में झूमते रहे और फिर उठ खड़े हुए। हम दोनों भी उठ गए। विरति के साथ वे साधना—गृह में चले गए और मुझे थोड़ी देर बाद आने का आदेश दिया। चलते-चलते कहते गए—"किसी से न डरना, गुरु से भी नहीं, मंत्र से भी नहीं, लोक से भी नहीं, वेद से भी नहीं। मंत्र याद है न?"

(बाणभट्ट की आत्मकथा-6 : हजारीप्रसाद द्विवेदी—1946)

मठ पर आचारज गुरु आने वाले हैं, नए महंथ को चादर-टीका देने के लिए। मुजफ्फरपुर जिला का एक मुरती आया है—लरसिंघदास। आचारजगुरु मुजफ्फरपुर जिले के दुपड़ी मठ पर भंडारा में आए हैं। लरसिंघदास खबर लेकर आया है—आचारजगुरु आ रहे हैं। मठ के सभी सेवक-सती, आस-पास के बाबू-बबुआन लोगों को पहले ही खबर दे दी जाए!

(मैला आँचल—12 : फणीश्वरनाथ 'रेणु'—1954)

"इन पहाड़ों के पीछे न जाने क्या होगा?" जब हम छोटे थे, तो अपने घर के बरामदे में खड़े होकर अक्सर एक-दूसरे से यह प्रश्न पूछा करते थे। उन दिनों छुट्टी लेकर पहाड़ों पर जाने की ज़रूरत महसूस नहीं होती थी—वे हमेशा हमारे संग थे, हमारे खेलों में, हमारे सपनों में। तब पहाड़ों की शक्ल, उनकी भाव-भंगिमा बिलकुल अलग, दूसरे किस्म की थी, जैसे माँ की शक्ल जो बच्चों की आँखों में होती है, वह

दूसरों के लिए नहीं होती। उसकी पहचान ही अलग होती है।

(चीड़ों पर चाँदनी : निर्मल वर्मा—1964)

"वह सत्य जो हम पाएँगे हमारा होगा पर वह हमारा तभी होगा जब वह हमारा नहीं रह जाएगा। जो उपलब्धि केवल हमारी है वह एक निम्न बौद्धिक स्तर की रचना है। जिस सत्य को हम देख आए हैं उसे सबमें देखें जिनके हम हितैषी हैं—वह हमारा स्वानुभूत तो हो, सहानुभूत भी हो।

(सीढ़ियों पर धूप में : रघुवीरसहाय—1960)

जटिलता के बहुत से पहलू हो गए। एक बहुत मोटा बँटवारा है सूक्ष्म जगत और स्थूल जगत का। सूक्ष्म जगत पहले नहीं देखा था जहाँ परमाणु, अणु आदि की अजीबोगरीब क्रियाएँ, प्रतिक्रियाएँ हो रही हैं। स्थूल जगत रोज़मर्रे का परिचित संसार है। हमारी भाषा स्थूल जगत के वर्णन के लिए बनी है, उसी में पली है।

उसी के लिए ईजाद की गई। निश्चय ही जब हमने सूक्ष्म जगत के अपरिचित संसार को देखा तो पहले-पहल इसी भाषा को लेकर उसे बताने गए, क्योंकि यही हमको आती थी।

(कविता, नाटक तथा अन्य कलाएँ : साहित्य का भविष्य : विपिनकुमार अग्रवाल—1995)

तौ स्वांमी पंच तत्त की कथं उतपती, कथं षपती। अविगत उतपनाँ ॐ। ॐ उपदिते आकास। आकास उपतनी बाई। बाई उत्पन्यां तेज। तेज उत्पन्यां तोया। तोया उत्पनी मट्टी। मिट्टी ग्रासंत तोया। तोया ग्रासंत तेज। तेज ग्रासंत बाई। बाई ग्रासंत आकास। आकास ग्रासेंत ॐ। ॐ ग्रासंतते अबिगत। अबिगत गति रहेत, आवते न जावते एवं पंच तत पचीस प्रकीरति का भेद बोलिये।

(गोरखबानी : गोरष गणेश गुष्टि—×11वीं शताब्दी)

तिथि-क्रम

[1. तिथियाँ ईसवी सन् में हैं 2. ×अनुमानित तिथि 3. कोष्ठक में लेखक की प्रमुख गद्य रचनाओं का उल्लेख है। वस्तुत: यह क्रम सिर्फ़ गद्य-लेखकों और गद्य रचनाओं की दृष्टि से प्रस्तुत है। उल्लिखित तिथियाँ प्रथम प्रकाशन का संकेत देती हैं। प्रथम प्रकाशन कभी पत्र-पत्रिकाओं में है तो कभी पुस्तकाकार 4. विक्रमी संवत् से ईसवी सन् में परिवर्तन करते समय कभी-कभी एक वर्ष का अंतर हो सकता है। 5. इस तिथि क्रम का तालमेल अधिकतर मूल ग्रंथ में विवेचन-क्रम के साथ है।]

गोरखबानी : ×11वीं शती

चंदबरदाई : रचनाकाल 1343 के आसपास

मुल्ला वजही : सबरस का रचनाकाल-1635

वार्ता साहित्य : 17वीं शती

फ़ोर्ट विलियम कॉलेज (कलकत्ता) की स्थापना : 1800

गिलक्राइस्ट, जॉन बॉर्थविक : 1759-1842 फ़ोर्ट विलियम कॉलेज में हिंदी-हिंदुस्तानी विषयक नीति-नियामक

लल्लूजी 'लाल कवि' : 1761-1824

(शकुंतला नाटक : 1802, माधोनल : 1802, बैताल पचीसी : 1802, सिंहासन बत्तीसी : 1802, प्रेमसागर : 1803, राजनीति : 1809, अँगरेज़ी बोली : 1810, लताइफी हिंदी : 1810, ब्रजभाषा व्याकरण : 1811, माधव-विलास : 1817, लाल चंद्रिका : 1819, भाषा क़ायदा-अप्राप्त)

सदल मिश्र : 1767-1847

(चंद्रावती अथवा नासिकेतोपाख्यान : 1803, रामचरित अथवा अध्यात्म रामायण : 1805)

इंशाअल्ला खाँ : मृत्यु-1818

(रानी केतकी की कहानी : 1800 के आसपास)

सदासुख लाल 'नियाज़' : 1746-1824 (सुखसागर :?)

उदंत मार्त्तंड : हिंदी का पहला समाचार पत्र-1826 में कलकत्ता से प्रकाशनारंभ, संपादक-जुगुलकिशोर शुक्ल

विलियम कैरे : 1761-1838 श्री रामपुरत्रयी के नाम से ख्यात

विलियम वार्ड : 1769-? बाईबिल के हिंदी अनुवादक

जोशुआ मार्शमैन : 1768-? तथा मुद्रक।

दयानंद सरस्वती : 1824-1883

(सत्यार्थ प्रकाश : 1875, ऋग्वेद-भाषा भाष्य : 1877)

राजा शिवप्रसाद 'सितारे हिंद' : 1823-1895

(विविध शैक्षणिक तथा मनोरंजक विषयों पर लेखन—मानवधर्म सार, सिक्खों का उदय और अस्त : 1852, भूगोल हस्तामलक : 1855, वीरसिंह का वृत्तांत : 1855, वामामन रंजन : 1856, इतिहास तिमिरनाशक : 1864, गुटका : 1870, 'बनारस अखबार' का संपादन प्रकाशन : 1845)।

राजा लक्ष्मणसिंह : 1826-1896

(शकुंतला नाटक : 1862, रघुवंश : 1878, संपादन—'प्रजाहितैषी' : 1855?)

भारतेंदु हरिश्चंद्र : 1850-1885

(**नाटक**—विद्यासुंदर : 1868, रत्नावली : 1868, कर्पूर मंजरी : 1876, मुद्राराक्षस : 1875-76, सत्य हरिश्चंद्र : 1876, श्री चंद्रावली : 1876, भारत दुर्दशा : 1876, दुर्लभ बंधु : 1880, अंधेर नगरी : 1881, **उपन्यास**—पूर्णप्रकाश चंद्रप्रभा, एक कहानी कुछ आप बीती कुछ जगबीती—अपूर्ण : 1876 **आलोचना**—नाटक : 1883, **इतिहास—जर्नल—कालचक्र :** 1884)

बालकृष्ण भट्ट : 1844-1914

(**नाटक**—कलिराज की सभा, रेल का विकट खेल, दमयंती स्वयंवर : 1892 **उपन्यास**—नूतन ब्रह्मचारी : 1886, सौ अज्ञान एक सुजान : 1890 **निबंध**—ललित निबंध का आरंभिक रूप आपके 'रुचि' जैसे निबंधों में मिलता है। **समीक्षा**—सच्ची समालोचना : 1886 : लाला श्रीनिवासदास के नाटक 'संयोगिता स्वयंवर' की अपने पत्र 'हिंदी प्रदीप' में समीक्षा, जहाँ से हिंदी में व्यावहारिक पुस्तक-समीक्षा का आरंभ माना जाता है।)

लाला श्रीनिवासदास : 1851-1887

(**नाटक**—प्रह्लाद चरित्र, तप्तासंवरण : 1874, रणधीर प्रेममोहिनी : 1877,

संयोगिता स्वयंवर : 1885 **उपन्यास**—परीक्षागुरु : 1882)

बदरीनारायण चौधरी 'प्रेमघन' : 1855-1922

(**नाटक**—भारत सौभाग्य : 1889, प्रयाग रामागमन, वारांगना रहस्य, वृद्ध विलाप **समीक्षा**—लाला श्रीनिवासदास के नाम 'संयोगिता स्वयंवर' की अपनी पत्रिका 'आनंद कादंबिनी' के 21 पृष्ठों में आलोचना : 1886, बाबू गदाधर सिंह के अनुवाद 'बंगविजेता' की आलोचना)।

प्रतापनारायण मिश्र : 1856-1894

(नाटक—भारत दुर्दशा, कलिकौतुक : 1886, संगीत शाकुंतल, हठी हमीर **उपन्यास**—बंकिम चटर्जी के चार उपन्यासों का अनुवाद **निबंध**—प्राय: 20० निबंध जो अधिकतर लेखक के अपने पत्र 'ब्राह्मण' में समय-समय पर प्रकाशित हुए)।

देवकीनंदन खत्री : 1861-1913

(**उपन्यास**—चंद्रकांता : 1891, नरेन्द्र मोहिनी : 1893, वीरेन्द्रवीर अथवा कटोरा भर खून : 1895, कुसुमकुमारी : 1894-98, चंद्रकांता संतति : 1905, भूतनाथ : 6 भाग : 1912)।

मेहता लज्जाराम शर्मा : 1863-1931

(**उपन्यास**—धूर्त रसिकलाल : 1899, स्वतंत्र रमा और परतंत्र लक्ष्मी : 1899, हिंदू गृहस्थ : 1903, आदर्श दम्पति : 1904, सुशीला विधवा : 1907, आदर्श हिंदू : 1915)।

किशोरीलाल गोस्वामी : 1865-1932

(**उपन्यास—** प्रणयिनी परिणय : 1890, त्रिवेणी : 1890, लवंगलता : 1890, लीलावती : 1901, तारा : 1902, चपला : 1903, मल्लिका देवी वा बंगसरोजिनी : 1905, लखनऊ की कब्र वा शाही महलसरा : 1917, अँगूठी का नगीना : 1918, **नाटक**—मयंक मंजरी महानाटक : 1891)।

सरस्वती पत्रिका की स्थापना : 1900

महावीरप्रसाद द्विवेदी : 1864-1938

('**सरस्वती**' का संपादन : 1903-1920, **विविध गद्य—** सम्पत्तिशास्त्र : 1908, हिंदी महाभारत : 1908, आध्यात्मिकी : 1927—प्राय: 1901-8 के बीच 'सरस्वती' में प्रकाशित, **निबंध**—रसज्ञ रंजन : 1920, लेखांजलि : 1928 **समालोचना**—हिंदी भाषा की उत्पत्ति : 1907, कालिदास की निरंकुशता : 1911, कालिदास और उनकी कविता : 1920, सुकवि संकीर्तन : 1922, साहित्य संदर्भ : 1924, आलोचनांजलि : 1928, साहित्य सीकर : 1929, समालोचना-समुच्चय : 1930)।

बालमुकुंद गुप्त : 1865-1907

(**निबंध—** शिवशंभु के चिट्ठे : 1905, चिट्ठे और खत : 1905 **अनुवाद**—मडेल भगिनी : 1892-बँगला उपन्यास का अनुवाद, रत्नावली : 1898-हर्षकृत संस्कृत नाटिका का अनुवाद **समाचारपत्र-संपादन**—उर्दू : अखबारे चुनार : 1886-88, कोहेनूर : 1888-89, हिंदी : हिंदोस्थान : 1889-91, हिंदी बंगवासी : 1893-98, भारतमित्र : 1899-1907)।

श्यामसुंदरदास : 1875-1945

(**आलोचना**—साहित्यालोचन : 1922, रूपक रहस्य : 1931, भाषा रहस्य : 1935 **जीवनी**—हिंदी कोविद रत्नमाला : पहला भाग 1909, दूसरा भाग 1914 **आत्मकथा**—मेरी आत्म कहानी : 1941 **पत्रकारिता**—'सरस्वती' : 1900-1902 **संपादन**—हिंदी शब्द सागर : 1929, हस्तलिखित ग्रंथों के खोज-विवरण, द्विवेदी अभिनंदन ग्रंथ : 1933)।

नागरी प्रचारिणी सभा, काशी : संस्थापित 1893

(संस्थापक—श्यामसुंदरदास, रामनारायण मिश्र, शिवकुमार सिंह)

पूर्णसिंह : 1881-1931

(स्फुट निबंधों का प्रकाशन)

जयशंकर प्रसाद : 1890-1937

(**नाटक**—राज्यश्री : 1915, अजातशत्रु : 1922, स्कंदगुप्त : 1928, चंद्रगुप्त मौर्य : 1931, ध्रुवस्वामिनी : 1933 **उपन्यास**—कंकाल : 1929, तितली : 1934, इरावती : अपूर्ण, मरणोत्तर प्रकाशन : 1940 **कहानी**—5 संकलनों के अंतर्गत प्रायः 70 कहानियाँ **निबंध**—काव्य और कला तथा अन्य निबंध : मरणोत्तर प्रकाशन : 1939)।

महादेवी वर्मा : 1907-1987

(**रेखाचित्र-संस्मरण**—अतीत के चल चित्र : 1941, स्मृति की रेखाएँ : 1943, पथ के साथी : 1956, मेरा परिवार : 1972 **निबंध**—शृंखला की कड़ियाँ : 1942, क्षणदा : 1956 **आलोचना**—साहित्यकार की आस्था तथा अन्य निबंध : गंगाप्रसाद पाण्डेय द्वारा संपादित : 1962)।

प्रेमचंद : 1880-1936

(**उपन्यास**—सेवासदनः 1918, वरदान : 1921, प्रेमाश्रम : 1922, रंगभूमि : 1924, कायाकल्प : 1926, निर्मला : 1927, प्रतिज्ञा : 1929, ग़बन : 1931, कर्मभूमि : 1932, गोदान : 1936, मंगलसूत्र : अपूर्ण : मरणोत्तर प्रकाशन : 1948 **कहानी**—सप्तसरोज : 1917, मानसरोवर : 8 भाग में प्रायः 30० कहानियाँ संकलित

नाटक—संग्राम : 1923, कर्बला : 1924, **पत्रकारिता**—माधुरी : 1828-31, हंस : 1930, जागरण : 1932 **आलोचना**—साहित्य का उद्देश्य : 1954)।

चंद्रधर शर्मा गुलेरी : 1883-1922

(**कहानी**—सुखमय जीवन : 1911, बुद्ध का काँटा, उसने कहा था : 1915 **निबंध**—विक्रमोर्वशी की मूल कथा : 1905, अमंगल के स्थान में मंगल शब्द : 1915 **पत्रकारिता**—समालोचक : 1902)।

रामचंद्र शुक्ल : 1884-1941

(**निबंध**—चिंतामणि, भाग 1 : 1939, भाग 2 : 1945, **कहानी**—ग्यारह वर्ष का समय : 'सरस्वती' : 1903 **आलोचना**—गोस्वामी तुलसीदास : 1923, जायसी ग्रंथावली की भूमिका : 1924, भ्रमरगीत सार : 1925, रस-मीमांसा : मरणोत्तर प्रकाशन 1949 **इतिहास**—हिंदी साहित्य का इतिहास : मूल रूप 'हिंदी शब्द सागर' की प्रस्तावना रूप में : 1929, संशोधित - संवर्द्धित रूप : 1940 **अनुवाद :** अँग्रेज़ी तथा बँगला के काव्य, उपन्यास, आलोचना और विविध ज्ञानविषयक ग्रंथों का अनुवाद, जिनमें प्रमुख हैं—विश्व प्रपंच : 'रिड्ल ऑफ़ द यूनिवर्स' का अनुवाद 1920, शशांक : राखालदास बंद्योपाध्याय कृत उपन्यास का अनुवाद 1922, बुद्धचरित : 'लाइट ऑफ़ एशिया' नामक काव्य का अनुवाद, 'काव्यभाषा' शीर्षक मौलिक भूमिका सहित 1922 **संपादन**—हिंदी शब्द सागर : 1929)।

नंददुलारे वाजपेयी : 1906-1967

(**आलोचना**—हिंदी साहित्य : बीसवीं शताब्दी : 1945, आधुनिक साहित्य : 1950, नया साहित्य : नए प्रश्न : 1955, आधुनिक काव्य : रचना और विचार : 1962)।

भगवतीचरण वर्मा : 1903-1981

(**उपन्यास**—चित्रलेखा : 1934, तीन वर्ष : 1936, टेढ़े मेढ़े रास्ते : 1946, अपने खिलौने : 1957, भूले बिसरे चित्र : 1959, सामर्थ्य और सीमा : 1962, रेखा : 1964, सबहिं नचावत राम गोसाईं : 1970 **कहानी**—इंस्टालमेंट : 1936, दो बाँके : 1938)।

स०ही० वात्स्यायन 'अज्ञेय' : 1911-1987

(**उपन्यास**—शेखर : एक जीवनी, प्रथम भाग : 1941, द्वितीय भाग : 1944, नदी के द्वीप : 1951, अपने-अपने अजनबी : 1961 **कहानी**—विपथगा : 1937, परंपरा : 1944, कोठरी की बात : 1945, शरणार्थी : 1948, जयदोल : 1951, अमरवल्लरी : 1954, ये तेरे प्रतिरूप : 1961, **यात्रावृत्त**—अरे यायावर रहेगा याद? : 1953, एक बूँद सहसा उछली : 1960 **संस्मरण**—स्मृति-लेखा : 1982 **ललित**

निबंध—सबरंग : कुट्टिचातन् नाम से : 1956 **आलोचना**—त्रिशंकु : 1945, आत्मनेपद : 1960, अद्यतन : 1977, संवत्सर : 1978 **जर्नल**—भवन्ती : 1972 **संपादन**—'प्रतीक' : 1947)।

गजानन माधव मुक्तिबोध : 1917-1964

(**कहानी**—काठ का सपना : 1967 **आलोचना**—कामायनी : एक पुनर्विचार : 1961, एक साहित्यिक की डायरी : 1964)।

शमशेरबहादुर सिंह : 1911-1993

(**विविध**—शमशेर : 1971)

जैनेन्द्रकुमार : 1905-1988

(**उपन्यास**—परख : 1930, सुनीता : 1936, त्यागपत्र : 1937, कल्याणी : 1939 कहानी—जैनेन्द्र की कहानियाँ (10 भाग) **निबंध : विचार-साहित्य**—पूर्वोदय : 1950, मंथन : 1953, समय और हम : 1962)।

यशपाल : 1903-1976

(**उपन्यास**—दादा कामरेड : 1941, देशद्रोही : 1943, दिव्या : 1945, अमिता : 1956, झूठा सच : दो भाग : 1958-1960 **कहानी**—15 से अधिक कहानी-संग्रह **संस्मरण**—सिंहावलोकन : 1951-1955)।

हजारीप्रसाद द्विवेदी : 1907-1979

(**उपन्यास**—बाणभट्ट की आत्मकथा : 1946, चारुचंद्रलेख : 1963, पुनर्नवा : 1973, अनामदास का पोथा : 1976 **आलोचना-इतिहास**—सूर साहित्य : 1936, कबीर : 1942, हिंदी साहित्य की भूमिका : 1940, हिंदी साहित्य का आदि काल : 1952, मध्यकालीन बोध का स्वरूप : 1970 **निबंध**—अशोक के फूल : 1948, कल्पलता : 1950, विचार और वितर्क—नवीन संस्करण : 1954)।

नगेन्द्र : 1995-1999

(**आलोचना**—सुमित्रानंदन पंत : 1938, साकेत : एक अध्ययन : 1940, विचार और अनुभूति : 1944, रीतिकाव्य की भूमिका तथा देव और उनकी कविता : 1950, रस-सिद्धांत : 1964, मिथक और साहित्य : 1979 **रेखाचित्र-संस्मरण**—चेतना के बिंब : 1967)।

रामविलास शर्मा : 1912-2000

(**आलोचना**—भारतेंदु हरिश्चंद्र : 1953, भारतेंदु युग और हिंदी भाषा की विकास परंपरा : 1942 : 1975, भाषा और समाज : 1961, निराला की साहित्य साधना : 3 खंड : 1969-72-76, महावीरप्रसाद द्विवेदी और हिंदी नवजागरण : 1977

इतिहास-संस्कृति—पश्चिमी एशिया और ऋग्वेद : 1994 **विविधा**—पंचरत्र : 1980)।

फणीश्वरनाथ 'रेणु' : 1921-1977

(**उपन्यास**—मैला आँचल : 1954, परती परिकथा : 1957 दीर्घतपा : 1963, जुलूस : 1965 **कहानी**—ठुमरी : 1960)।

निर्मल वर्मा : 1929-

(**उपन्यास**—वे दिन : 1964, एमेके : एक गाथा : अनूदित : 1973, लाल टीन की छत : 1974 **कहानी**—बीच बहस में : 1973 **यात्रा-वृत्त**—चीड़ों पर चाँदनी 1964 **आलोचना-कला-संस्कृति विषयक लेखन :** कला का जोखिम : 1981, भारत और यूरोप : प्रतिश्रुति के क्षेत्र : 1991, इतिहास स्मृति आकांक्षा : 1992 गद्य-**विविधा**—दूसरी दुनिया : 1978)।

रघुवीरसहाय : 1929-1990

(**विविधा**—सीढ़ियों पर धूप में : 1960 **कहानी**—रास्ता इधर से है : 1972, जो आदमी हम बना रहे हैं : 1982 **निबंध**—दिल्ली मेरा परदेस : 1976, लिखने का कारण : 1978, अर्थात् : 1994)।

विपिनकुमार अग्रवाल : 1931-1989

(**नाटक**—तीन अपाहिज : 1969, लोटन : 1974, खोए हुए आदमी की खोज 1980 **उपन्यास**—बीती आप बीती आप : 1978 **आलोचना**—आधुनिकता के पहलू : 1972. सृजन के परिवेश: 1985, कविता, नाटक तथा अन्य कलाएँ : मरणोत्तर प्रकाशन : 1995)।

सहायक-ग्रंथ

[यहाँ उल्लेख प्रयुक्त संस्करण का है-प्रकाशन वर्ष ईसवी सन् में।]

इंशाअल्लाह खाँ : रानी केतकी की कहानी; नागरी प्रचारिणी सभा, काशी : 1965

कृष्णबिहारी मिश्र : हिंदी पत्रकारिता; लोकभारती, इलाहाबाद : 1994

कृष्णाचार्य : हिंदी के आदिमुद्रित ग्रंथ; भारतीय ज्ञानपीठ प्रकाशन : 1966

गोकुलनाथ : चौरासी वैष्णवन की वार्ता; लक्ष्मी वेंकटेश्वर छापाखाना, कल्याण, मुंबई : 1928

: दो सौ बावन वैष्णवन की वार्ता (3 खंड); शुद्धाद्वैत एकेडेमी, काँकरौली : 1951

गोरखबानी : (सं०) पीतांबरदत्त बड़थ्वाल; हिंदी साहित्य सम्मेलन, इलाहाबाद : 1979

चंदरबरदाई : पृथ्वीराजरासउ (सं० माताप्रसाद गुप्त) ; साहित्य सदन, चिरगाँव, झाँसी : 1963

जगन्नाथप्रसाद : हिंदी की गद्यशैली का विकास; नागरी प्रचारिणी सभा, काशी : 1930

जावेद वशिष्ठ : मुल्ला वजही; साहित्य अकादेमी, नयी दिल्ली : 1992

भारतेंदु समग्र : (सं०) हेमंत शर्मा; हिंदी प्रचारक संस्थान, वाराणसी : 1987

मैथ्यू वेच्चुर : बाइबिल के हिंदी अनुवादों की भाषा, संत पाल्स प्रकाशन, इलाहाबाद : 1981

रामचंद्र तिवारी : हिंदी का गद्य-साहित्य; विश्वविद्यालय प्रकाशन, वाराणसी : 1992

रामचंद्र शुक्ल : हिंदी साहित्य का इतिहास; नागरी प्रचारिणी सभा, काशी : 1945

रामविलास शर्मा : भारतेंदु युग और हिंदी भाषा की विकास परंपरा; राजकमल प्रकाशन, नयी दिल्ली : 1975

: महावीरप्रसाद द्विवेदी और हिंदी नवजागरण; राजकमल प्रकाशन. नयी दिल्ली : 1977

रामस्वरूप चतुर्वेदी : गद्य की सत्ता; मैकमिलन कंपनी, नयी दिल्ली : 1977

: हिंदी साहित्य और संवेदना का विकास; लोकभारती, इलाहाबाद : 1994

राहुल सांकृत्यायन (सं०) : दक्खिनी हिंदी काव्यधारा; बिहार राष्ट्रभाषा परिषद्, पटना : 1959

लल्लूजी लाल : प्रेमसागर (सं० ब्रजरत्नदास); नागरी प्रचारिणी सभा, काशी : 1922

लक्ष्मीसागर वार्ष्णेय : आधुनिक हिंदी साहित्य; हिंदी परिषद् प्रकाशन, इलाहाबाद : 1971

शारदा वेदालंकार : प्रारंभिक हिंदी गद्य का स्वरूप; प्रभात प्रकाशन, दिल्ली : 1988

श्रीनारायण चतुर्वेदी : आधुनिक हिंदी का आदिकाल; हिंदुस्तानी एकेडेमी, इलाहाबाद : 1973

सदल मिश्र-ग्रंथावली : (सं०) नलिनविलोचन शर्मा; बिहार राष्ट्र भाषा परिषद्, पटना : 1960

हजारीप्रसाद द्विवेदी : हिंदी साहित्य की भूमिका; हिंदी ग्रंथ रत्नाकर कार्यालय, बंबई : 1940

हरिमोहन श्रीवास्तव : मध्यकालीन हिंदी गद्य; राजकमल प्रकाशन, नयी दिल्ली : 1959

हरिहरनिवास द्विवेदी : मध्यदेशीय भाषा (ग्वालियरी); विद्यामंदिर प्रकाशन, ग्वालियर : 1956

जॉर्ज लैविन तथा विलियम मैडिन (सं०) : अँग्रेज़ी; द आर्ट ऑफ़ विक्टोरियन प्रोज़; ऑक्सफ़र्ड यूनिवर्सिटी प्रेस : 1968

पूर्वग्रह (कवियों का गद्य) : द्वैमासिक 88-90 सं० अशोक वाजपेयी, मदन सोनी, ध्रुव शुक्ल, भारत भवन, भोपाल।

अनुक्रमणिका

(रचनाकारों तथा अन्य व्यक्तियों के नाम सादा टाइप में हैं, शेष काले में)